Martin Luther

Dr. M. Luther's erste und älteste Vorlesungen über die Psalmen

aus den Jahren 1513-1516, 1. Band

Martin Luther

Dr. M. Luther's erste und älteste Vorlesungen über die Psalmen
aus den Jahren 1513-1516, 1. Band

ISBN/EAN: 9783743492080

Hergestellt in Europa, USA, Kanada, Australien, Japan

Cover: Foto ©Lupo / pixelio.de

Manufactured and distributed by brebook publishing software (www.brebook.com)

Martin Luther

Dr. M. Luther's erste und älteste Vorlesungen über die Psalmen

Dr. MARTIN LUTHER'S
ERSTE UND ÄLTESTE VORLESUNGEN
ÜBER DIE

PSALMEN

AUS DEN JAHREN 1513—1516.

Nach der eigenhändigen lateinischen Handschrift Luther's auf der
Königlichen öffentlichen Bibliothek zu Dresden

herausgegeben mit Unterstützung des

Hohen Königlichen Ministeriums des Cultus und öffentlichen Unterrichts und der
Generaldirection der Königlichen Sammlungen für Kunst und Wissenschaft

von

Dr. theol. Johann Karl Seidemann,
Past. emer., correspondirendem Mitgliede des K. Sächs. Alterthumsvereins und
Ehrenmitgliede des Harzischen Geschichtsvereins.

I. Band.
Mit Facsimile in Photolithographie.

Zweite Ausgabe.

Dresden.
R. von Zahn's Verlag.
1880.

VORWORT.

———

Bei Anfertigung des neuen Standortskataloges für die König-
liche öffentliche Bibliothek in Dresden hatte Herr Bibliotheks-
secretär Dr. Franz Schnorr von Carolsfeld, dem der Stand-
orts- und Handschriftenkatalog übertragen worden war, auch das
Msc. Dresd. A 138, das früher die kurfürstliche Nummer 456
als Bezeichnung hatte, einzuordnen. Bei näherer Prüfung, die
auf Veranlassung Dr. Schnorrs dann auch meinerseits stattfand,
ergab sich, dass es Luthers erste, ihrem eigentlichen und wesent-
lichen Inhalte nach bisher unbekannt gebliebene Vorlesungen
über die Psalmen gewähre und jene alte Arbeit sei, von welcher
Seckendorf I. p. 316 sagt: „Primas ejus in Pfalmos prae-
lectiones, quarum meminit, & quas paulo poſt adeptum in Theologia Doctoratum peregit, fateor me non vidiſſe, neque an extent
ſcire“, nachdem er pag. 22 ausgesprochen hat: „Optandum foret,
ut quae ante annum 1517 ſcripſit Lutherus, conſervata majori
numero eſſent. Ex paucis, quae ſuperſunt, magnae jam tum viri
dotes elucefcunt.“ — An schlichter Anführung, dass diese Handschrift Psalmenerklärung enthalte, liessen sich bisher genügen
August Beyer, Epistola de bibliothecis Dresdensibus. Dresdae,
(1731.) 4. p. 5; der Convertit Johann Christian Götze, Die
Merckwürdigkeiten Der Königlichen Bibliotheck zu Dreßden.
1746. 4. Bd. III. S. 9. Karl Falkenstein, Beschreibung Der
Königlichen Oeffentlichen Bibliothek zu Dresden. 1839. S. 211 f.

Dass Luther bald nach der am Dienstage 19. October 1512 erlangten theologischen Doctorwürde in Wittenberg Vorlesungen über die Psalmen hielt, die wohl vornämlich von Augustinermönchen*) besucht wurden, ist mehrfach überliefert, zunächst durch seinen, Montags nach Quasimodogeniti, 16 April 1515, unter dem Rector Georg Elner von Staffelstein immatriculirten (Album Acad. Viteb. p. 54: Johannes Oldenkop de Hildenssheym eiusdem Dioc. 16 April.) und 22 Jahr alten Zuhörer, Beichtsohn und Messdiener, den späteren Hildesheimer Domdechanten Johann Oldekop, der in seinen Annalen bei H. Ad. Lüntzel, Die Annahme des evangelischen GlaubensBekenntnisses von Seiten der Stadt Hildesheim. Hildesheim, 1842. S. 155 zum Jahre 1513 erzählt: „Tho düsser sülven Tidt hoff ann M. Luther den Pfalter Davidt tho lesende, vnd was dar slittich by vnd haddo vele thohörers; ohne dat plach he ock tho Predigende vnd was hefftig vp der Cantzell vnd straffede de Sünde wo recht ist ohne allen vnterscheidt vnd forchten, auer de Hoffart wart dar gefporet." — Melanthon berichtet in seiner Historia de vita et actis D. M. Lutheri (Apud Hieraefordiam u. s. w. 1548. 8vo.) Blatt (A viij[b]): „Poftea enarrare Epiftolam ad Romanos coepit, deinde Pfalmos." Corpus Ref. VI. 160. Und Matthesius erzählt in seiner ersten Predigt (Hiftorien u. s. w. ed. Nürnberg, 1570. 4.) S. 7[b] f.: „Denn von feinem Doctorat an, biß ins 16. jar,

------

*) I. S. 1. 18. 220. 312 f. — Ueber die Sendung von Augustinern in andere Klöster ihres Ordens Studierens wegen vgl.: Conftitutiones Fratrum | Heremitarum fancti Au | guftini ad apoftolicorum | priuilegiorum formam pro | Reformatione Alemanie | 56 Octavblätter. Datum Nurmberge Anno. 1504. Vigilia penthecoftes. (25 Mai.) Panzer, Annal. IX. p. 546. no. 28[b].: De forma circa ftudentes et lectores ac predicatores noftri ordinis obferuanda. Cap. 36. Blatt (c 8|[b]): „Vbicunque autem in aliquo conuentu ftudium facre theologie habetur: fit prior follicitus ad id omnes (quantum fieri poteft) compellere fratres." de Wette I. 379. (Album p. 73.) — Paul Haffels Zeitfchrift für preuffische Geschichte und Landeskunde. 1868. S. 21 f. K. und W. Krafft, Briefe und Documente u. s. w. Elberfeld. (Januar 1876.) S. 41. 49. Album p. 38 f. 41. 43 f. 48 f. 50 ff. 53 f. 56 ff. 59. 61 ff. C. Krafft, Aufzeichnungen des schweizerischen Reformators Heinrich Bullinger. Elberfeld, 1870. S. 61 f.

da er anfehet wider den Römifchen Ablaß zu difputieren*),
nimpt er fich, als ein orderitlicher Doctor der heyligen Schrifft,
vmb die heylige Biblia ernftlich an, drauff er gefchworen vnd
gekoren hatte, fehet auch an S. Pauli Epiftel vnd den Pfalter zu
lefen, wie deßmals Doctor Staupitz von Amptswegen, Sanct.
Auguftini Bücher vnd andere abfchaffet, zu Tifche zu lefen,
vnd verordnet dafür die heylig Biblia, in all fein Klöftern zu
lefen." **)

Luther felbft aber sagt in seiner Schrift von den Conciliis
und Kirchen vom Jahre 1539, Erl. XXV. S. 230 f.: „..... wie
mirs gieng, da ich die Epiftel ad Ebreos fürnam mit S. Chry-
foftomus glofen, Vnd Titum, Galatas ***), mit hülffe S. Hiero-
nymi, Genefin mit hülfe S. Ambrofij vnd Auguftini, den Pfalter,
mit allen Scribenten, fo man haben kan, vnd fo fort an." (Diese
Scribenten sind die „olden Doctorifchen Catholifchen Doctorn"
Oldekops bei Lüntzel S. 155, wo auch „Buten" so viel ist, als:
beiteten, tauschten.) Köstlin I. 108. 112. — Ferner in den latei-

---

*) „Cum indulgenciç in arce publicarentur. çdidit propofitiones Carlat in
quibus difputauit, non poffe participes indulgenciarum fieri eos, qui non in arce
confiterentur Ibi cum Lutherus contra difputaret & diceret, effe priuilegium
non mandatum, Indignabundus refpondit Luthere, fi fcirem vos ferio fic fentire, accufarem vos apud pontificem pro heretico." Veit Dietrichs Collecta
ex Colloquijs u. s. w. in der Nürnberger Stadtbibliothek, 242 Octavblätter.
Blatt 100ᵇ f. Januar 1532. Köftlin, Martin Luther. I. S. 147. 783. Ericcus
pag. 174ª. Theologifche Studien und Kritiken 1874. S. 312. Hofmann's Tezel
S. 76. Jäger's Carlftadt S. 7. de Wette. I. 55. Tischreden Cap. 22 § 110. 112.
Förftemann II. S. 417. 419. Bindseil I. 269. Lauterbach's Tagebuch S. 36.

**) Conftitutiones Cap. 17. Qualis debeat effe magifter nouiciorum: et
de quibus ipfi nouicij inftruantur. (vgl. Cap. 37.) Blatt c IIIj ift dem Novizen
geboten: „Sacram fcripturam auide legat. deuote au diat: et ardenter addifcat."
Ericcus p. 225ᵇ von Staupitz: „Primus reftituit Biblia fuis monafterijs, &
conquifiuit optima ingenia, eaq; dicauit ftudio Theologico." Hirzel's Mfc.
Blatt 79ᵇ. Köftlin I. 65. 77. 81. — Luther fagt nach dem 12. Juli 1532:
„Principio Auguftinum vorabam, non legebam." Veit Dietrichs Collecta
Blatt 137ᵇ.

***) Es war am 14 December 1531 oder einige Tage fpäter, dass Luther
zu Veit Dietrich (Collecta Blatt 96ᵇ) das Wort fprach: Epiftola ad Galatas
ift mein epiftelcha der ich mir vertrawet hab. Ift mein keth von Bor." Vgl.
Seckend. I. 139. Köftlin II. 304. 635.

nischen Tischreden in seinem Curriculum: „Anno 12. die Lucae
in Doctorem Theologiae per D And. Carolst. promotus fum.
Mox pfalterium declaraui, Epist: ad Rom: Hebrae: Titum. Anno.
17. contra Tetzelium de poenitentia fcripfi, errores de indulgentijs
confutaui, 10 praecepta declaraui. Et iterum pfalmos operatio-
num legi, a quibus lectionibus impeditus fum, *mufte mich mit dem
Bapft vnnd fophiften bleuent.*" Msc. Dresd. A 91 Vol. II. 282ᵇ f.
= Bindseil, Colloquia latina III. 175; vgl. Rambach, Kleine
Schriften, Vorrede S. 30. Scriptorum publice proposit. Tom. V.
Blatt o 2ᵇ sq. Corpus Ref. VI. 160. — Und i. J. 1545 in der
Vorrede zum ersten Theile seiner lateinischen Werke gegen
Ende: „Interim eo anno (1519) iam redieram ad Pfalterium denuo
interpretandum, fretus eo, quod exercitatior effem, poftquam S.
Pauli epiftolas ad Romanos, ad Galatas, et eam, quae eft ad
Hebraeos, tractaffem in fcholis." Erl. Opp. varii argumenti.
Vol. I. 22. Damit ist eine Aeusserung bei Ericeus p. 154ᵃ zu
vergleichen: „*Da ich erftlich in pfal mis lafs vnd fang:* Iuftitia tua
libera me. *Da erfchracke ich allemal, vnd ward den worten feindt,*
iufticia Dei, iudicium Dei, opus Dei. *Denn ich wufte nicht anders,*
Iuftitia dei *heiffet fein geftrenges Gericht. Nun folt Er mich mit
feinen geftrengen Gericht erretten, fo war ich ewig verloren.* Sed
mifericordia Dei, adiutorium Dei, *Die lafe ich lieber. Gott lobe,
da ich aber die* res verftunde, vnd wufte, *dafs* iuftitia Dei *hiefs* iu-
fticiam, qua nos iuftificat Deus per donatam iuftitiam in Chriflo
Iefu, *da verftunde ich die* Grammatic, *vnd fchmackte mir erft der
Pfalter. etc.*" Hinzuzunehmen ist, was er sagt in der Widmung
seiner Operationes in Pfalmos an den Kurfürsten Friedrich den
Weisen vom 27 März 1519: „Iam fecundo in Wittemberga tua
Pfalterium profiteor, urgentibus et exigentibus optimis auditori-
bus, quibus debitorem me effe non poffum negare. . . . . Et mea
quoque fecunda haec profeffio a prima longe lateque diuerfa eft,
nec eft liber in Bibliis, qui me diligentius exercitarit, donec in
eam fententiam venerim, oportere nullius interpretationem, modo
pia fit, rejicere, nifi talionis lege rurfum quis optet rejici."

de Wette I. 245. VL 568. 579. Erl. lat. XIV. 8 sq. — — (Luther las noch am 11 December 1520 und im März 1521 über dieser zweiten Psalmenerklärung. de Wette I. 554 f. B. G. Struvii Bibliotheca Librorvm Rariorvm. Ienae 1719. 4to. (No.) VI. p. 137. Erl. Opp. varii argumenti. V. 252 sqq. Köstlin I. 406. 793. 289. 789. 432. 794. 476. 797. Myconius im Summarium der Reformationshistorie bei Cyprian, Historischer Bericht, Th. 4. S. 27 erzählt: „Doctor Martinus predigt nun getroſt; und domit er an Grund und der Wurtzel anhobe, leret er erſtlich die 10 gebot: Und ſind dieſe Predigt auch gedrucket. In der Univerſität laß er Pſalterium, die ſind erſtlich gedruckt bis auf Pſ. 21. Deus meus reſpice." de Wette I. 353. 405. 378. 366. III. 32. VI. 431.)

Auf seine ersten Vorlesungen über den Psalter aber bezieht sich, was er in den Tischreden Cap. 24 § 134, ed. Förstemann III. S. 93, Erl. LX S. 70 f. § 1537, berichtet: „Denn als ich anfing den Pſalter zu leſen, und nach dem wir die Nacht-Metten geſungen hatten und ich im Rempter ſaß, ſtudiret und ſchriebe an meiner Lection, da kam der Teufel und rauſchet in der Höllen drei Mal, gleich als wenn einer einen Scheffel aus der Höllen ſchleiſte. Zuletzt, da es nicht wollt aufhören, rafft ich meine Bücherlein zuſammen und ging zu Bette; aber mich reuet es dieſe Stunde, daß ich ihm nicht ausſaß und hätte doch geſehen, was der Teufel noch wollte gemacht haben." Vgl. dazu unten im Texte dieses ersten Bandes S. 286 und S. 142. — Diesen ersten Vorlesungen gilt, was er den 26 October 1516 an den Erfurter Prior Johann Lange schreibt: „sum ... lector Pauli, collector Psalterii. ... Scribis, te heri auspicatum secundum Sententiarum: at ego cras Epistolam ad Galatas, quanquam metuo, ut pestis praesentia permittat prosequi coeptam." de Wette I. 41 f. (Wenn sich hier Luther mit bescheidenem, aber doppelsinnigen Worte collector Psalterii nennt, so scheint er damit bezeichnen zu wollen, dass er nicht selbstständig, sondern nach den von ihm zusammengestellten Erklärungen der alten Lehrer

erläutere, also, dass hier folgende Stelle Oldekops, bei Lüntzel
S. 155, zur Geltung kommt: „De Doctor hadde bi Johann Gru-
nenberch dem Bockdrucker beſtellt, dat de Epiſtolae Pauli de
Rige eine with von der andern gedrucket wart, vmme Gloſerens
willen, wente dar wardt dorch Lutherum vele ouer vnd bi geleſen,
vth den olden Doctoriſchen Catholiſchen Doctorn verſamlet.")
— Und den 26 December 1516 an Spalatin: „Heri primum
rediens literas tuas datas inveni sero diei, optime Spalatine: rogo
te, ut pro me illi Martino Mercatori respondeas, ut scilicet non
expectet dictata mea super Psalterium. Quae quamvis mire
cupiam, nusquam et nunquam edi, tamen coactus praecepto *)
nondum quidem satisfeci, nunc autem absoluta professione lectionis Paulinae huic uni me dedam operi assiduum. — Sed et ubi
absoluta fuerint, non ita s u n t c o l l e c t a, ut me absente possint
excudi: deinde placuit Dominis Magistris Artistis, ut nostri chal-
cographi cura imprimantur. Quod tamen ante quadragesimam
(24 Februar 1517) ne incipi quidem potest. Hoc idem (si omnino
edere oportet) et mihi placet, ut primum scilicet typis ignobi-
lioribus excudantur: quod mihi non ea videantur, quae dignis
typis et officiis dignorum virorum laborentur, nugae enim sunt
et spongia dignissimae." de Wette I. 47. VI. 5 f.; vgl. Kampf-
ſchulte's Erfurt, Th. 2 S. 11. Hekel's Manipulus pag. 104 und
Tentzel's Reliquiae epp. Mutian. pag. 29, wo Lange am 2 Mai
1515 aus Wittenberg, (denn am 8 Februar 1516 war er
bereits Prior in Erfurt, de Wette I. 15. 22.) dem Mutian eine

---

*) „Coactus preceptis cedo" ſchon in der Eröffnungsrede S. 1. Con-
ſtitutiones Cap. 7. Quomodo fratres ſe habeant cum aliquod officium eis
iniungitur: et pro quibus caſibus ſupprior procurator et ſacriſta abſoluantur.
Blatt (b ₃ᵇ): „Nolumus enim priorum noſtrorum mandata caſſari: vel eo rum
preceptis etiam prorsus difficilibus contraueniri." — Dietrichs Collecta Blatt 157ᵃ,
Ende November 1532: „Nullum bonum opus suscipitur aut fit in Sapientia, *es
mus alls in einem dorrfel geſchehen*, Sic ego pertractus sum ad officium docendi.
Hett ich aber gewuſt das ich izt weys ſolten mich 10 ros nit gezogen haben."
Blatt 102ᵇ, Ende Januar 1532: „Ex eraſmo nihil habeo *Ich hab all mein
ding von D Staupitz, der hatt mir* occaſionem geben." K. und W. Krafft,
Briefe u. ſ. w. S. 56.

dictio Luthers in Fratrum fanctulorum mores invecti ncbst einer von sich sendet und dazu bemerkt: „Demosthenis autem lucernam in neutra reperies, quippe quod nostrum vterque lectionibus Wittenburgi adeo disturbatur, vt vix respirare liceat."

Diese Vorlesungen oder „dictata", wie er sie nennt, hielt er vermuthlich noch früh von 6 bis 7 Uhr der Klosterordnung gemäss, denn seit 1517 las er Nachmittags von 1 bis 2 Uhr; vgl. Seckend. I. 19. Köstlin I. S. 112. Conftitutiones Fratrum Cap. 36. Blatt (c vj^b): „Quomodo autem et quid magiftri et lectores ac curfores*) tam in generalibus quam in particularibus ftudijs legere debeant. aut in quibus eis prouideatur: patribus vicario et diffinitoribus determinandum committimus. Hoc adiecto: vt quantüm fieri poteft ordinationes ftudiorum. per Reuerendiffimum patrem generalem et capitula generalia factas. et habe re ftudeant et feruare. .... Lectoribus autem et curforibus concedimus: quod matutinas et completorium vna cum fextis extra chorum dicere valeant: ad alias autem horas fine difcretione finguli vadant. In feftis vero quando a lectione vacant omnia ifta priuilegia ceffant." Und Cap. 32 De modo celebrationis Capituli triennalis. Blatt c ij: (Diffinitores) „Attente demum prouideant. quomodo ftudia in quibus fundamentum ordinis confiftit continuentur. Et maxime quomodo generalia ftudia in

---

*) „Cursor Bibliae, Qni Bibliam iis, qui cursum theologicum percurrunt, explicat." — „Diffinitores. Superiores novem electi tempore Capituli generalis." Henschel=Du Cange II. 720. 777. 855. de Wette I. 379. Vgl. Band I. S. 321 unten. — In Capitulum 40. De auctoritate et officio generalis prioris Blatt (f vj^a): „(Die Generalprioren in Rom) Precipiant infuper omnibus regentibus et ftudentibus: vt opiniones: et pofitiones venerabilis magiftri fratris Egidij: vbique teneant: et fecundum eius fcripta omnino legant." (Ueber Aegidius von Viterbo Seckend. I. 6. 105. Mariana libr. XXX. cap. 10. En Amberes. 1737. Tom. X. pag. 409. Nicholas Pocock, Records Vol. II. p. 5. Roscoe, Leo X. B. I. 89. II. 340. H. Graetz, Geschichte der Juden. IX. 95. 163. 224. Heinrich Bauer, Hadrian VI. S. 75—80. Jürgens II. 312. 381.) — Daher Luthers Plage mit den horis canonicis. Dietrichs Collecta Blatt 175^a am 25 März 1533 = Ericeus p. 175^a. Tischreden 15 §§ 12. 24, ed. Förstemann II. S. 236. 244. = Bindseil I. 198. Maulii Loc. comm. I. 115. Vgl. Th. Pressel's Anecdota Brentiana pag. 122.

feruore et affiduitate ftudij nutriantur et ad illud apti promo-
ueantur." So erklärt sich auch die Aeusserung, welche Luther
i. J. 1533 gegen Veit Dietrich that: „*ſtaupiz* cogitabat enim,
me effe doctum." Collecta Blatt 185ᵃ = Ericeus p. 176. Tischreden 26 § 53, Förstemann III. S. 135. de Wette IV. 187.

Die Niederschrift dieser Vorlesungen befindet sich in einem
297 Quartblätter enthaltenden und in Pappdeckel, die mit schwar-
zem, sehr fadenscheinig gewordenen Sammet oder Atlas über-
zogen waren, gebundenen Buche in dunkelgrünem Schnitt. Auf
das jetzt erste Blatt desselben — zwei vorhergehende Blätter
sind herausgeschnitten — hat Luthers Enkel, der am 24 August 1560 geborene und am 30 November 1637 als Senior und
Custos des Domcapitels in Zeitz verstorbene Johann Ernst
Luther, der zweite überlebende Sohn des Arztes Paul Luther *),
Folgendes eigenhändig eingezeichnet: D. Doct. Martini Lu-
theri, | aui mei, beatæ memoriæ, Com- | mentarius in psalmos
Dauidis | peruetus, quem ut *κειμήλια* | asseruaui. | — Psal. 119. |
Melior mihi lex oris tui super millia | auri & argenti. | Ganz
unten in der Ecke rechts: Johannes Ernestus Lutherus | nepos.
— Nun folgen 8 leere Blätter; auf Blatt (9ᵇ bis 10ᵇ) hat der
Enkel die Stelle Ex primo Tomo Lutheri in præfa- | tione circà
finem: eingeschrieben: „Interim eo anno (.uidelicet 1519.) jàm" bis
„sed ad unum intuitum Scripturæ totum spiritum eius exhauriunt."
Erl. Opp. Var. Argum. Vol. I. p. 22 sq. Ein folgendes Blatt
ist herausgeschnitten; die Blattzahlen von fremder, wohl aber
ziemlich gleichzeitiger, zierlicher Hand, beginnen erst mit 2 auf

---

*) Th. Pressel, Anecdota Brentiana. Tübingen, 1868. S. 320 f. — Diet-
richs Collecta Blatt 76ᵃ sq.: „Nona nouembris (1531, *Donnerstag*) natus ei
quarta proles, secundus filius. Martinus Luther, quarta parte horæ post deci-
mam. Cum autem rogaret fufceptorem puerum 14 annorum Baronem bohemi-
cum. mire feria oratione vtebatur vt, quod raro ei nifi multum commoto acci-
debat. titubaret lingua. Eius rei caufam cum quererem. Spiritus fanctus eft
inqnit. Nam hoc dei negocium eft. ad quod nifi quis afferat reuerenciam aliquam. male facit. Non enim est ludus aut iocus diuina opera subire, aut in
deJ operibus verfarj" — vgl. Blatt 117ᵇ sq. de Wette IV. 412.

Blatt 11, so dass stets nur die erste Seite eines Blattes die Zahl aufweist; auch fängt mit Blatt 2 das mit Luther gleichzeitige, schöne und weisse Papier an, welches bis Blatt 273 fortgeht und zum Wasserzeichen abwechselnd den grösseren und kleineren Ochsenkopf mit Schwert, von Blatt 28 an aber bis zu Ende die grosse Monstranz mit daran hängendem kleinen Henkelkreuze zeigt, während alles übrige Papier dem 17. Jahrhundert angehört und wollig und ohne Wasserzeichen ist, durch welches nur die Drahtlinien durchscheinen. Blatt 6 und 7 fehlen, d. h. die Blattzahl läuft erst mit 8, 9, 10, 11, welche leer sind, wieder fort; Blatt 12ᵃ hat nur 20 Zeilen, 12ᵇ ist leer; Blatt 13 fehlt. Blatt 14ᵇ ist beschrieben. Blatt 60 fehlt, auch Blatt 64. Blatt 100 und 101 sind beide mit 100 bezeichnet, (dafern nicht 1001 dagestanden hat mit weggeschnittener 1,) 115 und 116 zweimal mit 116. Blatt 133 hat 134 u. s. f.; 135 ist zweimal bezeichnet, also 2 Blätter; auf 178 folgt 180, auf 190 folgt 192. Die Blattzahl 200 fehlt und 201 bis 209 sind als 2001, 2002 u. s. w. angegeben, 2010 ist ausgestrichen und dafür 210 gesetzt. Von 213ᵇ an bis 216ᵃ unbeschriebenes Papier; es folgen 217, 219, 221 bis 230. sodann 232 u. s. f. bis 273, — und nun noch 24 leere, nicht bezifferte Blätter. — — Luther selbst aber braucht in seiner Niederschrift durchgängig die alte Form ∧ für die 7.

Erläutert sind die Psalmen 1. 2. 4. 5—11. 15—17. 26 bis 35. 37—41. 44. 48—59. 61—65. 67—98. 100. 101. 103 bis 106. 108—113. 115 zweimal. 117—119. 121. 125. Alle nach Zählung der Vulgata. Psalm 4 ist nochmals erklärt im Einschiebsel zu Psalm 92 Blatt 183. — — Keine Spur deutet an, ob die fehlenden Psalmen 126 bis 150 in dieser Bearbeitung Luthers jemals vorhanden gewesen sind; nur Blatt 270ᵃ steht: De quo hic breuiter: quia infra latius forte ps. 132. Vgl. Vorwort S. X.

Luther hat das Buch heftweise in je einzelnen Lagen in Gebrauch gehabt, einzelne Kleinigkeiten, aber wenige, nachträglich hinzugefügt. Bei dem später erfolgten Einbinden hat der Buchbinder Randbemerkungen vielfältig zu scharf beschnitten.— Luther schrieb fein, eng, scharf, spitz, sehr klein und mit vielen, vielen Abkürzungen, aber die Hand ist sehr sauber; trotzdem war die Entzifferung nicht überall bequem und leicht. Eine Zeitangabe, die mit Sicherheit auf Jahr und Tag der einzelnen Vorträge schliessen liesse, findet sich nirgends im Buche, denn I. S. 362 die 1500 und mehr Jahre sind zu allgemein angegeben. (Band II. S. 10: „Feftum Tubarum hodie agitur."?) Ebensowenig lässt sich heute noch ermitteln, wie es nach Dresden gekommen sei; vermuthlich hat es Kurfürst Johann Georg I. von Luthers Enkel erworben.

Luther bezieht sich oft auf die Glosse, z. B. I. S. 87. 91. 120. 130. 157. 161. 181. 186. 194. 198. 211. 242. 248. 254. 267. 283. 298. 302. 329. 352. 407. II. S. 13. Darüber sprach er sich gegen Veit Dietrich Ende Novembers 1531 aus, wie folgt: „Neque mihi tum, inquit, aliud ftudium placuit quam facrarum literarum. Cum miro tedio legebam phyfica (vgl. Oldekop bei Lüntzel S. 154.) et ardebat animus, cum redeundum effet ad biblia. Usus autem fum glofa Ordinaria, Lyram contemnebam, quanquam poft viderem, cum valere ad hiftoriam. Diligenter autem legebam biblia. Una aliqua fentencia gravis omnes cogitationes unius diei occupabat. Et in prophetis quoque grauioribus eae fentenciae inhaeferunt, (quanquam eas affequi non poffem,) quas adhuc memini, ut in Ezechia [*18 V. 32. 23. Hofea 13. 14.*]: Nolo mortem peccatoris." Dietrichs Collecta Blatt 81ᵇ*) = Ericeus, Sylvvla

---

*) Daselbst, und daraus bei Ericeus p. 56ᵇ f., eine Ergänzung zu Matthesius Predigt I. S. 3ᵇ f., Köstlin I. 55. 778.: „Paulo post emit postillam, ea mire placuit, quod plura euangelia contineret, quam per annum doceri folebant." Wenn dort Luther bedauert, die in rothes Leder gebundene Bibel der Erfurter Klosterbibliothek nicht behalten zu haben, so erklärt sich das aus den Conftitutiones Cap. 25 Quomodo et quando debeat fratribus pro congruentia temporis in veftibus prouideri. „Cum autem frater aliquis ad alium conuentum miffus fuerit: . . . recipiat . . . . breuiarium et libros quos ipfe manu fua confcripfit." Nach Capitulum 14 gingen Bücher Gestorbener an das Aufnahmekloster zurück. — Unbekannt scheint: „Baptifta Mantuanus (Erl. Exeget. Opp. Lat. Tom. XII. 169.) primus fuit poëta, quem legi. Deinde legi ileroidas Ouidij. Post incidi in virgilium. Praeterea nihil legi in Poëtis. Scholaftica theologia dicebat fe impeditum." Dietrichs Collecta Blatt 117ᵃ, Jahr 1532. Blatt

Sententiarvm p. 175. Seckend. I. 21. Köstlin I. 60. 778. Tischreden 22 § 141, Förstemann II. S. 433. Ueber diese Gloſſa
ordinaria vgl. Gottlob Wilhelm Meyer, Geschichte der Schrifterklärung seit der Wiederherstellung der Wissenschaften. Göttingen, 1802. 8. I. S. 68. Johann Georg Rosenmüller, Historia
Interpretationis Librorum Sacrorum In Ecclesia Christiana.
Pars V. (Leipzig, 1814.) pag. 136. Herzog's Realencyklopädie II.
98. III. 340. XV. 156.

Er verweist seine Zuhörer aber auch auf das „circa textum"
Gesagte, z. B. I. S. 157. 218. 362. 411. 467. Ob er damit eben-
falls die Glossa meint, oder vielmehr die von ihm in der Witten-
berger Psalterausgabe von Anfang Juli 1513 zwischen den weiten
Zeilen (Oldekop bei Lüntzel S. 155) und am Rande eingeschrie-
benen Erklärungen, ist jetzt noch nicht zu ermitteln. Dieser ge-
druckte lateinische Psalter befindet sich in der herzoglichen Bibliothek zu Wolfenbüttel; daraus hat Dr. Ed. C. Aug. Riehm in seinem
Märzprogramm, Initium Theologiae Lutheri. (Halis 1874.), die
Vorrede, die 7 Busspsalmen u. A. mitgetheilt; vgl. desselben:
„Luthers älteste Psalmenerklärung." in den Theologischen Stu-
dien und Kritiken 1875. S. 113—129. Köstlin I. 109 f. 781.
Walch IX. Vorrede § XVI S. 25—33. Sp. 1474—2545. Ram-
bach, Kleine Schriften, Vorrede S. 30. Joh. Melch. Krafft, Vor-
legung der Historia von D. M. Lutheri Psalter-Dollmetschung.
Hamburg 1717. 4. vgl. J. Q. Bürger, Histor. Nachricht von
Lutheri Münchs-Stand S. 156 f. Unschuldige Nachrr. 1717.
S. 141 f. Bindseil, Coll. lat. II. 14. W. G. Soldan, Giessener
Gymnasialprogramm 1862. S. 28. Corpus Ref. XXV. 667.

193[a]: „Me Iuuenem hatt der ſpruck ſchir getodt, in prouerbijs (27, 23).
Agnoſce vultum pecoris tui i. c. paſtor debet ſcire & noſcere ſuas oues. Hanc
lic accipiebam, Ich muſt mich ſo rein entdecken meinem pfarrker, prior. &c das
er wuſt was ich mein tag thun hett. Da ſagt ich alls was ich gethan hett von
Jugent auff, Das mich mein preceptor im cloſter zu lezt drumb ſtrufft." Jahr
1533, Februar. — Dazu Ericeus p. 112: „Ego dum eſſem Magiſter in Boetium
incidi: abi aliquem uſum rerum Dialecticarum uidi, &c." W. S. Teuffel, Geſch.
der Röm. Literatur. ed. III. 1875. S. 1130. 1167.

Lauterbach's Tagebuch S. 29. 62. 146. 157. Ist diess der Fall, so war dieser Psalter ein Leitfaden für die Vorlesungen selbst, den sich vielleicht die Zuhörer abschrieben, denn Bücherabschreiben war immer noch geboten, Conſtitutiones Capitulum 37. De libris habendis ad vſum chori (Blatt ℓ ꝟij⁎ f.): „Volumus quoque ſingulos noſtros priores ad hoc conari. vt fratres ad hoc abiles in arte ſcribendi edoceri faciant: quo minus librorum conuentibus neceſſariorum indigentiam habeant." Vgl. Capit. 25 oben S. XIV. — Oder Luther dictirte ihnen diese Bemerkungen circa textum geradezu; vgl. I. S. 252.

Viermal fordert er seine Zuhörer auf, nachzusehn: „in collectis." I. S. 162. Blatt 185ᵇ und 193ᵇ, vgl. Oldekop bei Lüntzel S. 155. de Wette I. 41. 47.

Fünfmal, I. S. 218. 381 f., Blatt 167ᵇ, 168ᵃ, nennt er seine Erläuterungen „Commentum."

Er verweist fünfmal auf Sermones: De Martyribus über Psalm 59, B. I. S. 230; — Viridium I. S. 55; — Dominica I. Quadragesimae Blatt 175ᵃ f.; — Ostern über Psalm 113 Blatt 229ᵃ; — Osterdienstag I. S. 461. — — Vgl. Erl. Opp. Var. Argum. Vol. I. 25 sqq.

Die LXX erwähnt er nur viermal; Bd. I. S. 345; rühmend II. S. 2; ferner Blatt 167ᵇ und 2003ᵃ. — — Die Vulgata erscheint ihm vielfach besser als der hebräische Text, I. S. 394. 399. 423. 432. 451. 455; vgl. Rosenmüller l. c. V. p. 399 sq. Die antiqua tranſlatio führt er an Bd. I. S. 331. Ericeus p. 54ᵇ. — Kimhi I. S. 345.

Den Hauptgedanken, welchen Luther dieser ganzen Psalmenerklärung zu Grunde legt, spricht er Blatt 2001ᵃ zu Ps. 101, d. i. 102 V. 6, in aller Kürze so aus: „Et quid quaeris? Ego non intelligo vſquam in Scriptura, niſi Chriſtum Crucifixum. Ideo ſemper idem vbique ſapio, quia vbique occurrit idem.", womit zu vergleichen ist B. II. S. 45 zu Psalm 83 d. i. 84 V. 4: „Quis iam dubitet, crucem Chriſti eſſe deſcriptam et depictam digito dei in omnibus creaturis?" Köstlin I. 109. Riehm in den Theologischen Studien und Kritiken 1875. S. 119 ff. (Wirkte hier vielleicht Erinnerung an ein früher gehörtes Wort ein und nach?: „Ego adolefcens, audiui doctos uiros & bonos Grammaticos contra aduerfarios difputantes, ac dicentes: Si nos legimus libros Propheticos & Apo ftolicos, tunc longè aliam doctrinam in eis reperimus, quàm vos facrificuli nobis exponitis." Ericeus Sylvvla p. 142ᵃ. Köstlin I. 52.) Daher ist die Erklärung stets gegen die Juden und die Ketzer gerichtet. — — Die Tropologie, d. h. den moralischen Schriftsinn, hält er für den Hauptsinn der ganzen heiligen Schrift, aus welchem von selbst die Allegorie folge, I. S. 399 zu Psalm 76, d. i. 77, V. 12 f., vgl. I. S. 378 f. 401. Erl. XXVII. 262. Erl. lat. Vol. XVI. 316 f. Comment. in Galat. v. J. 1535 ed. Irmischer II. 255 zu Cap. 4, 26. Tischreden Cap. 54 § 5, Förstemann-Bindseil IV. S. 307; Bindseil II. 93 sq. 214. 224. — — So allegorisierte er nun unermüdlich in wunderbarster Weise, kam aber bald davon zurück; noch Freitag am 12 Juli 1532*) sprach er sich darüber aus: „In Allegorijs cum effem monachus fui artifex. Omnia allegorifabam, poft per epiftolam ad Rom: veni ad cognitionem aliquam chrifti Ibi videbam allegorias non effe quid Chriftus fignificaret, fed quid Chriftus effet, Antea allegorifabam eciam cloacam et omnia." Collecta Dietrichs Blatt 135ᵃ, Tischreden Cap. 52 § 7 und 8, Förstemann-Bindseil IV. S. 309 f. Erl. lat. XXII. 149. 388 zu Jesaias 13, 21. Hirzel's Msc. Blatt 126ᵃ f. Corpus Ref. XX. 667. P. J. Bruns, M. Lutheri Scholia et Sermones in I. ep. Ioh. S. 81 zu 1 Joh. 2, 24. Neues theologisches Journal von Ammon, Hänlein und Paulus, 1798. S. 15 f. Erl. lat. III. 307 f. Walch I. 1434. XII. 2070 ff.

---

*) „Freytags poft kiliani hora quinta (erat 21 Iulij) lutherus cum vxore pene ruina murj oppreffus effet, Ibi dicebat, naturam effe muniendam eciam propter diabolum, *wir haben zuuil gewagt das wir die maur fo haben hengen laffen.* Si nihil, faltem diabolo occafio precluditur *Er kan Ja nit aus 3 zwey machen. In die lufft fol man nit hauen.*" Collecta Blatt 134ᵇ f. Bindseil III. 159. de Wette VI. 327.

Den Aristoteles erwähnt er I. S. 262. 295. 390. 423. 427.
457. Blatt 166ᵃ, 168ᵃ, 2009ᵇ, 255ᵃ. — Die Zittauer Rathsbibliothek besitzt in Th. 4°. 377. ein Exemplar von Bugenhagens
Psalmorum interpretatio v. J. 1524, welchem Blatt 803 mit einer
Abschrift des Briefes Melanthons an Melch. Creice praef. Coldic. 1539 (Corpus Ref. III. 841.) eingeklebt und Blatt 806 angebunden ist mit einer Abschrift von Luthers Heidelberger Disputationssätzen vom 26 April 1518 (Erl. Opp. Var. Arg. Vol. I.
387—405.), die aber herausgerissen ist, denn Blatt 804 f. fehlt;
nach 7 unleserlich gemachten Zeilen folgt auf diesem Blatte 806:
D. Martinus Lutherus ! Sacrę Theologię Mgr prefi | debit. | —
F. Leonhardus Baier | artiū et phię mgr rndebit | Heydelberge 1518 Actuz | — [*Am Rande rechts von anderer Hand:* Manus | propria | Lutheri.], *dann von Luthers Hand:* „He Conclufiones funt a me ideo tractatę | ac difputate, vt oftenderem.
primo quod longe | lateque ab Ariftotelis fententia aberrarint |
[*Ausgestrichen:* plane] omnium Scholarum Sophiftę. ac plane fua |
fomnia in Ariftotelis non intellecti libros | inuexerint. Deinde
vt fi quam maxime fen | fum eius teneamus (quemadmodum hic
tradi | di) tamen prorfus nihil adiumenti ex ipfo | haberi poffit,
non folum ad Theologiam feu | facras literas, verum etiam ad
ipfam natura | lem philofophiam, Quid enim iuuet ad rerum |
cognitionem, fi de materia, forma, motu, fini | to, tempore, nugari, & cauillari queas, verbis ' ab Ariftotele conceptis & prefcriptis?“
[Die Kenntniss dieser Stelle verdanke ich Herrn Oberlehrer
Dr. Loose in Döbeln, die Abschrift Herrn Dr. Schnorr von
Carolsfeld.] Vgl. Hekelii Manipulus pag. 82 f.

Reuchlins gedenkt er I. S. 50. 257. 427. Blatt 168ᵇ. 248ᵃ.
— Talmudica I. S. 371. 457. — Das Predigtbuch Rofetum
führt er zweimal an, I. S. 260; den Iohannes de turre
cremata und den Hugo Cardinalis Blatt 167ᵇ (Erl. XXXII.
59 ff.); — den Gerhard von Zütfen Blatt 158ᵇ; — den Burgenfis I. S. 70. 207. 268; den Stapulenfis I. S. 447. II. S. 44.
Blatt 168ᵃ f. 2007ᵇ. (Rosenmüller V. 391. Niedners Zeitschrift

1852. S. 3—86. 165—237. Herzogs Realencyklopädie IV. S. 310 bis 313.); den Dionyfius L S. 253. Tischreden 58 § 12, Förstemann 4. S. 397, Bindseil I. 264. Erl. Exeget. Opp. Lat. Tom. XIV. 239. 280. („Hiero: neque theologus eſt nec rhetor ſed ſimilis *dem Alten Steyg* Sueuo." Dietrichs Collecta Blatt 69ᵇ Jahr 1531: Professor in Tübingen Dr. theol. Johann Altenstaig von Windelheim. S. Jöcher und Adelung.); den Laurentius Valla Blatt 2008ᵇ; den Rabbi Salomo L S. 80. Blatt 226ᵇ.; — — den Iofephus L S. 370.; den Ennius L S. 293; den Vergilius L S. 344; den Plinius L S. 470. Blatt 172ᵇ; den Pomponius Mela L S. 350; den Solinus I. S. 469; den Seneca und Scipio L S. 352; — die Sphinx Thebana Blatt 261ᵃ; den Pelikan Blatt 2001ᵇ; — den Mahomet Blatt 180ᵇ. 196ᵇ; die Donatisten Blatt 177ᵇ; die Arrianer L S. 143. 468. Blatt 177ᵇ, 180ᵃ, 185ᵃ, 257ᵇ, 266ᵇ; — die Böhmen und Pikarden L S. 195. 223. (Erl. XL. 16 f.) Blatt 180ᵇ, 251ᵃ, 257ᵃ; — Scotisten und Occamisten L S. 211. 263. Blatt 251ᵃ (Gust. Plitt, Jodokus Trutfetter von Eisenach. Erlangen, 1876. S. 25 ff.); Arfenius L S. 452; — die Legenda S. Felicis Blatt 265ᵇ; die Sequenz Sancto rorante pneumate L S. 342; das Evangelium Johannis wider Gefahr von Feuer und Wasser Blatt 232ᵃ; — sieben und mehr Sacramente L S. 175; — die Siebenzeiten Blatt 266ᵃ (Erl. XXXIX. 305.); — Messe L S. 415. — Maria L S. 127. 279. 329. 342. 374. Blatt 251ᵃ. — Eine sprachliche Erinnerung an Italien: „poteſtet", Blatt 167ᵃ, vgl. Schnorr's von Carolsfeld Archiv Für Litteraturgeschichte, Band IV. S. 1—8. — Lingua Alemanica L S. 269. ſ ſueuicum L S. 343 f., Lauterbach's Tagebuch S. 30; teutonice L S. 124. 160. 239. 247. 254. 302. 370. 389. 435. 445. 457. II. S. 33. Blatt 211ᵇ.

Bedeutungsvolle Stellen sind die folgenden: Ablass L S. 287. 297 f. 325. Blatt 223ᵃ; vgl. Erl. Opp. var. arg. L p. 165 sqq. Conftitutiones Cap. 36 Blatt (t ᵛjᵇ): „Ad predicandum nemo licentietur niſi a patre vicario generali fuerit examinatus et probatus..... (Predicatores) Caueant etiam ne in fuis fermonibus in pronunciandis indulgentijs indifcreti inueniantur. et ne Alexan

dri quarti († 1261) datas ordini noftro indulgentias fub determi
nato dicere numero prefumant. Contrafacientes conuicti penam
grauioris cul pe per menfem fuftinere cogantur.“ Vgl. Capit. 42
Blatt (f ʋij^b): „Eidem pene fubiaceant falfificantes indulgentias:
priuilegia: aut inftrumenta in fauorem ordi nis conceffa.“ — —
Kirche: I. S. 289. 295. 433. Blatt 180^a. 197^a. — Päbste: I.
S. 97. 242 f. 245. 293. 315. 318 ff. Blatt 253^a f. — Bischöfe.
Prälaten, Geistliche: I. S. 13 ff.; (vgl. Riehm in den Theologischen Studien und Kritiken 1875. S. 128.) 176. 203. 269. 295.
297. 312 f. Blatt 195^a. 2008^b. 211^b. — — Doctores: I. S. 88.
139. 261. 329. 377. 390 f. 433. Blatt 229^b. 231^a. 250^a. 253^a. —
Concilien: B. II. S. 24. — Mönche: I. S. 7. 220. 298. 437. 441.
Blatt 180^a. 265^b. 269^b. 270^b. Observanten: I. S. 100. 106.
Blatt 181^b; vgl. Zeitschrift des Vereins für Geschichte und Alter-
thum Schlesiens. Band 12. Breslau 1874. S. 362. 367, Jahr 1506
und 1517. Kahnis, Zeitschrift für die historische Theologie. 1874.
S. 136. — Mahnungen, den Vorgesetzten gehorsam zu
sein: I. S. 281 f. 356. 432. 440. 446. II. S. 13. Blatt 180^a. — Ju-
risten: I. S. 295. 324. 441. Blatt 260^a. — Prassen des Adels: I.
S. 301. — Titelsucht I. S. 441. (433.) — Wie Nonnen und
Ungelehrte den Psalter lesen: Blatt 198^a; Riehm, Initium
pag. 6. Erl. XLVII. 7. XLVIII. 393. Tischreden Cap. 15 § 12,
Förstemann II. S. 236. — Luther ist glaubenskalt: I.
S. 296; seine kirchliche Erfahrung: I. S. 321. — Ueber Confeffio: Blatt 189^b. 196^b. 223^a; Conftitutiones Capitulum. 8.
Quando a quo et vbi fecrete confeffiones fratrum ordinis audian-
tur. Blatt (b ʋj^a): „Preterea volumus firmiter obferuari vt femel
ad mi nus in feptimana. quilibet frater teneatur confiteri. qui
con tempferit publice grauiter puniatur. Infuper ne facerdos infra annum quo ad facerdotium promotus eft. nifi in mor tis ar-
ticulo confeffiones fecularium audiat.“ Köstlin I. 72. 779. Vgl.
Capitulum. 9. De forma collocutionis fratrum cum mu lieribus
et confeffionibus earundem audiendis. Köstlin I. 85. 779. Dietrichs Collecta Blatt 83^a am 30 November 1531. — Ueber Com-

punctio I. S. 406 f. 422. — Ueber liquefactio I. S. 383. — Virtutes theologicae I. S. 392. — Meo ſtulto ſenſu: I. S. 131. 360. Blatt 2006ᵃ; ſi cui ocium eſſet: I. S. 370. Blatt 2009ᵃ. — Der Glaube iſt Alles: I. S. 33. Blatt 159ᵃ. 165ᵇ. 190ᵇ. — Psalmenerklärung Luthers und Anderer: I. S. 383. 390. 406. 446. (469.) Blatt 244ᵃ. — Klage über böse Sitten und Freveln am Heiligen: I. S. 382. 429. — Augustins Regel: Non acqualiter omnibus. Blatt 267ᵃ. — O Bulla I. S. 409 f., vgl. I. S. 348 und II. S. 35, scheint später, aber schon nach dem Januar 1514, dazu geschrieben, denn am 10 Januar 1514 erschien Leo's X. Ablassbulle. Hofmann's Tezel S. 54 f. Tischreden Cap. 1 § 27. Cap. 57 § 11. Förstemann I. S. 29. IV. S. 378. Köstlin I. 52. 778.

Wenn ich heute auf diese am 4 November 1874 von mir begonnene und am 14 August 1875 handschriftlich vollendete Arbeit zurückblicke, so gedenke ich zugleich der Verzichtleistung auf etwaigen künftigen Abdruck des Werkes, die ich mir vom ersten bis zum letzten entnommenen Buchstaben still in Aussicht gestellt hatte, obschon mir derselbe wie eine Ehrenschuld der evangelischlutherischen Kirche erschien; mir war es von vornherein nur um eine treue Abschrift zunächst für mich selbst und um genaue Kenntniss des Inhaltes zu thun.

Um so grösseren und herzlicheren Dank spreche ich daher der Königlichen Generaldirection der öffentlichen Sammlungen für Kunst und Wissenschaft und dem Hohen Königlichen Ministerium des Cultus und öffentlichen Unterrichts an dieser Stelle aus, denn nur durch deren Unterstützung und Förderung ist der Druck des Werkes möglich geworden, und zwar „dignis typis", an welchen Luther doch auch seine Freude gehabt haben würde.

Antonstadt-Dresden Montags am 28 August 1876.

J. K. Seidemann,
Paſt. emer.

DOCTORIS MARTINI LUTHERI

SCHOLAE INEDITAE

DE

PSALMIS.

TOMUS I.

Die Eröffnungsrede.

(Praefatio.)

Blatt *) 14ᵇ: Adueniſtis patres & viri optimi. fratresque
fuſcipiendi. magno & beneuolo, vt video, ſpiritu ad honorem prophete huius Inclyti dauid incipiendi. debũi forte & ipſe non
deeſſe huic honoris officio. immo pre omnibus primus adeſſe. vt
aliqua ſcilicet laudis prefatione exornarem illuſtriſſimum . prophetam. qui certe per omnia mirificus. & excellentiſſimus eſt. ac
vera laude digniſſimus. Sed viſum fuit mihi vtilius [*Ausgestrichen:*
eſſe] vt omitterem. ne [*Ausgestrichen:* forte] grandia viderere [*so;
das letzte e ausgestrichen.*] polliceri neue aliquis exiſtimaret eſſe
in me aliquid ſupra id quod videt. Sentio certe quam premat
ceruices meas onus iſtud. cui iam diu fruſtra reluctatus. tandem
coactus preceptis cędo. fateor enim Ingenue me quamplurimos
pſalmos vſque hodie nondum intelligere. & niſi me dominus meritis
veſtris: ſicut confido, illuminauerit, interpretari non poſſe. [*Als
hier einzuschalten am Rande links:* Sed & alia ſunt dicenda magis
neceſſaria ad propoſitum] laboratum eſt ſane in exponendo pſalterio.
a gręcis latinis & hebreis multipliciter. & plus puto. quam in
quocunque alio diũinarum Scrip. libro. Sed necdum elaboratum.
atque adeo non elaboratum. vt in frequentibus locis. interpretationes magis Indigere videantur Interpretatione quam textus
ipſe. & nox nocti vix indicet ſcientiam non autem tradat.   Et
nos quoque exiſtimauimus vt cognoſceremus. Et Ecce labor

---

*) Als Probestück abgedruckt in den Theologischen Studien und Kritiken.
1875. S. 564—566.

vtique eſt ante nos Niſi forte hec ſit lux noſtra. intrare ſcilicet in ſanctuarium dominj. & intelligere in nouiſſimis eorum. vt ſcilicet. Senſus qui eſt primus fiat noũiſſimus. & qui [*Ausgestrichen:* primus] nouiſſimus fiat primus. Verum ad hec quis Idoneus? Cum itaque ego prophetam ſuſcipio interpretandum. cum vtique propheta non ſim neque filius prophete. volui commendatiunculam ſicut dixi omittere. & eum ipſum oſtendere vobis in ſpecie & pulchritudine ſua laudatorem ſuiipſius. [*Am Rande links:* Scimus autem Quod gratuita dona, non dantur ad vtilitatem priuatam. Sed Eccleſie communem: immo ſepius in retributionem & ſcandalum eius cui dantur. Et ex hoc cauſa fuit que fecit, vt eſſem etiam animoſior ad opus. Sciens quoniam non mihi laborarem tantum Sed vobis in communi cui operi deus non deeſſe velit nec ſoleat.] Attamen ne ingrati & ignaũi animj argũar. Breuibus expediam. quod faciendum eſt [*Ausgestrichen:* Non autem omi] Nec recitabo gloriam regni, & preclaras militias, quas [*so*] in Iũũentute [*Ausgestrichen:* egit *und darüber geschrieben:*] ipſius functus eſt, Eximiam humilitatem, mirabilem pacientiam, pietatem ardentiſſimam. qui primus rex & leo de tribu Iuda quoniam non in hiis. Sed in domino vult laudari anima eius ſicut dicit. Omitto etiam. Quod ipſe eſt Inclyta radix, ſanctum ſemen, origo benedictionis, Stirps Ieſſe. granũm ex quo ortus eſt ſaluator mundi. [*Ausgestrichen:* ad noſtrum propoſitum tantummodo id adduco] latiſſima [*Darüber geschrieben:* ampliſſima] ſunt iſta & que non vnam Sed mille orationes occupare & ornare poſſunt. Ad noſtrum propoſitum id tantummodo [*Ausgestrichen:* Ad] audiamus. quod de ſeipſo li. 2 Reg penult ait. Dixit vir cui conſtitutum eſt de Chriſto dei Iacob. Egregius pſaltes Iſrael. Spiritus domini locutus eſt per me. & ſermo eius per linguam meam dixit. deus Iſrael mihi locutus eſt. fortis Iſrael. dominator hominum Iuſtus. dominator in timore Dej Sicut lux oriente ſole mane abſque nubibus rutilat, & ſicut pluuijs germinat herba de terra. Delectaret me plurimum. ſermonem exercere in iſto textu pulcherrimo & vt ſic dicam theologiciſſimo. niſi nunc breuis eſſe vellem. Obſecro autem. per deum. vnde tanta preſumptio & ſingularis pre omnibus prophetis Iactantia. & eadem ſepius repetita. Quod dominus per eum ſit

locutus. per linguam eius. fermo illius, cui conftitutum eft de
Chrifto dei Iacob Qui egregius pfaltes Ifrael. Aliorum prophetarum ifta vox eft. factum eft verbum domini ad me hic autem
nouo loquendi genere Non ait factum eft verbum domini ad me.
Sed verbum eius per me locutum eft. [*Ausgestrichen:* ac fi dicat].
nefcio quid intimioris familiariffimeque infpirationis in ifto verbo
fignificat. Alii prophete. fefe locutos effe fatentur. hic autem
non fe Sed per fe locutum effe fpiritum fingulari modo pronun-
ciat. Quamuis enim per omnes prophetas locutus fit vt canimus:
tamen de nullo ita dicitur

Blatt 2ᵃ: pfalmus primus de Chrifto loquitur. literaliter. Sic.

Beatus Vir Solus beatus & folus vir, de cuius plenitudine
omnes accipiunt vt fint beati & viri & omne quod in hoc ps fequitur.
Ipfe enim primogenitus in multis fratribus, primitie dormientium.
vt fit & vigilantium fcilicet in fpiritu. Nam & in huius quoque
capite libri. fcriptum eft de eo. vt faceret voluntatem dej.
Vir autem tripliciter. primo Quia homo virilis virtutis Secundo
Quia non puer pedagogicus. Sed virilis in gratia. Tercio Quia
fponfam habet. hic eft enim vir quem circundedit femina. Quia
tanquam fponfus non folum poft Sed & de thalamo fuo proceffit. ab
initio fui. habens fponfam. Qui non abijt in Confilio impiorum (.1. non confenfit. in ftudia Iudeorum. qui eum poftea crucifixerunt. Ifte enim eft gradus primus. in quo includuntur omnia
genera peccatorum. Nam quocunque peccatorum genere peccatur,
abitur a deo in confilium impiorum. Impietas enim contra deum
eft. & contra cultum eius, qui eft pietas, Quod autem addit
Confilium notat voluntatis vitium. quia de induftria & voluntarie,
deliberate & Confilio impie agunt. non ex ignorantia. Vel certe.
aliqui ex confilio impie agunt, ex mala voluntate. alij autem in
confilium tale ipforum abeunt confentiendo, ignorantes & feducti
Et in via peccatorum non ftetit Via peccatorum eft ipfa vita
impiorum de qua iam dictum eft in quam abeunt qui fiunt impii.
Sed hic' fecundus gradus, eft peior. Qui facit primum peccatum
duplex. & iam non funt impii. Sed quod plus eft peccatores.
peccatum autem in Scrip. frequentius pro idolatria capitur. hoc
eft autem duplex peccatum. ftare, defendere, refiftere corrigenti

1 *

& reuocanti, nolle acquiefcere, ficut Saul. 1. Reg. 16. Declinare
cor in verba malitie ad excufandas excufationes in peccatis.
feipfum Iuftificare poftquam peccauit. Ac fic fuam iniquitatem
ftatuere contra deum & Iuftitiam eius .1. negare deum & idolum
fingere fibi. fuarum manuum opus, negare confeffionem & gloriam
deo. Sicut fecerunt Iudei tunc & vfque nunc contra Chriftum,
Ideo iam non tantum Impij in fimplici peccato. Sed & peccatores
in duplici. Sic Hiere trenor. 1. peccatum peccauit Hierufalem.
Iccirco inftabilis facta eft. peccatum inquit peccauit, .1. fimplex .
peccatum, duplex fecit. ficut eiufdem. 2. peccatum duplex peccauit
populus meus. (quod vt fequitur. eft. quia dixit, non peccaui cum
tamen peccaffet. [*Am Rande links:* prouer. 30 [*Vers 20.*] Talis (.fci-
licet vt fequitur.) eft via mulieris adultere. que comedit & tergens
os fuum dicit. (.1. fe excufans.) non fum operata malum: .1. Syna-
goga]   Vnde Ifaie 55. promittit Si impius dereliquerit viam
fuam, miferebitur eius dominus Super illis autem dicit Amos. 1.
Super tribus fceleribus Ifrael & fuper quatuor, non conuertam
eum. Tria fcelera funt omnia peccata Scilicet. infirmitatis contra
patrem, ignorantie contra filium, malitie vel concupifcentie contra
fpiritum fanctum, Quattuor autem fcelera funt iftis affumptis.
addere excufationem in illis. & confeffionem eorum negare. Que
faciunt ipfum ftare in via fua duriffima ceruice. Et ideo non
conuertitur, nec poteft conuerti. Quia directe claudit fibi portam
mifericordie. & refiftit fpiritui fancto. ac remiffioni fue. Super
tribus ergo fceleribus bene couerterentur [*so*]. Sed fuper tribus
& quattuor fimul non coruertuntur [*so*]. Et hic gradus 2us.
Eft vltimus in feipfo, quo nullus poteft fieri peior. Ideo fequitur
tercius. Qui iam ad alios pertingit. alios inquam fimili pefte
corrumpere fecumque in perditionem eandem trabere vt qui primo
gradu omnia mala fecit contra deum in 2° omnem gratiam
remiffionis refpuit 3° iam alios idem facere docet. Vnde. Et in
Cathedra peftilentie non fedit. Quo enim proficeret impietas
in feipfa non habuit, nifi vt fe Iuftitiam ftatueret. ideo ecce oportuit
eam extra fe nunc ire & in alios proficere. Sic apoft 2 Thimo.
[*Ausgestrichen:* 2.] 3. Mali autem homines & feductores. proficient in penis, errantes & in errorem mittentes. hoc eft hor-

rendum illud quod Ofee. G. vidit in domo Ifrael. Cathedra ergo
eſt publicum Magiſterium, peſtilentia autem. ea ipfa doctrina
mortifera: qua Iudej Contra Chriſtum fe fuosque corrumpunt,
inficiunt & occidunt. Chriſtus enim fedet in Cathedra falutis &
vnguenti nardi fpicate preciofe. Hec eſt ergo Vere peſtilentia
fpiritualis, animas mortificans Continũa ſtrage. Sed occulta vis eſt

Blatt*) 2ᵇ: morbi huius. Et hoc eſt de quo fibi ipfis prophetabant. dicentes. Et erit nouiſſimus error peior priore. peius
eſt enim. Negare peccatum effe. dominum crucifixiffe. quam hocipfum fcilicet crucifigere perpetraſſe Nouiſſimus ergo error &
extremum peccatum irremiſſibile. O quam horrendum Exemplum
nobis Ira iſta. Maledicta omnis fuperbia: que iſtum errorem
imitatur vfque hodie

Sed in lege domini Voluntas eius (.1. non tantum Manus,
coacta aut neceſſitate pene timoris, aut fpe temporalium allecta,
fine voluntate.) Sed hylari & libera voluntate. legem dominj
operatur. Quod non eſt eorum qui fub lege funt in fpiritu fer-
uitutis in timore. Sed qui in gratia & fpiritu libertatis. Vnde
liberi Nadaboth [*Pfalm 110, 3.*]. fpontanej voluntarijque dicuntur
Chriſtiani A Chriſto fuo. qui primus talis eſt. Iudej autem
Tediofi & involuntarii. & manu tantum, in lege funt. Licet enim
lex per timorem penarum potuit manum prohibere, & per fpem
bonorum ad opera prouocare, tamen voluntatem intus non potuit,
neque foluere neque ligare, Non inquam foluere ad libertatem,
neque ligare eius cupiditates. Hoc enim fit folum vinculis Charitatis. quam non lex. Sed Chriſtus in fpiritu fuo dedit.   Sic
ipfe ps. 39. deus meus volui & legem tuam in medio cordis
mej.   Volui inquit (.1. voluntas mihi eſt. & non neceſſitas
timoris vel fpes lucri. Et ideo lex tua, non in finibus & cute
cordis mej Sed in medio, in intimo & toto affectu: in Iudeis
autem vix per timorem leniter (leuiter?) perſtrinxit cor eorum.
Sic rurfum dicit Et ex voluntate mea confitebor illi Et iterum
Voluntarie facrificabo tibi. [*Pfalm 27=28, V. 7. Pf. 53=54,*

---

*) Am äuſſerſten Rande oben quer herüber ſteht eine Zeile für ſich,
die, beim ſpäteren Einbinden ſcharf beſchnitten, ſicher nur noch erkennen
läſſt: Cathedra doctoris (?) f.... thronus reg............. dormientium (?) ꝛc

V. 8.] — [*Am Rande links:* ps. 118. deduc me in femita mandatorum tuorum. quia ipfam volui. Et ps. 111. In mandatis eius volet
nimîs.] Notandum tamen Quod Chriftianorum non fic eft libertas
& voluntas. Quod fine timore (etiam penarum) fint in lege dominj,
quoniam hoc falfum effet, Quia qui timet penam futuram & ideo
legem feruat: vtique fide hoc facit. Quia nifi crederet, non
timeret. Et ideo non eft longe a regno dei. Immo talis eft
caftus timor & fanctus, quia fanctificat non tantum manus Sed
& animam. Quia ifto timore non folum opus Sed & voluntatem
vtique cuftodit a peccato. Non autem fic Timor legalis. Quia
ibi timebatur pena corporalis & prefens, & temporalis. Quia
lex Iuffit occidi, lapidari ꝛc. Et ideo non in fide timebant
penam futuram. Sed in experientia penam prefentem. Quare non
cohibebant ifto timore voluntatem. Et hunc timorem inûtilem
quia non fanctificat animam, quia non eft fanctus, foras mittit
Sancta Charitas adducens illum qui dictus eft. licet & hunc perfecta, minuet Sed non extinguit totaliter.   Igitur prima radix
omnium bonorum˙ eft voluntatem habere in lege domini. Nullum
enim violentum perpetuum & quod fine affectu & voluntate
tenetur non diu tenetur. Quia non habet radicem granum quod
fupra petrofa cecidit. Nam & gentilis ille poeta dixit. Errat
mea fententia Qui firmius putat regnum effe. quod vi fit. quam
quod amicitia coniungitur. Igitur Chriftus non vult vi & violentia fuum regnum conftare. quia tunc non conftaret. Sed voluntate & ex animo & affectu fibi feruirj. Sic enim regnum eius
eternum, & quod non corrumpetur. Quia non in vi nititur.
hylarem enim datorem diligit. Ad hoc autem dedit fpiritum
fuum, Et ideo Qui hunc fpiritum Chrifti non habet, non eft
eius, Qui enim fpiritu dej aguntur. hii filii dej funt hii autem
funt quorum eft voluntas in lege dominj: quoniam hoc fine fpiritu
dej. ex nobis non eft

Sunt autem quidam etiam nunc hodie. Qui os huius prophete diftorquere & linguam eius inuertere nituntur. Qui fuis
inflatis fenfibus & diftortis operibus. Volunt quod lex domini fit
in voluntate eorum. & non voluntas eorum in lege domini. Hoc
enim & Iudej (vltra hoc quod non erat voluntas eorum in lege

domini vts dictum eſt.) voluerunt. dum quod ipſis placet, quod
ipſi definiunt, quod ipſi ſtatuunt, volunt. deo eſſe acceptum. Ac
ſic potius ipſi deo ponunt legem quaſi ſit obligatus, quod ipſi vo-
luerint & elegerint, acceptare. quam recipiant ab eo legem. vt.

Blatt 3ᵃ: faciant, que ipſe elegit & vult. Tales inquam nunc
precipue religioſi multi ſunt. Qui ſibi reſeruauerunt Iudicium,
ſuper mandato prelati ſuj. & ipſi volunt concludere & docere
eum, quid eis debeat precipere. Aut certe antequam faciant
quod Iubentur. rationem volunt ſibi reddi ac demonſtrari quare
& ad quid ſic precipiat. Et ſimiles in hoc Iudeis, querentes
ſignum. & dicentes. Quod oſtendis nobis ſignum, quia hec facis?
(.1. da rationem & ſignum, & proba. mihi, cur iſtud Iubeas? Et
non hoc facerent, niſi quia ſuperbia eorum eſt. qua Iudicare
volunt & non Iudicari & non eſt voluntas eorum in lege eius.
Sed preciſe lex eius, in voluntate eorum. Et certe hoc non eſt
ſub prelato eſſe. Sed ſupra eum. Dat autem eis dominus ſignum,
Soluite templum hoc & in triduo reedificabo illud. Soluunt enim
& illi templum corporis ſui myſtici (.1. totum conuentum ſcan-
daliſant & deſtruunt malo exemplo). Sed in triduo (.1. tribus
votis ſubſtantialibus reedificatur. q. d. O frater. Ecce hoc ſignum
eſt. Hec ratio quare hoc Iubeam & nulla alia: Quia tu pro-
miſiſti obedientiam, paupertatem, & caſtitatem, Hec ratio debet
tibi ſufficere. Nec debeo tibi aliam dare, Tuum eſt obedire.
Non enim datur aliud tibi ſignum, niſi hoc ſignum Ione (vt
ſcilicet iſto triduo ſis in corde terre.　　Tu ergo qui ſoluis
templum & deſtruis quantum in te eſt, Sed ad me pertinet ipſum
(.te emendato.) reedificare. hec verba ſunt prelati ad ſuum ſub-
ditum. Alioquin qui templum dej violauerit. diſperdet illum
deus.　　Sed heu iſta abominatio deſolationis poſita eſt fixe in
templo hoc ſancto dej. Et vere nunc tempus eſt. fugere ad montes

Caueat ergo ſibi quilibet diligentiſſime. Ne vnquam prelati
ſui Iuſſionem diſcutiat aut Iudicet antequam faciat. Nec dicat.
Quare precepit mihi deus de hac arbore non comedere? Cer-
tiſſimum enim ſignum Serpentis afflantis eſt. Quoties in precepto
ſuperioris tui, incipis intus querere & dicere. Quare? Quur mihi
hoc? Hoc non videtur Iuſtum, hoc non vtile. hoc melius ſic vel

fic fieret. hoc mere fruftra fit. hoc in meam irritationem fit. Et
fic de alijs infinitis queftionibus. que Infert. hoc diabolicum.
Quare. Mox enim Inuidiam contra precipientem quafi fit Inuidus
aut maliuolus excitat, dum non videt. quid profit quod precipitur,
aut quid conuenit. Ideo hocipfum quare, mox in principio retun-
dendum eft. & non quare. Sed quomodo & quam cito faciendum
fit, cogitandum eft.   Hoc animaduerso. Quod ficut Ade in
paradyfo. ita deus in prelato, non precipit femper. quod vtile aut
neceffarium eft. aut magnum, Sed fepe folum fignum ponitur vt
reuelentur cogitationes ex cordibus. vt non alius fructus quam
obedientia fola queratur Nam ficut in Adam factum fuit, vbi
preceptum ej datum, fuit folum in fignum, quo obedientia eius.
probaretur. Sic nunc quandoque vile preceptum datur & exiguum
fignum. Sed magna ibi negligitur obedientia. quando mutatur
in fignum cui contradicitur, & reuelantur tunc cogitationes eorum
quia fuperbe funt. & Iudicium fibi arrogantes, ideo fit eis fignum
in ruinam, & animam prelati, que eft Mater illius conuentus,
tranfit gladius doloris & tribulationis.   Stultorum Ergo ftultitia eft. obedientie magnitudinem. ex operis magnitudine metiri. aut paruitatem & vilitatem ex vilitate
operis precepti. Non vult deus victimam Sed obedientiam.
Nec noftra Magna opera curat quia ipfe poteft maiora facere,
requirit autem obedientiam folam, Sic. n. & Saul pinguia pecora
feruauit & pinguiffimum Agag [*1 Sam. 15, 9.*]. Quod multi
imitantes. Magna quandoque faciunt opera & vtilia ex fenfu
fuo. interim autem vile aliquid omittunt quod Iubentur, in qua
vilitate preciofiffima latet obedientia ficut in illa preciofa vtilitate, viliffima inobedientia. Sicut thezaurus in agro abfconditus
Ita obedientie precium, in abiecto & contemptibili precepto.
Rurfus ficut offa mortuorum. & omnis fpurcitia in fepulchro foris
dealbato. ita inobedientia fetidiffima. in magno & fpectabili
opere   Audi ergo preceptum, & doctri [*so*] Spiritus fancti.
Sed in lege dominj Voluntas eius (.fcilicet prelati lege.) ꝛc.

   Blatt 3ᵇ: Et in lege eius meditatur die ac nocte Meditari proprie eft hominum tantum. Quia & beftie videntur imaginari
& cogitare. Vis ergo meditatiua eft rationalis. Differunt autem

Meditari & cogitare. Quia meditari eſt moroſe [*Ausgestrichen:* pacate, *und darüber geschrieben:*] profunde, diligenter cogitare. Et proprie eſt ruminare in corde. vnde meditari. quaſi in medio agitare, vel ipſo medio & intimo moueri eſt: Qui ergo intime & diligenter cogitat, querit, diſcutit ꝛc hic meditatur. Sed in lege dominj hoc non facit, niſi cuius primum voluntas in ea fixa fuerit. Nam que volumus & amamus, intime & diligenter rumi- namus. Que autem odimus vel vilipendimus leuiter tranſimus & non profunde, diligenter, aut diu volumus. Igitur radix primum mittatur in corde. voluntas & ſua ſponte veniet meditatio Inde enim Impii non meditantur in lege dominj: quia adulterine plantationes, non miſerunt radices Meditantur tamen alia Scilicet in quibus eſt voluntas eorum radicata, que ipſi volunt & amant (.1. aurum, honorem. & carnem. Atque Iudei meditantur vani- tates & inſanias falſas ſecundum ſuas opiniones in ſcrip. Sicut Multipliciter de eis eſt prophetatum. Dauid autem orat. Inclina cor meum in teſtimonia tua & non in auaritiam. Omnes hii non in lege meditantur Sed extra legem, vt auari, carnales, ſuperbi. Aut in gloſis legis ſeu Scoriis & corticibus Quid autem eſt dies & nox? hic magnum eſt pelagus. primo ad literam (.1. omni tempore ſeu aſſidue.) Quia dies et nox eſt omne tempus. Diuiditur autem Tempus non ſolum [*Am Rande links:* .1.] in diem & noctem Sed 2ọ [*Am Rande links:* .2.] etiam in tempus pro- ſperum & aduerſum. ideo dies eſt tempus proſperitatis, nox autem aduerſitatis. 3ọ [*Am Rande links:* .3.] diuiditur in tempus gratie & peccati. 4° [*Am Rande links:* .4.] in tempus vite & mortis. prouer. 31. Non extinguetur in nocte ꝛc .1. in tempore mortis. 5ᵗ̣ọ [*Am Rande links:* .5.] in tempus quietis & negocii. ſeu ocii & laboris. Vnde Quies (ſecundum ſpiritum.) eſt dies. Occupatio autem nox. Secundum has diuiſiones. varia eſt iſtorum nominum in Scrip. vſurpatio. Qui ergo radicatus eſt voluntate. & ex animo ſpontaneo in lege dominj quodcunque tempus acciderit. non recedit, non obliuiſcitur, non poſtponit meditationem legis dominj Stultus autem. & cuius voluntas non eſt in lege eius. mutatur in omnem differentiam temporis Et ſi aliquando per diem in ea meditetur. Nocte autem ceſſat. quia non habet radicem.

Sunt autem & hic quidam peruerſi (.ſicut in prima verſiculi parte.) Qui ſimiliter inuertunt & peruertunt. hanc vocem ſancti. Quorum non eſt meditatio in lege dominj. Sed potius econtra lex domini (.quod horrendum eſt.) eſt in eorum meditatione. hii ſunt. Qui Scrip. ad ſuum ſenſum torquent. & ſua propria ſtatuta meditatione. cogunt Scrip. in eam intrare & concordare, cum debuerit fierj ediuerſo. Sic ergo lex domini in meditatione eorum. & non meditatio in lege dominj hii non volunt eſſe adüerſario ſuo conſentientes in via. Sed aduerſarium ſibi. Nec cum ſancto ſancti eſſe volunt. Sed ſanctum, cum ſe prophanum eſſe cupiunt. Sic fuerunt heretici. Sic omnes qui ſuam vanam opinionem. auctoritate probant Scripture. Iudaizantes Iudaica perfidia

Contra quos. b. Hilarius li 1. de tri. Optimus lector eſt Qui dictorum intelligentiam expectet ex dictis potius quam imponat. Et retulerit magis quam attulerit. Neque cogat id videri dictis contineri, quod ante lectionem preſumpſerit intelligendum. Inde enim conqueritur dominus per Malac. 3. Quod eum configant & violentunt [so]. mali interpretes & perucrſi. Quippe. Dicta autentica ſunt quedam [so] claui. Eccleſiaſtes vlt. Stimuli: Quibus quando veritas prohibetur: tunc dominus configitur. vt ſcilicet veritas non libere incedat & appareat Vnde in huius rej figuram. dominus Iudeis remanſit crucifixus, nec vnquam illis iterum apparuit niſi reliquijs Iſrael. Ideo adhuc hodie eum crucifigunt in ſemetipſis vt eos Apoſtolus arguit Quia tenent veritatem confixam. & in mendacio ſuo ferreo & duriſſimo. (.qui ſunt claüi eorum.) eam configunt, Ideo vſque hodie neſciunt quid faciunt. Sicut & tunc neſcierunt Eodem modo flagellant, lapidant & occidunt prophetas & Scribas. Sicut patres eorum Et ſicut ad literam iſta fecerunt. ita etiam myſtice idem fecerunt. Nam tunc propheta. occiditur, quando eius Sermones. ſuffocantur ſecundum ſenſum viuum. quem ſpiritusſanctus intendit. Vide

Blatt 4ᵇ: quantum ſit eruditionis in iſto verſiculo vnico. Vehementer ergo timendum eſt. Ne cito ſenſui noſtro credamus. & cum omni humilitate & reuerentia Scriptura exponenda Quia ipſa eſt lapis offenſionis & petra ſcandali. hijs qui feſtinant. Quam petram conuertit in ſtagna aquarum. hijs qui meditantur in lege domini. Vnde & domínus reprehendit eos qui cum fic querunt. Ifaie. 65. Quia Inueniunt eum, qui non quefierunt ifto modo

Sunt tandem. qui meditantur quidem & habent voluntatem in lege Sed non domini. Hii funt Iurifte Qui in doctrinis hominum varijs. &. traditionibus feniorum voluntatem habent. & meditantur die ac nocte. [*Am Rande links:* Vnde hic in fingulari dicit in lege, non legibus,] Quid enim funt doctrina [*so*] hominum (nifi leges ciuiles & humane? Traditiones autem feniorum. funt decreta pontificum. Senior enim prefbyter grece & facerdos eft. Vnde & petrus. Se & Johannes Seniorem appellat in fuis Epiftolis. In hijs ergo legibus, intime verfantur nunc homines & habent infinitam in illis arenam, queftionum, litium, pugnarum, verborum, glofarum. fine omni fructu nifi lucri tantum & honoris   Sed de hoc fatis.

Et erit tanquam lignum, quod plantatum eft, fecus decurfus aquarum, quod fructum dabit in tempore fuo. Dixi Si quis voluntatem habet in lege dominj, radicem habet ideo hic dixit, plantatum effe. radicem fcilicet mififfe. Sine dubio alias erit non plantatus, eft. Recte ergo qui predixit. Sed in lege Domini voluntas eius, Nunc profequitur Et erit tanquam arbor vel lignum plantatum, viûûm vtique lignum. cuius radix eft voluntas in lege dominj Et ideo firmiter plantatum. Quod autem timore in lege eft, violenter eft lignum intrufum & non plantatum. Voluntas enim & non vis facit firmum propofitum.   Recte quoque premifit qui meditatur in lege eius, & nunc profequitur fecus decurfus aquarum Nam iis qui in lege meditantur. fcaturit ipfa petra Scrip. abundantes riuos & decurfus aquarum Scientie & Sapientie. infuper & gratie & fuauitatis. Sic enim promittit: Querite & inuenietis, pulfate & aperietur vobis. Igitur meditari. eft pulfare cum Mofe hanc petram, decurre [*so*] autem aquas, eft erumpere multos fenfus. & copiam intelligentie. Ideo Qui meditatur in lege domini, fimul neceffario eft fixus. fecus decurfus aquarum & fluenta pleniffima Dicit autem decurfus, quafi de furfum currens. Vnde & Iordanis: a defcendendo dicitur. Quoniam Scrip. fancta eft fuper nos & de fuperioribus. ideo eft aqua, non ad quam nos defcendimus (nifi dum de fuperbia ad eam defcen-

dimus.) Sed nec afcendere ad eam poffumus, Quia confortata
eft non poffumus ad eam, Ideo eft decurfus. & defcendit ad nos
& fuper nos. Sic Iohel. 2. defcendere faciet ad vos hymbrem
ferotinum :c Dicit autem & decurfus. Quia fermo eius velociter
currit, nefcit enim tarda molimina fpiritusfancti gratia. Et fluminis impetus letificat ciuitatem dej. Et lingua meus calamus
fcribe velociter fcribentis. Expertus nouit Quod qui in lege
dominj meditatur. breuiter & fubito plurima docetur. ac velut
diluuium invadet intelligentiarum. in voce cataractarum eius, ita
vt fit vere curfus. vbi humanum ftudium vix eft repere ac claudicare. ad eandem veritatis copiam. Igitur Qui cupit abunde erudiri,
ac velut, inūndari curfibus aquarum fcientie. tradat fe ad meditationem in lege dominj die ac nocte. Et experientia docebitur.
verum dixiffe prophetam in hoc verfu

Dicit tercio Secus .1. iuxta vel prope. Quia in futuro in-
grediemur & abforbebimur in iftis aquis. hic autem interim,
fumus ad eius decurfum, preterfluit enim nunc Sed tunc influet
totaliter. Quomodo autem Scientia & gratia fit aqua. alibi notum
eft. Nifi Quod Scientia Scrip. fingulariter aqua eft. quia lauat,
irrigat, & fecundat. Eft enim diffufa gratia in labiis eius: ita
vt fit mollis, liquida, mitis & pura. & fi que alie fint aquarum
proprietates, Igitur. hic riuos de libano fluentes. pofthec fontem
ipfum bibemus aquarum viuentium.

Blatt 4ᵇ: Quod fructum fuum (.1. opus fructuofum.) :c hoc
magnum & fingulare donum dej eft. Scire inquam, quando opus
quodlibet facere debeas. fcilicet vt fuo tempore. & oportune
quodlibet facias. Hoc eft donum confilij. & Iudicium quod diligit
honor regis. prouer. 25. Mala aurea in lectis argenteis, qui
loquitur verbum in tempore fuo. Econtra eiufdem. 26. Quomodo
fi fpina nafcatur in manu temulenti. Sic parabola in ore ftultorum. Et. infra. Quomodo pulchras fruftra habet claudus tibias.
Sic indecens eft parabola in ore ftultorum Hec eft prudentia.
virtutum dux & auriga. Iudex temporum. Multi faciunt fructum,
tempore alieno. fcilicet fui capitis & fenfus: & non tempore
fructus. vt qui ftudet quando debet alijs prodeffe in opere, aut
econtra, qui vult regere & currere, quando debet orare vel

ftudere. Sicut in fecularibus prudens eft, qui metit in meffe &
non ante vel poft meffem. Vel qui emit dum forum eft & nundine funt. Sic enim prudentiores funt filii huius feculi ꝛc.
Hoc tempus autem oportunum apud religiofum facile eft. Quia
obedientia fola: ipfa eft prudentia eorum que quando requirit
aut prohibet. tunc tempus eft fructibus fuum & oportunum. Sed
multi etiam hic infaniunt & fibi tempus definiunt, Sed hoc fine
dubio femper alienum eft & importunum operi fuo ideo & ipfe
fructus. potius fpina eft in manu eius. quam fructus aut vua ꝛc
perforat enim confcientiam eius. & inutile facit opus & manum
fimul.

Et folium eius non defluet folia funt verba. hec autem
verba Chrifti quomodo non defluxerunt patet. quia in Euangelijs
& cordibus fidelium, preciofiffime. fcribuntur. Verba enim que
loquitur. vita funt & fpiritus. ideo non in lapidibus & mortuis
libris. Sed in viuis cordibus digna funt fcribi. Non defluet ergo
minus dicit. & plus fignificat: quia celum & terra tranfibunt verba
autem eius non tranfibunt. Ipfe igitur. lignum vite, plantatum
in domo dominj firmiter. qui fructum fuum fuo tempore dedit.
primitie omnium lignorum eum in hiis imitantium. Adam & Eua
Confuerunt folia fici. (.1. texuerunt verba excufationis in peccatis,
vt fuam turpitudinem velarent & excufarent: ideo defluxerunt ifta
folia. Et Maledicta eft hec ficus a domino, que talia tulit folia.
& mox aruit.   Sed quam perfectus vir eft qui non offendit
in folio. perfectior certe cuius folia funt florida & abundant Sed
perfectiffimus. cuius non defluit folium, Qui dignus eft cuius
fententie & dicta eternam memoriam & auctoritatem mereantur.
Sic Ecclefiaftes vlt. Verba fapientum quafi ftimuli & claui in altum
defixi. que per Magiftrorum confilium data funt a paftore vno.

Et omnia quecunque faciet profperabuntur (omnia que
inftituit & ordinauit fierj in Apoftolis & difcipulis, in facramentis,
myfterijs. Non enim folum ipfe factor profperatur ficut ps 44
dicitur. intende. profpere procede. Et ps. 117. O domine bene pro-
fperare ꝛc. Verum etiam ea que facit profpera erunt, proficient,
procedent, & non impedientur ab omnibus refiftentibus. Quia
porte inferj non preualebunt adverfus eam. Quia profperabuntur

ea que facit? Que? Celi noui, terra noua: immo omnia noua
facit qui fedet in throno Hic enim eſt orbis terre futurus, quem
non fubiecit angelis deus. de quo loquitur Apoſt hebre. 3. Sed
filio, iſto Beato viro. Hec ergo opera dominj Magna & mirabilia, exquiſita in omnes voluntates eius. Ipſa funt que hic proſpera futura dicuntur. & impleta funt, Sicut videmus Quia impleuit Ecclefia que eſt opus magnificentie eius. totum mundum.
Confeſſio enim (.1. Iudea vel Iudith.) & magnificentia opus eius.
Et iterum facta eſt. Iudea fanctificatio eius (.1. Ecclefia.) ꝛc.

Blatt 5ᵃ: Non fic impii Ampla eſt iſta negatio. & tam ampla:
quam fuit affirmatio omnium precedentium vt Impii non beati,
non viri, Non voluntas eorum in lege domini. Nec meditantur
in lege eius vts. Nec funt lignum plantatum fecus decurfus, quod
fructum fuum dat in tempore fuo‛Nec profperabuntur, quecunque
fecerint. Defyderium enim peccatorum peribit. Quid ergo? Non fic
funt impii Sed tanquam puluis puluis enim non habet radices,
nec poteſt plantari Sicut nec ipfi voluntatis radicem in lege.
Sed eſt terra comminuta & ad nihilum redacta & ab vſtione folis
arefacta ideo enim viliſſimum omnium eos vocat: Quia commi-
nuti funt & viliſſimi omnium facti Sicut per [*Ausgestrichen:* Edom]
Abdiam dicit. Ecce paruulum dedi te in gentibus, Contempti-
bilis tu es valde. Vnde & ipfi quidem faciunt fructum. Sed
tempore non fuo: immo prorfus Importuno opera legis fcilicet
tempore gratiẹ. quod non eſt tempus talium operum. Vnde &
[*Ausgestrichen:* Edom] Abdias. Non eſt prudentia in eo.   Sic
non fecus decurfus funt aquarum. Quia pofuit ſtagna in fitim
& terram fructiferam in falfuginem a malitia habitantium in ea
[*Pf. 106 = 107. V. 33 f.*]. Sic folium eius defluit. Vt Ifaie. 2.
[*Jef. 1. V. 30.*] Cum fueritis ficut quercus defluentibus folijs &
velut hortus abſque aqua. Quia que hodie docent. cras falfa
conuincuntur. omniaque que faciunt non profperabuntur. Sed
omnia que ordinant fruſtra ordinant.   Quem proijcit ventus a facie terre Ventus eſt impetus ire dej & fpiritus furoris
eius, qui fuit in Romanis. per quos difperfit eos & proiecit. a terra
fua. vſque in hodiernum diem. Quia de terrẹ facie (.1. fuperficie
Iudee) omnes funt expulfi, valido iſto vento ire dej Ipfi autem

vt infirmus puluis, fine virtute refiftendi fuerunt. Et bene puluis Quia Sicut puluis eft terra minutim diuifa. & nulla parte fibi coherens: Ita tunc temporis fuit maxima & intima diffenfio inter Iudeos. & nulla coherentia aut concordia ideo difperfi funt. Diuifum enim fuit cor eorum. ideo nunc perierunt.

Eodem modo. Myftice. Tentationis ventus femper deijcit de ftatu & poffeffione feu pace fua fuperbos, fingulares, difcordes ꝛc. Quia ficut frater a fratre adiutus eft ficut ciuitas firma, ita frater contra fratrem Eft ficut nullus lapis fuper lapidem. Ac ficut puluis fuper faciem terre.

Ideo non refurgent impij in Iudicio Non dixit in die Iudicij. Sed in Iudicio Iudicium autem nunc eft mundi. licet nondum reuelatum quod fiet in die. Iudicat ergo dominus iam populos in equitate. difcernens per gratias fuas bonos a malis. & tranffert eos de tenebris in admirabile lumen fuum, diuidens lucem a tenebris. In hoc Iudicio refurgitur refurrectione prima fecundum animam. cuius figura & caufa eft refurrectio Chrifti Sicut theologifat in multis locis Apoftolus. Sed non Iudej in ifto Iudicio refurgunt. Quare? quia nolunt. Quia excufant fe in peccatis. & Iuftificant femetipfos ac fic refiftunt. Eft autem multiplex Iudicium, 1 primo paffiuum quo a domino Iudicamur. fcilicet feparando de medio malorum. Et hoc fecundum corpus fit per difciplinam & caftigationem. Secundum animam autem per gratiam. Sic Apoft. Cum autem Iudicamur a domino corripimur vt non cum hoc mundo condemnemur. [*1 Kor. 11, 32.*] 2 Secundo quo nofipfos Iudicamus. hoc fit feipfum accufando & confitendo peccatum fuum, Quo agnofcimus quod digni fumus pena & morte. Sic Ro. 2. Qui Iudicas eos qui talia agunt. ꝛc Item Eadem facis que Iudicas (.1. agnofcis & difcernis malefacta & non facienda: Talia ergo in nobis agnofcentes, & pro eis penam nobis inferentes. exercemus Iudicium in nobis. Non ergo refurgunt impii in Iudicio. Neque peccatores in confilio Iuftorum (.1. Iudej. in Ecclefia Chriftianorum qui funt foli Iufti a folo Iufto domino noftro Ihefu Chrifto. Quoniam nouit dominus Viam Iuftorum Quia amen dico vobis nefcio dicit ad impios Nouit ergo: quia placitum eft ej in illis. Sed Iter impiorum

peribit, vna cum ipfis quia difperdet illos dominus benedictus
in fecula Amen.

[*Nun den Rand herüber:* Iudicium poteft intelligi etiam ipfa
fides. per ipfam enim dominus Iudicat & difcernit. Ipfa equitas
& veritas. in quam Iudicat dominus Ipfum Iudicium non quod
facimus, Sed quod pati debemus tanquam fuperius ad nos & fententiam latam fuper nos, cui ftandum fit.]

Blatt 5ᵇ: Sequitur tandem ex predictis. quod Scriptura
fancta aptius & melius vtitur verbis quam Curiofi difputatores in
fuis ftudijs. Immo Nifi quis eorum imaginationibus renuncians
velut calceos fuos cum Mofe exuerit, non poterit ad iftum
rubum flammeum appropinquare terra enim fancta eft, Nam
Ecce Si dixeris: Sed in lege domini voluntas eius .1. actus
voluntatis vel potentia actus in lege Domini: dura, infipidaque
eft intelligentia. Et ifti tamen fic dicunt. Si autem dixeris cum
fpiritu fic .1. Qui fponte et voluntarie legem domini facit iam
Ecce fanior eft fenfus.   [*Am Rande links:* .q.] Sed queftione
dignum videtur. Cur non dixit voluntas & Manus in lege domini?
Nam fides fine operibus mortua eft. Et dicunt fed non faciunt
Refpondeatur Quod 2ᵈ caufa folam voluntatem expreffit, prima
Quia non poteft arbor bona malos fructus facere & omnis arbor
bona fructus bonos facit. Ideo voluntas que eft arbor vel radix
arboris bone, non poteft facere nifi bonum. & facit fructum bonum
tempore fuo Ideo hic mox, comparauit hominem ligno plantato,
cum premififfet radicem eius fcilicet voluntatem. habita enim
voluntate bona. totus homo bonus eft. Sic radice bona, arbor
bona eft. Que vtique facit tunc, non nifi fecundum genus fuum,
fructum bonum. & fi non femper tamen tempore fuo: poftquam
hiems tranfierit. Etenim. hiems eft tempus legis & fynagoge.
Ver autem ameniffimum tempus annj. eft primitiue Ecclefie tempus: vbi Spiritusfanctus ameniffimum fecit tempus. in floribus,
fructibus ɔc Vnde & eductio de egypto primo menfe facta eft
& in vere, hoc enim tempus, eft principium germinantium. Amos.
c. 7. tunc enim hiems tranfijt Eftas autem eft plenitudo & profectus Ecclefie. in qua claritas maior facta eft. & in notitiam
omnium vulgata veritas fidej. Autumnus iam reftat & nunc inftat,

in qua [*so*] meſſis & vindemia agetur nouiſſimi Iudicii. hic rurſus incipit frigus charitatis. ps. [*d. i. 73=74, V. 17.*] Eſtatem & ver, tu plaſmaſti ea. *2c.*

2 Secunda cauſa eſt. Ad erudiendum nos. Quod opus bonum non ſic eſt de neceſſitate ſalutis. Quin ſi fieri non aliter poteſt, voluntas ſufficiat. Hec enim neceſſaria eſt. quam nullus impedire poteſt perſecutor. a qua nullus excuſatur. Quoniam hec omnino in nobis noſtraque libertate poſita eſt. poteſt tyrannus. manus & pedes ligare: poteſt in exilium mittere & carcerem, vt neque lingua nec manu, nec verbo nec opere poſſis facere ſecundum legem dominj. Nunquid poteſt voluntatem? Igitur Beatus vir. etiam ſi non plus quam voluntas eius in lege domini fuerit. Verum Vbi copia faciendi adeſt, non ſufficit voluntas. immo nunquam eſt voluntas, niſi in verba & opera prodeat. & incarnetūr (.1. in carnali verbo & opere appareat.) Quare cum dicit. In lege dominj voluntas eius. vtique vera & plena & perfecta voluntas intelligitur. Inde enim Iacobus in ſua Canonica c. 1. appellat legem hanc. perfecte libertatis .1. voluntatis: Quia ſemiplena & languida voluntas, non eſt voluntas. horum certe voluntas eſt diuiſa & non tota in lege. Sed in legibus ſcilicet duabus contrariis. partim in lege domini, partim in lege membrorum & carnis. Vnde non fruſtra hic. vnicam legem domini adducit dicens. In lege dominj. in ſingulari, & vnius dominj in ſingulari. & vna voluntas in ſingulari. Quia non omnis (.1. nullus.) qui dicit mihi domine domine (.1. 2! eſt corde & voluntate diuiſa.) intrabit. in regnum celorum Sed qui facit. *2c* facit autem voluntatem. qui ſecundum vnam voluntatem totam & plenam facit opus dej & mandatorum. Si quidem. & ipſa tua voluntas perfecta eſt patris voluntas, a quo omne donum perfectum deſurſum eſt deſcendens. *2c.*

[**Blatt 6** und **7** sind nicht vorhanden, aber nur weil nicht beziffert.

Blatt 8. 9. 10. 11 sind leer.]

Blatt 12ᵃ: Sed gradus tres oppoſiti & ad celum eſt non abire in conſilium impiorum: (.1. maxime reſiſtere refugere & ire in conſilium piorum. [*Am Rande links:* declinare conuenticula

illorum de fanguinibus Idumeorum [*Pfalm 15 = 16. V. 4.*]
2ᵘ Non ftare in via peccatorum (.1. non ftatuere fuam Iuftitiam, non fe excufare, non Iuftificare, non fibi tribuere. Sed magis. ftatuere & fubijci Iuftitie dej, inducere confeffionem: in principio accufare feipfum, Iudicare fe ipfum, Iuftificare deum gratias agere paratus audire & acquiefcere: & fenfui ac monenti alteri cedere. hoc eft ftare in via fanctorum. Stant enim fancti: quia humilitate & confeffione nituntur   3ᵘ eft [*Ausgestrichen: mali*] non docere malum (.1. maxime docere bona.) Quos tres gradus in Aug. adeo eximie videmus lucere. vt ifte verficulus mira proprietate & [*Ausgestrichen: accomodat*] accomode: videatur reprefentare, exprimere ac delineare. totam vitam S. Aug.   Nam pro primo gradu quam non abierit Sed pleno corde iuerit in confilium impiorum. ipfe teftis eft li. 8 confeffion.   In 2º autem pre omnibus fanctis. fecit nouum & fingulare fcilicet ftatuens non fuam Iuftitiam, neque fefe Iuftificans aut fibi quid attribuens, Sed Confeffionem bonorum & malorum totius vite, toti mundo ftatuit hoc eft [*Ausgestrichen: eximie*] egregie ftare in via fanctorum. immo & ire & proficere. Non fecit fibi feipfum in corde idolum. Sed pleniffime dedit gloriam deo: in confpectu omnium hominum. [*Am Rande links:* ficut Ezechiel arguit Iudeos Sic] In 3ᵉ gradu, fcilicet non docuit malum: Sed maxime bonum: quis hec nefcit? Aut quis hoc tam diu, tam fedule, tam feliciter [*Ausgestrichen: exegit ex*] eft executus   Igitur Singulariffima laus eft Aug. In hoc verficulo. Et vere Beatus vir. qui non abiit in confilio impiorum :c Breuiter hos item tres gurgites ad dicendum pleniffimos per compendium declino: quia iam finem facere debeo. Igitur patres & fratres vt fermo qui a vobis incepit, in vobis etiam finiatur. Audiftis

[**Blatt 12ᵇ** leer. **Blatt 13** nicht vorhanden. **Blatt 14ᵃ** leer. **Blatt 14ᵇ** s. vorn S. 1.]

          Blatt 15ᵃ: Vocabularium fuper ps.   ps. 1º.
Vir dicitur tripliciter, primo eft nomen etatis, & diftinguitur contra puerum. Alio modo eft nomen relatiuum & officiale vt fponfus vel maritus, Tercio eft nomen fexus. fcilicet contra mulierem diftinctus. Nota funt ifta

Confilium. Eft difpofitio mediorum, vel via: quibus ad finem peruenitur in moralibus & practicis. & eft quadruplex. primo eft: Confilium bonum ad finem bonum. vt funt Confilia Euangelii. lex dej. que dirigit hominem per debitum medium ad deum, Et hec eft virtus & charitas vt orare, mifereri proximo, propter deum   Secundo eft confilium malum ad finem malum, quale fuit confilium achitophel contra dauid. & Saũlis contra eundem. vt eft omne peccatum & vitium maxime ex deliberatione, de Induftria, & confulto factum, vt Confilium Iudeorum contra Chriftum Et ita poteft hic etiam fumi   Tercio eft Confilium bonum ad finem malum. Et hec eft proprie hypocrifis, fimulatio, & dolus: Vt qui bonis medijs vtitur, Exempli gratia, orare ieiunare & omnia, que bona funt facere pro gloria, mundi, aut lucro aut alia vanitate. Tali confilio iterum Iudej viuebant vtpatet in Euangelio.   Quarto eft Confilium malum ad finem bonum, & hoc eft demonium meridianum. Eft autem, quando quis dimiffo eo ad quod tenetur, aliud ex fuo fenfu agit, bona intentione & fancto fine. Sic enim Angelus fathane in angelum lucis fe tranf- figurans, tollit obedientiam. fub fpetie maioris boni, cum tamen obedientia nihil maius fit fub deo.   Et contra hoc vitium ps. ifte loquitur. in quo Iudej olim figuratiue & vere, Nunc autem multo magis errant: Quia abeũnt (.1. deferunt confilium dej & fidem que fola eft via & confilium debitum, ad deum.) in confilio fuo ftatuentes fuam Iuftitiam & Zelum dej habent ftultum Ex abitione autem fiunt Impii. Sic vfque hodie diabolus. quando vult facere inobedientes, tunc abfcondit obedientiam. & facit fub- ditos. de preceptorum & faciendorum vtilitate Iudicare. Et fre- quenter minus vtile apparet, quod preceptum eft. tunc illi ftulti, obedientiam non confyderant in vili arripiunt vtilius & maius fine obedientia & contra.   Sic fecit. primis parentibus in paradyfo oftendens ejs maius bonum effe in non feruando quam feruando precepto. & fic tulit obedientiam. Sic olim Dominus prohibuit fibi fieri altare de lapidibus fectis (.1. viam ad fe colendum, noftra induftria politam & ornatam. Sic Iudej dimiffo templo & altari: in excelfis & lucis immolabant. & ftulti nobis videntur fuiffe. veruntamen multi nimis eos imitantur, maxime

2*

religiosi Nam & Iudei olim. se verum deum, in vitulo samarie & excelsis colere putabant: quo ritu tamen deus noluit coli. Sed eo qui erat in Hierusalem. hoc consilium sic Isaias describit. 59. Telas aranee texuerunt Et 30 Ve filii desertores vt faceretis consilium & non ex me. & ordiremini telam & non per spiritum meum vt adderetis peccatum super peccatum

Impius Est Recedens a deo & omittens cultum dej: peccator proprie: qui pertinaciter in suo errore & impietate, Inobedientia persistit, Et hec est vera idolatria olim figurata, negatio contra altissimum & osculari manum, suum sensum statuere, sua opera & facta Iustificare & defendere ideo est duplex peccatum   Sed confunduntur iste differentie.   Vnde hic pulchre primo dicit Impiorum: secundo peccatorum: Et primo abijt, secúndo stetit, Item primo in Consilio. secundo in via (.1. firmato & quasi trito & habituato consilio vbi de consilio facta est via.)   Vnde patet Quod Consilium hic capitur. pro deliberato & electione precedente malo facto. Consilium enim dicit Electionem Ideo Est Consilium Impiorum. Electus & voluntarius & agnitus error precipue in primis Iudeis tempore Christi   Sedere Est Iŭdiciŭm in tribunali, Regum in throno [*Darüber geschrieben:* solio], doctorum in Cathedra. Vnde hic doctores istius cosilii Impiorum & vię peccatorum reprehendit, quales sunt vsque hodie Iudej. [*Am Rande rechts:* Super Cathedram Mosi sederunt .1. legem Mosen docebant ideo sequitur quecunque dixerint facite] Vnde & doctrina eorum pestilentia vocatur. que est mortifera. & tamen occulta: quia velant eam suis mendacibus glosis, vt non appareat: quam sit falsa   Et sic in prophetis. numeratur vna de plagis dej. scilicet pestis, fames, gladius, bestie, pestis. mortifera doctrina. Bestiarum dentes Zelus carnalis, fames spiritualis cibi, gladius potestas diaboli.

Blatt 15b: Volŭntas in lege domini facit Christianum, non autem manus. Vnde Euangelium dicitur cohibere tam manum. quam animum lex autem Mosi solam manum. Verum Nec Euangelium est lex Christi: nisi fide capiatur lex enim domini viua est & efficax: ideo non est litere vel verba. Sed fides verborum alioquin semper sub lege est: quamdiu non habet fidem Euangelii.

vnde ps. 4. Signatum eſt ſuper nos lumen vultus tũi domine: Non ſufficit quod ſit ſignum, niſi ſit impreſſum ſignum & ſignatum. hoc autem eſt, eſſe fidem ſcilicet Euangelium ſüſcipere & fide [*Darüber:* credendo] imprimere. Sic Chriſtus per Hiere: dicit ſe ſuam legem ſcribere in cordibũs eorum, non in mortuis membranis Quia Verba Euangelij bene Scribunt & loqũũntur. Sed non fidem, fides autem eſt lex dominj immacũlata. purificans corda eorum vt infra ps. 18.

puluis. eſt terra comminuta, arida, leuis, omni vento mobilis. & expoſita. Quo nomine aptiſſime Iudej exprimuntur. qũi ſunt aridi in ſpiritu, & humiliati vnde & infirmi ad reſiſtendum. diſperſi per omnes terras, & omni momento incerti in ſedibus ſuis. Sunt etiam in conculcationem vt lutũm platearum. & pũlũis viarum. Et Maledictio deutero. 28. in eis ad oculum videtur   Eccleſia autem petrea ſuper petram firmam & lapides electi & precioſi

Iudicium Eſt ſententia damnationis & eſt proprie: quando quis ſeipſum accuſat, deteſtatur & condemnat. ſicut noſtri theologi dicunt, de actibus penitentie̜. [*Am Rande links:* Iraſci ſibi

dolere

vt pudere

deteſtari

vindicare]

hos vocat Scrip. Iudicium Iuſtus enim in principio eſt accuſator ſũi: Ideo etiam ſi ſepties cadat in die, toties tamen reſurgit, eo quod non excuſat ſe in peccatis. Sed mox confitetur & accuſat ſeipſum: quo facto mox dimiſſa ſunt ej peccata & reſurrexit. Sicut 2 Reg. 12. in Dauid patet: qui cum dixiſſet peccaui Mox Natan. tranſtulit dominus peccatum tuum. Sic publicanus in Euangelio cito Iuſtificatus eſt. Et ipſe ps. 30. dixi, confitebor Iniuſtitiam meam domino. & tu remiſiſti. Confeſſio enim & accuſatio ſui, eſt Iudicium hoc, quod amat dominus & correctio ſedis eius: Anima enim que ſic ſine intermiſſione ſeipſam deteſtatur, odit ſe in hoc mundo, diſplicet ſibi, & odit opera ſua. hec eſt que portat Iudicium hoc & ſemper reſurgit Econtra. qui ſtatuunt ſuam Iuſtitiam, & excuſant ſe in peccatis [*Darüber:* Sicut Saul. Sicut Adam & heua.] non Iudicant ſeipſos, non accuſant

Sed fe bene facere putant, & placent fibi: Et amant feipfos &
animam fuam in hoc mundo Ideo Impii non refurgunt in Iudicio,
quia non confitentur Iudej fuum errorem, non fe accufant. Sed
ficut Iuftus eft in principio accufator fui. Ita Impius eft in principio defenfor fui Ita Iudej Impietatem fuam non accufant. Sed
defendunt. Ideo impoffibile eft eos refurgere ftante ifta defenfione. Vnde Non dixit ps. Ideo non resurgent homines vel
omnis caro Quia omnis caro refurget in fine mundi ficut Iob
dicit In carne mea videbo 2c. Sed impii (.1. fpiritus eorum
fecundum quod funt Impii, non fecundum quod funt caro. [*Am
Rande links:* Aliud eft refurgere homines vel carnem aliud Impium, quia carnis refurrectio eft omnium vniuerfaliter. Impiorum
autem nulla. quare? quia funt in principio defenfores fui Iuftus
autem septies cadit & toties refurgit. quare? quia eft in principio accufator fui: Impoffibile eft enim. quod qui confitetur
peccatum fuum non fit Iuftus, cum dicat veritatem Vbi autem
veritas ibi Chriftus eft Sed & cum remiffio peccati. fit ipfa
eorum refurrectio patet quod non remittitur eis peccatum. quia
non accufant fe. ergo nec refurgunt aut Iuftificantur. De prima
enim loquitur refurrectione & Iudicio primo licet etiam neque
in fecunda refurrectione refurgant. quia qui fecundum animam
non refurgit, nec fecundum corpus glorificatum. certe quafi non
refurgere videtur. Et hoc innuit. quod non fimpliciter ait non
refurgunt. Sed in Iudicio & concilio (.1. inter eos non refurgent]
    Voluntas hic non vt in Scolis accipitur. Sed pro libentia,
fpontaneaque promptitudine [*Darüber:* Vide in vocab hhapetz.]
& voluntario beneplacito non provt diftinguitur contra intellectum. vel actum voluntatis Sed omnino pro voluntate omnium
virium: Ita quod omnes vires, omnia membra volenter fint in
lege domini & libenter. Scilicet vt diftinguitur contra Inuolun-
tarium. licet hoc voluntarium vere fit primo in ipfa potentia
fcilicet voluntate. Nam fi dicas. Sed in lege domini voluntas
eius .1. actus voluntatis: arida & Ieiuna eft intelligentia, immo
obfcura, cum & nolle fit actus voluntatis licet hoc repugnet
grammatice. Immo poteft quis actum volendi elicere in lege
domini violenter. quod tamen voluntas eius non fit in ea: Et

forte hinc multi fe decipiunt. putantes fe ftatim habere bonam
voluntatem, quando actum volendi eliciunt. Et non confyderant.
quod eft violenter extortus actus. & imperiofe elicitus: quod ex
hoc patet. quod tranfeunte actu, relabitur ad folita & non eft
ibi perfeuerantia. Et Hec eft confcientia cauteriata (.1. violenter
facta & extorta.)

Blatt 16ª: Igitur voluntas hic ficut voluntarium neutro
genere. Sicut Ro. 1. [*Ausgestrichen:* Quod] ita quod in me prom-
ptum eft (.1. promptitudo). Et. infra. 2. Ignoras quoniam
benignum dei (.1. benignitas dej te ad penitentiam adducit. Sic
ps. 111. Beatus vir qui timet dominum: in mandatis eius volet
nimis (.1. voluntarius erit valde & libentiffimus.) Et ps. 39. deus
meus volŭi (.1. voluntarius fui) Et legem tuam in medio cordis
mej. non in ore & lingua Nec in membrana cordis. Sed intus
in medio & intima cordis medulla. Sic ps. 53. Voluntarie facrificabo tibi. Et ps. 118. Voluntaria (.1. voluntatem.) oris mej
beneplacita fac domine. Et ps. 20. Et voluntate labiorum eius
non fraudafti eum. quamuis hic pro defyderio voluntas magis
quam pro voluntario capiatur

Item Notandum Quod abire a confilio & lege dominj Eft
tota impietas. Sed in Confilio Impiorum Eft fic omiffo confilio
dej, cŭi tenetur. facere alia. & Inuentionibus fuis niti ps 80.
quod fepius fit fub fpecie maioris boni, cum tamen deus noftris
bonis nihil egeat. Sed obedientiam tantum requirat. quoniam
deus magnus dominus & rex magnus fuper omnes deos :c Item
Cęlum mihi fedes eft Item domini eft terra :c Que omnia ad
hoc fonant. Quę eft ifta domus quam edificabitis mihi? q. d.
veftris magnalibus nihil egeo, cum maiora poffim facere. Sed
obedientiam requiro

Item Quod noftri Scolaftici theologice vocant actus penitentię. fcilicet difplicere fibi, deteftari, ¡condemnare, accufare,
velle vindicare, punire feipfum, caftigare & cum effectu odire
malum & irafci fibi. vno verbo appellat Scrip. Iudicium. Igitur quam diu nosipfos non condemnamus, excommunicamus,
deteftamur coram deo, tam diu, non refurgimus nec Iuftifica-
mur. [*Am Rande rechts:* Quandoque autem. quia deus Infert

hoc Iudicium, dum homo negligit Et tunc Impii iterum non
refürgunt Sed peius ruunt] Non erit nec oritur in nobis Iuſtitia
dej. niſi prius omnino cadat Iuſtitia & pereat Iuſtitia noſtra
Nec refurgimus niſi prius ceciderimus maleſtantes. Sic vniuerfaliter. Eſſe, fanctitas, veritas bonitas, vita dej ꝛc non ſunt
in nobis, niſi primum nos nihil prophani, mendaces, mali
mortui fiamus coram deo. Alioquin irrideretur Iuſtitia dej. &
fruſtra Chriſtus mortuus eſſet.   Et hec eſt difputatio pro-
fundiſſimi theologi pauli Apoſt. noſtris hodie theologis an ſpeculatiue nefcio. practice Scio quod ignotiſſima. Sic enim ipfe optat
Inueniri in Chriſto non habens Iuſtitiam ſuam. Sic ipfe dicit fe
primum omnium peccatorum. que eſt magna & felix fuperbia
Nam tanto magis abundat gratia & Iuſtitia Dej in nobis. quantomagis abundat delictum (.1. quanto minus nos habere Iudicamus
Iuſtitie, quanto magis nosipfos Iudicamus & execramur & de-
teſtamur. tanto abundantior influit in nos gratia dej. Et hoc
verbum Apoſtoli multi male intelligentes dixerunt facienda mala
vt venirent bona [*Röm. 3, 8.*]: cum potius Apoſtolus ibi velit
docere, quomodo magnificetur Iuſtitia dej. Scilicet per magni-
ficationem Iniuſtitię noſtre. & abundantiam peccati. Quia vere
tantum abundat peccatum, quantum agnofcitur abundare. In fe
enim eſt Infinitum malum. & non eſtimabile. ſicųt & gratia dej.
Ideo Abundantia eius eſt eius agnitio fecundum magis & minus.
Et hoc eſt Iudicium quod diligit dominus. Sed impii non refurgunt in eo quia non magnificant peccatum ſuum. Sed Iuſtitiam
ſuam ſtant enim & excufant fe.   Vnde ps. 41. Memor ero
tůi de terra Iordanis. & hermonijm (.1. excommunicatorum, damnatorum qui ſunt Chriſtiani. excommunicati a mundo, a feipfis
coram deo.) Sed tamen ideo defcendit Ros hermon, (.1. matutina gratia in eos.)   profperabuntur omnia que Chriſtus voluit.
quod tamen contrarium apparet ſtultis. quia Ecclefia eius per-
feuerat. contra omnes Impetus hoſtium. Iudej autem quomodo
contrarie ſint Infelices fatis experientia docet. Quia quicquid
attentant pro ſua erectione perit. vtpatet. domino autem dixit
pater. Intende profpere procede & regna   Sed & Maometh
profperatur. & dirigitur dolus in manu eius ſicut daniel. 8. dicitur.

Ps 2°

Blatt 16b: Virga ferrea Sanctum eſt Euangelium, quod eſt
ſceptrum regale Chriſti in Ecclefia ſua & regno ſuo. quod heſter
deuota fide ofculatur. Dicitur autem virga. quia dirigit, arguit
corripit & ſuſtentat ꝛc. Dicitur autem ferrea triplici caufa. Prima
Quia dura eſt & aduerfaria carni: quia Indicit crucem & marty-
rium fecundum carnem vt confringatur ſicut vas figuli vt paupertatem hūmilitatem (contemptum, *iſt ausgeſtrichen*) patientiam.
quae funt tria cornua crucis contra Auaritiam concupiſcentiam
oculorum. contra ſuperbiam vite, contra voluptatem & concupiſcentiam carnis. Non enim mollia vel plumas concedit Sed
omnia dura, fortia & aſpera & ferrea vnde Matt. Eſto confen-
tiens aduerfario tuo in via   Vnde & gladius ſalutis vocatur
Et non eſt dubium quin ferreus Iſaie. 27. Viſitabit dominus In
gladio fuo duro & grandi & forti ſuper leuiathan ſerpentem.
Secunda .Quia Eſt inflexibilis & rectitudinis inuincibilis. Quia
per nullos hereticos aut deprauatores potuit Euangelium detor-
queri in prauitatem. licet multi fuerint fruſtra conati. Sed per-
ſtitit rectitudo eius ferrea, fidelis & inuicta Non enim eſt Arundinea virga aut baculus. [*Am Rande links:* Sed folida .1. *dichte*,
non caua fcilicet nudis verbis ſicut vanitas] cuiuslibet opinionis
vento dimobilis, aut cūi innitens poſſit ruere fracta. Sed fida
eſt, & ferrea. vt omnis qui ej innititur· infallibiliter dirigitur
ad ſalutem. Ideo ipfa Non mouetur vllis violentis detorſionibus.
Sed econtra˙ omnes nos fluxi & mobiles vagi Erroris. in illam
fundemus nos ſicut in ſtabile ferrum.   Eximia itaque laus
Euangelii in iſto breui verbo colligitur. Et virtus eius fortis &
inuicta contra omnes deprauatores eius. Quare non habet nafum
cereum Sed omnino ferreum, quia ferrea eſt virga   Tertia*) Quia ſicut ferrum omnia conterit, comminuit, domat &
figurat Daniel. 7. Sic Euangelium diſtortos componit, .1. indi-
ſciplinatos diſciplinat, magnos conterit (.1. ſuperbos humiliat,)
[*Am Rande links:* erecta Incuruat .1. elatos inclinat] aſperos
planat (.1. iracundos mitigat) breues elongat (.1. puſillanimes facit

---

*) Vgl. Erl. lat. Tom. XIV. 75.

longanimes) econtra longos decurtat (.1. prefumptuofos conterret.
Rubiginem pellit (.1. accidiam fugat ꝛc opera ferri facile eſt
applicare ad propoſitum.   Michee. 4. Surge tritura filia Zion
quoniam vngulas tuas ponam ereas. & cornu tuum ferreum Et
Iſaie. 5. Sagitte eius acutae & omnes arcus eius extenti ꝛc [*Am
Rande links:* Sed tamen hoc loco ideo ponitur ferrea quia per-
cũtit & occidit in bellum enim fonat Sicut dominus ait Non
veni pacem mittere fed gladium, quod Indicat fequens verbum
Et confringes tanquam vas ꝛc]   Corol. patet Quia iſte verſus
non poteſt intelligi de ira dej. Quia Regere hereditatem ſuam.
non conuenit niſi amanti. Eos enim qui non funt Hereditas eius.
conturbabit in furore fuo vts & in virga indignationis corripiet
& non reget neque paſcet

Dicitur autem Virga quia dirigit fecundum fuam rectitudi-
nem Eſt enim recta. Secundo Quia eſt gracilis & leuis vt manu
poſſit geſtarj Quia Iugum domini fuaue & onus eius leue Non
ſic Iudej. Qui olim magnas tabulas tabernaculi cogebantur in
humeris portare .1. onera legis grauiſſima: quae manu portare
non potuerunt vt act. 5. [*Am Rande links:* numerj 4. Hec funt
onera eorum]

Tertio quia Nuda & publica. quia eſt lex Euangelii reũelata
veritas: illi autem fuas tabulas inuelatas (.1. legis onera magis
ſignificatiua quam expletiua ꝛc

Vas Figuli Eſt corpus noſtrum. 2. Cor. 4. portamus hunc
thezaurum in vafe fictili ꝛc. Et Iſaie. 64. Tu Deus fictor noſter.
nos autem lutum tuum. Et Iob. 4. In angelis fuis reperit prauitatem. quantomagis qui habitant domos luteas. qui terrenum
habent fundamentum confumentur velut a tinea   Et hic eſt
homo .1. Chriſtus deus Amphora aque, humanitatem, baiulans in
cenaculum Domini, ſicut conſtituit illis Iheſus. Et hee funt
hydriȩ vini in Nuptijs Et Hydria. quam Rebecca De Scapulis
fuis depofuit. ad adaquandum Camelos ferui Abrahe (.1. Eccleſia
predicatores depofuit ꝛc.) Item hee lagene Gedeonis, que com-
motȩ ardebant & collife (.1. martyrifati fancti fecundum carnem
& confracti, lucis & charitatis Exempla prebent. Iſaie 30 Et
non Inuenietur de fragmentis eius teſta, in quam portetur igni-

culus de Incendio fic pfalterium Cythara, organum non canit nifi
tangatur

Blatt 17ª: Reges Intelligite. Reges hic & fepius Infra ps.
71. .67. fecundum ethimologiam accipitur magisquam fecundum
vfitatam fignificationem (.1. pro eis qui regunt populum. vt
principes reges, prelati, Epifcopi ꝛc. Intelligite autem hic
eſt verbum tranfitiuum tertii vt fi dicam Scriptifico vos glofam
ps. .1. ego facio vos fcribere glofam. Sic nunc Scriptificamini a
me glofam. (1. fite fcribentes gloram [so). Ita hic intelligite
(.1. fiatis Chriſto intelligentes. feu Intellectificamini a Chriſto.
fcilicet illud quod fequitur. Seruite domino. q. d. Ecce Chriſtus
venit vos docere & intellectificare timorem domini ficut ps 33
Venite filii audite me timorem Domini docebo vos. Ideoque vos
fuſtinete & ab eo intellectificamini. Seruire Domino in timore ꝛc
Et iſta locutio Hebraica eſt frequentiſſima in Scripturis fanctis
Vnde & dominus Matt 4 Eris homines capiens .1. captificaberis
homines Sic genef. 12. In femine tuo benedicentur. Semen tuum
benedictificabitur (.1. Chriſtus mittet benedictores ad gentes
fcilicet · Apoſtolos.

Apprehendite difciplinam. Nufquam fic eſt tranſlatum nomen
bar. pro difciplina vt hic Ideo Sic debet haberi. Ofculamini
filium, Nafqu bar. vt dicit Lyra.*) Et eſt fenfus. .1. fufcipite
Chriſtum filium Dej. cum omni reũerentia & humilitate in regem
& dominum ficut faciunt homagiũm agentes. Et in fumma Dicamus. Ofculari primo eſt Signum fumme reuerentie & adora-
tionis. Ideo dicit b. Hiero. Adorate pure. Secundo eſt fignum
perfectiſſimum amicitie & charitatis. Ideo noſtra tranſlatio habet.
Apprehendite. Tertio eſt adhefio & coniunctio proxima oris ad
os faciej ad faciem. Ideo Intimam exprimit vnionem & per-
fectiſſimam & amiciſſimam, Minus enim dignamur quos pedibus

---

*) Nicolaus von Lyra † um 1340. Gottlob Wilh. Meyer, Geschichte
der Schrifterklärung seit der Wiederherstellung der Wissenschaften. Göttingen,
1802. B. I. S. 109—121. Io. Georg Rosenmüller, Historia Interpretationis
Librorum Sacrorum In Ecclesia Christiana. Pars V. Lipsiae, MDCCCXIV.
8vo. pag. 280—308. Erl. LXIII. 351. Archiv für wissenschaftliche Erforschung
des alten Testaments von Merx, 1867. Bd. I. S. 428 ff.

tangimur [so] magis quos manu. Sed maxime quos facie & ore
applicatis acceptamus. Ideo vult propheta in isto verbo figni-
ficantissimo Hortari ad adherentiam, fidej vnionem & charitatem
& Reuerentiam Christj   Quarto potest esse signum prestite
fidej vt in homagio. Sed quia hic absolute ponitur osculamini
filium, non manum, pedem & os exprimens. Iustum est vt pro
omni latititudine [so] osculi accipiatur

Perire de Via. Est vtique venire in errorem. ideo frustra
additur. Iusta Cum de via perire non possit, nisi de Iusta: qui
enim in via iniusta est, non perit Sed iam perijt de via

Exardet ira domini quandoque in breüi Isaie. 54. Ad punctum in modico dereliqui te & in miserationibus magnis congregabo te. In momento indignationis abscondi faciem meam
parumper a te. & in misericordia sempiterna misertus sum tüi. Duo
Modica addit. scilicet Ad punctum, quia breüiati sunt dies quibus
vexantur sancti: quia hac vita tantum durant immo in martyribus
cito finiuntur   2° propter tantum carnem passa. In modico.
Impii enim in magno (.1. in spiritu puniuntur eterna punitione.)
Est autem caro modicum ad spiritum Sic Exponit b. petrus. 1.
pet 1. Modicum nunc si oportet contristarj in varijs x. Et Apost 2
Corint. 7. Hoc momentaneum & leue tribulationis nostre. supra
modum x. Aabacuk. 3. Cum iratus fueris misericordię recordaberis. [Ad Vesperam demorabitur fletus .1. secundum carnem
Am Rande rechts.] Quanquam irascitur dominus in longo &
in multo Malach. 1. Et vocabuntur termini Impietatis. & populus cui iratus est dominus imperpetuum. Et patet ex versu
ipso. Nam beati omnes qui sperant in eo. non potest dici de
illis. quibus irascitur in animam & spiritum. & frustra illis diceretur
Beati qui sperant in eo. Sed illis. quibus irascitur secundum
carnem & tamen confidunt in eum. Sicut & dominus premonuit.
d. Nolite timere eos qui occidunt corpus

Ideoque iste versiculus iste [so] ex [so] exhortatorius & con-
solatorius ad eos qui sunt in passione Sicut ille Reges eos est
Eruditorius & doctrinalis. Scire scilicet quoniam sic oportet
Christum & Christianos pati & ita intrare in gloriam suam. Ideo
nolite diffidere Sustine & beati qui confidunt in eo

Blatt 17ᵇ: Aliter quoque intelligitur fecundum quofdam In breui .1. fubito dum non fperatur. & tunc tamen de ira feueritatis. quam mifericordie intelligitur. Quia Malo feruo venit dominus cito & hora qua non fperat Matt 24 [Lúce 21 *ift ausgeftrichen.*] diuidens illum & cum hypocritis ponens. Bonis fimiliter venit in flagellis & non cognofcunt Sicut ps ait Congregata funt fuper me flagella & ignoraui (.1. non preuidi & dum innoxium & immeritum me putaffem.)

Item Singulariter notandum pro regula Quod multa dicuntur de deo in Scrip. que ipfe tamen non facit. Sed quia facit ea alios facere. ideo Scriptura reducens intellectum noftrum in deum & docens gratiarum actionem. & omnia flumina reuocans in mare vnde fluunt. attribuit ej que faciunt creature. Vt illud. Tũnc loquitur ad eos in ira fua: (.1. loqui faciet Chriftum & alios fanctos in ira fua: quia & ira feu vindicta. quam faciunt creature funt dej. Non enim ira fic eft fua, quia in ipfo fit. Sed quia creatura in qua eft ira. eft eius. & ipfius nutu & imperio affligit impios. ipfe autem in fe manens quietiffimus & tranquillus. immo fumme bonus & non turbatus. Nam tam eft bonus deus vt quicquid ipfe immediate agit. non fit nifi fummum gaudium & delectatio & non affligit Sed magis reficit. Sed in Impijs ipfe fe fubtrahens & in fumma manens bonitate applicat creaturas: quarum vna alteram affligit. Sicut fit cum ignis ligna comburit.

Corol. Non deus proprie affligit approximando. Sed recedendo & in creaturas relinquendo.   Eodem modo & illud intelligitur. Et in furore fuo conturbabit eos .1. furor qui erit in Chrifto, fanctis, igne inferni & omnibus creaturis. eft eius & facit illum conturbare eos. Sic & illud Irridebit eos & fubfannabit eos (.1. faciet eos fubfannare & fubfannarj. Et hinc eft apud Hebreos frequens loquutio, per verbum tranfitum tercii   Item Sic & hoc Exurge deus (.1. fac me vel nos exurgere. vel oftende te tanquam exurgentem coram iis qui te putant dormire. & nefcire. Nam noftra exurrectio eft eius operatio. Sicut dicit per Ifai. omnia opera noftra tu operatus es domine. & Dauid. Nunc cepi. Hec mutatio dextere excelfi Sic itaque Significantiffima eft Scriptura. que vno eodemque verbo nos monet, Hũmilitatis (quia

ex nobis nihil fumus) gratitudinis & confeſſionis (.quia deo at-
tribuere docet. & fiducie feu fpei (quia prope eſt & promptus
dominus

Blatt 18ª: ps 4tus Cuius Titulus. Ad Victoriam in
organis pfalmus Dauid Hebraice Sic la mnazeach benginoth mizmor le dauid. Et quia iſte titulus frequens in ps
eſt & hic primo ponitur. libet paulo diligentius ipfum infpicere.
In primis autem nolo quis verum credat. quod Nico. lyra. ex
fuo Rabi Salomone*) recitat. Scilicet Quod ideo Dicatur ad
victoriam. Quia hunc ps cantando. leuite Cantores vtrinque
nitebantur vincere Chorus Chorum. Hoc enim figmento puerili
fimillimum eſt. Cur enim & alios psº. non ita titulauit. quos
eque cantabant vt iſtum & fuos fimiles? An forte. pro iſto ſtudio
vincendj, non habuerunt niſi deputatos pfalmos? Pręterea eo ne
fine fpiritus fanctus tam fancta myſteria voluit dictare: vt haberent, quo fefe leuite, incompoſito boatu fatigarent? quaſi hocipfum efficere non poſſint, niſi Spiritusfanctus eis fingulari
numine oſtenderet. in quo id facere deberent. Aut non potuit
iſte. ps cantari aut non debuit forte. niſi cum tumultu: vt neceſſe
eſſet. Hoc eius titulo prefcripto indicari? Igitur iſta expofitio
inepta & impertinens eſt. Siue enim illi fic vel non fic canerent.
quid neceſſe erat. ad victoriam dicere. Infuper cum rex Dauid
deuotiſſimus: omnia inſtitueret magis pro deuotione quam clamore (.quia Scriptum eſt. Dauid autem faltabat & pfallebat toto
corde. non ait toto clamore.) magis credibile eſt quod inſtitueret
vt modeſte, equaliter & concorditer canerent. Pfalmi enim &
Mufica ad excitandam deuotionem reperta funt, quae ſi nimis
inordinato clamore agantur. magis extinguunt fpiritum quam
recreent   Dicamus ergo pro prima dictione Scilicet la Mnazeah. Que venit a verbo Naza quod fignificat vigere, incitare.
prouocare. follicitare: Sicut per tympanum excitatur miles. &
per fonitum buccinę equus ad prelium ficut Iob dicit Cum audit
fonitum Buccine. Habet enim Natura Mufice, excitare triſtem,

*) Salomo Ben Jizchak, Raschi, Jarchi, † 13. Juli 1105. Meyer
l. c. I. S. 90. Rosenmüller P. V. pag. 224. 284. Grätz, Geschichte der Juden.
Bd. 6. S. 70 ff. 105.

pigrum, & ſtupidum animum Sic Helizeus vocauit pſalten. vt excitaretur ad prophetiam. Quare. Mnazeah Eſt proprie. incitabulum, inuitatorium, prouocatorium, ac velut calcar ſpiritus. Stimulus & Hortatorium. Qualia ſunt etiam Heroica poetarum carmina: & triumphales cantilene. quas grece. Epinicia vocant. vt li: paralip. Quia in Hijs omnibus, acuitur & accenditur animus ignauus. vt vigil & ſtrenuus eat ad opus   Quod ſi iſta ſimul cantentur in Muſica artificiali. vehementius & acrius accendunt animum. Et hoc modo hic Dauid fecit hunc ps. la mnazeah. .1. pro inŭitatorio, excitatorio & inflammatorio vt Scilicet haberet: quo ſeipſum excitaret ad deuotionem & affectionem cordis. & vt acrius hoc fieret. fecit in muſicalibus.   Sic olim Eccleſia ſolebat pſalmos ante miſſam legere ſcilicet pro incitatorio cuius adhuc verſus reſtant de introitu. Et adhuc in matutinis habet inuitatorium pſalmum Scilicet venite exultemus. quo ſeſe mutuo Inuitant ad laudem dej. Et recte vocatur. ps. Sic Inuitatorium, Quia non ſolum ſe Sed etiam alios Inuitauit ad laudem Dej. Sicut Sanctus Ambroſius fecit. cum cantu. quo mediolanenſium triſtitiam depulit. & [ſo] leuius ferrent tedium temporis Sed & non vane poteſt Inuitatorium dici eo quod iſto modo etiam ſpiritus ſanctus Inuitetur. Quia cum nos ſumus prouocati. mox etiam deus excitatur.   Ex iſtis igitur diſcimus. Quod Qui vult ſeipſum ad deuotionem excitare. apprehendat pſalmos. Sic paulus hortatur. loquentes vobismetipſis Cantantes in pſalmis ſpiritualibus cantantes domino ꝛc. Habent enim ps. vim excitatiuam ſingularem. quia ad victoriam facti ſunt

Pro Secunda dictione. Scz benginoth. non ſignificat ſpetiale organum Sed eſt nomen commune cuiuslibet inſtrumenti. vnde Recte dixi. in Muſicalibus. Negen, neginoth. prepoſito beth fit beneginoth .1. muſicale, muſicalia. in muſicalibus. Eſt igitur ſenſus Tituli. ps dauid pro Incitatorio in muſicis inſtrumentis. Hec ex Ioh. Reuchlin. Sed Notandum. Quod in le omnibus titulis preponitur Huic nomini dauid, articulus Datiui caſus. quod Iudej dicunt tamen eſſe genitivi

Blatt 18ᵇ: in ſuperſcriptionibus & titulis. Quod mihi non

placet. Sed volo quod fit datiui cafus ficut alias femper. ita
etiam in titulis .ps. Et tunc fignificat. pfalmum non effe ipfius
Dauid proprie, Sed ipfi Dauid fiue ad Dauid. per quod exprimitur. motus fpirituffancti qui fecit ps. & reuelauit dauidi feu
ad dauid: quomodo In prophetis legimus. factum eft verbum domini ad ofee. Ifaiam. :c. Quod autem Datiuum magis quam
accufatiuum ponit. arguit excellentiam reuelationis: Quia non
folum ad eum fcilicet. Sed etiam ipfi (.1. ad intellectum, ad
vtilitatem, ad intimiorem eius fenfum.) factus eft Mizmor .1. ps.

Hec iam de titulo fatis. Quod autem alij habent. ad victoriam. alii in finem. quomodo concordabunt? Credo quod. quia
per exhortationem & excitationem animantur ad victoriam bella-
turi: Inde dicit ad victoriam. accipiens illud ad quod exhortatio
intendit. pro ipfa [exhortatione. Victoria enim ab eodem verbo
venit. pro eo quod cantilene triumphales victorias narrando
inflamment. Et ita accipit finem pro eo quod eft ad finem.
Incitatio enim ad victoriam vrget Sed non eft victoria. Et Hoc
forte ideo fit. Quod ifta Inuitatoria funt tam efficatia: quod a
fine non fruftrantur: Et ideo propter certitudinem non dicit
Inuitatorium (.quod poteft in multis falli.) Sed victoriam q. d.
Ifte ps eft tam efficax incitabulum, quod facit ipfum adeo: acrem
quam victoriam fine dubio affequetur. ideo recte ad victoriam
eft factus, ficut fi in bello tam ardenter animentur milites. quod
fine dubio victoria prefumatur poteft [dici. Non eft hoc tympanum fimpliciter incitabulum. Sed efficax & perfectum, faciens
perficere ad quod incitat & finem attingere. Eadem ratione. alii
habent in finem fcilicet intentum per incitabulum. & oportet
preintelligi vel fimul vt Sic in vna dictione omnes tres comprehendantur Scilicet la mnazeah (.1. Inuitatorium Inuitans efficaciter vfque in victoriam & finem intentum. q. d. Sic Inuitat
quod finis eius non deficiet. Ergo eft Inuitatorium in finem &
victoriam intentam (.1. efficax & pertingens. faciensque attingere
finem Igitur omnia bene fonant. ps. In finem ps in victoriam,
ps in Inuitatorium. Eadem Dicit ergo ps.

Cum Inuocarem exaudifti me deus Iuftitię meę: in
tribulatione dilatafti mihi. Non folum materialiter eft ifte

ps. Inuitatorium in deum quomodo omnes alii funt. Sed etiam
forma & modo. Optimus enim modus eleuande mentis in deum
eft: preterita bona agnofcere & confyderare. preteritorum enim
exhibitio eft futurorum certitudo. & fidutiam accipiendi preftant
accepta dona in preterito. Econtra tota demerfio mentis a deo.
in infernum, eft obliuio vel inaduertentia bonorum perceptorum
Sicut Apoft. Ro. 1. Non ficut deum glorificauerunt, aut gratias
egerunt. Quare a gratiarum actione & confeffione incipiendum
eft & Sic in ifto verfu Commemorat. bona percepta in profperitate. & bona in aduerfitate. & breuibus verbis vtraque bona
recolit. Sed latiffimis fententiis. Quia non omnia debuit ponere.
Sed modum docere voluit inflammande: Doctrina autem facilis
& breuis eft prudentium, ait prouer. 14. Stultus verba multi-
plicat. primo ergo Bona recepta confitetur. in profperitate &
pace O Deus Iuftitie mee exaudifti me. cum Inuocarem,
tibi hanc tuam mifericordiam & bonitatem confiteor. Et fub ifto
verbo omnes confeffiones bonorum in profperitate comprehenduntur. Sed vide quam vera & pia eft ifta confeffio que nihil
fibi de meritis arrogat. Non enim ait. Cum multa feciffem,
vel opere, ore aut aliquo meo membro merũiffem. vt
intelligas eum nullam Iuftitiam allegare, nullum meritum iactare. nullam dignitatem oftentare. Sed nudam
& folam mifericordiam dej & benignitatem gratuitam
extollere. que nihil in eo inuenit:*) propter quod eum
exaudiret. nifi Quod inuocaret. tacitis omnibus aliis. Ecce talis
debet effe qui velit dignus confeffor & verus Iudeus coram tanta
maieftate apparere. Talis enim optime vacuus coram domino
apparet. Quia fibi vacuus Sed deo ipfi plenus Minime enim vacuus apparet coram domino. qui maxime vacuus apparet

Blatt 19ᵇ: Non fic ille pharifeus qui non ideo gratias egit
Quia dominus eum exaudiffet Inuocantem. Sed multa merentem:

---

*) Zu diesen von Luther unterstrichenen Worten schrieb sein Enkel
Johann Ernst an den Rand links: Locus illuftris de juftificatione. — — (Vgl.
Augustinus De fpiritu et litera c. 13. Colligimus non juftificari hominem
praeceptis bonae vitae, nifi per fidem Iefu Chrifti, i. e. non lege operum, fed
lege fidei, non littera, fed fpiritu, non factorum memoria, fed gratuita gratia.)

Lutheri Scholae de pfalmis.　　　　3

ait enim bis Ieiuno in fabbato. Plenus hic erat Sed fecundum Ifaiam vomitu fordium. Vtinam vacuus ita fuiffet. & humilitate plenus, Sicut publicanus Qui veritate plenus, non erat vacuus coram domino. Quia exaudiuit eum dominus Inuocantem. & nihil allegantem.

Dicis autem mihi. Quanquam vere tu dicis. Quod qui fe exiftimat aliquid esse cum nihil fit ipfe fe feducit & merito preter inuocationem iactare non poteft. Quid autem is qui aliquid habet. etiam fi nihil fit? Multi enim multa habent & fi nihil fint. Nunquid ifta non licet allegare? aut omnino oportet negare? Nequaquam. Si habes. debes rtique confiteri. Sed non quafi tua. Quia quid habes quod non accepifti? Igitur Si ad Dauid dixeris. Cur tu folam Inuocationem allegas, & non etiam quia Iuftus es & Iuftitiam habes? Refpondet mox tibi Iuftitia mea non eft mea Sed eius qui me exaudiuit. Quia deus Iuftitię meę eft. Nudam me & qui nihil fum exaudiuit inuocantem. & non propter Iuftitiam meam: que eius eft. & de manu eius accepi eam Si autem eft Iuftitie mee deus. ergo et omnium bonorum meorum. Sed & mira funt ifta verba Cur non ait Deus meus, Sed Iuftitię meę? Eft ne alius deus tuus & Iuftitię tuę? Aut cur non ait. deus mifericordię meę aut gratie & bonitatis mee? Quanquam vere poffit dici alium effe deum verum Iuftitie noftrę. & alium noftrum fcilicet deum huius feculi. cuius fumus cultores. quando extra Iuftitiam fumus & idolum colimus. Tamen pulchra & alia ratione hic non ait mifericordie. Sed Iuftitie: quia vtreque fimiles funt. Quod enim mihi miferetur. eo ipfo me Iuftificat Eius enim mifericordia eft mea Iuftitia: Quia nifi ipfe mifereatur. ego non fum Iuftus Quid enim mifericordia eft. fi ego eam non percipio? Si autem percipio. iam Iuftus efficior. Igitur Quia ifte ps vt dixi Inuitatorium eft. debuit docere modum confitendi & laudandi. Qui vt dixi optimus eft: fi ponat percepta Intueri dona. Ex donis enim acceptis inflammamur Nunc autem nomen Mifericordia fignificat datum miferentis. Iuftitia autem mea. fignificat acceptum a miferente. & ideo fignificantius ponitur in Inuitatorio quam illud. licet fint idem in re   Vides igitur quod propheta exquifitiffime agnofcit accepta dona Dei. que vt dixi omnia fub Iuftitia continentur. & mifericordia: faltem fpiritualia: quibus homo coram Deo aliquid fit. alia autem funt naturalia. potius bonitatis quam mifericordie funt que non Iuftificant aliquem. licet & ipfa gratis donentur. Sed vt dixi Hic ps eft Inuitatorium. Ideo precipua aggreditur bona confiteri, vt excellentius fefe & fingularius inflammet preceteris. quibus hec non donantur. Audifti ergo quia pura debet effe confeffio & fimplex & nihil fibi inflectere. Nota quoque quia debet effe & ardens. Quia non loquitur ad alios. Sed fine medio fertur in deum loquens in perfona fecunda: que eft locutio affectuofiffima omnium & eleuata coram tanta maieftate Nota denique. Quod licet ad totam trinitatem loquatur. qui [so] eft deus Iuftitię eius. tamen prophetice loquitur de filio Qui proprie eft deus nofter. Iuftitie noftre & faluator: in ipfo enim & per ipfum Iufti fumus in fide eius. Sicut Apoft. multipliciter difputat. Et in hocipfo occulte arguit immo rotundis verbis. Impios Iudeos. qui fuam Iuftitiam ftatuunt. & non habent deum Iuftitie fue Sed volunt effe populus Iuftitie fue. ita & omnis fuperbus & ingratus. quos infra magis taxat de induftria verfu 3. & 4. 5. 6. Quibus fine dubio voluit hunc ps effe Inüitatorium ad Chriftum & ad fidem vt fequitur. & fupra dixi

Sequitur Alia pars verfus. In tribulatione dilatafti mihi. Ecce in aduerfitate quoque deus eius mifertus eft. Vere pius & benignus deus: qui folum propter nomen fuum. tantis nos dignatur bonis, indignos & malos. Et quis coram tanta maieftate dignus effe poteft: nifi quem ipfe dignum fęcerit? Hoc fane ratio dictat. Quia fummus eft & nullius eget bonorum.

Blatt 19ᵇ: Igitur fub iftis verbis breuibus. intelliguntur omnia beneficia dei. que preftat in aduerfitate: Recte autem primo de profperis mentionem fecit. Quia prius deus ornat & armat. prius Iuftificat & viuificat Et tunc mox ad pugnam applicat. vt virtus crefcat. Que alias cito rubigine & ocio confumeretur. Quodlibet enim eft propter fuam operationem, tanquam finem. Operatio autem habet refiftentiam tribulationis & tentationis. Quare Concordat ifte verfus cum Ecclefiaftico. fili accedens ad feruitutem domini fcilicet per Iuftificationem, prepara animam tuam

ad tentationem. Vide nunc bonitatem dei quam magna preſtat
in aduerſitate. & quam pia Charitate tribulationem immittit. In
tribulatione inquit dilataſti mihi. Quod ſic intelligo (.1. latitudines feciſti mihi.) Eſt autem triplex dilatatio quam Deus dat
in tribulatione **prima Eruditionis**. Quia in tribulatione plurima diſcit, que prius neſciebat: plurima per experientiam certius
cognoſcit. que etiam ſpeculatiue nouit. Et Scrip ſanctam melius
intelligit quam ſine tentatione. vnde vocatur diſciplina domini
Et ps Confitetur. Et diſciplina tua ipſa me docebit. Et Sap.
Qui non eſt tentatus. quid nouit. Igitur per tribulationem Homo
dilatat ſuas ſynthereſes [*sv. d. i. συντήρησις*]. & elicit conclu
ſiones practicas miro modo Et iterum ps. A mandatis tuis intellexi.   Credo quod hanc eruditionem: quam lata ſit, ſoli
intelligant experti. Opera enim & praxis exponunt & intelligunt
Scripturas, figuras & creaturas.   Et Hec latitudo appropriatur filio in diuinis cuius eſt ſapientia & doctrina

      Secunda latitudo Eſt virtutis quo ad memoriam & Hec
maxime in martyribus eluxit quia virtus in infirmitate perficitur.
Et palma preſſa fortius ſurgit. & virtus conſtricta magis dilatatur
Sic charitas fides, ſpes & omnes alie. dilatantur in perſecutione
ſecundum illud Nimis confortatus eſt principatus eorum. Infirmi
enim accincti ſunt robore. Sicut ergo iſta in martyribus fuit
eximia ita prima in ſanctis doctoribus contra hereticos. Omnes
enim iſti tribulauerunt eos. Sed ipſi hinc magis dilatationem a
Domino acceperunt Scientie & virtutis. intellectus & memorie:
que ſtabilitur per virtutes in bono ſuo. Et Hec proprie

      Tercia Eſt **latitudo** conſolationis & gaudii) ad **patrem**
ſpectat: cuius eſt **virtus & potencia** in ſpiritu ſancto. Sicut
Apoſtolus. 2. Cor. 1. Benedictus Deus & pater domini noſtri
Iheſu Chriſti pater miſericordiarum & deus totius conſolationis,
qui conſolatur nos in omni tribulatione noſtra: Et hec conuenit
ſpiritũiſancto qui eſt paracletus .1. Conſolator. Sic ps de tribulatione Inuocaui dominum. & exaudiuit me in latitudine dominus.
Et Anna mater Samuel 1 Regum 2. Dilatatum eſt os meum.
Et ſic patet Quod benedicta trinitas triplicem dilatationem preſtat
ſue imagini viuǫ, que eſt homo: Intellectus enim dilatatur per

eruditionem & intelligentiam. Memoria vel fubſtantia feu natura
animę dilatatur. per virtutem & robur gratię voluntas dilatatur
per lętitiam & confolationem. Econtra conſtringũntũr iſta vniuerſa. per peccatum per errorem, per triſtitiam. Sic hortatur
Eſaias. 54. Dilata locum tentorii tui: & pelles tabernaculorum
tuorum extende ꝛc. Eccleſia enim Allegorice ſimiliter dilatationem triplicem. Quia Multiplicati ſunt valde. pre [so] oppreſ-
ſionem pharaonis. & clarificata fidej veritas, & aucta letitia eius
in ſpiritu. Vltimo Nota Quia addit: mihi: Hęc enim eſt
Singularis gratia Dej. Quod iſtas dilatationes. non facit eſſe retributionem & mercedem in hac vita. Sed mihi inquit ad bonum
meum, ad ſalutem meam, ad vtilitatem. Multos enim Deus
dilatat & exaltat ad perditionem eorum, ad ruinam ad Iudicium,
Non ſic quod in tribulatione dilatantur

Queritur autem Cur non ait in tribulatione prolongaſti
aũt profundaſti mihi? forte propter viciſſitudinem. & imperfectio-
nem, Quia in hac vita ſemper eſt viciſſitudo Harum dilatatio-
num. & longa eſt nulla nec ſtabilis. ſic autem erit in futuro vbi
erit perpetua. Sed nec perfecta eſt. Quia tunc perficietur quod
hic ex parte eſt. tunc enim erit & profunda & abyſſalis.

Blatt 20ᵃ: Ex iſtis tandem Aduertendum. Quoniam mos
Scripturę eſt ſepius verba abſolute ponere & illimitate vt hic non
dicit quid dilatauerit. an cor: ſpiritum, animam ꝛc Sicut & ibi.
ps perfeciſti eis qui ſperant inte, Et iterum. Veruntamen propter
dolos poſuiſti eis. Et alibi ponam in ſalutari fiducialiter agam
in eo. Hic vides. Quod non aſſerit, quid. Sed abſolute ſolum
ſignificationem verbi Quomodo & dominus in Euangelio Sermo
meus non capit in vobis. In iſtis ergo omnibus locis debet voca-
bulum tam late quam poteſt extendi. & velut genus in omnes
ſpecies diuidi, ac totum in partes. Quia Copioſa eſt ſemper talis
& fecunda locutio. & etiam ideo ſic indeterminate poſita. Sicut
ego modo feci. in iſto verbo Dilataſti: Non ſolum ad voluntatem.
Sed ad omne quod capax eſt dilatationis in tribulatione.

Antequam autem ad ſecundum verſum accedamus Duo inſignia
obiter hic infodere placuit, ne memoria excidant Primum Eſt
Quod verſiculus iſte & multi alij. velut funiculus pulchre texitur

femper pofterius ex priori & dictio vel oratio femper ratio videtur
effe & velut fons, origo que precedit. eius que fequitur. Sicut
fi Cathenam fabrices, aut murenulas aut corollam Vt Exempli
prima oratio eft. Cum Inuocarem, que eft ratio fequentis. vt fi
queras: Quare exaudifti me. optime fequitur. quia Inuocaui.
Tertia oratio Scilicet Deus Iuftitie. Quare fic appellas? Quia
exaudiuit me. & nifi me exaudiffet. non effet deus Iuftitie Sed
pene mee   Item 4ᵗᵃ In tribulatione. Cur ifta sequitur illam
terciam? Refpondetur. Quia eft Deus Iuftitie mee. Qui enim
pie viuere volunt, perfecutionem paciuntur & quem deus Iuftificat, mox probat Vltimo Cur dilatauit te dominus? vnde fequitur?
aut qua confequentia Hoc & non aliud fequitur? Refpondetur
Quia tribulatus fum. Deus enim cum eis in tribulatione ⁊c Et
ex ifto patet mira dignitas confequentie verborum & ordinis
aptitudo. Dilatatus eft quia tribulatus es. & hoc Quia fecundum
Deum Iuftus es. Et hoc quia exaudiuit te in mifericordia fua.
& hoc. quia Inuocafti eum. Ergo Inuocatio infert exauditionem, Exauditio Iuftitiam. Iuftitia tribulationem,
Tribulatio confolationem Simili modo poteris & in alijs
verfibus te exercere. Hanc figuram que vocatur Gradatio apoftolus Ro. 5. & .x. etiam ponit dicens Quod tribulatio pacientiam operatur patientia probationem, probatio fpem Spes autem
gloriam quia non confundit. Et .x. Quomodo Inuocabunt nifi
credent? quomodo credent nifi audiant? quomodo audient? nifi
predicetur? quomodo predicent nifi mittantur? Vides autem Quod
in hijs tribus Gradationibus Nec citra nec vltra quinarium, numerus graduum confiftit. vt intelligas foli Quinario .1. Homini.
qui per quinque virgines fignificatur. ifta prodeffe & conuenire.
    Secundum. Quoniam Chriftus eft Caput omnium fancto-
rum: fons omnium, origo omnium riuulorum ex quo participant
omnes. & de plenitudine eius omnes accipiunt. Huic [Hinc?]
eft Quod in capite (.1. principali fenfu.) libri (.1. totius Scrip. &
precipue ps. de eo Scriptum eft. Ac Sicut omnes fui fancti
fluunt ex ipfo velut riuuli. Ita Scriptura conformiter fefe habens
& ita reprefentans ipfum cum fuis fanctis, primo fontali fenfu
de ipfo loquitur. Deinde eundem fenfum deriuat, in riuulos

(.1. particulares expofitiones.) participatiue de fanctis loquens eadem verba. Si enim in gratia cum eo participant. & hereditant omnia ex ipfo. igitur & verba Scripture de Chrifto loquentia. fimiliter cum eo participant, & hereditant eafdem laudes & defcriptiones ex ipfo & cum ipfo & in ipfo qui eft benedictus. Et hoc modo omnes 4ᵒʳ fenfus Scripture in vnum confluunt ampliffimum flumen Vt Exempli gratia ifte prefens ps. primo de Chrifto intelligitur. Qui Inuocat & exauditur. Deinde allegorice Ecclefia corpus eius. vltimo Tropologice quelibet anima Sancta. Et fic poteft in perfona Dauid & cuiuslibet intelligi. Ratio omnium Quia deus facit omnes fanctos fuos, conformes fieri imagini filii fui, ideo eadem verba omnibus congruunt

Blatt 20ᵇ: Sequitur verfus fecundus Miferere mej: & exaudi orationem meam Que eft tua? nempe que ex fpiritu & mente tua procedit. quia tu es maxime Homo fecundum animam Quis ordo quefo huius verfus ad primum. Qui paulo ante Dilatatus, mox miferiam queritur. Sed dixi quoniam Dilatatio non diu durat. Sed viciffitudo eft in hac vita. Ac fimul in multam & vtiliffimam doctrinam talis ordo texitur. primo Quidem ne ex dilatatione iam velut certus fis. & torpeas: que eft peffima tentatio Quia vbi incipis nolle fieri melior. definis effe bonus ait Bern. Hoc eft ergo quod Apoftolus. Non fratres arbitror me apprehendiffe: Sed que poft me funt obliuifcens, ad anteriora extendo me ipfum.   Qui enim Iuftus eft. Iuftificetur adhuc. Et qui ftat, videat (.1. fit follicitus) ne cadat. Et iterum. Homo cum confummauerit tunc incipiet. Qui enim putat fe fcire nefcit quomodo oporteat eum fcire. Sic fimiliter qui fe putat apprehendiffe. nefcit quomodo oporteat eum apprehendere. Modus autem non eft nifi ifte qui hic ponitur. Scilicet femper recurrere ad principium. & a nouo femper incipere. fecundum Monita apoftoli & huius pfalmi. Quia femper relinquitur quo crefcas ergo femper es in motu & initio. Sic ergo nunc dicit Miferere mej. Miferum fe vocat, qui prius Iuftum & recreatum dixerat. Quare quia ibi de acceptis loquitur hic de accipiendis. Gratia enim dei accepta vt dixi eft Iuftitia. Accipienda autem eft mifericordia, quia miferum qui nunc eft Iuftificat. Quia ergo hic

accipiendam petit nondum acceptam. ideo misericordiam nominat.
Et hec est Conditio Iustorum, vt Iustitiam esuriant & sitiant
magis ac magis. ideo semper Iustificantur. semper petunt misereri
Semper Iustitiam agnoscunt acceptam prius   Qui enim saturi
sunt & pleni Iustitia. non petunt misereri sibi. Et non sunt tales,
nisi hypocrite & pharisei tantum.   Oritur autem ista petitio
ex fidutia preteritorum beneficiorum sicut dixi, ex quorum memoria sese accenderat.   Et potest iste versus similiter exponi
de duplicibus bonis scilicet in prosperitate & aduersitate. vt Mi-
serere mej (.1. Iustifica me adhuc magis. fiatque misericordia
tua. Iustitia mea. vt iterum paratior sim ad futura mala. Et
exaudi tunc orationem meam. tum deprecor in necessitatibus meis
Et diligenter Nota Quod huius versus finis non est. in dilatatione.
vt Sciamus non stare finem in hac vita nobis. Sed semper &
vsque ad mortem misericordiam petere & orare. alioquin videretur
reliquisse tepidis patrocinium & presidium, vt adepta consolatione
& delatione. quiescerent a profectu. quasi in vltimo quod hic
possit attingi. ideo additus est iste versus cuius finis est oratio &
non dilatatio.   Si itaque istos duos versus recte inspicimus.
Non solum nobis prescribitur optimus modus laudandi dominum.
Sed etiam viuendi & orandi tota ratio hic comprehensa est.
Vnde iam benigno Zelo & dolore consyderans, impiorum ignorantiam in huius doctrine veritate. Iuste eos arguit & Inuadit
vt Inuitet & ipsos hoc suo Inuitatorio ps. ad sanam sententiam
horum versuum a qua eos quam maxime videt distare dicens
Filij Hominum vsquequo graũi corde, vt quid diligitis
vanitatem: & queritis mendacium? loquitur ad literam De
Iudeis tempore Christi & allegorice de omnibus. qui imitantur
illos. Credo certe Quod cum dauid sic ex recordatione beneficiorum dej. & cantu Musico fuit accensus, vt in istis versibus
patuit. mirabiles in ipsa deuotione reuelationes acceperit. Et
ideo vidit tunc in spiritu positus. istos filios hominum. & volens
eos preuenire ac ad Christi obedientiam monere. arguit eorum
duritiam, vanitatem & mendacium
    Blatt 21ª: Cum haberent ante se & inter se. Christum
vnctum, ipsam veritatem & salutem. & tamen nihil eum curabant.

poteſt autem vt dixi totus ps intelligi velut in perſona Chriſti dictus Sicut lyra eum exponit in perſona Dauid, ſatis violenter. Vel vt prophetia de perſona Chriſti tanquam tercia a loquente prima, quod magis ad literam accedere puto, quamuis vtrumque literam non deferat.   Dicit itaque. O filij Hominum, Ex quo Iuſtitia noſtra non eſt niſi quia exaudit deus, Nec vlla vera conſolatio niſi in tribulatione. Nec profectus & perfectio, niſi in continua huiusmodi perſeuerantia. vſquequo graui corde? quamdiu patiar vos? ait dominus. generatio incredula quamdiu non vultis & vos Iuſtitiam apprehenderc & peccatum dimittere? Iuſtitia enim ſola liberat cor & leue facit. Et quouſque vaniſſimam queritis dilatationem extra tribulationem Scilicet carnalem & literalem tantum? Quouſque queritis mendacium & hypocriſim, vos iam adeptos exiſtimantes perfectionem. ac quaſi non egentes miſericordiam. Vide quomodo Impii precife contraria via incedunt. quam pii. prefertim in iſtis tribus Iuſtitia, conſolatione, profectu. Sed diſcutienda ſunt ſingula verba huius verſus. Et Graue cor dicitur quod ſubiacet iniuſtitie cuicunque. Et tota inIuſtitia vocatur hic grauitas cordis. que tamen poteſt diuidi per ſingulas ſuas ſpecies. procedendo ex radice. vt Cupiditas eſt radix & prima grauitas. ex qua pullulat ira, Inuidia, ſuperbia, malitia. dolus & omnia fere opera carnis que apoſt Gal. 5. enumerat. Quodlibet autem eorum eſt grauitas cordis & infert ſuam vanitatem & mendacium, ſicut dicemus. Econtra leue Cor eſt Cor Iuſtitie totius, cum omnibus ſuis partibus. de quo in primo verſu dictum eſt   Et recte Sane dixit Cor graue. non corpore, aut manu, aut carne aut ſenſu. quia in hiis ſunt nimis leues Qua autem ratione Iniuſtitia dicatur grauitas ſatis patet. Quia non ſinit eleuari in deum, Quia deiicit Spiritum ſub ſe indignioribus. ipſum meliorem. Stante ergo iſta grauitate Cordis ſequitur neceſſario Quod diligant vanitatem. Quia enim veritatem & Iuſtitiam non habent. & cor ſine amore eſſe nequit. ideo neceſſarium eſt. vt deum non diligant. Sed vanitatem (.1. bonum tantum apparens.) Que Vanitas quid ſit abunde docet. Eccleſiaſtes per totum. Et breuiter. Eſt Conſolatio que habetur in carne & hac vita, quecunque ſit illa. Sic dominus ait Ve vobis

qui nunc ridetis & habetis hic confolationem veftram. Non enim
funt in labore hominum neque in tribulatione. quam odiunt Cum
tamen beati fint qui lugeant & funt in tribulatione. quia confolantur & dilatantur. Igitur Hii dilatantur quidem Sed non in
tribulatione immo in profperitate ftultorum & carnis. diligunt
enim hanc vanitatem. Et Merito vocatur vanitas & cor eorum
vanum eft, quia Efce non profunt ambulantibus in eis. [*Am
Rande links:* vniuerfaliter ergo Quicquid non cooperatur in bonum
anime eft vanitas: quia deficit in carne & non pertingit vfque
in bonum fpiritus ad quod tamen omnia ordinata funt. Et fic
vanitáti fubiecta eft omnis creatura per hominem vanum,] Omne
enim quod homini feruit & vtile eft: fine fructu & falute fpiritus,
vanitas eft fecundum Ecclefiaften. Quia Spiritus eft maior &
dignior pars hominis eterna & immortalis cuius bona funt vera
& eterna Caro autem vilis & fluxa ficut fenum quod cito exicca-
tur. Igitur Sicut figura vana eft. cuius figurata plenitudo non
fequitur. Aut fruftra Medicina, que nihil efficit fanitatis & [*so*]
vana. Ita omnia vifibilia Sunt vmbra & figura Spiritualium bonorum. ficut Apoftolus de lege dicit Vmbram habens lex futurorum .1. Spiritualium. Sine quibus fine dubio non folum vana
Sed & vanitas funt. Nunc vide quam certo ictu feriat ad
literam Iudeos Carnales. Qui hanc vanitatem tunc & vfque nunc
diligunt, omiffo fpiritu quem eis dominus paratus erat dare, &
ipfi noluerunt. Nam vfque hodie expectant ifta carnalia vanitatis
a deo & fuo Meffiah, nihil reputantes fidem celeftium & Spiritualium bonorum Ideo propheta ad eos. vt quid diligitis vanitatem? Dixi autem Quod cuilibet Iniuftitie fua

  Blatt 21ᵇ: eft vanitas. Quia qui habet grauitatem cordis
cupiditate. Hic diligit vanitatem que eft Diuitie. Qui autem
Inuidiam, Diligit damnum proximi. quod eft ej vanitas quia
non prodeft immo nocet Qui Iram habet diligit vindictam
Sed & hoc vanitas eft. Qui habet grauitatem cordis Gulam.
diligit epulas. Sed nonne Hoc vaniffimum eft? Qui autem luxuria grauatur, diligit voluptatem carnis. Hoc vaniffimum Iudico
ait Sap Ecclefiaftes. Omnia ergo Hec funt vanitas. quia fpiritũi
& vero homini nihil profunt. Attamen filii hominum quia funt

graui corde non habent quid diligant aliud. cum tamen fine
dilectione effe nequeant. Sed vide quomodo & in Hoc ipfo verfu
ordo orationum, aptiffima textura, ex fe inuicem fequitur. Quare
enim querunt mendacium? quia diligunt vanitatem. Quare autem
diligunt vanitatem? Quia funt graui corde. Quare autem graui
corde? Quia funt filii hominum (.1. in concupifcentia nati & in
adam mortui ac Iniufti facti. trahentes graue cor ex priuatione
prime Iuftitie.) Igitur filiatio Hominum caufa eft grauis cordis.
·Graue autem cor. dilecte vanitatis. & hec mendacii. Quare
oportet fieri filios dej. ex quo fequitur alleuiatio cordis. Ex qua
dilectio bonitatis vel plenitudinis. Ex qua inquifitio veritatis.
Que in primis duobus verfibus funt pofita licet fub alijs verbis.
Quia per Deum Iuftitie noftre efficimur filij dej & alleuiatur cor
noftrum, vt volet cum Cherubin & Seraphin furfum, .per dilatationem in tribulatione, apprehendimus vera & plena bona. per
continuam inchoationem, veritatem inquirimus femper. & mendacium fugimus   Quid ergo Eft mendacium querere? Eft ex
vanitate velle veritatem & impletionem facere. Et fic quod vanum
eft, fit etiam falfum & mendax. Exhoc enim quia diligunt vanitatem. volunt Hoc effe veritatem quod diligunt. Et ita
ex vanitate faciunt fibipfis mendacium. & quafi idolum aliquod
vanum & mendax. ornant ipfam & colunt. infipientes. Sic Ifaias
eos. 44 manifefte arguit De imprudentia nimium craffa. [*Am
Rande links:* ficut b. Aug dicit li. 8. conf. Sic Ifaie. 5. Ve qui
dicitis malum bonum ponentes lucem tenebras. Et ex hinc fequitur quod fibi applicant verba Scripture. vt eam quoque mendaciter allegent: pro fuo mendaci fenfu: Et hoc eft querere
mendacium. fcilicet patrociniữm Scripture mendaciter. Sic fecerunt & faciunt Iudei. Sic fecerunt heretici. Sic faciunt nunc
diffenfionum filii vbi quilibet pro fuo fenfu Scripturam torquet &
iura & leges querunt fonantes pro fe Hec enim eft Diffenfio per
apoftolum prophetata, frigus fcilicet charitatis. mors pacis, vaftitas fidei. & abominatio Chriftianitatis.] Sed & hocipfum mendacium eft tottuplex: quottuplex vanitas & grauitas cordis. Quia
ficut ex qualibet grauitate cordis. fequitur fua vanitas. Ita quelibet vanitas fit mendacium, quando ftatuitur & defenditur: tan-

quam verum & bonum & Iuftum vt exempli gratia. Qui grauis
corde in ira, vindicte vanitatem quottidie meditatur. & in Hoc
fe recte facere putat. & contrarium huius contemnit. Hic certe
ex vanitate mendacium facit. Tale eft autem omne ftudium
Iudeorum. & fuit etiam tempore Chrifti in hypocritis. Statuere
querentibus Iuftitiam fuam (.1. vanitatem dilectam. querere facere
mendacium, O quam multi hodie fequuntur illos. Qui pleni
Inuidia & vindictę felle: nefcio quod idolum Zeli fibi fingunt &
rigorem Iuftitię mentiũntur querentes pertinaciffimum mendacium
Sicut Apoft. prophetauit. in hypocrifi loquentium mendacium,
Ideo enim illi querunt mendacium, quia fibi iam Iufti videntur.
& animo non inter incipientes. Sed omnino conftituti vt Iuftitiam & Iudicium exerceant. & vindictam in peccatores. Nec ifti
poft dilatationem in tribulatione, (quam tamen non vnquam
habuerunt.) cum Iuftis dicunt. Miferere mej. Sed omnino illud.
ps. Iudica illos deus, Immo Nos Iudicamus eos deus. & faciemus
vindictam pro honore tuo. & falute Iuftitie fancte. Nos enim
non ficut cęteri hominum peccatores ꝛc Vnde Hoc monftrum?
Non nifi quia non folum habent vanitatem. Sed diligunt eam
Amor ifte excecat eos. vt hoc velint effe bonum & plenum. ac
fic querunt que fua funt. non que Ihefu Chriftj. Non fequuntur
Iudicium fed affectum. Afficiuntur enim bono carnis fue, honoris
fui, fubftantie fuę, ideo irafcuntur hijs. qui impediunt pofitiue
vel priuatiue ac fic recte videntur fibi indignari ac vindictam
expetere eo Quod fibi iniuriam fieri

Blatt 22ᵇ: exiftiment & digni qui non patiantur huiusmodi
ideo in propria caufa fiunt Iudices fimiliter & pars accufans.
multum peruerfum genus & fubtile diabolo feductum. Quo patet
Quod ex cupiditate eorum procedit ifta vanitas & mendacium,
.1. ex graui corde. pari modo fequitur in alijs vanitati-
bus. quando diliguntur. mox excecant. & inducunt ad
mendaciũm. Et fic in tribulatione non dilatantur .1. eru-
diuntur, roborantur, confolantur. Sed artantur & excecantur,
infirmantur, triftantur fecundum feculum. Sicut ps. eis prophetat.
fiant vie eorum tenebre & lubricum. & angelus dominj coartans
eos.   Iufti ex tribulatione magis Iufti fiunt & meliores

.l. dilatantur. Quia autem non eft deus Iuftitie Sed deus feculi exauditor ex tribulatione fiunt peiores. vfque dum in mendacium ruant. & fe Iuftos effe proclament & fuam innocentiam ftatuant & non clament ad dominum in tribulatione. Miferere mej. Sed ad fuum mendacium, fuam Iuftitiam refpiciunt. Quare fic? quia idem ignis aurum probat & paleam vrit. Ideo ifti in tribulatione dilatati & vanitatem carnalis boni contemnentes. clamant miferere mej. & deo Iuftitiam tribuunt. SeSe autem dignos tribulatione. illi autem vanitatem querentes & in eius contrario fcilicet tribulatione artati. fibi Iuftitiam deputant. & deum blafphemant & Iuftitiam eius. Satis itaque conftat. quomodo ifte tercius verfus totam feriem impiorum vite expreffit contrario modo agentis vite Iuftorum. que in primis duobus expreffa eft. Sed nondum propheta contentus eos dulciter arguens, & eorum errorem reprehendens. Vltra profequitur eos clarius eruditurus. & infanias eorum falfas. opinionesque mendaces oftendere, Iudej enim querentes ita mendacium & diligentes vanitatem, Chriftum dominum omnino reprobauerunt. non alia caufa. nifi quia. non ficut ipfi: fenfit: odit enim mundum & vanitatem. quem illi dilexerunt. Quare eum modo peccatorem, modo Beelzebub vocauerunt. & miracula eius non virtuti diuine attribuebant. Et huic blafphemię: que eft fequela certa. ad mendacium quefitum occurrit pius propheta dicens Et Scitote quia mirificauit dominus Sanctum fuum: dominus exaudiet me cum clamauero ad eum, [*Am Rande links:* loquitur de futuro exaudiet q. d. Talis erit Chriftus quod fi ibi tunc effem & clamarem ad eum: deus me exaudiret Sed tamen quod ego non facio exaudiet tamen femen meum poft me,] poftquam enim Impius mendacium fuum quefierit. & iam fefe rectum & veracem putauerit: in fuis verbis & factis. mox ruit in blafphemias contra Iuftum, eum Iudicando & condemnando. Eiusque quantuncunque fancta, mira, vera fint verba & opera, non deo. Sed diabolo tribuunt: quia fuam fententiam contrariam ei: ex Deo effe ftatuerunt. Dicentes Nos fcimus quia hic homo peccator eft. Ideo duo potentiffima motiua eis opponit propheta contra hoc malum. primum. Quod Sit mirabilis factus a Domino. contra quod ipfi dixerunt Quod effet

mirificatus a Beelzebub quia in nomine Beelzebub inquiunt eijcit
demonia & per confequens omnia fua opera & verba Secundum
Quod ipfe fit vel deus vel deus in ipfo. Quia Clamare ad eum
fcilicet Sanctum Domini. eft adorare eum vt dominum, Ad folum
enim dominum clamandum eft. Sicut in multis locis ps. Vt Ad
dominum clamaui, cum tribularer ꝛc In Hoc enim Quod dicit.
dominus exaudiet me. cum clamauero ad eum, idem eft fine
dubio ac fi ad dominum ipfum clamaret. Quia fi effet Sanctus
ifte aliud a Domino: dominus non exaudiret clamantem ad eum.
Sed potius damnaret clamantem & fieret oratio in peccatum.
Nunc autem Clamor ad fanctum Dominj. meretur exauditionem
a domino. ergo idem eft ad quem clamatur. & qui exaudit. Alioquin que eft ratio verborum? Cur non dixit. Sanctus domini
exaudit me. cum clamauero ad eum vel ad fe? Sed diftinguit
perfonas. & tum opera vnit vtriufque in exauditione. Quod fi
Iudej ifta tam clare forte non potuiffent capere ex iftis verbis.
Hoc tamen Scire poterant. deum effe in illo: Quia Si deus exaudit clamantem ad fanctum fuum. omnino fequitur Quod fit in
& cum fancto fuo. Voluit ergo Dauid

Blatt 22ᵇ: eos a blafphemia ifta retrahere. per hoc quod
teftimonium dat Chrifto Quod fit dominus. & dominus cum eo &
pater in filio. Si enim hoc teftimonium accepiffent. fine dubio
eum non blafphemaffent: Efficaciffimum fane contra blafphemiam
eft. dominum confyderare. & prefentem formidare, etiam fi non
appareat.   Sed primum latius fumamus. Mirificauit deus
Chriftum fuum: Multipliciter Primo Sic .1. miracula facere fecit
& fic Iudeos reuerberat: qui hoc negabant. a domino effe
Secundo Quod eius conuerfatio contraria fuit toti mundo. Vt
fcilicet fugeret. que totus mundus maxime querit. quereret. que
maxime mundus fugit. Sic enim primo Sapientiam mundi ftultitiam fecit. factus ipfe ftultus mundo. deinde infirma (.1. paffiones
& penas.) elegit, vt confunderet fortia. (.1. fuauia & pacifica:)
Sic ignobilia & ea que non funt, paupertatem, contemptum,
crucem, mortem. & vniuerfaliter, totam opinionem & prudentiam
carnis & mundi Sic enim Sanctum eft templum dominj .1. humanitas eius.) mirabile in equitate Hec enim miratur mundus &

caro, amari & queri. fic & Iudej. qui in hoc iterum fcandalifati
ceciderunt in blafphemias: quia maxime talia etiam fecundum
legem putant querenda Neceffe enim eft Quod Carnalis blafphe-
met Spiritualem: quia falfa reputat bona Spiritualia Sicut infra
Sequitur. Multi dicunt, quis oftendit nobis bona   Tercio
fuperexcellenter eum mirificauit. Quia deum effe fecit. qui folus
eft admirabilis & auctor mirabilium Hec enim mirificatio eft
magna. Quod idem fit deus & homo: mortuus & viuus. mortalis
& Immortalis. & fere omnis contradictio hic conciliatur in Chrifto.
Quare illi Iudej errabant blafphemantes. Qui Chriftum vt nudum
hominem, non mirificatum voluerunt accipere. Qui .n. de aliquo
non amplius fentit: quam videre in eo poteft: huic nullus apparet
mirabilis.

Sed & nunc quoque multi funt blafphemi in fratres fuos &
fanctos. Qui enim fuum mendacium vt dixi ponunt. quantuncunque bona videant & audiant in proximo. non tamen hoc a
deo effe concedunt. Sed hypocritam appellant. & fimulare eum
fefe fingunt. dicentes fefe fcire, quis & qualis fit. Et ita in
faciem blafphemant Iuftitiam eius. Iudicant & condemnant eum,
aut faltem adminus paruipendunt eius Iuftitiam. & hocipfo eum
Iudicant, dicentes. Nos fcimus quia hic homo peccator eft. &
non eft a deo.   Ideo & illis obijcit propheta vt Sciant Quoniam, dominus mirificat fanctum fuum: femper in oculis impiorum & femper aliter eft quam ipfi fentiant. & illudunt feipfos
temeritate propria. Quia Sicut in Chrifto occulte fuit deus, Ita
Iuftitia & gratia dej occulte eft in proximo: ideo offendunt, qui
eum Iudicant fecundum faciem & Spiritui gratie contumeliam
faciunt & blafphemiam.   Sequitur Nunc Quartus verfus. In
quo, licet Impii femper proficiant in penis, non tamen deferit
fpiritusfanctus eos. Sed femper fequitur & monet eos. ne vltra
proficiant. Sicut manifefte patet ex dictis. Quia prima Monitio
fuit ne effent graui corde. qua non obferuata, addit fecundam.
ne Diligerent vanitatem. Sed & hanc tranfgreffis. addit terciam,
ne quererent mendacium. & quartam que maxima fuit ideo plu-
ribus verbis addidit contra blafphemiam in quam de mendacio
per tranfitum tercie ceciderant. Iam Quinta eos monitione pro-

fequitur. Ne Irafcantur ne furiant. Poftquam enim Iuftus eft
blafphematus. & omnino Diabolicus & cum iniquis reputatus.
Iuftum eis videtur. irafci contra eum & querere mortem eius. &
tollere de terra. Sic enim excecauit eos malitia fua. & omnem
perfecutionem in eum exercere. ac omnia meditari: que illum
difperdant Vnde eos Moderatur Dicens Irafcimini & nolite
peccare. Que dicitis in cordibus veftris: & in cubilibus
veftris compungimini. q. d Si vultis Irafci. irafcimini vobis.
& non huic Iufto. Sed vt meum fenfum fine temeritate

Blatt 23ª: tamen, ponam Quia vnusquifque abundat in fenfu
fuo. Quanquam verum fit. quod dictum eft. & multi fic exponant.
tanquam fit redargutio tantum malitie eorum. Tamen Melius
videtur Quod tam ifte verfus quam precedens. non fit redargutio
& increpatio. Sed potius eruditio boni: fub qua tamen non nego.
quin includatur ifta increpatio mali Igitur fecundum iftum fenfum Dico. Quod tercius verfus fuit increpatio filiorum hominum.
Sed quia dominus non folum vulnerat immo magis percutit vt
fanet, corripit vt erudiat quare poftquam in ifto verfu malum
percufferit. & vlcus fecuerit. Hic in 4to. 5to. 6to addit emplaftrum
fuauitatis largius quam vulnerauerat. Quia copiofa apud eum
dulcedo. lex enim folum occidebat. [*Am Rande links:* .1. oftendebat quomodo effe quis debuit mortificatus. Sed non viuificauit
.1. non oftendebat. quomodo viuificaretur] Sed non viuificabat. &
homo folum mordet fed non lenit. deus autem vinum & oleum
infundit.   Si quis ergo audierit hanc vocem fpiritus. vt quid
queritis vanitatem & mendacium. & paciens fuerit huius cor-
reptionis & percuffure: Dicatque ej. Quid ergo faciemus o propheta? quomodo graue cor euadimus? quis nos liberabit a
vanitate ifta & mendacio? Tunc propheta oftendit eis verum falua-
torem & redemptionem quam mifit dominus populo fuo. d. Scitote.
O. filii hominum cognofcite que dico vobis quoniam proderunt
vobis. Ecce Quoniam mirificauit Dominus Sanctum fuum, (q. d.
illum agnofcite & Scitote fanctum dominj (fcilicet vt fit ipfe
Sanctus & fanctificans vos.) quem videritis mirabilia facere. ficut
prophetauit Ifaias. 35. Tunc faliet ficut ceruus. claudus. x. tunc
Scitote quoniam vifitauit dominus plebem fuam & mirificauit

vobis fanctum fuum.) Illum fi credideritis falui eritis Si clamaueritis ad eum. exaudiet vos dominus. Quoniam ipfe eft initium falutis & fine ipfo non eft in aliquo alio falus. Ideo ante
omnia ifte vobis Sciendus & cognofcendus eft. Si vultis vanitatem & mendacium vitare. Cognofcetis'autem & Scietis. fi mirabilia eius aduertatis. etenim opera ipfa teftimonium perhibent
de eo. & mirificauit eum dominus. vt fciatis eum & clametis ad
eum Exemplo meo quoniam exaudiet me cum clamauero. Sane
quam verecunde allicit eos ad inuocandum Chriftum Non enim
dicit Quoniam exaudiet vos dominus cum clamaueritis ad eum:
Sed feipfum ponit & a minori arguit. vt non dubitent fe quoque
exaudiri, cum ipfe exaudiatur ab eo. Poffunt autem hec verba
hic. fimiliter etiam exponi vts. vt fcilicet eis oftendat Chriftum
effe deum in hiis verbis

Oftenfo itaque filiis hominum vero faluatore. Sequenter inftruit eos ad veram penitentiam & pulcherrime eam defcribit
Et fi bene infpexeris. Omnis qui cepit agnofcere Chriftum &
veritatem. mox incipit deteftarj fuam vanitatem Sicut hunc locum
egregie exponit b. Aug. li. 8. confefs. per experientiam propriam:
antequam enim Scimus Sanctum dej: in vanitate tranfimus. Sed
cum illuxerit nobis dominus. tanto fedius deteftamur vanitatem
preteritam, quando clarius Scimus Chriftum. Vnde dicit Irafcimini Scilicet contra vos pro peccatis. Sic enim per Ezechiel
dicit c. 20. Et recordabimini ibi viarum veftrarum & omnium
fcelerum veftrorum. quibus polluti eftis in eis. & difplicebitis
vobis in confpectu veftro. in omnibus malicijs veftris, quas feciftis. & Scietis Quia ego dominus, cum benefecero vobis propter
nomen meum, non fecundum vias veftras malas. neque fecundum
fcelera veftra peffima domus Ifrael: ait dominus deus Ecce ergo
cognito domino deo noftro & Sancto domini mirificato, quod fit
potens exaudire & faluare, mox difplicebimus nobis Et hoc eft
irafci. & indignari. accendi & vri. fancta ira contra vanitatem &
mendacium Vnde poffint hec omnia prophetice fimiliter & de-
nuntiatiue intelligi. Scitote .1. Scietis ficut fepius in prophetis.
& Scient nomen meum Et fcietis quia ego dominus. Ita Irafcimini .1. habebitis iram & compungemini ꝛc. Vel certe. impijs

exhortatorie ficut piis prophetice. q. d. Sicut audiftis. quia dominus promifit. quod Scient nomen eius fancti fui: Ita facite
vt fitis

Blatt 23ᵇ: & vos de numero illorum. quia Scient, qui ira-
fcentur, qui compungentur, qui facrificabunt qui fperabunt in
Domino. Nam vtique tales aliqui erunt & de illis prophetat
Scitote, Scietis filii autem hominum mendaces. non ita. ideo
ipfos hortatur. Scitote. .1. Eftote fimiles illis vt fciatis vel fiatis
fcientes dominum. Sic enim verbum hebraicum fepe actum tercium fignificat fecundum reuchlin: Sic Irafcimini (.1. facite vos
iratos fieri. vel recipite exhortationem que fit vobis vt prouoce-
mini ad iram.   Sic Scitote (.1. patiamini vos fieri Scientes.
Non enim poteft ifte modus loquendi: tam facile in latino exprimi ficut in Hebreo. Sic. ps. 2. Et nunc reges intelligite. Hic
non fignificat .1. actum intelligendi facite vel elicite Sed fic
paffiue .1. intellectificamini. q. d Eft qui vult vos docere & intellectum vobis dare. vos ne repugnate. Sed fufcipite. & patiamini vos ita formari & doceri & vobis intellectum tribui. Sic
credo hic poni hoc verbum precipue Scitote .1. Scientificamini
vel finite vos fieri fcientes. vel fuftinete. vt faciat vos Scientes.
Quid? quoniam mirificauit dominus fanctum fuum, ipfe enim
reuelabit vobis mirabilem filium fuum fi modo fuftinueritis &
non renûeritis. [*Am Rande links:* Nonne fic fecit Chriftus Iudeis
quod voluit eis femper oftendere. quam mirabilis effet Sed nolue-
runt]   Hoc autem cum feceritis. Ecce tunc Irafcemini.
Ifta eruditio docebit vos irafci & penitentiam agere & ego hortor
vt faciatis & irafcamini & hoc quo ad preterita.   Quo autem
ad futura Nolite peccare. facite vobis nouum fpiritum & cor
nouum Ezech. 18. Vetus eft enim velle peccare. Nouum autem
nolle peccare. Que dicitis, in cordibus veftris & in cubilibus veftris compungimini ifta verba funt valde obfcura
Hiero. Sic habet. loquimini in cordibus veftris. fuper
cubilia veftra. & tacete. Quorum fenfus mihi videtur effe.
Quod penitentia debet fieri intus coram deo. & in fecreto. non
coram oculis hominum ad vanam iactantiam Sicut Iohel dicit
Scindite corda veftra & non veftimenta veftra. [*Am Rande rechts:*

ps. 14. Quod loquitur veritatem in corde fuo.] Ergo que
dicitis (.1. dicite & loquamini & confitemini mala veftra ex toto
corde & in cordibus veftris, non in ore ficut hypocrite: qui labiis
deum honorant. Cor autem eorum longe eft a deo: Vos non
fic Sed quecunque dicitis (.fiue fcilicet oratis, confitemini, lau-
datis ɔc. hoc totum in cordibus veftris facite. per hoc tamen non
prohibetur Quin etiam foris. orandum, confitendum, laudandum
fit. Sed ne folum foris. longas orationes orantes, aut cum ethnicis
multum loquentes. damnemur. potius quam exaudiamur. Et recte
poftquam docuit irafci contra peccata. & nolle peccare contra
futura. iam erudit eos que fint opera facienda. Scilicet dicere
in corde, compungi. Sacrificare & fperare ɔc vt fequitur. Vnde
fecundum noftram tranflationem videtur textus fic diftinguendus.
Que dicitis in cordibus, fcilicet dicite, veftris.) vt fi dixeris. Qui
Scribitis, Ecce in papyro. fcribite. Sub ifto itaque, Dicere,
comprehenduntur omnes operationes potentie rationalis vt
dixi. Scilicet legere, orare, loqui, meditari, confiteri, gratias
agere. Et hec debent fieri in intimo cordis, vbi videt pater, qui
videt in abfcondito. ficut docuit dominus contra forenfes oratores.
[*Am Rande links:* poteft & aliter fic intelligi vt fimpliciter verba
Iacent Quod loquatur non dolofe aut corde & corde ficut ps. 11.
defcribitur. Sed fimpliciter & ex corde cum proximo vt qui non
egit dolum in lingua fua: idem hic dicit. Et fic eft correctio
oris. Aliud eft correctio operis contra hypocrifim Scilicet compungimini in cubilibus veftris: primum autem fuit correctio
cordis. fcilicet Irafcimini & nolite peccare. contra prima tria
fcilicet contra graue cor: contra mendacium, contra vanitatem
hypocrifim. gloriam vanam. Quod fi iactatis facrificium Ecce
facrificate facrificium Iuftitie ɔc]   Et in Cubilibus non in
tectis veftris compungimini. per Cubile intelligitur potentia
affectiua fiue voluntas. quia in ifta ficut in Cubili folent pollu-
tiones fieri. & immunde concupifcentie per compunctionem ergo
intelliguntur. omnes affectiones illius potentie fcilicet dolor,
accufatio ɔc affumptio penarum. paffionum, & alie cruces voluntarie affumpte. Sed & hec non coram hominibus fieri debet.
Sed in cubilibus veftris (.1. intimo cordium propter hypocritas

quia dilatant fimbrias. & exterminant facies fuas.   patet itaque quod in ifto verfu ifte tres vires rectificantur. Irafcibilis.
per irafci & nolle peccare. rationalis. per gratias agere orare
& dicere in cordibus. Concupifcibilis per compunctionem in
cubilibus Et hec veniunt ex ifto. Si Scire fiamus, quoniam
mirificauit dominus fanctum fuum, Ipfe enim docet

     Blatt 24ª: nos irafci. que prius dileximus, & compungi fuper
hiis que quefiuimus, & loqui veritatem Et hoc eft mirabile in
oculis hominum. Et ifta mirificatio nos non vinceret. nifi ipfe
effet tante auctoritatis. nifi fciremus. quia ipfe eft. qui exaudit
clamantes ad fe .1. deus. Quantumuis enim ifta mira funt apud
homines. fcilicet vanitatem omnia putare. tamen cum Scimus.
quoniam deus eft. qui hoc in fancto fuo mirifice oftendit. quis
non credet? quis non odiet ea & irafcatur ꝛc?

     Iam reftat amplius vt facrificemus domino, qui dedit nobis
ifta. Tres enim vires vt audiuimus funt rectificate. Iam totum
holocauftum expetitur. & omnium virium, membrorumque fancti-
monia dicit enim   Sacrificate facrificium Iuftitie, &
fperate in domino. Ifte eft fextus verfus. Sacrificium inquit
non pecorum aut vitulorum Sed Iuftitie (.1. quod illis fignifica-
batur.) hoc eft beftialia & animalia membra mactetis & conci-
datis. crucifigatis & mortificetis, vt non ferüiant peccato ad
peccatum. Sed per ignem charitatis totaliter abfumantur. & in
fpiritum tranfmutentur. vt feruiant deo viuenti. Hoc eft enim
Iugi igne. animalia cremare. ficut Ro. 12. Exhibere corpora
noftra. hoftiam fanctam, viuentem, deo placentem. Tale eft vtique facrificium Iuftitie in odorem fuauiffimum .domino. Quid
enim eft facrificare. nifi facrum facere. & facrificium. facrifactum.
& ad facra oblatum & dedicatum? Tale autem debemus nos
effe omnes fimul vnum. & quilibet vnum fuum.   Hoc iterum
contra Iudeos carnales eft, cum fuis pecoribus ficut eos in multis
locis per prophetas reprobat.   Sed nota quod addit Sperate
in Domino Differunt fperare in domino. & in dominum: Quia
fperare in domino Eft in Chrifto deo noftro effe & participare
ej ac fic in ipfo exiftendo fperare in Dominum. In ipfo enim &
cum ipfo & per ipfum audemus fperare & omne opus offerre.

Quia fine ipfo nihil poffumus facere. Quantumuis ergo fis
fanctus & Iuftus. caue, vnquam per te vel in tua Iuftitia fperes
in dominum. Sed spem habere potes. in Chrifto. Sicut Apoftolus difputat. per Ipfum habemus acceffum & fiduciam: quantominus poffunt Iudej in fanguinem vitulorum fperare aut in hoc
quod funt filii abrahe. Sane & ipfi fperant in dominum. Sed
non in domino. immo in fua dignitate & nobilitate generis. &
ftirpe patrum Sed hec gloriatio exclufa eft. Ideo in domino
fperate. Sperate in eo omnis congregatio populi.

Multi dicunt quis oftendit nobis bona? Signatum
eft fuper nos Lumen vultus tui domine. Hic verfus .⁊.
iterum Iudeorum fuperbiam arguit. Qui tunc dixerunt. Quis
eft hic? tu nos doces? Nunquid nos ceci fumus? Nonne bene
dicimus. quia Samaritanus es & demonium habes? Cum itaque
nos fimus doctores & legisperiti. Scientes que fint bona. Quis
ergo ifte eft qui nobis oftendat bona? q. d. Nullus: quia nos
fcimus, nos fapimus, nos non ficuti ceteri hominum. & fi alijs
oftenderet, non tamen nobis. Et fic ifta verba funt intelligenda
per tumorem & contemptum ab eis prolata. Quia Chriftus eis
oftendebat fpiritu feruire & facere bona. & facrificare Iuftitiam.
tunc illi furiofi. exiftimabant eum velle legem deftruere, ficut &
Sancto Stephano fecerunt. Si enim ifta queftio & inquifitio bona
effet, vtique laudaretur. Sed nunc hic reprobatur. & diftinguuntur
ab hijs. qui dicunt. Signum eft fuper nos ꝛc. q. d illi non funt
nobifcum ideo non querunt quis oftendat eis bona. Sed dicunt
cum fuperbia & contemptu. Quis ꝛc Ideo dimiffa ifta generatione fuperba & incredula

Blatt 24ᵇ: que toties inuitata eft. per multa verba & multos
modos vt patuit in precedentibus. Et tamen femper contemnit.
& dicit Quis nobis oftendit bona? & fic furda aure omnia percipiunt Conuertitur ad generationem bonam. & cum ea gratias
agit, exulat [so] & laudat dominum Et conqueritur. Ecce Inui-
taũi eos & volui eos congregare ficut gallina pullos fuos & noluerunt & dicunt multi & maior pars. contra dominum. Quis
oftendet ꝛc. Nos autem non fic Domine. Sed confitemur tibi:
quia indigemus oftenfore bonorum. & ex nobis non videmus ifta

bona. Sed lumen vúltus tui (.1. fides per quam cognofcimus
faciem tuam, & gloriam tuam.) fignatum eſt (.1. ſignum factum,
nondum autem res, quia fides eſt argumentum rerum. non autem
ipſe [*so*] res ſuper nos (.1. deſurſum: quia omne donum deſurſum eſt. & fides eſt ſuper omnem ſenſum ſurſum, Hoc eſt enim
lumen. in quo oſtenduntur nobis bona. Sic enim oſtendis faciem
tuam & oſtendis nobis omne bonum. Ex qua oſtenſione in memoria & intellectu facta, non poteſt voluntas continere, qũin
gaudeat. Quia omne bonum letificat appetitum, cum ſit eius
proprium obiectum. ideo ſequitur.   Dediſti letitiam in
corde meo: letatuſ ſum inquit in hijs que dicta ſunt mihi.
Dicta ſcilicet per oſtenſionem huius luminis, Sic Zacha. audiuit
verba bona & conſolatoria. quia oſtendit Dominus populo ſuo
bonum. Sic itaque fides ſemper habet comitem letitiam in ſpiritu
ſancto. Vnde hic dicit in corde meo .1. ſpiritu, non in carne
mea. que eſt impiorum. qui diligunt vanitatem. Sic iam ſunt
omnia ſalua in ſpiritu. Memoria, intellectus: quia lumen, quoad
intellectus, Signatum (.1. firmiter impreſſiuum fignum, Voluntas.
quo ad letitiam. Non ſolum autem in ſe. Sed quia bonum eſt
diffuſiuum ſũi. Si Múlti ſunt qui dicunt quis oſtendit nobis
bona? Cur non etiam multi fint. ſũper quos fignatum eſt hoc
lumen boni oſtenſiuum, quibus brachium dominj reuelatum eſt?
Igitur propheta gaudens cum generatione Iuſtorum. quam vidit
in ſpiritu. & eis applaudens dicit. A fructu frumenti & vini
ſũi multiplicati ſunt. [*Am Rande rechts:* verſus 8] loquitur
iam in tertia perſona. prius in prima. Item Nunc in ſingulari
Nunc in plurali: quia idem eſt dicere multiplicati ſunt. & multiplicati ſumus, Et dediſti letitiam in cordibus noſtris, & fignatum
eſt ſuper illos lumen vultus tuj domine. Quia ipſe nunc vt pars,
nunc pro tota Eccleſia loquitur. Sic etiam contingit. in predi-
cante aut cauſas agente aliquo, qũi ſimiliter nunc tanquam de
ſe ſolo, Nunc velut de alijs. pro quibus loquitur Nunc cum illis
in prima perſona plurali, nunc in tercia :c Et tamen ſemper in
idem redit Veruntamen Myſteria fint in ſuo vigore ſalua. Quia
tunc nondum potuit dicere, Multiplicati ſumus, Sed multiplicabuntur. quia fructus & frumentum nondum erant reuelata. potuit

autem dicere. fignatum eft fuper nos, quia eadem fide Chriftum
nofcebat. & letabatur fimiliter. hec enim potuerunt fieri in eo,
antequam Euangelium & facramenta venirent, vnde publice multiplicati funt. Quomodo autem ifta verba fint intelligenda vide
fer: de cena dominj fuper eadem verba. Quia per fructum frumenti (.1. effectu Euangelii & facramenti corporis Chrifti) Multi
facti funt Chriftiani in diuerfis ordinibus, Multiplicati, in virtutibus, donis & gratijs, fapientia & fcientia. Sicut Apoft. 1. Cor.
13. profequitur. poffunt autem Sicut fupra dixi omnia ifta verba
in perfona Chrifti dicta intelligi. Nam & eadem & fimilia in
Euangelio dicit. Vnde exultat in fpiritu Matt. xi. & confitetur.
Quod hec fint abfcondita a fapientibus & prudentibus (fine dubio
qui dicunt. quis oftendit nobis bona & reuelata paruulis, fine
dubio fuper quos fignatum eft hoc lumen. Et fic ipfe loquitur
nunc in fingulari nunc in plurali cum fuis, nunc in tercia nunc
in prima perfona

Blatt 25ª: verfus. 9. In pace in idipfum, dormiam &
requiefcam. In pace fpirituali, que non eft impiorum In idipfum (.1. fimul cum aliis fanctis de quibus iam dixerat Signatum eft fuper nos lumen :c Et fic eft oratio optatiua prophetę,
vt dormiat cum fanctis in pace fcilicet eterna. Dormire enim
Hic pro morj accipitūr & requiefcere pro quiete fpiritus Dormit
caro & quiefcit fpiritus   Impii autem non dormiunt Sed
moriuntur. Et fi dormiūnt, tamen non requiefcunt. nec in pace
dormiunt

Verum magis proprie de morte & fepultura Chrifti hic prophetat vt quid enim Dauid fuam mortem & fepulturam Hic tam
fignanter exprimeret? nifi quia De Dormitione mirabili vult
loqui. Eft ergo fenfus & verba Chrifti. In pace fimul dormiam (.1. moriar in pace fpiritus fimul .1. ficut alii moriar &
vere. Sed tamen in pace. & requiefcam in pace. Quia corpus
meum & caro mea, non corrumpentur a vermibus. Sic ps. 15.
dicit, qūi pene cum verbis non folum fenfibiliter incidit cum
iftis verfibus ps. dicens. Prouidebam dominum in confpectu meo
femper (.1. Signatum eft fuper nos lumen vūltus tūi domine)
propter hoc letatum eft cor meum (.1. dedifti letitiam in corde

meo.) infuper & caro mea requiefcet in fpe. Sic In pace dormiam & requiefcam. Igitur. Dominus quidem In pace fimul cum
aliis dormiũit, Mortũũs eft ficũt alius homo vere & reqũieũit.
Sicut Iacob Genes. 49. .Qũiefcens accubũifti vt leo. Sed Sin-
gulari fpe pre omnibus   Quoniam tu domine fingulariter in fpe conftituifti me. Singularis fpes fuit hẹc. quoniam
caro eius non vidit corruptionem, & in fpe requieuit caro eius,
expectans refurrectionem multo aliter quam alii: ideo fingulariter
in fpe conftitutus eft. Et ex hoc verbo fatis apparet quod de
folo Chrifto loquatur. Nam licet Dauid etiam in fpe dormiat,
non tamen fingulariter Sed communiter cum alijs: Nam omnes
dormiunt in fpe refurgendi Sed hic vnicus fingulariter.
preterea. quid fuit neceffe. Dauid profiteri, fefe dormiturum in
pace fimul cum alijs (.faltem prophetice loquendo.) quafi non
certiffimum fuerit eum moritùrum aut dormiturum? Vt quid fibi
foli hoc arroget: quafi non & alij fic dormierint Igitur de Chrifto
dicit. Qui non neceffitate Sed voluntate obdormiũit non coacte
Sed fponte igitur, Dormiam (.1. fponte. &fi poffem euadere,
moriar.) Sonat enim taliter loquens quafi. potens non dormire.
& tamen volens facere. Nam fi Dauid aut alius dicat. Moriar
in futurum prophetando. ftulta & fuperflua videtur prophetia:
quafi quid noui dicat, cum fiue nolit fiue velit, neceffe fit eum
Mori & dormire. Quod fi dicas Et fi neceffe fit eum mori, non
tamen in pace dormire. quia poteft mori & non in pace Refpondeo Hoc ipfum non eft "in poteftate eius: ideo de fe non poteft
profiteri. quod in pace fit dormiturus. Quare recte dixi quod
totus ps. optime poteft poni in os Dominj Ihefu. de fe dictus.
Vt Cum Inuocarem exaudifti me deus Iuftitie mee (.Sciebam
inquit. quia femper me audis.) Iohan. 12. In tribulatione dilatafti mihi (.1. paffione confolatus es me.) Miferere mej & exaudi
orationem meam. Hec oratio frequens eft in ps. in perfona dominj. filii hominum vfquequo graui corde? Venite ad me omnes
qui laboratis & onerati eftis. Vt quid diligitis vanitatem. & queritis mendacium, vide fer: dominj in monte, an non hec &
fequenti verficulo doceat contenta. Scilicet vt non ad literam
tantum Sed fpiritu etiam feruent legem   Scitote quoniam

mirificaûit dominus fanctum fuum, Si mihi non vultis credere
operibus credite: opera enim, que facio in nomine patris mej
teftimonium perhibent de me, vt cognofcatis quia ego in patre
& pater in me eft

Blatt 25ᵇ: Dominus pater, exaudiet me cum clamauero ad
eum (igitur non fum reprobus ab eo ficut vos me creditis qui
me tamen mirificat (.1. miraculis notificat & declarat. Vos autem
diligentes vanitatem litere & carnalia. & me dimiffo qui fum
veritas, queritis mendacium & ftatuere veftram literam contra
veritatem.   Irafcimini & nolite peccare. (.1. irafcimini
non fecundum carnem Sed fecundum fpiritum. putant enim Iudej
fe, non peccare ira cordis. fi non foris occiderint.   Que
dicitis (.fupple dicite.) in cordibus veftris & non in dolo &
infidijs ficut fecerunt in tentatione de cenfu Cefaris. & in cubilibus veftris compungimini non in angulis orantes, non
exterminantes facies veftras. vt appareatis hominibus Ieiunan-
tes   Sacrificate facrificium Iuftitie & fperate in Domino, non
in vos & veftra merita, aut quia eftis filii & Semen abrahe ꝛc

Blatt 26ᵃ: loqui in corde Eft | non dolofe loqui non dupli-
citer Sed fimpliciter. ps. 14.
Qui loquitur veritatem in
corde fuo
in abfcondito loqui. Sicut
compungimini in cubilibus eft
in occulto .1. nec verbo nec
opere. oftentare feipfum Sed
coram deo loqui & operare.
Non quod non fiat coram hominibus. Sed ne videamini ab
eis dicit dominus.

Loqui in ore & non in corde. fit 2ʳ. Primo Eft gloriari &
iactare & omnino. Et contra hoc dicit Iob 31 & digitum ori
fuo fuperponebant me loquente (.1. ceffabant gloriarj.) Et Efaie.
41. Taceant ad me Infule ꝛc & eiusdem 30. In filentio & fpe
erit fortitudo veftra. Hoc eft falutare filentium. Scilicet non
velle audiri, aut coram hominibus loqui. & os aperire   2° Eft

loqui dolofe ps. 34. Qui loquuntur pacem cum proximo fuo,
mala autem in cordibus eorum. Et fic femper Eft veriffima fola
locutio foris. coram humano die, quoniam intus coram deo nihil
eft   Ideo loqui Corde Eft fimiliter 2ˣ. primo confiteri &
coram deo loqui. non iactare, non gloriari Sed intrare in Cubi-
culum fecundum verbum Domini   Secundo eft loqui ex fim-
plicitate cordis, vt os & cor confonet. ps. 14. Qui loquitur veritatem in corde fuo. Quia & Iudej vocantes Chriftum Magiftrum
veracem. veritatem locuti funt. Sed non in corde In vtroque
autem Iudej plurimum abundabant. quos hic reprehendit

Dilatatio ad literam Eft Chrifti in corde fuo. in paffionibus.
Allegorice eft verbum Ecclefie: Que femper crefcit in perfecutione Sicut b. Hilarius dicit in li trinitate Sicut palma Surgit
contra pondus premens. Quia multiplicati funt & Dilatati per
orbem Chriftiani. ex paffione Tropologice Quelibet anima. Dilatatur tam in moralibus quam intellectualibus virtutibus. vt
Apoft 2 Corinth. xi. ps. 17. difciplina tua ipfe [so] me docebit.
& virtus in infirmitate perficitur   proprie tamen ad propofitum videtur arguere. locutionem hypocrifis quam Supra vocauit
vanitatem qualem ille pharifeus egit qui dixit. Ieiuno bis in
fabbato. & longas orationes predicabant. & feipfos magnificabant.
Et vt dominus dicit omnia faciebant vt viderentur ab hominibus.
Et fic non compungebantur in cubilibus abfconditis. Sed in foro
& angulis coram hominibus. extenuantes faciem fuam. dilatantes
philacteria fua. & canentes tuba ante fe . . . Hec & fimilia opera
penitentie & virtutum. Hic per verbum fpeciale compungimini
exprimitur Eodem modo de locutione eorum fentiendum eft.
Quod ad hominum confpectum iactabant fancta verba, doctrinas,
traditiones & legem. Et cor eorum non fic loquebatur Nota
Sunt ifta ex Euangelio   Hec autem omnia funt vanitas. eo
quod non funt fpiritualia & vitalia. Sed quia dilexerunt ifta. &
Domino talia reprehendenti reftiterunt & defenderunt & vfque
Hodie ftatuere conantur Ideo factum eft de vanitate mendacium.
quod querunt vfque Hodie, quomodo ftabiliant.   Et ideo
contra dominum Zelauerunt & irati funt: qui vias iftas hypocrifis arguebat   Vnde Nunc eos leniter inftruit Irafcimini

(.1. Zelate pro vijs veſtris ita vt non peccetis.) & nolite peccare. Iſte enim Zelus eorum ſtultus eſt. Quod pro ſua Iuſtitia zelant & iraſcūntur Cum debeant loqui in cordibus & compungi in cubilibus. ipſi iraſcuntur Quod prohibentur loqui in ore & lingua: & compungi in angulis Vſque hodie iſte verſus arguit plurimos In Eccleſia. Qui certant pro ſuis ceremonijs & Zelant pro vanitate obſeruantie exterioris. loquuntur & iactant titulos magnos. & compunguntur in habitu & ſpecie tantum. Noui & multo pertinaciores hypocrite. Sic contra eos Iohel. Scindite cordia veſtra & non veſtimenta veſtra (.1. non foris penitentiam oſtendite tantum. Sed ex corde

Querimus autem. quid ſit Hoc tam ſingulare: quod ſanctum ſuum mirificauit, vt ſi clamet exaudiat eum? Nonne & omnibus id facit? Sed quia Exaũdire diuinum, nulli conceditur niſi ſolo Chriſto vt infra ps. [55=56, 20.] Exaudiet & humiliabit illos ꝛc. In quo manifeſte ſeparatur ab iſtis phariſeis, & omnibus literalibus Iudęis, quoniam iſtos deus nunquam exaudiuit

Ps. 5.

Blatt 27ᵇ: Aſtabo [*Am Rande links:* Aſtitit regina a dextris tuis] .1. ſociabor & videbo mane. Quare Mane? Quoniam non deus volens iniquitatem tu es (.1. perſonarum acceptionem. q. d. in fide & gratia Eſt ſalus mea. & non in lege. vel ex carnis hereditate Alioquin deus eſſet iniquus, Qui ſuſciperet omnes qui ſunt ſecundum carnem filii Abrahe & Heredes eius. Cum tamen inter eos multi ſint impii & mali. ideo eos ſic indiſtincte ſine diſcretione eligere & aſſumere eſſet manifeſte iniquitas. Sed Nunc dominus venit Iudicare terram. & in Iudicio regnat. Quia Nec ſecundum carnem. nec ſecundum perſonam acceptat. Sed qui credit ſaluus erit. Vnde Petrus Act: 10. In veritate comperi: quoniam non eſt perſonarum acceptor deus. Et hoc laborauerunt oſtendere multum Apoſtoli. contra Iudeos, Qui omnino nimis pertinaciter volunt ideo eſſe Iuſti & aſtare & videre. quia ſunt ſemen abrahe & ſecundum carnem. & non quia credunt vel mane. Vnde contra eos multis verbis Hic propheta in ſpiritu vtitur. & repetens inculcat ſexies. Neque Habitabit iuxta te

malignus, ꝛc Et vide quomodo paulatim crefcit peroratio prophete. Primo ait Non Habitabit, neque permanebunt: fecundo
odifti & perdes. 3º abominabitur Item primo ait fimilis malignus
& Iniufti: Secundo: addit. omnes qui operantur iniquitatem &
omnes qui loquuntur mendacium, Nullum excipiendo. Etiam fit
femen vel feruus Abrahe Et Hoc eft Iúdicium Chrifti quod dedit
ej pater facere, in equitate verbum confummans

Vir fangúinum Eft effufor fangúinis qui multos occidit.
Qualis fuit & Dauid. Sed quia Hoc quanquam licite fit. ideo hic
additur dolofum. Qui proprie eft detractor. quia alius in facie.
alius in dorfo eft. & hic quidem aptiffime dicitur Non vir fanguinis Sed fanguinum, Quia plurimos occidit. & multarum animarum fanguinem fudit. quorum tamen fangúis vnus cum Chrifti
fanguine factus eft quo redempti. & cui incorporati funt

Nota itaque Quoniam detractor folus. pre omnibus dicitur. abominabilis coram deo. quia fetet multorum cede & fangúine.

Ad literam autem de Iudeis dicitur. Qui Chrifti fanguinem fuper
feipfos Imprecati funt. quem quoque occiderunt & adhuc in eius
fanguine abominabiles funt   Ponitur autem fingularis pro
plurali. Virum fangúinum, (.1. quicunque eft vir fangúinum. Sed
& ipfi vfque Hodie Chrifti fanguinem fundunt in feipfis, dum ei
detrahunt ꝛc

Quod autem dicit omnes qui operantur: perdes omnes. Eos
percutit ifto verbo. qui ftulta fiducia putant fe faluari. Quia funt
in numero populi dej. baptifati & credentes. & fine operibus,
Sicut aliqui Dicunt Quia tam multe funt gentes que pereunt,
fperandum Quod pauci Chriftiani peribuut quafi ideo neceffe fit
Chriftianos faluos fieri: quia gentes pereunt. Sed Hic dicit.
Omnes fine exceptione omnino. Et ad idem Dominus accedit
luce. 13. putatis Quod Hij foli preceteris peccatores fuerunt in
Hierufalem. quia ifta paffi funt. Amen dico vobis nifi penitentiam habueritis omnes fimiliter peribitis. Quoniam dicet illis
in die Iudicij, taliter confidentibus Difcedite a me omnes. qui
operamini iniquitatem. Scilicet quicunque fuerint Idem Ro xi.

Ps. 6.*)

Blatt 26ᵇ: Inueterauit dominus inter inimicos. Primo in
perfona fua. (.1. Diu inter eos fefe perfequentes füit & paffus.
Et eft tunc eft hyperbole. Quia amor facit, omnem moram lon-
giffimam apparere Sicut vulgo dicitur. Hei ich byn schir graw
darvber worden. [*Am Rande links:* Vel Ich mocht wol graw.
druber werden Eft igitur verbum exprimens mire intenfionem
affectûûm] Dominus autem affectuofiffimo amore expectauit falutem noftram & inimicorum fuorum: ideo miro modo longi vifi
funt illi Dies dilationis eorum. Item ipfe dicit in Euangelio in
eodem affectu. Baptifmo habeo baptifari & quomodo coartor
donec perficiatur. Et fic in crûce maximo gaudio dixit. Confum-
matum eft Cruciabant itaque animam eius. & longam faciebant
ei expectationem fuam: propter eorum incredulitatem fuam. [*so*]
ficut dicit Mar. [*Cap. 9, 19.*] O generatio incredula quam diu
patior vos.   In huius fignum non dicit abfolute. Inueteraui.
Sed inter inimicos meos. q. d. quod inter inimicos meos fum.
longiffimum mihi eft. & quafi fenium,   Secundo in perfona
membrorum fuorum. Hii enim nimis Inueterauerunt inter demones. Diu poffeffi ab eis & nimis profunde fubiecti ej   Sic
ergo pro eis plorat. quafi ipfe fit. & fibi contigerit. quod illis
contigit. pre nimia Charitate. Quare totus ps. eft. queftus & vox.
huius galline noftre affectuofiffime. & vox dulcis. dulces lachrymas
prouocans. nifi lapides effemus. & Duritia duriores   Eft ille
totus pfalmus. velut Impetuofus ignis. & impatientiffimus Zelus
ex corde Chrifti erumpens

Difcedite a me. omnes qui operamini. Hoc fit dupliciter.
Primo difcedite. (.1. agnofcite. vos difceffiffe a me. quia operamini iniquitatem. Et Hoc ex eo Agnofcite. quoniam dominus
exaûdiûit vocem fletus mej. & non vos. Vel difcedite (.1. nolite
mecum velle comparari. & fuperbe mihi pares effe. quoniam non
eftis. quos exaudiat Dominus ficut me Tercio in feueritate fcilicet vt deiiciantur poteftatis ira. & auferantur a perfecutione

---

*) Vgl. Riehm, Initium theologiae Lutheri pag. 9 sqq.

Chrifti Quia Dominus eum fic exaudiuit. vt eum a perfecutori-
bus liberaret.   Vel poteft prophetice intelligi   Difcedite
.1. difcedetis
  Eodem modo pro illis. pro quibus orauit, Difcedite a me
(.1. meis fanctis) Scilicet agnofcite primo vos difceffiffe. 2°. Difcedetis ab eis. vt animo ceffetis eos perfequi. quoniam dominus
exaudiuit me & eos per me
  Erubefcant &c Similiter poffunt 2ᷓ intelligi Primo in ¡bonitate 2° in feueritate Erubefcunt, qui agnofcunt feditatem iniquitatis fuę. Conturbantur autem. qui dolent & triftantur pro ea.
Conuertuntur autem quando nouam uitam emendatam arripiunt
vel vt alii textus aūertuntur Scilicet a fua via mala.   Et vt
hoc non differatur. petit vt Velociter confundantur. Sic ps. 82
Imple facies eorum ignominia & querent nomen tuum domine.
Alias. Erubefcunt (.1. fiunt confufibiles penaliter tantum fine
fructu emende & conturbantur (.1. quatiuntur confcientia & corpore Similiter Conuertuntur a via recta magis ad Infernum
& Erubefcunt velociter Sicut In Iūda & Iudeis peccatum eft:
Et qui primo modo nolunt, cogentur 2°.
  Infirmus fum (.1. refiftentiam non facio, non vindico. Sed
folum patior. Sicut ps. 67. Infirmata eft, tu vero perfecifti
eam   Et apoft. 2. Corinth virtus in infirmitate perficitur Eft
itaque infirmitas ifta: quando qūis non poteft a fefe malum
repellere. & refiftere
  Lauabo lectum meum licet ifta locutio fit hyperbolica: tamen
refpiciendo affectum domini. tantus fuit ardor animi eius. quod
fi tantum habuiffet in capite lachrymarum. quod pro lecto lauando
fufficerent, ipfe eas fudiffet vtique. & tanto animo fleuit: quanto
fleret, qui tantas lachrymas effundere poffet. Quocirca ifta locutio
& fi hyperbolica tamen vera eft, eo
  Blatt 27ᵃ: quod exprimit lachrymarum tantarum &fi non
effectūm, tamen caufam fufficientem & affectum Et quod deeft
veritatis in re. fuperabundat in intentione. Quod & ipfa locutio.
videatur ad vfitatum modum loquendi refpondere. Vbi dicitur
de nimium lachrymantibus quod poffent manus & pedes fuos lauare. mocht hentt vnd fufs dar mit wafchen Hoc autem domi-

nus ad lectum tranftulit, quod nocte fleuit. quando quiefcitur in lecto. [*Oben am Rande quer herüber:* Ideo non dicit lauo & rigo. Sed in futuro lauabo. rigabo. q. d. paratus fum fi poffem lauare & rigare :c]

Tûrbatûs autem eft a fûrore oculus meus Non ait Ego. Ad exprimendum. Quoniam propter clariffimam vifionem qua peccata noftra vidit. fefe turbatum effe. ideo. dicit Oculus. & meus. q. d Ego fingulari & clariore. omnibus. agnitione Mala Hominum agnoûi. & ea odiui & indignatus fui

Inter omnes inimicos meos. poteft Sic conftrui primo. Quod Inueterauerit inter eos. qui funt omnes inimici eius (.1. inter eos. vbi nullus fuit ej amicus. [*Am Rande links:* Et hinc confonant Heb. Inueteraûit in omnibus tribulantibus me .1. quod omnes tribulant me] Hoc enim eft magnum incrementum doloris. effe inter multos. & qui omnes funt inimici eius Quia Chriftus perfonaliter non fuit inter omnes fingulos inimicos fuos. Sed quia inter eos. qui fuerunt omnes Hoftes eius.   Secundo. Quia Inimici fuorum etiam fui funt. Quia qui me tenet digito vtique me tenet Et qui tangit vos, tangit pupillam oculi mej.

In ira & furore corripiunt, qui folum puniunt. folum vinum Infundunt fine fructu & emende [*so*] caftigant. Scilicet ad vindictam explendam, fecant vulnus & non Emplaftrant. Hoc eft Diabolicum. Ideo dominus hic petit. corripi quidem Sed in mifericordia & pietate. oleum cum vino optat mifcerj, fructuofeque caftigari, tam in fe quam in fuis

Iam Nunc Collige aggrauantia affectuum in ifto ps. & videbis, ipfum nec audirj poffe fine multis lachrymis. primum. Quod omnis correptus timet ne fit ira dej fuper eum Et ifte timor multum anxiat valde. & longus videtur. ideo petit non in ira corripi Sed in mifericordia (.1. Hocipfum notum fibi fierj

Item 2° quod timet ne fine fructu caftigetur. Dum fola ira eft Et ideo forte geminat eandem orationem propter ifta Duo. Quia durum eft ab irato percuti. & folum penaliter percuti fine fructu   3ᵘᵐ Quod Infirmus eft: non potens refiftere aut repellere illos. 4ᵗᵘᵐ. Quod nec facile ferre tamen Et hec iterum duo grauia funt. Scilicet non poffe fugere. Et tamen non etiam ferre

ideo Hic ſe infirmum dicit Et conturbata oſſa ſua. 5^{tum}. Quia
anima ſuper iſta non ſolum turbata eſt. quod fit in iſtis omnibus Sed propria quoque paſſione ſeorſum turbata eſt & valde.
6^{tum}. Et Iſte timor & tremor. nimis diuturnj videntur omni. qui
habet eos. ideo dicit. Vſquequo? Iſta mora Eſt omni illorum
intenſio. 7^{mam}. Conuertere ait. Quia flebile eſt dominum eſſe
auerſum. 8^{vam}. vt miſericordia dej non pereat vel glorificetur.
Iterum hic aliud genus affectus charitatis in deum & latrie.
9^{num}. Quoniam non eſt in morte qui memor ſit tui (.1. qui
clarificet te coram alijs　　　　10^{mam}. In Inferno autem nullus
confitetur. etiam ſi ſit memor eius. Sed maledicit. Et iſte verſus mirabilis eſt. Quod ſancti plus horrent blaſphemiam dei
quam infernum, ſicut quidam petijt, ſi damnaretur, vt tamen non
minus deum laudaret & glorificaret ideo non dicit hic. Ne ſim
inferno [ſo]. Sed ne non ſit memor eius. quod fit in inferno.
Et non ideo petit non in infernum venire, quia Infernus eſt.
Sed quia non eſt ibi laus Dej Quare a morte carnem, ab inferno
animam petit ſaluarj　11^{mum}. Quod laborauit in gemitu ſuo ſingulariter. 12^{mum}. Quod lauat per ſingulas :c 13^{mum}. Quod lectum
ſuum rigat ſuis proprijs lac,　　.14^{mum}. Quod peccata quia magis
ſunt que eum mouent deteſtatur furore ſancto & Zelo. 15^{mum}.
Quod omnes eum tribulant. & ſolus eſt inter eos omnes

ps. 7.

Blatt 28a: Si feci iſtud :c Non ſufficit malum non agere,
ideo addit. Si eſt iniquitas in manibus meis. Sed nec hoc ſufficit coram Deo, quod quis. benefaciat bonis & amicis tantum,
niſi rotunde & vniuerſaliter ſit idem omnibus bonis & malis. amicis
& inimicis. Quia Hęc eſt Chriſtiana pietas, ęquum eſſe ad omnes,
ſine electione ſecundum hominem & fauorem carnis Sicut ficũs.
profert ficus, ſiue inter ſpinas ſiue inter roſas ſtet. ſic vitis. Non
enim poteſt arbor bona fructus malos facere. Qui autem amicis
ſunt amici tantum. ſunt mixti. De quibus Dominus. Nunquid
colligunt de tribulis ficus. Sic nec de ficubus ſpinas. quia illi
ſunt ſpinoſi inimicis. Sed ſuaues amicis. Ideo non ſunt Integri
& rotundi & iidem ad omnes Vnde addit Si reddidi retribuentibus

mihi mala. Sic docet dominus Copiofe Matt. 5. Eſtote perfecti.
(.1. rotundi & integri. velut circulus. Illi autem funt ſicut femi-
circulus vel arcus rotundi ad alios & rupti ad alios   Et
Hoc nomen Equitas illud fignificat. Quia fcilicet fine acceptione
& differentia perſonarum omnibus idem eſt, qui ꝗquus eſt. Sic
vulgo dicitur. Es gilt myr glich eyner wie der ander. .1. eque
mihi eſt de omnibus. Sic Sic [ſo] ps. 110. facta in veritate &
ꝗquitate (.1. qui ea faciunt. fiunt ꝗqui funt ꝗqui. & faciunt ꝗque
vni ſicut reliquo. bono & malo. benefaciendo. nec minus vel magis
parcendo bonis amicis quam inimicis   Et iterum Iudicabit
orbem terre in ꝗquitate (.1. quod erit equus omnibus ſicut vinum
bonum, eque ſaporem ſuum dat. Dignis & indignis. Sic vitis
femper eſt mitis. & erga omnes. Sic deus & dominus eſt Ꝗquus
tam in bonis largiendis quam in malis inferendis. per contrarium
eſt Iniꝗū̄s & iniquitas

Rapit Diabolus animam hominis. vt tentator. ſicut Matt 4.
Affumpſit eum diabolus in ciuitatem fanctam ꝛc. Et ſic non
nocet Sed prodeſt. Alio modo vt leo Scilicet quando deuorat &
abſorbet. in damnationem. Sed de Chriſto ſic intelligitur, non
quia poſſit eum rapere in damnationem. Sed ne diu permitteretur
in inferno Sicut in alijs ps orat, ne aſſimiletur defcendentibus
in lacum   Exaltare ꝛc. Myſtice de Chriſto. qui Exaltatur in
finibus inimicorum quando exurgit in ira, Exaltatur autem in
medio amicorum. quando exurgit in gratia. Hoc eſt quando
Inimici ad fenfum foris, coguntur concedere quod eſt exaltatus
& gloriofus. licet intus in corde nollent, fines enim eorum funt
fenfus eorum. Medium autem eſt cor quia intimum.   Sic
Exaltatur in medio amicorum (.1. Amici in corde exaltant &
glorificant eum volenter & Hoc eſt exurgere in gratia. non in
ira Et fynagogam tribubum [ſo] circumdare eum (.1. in medio
eorum eſſe. & exaltari propter hanc .1. in ea ꝛc quia propter
alios non exaltatur nec regreditur in altum

Vafa Sunt Inſtrumenta cuiuscunque artificii

Vita in terra Eſt fubſtantia huius mundi: qua conferuatur
vita corporalis. Et vita in celo Eſt verbum Dej & gratia. qua
vita fpiritus conferuatur. Imprecatur Ergo hic Dauid ſibi tria

damna. fcilicet vite corporalis, bonorum corporalium. & fame
fiue glorię vel vitam triplicem naturę gratie glorie. ꝛc

Cor & renes.   Cor fignificat actus rationis vt cogitationes, Inuentiones, fpeculationes intelligentias ꝛc Renes autem
motus appetitus, concupifcentias, defyderia. Et breuiter Corda
& renes fcrutatur, Deus. (.1. omnes cogitationes & affectiones.)
Renes enim partes funt officiales carnalis voluptatis. vnde dicitur
Splen ridet. Ren luxuriat ꝛc

Blatt 28ᵇ: Gladium fuum, arcum fuum, fagittas fuas.
plena verba. & proprie magis prophetice dicuntur de extrema
vaſtatione Iudeorum per Romanos. vbi dominus. per. 4°. annos.
vibrauit aptauit, parauit, arma fua contra eos, & minabatur
eis.   Poſſunt autem iſta verba multipliciter exponi. primo
ficut fonant. Quia gladius Romanorum. erat gladius dominj
(.1. voluntate eius applicatus. Sicut Iob. 41. qui fecit eum appli-
cabit gladium eius.   Et fine dubio tunc Romani ardentes &
igneas etiam fagittas habuerunt, & parauerunt   Allegorice
autem Sunt vſque hodie contra eosdem. gladiůs arcus, fagitte.
totus mundus, Quia metaphorice fagittantur. vexantur occidůntur
affidue Iudej. etiam ab ardentibus (.1. iratis quanquam & acūtis
hominibus. contra eos. indignantibus. [*Am Rande links:* Sic Efaie
dictum In gladio viues] Quia poteſtates feculares funt quaſi
arcus in manu dej. ex quibus mittuntur miniſtri contra eos. quaſi
fagitte & tela. Et horum aliqui funt igniti & iracundi.
Tropologice fic. Gladius & arcus funt eorum peſtilentes doctores. qui eos. vulnerant fagittis acutis & ardentibus (.1. amariꝛ
blafphemijs & incitationibus contra Chriſtum & Chriſtianos. Et
talis gladius vel arcus fimiliter eſt domini (.1. a Domino eis
immiſſus) Sunt autem tales arcus in manu Diaboli. Qui per
eos, tam mala verba. ignita & fulphurea mittit inter eos. vt fefe
mutuo confodiant fuis peſſimis dogmatibus [*Am Rande links:* vt
figura eſt in philiſteis. 1. Reg. 14. Et Iůdicum. 7.] Anagogice
autem adhuc eſt prophetia iſte ps. Quia deus minatur vſque
hodie. horribiles fagittas Iudicii fui vbi contra Impios fulminabit
& iaculabitur totus mundus & omnis creatura. Sicut Sapientie. 5.
pulcherrime deferibitur. Gladius itaque poteſtas Iudicii. quo diuidit

impios. arcus poteſtas penarum inferendarum. Sagitte & tela.
ipſa ſunt tormenta & pęnę.

Concepit dolorem (.1. Inuidiam.) Inuidia enim tortura eſt ſui
& dolor Iuſtiſſimus ſolus omnium, qui affligit Inuidiam. Inuidus
alternis rebus marceſcit opimis. Vnde Bethauen Samarie. dicta
eſt domus Zeli, idoli, doloris ꝛc quia Beth domus Auen autem
dolorem ſignificat, qui eſt Zelus & Inuidia

Lacum Aperuit ꝛc Hec eſt mira ſapientiu dej. Qui impios
non punit, niſi ſuis proprijs machinis, ridet ſuis irriſionibus, con-
fodit ſuis Iaculis. Sicut Dauid Goliam & Chriſtus diabolum.
Sic enim Iudej parauerant, omne malum Chriſto Et Ecce venit
ſuper eos ipſos. Et Semper deus ſeruat iſtam Regulam. lex non
eſt ęquior vlla. quam necis artifices, arte perire ſua. Et b. Aug.
Inſiſte Domine & ita factum eſt, vt pena ſuiipſius. ſit omnis
animus inordinatus.   Et hoc loco. Conuertetur dolor in
caput eius ꝛc Sic Saul, abſalon, contigit & multis alijs, qui alijs
dum nocere voluerunt, ſibiipſis nocuerunt. & figura huius eſt
Quod Saul in proprium gladium ruit & armiger eius poſt eum

ps 8.

Blatt 29ª: Infantes & lactentes Hic non ad literam accipiuntur. Sed hij ſunt, qūi rudiore & infirmiore fidej notitia ſunt
in Eccleſia. quales erant pueri iſti. qui Matt 21. dominum in
templo laūdabant. De quibus & huius psi hunc verſum contra
phariſeos dominus allegaūit. Non enim erant vere ſugentes &
infantes, quia loqui & currere poterant [*Am Rande links:* .1. pe.
2.] Myſtice autem Sunt omnes humiles. & qui neſciunt iactantiam Sed ſunt infantes ſpiritu (.1. voluntate ſpirituali) & lactentes
(.1. mites & ſuaues, Sicut Magiſter ipſe qui dicit Mitis ſum &
humilis corde (.1. lactens (.ſine dentibus mordacibus ire, & infans.
ſine tumultu iactantie. Ex talium ore (.1. aperta confeſſione &
publica predicatione.) perficit deus ipſe laudem propter inimicos
ſuos. Hoc eſt, eligit infirma vt confundat fortia. ſtulta vt confundat ſapientia ſcilicet vel ſuauiter. vel fortiter in miſericordia vel ira

Os ſignificat publicam & foris erumpentem promulgationem
ad aures hominum. Sicut ſupra ps. 4. de loqui corde & ore

dictum fuit. Sed & ipfum preconem fignificat feu predicatorem
vt Exo. 4. Aaron erit os tuum (.1. facerdos fit predicator legis.
Et ps. 80 Dilata os tuum (.1. predicationem tuam in multos
extende & ego implebo illud (.1. incrementum dabo. fcilicet voci
mee vocem virtutis. vel Ego implebo. & dabo quid loquamini

Homo hic collectiue capitur. ficut & inimicus & vltor. qui
eft modus loquendi frequentiffimus in diuinis fcrip. Quia deus
loquitur ad multos. tanquam ad aliquid vnum. Sic ergo quid
eft homo .1. Homines vel humana natura. quia memor es eius.
& non oblitus ficut demonum.   Aut filius hominis (.1. fingularis ille filius virginis. q. d. tamen eft multo inferior angelis.
quoniam vifitas eum. fcilicet per filium tuum hypoftatice affū-
mendo.   Minuifti eum filium tuum videtur enim hic mutare
locutionem & tranfire de Chrifto, de vna humana natura ad
aliam: que tamen eft vnus & idem. [*Am Rande links:* ficut fepe
alias in fcrip. vel per anticipationem, potius de homine affumpto
quam de filio dej minorato,] Ab angelis (Scilicet per incarnationem, Exinaniuit enim femetipfum x Phil. 2 Et iterum tranfit
ad aliud fcilicet exaltationem eius gloria x

Celi dicuntur Hic Apoftoli. noue & celeftis legis predicatores:
quia celeftia & que defurfum funt predicant. Vnde Bern fer. 27.
fuper Cant. Habet Ecclefia celos fuos, Homines fpirituales vita
& opinione confpicuos, fide puros, fpe firmos latos charitate.
contemplatione fufpenfos. & Hii pluentes pluuiam verbi falutarem tonant Increpationibus, chorufcant miraculis enarrant gloriam
dej Hii extenti ficut pelles fuper omnem terram.   Et apoft
Confonat. dicens. Si portamus imaginem terreni portemus &
imaginem celeftis. Dicit Ergo. videbo (.1. credam & fauebo. Non
Inuidebo ficut vltor & inimicus. Et eft meo Iudicio fenfus ifte
quod deftructo vltore & lege fua, noua lex & celi eius nuncia-
tores fint fufcipiendi. quam deftructionem non virtute tumultuofa,
Sed Humilitate fuorum perfecit. Et ex predicatione Humilium
& Euangelifatione pauperum Alio modo Celi dicuntur libri fanctorum Apoftolorum & doctorum x

Senfus ergo eft. Quod dominus deftruxit literam litereque
defenfores & emulatores. vt celeftis fpiritus & noua Ecclefia digitis

dej donis fpiritus fancti ornata & fundata ineternum Inftitueretur. Igitur Iam non videbo terram & literam. Sed celos tuos in fpiritu. poftquam deftructi fuerunt

Blatt 29ᵇ: obferuatores literales: Sed hanc deftructionem non ferro nec poteftate fecit. Sed omnino contrario eius. Quia poteftas non contra poteftatem. Sed elegit Infantes & lactentes, contra Magnos & loquaces legifperitos & fcribas. Et humilitate pugnauit & proftrauit. quicquid erat altum. Elegit enim Infirma vt confunderet fortia Et vniuerfaliter quicquid in mundo abiectum eft elegit. & per hoc deftruxit. quicquid in mundo eft aliquid ideo Exore infantium Ifta fecit. Sed non eorum virtute, nifi fierent celi & digitis Dej firmarentur fruftra ergo Iudei Expectant Meffiam fuum deftruere inimicos eorum per virtutem & potentiam carnalem. Nam militia Chrifti talis non erat. Nec per equalem cum equali virtutem. Nec per fuperiorem cum Inferiori. Sed omnino per contrarium Quis enim audiuit virtutem per Infirmitatem deftrūi? Quis vidit gloriam per ignominiam conculcari. & non potius per maiorem gloriam? At fic fecit Chriftus Qui in humilitate, infirmitate ignominia, fpoliauit totum mundum. virtute, honore & gloria & omnino annichilauit. & in feipfum tranftulit [*Am Rande links:* quia hoc fit voluntarie: illud violenter Sed nunc Serui Chrifti funt voluntarii] Hoc eft ergo miraculum quod miratur ifte propheta   Vnde & Dauid 2 Reg vltimo de Chrifto dicit. Dominator Hominum Juftus (non ait potens & bellicofus quia in Iuftitia dominatur) Dominator in timore Dej, non in timore armorum & violentia. Sic lux aurore oriente fole. & ficut herba de germinat ꝛc

Dicit autem in fingulari: ore. & tamen Infantium pluraliter. ad Infinuandam vnanimitatem fidelium laudantiūm Chriftum Sicut & apoft vt vnanimes vno ore glorificent ꝛc Quia idem fentiunt, docent & predicant

Queritur Quare dixit de pifcibus maris, qui perambulant femitas maris & tamen volucres celi non dixit. que peruolant femitas aeris, Nec pecora campi, que peruagantur femitas campi.   per oues quidem & boues Domefticas animantes & obedientie humane fubditas fignificat fanctos In Ecclefia merito

& numero Oues Inferiores Boues fuperiores predicatores.

Sed per ea que funt in aere, campo, mari quia funt extra
obedientiam hominum. Significat peccatores in Ecclefia numero
tantum non obedientia nec merito

Difficilis mihi eft ifta queftio. dicere volo tantum quefitiue.
primo. forte vult de omnibus tribus intelligi: quod vltimo addidit.
vt intelligas tam de pecoribus & volucribus ijs que vaga &
inobedientia funt. & perambulant quanquam fuo appetitu, vias &
defyderia libertate propria ficut pifces in mari Alioquin & oues
& boues funt pecora campi. Sed non vaga & perambulantia
fũa licentia. Sed directa & ducta & reducta: fub ductu hominum & obedientia.   Secundo. Sic. Quia & pifces quedam [so]
funt in mari & flumine capti in viuarijs. Hij non perambulant
& ad excludendum illos fic pofuit, quia funt boni Et ne putetur
Quod folum illi fint fub Chrifto. addit etiam malos & vagos
Sed contra fic ferę fic volucres quoque funt   Ideo tercio.
poteft effe exaggeratio: quia fub Chrifto funt etiam ij. qui vagif-
fimi funt & lubrici in profundo

ps. 9.

Blatt 30ª: Alma Hebraice in fingulari fignificat primo virginem feu adolefcentulam Secundo abfconditam vel quafi intus
occultatam. Vnde Almoth plurale eiusdem fignificat virgines vel
abfconditas. Vel Iuuentutem. quafi collectiue capiendo. Componendo itaque vtrunque fignificatum in vnum, Almoth eft nihil
aliud quam myftica vel arcana Iũũentus, feu Spirituales virgines
& adolefcentule. que funt omnes fideles Chrifti. vt ps. 44. addu-
centur regi virgines. Cant. 1. adolefcentule dilexerunt te nimis.
Eiusdem. 6. .60 funt regine & octoginte concubine. & adolefcen-
tularum non eft numerus. Vocantur autem myfticę arcanę vel
abfconditę virgines ad doctrinam exterioris & carnalis virginitatis.
quia funt in tabernaculo fidej. vt ps. 19: [*Ps. 30=31, 21.*] Abfcondes eos in abfcondito tabernaculi tui (.1. in fide Ecclefie tuę,
a contradictione Hominum. Senfus itaque tituli eft. ps ifte Dauid
reuelatus Eft Epinicion feu carmen triumphale vel exhortatorius
myftice Iuuentutis fpiritualium virginum filii Dej Chrifti.

Vnde Quia fides eſt ſpiritualis virginitas per quam deſponſamur Chriſto ſicut In Oſee dicit Sponſabo te mihi in fide. Ideo Iudej & mali Chriſtiani in prophetis ſemper arguuntur de fornicatione (.1. incredulitate.) — [*Am Rande rechts:* Sed melius hic capitur in ſignificato 2° pro occultis. quia in iſto ps ſere omnia Verba non literaliter Sed ſpiritualiter ſunt intelligenda Et ſic ſunt de ſpiritu & non litera]

Confiteri vnum verbum eſt in Hebreo. quod apud eos tantum ſignificat. quantum apud nos iſta omnia. laudare gratias agere & beneficium acceptum referre & agnoſcere. A quo verbo venit Iuda & Iudeus (.1. confeſſor talis ſeu laudator ſeu agnitor beneficiorum dej. Et talium Iudeorum eſt rex Iheſus Nazarenus ducens eos in titulo ſuo glorię

Aliqui Confitentur in labiis tantum. Hii ſunt qui aliud in corde aliud in ore loquuntur vt qui peccator eſt & in propoſito malo: pſallens nihilominus deo. De quibus ps. 77. [= 78, *Vers 36 f.*] lingua mentiti ſunt ej. cor autem eorum non erat rectum coram eo   Alii. Confitentur quidem corde. Sed non toto. Hii ſunt qui dimidio corde confitentur & non faciunt vel pigre faciunt. que dicunt & intelligunt,   Toto autem corde confitentur: qui omnibus viribus parati ſunt facere & pati. ſicut eſt in corde eorum.

Omnia mirabilia inquit. quod non eſt poſſibile Sed Amoris & vehementis affectus eſt hec natura. vt quia promptiſſimus eſt & quantum ad promptitudinem pertinet nihil deeſt, quin Impoſſibilia faceret. Amanti enim nihil difficile. immo Impoſſibile videtur poſſibile. Sicut de Maria Magdalena dicunt doct. que dominum voluit tollere ab hortulano ſola. tali locutione & ſupra ps. 6. vſus eſt. lauabo per ſingulas noctes lectum meum ꝛc (.1. promptiſſimus ſum ad ſic faciendum ſi fieri poſſit. Spiritus quidem promptus eſt Caro autem infirma (.1. non tantum poteſt, quantum eſt promptus ſpiritus facere. quia excedunt naturam eius. Et ſecundum hunc modum multa ſunt Intelligenda in pſalt & biblia. que ab alijs hyperbolice exponuntur ſecundum literam occidentem. Sed ſecundum ſpiritum viuificantem ſunt veriſſima

Mirabilia iſta ſunt Quod dominus per infirma deſtruxit fortia.

per ftultitiam crucis fapientiam mundi. per ea que non funt. ea
que funt, per ignobilia gloriofa. Quia Sic ait Dominus Matt
[*Ift Luc. 16, 15*] Quod altum eft coram hominibus, abominabile
eft coram deo.   Vnde Quia ifte ps eft in ore Spirituum. &
myftice Iuuentutis. ideo hyftoricus eius fenfus, omnino eft fpiritualis. Spiritus enim loquitur myfteria feu myftica & abfcondita.
ficut ps. 77. Matthe allegat loquar abfcondita a conftitutione
mundi. Quia ifta myfteria fuerunt & funt occultata principibus mundi Et Hec eft fapientia. quam Apoftolus loquitur in
myfterijs

Blatt 30ᵇ: Quare caueas in hoc ps. Exponere vocabula
fecundum literam occidentem & carnem

Inimicus itaque hic non fecundum carnem capitur. qui carni
& ijs que carnis funt nocere ftudet. Sed omnino. qui fpiritui
nocere cupit. vt fuerunt & funt omnes qui Ecclefiam a fide &
Chrifto feparare volunt, Iudej. heretici, caro. Demonion, mundus.   Quia almoth dicit non abfolute. Inimicum. Sed meum,
q. d. occultum & myfticum. ficut ego fum

Sic Infirmabuntur non de carnali infirmitate intelligendum
eft vllo modo, quia hoc non fuit verum. & fic intelligere eft mortuam literam fequi. Sed Infirmitate fpirituali .1. qui fibi fortes
videbantur & fuperbierunt. iam funt humiliati & agnofcentes fefe
effe omnino infirmiffimos   Eodem peribunt, non fecundum
carnem. Quia & fancti fic pereûnt. Sed fpiritu (.1. perdunt animam & feipfos. videntes fefe nihil effe omnino. qui fe aliquid effe
putabant. [*Am Rande links:* Aug. Ifaie. 41. Gal. 6. [*Gal. 2, 20.*]
Viuo iam non ego. Ro. 8. [*Röm. 6, 5. — 2 Tim. 2, 11.*] Si com-
mortui fumus ꝛc] Et Hoc a facie tua (.1. reuelatione veritatis
euangelice. vts ps. 4. Signatum eft fuper nos. Qui fic dicit:
confitetur fe non habere lumen: illi autem. Quis oftendit nobis
bona? q. d. nos lumen habemus

Verum hec fecundum viam mifericordie & bonitatis & fuauitatis dicta funt. In eodem autem fpiritu Intelligitur etiam.
de Infirmitate fpirituali mala. & perditione fimiliter. Quia aliqui
ex Euangelio reuelato. fiunt meliores. alii autem peiores. quia
eft fignum pofitum in ruinam & refurrectionem multorum. Et

alijs quidem. eſt odor vite in vitam, alijs autem odor mortis in mortem. Eſt enim verbum Euangelium verbum Iudicij

Phramea Caſſio.*) dicit hebraicum eſſe Et tunc a verbo pharam quod Scidit ſignificat Vocantur autem hic tyrannj framee & gladij Quia ſunt arma & inſtrumenta inimici vel diaboli [*Am Rande links:* quia diũidũnt & percutiunt regiones & homines] Sicut Rex Gottorum aiebat ſe eſſe flagellum dej Et ſimiliter Rex Scytharum Tropologice autem Eſt mala lingua. que diuidit concordes & amicos. Item animas & fidem. virum & bonos mores. vt ps. infra. 56. Lingua eorum gladius acutus Sicut itaque Infirmabuntur. peribunt ꝛc ſpiritualiter intelliguntur Ita & ſequentia. Scilicet. Defecerunt, deleſti, deſtruxiſti, perijt memoria. Infixe ſunt. comprehenſus eſt Conuertantur in infernum. Iudicentur in conſpectu tuo. Non confortetur homo

Omnia ſecundum ſpiritum ſeu ſecundum affectum intelligenda. Non quod fieri localiter vel carnaliter debeant. Sed infixe ſunt ſunt & comprehenſi in corde ſuo intus coram deo. [*Am Rande links:* Equitas porte mortis 2ᷓ capiuntur.]

Exultare in plus eſt quam lętari. Quia eſt foras in ſenſum erumpere verbo laude cantu. & hylaritate totius corporis. vnde dicitur Exultare q. ad extra ſaltare

Equitas & Iuſtitia ſic in Scripturis fere differunt. Quod Equitas reſpicit perſonas Iuſtitia autem cauſas. Vt equus eſt. qui omnibus idem eſt & equaliter ſe habet. nec odio nec amore, nec diuitijs nec paupertate flectitur ad vnum plusquam ad alium. Sic Deus dicitur ęquus. quia non tantum Iudeis. Sed omnibus hominibus indifferenter ſuam gratiam exhibet. licet Iudej velint eum fierj iniquum, & acceptorem perſonarum ſuarum. Sic & Euangelium eius dicitur verbum abbreuians in ęquitate Eſaie. x. Quia omnibus eſt idem eiusdem rigoris & lenitatis: [*Am Rande links:* Diuiti ſicut pauperi. Iudeo ſicut gentibus] & nulli plus vel minus. leges autem humane ſepius ſunt ſicut tela arane. [*so*] & iniquę. vitio iniquorum Iudicum. Iuſtitia autem dicitur redditio

*) Magnus Aurelius Caſſiodorius, † nach 562. Sein Commentarius in pſalmos. Rosenmüller l. c. pag. 30—53. Meyer I. 60. (s. S. 27.)

vnicuique quod fuum eſt. Vnde prior eſt equitas quam Iuſtitia
& quaſi prerequiſita. Et equitas Merita diſtinguit. Iuſtitia premia
reddit. Sic Dominus Indicat orbem terre in ęquitate (.quia
omnibus idem eſt. vult omnes faluos fieri.) & Iudicat in Iuſtitia.
quia reddit vnicuique fuum premium. vtriuſque Exemplum in
parabola Euangelij vbi accepto denario diŭrno a ſingulis. quidam
de iniquitate murmurabat

Blatt 31ᵃ: Portę Ad literam dicuntur reſidentie poteſtatum
& magiſtratuum in re publica vel fenatorum. prouer .1. Nobilis
in portis vir eius, quando federet cum fenatoribus terrę.
Sunt autem porte mortis. fenatoria fynagoge primum. & gentium
Et hoc ideo. quia ibi litera occidens & defenditur. & poteſtas
demonum exercetur ideo Dominus in Euangelio vocat eas portas
inferj. Que contra Eccleſiam pugnant Sed non preualent. ducunt
autem ad mortem omnes qui fedent in illis.   Econtra porte
Zion ſunt poteſtates in Eccleſia. per quorum auctoritatem ingrediuntur ad vitam. Et quorum eſt Iudicare & federe in cauſis
Eccleſie.   Tropologice autem porte mortis. Sunt fenſus carnis. per quoş intrat mors. mortali illecebra peccati ad animam
& exeunt opera mortis Econtra porte Zion iidem fenſus. difci-
plinati. per quos exeunt opera vite. & intrant verba & exempla
vite   Alia etiam tropologia Eſt omne medium, ſtudium. conſilium per quod quis ingreditur vel ad mortem vel ad vitam.
Item Alia. allegoria Eſt fides & articuli fidej   Item Alia.
Eſt quilibet prelatus vel doctor fuper fuum populum Qui eſſe
debet eis Ianua & oſtium ficut Chriſtus cuius eſt vicarius ad
vitam.   Omnibus iſtis modis poteſt illud intelligi ps 46. Diligit
Dominus portas Zion fuper omnia tabernacula Iacob   Item
poſſunt porte mortis etiam de defperatione intelligi & infirmitatibus ad mortem. peccatis ad Mortem.

Omnium Inimicorum fuorum dominabitur: Heb. omnes inimicos fuos defpuit. Si De Iudeis intelligitur Senſus eſt. quod
pre nimia fecuritate & prefumptione etiam inimicos non formidant.
Sed fe facile illis dominaturos & fuperiores futuros prefumunt:
eo quod filii Iſrael eſſe videntur & populus dej viui

Os plenum eſt x per os ſignificatur. aperta locutio & que

foris procedit ad homines. Sed fub lingua labor & dolor. fignificat Quod cum labore & anxietate fucum mendacii fui fingunt
Super lingua enim eft mel. fub lingua autem venenum, & fic
malum & fuas peftiferas doctrinas docent velatas pietatis fpecie
& veritatis. [*Am Rande links:* leua linguam & videbis quid fit
fub ea] falfitas autem femper multis eget, vt veritas videatur
fecundum b. Hiero. Ideo ifte conatus. iftud ftudium quo nituntur
peftilentes. errorem fuum, ftatüere, vocatur labor. vt alio ps. labor
labiorum ipforum operiet eos .1. comprehendet & opprimet eos.
Vnde b Aug. prefenti ps verfu. Nihil laboriofius Impietate
maxime fcilicet quando fefe defendere & ornare debet.   Similiter dolor eft ifte Zelus qui oritur ex ifto labore impio. Ideo
vide quam fignatiffime loquitur Scrip.   Sub lingua eorum
labor & dolor (.1. anxium ftudium Inuidum. colorandi erroris.)
ps. 54 & labor in medio eius & Iniuftitia. Vocatur autem iniquitas labor maxime. que eft in fpecie pietatis. quia laborat
tantum & non percipit fructum. Iufti autem &fi laborant, non
laborant quia in fpiritu premiantur

    Sedet in infidijs cum diuitibus, in occültis. Hoc multipliciter
poteft intelligi. primo In occultis (.1. doctrinis & fuafionibus
occulte & velate malis & mortiferis.   Secundo interficit innocentem in occultis (.1. in fpiritu fanctum) illi enim funt fancti
in propatulo & foris 3? Sedet cum diuitibus in occultis. quod
magis puto ad propofitum. quia fic verfus fequens etiam habet
Infidiatur in abfcondito (.1. in corde & intus vbi nemo videt,
foris oftendendo bonam fpeciem. vel abftinendo a facto.
Sicut Iudej Chriftum non opere, manu, Sed voluntate occiderunt.
Sic & illi. cum gentes occiderent Chriftianos. in corde confen-
tiebant & optabant. Sicut Abdias de eis prophetauit dicens
Cum diriperent alieni exercitum Iacob fratris tui. tu eras quafi
vnus ex eis, quod opere non potuerunt: voto femper quefierunt.
vt videtur in actibus Apoftolorum. Vnde hic dicit Sedet cum
diuitibus in occultis. (.1. cordibus confentiunt gentibus & romanis.

ps. X. [Hebr. XI.]

Blatt 31ᵇ: Oculi & palpebre fecundum Aug. fignificant hic
aliquos paffos [*so*] in fcripturis, apertos, & claufos Oculi funt ij
qui clare intelliguntur. palpebre autem que obfcure funt Secundum Cafliodo autem. Oculi fignificant claram cognitionem Dej
fuper Iuftos: palpebre autem quafi dormitionem & ignorantiam
fuper Iniuftos. Non quod deus vtrofque non eque clare videat.
Sed Quia ipfis Hominibus talis effe apparet. Quia Iufti femper
agunt in timore. ac fi Dominus eos videat. Impij autem fecure
ambulant quafi deus claufis palpebris eos non videat.   Cum
tamen etiam fic eos interroget & pulfet in fyntherefi monendo
Iuxta illud apoc. 3. Ego fto ad oftium pulfans ꝛc. Quia nullus
eft tam Malus. quin fentiat rationem murmurum & fyntherefium.
Iuxta illud Ratio femper deprecatur ad optima. & ifta expofitio
eft pulchra valde

Cur autem non dixit palpebre eos vident aut refpiciunt Sed
interrogant? Scilicet Quia & fi coram Impijs deus videatur non
videre. Non tamen poffunt negare: quin fentiant fe argui confcientia. & queri a fyntherefi. cur male faciant.   Qui ergo
nondum vbique & femper deum timet & prouidet. Hunc nondum
refpiciunt oculi dominj. Quia dormit ej deus. qui tamen dormire
non poteft.   Oculi enim dominj fuper Iuftos.   Ecce non
dormitabit neque dormiet qui cuftodit Ifrael.   Aperti funt
oculi eius. quando facit nos oculos habere apertos & vigilare.
palpebre autem funt ej. Quando dormitare & ftertere finit. aut
permittit nos nihil de eo cogitare ꝛc

Pufillanimitatis tentatio hic pulchre defcribitur. primo. Quia
fuadet fugam in aduerfitate dicens. tranfmigra. Magnanimitas
autem dicit. Expecta dominum. viriliter age. confortetur cor
tuum & fuftine dominum. Et iterum Dominus. Eftote fortes in
bello & pugnate ꝛc Non ait fugite. Quia Irafcibilis non triumphat
fuga Sed pugna. Econtrario autem Concupifcibilis raro vincit
vel nunquam, pugna. Sed tantum fuga. Vnde fugite fornicatio-
nem. ita & omnem concupifcentiam, gulam, auaritiam. Ideo ifte
omnes virtutes funt priuatiue fcilicet paupertas caftitas, abfti-

nentia, humilitas, ℞ Ille autem pofitiue, vt fortitudo Magnanimitas, ℞ Secundo fuggerit & fingit eximiam alibi quietem
dicens. In montem (.non in vallem, non in cauitatem. Sed
omnino in locum vbi non fit tentatio. ita enim fingit. licet ita
fierj non poffit, vnde Expreffio hic. quod dicit. In montem. fignificat quod pufillanimitas detineat fibi certum locum tranquilli-
tatis. Alias fufficeret dictum. tranfmigra Tercio feftinandum fuadet
& non differendum. Sed ficut auis velociter migrat (.1. volat)
ita & tentatus debet quafi volare a loco tentationis: Vnde non
ait. Vola in montem ficut paffer. Sed migra quia volatum non
poteft imitari: Sed bene velocitatem volutus Sic enim vulgo
dicitur De velociter eunte. Ipfe volat. Vnde & aues a velocitate
volucres dicuntur Et volucris dicitur velox. quafi volax.
Contra ifta Duo dicit Scrip. Ecclefiaftes x Si fpiritus poteftatem
habentis afcenderit fuper te. locum tuum ne dimiferis. Quia
curatio faciet ceffare peccata maxima. Quarto oftendit &
aggrauat perfecutorium [so] potentiam, malitiam & aftutiam. dicit
Quoniam Ecce peccatores Quinto Quod iam aliquo modo
preualuerint & fecerint. quafi non dubium fit & reliqua perfecturos
dicens. Quoniam que perfęcifti deftruxerunt

Quid laqueus. Calix. ignis Zulphur. Spiritus procellarum
fignificet. infra patebit in alijs ps

ps XI. [Hebr. XII.]

Blatt 32ᵃ: Linguam noftram magnificabimus. Nota hoc
verbum. Quod eft verbum pertinacie. verbum fuperbie & herefis.
Nunquam tam doctus fis: qūin femper paratus fis audire & aliorum Iudicium. etiam fi tu vera dixeris. maxime autem cum dubia
dixeris. Inde enim veniunt Herefes & contentiones: inter quas
ipfa etiam veritas amittitur. Quoniam veritas non eft Contentiofa
Ro xij. Nolite effo prudentes apud vos metipfos, Inde enim
fiunt incorrigibiles. Nota Exemplum Ieremie. 28. Et Mofi. Exo.
18. Et apoft. 1. Corinth. 14. Quod fi alteri fedenti reuelatum
fuerit prior taceat. Deus enim mirabilis eft in fanctis fuis. &
fuperbos contentiofofque mirabiliter irridet

Eloquia Domini ℞ probatio ignis efficaciffima eft & fideliffima omnium. Ideo Euangelium vocatur examinatum argentum per ignem vt exprimatur puritas eius & fpiritualitas. Ideo autem vocatur probatum, purum, purgatum. Quia folum fpiritualia docet. & nihil carnalitatis admittit   Sicut lex permittebat libellum repudij, pluralitatem vxorum multaque alia que fpiritum Impediunt. vt diuitias, honores, voluptates. Infuper nec ligabat animum amore. Sed tantummodo manum exterius te....*) Vnde ifta locutio probatum terre. Eft fimilis huic Integer vite fcelerisque purus. Sic purum feu probum & fyncerum terre dicitur Euangelium ... non fapit terram neque literam aut carnem Sed perfectionem fpiritus, vt paupertatem, humilitatem, mifericordiam.

Vocatur itaque Euangelium argentum, primo quia eft preciofum (.non fecundum carnem). Sed quia facit preciofam animam coram deo. Secundo quia folidum eft, (.1. quia facit folidos & plenos neque teredinofum. ficut Iuncus & Scirpus non ficut Arundo vana & litera. carnales. 3° Quia eft fonorofum. Sic Euangelii fonus per totum mundum exiuit & facit fonorofos & eloquentes difcipulos fuos. Quarto eft graue. quia non habet fabulas aut leuitates. Et facit graues & maturos Homines, vt infra. In populo graui laudabo te 2c. Quinto Eft album & candidum. quia pudicum & caftum. Docens verecundiam. verecunde loquitur & Ideo ab Hac proprietate cum dixiffet Eloquia dominj cafta. mox eam totaliter argentum nominauit   Mementote ergo Infra. ps. 67. vbi dicitur penne columbe deargentate quid lignificet.   Veruntamen ifta probatio & Examinatio eius videtur infinuare. contentionibus Hereticorum eam effe magis elucidatam & confirmata [so] Debet autem & predicator verbi dej effe talis fcilicet primo preciofus & authenticus 2° folidus & plenus fcientia. non vanitate opinionum. 3° eloquens. Quarto grauis & conftans Quinto candidus. arguens fine liuore & furia 2c

ps 15. [Hebr. XVI.]

Blatt 32ᵇ: Michtham fecundum Hiero. componitur ex Michach. & Thamam quod fignificat pauperem. humilem feu atte-

---

*) ... Loch im Papier.

nuatum. Et fimplicem. integrum feu perfectum. Vnde ipfe vbique interpretatur Michtham. Humilis & fimplex Sed Hęc fententia videtur Burgenfi*) minus rata quia eft pura ethimologia. Michtham Michach & thamam, Sicut petra fecundum quofdam grammatiftas dicitur pede trita Lyra autem dicit quod fit nomen fingulariter cuiusdam Cantilene decentioris. quam ipfe vocat Mottetam. Vnde fecundum eum fenfus tituli effet. Muteta feu electa Cantilena vel carmen Dauid

Burgenfis autem dicit. fecundum proprietatem nominis. idem fignificare: quod ex auro: feu compofitum vel ornatum auro & venire a nomine chetem. quod fignificat aurum optimum, cui prepofita ipfa prepofitione. litera fcilicet. M. fit Michtam. fic fenfus tituli fecundum eum eft. aureum vel optimum aurum Dauid. quod intelligit de preciofiffima paffione & refurrectione Chrifti. Veteres Infuper. vt Aug. Caffiodo: Interpretantur fic. Michtham .1. tituli infcriptio. vt videtur in ps veterj. Et hoc fimiliter ex radice Hebraici fermonis Nam Chethem fignificat etiam notam vel fignum vel titulus. Inde Michtham (.1. infigne vel nobile. poteft fic**) [*Am Rande links:* p intitulatio].... tituli infcriptionem. pro infigni vel nobili. Vnde quidam hebrej vtrunque f... vnum componentes. dicunt. Quod Dauid fit dictus Michtham. quia aureo titulo infignis, ficut modo equites auratj dicuntur

Et fic fecundum lyram Michtham fignificat genus Carminis, Secundum Burgenfem materiam fecundum Hierony. & Hebreos. auctorem pfalmj. Vtrobique aureum. Aureus pfalmus lyra: De aurea materia Burgenfis, Ab aureo Authore Hiero.

Voluntates Chrifti funt. Mortificatio & crucifixio carnis. & contemptus omnium vifibilium. Similiter fanctificatio fpiritus. & amor Inuifibilium. Hec autem fieri. funt magna dej mirabilia. Ideo folum in eis .1. fanctis ea mirabilia facit. Et etiam ipfis feu adipfos. Quia foli fpirituales & fancti intelligunt ifta mira-

*) Paulus Burgenfis † um 1435. Seine Additiones notabiles ad poftillas Nicolai de Lyra in totam fcripturam. Meyer I. 121—124. Rosenmüller l. l. pag. 309—321. Erl. XXXII. 182. 192 ff. 302.
**) Loch im Papier.

bilia. Infipientibus autem Vifi funt mori & vita eorum infania. ficut Apoft. dicit. Gentibus ftultitia Iudeis fcandalum. ꝛc Hec enim funt mirabilia: quod ea que funt infirma coram mundo fint fortia coram deo & econtra per fingula quod eft altum coram hominibus abominabile eft coram deo ꝛc In hijs autem eft omnis voluntas Chrifti. quam pater fecit per fpiritum fuum, in fanctis & ipfis fanctis ad gloriam & intellectum

Infirmitates licet hic ad literam pro corporalibus accipi poffit. tamen ad precedentia & fequentia refpiciendo capitur pro infirmitate fpirituali: que multiplicata eft. non quia prius non fuerit multiplex. Sed quia ignorabatur. ideo reuelata eft per Chriftum quam multiplicata fuerit Sic Ro. 5. lex fubintrauit vt abundaret delictum, vbi autem abundauit delictum abundauit & gratia (.1. vt agnofceretur abundare delictum. per legem enim cognitio peccati Ro. 7. Sic fupra ps. 9. Infirmabuntur & peribunt a facie tua   Et hanc intelligentiam teftatur Hebraicum. Et multiplicabuntur Idola eorum poft tergum fequentium, licet hoc ipfum de Iudeis in contrario fenfu exponant. veruntamen. vt diximus. Voluntates Domini in fanctis funt infirmitates multiplicate. quia per hoc accelerant & glorificant meritum paffionis fue, dum fciunt fefe nihil effe. Ideo tales. qui hoc nolunt. iam confequenter tangit. quibus non funt multiplicate infirmitates. Sed fibi falui & fortis videntur. dicens Non congregabo conuenticula eorum ꝛc. Quia popule meus. qui te beatum dicunt ipfi te decipiunt

Nota ergo Auream doctrinam hic. Qui non accelerat (.1. feruide penitet.) fignum dat. quod non fint fibi multe infirmitates. Sicut B. Bern. ait. Qui non continue ad penitentiam feftinat. facto dicit Se penitentia non indigere

Blatt 33ᵃ: Non congregabo. non quia non velit Sed quia non poteft illis refiftentibus: Sicut dominus Matt 23. Quoties volui congregare: ideo fenfus eft non congregabo: non eft defectus in me Sed in illis. Alioquin fi abfolute intelligeretur. de quibufcunque: cům nullus hominum non fuerit de fanguinibus, nullos omnino congregaffet. Sed quod dicit hic. Conuenticula fignificat ocrum confultam rebellionem & reliftentiam. Sic nec memor eft eorum. fcilicet bona de eis recitando coram deo. quia nulla habent. Iudej bona. fuper quibus eorum memor effet. Reproba enim funt illorum omnia vtpatet eo quod carnalia tantum fapiant & fperent. Sed non ipfe. vnde Sequitur. Dominus pars hereditatis mee. (.1. Spes & merces mea. & paffionis męe. non eft quid carnale & temporale. Sed ipfe dominusmet (.1. Spiritualia [*Am Rande links:* quia dominus non habetur nifi in & cum fpiritualibus bonis,]

Et Nota. Deus in hac vita eft pars fanctorum. feu merces partialis. Vt apoftolus 1 Corinth. 13. Exparte cognofcimus :c Sed in futuro erit deus omnia in omnibus, vt eiusdem. 15. cum euacuatum fuerit quod exparte nunc eft. Ideo vocat hic chriftus dominum. partem fortis fue & calicis fuj Quid autem fit calix vide fupra [*Am Rande rechts:* Vel fic dominus pars hereditatis mee (.1. merui vt dominus fit merces meorum & pars in hac vita. itaque omnia ex me funt fpiritualia etiam bona] Et fi bene Infpiciatur textus. Allegat hic dominus duplex ius quod habet ad deum. Primum Eft hereditarium, quia innocens & filius dej. merito habet omnia velut hereditarie. & fecundum hoc dicit. dominus pars hereditatis meę. quia vts in hac vita Chriftus etiam non omnia habuit, que iure hęreditatis ad eum pertinebant Secundum eft ius meriti. & fic dicit Dominus pars calicis mej. Sed Hoc totum noftrum eft. quia & nos participamus dominum in hac vita in calice & paffione Chriftj. Ideo fequitur tu es qui reftitues hereditatem meam mihi (.1. populum fidelem Ecclefiam meam.) vts ps. 2. Dabo tibi gentes hereditatem tuam. Vnde Melius in hebreo. primum: hereditatis. loco: fortis ponitur. Quia Pars Chriftj vel fors Chrifti in terris fuit deus Sed partialiter. Hereditas autem non pro forte vel gloria corporis. feu alijs perfonalibus Chrifti bonis. ficut ibi. Sed pro Ecclefia fua recte capitur. Immo vtrobique in ifto verfu, debet ftare fortis & non hereditas, Et fic confitetur dominus mercedem fuam effe. fpiritualem. contra carnales Iudęos & hoc primum. quo in fe. Secundo quo in alijs dicens. funes ceciderunt mihi in preclaris

Non (.dicit.) ficut veftri funes ceciderunt fuper terram Canaan, melior eft diuifio mee hereditatis. Quia funes ceciderunt mihi in

preclaris vel pulcherrimis. (.1. in fpiritualibus vbi eft tota &
perfecta claritas & pulchritudo. ideo mihi contigit hereditatis
affignatio in preclaris funes enim hic fignificant diftributiones vel
deputationes hereditatis

Benedicam dominum qui tribuit mihi intellectum (.1. vt fic
dicam Spiritualitatem vt fapiam & intelligam que fpiritus funt.
vel vt intellectualiter non fenfualiter viuam ꝛc Abfolute ponitur
hic. Intellectum. & non exprimit. cuius. vnde oftendit fefe vniuerfaliter effe in omnibus intellectualis Non in fenfu & exteriori
claritate. Quia hereditas Chrifti eft preclara & illuftris intus in
intellectibus (.1. in Myfticis & occultis) que non videbantur in
figuris Sed intelligebantur tantum. [*Am Rande links:* 2 Cor. 3.]
Quia figuralia erant fenfibilia. & clara quidem Sed foris fynagoga. Ecclefia autem Chrifti eft pre illa clara. & excellentius
clara. cuius rationem dat. quia intellectum habet. & non fenfum.
Et hoc non folum. Infuper & renes eius erúdierunt noctibus
.1. & infirmiora & mala etiam cooperantur Chriftifidelibus in
bonum. Quia Renes in die funt fenfuum voluptates libere &
vigentes & vigilantes, Renes autem in noctibus funt voluptates
fenfuum dormientes & ligate: ifte autem fic crucifixe & mortifi-
cate funt adiutorium efficax ad eruditionem fpiritus

Non Congregabo ꝛc etiam aliter exponitur de bonis fic fcilicet.
Non congregabo eos in Ecclefiam virtute fanguinum pecudum.
Sed paffionis mee. Nec memor ero nominum eorum per labia
mea quia amplius ceffabunt vocari gentes idolatre. vts. ps. 9.
Nomen eorum deleuifti ꝛc

Blatt 33ᵇ: Vfque ad noctem (Caffiod.) ad mortem fignificat. Renes parentelam declarant. per quos folenniter generatio
humana feminatur. ac fi diceret Supra mala que mihi fecit
omnis cognatio Iudeorum. infuper & de tribu Iuda me increpaffe
nofcuntur

Aug autem Sic. Renes mej, .1. inferior pars, carnis affumptio,
erudiunt me vfque ad mortem. vt experirer tenebras mortalitatis.
Et fic fecundum fenfum hunc. idem eft hoc verbum. & illud apoft
Heb. 5. Didicit ex hijs. que paffus eft obedientiam Et huic con-

fonat Hebraicum quod fic habet. Et noctibus erudierunt me renes mej

Secundum alios vero. Renes .1. fenfualitas & affectus carnales erudierunt Chriftum. [*Am Rande links:* ps. 137. Quia tu poffedifti renes meos:] Ita quod priuilegium Eft in Chrifto, ꝛc Renes eum ad meliora femper inclinaffe que tamen alios in peccato viciatos. mifere cupiditate voluptatis. inclinant ad peccatum Et fic Cum in alijs etiam Intellectus fit fenfualis pene factus totus. In Chrifto non folum Intellectualis manfit. Sed etiam Senfus & renes eius totaliter Spirituales & intellectuales fuerunt. Quales in futuro erunt omnes beati Et hoc noctibus .1. aduerfitatibus. talibus enim caftigantur renes ad bonum, Et fic Eft Ambidexter ficut Aioth. [*Vgl. Richt. 3 V. 21. Ehud, Aod, Aioth.*] Quod etiam fenfus eius Dextri funt

Aliter poteft fic intelligi vt fit conforme ej quod ps. 18. infra dicit. Si mej non fuerint dominati ꝛc Vbi fimiliter dicit. Quod Iudei alieni conati funt feducere & erudire populum fuis Iuftitijs. auertendo a lege domini que eft immaculata. vnde petit ibi vt ab illis liberetur. & emendetur a delicto maximo quod illi non curant. De quo dicit delicta quibus intelligit (.1. intellectualia peccata in corde fcilicet fecundum legem Chrifti. nolunt intelligere Sed folum delicta fecundum Iuftitias carnis & litere. que funt fenfibilia Ideo & hic de eodem dicit Benedicam dominum qui tribuit mihi intellectum. fcilicet quod fpecialiter legem intelligo. & peccata & merita etiam interna eftimo. quod illi nolunt. Et noctibus fuis .1. erroribus me voluerunt erudire fimiliter illi carnales ipfi renes mej. volentes mihi perfuadere. hec tantum effe peccata que lege Mofi mandantur. & non indigere mandatione legis Chriftj Sed noctes funt ifte & tenebre ignorantie. & ipfi vere tantum renes & caro. quia carnem fapiunt.

Quia lata Eft frequentia Calicis in Scrip. paulo diligentius declaremus illum: Igitur Calix eft omnino Sacra fcriptura. feu liber Scripturę. [*Am Rande links:* Confequenter & liber naturę] Maxime veteris legis. In qua eft duplex fenfus fcilicet velamen & claritas, litera & fpiritus. figura & veritas. vmbra & fpecies.

Vnde ps. 74. dicitur plenus mixto & tamen vini merj. Quia vere.
fi Intelligatur Spiritualiter. eft merum vinum: Alias in fe eft
mixtus fece literę Igitur habet duas partes ifte Calix: Vna eft
litera. altera fpiritus. Sic dicit Nunc. Dominus pars calicis mej
(.1. de Chrifto eft mihi Intellecta fcriptura. Vnde.): benedicam
Dominum qui tribuit mihi intellectum. Sed Impijs pars calicis eft
nix glacies fulphur (.1. litera ɔc eft illis in anima talia: Sicut illis
Iuftis eft vinum merum in Anima Sed Nunc Quia Scriptūra.
commendat mifericordiam & Iudicium. (fpiritualiter intellecta vt
fiat idem cum Euangelio.) Ideo fic in fpiritu quoque habet duas
partes. Quia mifericordiam propinat animabus in fpiritu. & pacem
& falutem & omnino optimum vinum ac non nifi bona & fuauia
in fpiritu. Sed cum hoc in carne propinat crucem Iudicium &
paffiones Chriftj. Quare recte dicit Calicis mei dominus (non
totum.) Sed pars eft. Quia fimul Chriftum habet falutem. & bibit
eius bona. Et nihilominus bibit mala mundi. Et vtrunque ex
Scriptura habet. Quia docetur bona habere. & mala fuftinere.
Sic. Ierem. dicit Bibentes bibent quibus non erat Iudiciūm.
Sicut econtra Iudęi partem habent diabolum calicis fūi Quia ex
eo bibunt bona carnis & mala fpiritus. [*Am Rande links:* Bibere
ergo calicem Eft affentire verbo Chrifti. ad falutem animę &
cruces carnis. Sed hoc durum eft affentire Et primo offertur
Sed bibens dic dominus eft pars calicis quia non eft mera crux
Sed falutaris fimul eft animę propter dominum qui in illo bibitur
fūb bibitione crucis Et hereditatis]

Item An ne hoc fic poffit intelligi. Quod hereditas hic, non
pro populo. Sed pro diuitijs accipiatur Vt fit idem hereditas &
calix vt ps. 118 hereditate acquifiui teftimonia tua Inęternum ɔc
Quia pauper non habet pro hereditate aliquid. nec eft heres nifi
fidej & veritatis & euangelii. Sic b. paulus filijs fūis thezaurifare
fe dicit velut hereditatem Et Chriftus legem hereditauit. Sed
preclara eft ei licet illis fit obfcura. Et calix quam preclarus eft

ps. 16. [Hebr. XVII.]

Blatt 34ª: A Refiftentibus dextere. Dextera eft filius Dej
Chriftus: vt ps. 117. Dextera dominj fecit virtutem: quia filius

Dej virtus potentia & fapientia dej .1. Corinth. 1. Secundo dextera
dej Eſt gratia feu fides feu opus Dej. Sic Recte b. Aug dicit &
exponit. Dexteram pro propitiatione & fauore dej. vt ps. 44.
deducet te mirabiliter dextera tua. Siniſtra autem Eſt admini-
ſtratio feu gratia gratis data dej. que eſt omnibus communis.
Tercio Eſt retributio glorie in futuro. vt matt. 25. Statuet hos
adextris. & illos a finiſtris tunc dicet ꝛc. Igitur. dextera primo
Eſt Chriſtus 2° Eſt meritum Chriſtianorum 3° eſt premium eorun-
dem.   Manus autem dej eſt indifferens ad omnia opera eius.
Siniſtra autem tantum huius vite largitio Quare dextera dej eſt
gratiofa virtus Dej: qua electos Iuuat

Vmbra alarum dej. Myſtice Eſt fides Chriſti. que eſt in
enygmate & vmbra in hac vita. Ale autem Chriſti. funt manus
eius extenfe in cruce. Quia ficut corpus Chriſti in cruce efficit
vmbram. Sic facit fpiritualem vmbram in anima: fcilicet fidem
crucis fue. Sub qua protegitur omnis fanctus.   Secundo
Vmbra alarum Eſt protectio & cuſtodia fanctorum angelorum
vel hominum contemplatiuorum. qui funt ale dej. quia in ipfis
volat & habitat affectuofis raptibus mentibus   Tercio Vmbra
Alarum Eſt Eruditio Scripturarum fub qua requies eſt ſtuden-
tibus in ea Sic fub vmbra illius dicit fponfa quem defyderabam
fedi ꝛc

Adeps eſt nomen Anceps. Primo in bonum. fignificat plenum
& pinguem & exuberantis deuotionis affectum. ps. 62. Sicut Adipe
& pinguedine repleatur anima mea Secundo in malum Eſt exuberans & craffus ad nocendum affectum. vt ps 72 prodijt quaſi
ex adipe iniquitas eorum. tranfierunt in affectum cordis ꝛc Sicut
enim Macer & tenuis tenuiter agit. Ita pinguior & craſſior, ro-
buſtius, & pinguius vnde & vfu dicitur pinguis minerua, .pingui
ceruice .1. Craſſa & obſtipa

Abfcondita dej funt triplicia. Primo fecundum approbatio-
nem. Quia fic ea nouit que approbat. & ea nefcit. que reprobat.
fic capitur Hic. [*Am Rande links:* fic ps. 10. ꝭquitatem vidit
vultus eius Supra: oculi tui videant ꝭquitates, Abacuc .1. mundi
funt oculi tui. ad iniquitatem refpicere non potes] Secundo fecundum punitionem. Sic nouit & videt. que punit aut punire vult.

ps. L Auerte faciem tuam a peccatis meis. Et fupra ps. 9.
Auertit faciem fuam ne videat in* finem, Ignorat autem vel
abfcondita funt. que dimittit ps. 82. Beati quorum tecta funt
peccata Manifefta autem dicuntur per contrarium.   Tercio
magis ad propofitum vel idem cum primo Abfcondita funt. que
foris fecundum Hominem geruntur. & in confpectu hominum
patent. Talia enim que funt coram mundo aliquid funt nihil
coram deo. vt. 1. Corin. 1. Infirma mundi elegit Vnde Hic fubdit.
Ego autem apparebo in confpectu tu In Iuftitia. rbi non funt
abfcondita tua Sed clara tua.   Igitur Abfcondita Coram deo.
funt clara coram mundo & econtra. de iftis autem Iudej totos
dies & noctes fomniant. vt fecundum carnem fint fublimes

ps. 17.   [Hebr. XVIII.]

Blatt 34ᵇ: Cornu (.1. virtutem hoftes difpergendi. ps. 43.
In te inimicos noftros ventilabimus cornu. .1. Euangelio feu verbo
dej peccatores vincemus virtutem potentiam vaftatricem & ex-
pugnatricem Cornu in fcripturis frequenter fignificat regiam poteftatem principalem vel regem ipfum principem, maxime victricem
& bellatricem. Vnde & Ecclefia dicitur cornu Chrifti. ps. 111.
Cornu eius exaltabitur in gloria. Et. 74. Exaltabuntur cornua
Iufti (.1. regna & Ecclefie Chrifti. Omnia cornua peccatorum
confringam. Sic luce .1. Erexit cornu falutis .1. Chriftum. falutem
victricem. nobis in domo Dauid pueri fui. Sic ps. 113. facta eft
Iudea fanctificatio eius. Ifrael poteftas eius (.1. regnum.) Et. 77.
Et edificauit ficut vnicornium fanctificium fuum ꝛc. Dicitur autem
Regnum Chrifti. cornu eius. vnde & ipfe vnicornis quafi vniregnis
quia vnius tantum Ecclefie dominus. Quia ficut per cornua velut
arma fua pugnat & bellat Beftia cornuta [*Am Rande links:* fecundum Caffio.]. Sic Chriftus pugnat & debellat mundum & principem eius per Ecclefiam que eft cornu eius fortiffimum &
inuictum.   Econtra Ecclefia vocat eum Cornu fuum. quia &
ipfum regem fignificat vt dixi. quia Chriftus eft fortitudo Ecclefie
fue. per quem triumphat mundum. Ipfe enim eft virtus & fapientia omnibus credentibus in eum.   Sic vlterius deus Eft
virtus & fortitudo Chriftj inuicta. in quo vicit omnia. vnde hic

dicit Cornu falutis meę. quia Deus eſt fortitudo victrix Chriſtj ad falutem. Ergo ſicut Eccleſia Eſt Chriſti Chriſtus autem Dej Et econtra Deus eſt Chriſti. Chriſtus autem ecclefie. Sic Eccleſia eſt cornu Chriſti. Chriſtus Cornu Dej Et econtra Deus Cornu Chriſti Chriſtus Cornu Ecclefie. Quia mutua ibi eſt poteſtas, & in vnum. Primo tamen deus ex quo habet tam Chriſtus quam Eccleſia virtutem & quod ſit cornu. Sed deus ex feipfo tantum. Ideo in Iſto ps. qui totus eſt anagogicus. Deo tribuit. quod ſit cornu falutis eius   Tropologice autem Eſt fides Dej Chriſti & Ecclefie. Quia hec eſt victoria veſtra. fides veſtra. Igitur cornu Bellacem & victoriofum regnum vel regem ſigni-ficat. Et verbum Dej feu Euangelium.

Econtra In Malo ſimiliter. Cornu primum Eſt Diabolus omnium impiorum regnorum & precipue antichriſti. Antichriſtus Cornu populi fui.   Econtra. Regnum antichriſti Eſt cornu eius. Ipfe vlterius eſt cornu diaboli. in quo cornu maxime con-culcabit Eccleſiam vt Dan. 7. & apoc. 13. Sic Turcus eſt cornu Turcorum x   Tropologice ſignificat perfidiam. vel quam-cunque hereſim, iniquitatem. qua quis fretus & nixus. pugnat contra fidem & Iuſtitiam. ſicut de Iudeis propheta dicit. Nonne in fortitudine noſtra aſſumpſimus nobis cornua? Amos. 6.

Circundant, dolores: quando quis in medijs doloribus relin-quitur fine auxilio. Et hoc idem exprimit: infra. preoccupaue-runt. preuenerunt me. & illud, Inimicis meis fortiſſimis. Non quod reuera fuerint fortiſſimi vel preuenerint fua virtute. Sed quia ipfe fubtraxit omnem virtutem fuam. qua poterat reſiſtere eis. & omnimodam fubijt infirmitatem. Et ſic quantominus ipfe reſtitit tanto magis illi vtique in eum preualuerunt. Et Ideo quia tunc fuit infirmiſſimus & maxime refignatus in manus eorum. confequens eſt, vt ipſi tunc fuerint in eum fortiſſimi. Vnde Hoc verbum fortiſſimis non tam exprimit eorum poteſtatem. quam fuam maximam voluntariam infirmitatem reſiſtendi. licet forte quo ad defyderium eorum nihil defuerit, quin ſi potuiſſent fuiſſent in eum preualidiſſimi & fortiſſimi. Vnde in hanc fententiam. preoccupauerunt. (.1. viribus me forcioribus occupauerunt debet intelligi quanquam & aliter intelligi poſſit vt in glofa Sic preue-

nerunt (.1. pre me fortes venerunt. quia fortiores me venerunt
fuper me x [*Am Rande links:* Sie fein myr zcu uor geweft fcilicet
viribus. Sic dicitur du haft das myr zcuuohr gethan .1. preua-
luifti & preüenifti me in ifto]

Sane quod nos habemus. Dolores mortis & dolores inferni.
Heb. habet funes mortis. funes inferni Sicut & infra ps. 114.
funes mortis circundederunt me & pericula inferni inuenerunt
me. Quod aliqui intelligunt ficut verba Iacent. funes mortis
(.1. retinacula quibus Chriftus triduo fuit in morte, & funes inferni (.1. quibus fuit triduo in inferno anima eius. vt ps. 15. fonare
videtur. qui dicit animam eius in inferno fuiffe. Hic autem dicit.
quod etiam dolores mortis fuftinuerit. quod & idem ps teftare
videtur dicens Adimplebis me letitia: q. d iam fum in dolore
mortis. aut faltem fimul vt dicunt Doct. gaudens & dolens. Sed
cum notas mihi feceris vite refufcitande. tunc totaliter adimplebis
me letitia. illos etiam dolores foluendo. Hoc & petrus in actibus
Blatt 35ᵃ: in actibus teftatur dicens. Quem deus fufcitauit.
foluens dolores mortis vel Inferni Ergo in morte etiam doluit
quos deus foluit fufcitando eum. Quia Dolores Huius vite non
videntur dici debere dolores mortis. Et fecundum iftos. Senfus
eft. Circundederunt me funes mortis. (.1. tenuerunt & fortiores
me fuerunt,.) & torrentes Belial feu Diaboli conturbaue-
runt (.1. penę diaboli fortes terruerunt me in morte,) funes
inferni circundederunt me (.Ecce non folum mors preualuit &
tenuit eum. Sed & infernus fuis funibus.) & preoccupauerunt
me laquej mortis. fcilicet quos fupra funes fefe circundediffe dicit
hic fibi preualuiffe confitetur. quia eum velut impotentem refiftere tenuerunt. quod tamen fic voluit Et Hanc fententiam nefcio
quomodo poffit quis foluere. Bene credo quod Chriftus Damnatorum pęnas & dolores non fenferit. qui funt defperationis
filij. At Chriftus femper fperauit. Et tamen omnino fine dolore
non fuiffe. ifta verba teftantur Et fi nulli fuiffent dolores alii:
Tamen Quid in funibus & poteftate mortis & inferni fuit, hoc
ipfum nobiliffimę animę eius fine dubio tedium & moleftia fuit.
qui fine dilatione fumme defyderabat. libertatem & claram fui
glorificationem Quam tamen hic negare fuiffe captiuam in in-

ferno. mire temerarium eſt. contra tam apertam Scripturam incedere

Qui autem iſta nolunt.

Poſſunt dicere primo Cum b Aug. Qui dolor ...... exponit dolores carnis ſcilicet paſſę. que erat mortalis Torrentes autem iniquitatis .... perſecutrices intelligit. Dolores autem Inferni. Dolores Inuidie vn .... to Sed in Iudeis perſecutoribus, laqueos mortis. ſimiliter Homines .... vt Iudęos & hereticos. Et ſic verba horum verſuum modo ad perſonam .... refert

Secundo cum Caſſio. Dolores mortis .1. dolores ſanctorum .... & perditionem humani generis. Torrentes iniquitatis (.1. inûndationes & abundan ...*) peccatorum. quibus mors venit in homines. iſte enim cruciant pios & ſanctos homines & Chriſtum maxime. Dolores inferni. dicit dolores. quos pagani in inferno patiuntur & paſſuri ſunt. laqueos mortis. originale peccatum. quod multos ligat & multiplex laqueus eſt. & preoccupat. quia in ipſo concipiuntur. Sed nec ſic adhuc eſt Euacuatus textus. Quin & adhuc alijs modis plurimis intelligi poſſit

Commota eſt terra ꝛc Iſta quidam exponunt de ſignis. que facta ſunt in paſſione domini ſcilicet motu terre, tenebris, ꝛc Sed hec in Euangelio non ponuntur. que hic ſcribuntur. & ſatis extorte neceſſe eſt literam exponere Multo magis autem ſicut lyra. ſuum Rabi Salo: poeticantem adducit. de terra egypti in eductione filiorum Iſrael. quia abſurdiſſime diſtorquetur textus. Sed Recte Aug. Terra (.1. peccatores precipue in terra Iudęa.) commota eſt. ſcilicet in die penthecoſtes predicantibus apoſtolis & deinceps, & contremuit: quia cognouerunt tunc iram dej, quam incurrerant crucifigendo Chriſtum, vt act. 2. Hiis autem auditis compuncti ſunt corde. & dixerunt ad petrum & reliquos apoſtolos Viri fratres quid faciemus? ꝛc Auguſtinus autem generaliter illud exponit de omnibus peccatoribus. quibus per Euangelium innotuit. quoniam omnes ſumus filii irę. & tunc compuncti ſunt com-

---

*) .... Groſſes Loch im Papier, das hier ſehr morſch iſt.

moti funt & contremuerunt in falutem.			Fundamenta montium conturbata funt & commota funt. Hoc Aug tropologice
(.1. diuitie. honores. & gaudia mundi. in quibus confidunt homines
per euangelium nota facta funt. quoniam funt infida. damnabilia
& qui amicus mundi fuerit. inimicus dej conftituatur. Et fic
ipfa conturbata funt (.1. homines in eis confidentes & fuperbientes montes conturbati funt.			Vel etiam fic. fundamenta
(.1. populus inferior. montium (.1. principum Synagogę. conturbatus eft. Quia montes pre fuperbia non cefferunt. populus
autem inferior motus eft. vt in act, vbi magnificauit apoftolos
omnis populus [*Am Rande links:* quia populus eft pes prelatorum fubftantia & fundamentum in politia]			Quoniam iratus eft eis (.1. irafci deum fuper fe audierunt. Ira enim dej
magis in homines quam in inanimata refpicere intelligenda eft.

		Blatt 35b: [*Oben am äussersten Rande quervor:* Sic fumus
elicit lachrymas. Sic compunctio fimiliter in fpiritu]

		Poteft. & forte melius etiam. intelligi. econtrario. Quod
populus Iudeorum & principes qui funt montes Ifrael fecundum
Ezech. funt commoti ad iram & Inuidiam contra Chriftum &
Chriftianos. Et fic funt de loco fuo moti. & ceciderunt a fide &
promiffione patrum, Et fic vere funt exturbati. Et in hunc fenfum
multe alie auctoritates fcrip. concordant in verba huius verfus,
ps 46. [*Ps. 47=48, 6.*] Ipfi videntes fic admirati funt. conturbati
funt commoti funt :c. Et fupra. 14. qui facit hec non commouebitur ineternum, Commotio enim in malum fepiffime fonat. rarius
in bonum, vt. pene moti funt pedes mej. Non commouebitur
donec defpiciat :c Et hec exturbatio. commotio Iudaici populi
facta eft: quia iratus eft eis deus. Quia ira Dej manet fuper
illos. eo quod non credunt

		Et tunc Afcendit fumus (.1. ira & indignatio eorum. quibus
etiam contra deum pugnant & loquuntur & femper afcendit ac
magis crefcit fuperbia iracunda eorum. qui oderunt Chriftum.
[*Am Rande links:* fumus ante iram afcenfus fuperbiam. Vnde
propheta [*Ies. 65, 5.*]. Ifti erunt fumus in furore meo, Apoc 14.
& fumus tormentorum eius afcendet in fęcula feculorum.] Et
ignis, fcilicet Inuidię ardentiffime exarfit ficut in fpinis qui vfque

hodie ardet. a facie eius a reuelatione dej. quam odierunt
[*so*]. Et Carbones fuccenfi funt ab eo. Sic enim predictum
eft multipliciter. quod ad aduentum Chrifti Inimici eius igne
accenderentur & a facie eius dolerent & turbarentur. vbi fancti
a facie eius exultarent & letarentur. Igitur ipfi funt Carbones funt ligna Arida & obufta, quia viuunt fine fide & gratia,
in peccatis nigerrimis Et nunc fuperuenit ignis ille Zeli: qui eos
magis perdit & confumit. Glofa autem Aug. patuit in textu
Incli . . . . nis cęlos dominus. & tunc ad eos defcendit. non fubftantia Sed effectu. Scilicet . . . . quia humilibus dat fuam gratiam, & humilibus apparet. Qui autem ad
eum . . . . nis deum melius agnofcit. quanto humiliorem
& econtra. [*Am Rande links:* 1? defcendit 2° faci . . dere . . .]
Vt b. Aug . . . . in te. & vbi noui te Inueni me. Quia
aliter deus non defcendit . . . .*) tando. Sed tunc Caligo fub pedibus eius (.1. per fidem tantummodo cognofcitur Eft
expofitio defcenfus dej. pedes eius ftant in anima. Sed in fidej
nebula & caligine: tunc autem afcendemus ad eum in futuro per
fpeciem. Nunc autem defcendit ad nos per fidem & ifte primus
fenfus. 2° vt in glo: Quod Caligo operit impios. qui funt terra
& fcabellum pedum eius: quando illuftrat cęlos inclinatos.
3° Caligo operit carnem peccati & excecat, vt non videat con-
cupifcibilia: & Iacet fub pedibus (.1. affectibus dej.) qui funt dej
habitantis in cęlis .1. animabus. Et iftis fic factis & humi-
liatis animabus. & carne conculcata Sequitur Et Afcendit fuper
Cherubin. Deus Afcendit non in natura. Sed in noftra
cognitione & amore. quando cognifcitur [*so*] effe altiffimus & incomprehenfibilis & fuper amabilis. Et fic quanto magis profici-
mus in cognitione eius. tanto magis afcendit. quia femper clarius
ac clarius cognofcitur eius altitudo. Sed hoc afcendere non contingit, nifi vbi prius defcenderit Sicut Chriftus prius defcendit
& poftea afcendit. Quia nemo afcendit in cęlum, nifi qui defcendit
(.1. nemo peruenitur [*so*] ad diuinitatis cognitionem, nifi qui prius
humiliatus fuerit & in fui cognitionem defcenderit fimul enim

---

*) Loch im Papiere.

ibi & dej cognitionem inuenit   Vnde Cherubim fignificat
hic cognitiuas potentias. fuper quas omnes afcendit
deus. in humilibus   penne ventorum autem fignificat proprie affectiuas virtutes. Et fic volat. [*Am Rande links:* Volat
.1. in volatu fanctorum eft & amatur. Afcendit .1. in proficifcenti
cognitione ipfe eft vel Volatus enim fignificat raptus, Iubilos &
affectus diligentium & deuotorum fpiritũũm, Vel eft o] Vnde
fuper eas non dicitur afcendere. Sed volare: quia tantum manet
amabilis. quantum cognofcitur. Non enim altius volat (.1. amatur.) quam afcendit (.1. cognofcitur Igitur volatus eius eft ipfum
effe obiectum Dilectionis, Afcenfus autem eius. eft ipfum effe
obiectum cognitionis.   Afcendit non natura Sed cognitione fũi
noftra, volat non natura. Sed affectu & amore fũi noftro.
Et notanter cum dixiffet. Volauit, addit volauit fuper pennas,
vt intelligas. quia non abfolute in fe volat. nec afcendit. Sed
quia amantes eum volant. & fuper eos tamen adhuc eft femper.
& plus quam comprehendere poffint
    Latibulum dej Eft tenebre: primo quia in fidej enygmate
& caligine habitat: 2° Quia habitat lucem inacceffibilem: ita
quod nullus intellectus ad eum pertingere poteft: nifi fuo lumine
    Blatt 36ᵃ: omiffo. altiore leuatus fuerit. Ideo b. dionyfius
docet Ingredi in tenebras anagogicas & per negationes afcendere.
Quia fic eft deus abfconditus & incomprehenfibilis.   3° poteft
intelligi myfterium Incarnationis. Quia in humanitate abfconditus latet. que eft tenebre eius. in quibus, videri non potuit
Sed tantum audiri   4° Eft Ecclefia vel b virgo. quia in vtraque latuit & latet in Ecclefia adhuc. que eft obfcura mundo.
deo autem manifefta.   5ᵗᵒ Sacramentum Euchariftie vbi eft
occultiffimus   Vnde & illud poteft intelligi de incarnatione
Chrifti
    Inclinauit cęlos & defcendit (.1. angelos celeftes humiliauit
& defcendere fecit Dum eos adorare fecit dominum in infima
natura Sicut figuratum fuit in Scala Iacob Genes. 28.   Caligo autem fub pedibus eius (.1. incomprehenfibilis eft defcenfus
eius in carnem nefcitur quibus pedibus defcenderit in carnem.
vel quomodo ftet in carne ifta maieftas tanta Rurfus afcendit:

quando poft mortem ad celos afcendit. & volauit fuper omnes
angelorum virtutes in affumpta natura   Et hoc modo funt
verba prophete ab illo verfu. Commota eft vfque ad illum. Mifit
de fummo x   Colligamus itaque in fummarium,

primo Inclinat cęlos & defcendit (Scilicet per incarnationem
vt iam dictum eft) & afcendit fuper omnes Choros angelorum.
Secundo Cęlos inclinat & defcendit Quando omnes intellectuales
naturas fiue angelicas, fiue humanas facit fefe contemplarj. in
natura omnibus Inferiori. Et afcendit. quando idem ipfe fe facit
contemplarj in natura omnibus fuperiori. Afcendunt ergo in eo.
quando eum verum deum agnofcunt. defcendunt quando verum
hominem agnofcunt

3° defcendit. Quando fefe manifeftat humilibus & infimis
vt peccatoribus. Afcendit autem quando eos clariffima notitia
celeftium & diuinorum illuftrat. Et fic fere idem eft defcendere
& afcendere. In hijs omnibus Cęlos (.1. animas oportet inclinari
& humiliari) quia humilibus folis dat gratiam & lucem fuj.
4° etiam in Sacramento altaris defcendit. ibi iterum celos incli-
narj. & captiuare intellectum oportet. & fic poteft afcendere in
cognitione fpiritali [so] In omnibus enim requiritur. vt inclinetur
intellectus nofter. & fiat caligo in eo (.1. captiuetur in obfequium
Chrifto.   5to defcendit & inclinat cęlos. quando apoftolos &
prelatos facit fuis fubditis condefcendere in vita actiua. Afcendit
autem quando eos furfum eleuat in vita contemplatiua. vtrobique caligo & tenebre funt. Quia in fide ifta omnia finiunt in
hac vita

Fumus in bono fignificat deuotionem orationis afcendentis
ad thronum dej vt apoc. Data funt ej incenfa multa. que funt
orationes fanctorum. Et afcendit fumus aromatum .1. orationum
defyderia. De manu angeli x. Sic in Canticis. 3. Que eft ifta
que afcendit ficut virgula fumi. ex aromatibus myrrhe & thuris.
Quia oratio precipue affectuofa eft afcenfio mentis in deum. In
Malo econtra. Eft blafphemia & indignatio contra altiffimum &
fuperiores, vt apoc. 14. 19. Et fumus tormentorum (.1. blafphemia damnatorum afcendit. Sic ps. 103. Qui tangit montes &
fumigant (.1. fuperbos corripit & furiunt & irafcuntur. Sic iratus

fpirat fumum naribus. & fternutat Sicut ẹquus iratus. Et fic
puto Hic accipi fcilicet de ira Iudẹorum: qui ex ira dej funt
traditi in iram contra chriftum vt Mofes Deuter 32 [V. 21.]
predixit prouocabo eos in non populo, Dedit enim eis deus fpiritum compunctionis (.1. fumi. irẹ, & indignationis

Sagittas & fulgura Hic myftice intelligenda funt Quia de
myftico celo loquitur quod eft Ecclefia apoftolica

Fontes aquarum Sunt libri prophetarum & veteris legis,
quorum os fuit obftructum grandi lapide (.1. dura litera) & paftores eum amouere non potuerunt. Sed Iacob vt figuratum fuit
Genes 29. Hij funt fontes quos fodit Ifaac Et paftores philiftijm repleuerunt eos terra (.1. fenfu carnali Scripturas fuffocant
Scribe

Blatt 36ᵇ: Cum fancto fanctus eris. Primo effectiue quia
fanctificat, non nocet, eligit & peruertit peruerfo omnia. ita fcilicet quod deus & omnia cooperantur ad fanctificationem fanctis
ad innocentiam innocentibus. ad electionem electis. ad peruerfio-
nem peruerfis. [*Am Rande links:* Tropolo] Quia fancti vtuntur
tota creatura. & omnia eis cooperantur in bonum ad fruendum
deo.   Econtra Mali frūūntur tota creatura & vtuntur potius
deo & fic omnia ipfi peruertunt Non quod deus & creatura aliud
fiant. Sed in corde peruerfi aliter quam funt habentur Et
hanc vocat Ecclefiaftes vanitatem Eccles. 1.   Item Qũo ad
premium & penam fimiliter [*Am Rande links:* Anagogice] Quia
in omnibus delectantur fancti. ficut ait. ille delectafti me domine
in factura tua Econtra pugnabit totus orbis terrarum contra
infenfatos. omnia eis peruerfa ꝛ Vnde etiam mala huius vite.
funt fancta, innocentia & electa bonis, Quia fanctificant & augent
merita eorum. Sunt innocentia. quia expediunt potius quam
impediunt. Sunt electa .1. volita & grata. Quia crucem Domini
amanter fuftinent & paffiones Chrifti cum gaudio portant,
Mala autem econtra malis multo peius nocent, Quia per ea
ruunt in blafphemias & maledictiones, Impacientiam & femper
peiores fiunt. Ex bonis mali, ex malis peiores, ideo peruerfa
funt illis omnia Quia quando habent profpera abutuntur Quando
aduerfa indignantur .   Secundo obiectiue vel occafionaliter.

quod eſt ſubtilius. immo & formaliter .1. quando ſunt cauſa quare ſibi ſancti videantur peccatores nocere & . . . . . *) Quod faciunt ſoli perfecti in humilitate Quando ſcilicet omnia vident creatori ſuo melius ſeruire quam ſe. Semper ſeſe minus facere putant quam alij homines. & omnia creata. vnde humiliantur vſque ad nihilum ſubter omnem creaturam Eo modo loquendi dicit b Aug. Arbor ſeruauit quod creata eſt, & omnia laudant deum ſiue cęleſtia ſiue terreſtria. etiam ex omnibus viribus, Solus Homo deleuit quod erectus eſt, ideo ſolus homo non laudat Dominum ſuum, vel ſaltem non ex totis viribus. Et hec eſt vtilis ſapientia ſanctorum qua ex qualibet creatura inſpecta ſumunt materiam gemitus ſuper ſe & motiuum humilitatis [*Am Rande links:* Vnde Apoſt. quorum primus ego ſum. & b. virgo ſub omnibus ꝛc Quare quotiens aliorum memores ſumus malorum tacitis noſtris Hic ſemper ſumus peruerſi quia ſecundum b Gre: nos deflere debemus in aliorum calamitate prius] Vnde valde confundunt nos iſti ps laudatorii Benedicite, laudate, In quibus recitatur laus omnium rerum. ad excitandum nos quoque. Cum nos deberemus potius illa excitare. Sed inferiores. & peiores omnibus facti ſumus Sic ergo in Comparatione ſui. etiam mala aliorum non reputant magna Sed quaſi ſancta Econtra peruerſi putant totum mundum temeritate regi & errore. Hic deum dormire Hic Iniuſtum eſſe & omnium vitia vident acutiſſime, etiam feſtucam in oculo proximi, trabem autem que in ſuo. eſt non vident.

Tercio. deus dicitur talis .1. Spiritualiter Quia nos tales facit. ſecundum Bern. Quia cum dormiente dormit, cum vigilante vigilat, cum ſollicito eſt ſolicitus, cum diligente diligens, cum orante orans, cum vacante vacans, Eo modo quo Apoſtolus dicit Quod Chriſtus [*Am Rande rechts:* 2 Gal vlt] habitat in cordibus noſtris. Quia tunc loquitur in nobis, & omnia opera & qualitates noſtras in nobis operatus eſt dominus ſecundum Iſaię Cum peruerſo autem peruerſus, quia cauſa prima ſemper cum cauſa 2da ſecundum philoſophos. Quia peruerſores non derelinquit in ſuis actionibus Iſta autem Intelligentia eſt

---

*) Verblichen.

extranea ad fenfum literalem textus   2 da autem eft magis
ad propofitum quia fequitur. Quia tu populum humilem faluum
facies, & oculos fuperborum (.1. peruerforum humiliabis   que
tamen includit primam   Quarto poteft fic intelligi Quod
cum peruerfo qui omnia peruertit, [.1. qui carnalia querit, fpiritualibus priuabis: & cum his qui fpiritualia querunt pro veris
bonis. Hos fanctificas eligis & non perdis *über die Zeile und an
den Rand rechts geschrieben.*] etiam deus illum peruertet vertendo
omnia ej in contrarium, quam fperauit. Sicut Sanctis in bonum
contra quam timuerant vt fcilicet ea que fanctis videbantur effe
mala & aduerfa. probentur fuiffe fumme profpera Et ea que malis
funt profpera & dilecta. poftea conuertat in fumme aduerfa &
contraria quam fperabant Iuxta illud ps. 111. defyderium peccatorum peribit. Et Ifaie 47. Quia fpiritualia bona contemnit &
corporalia diligit [*Unten am Rande* quervor: peruerfus eft qui
literam pro fpiritu: Sanctus qui fpiritum pro litera   vt Spiritualis vt Iudeus & carnalis]

*) [Hebr. XXVII.]

Blatt 37ª: Tabernaculum Eft Ecclefia Vel Corpus Chrifti.
quod tamen myftice etiam eft Ecclefia. Et in ifto abfconditur
quilibet fidelis. Quẹ abfconfio non debet intelligi carnaliter. Quia
fancti vtique funt pofiti fuper candelabrum. Sed nec fic Quod
omnis gloria eius fit in fola anima. Sed Sic Quia homo dicitur
interior & abfconditus. eo quod non viuit fẹculariter & carnaliter.
Scilicet Quod fubtrahit fefe a vita moribus & conuerfatione
mundi. Ita fane vt fecundum Apoftolum. Etfi in carne ambu-
lent, non tamen fecundum carnem militant Et 1. pet 4. In quo
admirantur non concurrentibus vobis :c Igitur Abfcondi eft nihil
aliud nifi non concurrere cum viuentibus carnaliter. quod vtique
Carnales bene vident. Sed tamen quomodo viuant fpiritualiter
non viuunt

Abfconditum ergo Ecclefie. Eft ipfa fides feu fpiritus.
quod idem eft. Quia in fide & fpiritu viuunt (.1. in cognitione

---

*) Die Ueberschrift ps. 26 hat Luther ausgelassen.

& amore Inuifibilium. Sicut carnales non in fide. Sed in re viuunt & non in fpiritu. Sed in carne. ideo non funt in abfcondito. Sed in manifefto. voluuntur in rebus vifibilibus. Et Nota Quod Ecclefia protegitur. non in manifefto in rebus vifibilibus. Immo in illis derelinquitur ad voluntatem tyrannorum & malorum licet nunc pontifices. maxime defendi velint in manifefto tabernaculi Diaboli .1. mundi in vifibilibus rebus) Sed in fpiritualibus defenditur. Ita Quod illa non poffunt ej auferri aut noceri in eis Quia funt Inuicta & ęterna bona fpiritualia fidej

facies noftra Eft mens noftra (.1. fecundum Ioh. Gerfon,). Anima per intellectum & affectum ad deum conuerfa [*Am Rande links:* quod fit proprie per fidem veram Vnde fecundum prophetam facies Iudęorum redacte funt in ollam Iohel. 2. Et facies omnium ficut nigredo ollae. Naum 2. quod de Chriftianis nomine tantum. dictum] Econtra dorfum noftrum eft Anima per intellectum & affectum a deo auerfa quod fit per incredulitatem. Sic ergo facies noftra exqüirit deum. quia non poteft Deus queri. nifi per intellectum & affectum ad eum conuerfos. Eodem modo & facies dej Eft agnitio eius & beneplacitum ad nos, Dorfum autem eft Indignatio & Ignorantia noftri coram eo. Sicut per Ierem dicit. Oftendam eis Dorfum & non faciem. Et Matt. 25. Amen dico vobis nefcio vos. Quia folent facie auerfa dorfum auertere & velut nolle agnofcere, qui indignantur Et contra faciem oftendere. & agnofcere. qui amant & propicii funt Sic & b. Gre: Exponit faciem pro Notitia. omilia .1. fuper Ezechie.

Mentitur Iniquitas fibi Vbi fequitur regula ifta. Quod Quicunque Imponit alteri aliquid mendaciter. eo ipfe fe talem proprijs verbis fignificat Et fic verbum eius quod de alio eft mendacium fibi .1. in ore eius. ipfum eft veritas contra eundem in ore alterius. & non mendacium alteri Sed tantum fibi. vtpatet de Iudęis Qui Chrifto Impofuerunt quod demonium haberet Hoc Chriftus vere de illis. illi autem mendaciter de eo. Sic Inuenimus hunc fubuertentem gentem noftram

Terra Viuentium Eft Ecclefia Mundus autem terra morientium, Sed Celum Eft terra non viuentium (.1. incipientium viuere)

Sed & vitalium feu viuificatorum perfecte Sicut Infernus. non
morientium Sed mortuorum. terra operta mortis caligine.
Dicitur autem terra. propter humana corpora. que funt de terra.
& tamen fempiterne viuunt

Hoftiam vociferationis, ad cordis   Cantabo ad oris, pfal-
mumdicam ad operis confeffionem & laudem referri poteft   Vel
eft expreffio cultus fancte trinitatis in vnitate

pater meus & mater mea fecundum carnem debet intelligi
quia qui docent ad Chriftum venire Sunt potius fpiritualiter
patres

Vnum petij a domino.   Hic docemur: non petere multa.
porro vnum eft neceffarium Martha enim follicita eft circa plurima. (.1. temporalia non fpiritualia Sunt petenda. Quia temporalia diuidunt hominem in multa. Spiritualia autem colligunt
diuifum in vnum, Sicut Apoftolus 1. Cor. 7. Qui adheret domino.
vnus fpiritus eft .1. Spiritualis & vnus eft non temporalis. ꝛc

ps. 27. [Hebr. XXVIII.]

Blatt 37ᵇ: Silet deus. Quando non refpondet verbo fuo
primo Quia per verbum fuum omnia facit. Ergo filere, eft non
facere, non adiuuare 2° Quando non confolatur intus: vbi vere
loquitur verbo fuo inuifibili vt Audiam quid loquatur in me ꝛc
[*Am Rande links:* Vocaui & non refpondit mihi] 3° Metaphora
eft Quia qui non Iuuat & non exaudit, licet audiat: Silet tam
verbo quam opere

Extollere manus. Aug. dicit. Dum crucifigor pro eis qui
templum tuum fieri debent 2° Sic Quia ad literam leuantur
manus ad cꬵlum inter orandum Quod fignificat 3° Quod opera
debent eleuata, fpiritualia & celeftia & in deum directa effe. Et
talibus & cum talibus eft efficax oratio   Econtra Manus
demiffe funt opera terrena ꝛc

fruftra ergo orat, qui non eleuat manus: myftica & non ficta
eleuatione. Quia opera Debent verbis refpondere. & geftus corporis affectui mentis.

Diftinguit propheta Hic opera Iudꬵorum & opera manuum
eorum. Similiter & opera dej & opera maniium eius [*Am Rande*

links: Vide infra ps. 63. & ps. 191. de eadem materia] Opera Dej funt que Deus vult a nobis fieri. & funt fecundum deum [*Am Rande rechts:* Gal. 5 opera fpiritus et fructus] vt, Ezre. 4 Vrgerent opus domini Ioh. 6. Quid faciemus. vt operemur opera dej? Et fic more philofophorum opera dej funt opera cauſę fecundę volita a caufa prima precipue hominum. Sic Exo. Bellum Dominj contra amalech. Et de Dauid Tu bellas bella dominj ꝛc Opera manuum autem dej funt creature ipfe feu facturę vt more philofophorum: ipfe caufe fecunde: talia enim folus Deus facit. vt funt opera creationis. Iuftificationis. redemptionis fcilicet quando facit creaturas, fanctos & beatos.

Econtra opera Iudęorum funt primo eorum peccata & opera diaboli & opera carnis Gal. 5. opera autem manuum eorum funt idola & fculptilia facta manu. dum in Scripturis fepiffime arguuntur adorare opus manuum fuarum vt Ifaię. 1. [*Am Rande links:* figmenta in Scrip. falfe exponendo de ficto meffia panificantes panem idolorum] Quę idola hodie myftica adorant. Et funt nunc idola feu opera manuum eorum: opera illa. que faciunt fecundum Iuftitiam fuam: ignorantes Iuftitiam dej   Et fic erigunt opera fua contra deum & fidem Chriftj. Et hec eft idolatria eorum vfque hodie. & olim multipliciter prophetata per omnes literales idolatrias. Vnde raro dicitur adorauerunt idola. Sed opera manuum fuarum

Arguit ergo eos hic propheta. Quod Intelligentiam operum Dej non habent (.1. ignorant & ignorare volunt Iuftitiam dej. & ſuam ftatuere querunt. Similiter opera manuum eius, Ecclefiam que eft noua creatura Dej, non intelligunt .1. non credunt. Sed nec opera prioris creature Intelligunt. Sic Ifaię. 66. Que eft ifta Domus ꝛc facta funt hec dicit Dominus. Et Stepha: q. d. Ipfa creatura mundi debet vos docere, quoniam deus non curat magnitudinem operum veftrorum neque indiget operibus veftris. Sed folum obedientiam & fidem.

Horum ftudia & idolatriam imitantur omnes heretici. Quia ignorantes veram Iuftitiam fcilicet pure fidej: fuam ftatuunt fibi in idolum fpirituale. & Iuftitie dej non fubijciuntur: Et ideo deftruit eos deus. quia non Intelligunt (.1. intelligere nolunt opera

7*

dej & opera manuum eius   2° Imitantur eos & eifdem verbis
huius pfalmi arguuntur omnes qui faciunt contra illud verbum
b. Hiero: Ingratum eſt fpiritũi fancto quicquid obtuleris: neglecto
eo ad quod teneris. Quia omnes tales relictis operibus domini
& Iuſtitia eius. multa & magna ex propria adinuentione faciunt.
Sicut Eſt Expreſſum Exemplum in Saule   Quia leuare feſtucam ex obedientia placet: Econtra etiam montes transferre extra
obedientiam peccatum eſt. Immo Ofeas ex obedientia fornicatur:
& obedit & meretur. Econtra Saul offert victimas. & irritat
magis deum quia non obedit

Quecunque ergo quantacunque qualiacunque quis fẹcerit
opera. Si obedientiam alibi debitam relinquit huic dicitur hic:
Non Intelligit opera Dominj Sed fentit opera fua. inflatus fenfu
carnis fue

Blatt 38ᵃ: Tales Hodie eſſe timendum eſt omnes obfer-
uantes & exemptos fiue priuilegiatos Qui quid noceant Eccleſie
nondum apparuit: licet factum fit. Apparebit autem tempore fuo

Querimus autem Cur fic eximi fibi & difpenfari. in obedientia velint. Dicunt propter vitam regularem. Sed Hec eſt lux
angeli Sathanẹ Quia cum obedientia fit fimpliciter indifpenfabilis
& non eximibilis: quam magnam quefo caufam eſſe neceſſe eſt,
vt difpenfetur Indifpenfabile Sed mentitur iniquitas fibi Et protegunt vmbre vmbram Behemoth. Ve illis

Quod autem quidam exponunt, opus manuum dej: ipfam incarnationem. Ad idem valet: Quia vere non Intelligunt Quod in
folo Chriſto: non in fuis operibus Iuſtificentur. Qui enim fine
Chriſti falui eſſe querunt. Hij non intelligunt opus hoc dej. In
quo fiunt opera dej .1. Iuſta opera & miracula   Sed & incarnatio tropologice fumpta idem fignificat. Quia eſt nihil aliud:
nifi obedientia in opere Sicut diũinitas in carne   Omne opus
eſt ficut humanitas. in quo obedientia incarnatur Sicut diuinitas
in humanitate: quoties operatur obedienter Sic ergo omnia ex
fide eſſe oportet & obedientia fidej

Recte ergo dicit Non Intellexerunt, Quia Intelligere (.1. fpiritualiter intueri) neceſſe eſt opera iſta alioquin nunquid non
viderunt opera dominj? vtique immo fenferunt & cognouerunt.

Sed non ficut Apoftoli de quibus Annunciauerunt opera dej &
facta eius intellexerunt (.1. intelligentiam habuerunt. quod effent
opera intelligibilia .1. fidelia feu fpiritualia per fidem CEli
enim annunciant opera manuum dej.

Sic ergo nunc Intelligitur Nequitia adinuentionum. Quia
eft defertio Iuftitie & adinüentio proprie que eft vere nequitia.
abire fcilicet a lege dej. in confilio impiorum. Hoc eft malignari
de quibus infra. ps. 37. Noli Emulari vt maligneris. pro quo
orat prophe. infra. Non veniat mihi pes fuperbię: & manus peccatoris (.1. Iuftitia.) non moueat me: Ibi ceciderunt ꝛc Et
puto quod non fit authoritas & figura immo nec vnum iota aut
apex. in quo hoc teterrimum monftrum: non tangatur & arguatur
per totam Scrip.

Et recte dicit opera. & opera manuum. Quia opera manuum
funt que manu fieri folent vt figuralia & artificiata & effecta feu
facta [*Am Rande rechts:* 1] Opera autem etiam aliorum organo-
rum funt vt oculorum pedum. Quare fola manuum opera expri-
munt factibilia. Alia autem funt agibilia Sic fimiliter ad
deum eodem modo. Opera dej funt: agibilia vel acta ipfa. opera
autem manuum funt factilia feu facta Quia deus omnia
facit & [*Am Rande rechts:* infra. ps. 63.] cum omnibus agit, &
opera eius funt vfus factorum. quia illis vtitur in operibus fuis
in factis autem nullo vtitur Sicut & homo factis vtitur
ad operandum. Et aliud eft agere & facere in Homine. [*Am
Rande links:* ideo facta dicuntur opera manuum eius Et alia tantum opera eius quia ibi manus noftra ej cooperatur] Corol.
Manus in fcripturis frequentius fignificat facta quam acta. vtraque tamen opera funt. pedes autem fignificant acta vt. pes enim
meus ftetit in via recta Et in factis manuum tuarum meditabar [*Am Rande rechts:* 2°]

Eft & alia doctrina illorum Quia acta tranfeunt & funt nullius exiftentie facta autem preftant, vnde Recte Ecclefia & Incarnatio Chrifti funt facta dej. & opera eorum Seu acta eius funt
opera dej. vts. Annunciauerunt opera dej. & facta eius intellexerunt

4ᵒʳ optat finaliter. Primo Salutem. (.1. redemptionem ex

peccatis.) dicens Saluum fac. Secundo perfectum augmentum
dicens. & benedic: 3° perfeuerantiam. dicens Et rege eos fcilicet
ne peccatum & concupifcentia eos regat vel potius feducat 4°
coronam & gloriam Et extolle illos vfque inęternum. fcilicet ex-
altando in patria

ps. 28 [Hebr. XXIX.]

Blatt 38ᵇ: Arietes dicuntur apoftolj & eorum fucceffores
quia funt duces gregis Chriftj. Et Quia cornibus & fronte
pugnant. Sic Apoftolj vtroque cornu .1. teftamento nouo & veterj.
in manifefta conuerfatione pugnauerunt contra diabolum. De ijs
ps. 113. Montes exultauerunt vt arietes ꝗc
    Gloria & honor fic differunt. Quod Honor Eft Reuerentia
exhibita honorato. Gloria autem effufio & dilatatio talis honoris
in multos. fcilicet vt multi fciant honorandum & honorem illum
Et fic differunt per modum receffus & acceffus: fluxus & reflu-
xus.   Quia inquantum honoratur: conuertuntur ad honoratum.
Inquantum autem glorificatur diffunditur ifte honor ad eos qui
honorant vt magis & plures honorent
    Nomen Eft diuinitas maxime autem in perfona filij. Quia
ipfe eft nomen & verbum patris Vnde Hic, filii perfona exprimitur. Gloriam nomini eius   Sic Exo 23. Et eft nomen
meum in illo ps .8. quam admirabile eft nomen tuum. phil. 2.
Dedit illi nomen. quod eft
    Aque dicimur nos homines. apoc. 17. aque. quas vidifti.
populi funt maxime propter fluxam & tranfitoriam vitam noftram.
2 Reg. 14. omnes morimur & quafi aqua dilabimur in terram
2° Quia mobiles & inftabiles fumus ficut aqua. Et non fumus
petra aut folidum aliquid.   3° propter turbationum procel-
las: (.1. affectuum & concupifcentiarum impulfus. quod & poęte
fciunt. Hijs tamen non obftantibus. Sicut radij folis ftabiliter
radiant fuper inftabilem aquam. Ita vox dominj & Euangelium
fuper aquas manet inęternum,
    Vox dominj in magnificentia. Varium eft hoc nomen in
tranflatione Scilicet Heder Nam modo. magnificentia. modo. decor,

modo honor. modo gloria. Hic autem proprie pro decore vel gloria capitur. que oriri folet ex magnificentia

Sciendum Quod libanus In prophetis fere femper ad literam fignificat populum veteris legis Vt Efaie 35. Gloria libani data eft ej & gloria & decor Carmeli & Saron. Cantic. Veni de libano xc Zach. xi. Aperi libane portas tuas. & comedet ignis cędros tuas [*Am Rande links:* ps. 71. fuperextolletur fuper libanum fructus eius] forte ideo: Quia ficut in libano abundant cędri. Sic in folo ifto populo magni & excelfi viri & fancti floruerunt. 2° Quia libanus venit a nomine laban. quod fignificat Candidum. Et fic folus ille populus erat candidus per veram fidem vnius dej.
Sed poftea retento nomine degenerauerunt,   Vocatur itaque Chriftus vitulus libani .1. filius ex Iudaico populo, non folum quia homo & caro factus fit Sed quia offerendus & victimandus homo factus eft. Senfus ergo eft. vitulus (.1. caro victimanda. vel homo ex Iudęis natus. offerendus. & fic confracturus cędros.

Cędri autem accipiuntur quanquam in bonum: Sed frequentius in malo vt fignificent. altos & prelatos & fuperiores in communitatibus & rebuspublicis.   Iuftus vt palma florebit, ficut cedrus in libano multiplicabitur.

Secundum Hiero autem Sic habet. tanquam [*darüber geschrieben:* quafi] vitulus libani Et Sarion quemadmodum [*darüber:* quafi] filius vnicornium [*darüber:* rhinocerotis] Vbi fi fic conftrueretur: Quafi vitulus libani & farion: Quafi filius xc. confonaret cum illo Efaie fupra: Decor Carmeli & Saron

Populus Iudeorum in fcripturis nomina locorum retinet: in quibus aliquid infigne gefferunt vel in quibus Morati funt. [*Am Rande links:* manfiones habuerunt] vt Aabacuk. 3. Sanctus de monte pharan. Sic vocatur Sinai. gal. 3. Cades. libanus, Carmelus, Saron, Silo xc Et ob hoc defcribuntur nomina manfionum filiorum Ifrael   Vel propter mores & facti fimilitudinem tempore Chrifti factos: quales in ea manfione fecerunt   Vt quia in Cades fornicati funt cum filiabus Moab. Ideo vocantur Cades nunc. quia fornicantur a Chrifto in perfidia

Blatt 39ª:

Doct 1

filii Herẹticorum: & fingularitatis vitio viuentium, non funt filii arietum (.1. oues fimplices apoftolorum. Sed potius Hẹdorum .1. principum hereticorum: nec afferuntur domino Sed auferuntur potius, afferuntur autem Diabolo   Hoc autem afferre fit verbo & opere & oratione

2

Non fufficit afferre gloriam domino nifi & nomini eius afferatur. Quia qui non glorificat filium non glorificat patrem. filius autem eft nomen domini & hoc eft contra Iudẹos & Arrianos

3

Adorare dominum in atrio fancto eius. nec Hẹretici, nec Iudẹi, nec fuperftitiofi .1. fingulares volunt. Sed in fuo atrio. quod ipfi fibi conftruunt, non quod Deus conftruxit fcilicet Ecclefiam. Quia extra illam volunt deo placere

.4.

Cedros .1. fuperbias: non potentia. Sed humilitate & pacientia vincere debemus. Sicut Chriftus Sapientiam mundi, non per fapientiam Sed per ftultitiam: & potentiam eius per infirmitatem. non malum in malo non vitam vita, non amarum amaro. Sed contrarijs Sed vitam per mortem, & malum in bono Quia tanquam vitulus libani, non tanquam rex & tyrannus. Sed infirmus in oblatione carnis. & exemplo humilitatis vfque ad mortem. Sic vitam carnis vicit morte. vt iam nemo fibi viuat in carne. Sed ej. Sic Herculi extorfit clauam (.1. Diabolo potentiam & vitam & fapientiam.   Sic & nos facere debemus Quando malitiam vincere volumus. Et effici vituli debemus. .1. pacientes & humiles

.5.

Verbum dej vtile eft ad omnes tentationes & pafſiones deprimendas. Quia eft vox diuidens flammas ignis. Igitur huc confuge. tentatus. & liberaberis. Heb 4 Viuus eft ɔc

.6.

Hinnuli & Capreę Ceruorum funt filii arietum .1. fideles ftudiofi in faltibus .1. libris diuinis: veloces meditationibus & contemplationibus Cantic. fuge dilecte mi & fimilis efto hinnulo capreęque ceruorum [*Am Rande links:* fuper montes bether. vel. aromatum] Vnde Apoftolus paulus fuit Cerua ifta. 1. Corinth. 4. quando ait. per Euangelium enim (.Ecce vox.) in Ihefu Chrifto (.Ecce Domini Qui obftetricauit & adiuuit eum in partu.) ego vos genui. Ecce filii ceruę. Quibus & condenfa reuelauit per Euangelium .1. libros prophetarum. Sic & alii Apoftoli

Vnde Ex Hyftoria fetus exercent curfu, docent meditari fugam ad pręrupta ducunt & faltus monftrant. Et Hęc omnia in fpiritu faciunt & apoftoli fuis filiis. per doctrinas & exempla

7.

Et Comminuet eos ꝛc poteft etiam intelligi Vitulus: ipfe populus Ecclefie ex fynagoga [*darüber geschrieben:* libano] natus vt apoftoli & difcipuli reliquię Ifrael: Quia funt facrificium viuum deo & vere vitulus. vt ps. 1. tunc imponent fuper altare tuum vitulos (.1. homines caftigatos & mortificatos fecundum carnem. Et Sarion (.1. dilectus) idem populus iam dictus. (Quia ficut fynagoga. libanus. Hermon ꝛc Ita & Sarion: Quia deut, 3. Sarion Sanir Hermon eft idem mons,.) quemadmodum filius vnicornium .1. fuperborum Iudęorum: ficut vitulus libani dixerat Vnde certe Bene poteft in Acton [*so, mit dem Abbreviaturbogen über* cto. *Ob Actor. VII. 42?*] vitulum ftare. Quia Chriftus comminuit eos ficut vitulum libani (.1. ficut mortificatos carne vt viuerent fpiritu.

ps 29. [Hebr. XXX.]

Blatt 39ᵇ: Ego autem dixi in abundantia mea) poteft etiam fic intelligi: ad modum illius Apoftolici. Chriftus refurgens ex mortuis, iam non moritur. Et fic in abundantia (.1. refurrectionis gloria vbi abundauit in eo omnis falus. pre vita priore: Et pro ifta abundantia dicit Quod non mouebitur inęternum (.1. amplius non morietur. Et hoc ideo quia dominus deus in bona volun-

tate preſtitit decori ſuo (.1. decore per reſurrectionis gloriam
humanitati) virtutem. vim non moriendi Sicut ps 92. Dominus
regnauit Decorem indutus eſt, indutus eſt dominus fortitudinem ꝛc

Ps 30 [Hebr. XXXI.]

Odiſti obſeruantes. ꝛc Quia deus veritatis eſt: Iuſte odit vanitates .1. vacuitates veritatis quales ſunt omne quod eſt extra
Chriſtum. qui .1. cuius fides & verbum eſt veritas. olim promiſſa
in lege Superuacue autem eſt plus quam vacue: quia poſt tantam
Euangelij claritatem adhuc pertinaciter obſeruant ſuum Meſſiam
ſuper omnem vacuitatem vacue & ſuper omnem vanitatem vanitatis. Quia ſperant in carnalibus Meſſiam.   Ego autem ait
ſperabo in domino (.1. in Spiritualia. cum quibus eſt dominus
veritatis. quia & illa vera ſunt & veritates. & letabor non in Io-
cunditate mundi) Sed miſericordia tua

Miſerere mei domine. Ab hoc verſu .per. 12. ſequentes.
tropologice pulchra eſt oratio: trepidantis conſcientie. & peccaſſe
ſe agnoſcentis   Qualis eſt & iſta. ps. 6. Domine ne In furore
per totum. Immo pro tropologia. Hęc regula eſt. [*Am Rande
links:* Canon] Quod vbicunque Chriſtus in ps. conqueritur
& orat in afflictione corporali ad literam, Sub eiſdem
verbis. queritur & orat omnis fidelis anima in Chriſto
genita & erudita. & in peccatum ſe tentatam vel lapſam
agnoſcens. Quia Chriſtus vſque hodie, conſpuitur, occiditur, flagellatur, carnifigitur in nobis ipſis. Item
inſidiantur ej vſque modo ſine intermiſſione caro cum
ſenſibus, mundus cum voluptatibus ſuis. & diabolus cum ſugge-
ſtionibus ſuis, & tentationibus ſicut Chriſto Iudęi: ſecundum
carnem

Caro tamen & ſenſus proprie repreſentantur per Iudeorum
perſecutores. quia caro & ſenſus, Sunt domeſticj hominis interioris
& ideo inimici eius ſicut Iudęj Chriſto, Et ſicut Iudej tradiderunt
Chriſtum in manus gentium, Ita Senſus animam in opera &
obiecta ſeu in mundum & vſum eius: quia obiecta ſunt extra
ſenſum & carnem Sicut gentes extra Iudęos. Et tunc gentes
occiderunt Chriſtum. Quia opera in obiectis & materijs extra

facta. occifum declarant. licet iam Iudẹi eum intus in corde occiderint .1. fenfus. ficut Iudẹi Chriſtum. per voluntatem & confenfum. Ideo Videamus aliquot monſtrandi gratia, talium orationes ps. 6. Sic. Domine ne in furore tuo arguas me. Hoc dicit trepida confcientia. que femper timet ne cẹlum fuper fe ruat: & in infernum defcendat. Durus enim peccator non fic dicit: quia nondum fentit malum peccati. Mifcrere mej domine, quoniam Infirmus fum, Infirmitas iſta eſt. cordis in fide & fpe: quia peccatum vehementer fidem & fiduciam in Dej bonitatem eneruat: quia femper facit iram dei plus quam bonitatem eius infpicere. Ideo omne peccatum ad defperationem valde inducit. & difficulter fperare finit & credere.

Sic etiam Hoc ps dicit Miferere mihi domine quoniam tribulor fcilicet inquietudine confcientie. & metu omnium penarum. Quia tota creatura videtur ej inimica vt leuit. 16. terrebat eos fonitus folii volantis & Confcius ipfe fibi de fe putat omnia dici immo & omnia fieri & agi. Ideo turbatus eſt in ira oculus meus. fcilicet in ira [*Am Rande rechts:* que tamen etiam poteſt ira Zeli intelligi in anima] tua oculus fidei & fpej turbatur vehementer vt videre nequeat ea que fidem & bonitatem tuam fperare exhortentur. Sic ps. 37. (.qui & ipfe pulcherrime exprimit miferiam peccatoris agnofcentis peccatum fuum.) Conturbatum eſt cor meum & dereliquit me virtus mea (.fcilicet fiducia in Chriſtum.) & lumen oculorum (.1. fides.) & ipfum non eſt mecum :c Anima mea & venter meus (.1. tota vita fpiritus & memorie

Blatt 40ᵇ: Infirmata eſt in paupertate (.1. peccato.) virtus mea fcilicet fidej & fpej) Quia per peccatum quafi fautiantur & eneruantur vires anime ad fperandum & credendum in bonitatem dej ideo & offa mea conturbata funt .1. vires, Defecit in dolore vita mea. q. d. morerer pre dolore & gemitu & defperarem tandem ac deficeret tota vita mea in fide. & anni mej in gemitibus (.1. fpirituales anni virtutum & gratiarum per gemitum abforbentur in defperationis mortem

Super omnes Inimicos meos opprobrium fum vicinis meis valde (.1. diaboli me Chriſto & fuis fanctis pro opprobrio

obijciunt, qui funt vicini mej: quia per peccatum Chrifti fides &
nomen blafphematur & vituperatur valde.   Et timor notis
meis (.1. eifdem fanctis: qui a me vt a fcandalo fibi timebant
& Iufte. quia vna ouis morbida omnes Inficit. Vel quia horrent
me: ne fimiles mej fierent: adeo horribilis fum in comparatione
eorum.   Qui videbant me foris fugierunt [so] a me
(.1. mej vicini Qui me foris in operibus fedatum viderunt, auer-
fati funt me: & deteftati: quia meam conuerfationem oderunt
Vel quia non fenfi eorum fuffragium vt ante cum effem cum
illis.   Obliuioni datus fum tanquam mortúús a corde.
quia extra communionem fanctorum pofitus. qui funt vnum cor
in domino factus fum ficut vas perditum (.1. vas perditio-
nis, in defperatione ex eo maxime quia.) audiui vituperatio-
nem multorum commorantium (.1. diaboliter me vituperan-
tium & ad defperationem inducentium & dicentium. Si eft filius
dej faluet eum. Non eft falus ej in deo eius.   Et in eo
dum fic conuenirent, animam meam accipere cogita-
uerunt. Scilicet per defperationem in infernum Ego autem
Hic emergit & exurgit anima, in te fperaúi domine. dixi
Deus meus es tu in manibus tuis tempora mea: tu me
potes faluare: quia adhuc funt tempora mea mea [so] nondum
tradita illis. Sed in manu tua: ante Iudicium & mortem.
Eripe x vfque infra. Et facilis eft textus   Poteft autem ifte
verfus & aliter intelligi. Qui videbant me foris. (.1. qui me foris
diligebant & libenter videbant .1. fecundum carnem amabant. vt
eft mundus & omnia que in mundo funt, fugierunt [so] a me:
quia in compunctione, & miferia confcientie: omnia illa recedunt.
& auxiliarj & confolari nihil poffunt Et fic coram illis. datur
obliuioni tanquam mortuus a corde. Quia mundus cito obliuifcitur mortuos vel a fe recedentes: quia etiam vt dixi coram deo
faluari non poteft   Sic ergo ps. 6. vt incepi dicere Infirmus
fum. Sana me domine quoniam conturbata funt offa mea:
fides enim eft lumen, virtus & fubftantia rerum fperandarum.
que edificatur ex auctoritatibus & exemplis Chrifti: tanquam ex
offibus, Et tamen peccatum omnia ifta infirmat & conturbat.
Velut os vnum eft. illud verbum Chrifti: venite ad me omnes qui

laboratis. Sed Hoc fic peccatum conturbat. vt homo illius vix
recordetur. aut vix credere audeat: & accedere. Item illud fimiliter. Non veni vocare Iuftos Sed peccatores, Et alia verba &
Exempla. quibus cum peccatoribus conuerfarj dignatus eft: funt
offa credentis anime

Et anima mea turbata eft valde. Sed tu domine vfquequo:
Anima eft prout viuificat, corpus: Et fic conturbato oculo fidej:
tota fenfualitas etiam turbatur & omnes fenfus Et taliter difpofitus Homo. felix eft & vere fpiritus contribulatus & cor contritum
in facrificium deo. Alii enim: qui adhuc peccant, non poffunt
ifta dicere nec intelligere Talis fuit fanctus Aug li. 8 confeff:
Vnde timendum Quod rara fit vera contritio Nimis cito confiditur
de gemitu & compunctione

patet Igitur Quod ifta Infirmitas & turbatio oritur ex intuitu
irę dei Quia dicit Turbatus eft in Ira fcilicet abfente quo eft ira
dei futura. Et item. Turbatus eft a furore oculus meus Ex Hinc
cogitur dicere: Domine ne infurore tuo arguas. Sic canitur
etiam in vigilijs Tremens factus fum ego & timeo. dum difcuffio
atque ventura ira. Quare videtur Quod ira abfolute pofita: iftam futuram fignificet

Blatt 40ᵇ: Turbatus eft in ira oculus meus. x. Quę fit doctrina illorum trium, obfcurum eft

De Chrifto quidem omnia ad literam poffunt intelligi. fimiliter & myftice. Nam oculus carnis cum tota facie turbata fuit:
que tamen turbatio magis in oculis lucet Sicut econtra Sereni-
tas. Anima eius fimiliter turbata: & venter (.1. omnia interiora
corporis & exteriora Myftice autem Oculus Chrifti vel in fpiritu.
Eft intellectus eius, Memoria venter anima voluntas & affectus.
que fimiliter omnia turbata funt in ira vel fua. vel Iudęorum
affligentium   Eodem modo fit in quolibet fuo fancto. licet
non extinguantur tamen conturbantur   Maxime fi de peccantibus intelligitur qui non in ira Zeli ficut fancti. Sed in ira
Iudicii turbantur

Allegorice Oculus Chrifti. eft ordo doctorum & rectorum:
quorum eft fuperintendere & dirigere & oculum effe aliorum.
[*Am Rande links:* Et fic eft planctus Ecclefie vel Chrifti pro ea.]

Anima autem eſt ordo adminiſtratorum in ſacramentis & verbo
dej. Qui viuificant Eccleſiam ſicut anima corpus. immo ſunt ipſa
vita Eccleſie. per ſpiritum ſanctum eam viuificans,   Venter
autem Eſt totus ordo populi. in quo generantur fideles.   Vel
etiam ipſi ſacerdotes & plebani Qui parturiunt & in ventre portant. donec forment Chriſtum in eis De quo ventre in Canticis.
Venter tuus ſicut aceruus tritici   Iſta omnia turbantur in
ira dej   Quia deus iratus permittit illa Hodie: quaſi fruſtra
& ſine efficatia.   Quia traduntur in ſenſum reprobum. vt omnia
que officii ſui ſunt non faciant, faciant autem que non conueniunt, Non enim vt oculus dirigunt. Sed ſeipſos excecant. Neque
viuificant vt anima eorum Sed occidunt influxu vite mortifere.
Non enim influunt vitam Sed mortem exemplis. Deinde Nihil
minus cũrent [*so*]. quam parturire & generare illos.   Sic
ergo idem ordo poteſt omnia tria dici propter diuerſa officia
Eccleſiaſtica   Immo quelibet perſona poteſt alteri eſſe oculus, anima & venter, quando eum dirigit, viuificat & conſeruat
in vita. & ſollicite portat in vtero Iob. 31. oculus eram cęco &
pes claudo

Labia doloſa fiunt muta Primo quando agnitis peccatis ſuis
& Iuſtitia Dej: ſuam Iuſtitiam tacent: quam ante mendaciter &
inique pretulerunt & extulerunt contra eam & fiunt Confeſſores
Iuſtitie Dej. & peccatorum ſuorum. & negatores Iuſtitię ſuę &
mendaciorum & iniquitatis dej. Quia qui ſtatuit Iuſtitiam ſuam:
negat Iuſtitiam dej: & mendacem eum facit

Secundo Quando per mortem aufferuntur & in ira vindictę
tolluntur. vt ammodo non poſſint latrare contra Iuſtitiam dej.
Sic ps. 62. obſtructum eſt os loquentium iniqua & ps. 106. omnis
iniquitas oppilabit os ſuum. Et. 74. Nolite loqui aduerſus deum
iniquitatem. Hec autem Iniquitas quam loquuntur aduerſus
deum, quia contra Chriſtum Iuſtum & Iuſtitiam eius. quaſi non
ſit neceſſaria nec vtilis. quaſi ſua ſibi ſufficiat. Hoc enim eſt iniquum & contra deum: qui vult hanc Iuſtitiam Chriſti & reqũirit.
Vnde Iohannes 1 Cantic. 3. Si dixerimus quoniam peccatum
non habemus. deum mendacem facimus, Et ratio eſt. quia ipſe
aſſerit nos peccatum habere mittens filium in mortem pro pec-

catis noftris. [*Am Rande links:* quia exquo Scrip. Vbique Iuftitiam & veritatem promittit, fequitur quod nulla fuerit in terra]
vt teftantur omnes prophete. Ifaie. 53. propter peccata populi
mej percuffi eum Illi autem dicunt quis oftendit nobis bona?.
in fuperbia & contemptu. Sed Iuftificeris in fermonibus tuis. &
vincas cum Iudicaris. Iudicatur enim deus: & mendacii arguitur
fecundum Iohannem: quando nos veraces & fine peccato effe
volumus. & Chrifto non indigere putamus. qui propter peccata
tamen mortuus eft

Abfcondes eos in abfcondito faciej tuę: (.1. fide diuinitatis
tuę.) a conturbatione hominum. Quia fides deitatis cuftodit ab
omni perfecutione & in ifto verfu tangitur perfecutio tyrannorum
proteges eos in tabernaculo tuo. a ꝛc .1. in Ecclefia ab Hereticis.
Qui ergo vult cauere herefim maneat in tabernaculo & vincet &
protegetur. Qui vult vincere perfecutores Abfcondat fe in
fide diuinitatis Chriftj:

Exceffus ifte mentis improprie pro expiratione anime Chrifti
exponitur Magis autem pro extafi illa in qua pofitus fecundum
Hila li. 9. in fumma exultatione patiendi clamauit. vt quid dereli-
quifti me & Hoc eft proiectum effe a Deo. Tropologice
autem fignificat. Quod omnis qui fe proijcit & humiliat coram
deo. Ille magis auditur. Hoc autem nemo fucit, nifi in extafi
mentis .1. in puriffima illuminatione mentis . . . .*)

ps. 31**) [Hebr. XXXII.]

Blatt 41ᵃ: Beati quorum remiffę. Hoc mox contra Hypocritas: qui remiffione non Indigent & velut fani medico non
Habent opus. Quoniam iniquitates fe non Habere putant
Sed confidunt in fe tanquam Iufti: & cum publicanis & peccatoribus non manducant: Quia non funt ficut cęteri Hominum. Et
fic pharifej Chriftum a fe reiecerunt: qui tollit peccata mundi:
quia ipfi nulla habent: Et dicunt. Nunquid nos cęci fumus.

---

*) Eine Zeile vom Buchbinder weggeschnitten.
**) Abgedruckt in den Theolog. Studien und Kritiken 1875 S. 566—572.
Vgl. Riehm, Initium theologiae Lutheri p. 11 fqq.

Et ipfe ad eos Iohannis. 8. Si cęci eſſetis peccatum non haberetis Sed quia dicitis: videmus peccatum veſtrum manet

Audiamus itaque. quid hic Conclūdat. Nullus eſt
beatus, niſi cui remiſſe ſunt iniquitates. Ergo Corol:
Nūllūs eſt ſine iniquitate: Nullus eſt non filius irę Et itaque
eget vt ſibi remittantur: Hoc autem non fit niſi per Chriſtum:
Ergo Nemo ex ſe Sed per ſolum Chriſtum ſaluus erit. Et
Hec eſt etiam concluſio totius Epiſtole b. pauli Roman: ad quam
ſingula eiuſdem pene verba ſonant. vt videtur inſpicienti. dicit
enim. Reuelatur enim de cęlo. ira dej :c Item Iuſtitia dej reuelatur in eo :c Senſus eſt Nullus hominum Sciuit. quod ira dej
eſſet ſuper omnes: & quod omnes eſſent in peccatis coram eo:
Sed per Euangelium ſuum ipſe de cęlo reuelauit. & quomodo ab
iſta ira ſaluj fieremus: & per quam Iuſtitiam liberaremur ſcilicet
per Chriſtum.

faciunt autem Heretici idem quod illi phariſej: quia licet
credant quod per ſolum Chriſtum peccata auferant. & in eum
credant: tamen quia non habent eum vere, eo quod ſuſtineant
conſilium eius. ideo manent in peccatis. Alio enim modo reijciunt eum quam Iudej Scilicet per apoſtaſiam & inobedientiam
Eccleſię ſue .1. Chriſti myſtici. Sicut illi Chriſtum in perſona ad
literam. Similiter & Superſtitioſi ſeu Schiſmatici abijciunt
per ſuam ſingularitatem: ſuum prelatum in quo Chriſtus ej pre-
ficitur: quorum Hodie eſt maior numerus.

Eſt autem in Hebręo hic dictio que pulchre exprimit Hanc
remiſſionem eſſe ſine meritis dicens. Beatus fiens leuatus crimine:
fiens opertus peccato: Ecce mere paſſiue ponitur Quia ſine penitentia ſunt dona & vocatio dej.

Iniquitates remiſſe & peccata tecta, poſſunt dici ſic differre.
Quod iniquitas eſt qua homo conuertitur ad creaturam preferendo
amorem eius amorj Dej: quod eſt iniquum, peccatum autem quo
homo auertitur a deo: quod eſt tranſgredi preceptum & legem
dej Secundum Caſſio: & b Hierony Iniquitates ſunt que
ante fidem & baptiſmum commiſſa ſunt. peccata autem que poſtea.
Sed hec ſententia non eſt vtilis: quia ps. l. dicit. Ecce enim in
iniquitatibus conceptuſſum & in peccatis concepit me mater . . .

[*verloschen*] Originale enim peccatum, Vocatur multa peccata
1? Quia eſt primum & caput omnium 2? in quo multi immo
omnes Inuolũũntur Sicut ſalus Chriſtj vocatur. ſaluationes. &
miſericordie. quia multos ſaluat & multiplicem ſalutem cuilibet
tribuit. 3?   [*Am Rande rechts:* 3? quia multis penalitatibus
ſubijcit quaſi pro multis peccatis]   Poſſit etiam Dici. quod
iſta geminatio exprimit ſucceſſionem omnium. quibus In fide
Chriſti remittuntur peccata. quos Hic Deſcribit

    Secundo dicit Beatus cui non Imputauit peccatum, ſignificat
Quod quilibet eſt Iuſtus: cui deus reputat Iuſtitiam ſicut Abrahe
ſecundum apoſtolum: tali enim non imputat peccatum, quia reputat ej Iuſtitiam.   Et non in ſpiritu eius dolus (.1. qui
non vult confiterj peccatum. Sed defendit ſe: & negat Iuſtitiam
Chriſtj.   Iſta eſt enim hypocriſis in corde. Nolle confiteri
peccatum & tamen ſcire ſe habere peccatum, Vt Iudẹj. quia peccata cordis nihil curabant, cum ea ſola ſint Vide Caſſio:
Sequitur deſcriptio miſerie peccantis. Quoniam: q. d Hec adeo
nunc commemoro quia expertuſſum Quod qui tacet ꝛc

    Primo Qui tacet (.1. non confitetur.) mox inueterant oſſa
eius (.1. vires eius quibus prius ſtetit in bonis. ſemper magis ac
magis per peccata minuuntur. Quia peccatum quod per penitentiam non diluitur. mox ſuo pondere ad aliud trahit. vtpatet
in Dauid. Qui primo adulterium, deinde Inebriauit Vriam vltimo
occidj fẹcit   Et ſaul primo parcens Amalech poſtea arcum
erexit ꝛc   poteſt autem aliter intelligi. Sic Quod oſſa que
ſunt fidej & ſpej firmitas minuuntur ad confidendum in deo. per
hoc. quod differt confiterj. Et ideo rugit. quia ſentit & timet
vindictam & manum dej Non enim iſta orat, niſi qui tumultum
conſcientie ſentit [*Unten am Rande quervor:* quomodo tacuit qui
clamauit tota die? *Darunter eine Zeile weggeschnitten.*]

Blatt 41ᵇ: Duo Docet principium ps. primo Quod omnes
ſunt in peccatis [*Darüber geschrieben:* nullus Sit Iuſtus] & nullus
beatus. 2° Quod peccatum remittj nullus promererj valuit. Sed
ſolum Dominus gratuito non imputando remittit [*Am Rande links:*
quod nullus Iuſtus fieri ex ſe poteſt] Hec autem duo totus mundus ignorauit Et ideo Apoſtolis predicantibus iſta. repugnauit &

Chriſtum qui Hẹc duo abſtulit recuſauit vt pulchre Bern: in
quodam ſer: meditatur. Vnde dicit Beati quorum remiſſẹ ſunt
iniquitates: 2° Beatus cui non imputauit dominus peccatum, quia
non ſufficit quod nobis ipſi non imputemus, aut non conſcij ſimus.
Non enim ait Beati quorum nulle ſunt iniquitates. Cum tamen
& quorum remiſſe ſunt nulle iam ſint, remiſſe enim ſunt Sed
fuerunt. Quia nullus eſt ſine iniquitate. Et nulli ſunt. quorum
nulle ſint iniquitates Sed aliqui tantum ſunt quorum remiſſẹ
ſunt x   Et Hoc vult Titulus dicens Eruditio Dauid. Quia
intellectu per fidem de iſtis docemur. Et non ſenſu aut ratione
    Intellectus in ſcrip. ſanctis. potius ab obiecto quam potentia
nomen habet. contrario quam in philoſophia. Eſt enim intellectus: cognitio vel notitia ſenſus Chriſti. de quo Apoſtolus .1. Corinth. 1. & .2. excellenter docet. quoniam Sapientiam loquimur
inquit abſconditam in myſterio quam nemo principum Huius
ſẹculi cognouit. Et eſt breuiter nihil aliud niſi ſapientia crucis
Chriſti. que gentibus ſtultitia & Iudẹis Scandalum eſt. Scilicet
intelligere. Quod filius dej eſt incarnatus & crucifixus & mortuus
& ſuſcitatus: propter noſtram ſalutem. De Huius ſapientie Intellectu intelligitur titulus ps. quando dicit Eruditio Dauid. vel
Intellectus dauid ſcilicet ipſi datus. Sed quia totum Hoc eſt in
fide: & non in ſenſu: neque ratione Ideo Etiam Intellectus hominum: in ſcrip. dicitur. Senſualitas. eo quod non niſi ſenſibilia
capiat quantuncunque ſit ſubtilis & acutus & prudens. Sic Apoſt.
ait. Prudentia carnis .1. carnalis hominis. qui vtique habet intellectum in quo ſit prudentia) mors eſt.   Quare Hic dicit
Sicut equus & mulus ſic ſunt omnes: qui Hunc intellectum non
Habent: qui eſt de Inuiſibilibus. diuinis & celeſtibus: eo quod
ſolum viſibilia intelligant & ſentiant. quod etiam equus & mulus
facit   Intelligere itaque eſt Spiritualia & myſteria ſalutis
& gratiẹ Dej agnoſcere. vnde vſus loquendi obtinuit Dicere,
myſteria redemptionis & incarnationis, eo quod non niſi myſticis
pateant & ſpiritualibus, Non autem hominibus. quibus eſt potius
ſtultitia. quia ipſi ſunt ſtulti equi & muli: ideo primum illos oportet
mutarj. vt ſic myſteria: que ſunt ẹterna cognoſcant   Qualis
enim quiſque eſt taliter Iudicat. Sed ipſi ſunt equi & muli: ideo

ista pro nihilo Iudicant, quia non fentiunt ea Tales funt qui de immortalitate anime. de Inferno & celo. & Deo. de Chrifto. fabulas effe putant. Et Iudęi precipue. de Chrifto. Et poft illos Heretici fimiliter

Verum Maxillas eorum freno & chamo conftringe fcilicet illorum equorum & mulorum Quod fit primo fuauiter. Quando freno & Chamo (.1. authoritate verbi dej ex vtroque teftamento conuincuntur & dūcūntur ad fidej obedientiam vt fic appropin-quent

2° quando per aduerfitates abftrahuntur a profperis. & fic per flagella & vincula violenter ducuntur (Sicut freno equi & muli capiuntur.) ad fidem & Ecclefiam Sicut fecit Carolus Magnus. Sanctus Bonifacius & alij   •

Tropologice autem fignificat fenfuales motus & appetitus: Ieiunijs & caftigatione a luxuria comeffatione & ocio cohibere. ifti enim funt. qui non appropinquant ad deum & impediunt animam & bonos motus appropinquare. Que caftigatio myftice. fecundum Apoftolum fignificata in lapfu qui contigit in Ifrael Ro. xi· Vnde totos iftos verfus ad literam intelligo De Iudęis: qui fecundum Scrip. funt facti in Exemplum & prouerbium omnium.   Senfus ergo eft Quia Iudej facti funt ficut equus & mulus, quibus non eft Intellectus fidej: Ideo non poffunt ad eum appropinquare Sed & alios impediunt appropinquare. Ideo Hic petit vt conftringantur in freno & Chamo (.1. fub Iugo & poteftate fęculi Humana ficut Bruta

Blatt 42a: vtpatet Hodie in Iudęis. qui vbique fubiecti funt Hominibus. ficut Bruta & canes Et ideo huius peccatoris fcilicet populi Iudeorum. multa funt flagella. per que tamen non emendatur vtpatęt Amos. 5. Tales funt omnes qui eos imitantur. Heretici pertinaces ꝛc Sperantem animam in domino (.1. populum fidelem.) gratia fufcipiet Igitur letamini in Domino ꝛc

Veruntamen in diluuio aquarum multarnm ꝛc Hunc verfum fanctus Hiero. fic tranffert in Heb: Vt cum inundauerint aque multę. ad illum non accedant. Cuius fenfus eft. quod ad San-ctum hominem multę tribulationes Iudeorum paffiūe non accedent [*Ausgestrichen:* fcilicet vt fanctitatem & fidem eius auferant: licet

bonum vt perfequantur.] Iuxta ps. 90. Non accedet ad te malum
& flagellum non appropinquabit tabernaculo tuo (.1. Ecclefie
tue.) Et fic Aquę ifte multe funt ipfa flagella, ipfa mala. potiffimum fpiritualia: que venerunt in ira magna fuper populum
Iudęorum vfque Hodie. de quibus. infra. dicit Multa flagella peccatoris. De quibus omnes prophete ante lamentati funt & ipfe
dominus fuper Ciuitatem flens.   Vnde Ifaie 28. ad eos
Audite verbum dominj. Viri illufores, qui dominaminj fuper
populum meum. qui eft in Ierufalem. Dixiftis enim. Percuffimus
fedus cum morte: & cum inferno fecimus pactum, flagellum inūndans cum tranfierit, non veniet fuper nos. Sequitur Infra. Id-
circo Hec dicit dominus Aquę inundabunt. & delebitur fedus
veftrum cum morte: & pactum veftrum cum inferno non ftabit.
flagellum inūndans cum tranfierit, eritis vos in conculcationem.
Et tantum vexatio fola dabit intellectum auditui.   Hoc eft
conftringere in freno ꝛc Iudęj enim femper fibi impunitatem pre-
fumebant vtpatet in multis prophetis. Vbi dixerunt pax pax.
& non eft pax. Non veniet fuper nos malum.   Sicut autem
hoc de Iudęis Dicitur. Ita de Hereticis. ꝛc   Quia Vt fepius
fupra dictum eft.,

[*Am Rande links:* Canon] Quicquid de Iudęis Dicitur
ad literam Hoc allegorice percutit Iudęos & omnes
fuperbos Chriftianos.   Tropologice autem carnales
motus & vitia & peccata Ergo primus fenfus eft. Quod Diluuium iftud malorum fuper Synagogam: non appropinquabit ad
eum fcilicet ad omnem fanctum. Quare? Quia pro impietate
peccati fui orat in tempore oportuno. Delictum fuum non abfcondit, Illi autem non fic impii non fic. Ideo ꝛc

Alius fenfus. Quod ad eum .1. deum non appropinquabunt
fcilicet Iudej. in tali diluuio malorum. Sed magis ac magis
indurantur: & dicunt fe penitentiam agere & mererj in illis. fic
etiam Heretici. & fuperbi faciunt.

Tertius fecundum Aug & Caffio. diluuium iftud aquarum
eft multitudo errorum & Herefium: quo impediti Homines non
appropinquant ad deum. Et ifte fenfus eft pars fecundi fenfus.
Quia inter mala fuper Iudęos & Hereticos irrūentia. Hoc vnum

& maximum eft. falfe & erroñee Doctrine: quarum multe funt
apud eos. per iftas enim fuam impietatem defendunt & excufant.
& in miferia fua omnium malorum. perfeuerant Et fic vere multa
flagella peccatoris [*Am Rande rechts:* Chrifti autem doctrina vnä
eft vna fides *rc*]　　　　　　　•

4ᵗᵘˢ· poteft effe. Quia Diluuium fit baptifmus vtpatet ps. 27:
Et in ifto Iudẹj fimiliter non appropinquant ad Deum. cum tamen
aquẹ multe (.1. populi multi in ipfo appropinquent *rc*

Notandum Quod fanctus in fcrip. fignificat quem theologi
Scolaftici dicunt, in gratia gratificante conftitutum: Sic Efaie. 54.
Dabo vobis fanctn Dauid fidelia (*d. i. 55, 3 und Actor. 13, 34.*).
Vel Mifericordias Dauid fideles.　Quia multos fanctificaũit.
Vnde Apoftolus femper nominat Chriftianos Sanctos,

Beatus Homo cui non Imputauit:　　peccatum & dolus ita
differre (me Iudice) videntur.　Quia Dupliciter facimus malum:
primo aperte: Et Hoc vocat Hic peccatum　　2ᵘ fub fpetie &
intentione bona.　Et Hoc dicit propter rudes: dolum: quia forte
peccatum non reputant quando malum faciunt fub fpecie boni:
vt orare pro fuperbia, gloria auaritia *rc*

ps. 32.　[Hebr. XXXIII.]

Blatt 42ᵇ: Exultant alii in domino: qui gaudent in bonis
falutis fpiritualis. quos apoftolus Hortatur dicens fratres In Domino gaudete iterum dico gaudete.　Et hij fimul triftantur in
mundo.　Quia funt Beati qui lugent.　　Sicut fimul in mundo
Habent preffuram & in domino Chrifto pacem Vnde. 2. Corinth. 1.
Qui confolatur nos in omni tribulatione noftra　　Alii autem
exultant in mundo in carne, in diabolo. in rebus peffimis &
lẹtantur cum male fecerint (.1. in faciendo malum.) quod non
debet intelligi: quia de male facto gaudeant.　Sed quia eorum
gaudium eft non in bonis operibus.　Sed in malis quia gaudent in
carnalibus Et de hijs dicit dominus.　Ve vobis. qui nunc ridetis.
Amen dico vobis quia flebitis Et iterum.　Ve Vobis. qũi habetis
hic confolationem veftram *rc*

Rectos decet *rc.* Quia &fi praũi & increduli vt Iudẹi lau-
dent Deum tamen laus illa eft indecora & indecens laudatio:

Deo autem noftro fit Iucunda Decoraque laudatio.   Recti
itaque funt qui non preuaricantur a fide recta, vt Iudęi, Heretici
Superbi & tepidi fideles.   Verbum enim Domini rectum vti
fequitur.

Cythara Eft inftrumentum· muficum a pfalterio differens.
Sic Quod funt eiusdem prope figure qualis eft litera, delta, in
modumque eius triangulum. Nifi Quod Cythara [*Ausgestrichen:*
Eft Delta erecta. &] refonantiam Habet ex inferiori parte fcilicet
ipfum concaűűm in quo Chorde funt confixę. Pfalterium autem
[*Ausgestrichen:* eft delta Conűerfa] habet eadem ex fuperiore
parte & fortius meliusque fonat quam Cythara.   Licet autem
hoc loco. ad literam poffit vtrunque intelligi. Quia deus a Chriftianis laudandus eft & laudatur hodie in vtroque & multis alijs
inftrumentis muficis: tamen aptius eft vt myftice intelligantur: vt
fcilicet folus deus in illis laudari poffit: & non homo: Sunt autem
myfteria vtriufque infinita

primo Cythara Eft ipfe Chriftus: fecundum humanam naturam: Qui expanfus in cruce pro nobis ficut corde in Cythara
Sic Cythara Confiterj: Eft meditari in actionibus & paffionibus
Chrifti. fecundum carnem, Quia talis meditatio ab infra habet
refonantiam, ab humanitate ad diuinitatem: Digiti cytharifantes
funt vires & potentie meditatrices in anima [*Am Rande links:*
Hec Aug ps. 56.] pfalterium Eft idem ipfe Chriftus fecundum
diuinitatem Qui in decem Choris angelorum refidet Et fic in pfalterio confiterj Eft de Diuinis & celeftibus & angelis meditarj:
que meditatio defurfum refonat ad infra: Sic ergo in vna eadem-
que perfona Chrifti fit defcenfus meditatiuus a Diuinitate ad
humanitatem: & afcenfus ab humanitate in diuinitatem. ficut
Angeli in Scala Iacob afcendunt Genes. 28.   Confiteri ergo
in Cythara & pfalterio: breuiter Eft Credere, confiteri & laudare.
Chriftum effe Deum & Hominem, Habita autem ifta fententia.
Iam facile eft Allegoriam. & tropologiam Inuenire. Scilicet Animam. Ecclefiam, cęlum angelorum Item fidem, Sacram Scripturam. Et totum mundum fecundum Aug. Immo quelibét res mundi
Eft Sanctis, Cythara & pfalterium & omnia in Chrifto

[*Am Rande links:* D] Caffio. pfalterium eft ad modum Delte

literę (vt b. Hiero. ait.) formati ligni fonora concauitas, obefum ventrem in fuperioribus habens vbi Chordarum fila religata difci- plinabiliter plectro percuffa, fuauiffimam dicuntur reddere canti- lenam [*Am Rande links:* quod corpori domini aptatur fecundum eundem. c. 4. prologi] Huic Cythare pofitio contraria effe videtur. Dum quod ifta in imo continet illud conuerfa Vice geftat in capite   Et myftice fecundum eundem fignificat Cythara opera terrenę profperitatis vel aduerfitatis ex quibus laudatur tanquam ex inferioribus deus pfalterium autem ipfa precepta decalogi: que de fuperius venientia fufcipimus. & inde facimus Eadem Eft fen- tentia Auguftini.

Qui etiam Hoc quoque addit. Quod Cythara fignificat car- nem mortificatam. exhibendo corpora noftra Hoftiam viuam fan- ctam ꝛc. Idem per pfalterium Sed clarius idem exponit ps. infra. 42. ibi Confitebor tibi in cythara

Hec omnia myfteria Scriptura infinuat Quando 1 Reg. 16. & 18. de Dauid dicit. Dauid autem pfallebat manu: quafi vero pedibus pffalluiffe [*so*] putarj poffit. nifi adderet manu: Et iterum Et percutiebat Cytharam manu. Cur manu? nifi quia opere cytharifatur deo in veritate

Blatt 43ª: Canticum nouum non poteft cantare nifi Homo nouus: Eft autem homo nouus, homo gratię, homo fpiritualis. & interior coram Deo: Homo autem vetus Eft homo peccati homo carnalis & exterior coram mundo. Nouitas enim gratia eft. ve- tuftas peccatum Vnde Serpens antiquus vocatur Diabolus: Et Chriftus nouum quod fecit dominus fuper terram. per quem Deus pater. Noua fecit omnia apoc. 21.   Quare patet quod hic Canticum Nouum: non fecundum tempus Dicitur. Sed De nouo fancto, quia Scriptura Sancta eft. & de fancto loquitur. Sic etiam. Cythara Sancta, pfalterium Sanctum,

Corol Cantica vetera funt omnes turpes & Scurriles & car- nales & mundiales cantilenę: etiam fi Hodie primum cantentur. aut componantur. Cantica autem noua funt omnes pfalmi. Can- tica honefta, fancta, pia & fpiritualia etiam fi a tempore primi Hominis fuiffent: immo illa funt nouiffima. Sic ait Dominus Erunt nouiffimi primi. & primi nouiffimi. Sic Cantica noftrę

ętatis funt certe vetuſſima [so] cum tamen ſint nouiſſima fecundum tempus.   .2. Quanto quis in anima eſt nouior feu re-
centior. tanto poteſt idem & vnum canticum facere noůius &
recentius: Et econtra de vetuſto.   .3. Quę funt indifferentia.
vt in Eccleſijs. vel in figuratiuis: poſſunt ad vtrunque duci: ſtante
bona vel mala eircumſtantia

Verbum Dominj Rectum: in feipfo: primum, Deinde quia
rectificat. Quia erigit curuum Hominem in ſe ipfum ad Deum
furfum cognofcendum & amandum in fide.

Opera autem eius in fide: primo vt in glofa (.1. fidelia ſiue
in fidelitate facta vt promiſit.) Et ſic comparatiue ad verbum
rectum: Verbum Domini Eſt rectum. quia promittit non ficte:
aut oblique. Sed ſimplici intentione & plana. Et ſic opera promiſſa in verbo funt in fide. vt rectum fuiſſe verbum probent. vt
quod ſimpliciter promiſit, fideliter. feruauit & fęcit   Secundo
Opera Dominj. (.1. que dominus fierj vult & fecundum eum, cum
eo & in eo fiunt per nos, funt in fide (.1. credulitate: Quia per
fidem viuiːːvis & operamur   Vel etiam in fide (.1. fidelitate)
que eſt fructus vnus fpiritus ex. 12 Gal. 5. vt fcilicet non Iuret
in Dolo proximo fuo: vt imitetur Dominum. cuius verbum,
rectum. & opera fidelia: fidelis in omnibus verbis fuis. & fanctus
in omnibus operibus fuis   Tercio   In fide (.1. fidelia
feu folida. quibus fidendum eſt, contra opera hypocrifis: que funt
arundinea. fucata & fpecietenus recta: infida & ficta. ficut lupus
ouis pelle tectus: Et Huic iterum refpondet rectum [*Am Rande
links eine gänzlich verblichene Bemerkung:* . . . . Caſſ .1. . . .]

Congregans ſicut in vtrem. aquas maris: quod ad literam
exprimit potentiam diuinam: qui ſic continet: quod eſt fluxiſſimum
& inſtabiliſſimum omnium creaturarum Et in abſconditis abyſſos
(.1. aquas ſine fundo: omnibus abſconſis.) Quare Homines dicuntur aquę fupra habitum eſt ps. 28. Sunt enim aquę iſtę col-
lecte in vtrem. 1. vnam Eccleſiam: ſicut aquę in vnům vtrem
Abyſſi autem funt aquę profundę. que viderj nequeunt. Eſt enim
ipfa profunditas feu altitudo aquarum. Sunt autem ipſi fideles
Chriſti: quia funt fpirituales & profundi & abſconditi coram
Hominibus mundj vt ps. 92. Mirabiles [*Darüber geschrieben:*

.1. magni] elationes maris. [(.1. mirabiles fancti eleuati f] Mirabilis in altis dominus (.1. abyffis feu profundis .1. fanctis.) Abacuk. 3. Altitudo manus fuas leuauit Et dedit abyffus vocem
fuam. Quia ergo etiam profunda dej per fpiritum fanctum
fciuit fecundum apoftolum. 1. Corin. 2. Recte vocantur abyffi
feu profunditates aquarum. Has ergo abyffos ponit in
thezauris (.1. occultis vel abfconditis quę funt myfteria fidej &
facramenta Ecclefię. ponuntur (.1. fide fundantur in illis Nam
Ecclefia & bona eius funt thezaurus appellata a Chrifto Matt. 13.

Blatt 43ᵇ: Et fi aduertas. ponit propheta diftinctionem inter
aquas & abyffos. Similiter inter loca eorum. quia illas in vtre.
iftas in Thefauris (.1. abfconditis.) Vbi videtur fignificare Sanctos appellari. aquas fecundum corpus, Et fecundum animam
abyffos. Et fecundum corpora quidem congregari in vtrem
Ecclefiam fcilicet velut certum locum & cognitum & vifum: Quia
vtique fanctorum congregatio feu Ecclefia: manifefta eft fecundum carnem vbi & quando funt. Sed fecundum fpiritum:
ponuntur in thezauris .1. occultis. ita vt nec ipfi adhuc videant
ea. in quibus ponuntur. Sed tamen credunt: ponuntur enim &
fundantur in Inuifibilibus: que nullus Hominum videre poteft:
Credere autem poteft Et Hoc eft poni (.1. fide firmarj in Abfconditis .1. credibilibus. Illic congregantur fecundum corpora. Hic
autem ponuntur fecundum fpiritum. Vide quam mirabiliter loquitur Scriptura Sic Abyffus abyffum Inuocat in voce
Cataractarum tuarum Cataractę dej: funt predicatores Euangelii:
qui illas aperuit dominus. & pluit in copia pluuiam falutaris Doctrinę. Et in talis. publica predicatione. multiplicati funt fideles.
Hoc eft abyffum abyffum Inuocare (.1. Quod femper vnus poft
alium fequitur In Ecclefia & vocat intus ad interiora fidej Sanctus Sanctum, Sicut dies diem. & nox noctem. Hec funt abfcondita ifta quę abfcondit deus a prudentibus & fapientibus. Hec
Sapientia abfcondita in myfterio ːc Hec funt ifte Almoth de quo
in titulo ps .9. & fere vbique in ps. per Hoc verbum Abfcondere
Abfconditum notantur.

Vter Eft exutum pecoris tergus, quod vfibus humanis feruit
ad liquores aliquos congregandos. nunc hic rarus vfus eft vel

nunquam forte fuit   Et apte Significat Ecclefiam. & quemlibet Hominem. Qui exutus a carne & carnali vita non nifi pellis
remanfit. in quo vinum & oleum Deus reponit. & aliis per ipfum
adminiftrat. Exuendus eft ergo homo interior a veteri. & exuenda
anima & Induenda Chrifto. & formanda in vtrem. Qui eft tradux
vini de vafe in vafa Sic Ecclefia a generatione in generationem
tranffundit vinum & oleum fuum, verbum & gratiam Dej Sunt
autem Vtres veteres & noûi. (.1. populi noui & veteris teftamenti.
Et vinum nouum non in vtres veteres. Sic ait dominus, quando
voluit facere diftinctionem inter confolationem carnis & fpiritus.
Quia homo carnalis non capit confolationem fpiritus,

      Quia finxit fingulatim Corda eorum. Hęc mira dej potentia.
Quod omnes regit vt fingulos & fingulos vt omnes. Et omnia
intelligit ⁊c

Ps .33. [Hebr. XXXIV.]

      Blatt 44ª: In titulo fit mutatio nominis Achis. regis Geth.
& .1. Reg. 21. vocatur Achis & nufquam Abimelech. Genes. autem.
20. vocatur rex Geraris Abimelech. Et eiusdem. 26. rex pale-
ftinorum fimiliter abimelech. quos fuiffe duos: non eft obfchurum
ex textu & temporis diftantia intelligere Nam primus vxorem
Abraham: 2ᵃᵐ Vxorem Ifaac concupiuit. Quare patet fuiffe Abimelech nomen regni. Sed Achis nomen perfonale Verum fecundum Aug: Ifta mutatio nominis. quod 1 Reg 21. in hyftoria non
habetur. & hic in titulo de eadem hyftoria ponitur. Myfterium
monet quereere. & par ratio de alijs. Vnde & totam hyftoriam
cum titulo longiffimo & pulcherrimo fermone diligenter deducit
ad myfteria Nos breuiter ex ipfo defloremus

      Propheta itaque myftice intelligens hanc fuam hyftoriam
(quia propheta fuit illuftris.) De Chrifto fecit hunc ps. cui myfterium. Huius rej conûenire intellexit. [*Am Rande links:* Et Hoc
patet. quia dicit Quando mutauit. Non enim tunc ps hunc fecit
aut habuit Sed poftea recolens fuper eo facto,] Dauid ergo
(.1. Chriftus) mutauit os fuum, in tempore paffionis. Quia tunc
cepit litera euacuari. & iam reuelari fpiritus cum implerentur
fcripture: vt iam os prophetarum & figurarum Mofi iret in os

apoſtolorum & velamen moſi deponeretur. Et cepit crux Chriſti
(.1. ſtultitia & Scandalum Iudeorum prodire Sicut enim Achis in
Dauid fuit ſcandaliſatus. ſic Iudęi in Chriſti humili paſſione quaſi
ſtultus eſſet. quam ſtultitiam ſponte ſubijt factus pro nobis Stultitia & inſaniu & maledictum. vt ſapientes eſſemus.   Igitur in
figura iſtius facti Dauid. paſſio Chriſti expreſſa eſt. per quam
fugatus eſt a Iudeis Qui ſunt Abimelech. patris mej regnum. vel
pater regis mej   Et ſic abijt. vſque hodie per reſurrectionem
ad gentes. Dicuntur autem regnum patris mej (.1. Dauid qui
erat pater Chriſti ſecundum carnem. Sicut ait. Super ſolium
Dauid & ſuper regnum eius.   Et Angelus Gabriel Dabit
illi dominus deus. ſedem Dauid patris eius   Vel pater mej
regis (.1. populus Iudeorum pater Chriſti ſecundum carnem. regis
veri. vt ps. 26. dixit. Quoniam pater meus & mater mea dereli-
querunt me

Serui Achis. adducunt Dauid: & ille collabebatur in manibus
eorum. Sic Iudeorum miniſtri Chriſtum captiuum duxerunt. Et
ille fortitudinem & potentiam ſuam diſſimulabat: cadens in infirmitate in manus eorum. Dauidi fluebant ſaliue in Barbam
Et impingebat in oſtia porte. Chriſtus quaſi ſpuere. (.1. ſapienter
eloqui & potenter dicere nequeat,) verba habet infirma: & inua-
lida contra eos. quia nihil efficientia. Sed in barba ſua herentia.
Immo & proprijs verbis (:quaſi ſaliua ſua) exprobratus   Et
fruſtra pulſabat oſtia porte. Duriſſimorum cordium aures & oculos: quia tante patiencie & mititatis & humilitatis exemplis, cum
debuiſſent moniti. aperire cor ad eum ſuſcipiendum. magis inde
eum miſerum & ſtultum & infirmum putabant. quaſi ſi ſanus aut
potens eſſet. non ſuſtineret

Benedicam dominum in omni tempore. Duplex eſt tempus.
Vt Eccles. 5. quattuordecies dicit Tempus pacis tempus belli:
tempus proſperitatis tempus aduerſitatis. Multi ergo benedicunt
dominum in vno. ſcilicet Iuxta ps 48 Confitebitur tibi cum benefeceris ej: Alio autem cum tentauerit ſicut Iob: & aduerſum
quod acciderit. & aliter quam cogitant. ter centum tonant ore
Deos Sed Chriſtianorum eſt. vt dicant. Benedicite noctes & dies.
lux & tenebre Domino Et omnes beſtie & pecora domino. Quia

omnia cooperantur fanctis in bonum, ideo in omnibus benedi-
cendus

Semper laūs eius in ore meo: Hoc fit Quandocunque loquimur bona & fancta in hiis laudatur Deus. vt quando veritatem,
fapientiam, bonitatem loquimur. quia hec omnia eft deus Vnde
dicit Ad Mofen Ego ero in ore tuo: quia os Iufti meditabitur
fapientiam quę eft Deus ipfe.

In Domino laudabitur anima mea. Alij funt de quibus
ps 48. dicit Quoniam anima eius in vita ipfius benedicetur: non
in vita Chrifti, feu in Domino. Sed in vita ipfius fcilicet fecundum carnem & mundum in Diuitijs voluptatibus, Honoribus:
Hec enim dicitur vita hominum: quia fine illis: vitam fe non
habere putant

Blatt 44ᵇ: Audiant Hic abfolute ponitur, .Quia fuperbi &
iracundj audiri volunt: & non audire Mitium autem proprium
eft. patienter audire. & verbum acceptare. Et ideo ficut Auditus
& per confequens eruditio folum eft manfuetorum. ita & lętarj.
vt ille ps. 121. lętatus fum in his. quę dicta funt mihi. Illi autem
volunt lętarj in his. que ipfi dicunt Quia doceri nolunt, Docere
autem volunt. Magiftri & Rabi. Non difcipuli effe querentes.
Sic Iudej act. 7. erga S. Stephanum, continuerunt aures & act.
21. de paulo ꝛc

Notabile ergo Epitheton Mitium. quod funt pacientes audire.
ideo benedicuntur & lętantur. Alij autem, teutonice wollen yn
nit lafßen fagen. Quia nimium fue prudentie innituntur corruunt in malum

Noftro tempore. Hi optimi dicuntur. qui neminj faciunt
malum, etiam fi nulli faciant bonum, Sed certe non Hoc fufficit.
Nam Epulo ille in Euangelio non legitur feciffe malum Sed quia
non fecit bonum lazaro damnatus eft vts ps. 14. Qui ingreditur
fine macula & operatur Iuftitiam, ꝛc Hoc eft Declinat a malo &
facit bonum Hic autem Dialectica ifta Rana, non debet admitti:
quę cauillatur.   Idem eft recedere a malo & facere bonum.
ergo eft Nugatio. Quia idem eft motus a termino a quo & ad
quem Sicut eadem via ab athenis ad Thebas Refpondeo enim,
iftis argutijs cogitationum non vtitur fcrip. Sed refert ifta duo

ad diuerfa. vt declinare fit, ab omni peccato abftinere. quod quidem eft bonum, & facere bonum, Sed tamen Hic aliter accipit
bonum facere Scilicet pro exercere in bonis operibus. Sicut &
Dominus in Euangelio Sint lumbi veftri precincti .1. Declinate
a malo. & lucerne ardentes. :c .1. facite bonum,   Exempli.
[*so.*] luxuriam Declinas & fimul caftitatem que bonum eft facis.
Non Hanc intendit quando dicit fac bonum Sed vt tunc iam
caftus & fugiens luxurie: agas elemofynas, orationes, beneficia
proximo :c Sic declinas a malo & facis bonum,

Perfequere eam. Quia in hac vita non eft finis fequendi eam,
Eo quod Hic nemo apprehendat vnde Apoft. Philip. .3. Non quod
iam acceperim aut iam perfectus fim: Sequor autem (.Ecce fequere
ergo & tu.) fi quo modo comprehendam, :c

Diüerte autem Dicit. Quia in Hac vita femper fumus in
medio malorum Sicut lilium inter fpinas. ficut grana inter palens.
Ideoque ea fugere non poffumus corporaliter. Sed fpirituali
voluntate Et fic debet [*so*] illud Apoftolj. 1. Corin. 6. Scripfi
vobis in Epiftola, ne commifceamini cumfornicarijs (Et
ne Hoc mifceri fecundum carnalem cohabitationem intelligerent
profequitur.) Non vtique cum fornicarijs Huius mundi
(.1. qui viuunt in Hoc mundo, in quo fimul & vos viuitis cum
illis) Alioquin debueratis de hoc mundo exiffe (Scilicet fi
velitis Hoc intelligere quod omnino velitis vos ab eorum conuerfatione feparare. tunc non poffetis in mundo Hoc effe. Quia
vbique in mundo funt tales. Sed fufficit. Quod non confentiatis.
vnde fequitur. Nunc autem Scripfi vobis non commifceri.
Scilicet per conformitatem.

Vultus autem dominj fuper :c Hoc eft verbum terribile. Quod
fi crederemus verum effe. ficut eft veriffimum: quis dubitat, quin
multo cautiores ambularemus: Multum deeft nobis fides ad iftud
verbum valde: Quoniam omnia nuda funt oculis eius: & malefa-
cientibus non tantum manu vel pede vel dorfo. Sed vultu pre-
fentiffimus eft   Sicut quod vultui applicamus vel cui vultu
imminemus: prefentiffimi fumus, Horribile eft cogitare. Quod diuina maieftas. habet intentum & aduerfum vultum fuper facientes
mala. Et intelligit omnia opera eorum. Videns omnes filios

hominum, Nos autem putamus Quia vel dorſum habeat
ſuper nos vel velum faciej. Ita ſecuri imus Sicut illi de quibus
Iſaie. 39. Ve Qui profundi corde. qui dicunt quis videt nos? &
quis nouit nos. facto iſta Dicimus &ſi non verbo: pre cordis pro-
funditate in peccatis. Vnde Scrip. Monet nos ſepe viuere
in conſpectu dej. Vt Exultent Iuſti in conſpectu Dej ps 67. Et. 5.
Dirige domine deus in conſpectu tuo viam meam Et. 15. prouidebam dominum in conſpectu meo ſemper.

Blatt 45ª: Et apoſt. prouidemus bona ad omnem conſcientiam hominum in conſpectu dej

Igitur principium ps plenum eſt humilitatis exemplo. Quia
Nullus benedicit Dominum, niſi qui ſibi diſplicet & ſe maledicit
& cui deus ſolus placet. Sicut Iob ſuam natiuitatis diem. Qui
enim ſibi aliquid videtur. & non omnino deteſtabilis: Hic manifeſte habet etiam laudem ſui in ore ſuo. & non eſt ſemper laus
dej in ore meo. Vnde Confeſſio peccati eſt gloria & laus dej Et
Nunquam deum recte laudamus, niſi prius nosipſos vituperaue-
rimus. Quia ſecum aliud laudari non patitur ſicut nec amari.
Et ſic noſtra ſeditas: eſt dej pulchritudo. Noſtra confuſio eſt
dej gloria: pudor noſter eius Reuerentia: peccatum noſtrum. eſt
gratie eius commendatio. Et ſic debet Apoſtolus Ro. 3. intelligi.
Quando dicit. Si ergo iniquitas noſtra Iuſtitiam dej commendat.
Quid dicemus? x. Non commendat: autem eo modo quo illi
intellexerunt, qui eius ſenſum corruperunt. Sed ſic Quia licet
peccatum vere maximum ſit: & gratia dej maxima ſimiliter. vtrunque in ſe. Tamen quia vtrunque non cognouimus. & quanto
peccatum eſſe grauius cognoſcimus. tanto gratiam abundare magis
intelligimus. Sicut enim Apparitiones olim fiebant ad Diſpo-
ſitionem eorum, quibus fiebant ſicut & dominus Duobus diſcipulis
in Emaus euntibus: ita & Scriptura loquitur & apparet ad
modum quo ſumus diſpoſiti. Quia peccatum in ſe quam
magnum ſit, non dicit nec nos cognoſcimus. Ideo loquitur de
eo ſecundum noſtram cognitionem. Et ſic peccatum ſcilicet cognitum & confeſſum magnificat & commendat gratiam dej: Quia niſi
nos peccatum habere cognoſcamus, gratiam dej non honoramus.
Sic Apoſt. dicit ſe primum peccatorem: quia maxime agnouit

peccatum fuum & gratiam dej. Igitur deus vt dixi non honoratur nifi nos confundamur confeffione Sic Daniel. 3. deo noftro
gloria, nobis autem confufio :c Sic ps. l. dicit Tibi foli peccaui
& malum coram te feci. vt Iuftificeris in fermonibus tuis. q. d.
fi ego non peccatum haberem. & peccatum non agnofcerem. tu
non effes Iuftificator meus. nec Iuftus folus. Sed nunc etiam fi
coram Hominibus fim fine peccatis. tamen tibi adhuc fum peccator, & agnofco me peccatorem, vt tu Iuftus fis & Iuftificans
in verbo tuo :c Et profequitur. que fint peccata eius fcilicet.
Ecce in iniquitatibus conceptus fum. q. d. Si nullum Haberem
peccatum aliud. tamen Hoc vnum fatis effet quo confundor vt tu
glorificeris. Et Hanc veritatem dilectam dicit deo fequenter
Et hec incerta & occulta fapientie fue fibi manifeftata: fcilicet
in cafu & facto quando venit ad eum Nathan. Quia Hanc fapientiam: & veritatem fcire Euangelium folum docet

Sed fi Hoc ita eft. quomodo ergo Hic fequitur. In domino
laudabitur anima mea? Quomodo fimul coram domino vitupe-
ramur & laudamur? Sed fane intelligendum Quia vtique licet in
Domino immo oportet in domino laudarj, gaudere & complacere:
Quia negocium dulce eft cogitare & magnificare creatorem tui
& dicere. Ecce tanti domini fum factura. quam placet mihi quod
talis eft conditor meus. Quod talis mihi talia tantaque dedit.
Multo magis placent quia tantus dedit: quam fi ex me haberem.
Sicut Si princeps ex gratia & amore daret tibi florenos. c. plus
propter gratiam principis debent immo vere placent: quam fi
proprio labores [so] acquifieris: quia in illis eft annexus amor
principis. Sic Nonne b. virgo. dicit Quod exultet fpiritus
eius in deo. & beatam dicunt omnes generationes. Et tamen
Humilitatem allegat? Quomodo conueniunt. quod nihil habet: &
tamen fit Beata? Quia fecit Scilicet mihi magna qui potens eft

In Hac igitur remotiore & intimiore philofophia & theologia
Audiunt .1. Sunt audientes & Habent auditum & credunt folum
manfueti. alij autem furdi funt & non Audiunt nec credunt talia.
Ideo laudantur in feipfis. Et anima eorum in vita eorum bene-
dicitur. & in fua Iuftitia gloriantur

Blatt 45ᵇ:

ps 3·4. [Hebr. XXXV.]

Arma tropologice fignificant virtutes, dona & gratię. Ro. 13. Induamur arma lucis Et   Indŭite vos armatura Dej [*Am Rande links:* .2. Cor. x. arma noftra non funt carnalia]

Et hec funt arma munitionis, Arma autem expŭgnationis funt verbum dej: predicationes. excommunicationes orationes. & fulminationes fpirituales, Iob. 40. Deridebit (.fcilicet diabolus vel obftinatus Iudeus) vibrantem haftam (.1. verbum dej minato-rium, vel comminationes verbi dej [*Am Rande links:* Accipite gladium fpiritus]

Arma vero tropologice & mala funt peccata, errores, aftutie diaboli ꝛc Expugnationis autem funt. mala dogmata, verba Im-pudica. Quibus confoditur pura anima vt herefes, ps filii homi-num Dentes eorum arma & fagitte. Et iterum. lingua eorum gladius acutus. Sic tradentur in manus gladij. (.1. Herefum & feductorie doctrine   Allegorice Arma: funt ipfa corpora vel membra: Sic fancti dej funt arma dej: quibus expugnauit mun-dum. 3. Apoft Ro. 6. Nec exhibeatis corpora veftra arma ini-quitatis. Sic Abacuk Sufcitans fufcitabis arcum (.1. Ecclefiam: qua Beftiales homines confodiuntur. Et Zacha .9. affumam [*Dar-über:* extendam] te [*Darüber:* Iudam] mihi in arcum [*Darüber:* & ponam te quafi gladium fortem]: Sic ps. 126. Sicut fagitte in manu potentis, ita filii Excufforum .1. apoftoli.   Diaboli vero funt omnes mali Iob 40. Corpus eius quafi fcuta fufilia ꝛc [*Am Rande links:* Genes. 49 Vafa iniquitatis bellantia] [*Im Texte ausgestrichen:* Sic ps. 7. Nifi conuerfi fueritis gladium fuum vi-brant.]   Anagogice. Arma Dej funt angeli: fancti. Vel etiam ipfe virtutes Dej infinite: Et fic. Et contra. Diaboli funt arma principis demoniorum.

Aliter etiam deus habet arma ad feueritatem vindicte. Sci-licet. quando tota creatura pugnat & percutit impios. De quibus armis ps. 7. Nifi conuerfi fueritis gladium fuum vibrant arcum tetendit ꝛc

Senfus itaque ps. 1. eft Apprehende apoftolos & difcipulos

meos tanquam arma tua & expugna per verbum & exemplum
eorum velut per ictus quofdam: Impios & errores eorum. Vel
Arma (.1. diabolum, Romanum exercitum contra Iudęos extur-
bandos tam ab Ecclefia quam terra fua.

Abfconderunt interitum laquej fui. frequens eft huius fententie in ps memoria vt ps .9. .16. .139. .141. Abfconderunt
fuperbi laqueum mihi. Sedet in infidijs vt fagittent in obfcúro
rectos corde Et alibi vt fagittent in occultis immaculatum Quod
primo [*Am Rande links:* .1o. *Darunter:* Aug] fic intelligitur.
Quia Chriftum fallere & capere in fermone tentabant, vt eum
traderent morti (:cum tamen ipfe corda eorum intelligeret. Sed
erat fimilis ignoranti [*Darüber:* loquitur ficut qui falli poteft.]
qui falli poteft. cum tamen falli non poffet): Et Hanc machina-
tionem Hic dicit laquei interitum. Quia per tales captiones in
verbo, eum accufabant coram pilato dicentes. Húnc Inuenimus
fubuertentem gentem noftram, & prohibentem tributa dari cęfarj
Et dicentem fe regem effe luce 23. Sed gratis & fruftra Hoc
fęcerunt, quia etiam pilatus eum in his innocentem inuenit [*Am
Rande links:* Vel fi purus homo fuiffet, ficut ipfi putauerunt:
tamen ita effet. loquitur ergo ad fenfum eorum qui faciebant,
non fecundum fuum, qui patiebatur quia quantum ad eos & in
eis erat: fuiffet occultum. Nec per eos ftetit: qúin occultum
maneret, Ideo non fecundum quod fuit Sed fecundum quod voluerunt. loquitur Voluntatem eorum arguit, non poteftatem, quam
non habuerunt. Quia occultum effe non potuit, plus enim voluerunt quam potuerunt]

Secundo fic: Quia mortem Chriftj. vfque Hodie abfcondunt.
fcilicet negando fe male fęciffe & non confitendo peccatum fuum:
ficut & tunc fęcerunt. vtpatet act 4 & .7. vbi Stephanus eos
Homicidas vocauit. quod indigniffime ferebant

Veniat illi laqueus quem ignorat? laqueus ifte fecundum Aug.
Eft ipfa propria cuiufque iniquitas. qua alterj nocere nititur: Et
.(quia peccatum tenebre eft.) ineuitabiliter fequitur. Quod ea ipfa
iniquitate. qua alium impetit, nefcius fibiipfi noceat. Sicut Iudęis
factum. Quia dominus vicit eorum iniquitatem: illi autem iniquitate fua victi funt, Ille refurrexit a morte

Blatt 46ᵃ: quam parauerant ei: Et illi mortui funt in fe & non refurgunt. Quia omnis iniquitas prius nocet fuo authorj: ficut facula prius ardet in fe. quam alium incendat. Quia poteft fieri. vt malitia tua alteri non noceat, vt autem tibi non noceat fieri non poteft

Que ignorabam. Quod alienum eft ab opere, alienum eft a confcientia: Et quod alienum eft a confcientia: alienum videtur & a fcientia: ideo Dominus qui ignorat peccatum, peccati non fuit confcius: quare ignoranter .1. inconfcienter paffus eft

Sterilitatem Animę meę. Animę poteft Hic genitiui cafus effe vt in glofa: Vel etiam datiui cafūs vt cum verbo retribuebant conftruatur Et fic aptior fenfus eft. Scilicet mihi retribuebant fterilitatem: qui attuli fęcunditatem: In quo verbo myfterio fingulari exprimitur Quod literam fterilem. reiecto fructifico fpiritu ftatuerunt, mortem pro vita. pro anima interitum ꝛc

Diffipati funt. ꝛc Subfannare fubfannationem. eft ex certa fcientia & mera malitia fubfannare: Vbi fubfannatio non procedit ex ignorantia aut feductione alterius Sed ex fubfannatione. Caffio. dicit Quod Hoc genus loquendi tunc adhibetur, quando res aliqua copiofiffime fignificatur impleta vt Benedicens benedicam te. ędificans edificabo te Sed hebraicus aliter habet. Scilicet Collecti funt aduerfum me percutientes (.1. flagellantes.) & nefciebam (.fcilicet in confcientia non noūi meritum.) Scindentes (.1. lacerantes carnem meam) & non tacentes (.1. fine ceffatione irridentes & blafphemantes.) Noftra autem tranflatio habet paffiue. fcilicet diffipati nec compuncti: quod laboriofius ad eandem fententiam fic poteft duci: Quia Scindentes Chriftum in carne: eoipfo Sciffi funt & flagellati in corde. Quia omnis iniquus vts. eo fe affligit. quo alium nititur affligere. Nec compuncti fcilicet vt tacerent a blafphemijs Sequitur. Tentauerunt ꝛc pro quo heb. In fimulatione verborum fictorum. fcilicet dicentes. Aue rex Iudęorum: in quibus Illufio eius poft flagellationem fignificatur. quod noftra tranflatio exprimit. Tentauerunt me, fubfannauerunt me fubfannatione

In populo graui: hic grauis non accipitur proprie licet poffit ita capi. fcilicet pro maturo & fine leuitate & virili ac conftanti.

Nam vere Hodie: facetia feu Eutrapelia quam Apoſtolus Ephe. 5.
fcurrilitatem que ad rem non pertinet appellat: in Ecclefia multum eneruat fpiritum: & effundit corda. ficut Ruben effufus eſt
vt aqua. vt non poſſint proficere. Capitur autem fecundum
Aug. grauis populus: pro eo qui viua fide eſt in Ecclefia Sicut
granum in area. vbi cęteri vana fide funt leues' paleę.

Quoniam mihi quidem pacifice ꝛc Secundum noſtram tranſla-
tionem. Chriſtus Hic accufat Hypocritas qui oderunt eum. Et
tamen fimulatorie: oculis ej annuebant: non corde: Quia loquebantur quidem pacifice vts ps. 27. Qui loquuntur pacem cum
proximo fuo, mala autem in cordibus eorum dicentes. Magiſter
fcimus quia verax es ꝛc Et tamen in iracundia terrę loquentes
(.1. in ira carnis fue & fecundum fenfualitatem: quia toti erant
terram fapientes.) dolos cogitabant: Verum iſte verfus obfcuriſſi-
mus eſt. & difficilis proprie & fignate expofitu Heb. Sic
habet contrarium. Non enim pacem loquuntur (q. d. Ideo
dixi. quod tantum oculis & non corde annuunt. Quia non ſtudent
vt pacem loquantur. Sed querunt me capere vt litem & caufam
mortis contra me fufcitent fubdole.) vnde fequitur. Sed in rapina
terrę verba fraudulenta concinnabant. Hec pars obfcurior eſt.
Que fit iſta rapina terrę. Meo fenfu fic caperem Concinnabant
falfas accufationes coram pilato: quafi ego rex terre eſſe vellem.
Et rapinam mihi imponebant. de Imperio cęfaris. Et ad idem
reducitur Tranf. noſt. In iracundia .1. Zelo terrę fuę: quam
timebant me auferre. cogitabant dolos contra me. Vel Quia
timebant ne Romani tollerent locum & gentem. fi me dimitterent.
Hec autem omnia dolofa erant: Quia fciebant. quod Romani
Hoc non facerent

ps .35. [Hebr. XXXVI.]

Blatt 46ᵇ: Vt Inueniatur Iniquitas ꝛc Heb. fic vt Inueniret
iniqūitatem eius ad odiendum. Et fic refertur ad deum: qui Inuenire dicitur iniquitatem: quando eam incipit punire Genes 44. Deus
Inuenit iniquitatem feruorum tuorum. Sic ergo peccatum Iudę
& Iudęorum Inuenit ad odium (.1. odio dignum. Vel vt propter
ipfum: eos odio dignos Habet: ficut patet in facto & experientia

9*

Et Hoc vt fieret, dicit illum dolofe ęgiffe. Vbj non debet
intelligi: Quod neceffe fuerit illum fic agere, vt deus fic Inueniret. Sed quia deus non Inueniret: fi ille non ageret. Sic folet
dici vulgariter. Eia rue in foueam vt frangas pedem.   Curre
in puteum vt fubmergaris. q. d.   Et ita fiet fi fic fęceris.
Et per fequens vult abftrahere a priorj. q. d Infallibiliter fequitur. Quod Hypocrifis tua. Inuenietur ad odium. ergo dimitte
eam potius Et Hoc peccatum fingulariter legitur Chriftus odiffe
in Iudęis. & conqueri de Iuda ps 40.   Es Tu vero Homo vnanimis ps ꝛc [*Lt Ps. 54 = 55, 14.*]   Quare optime.   Hoc vnicum
vitium pre cęteris ad odium dicitur inueniri.   Quia odibilior eft
fimulatus amicus: quam apertus inimicus

Nubes dicuntur fancti & fideles.   Primo Quia eleuantur a
terra (.1. terrenorum amore & affectu: & non nituntur in illis
Sed fufpenfi funt per fidem. Iob. 7. Sufpendium elegit anima
mea. (.1. fidem Chrifti: & contemptum vifibilium.   Sicut Chriftus
fufpenfus & exaltatus a terra in Hoc myfterium fũit) Quo autem
fufpenditur anima? Chriftus clauis ferreis (.1. anima inuictis pre-
fcriptis & preceptis Euangelii.)   Nubes autem vnde?   Verbo dej
& voluntate fpiritus eius: ita & anima verbo interno fufpenditur
per fidem furfum

Secundo Quia volant & tranfeunt (.1. mortales funt fecundum Hanc vitam.   3º Quia ex terra & aqũa nati (.1. ex
Hominibus fecundum carnem geniti. ps 141 Educens Nubes ab
extremo terrę (.1. ex terre Vaporibus & leuioribus eius partibus

4º Quia pluunt verbum falutis. Tonant increpationibus,
Chorufcant miraculis. protegunt ab eftu folis. fuffragijs & inter-
ceffionibus ꝛc Licet autem terra & aqua in Scrip. fepius in bono
capitur. tamen Hic Nubes dicuntur contra terram. Quia Quando
fcrip. vnum affumit. tunc relatiue ad aliud affumit, quod damna-
tos fignificat

Iuftitia tua ficut montes, .1. fortis. excelfa & preclara:
Aliter fic Iuftitia tua .1. Ecclefia tua, per te & tuam Iuftitiam
Iuftificata. ficut montes (.1. magni & fublimes viri vel fancti. Sic
enim Apoftolus totam Ecclefiam vocat. Iuftitiam dicens. 2. Cor. 6.
Vt nos effemus Iuftitia dej in illo   Primum autem magis

ad propofitum, aptum Quia ardua & Inuicta eft Iuftitia fidej: qu¢ magna & mirabilia facit. Vndo & Matt. 5 vocatur Mons. Non poteft ciuitas abfcondi fupra montem pofita. vt ibidem exponit Auguftinus Et ps 6. 7. Mons dej mons pinguis Montes ergo funt articuli fidej. Vel virtutes fidej. quia omnes funt per fidem ardue. Item ipfe auctoritates Scriptur¢ fanct¢ Qu¢ eft Mons Zion. qui eft mons fanctus. & pulchritudo Iuftiti¢ fecundum Hierem.

Sic Iudicia tua poffunt etiam intelligi: primo ipfa Ecclefia: feu fideles Iudicati & condemnati fecundum carnem. & concrufixi [so] Chrifto. qui funt abyffi fecundum fpiritum vts ps. 32. ponens in thezaûris abyffos. Aliter Iudicia funt precepta & decreta Euangelij: Que fimiliter funt abyffus (.1. fpiritûalia. qualia carnales non intelligunt Sed ftultitia funt illis 1. Corin. 2.

Homines & Iumenta. Gentes qui [so] fecundum Ifaiam erant longe: & fecundum Apoftolum fine deo & non populus dej: refpectiue ad Iud¢os. pecora & bruta fuerunt: Iud¢i autem Homines Quia fcientiam dej Habuerunt. & eloquia dej illis credita funt vt Ro. 3. apoft dicit quod in hoc quid amplius & multum fuerunt. Recte autem Iumenta. Quia oneribus huius vit¢ tantum occupati de futuris nihil fperabant

pes fuperbi¢. Eft pertinax fuperbia que f¢cit Iud¢os perfidos. & multos Chriftianos hereticos: Eft enim pes fuperbie. pater Hereticorum. fcifmaticorum. fectarum & rebellium & apoftatarum. Deinde manus fequitur. opera & vit¢ fue merita: que ftatuunt pro Iuftitia fibi: Hec inquit propria manus & Iuftitia non moueat me, vt eos fequar, relicta humili manu & Iuftitia Chrifti in obedientia & fide

Blatt (47ª): fit autem Hoc Iudicium: ficut quelibet virtus. fcilicet actu interiore & exteriore. Interior eft femper neceffarius aut faltem non contrarius. Scilicet vt homo vero corde feipfum deteftetur: & peccatum confiteatur. & intus faltem puniat.
Vnde Iud¢i. Heretici & fuperbi fpiritualiter. per omnes Scripturas prophetarum arguuntur. quod Iudicium non Habeant nec fecerint: quia fe Iuftos iam & fanctos reputabant. Conclu. Igitur Iudiciûm Eft nihil aliud nifi vilificatio fûi feu humiliatio

ex corde. & agnitio fui. quia fit vere peccator & indignus omnium ı   Exterior autem eft fic fe foris habere: vt amando, contemptum, paupertatem, afflictionem. Ieiunium ıc. Qui enim talia fugit & contraria querit. nondum eft in Iudicio & per confequens nec in Iuftitia dej quantumuis fe peccatorem ore profiteatur.   facto enim negat fe effe peccatorem. vel faltem tepido corde fentit illud.

Allegoricum Eft Iudicium: quo fimiliter regnat Chriftus. fcilicet Iudicium difcretionis & infcrutabile: quo perdidit Iudęos. Hereticos. & cunctos malos vfque Hodie. Hoc enim quomodo fiat nemo nouit. Sed quia fiat palam eft.   Qui fic Iudicatur non Iuftificatur. Iuftificatur autem alius. aquo ille difcernitur. Sicut caro condemnatur & motus eius & non Iuftificatur. Iuftificatur autem anima a qua. illa fecernitur. Sed quia caro & anima funt vnus homo: ideo tandem vtrunque faluatur.   Sed totus mundus eft etiam ficut homo coram deo vnus. in quo mali funt loco carnis & motuum eius. Boni loco anime & motuum eius. Sed quia non funt perfonale vnum, ideo manet ibi Iudicium mundi inęternum,. Et ficut caro Eft manifefta. fpiritus autem occultus. Sic Ecclefia in hac vita occulta. Mundus autem in manifefto.   Et omnino figura eft homo pulchra totius mundi etiam erga Iudicium & Iuftitiam dei. Vt & econtra. Vnde Apoft Ro. xı· Vocat lapfum Iudęorum effe myfterium: quia ceciderunt vt refurgerent. Sicut caro cadit vt vinat: licet illi refurgere nolint. Nam ficut membra carnis crucifiguntur peccato vt ammodo viuant Iuftitię. Sic etiam Iudęi debuerunt cum Chrifto cadere. a lege peccati. vt refurgerent cum eo ad vitam gratie. Et fic intelligitur illud apoft ibidem. Nunquid fic offenderunt vt caderent fcilicet tantum. immo vt & refurgerent. Vel non fic offenderunt. vt fic caderent in infidelitatem. Sed vt caderent a peccato & fuperbia. & ftarent in humilitate

Anagogicum Eft Iudicium, quo omnis creatura Iudicabitur. angeli & homines Et ibi fimiliter difcernentur boni a malis. Et Iuftificabuntur boni & damnabuntur mali .1. tales effe reuelabuntur: quia iam tales funt. Et per allegoricum fic fuit Iudi-

cium. Vnde Ro. 2. non appellat fimpliciter Iudiciũm. Sed Reuelatio Iufti Iudicij dej. quod fcilicet iam agitur.

Accipitur autem alias paffim Sed raro in fcripturis: pro eftimatione rationis feu pro prudentie actu.   Item ad literam.
pro Iudicio vt in foro contentiofo & pro temerario & vero Iudicio
hominis ad hominem. Sed illa de Iudicio & Iuftitia Dej dicta
funt Hec autem de Iudicio & Iuftitia Hominum.   Vnde
Iudicium publicum in officialibus Eft litera & figura iftorum Iudi-
ciorum dej fupradictorum

Alia Vide fupra ps 1 & ps. 25.

Multa motiua pro fugienda profperitate mundi: ex ifto ps.
colliguntur: & pro firmanda fpe celeftium, Primum Quod funt
omnia tranfitoria cito verfu .2.   Secundum Quod ipfe etiam
eam habens cito perit. Et adhuc pufillum. & non erit peccator   Tercium. Quod occafionem habent ad multa peccata.
Hoc per. 5. verfus ab illo Obferuabit peccator. quia prodit quafi
ex adipe iniquitas illorum.   Qũartum   Quod multa recipit:
& pro nullo deo fatis facit dicens Mutuabitur peccator. Hinc
eft quod totus orbis terrarum pugnat contra infenfatos. Quia
debita congregat

Blatt (47ᵇ): Cum enim crefcunt dona etiam rationes crefcunt ⁊c omnia enim que. hic habemus. ad vfuram habemus a
domino alius quinque. alius duo. alius vnum talenta ⁊c
Quinto quod nunquam benedicunt Chriftum. Sed Iuftos potius
maledicunt   Sexto Quod eorum via a domino eft derelicta
& non curantur ab eo.   Apud dominum greffus hominis ⁊c non
autem illorum.   Septimo Cum ceciderint, non habent fub-
leuantem.   Sed Iufti fubleuantur. quia illi in mortuas res.
ifti in viuentem dominum: illi in fe Infirmiora: ifti in omnipotentem confidunt

Octauo Quod in futurum Eternaliter peribunt. Quia reliquię
etiam eorum difperibunt forte & alia ex illis colligi poffunt

Econtra Iuftorum. non pereunt cito bona. Sed Inhabita dicit
terram: quod fignificat durationem & fixam manfionem & cętera
cum tribus verfibus fequentibus. Scilicet. quod pafcetur diuitijs
illius Quod exaudietur a domino, Quod omnia dominus faciet

que vult. Quod in futurum educet Iuftitiam eius in gloriam. que
omnia illis contraria fient profperis fcilicet in mundo. Vnde frequenter inculcat Quod manfueti inhabitabunt terram & octies
vel decies. .fcilicet conferuabuntur ineternum hereditas eorum
ineternum erit, fuftinentes autem hereditabunt terram. Benedicentes ei hereditabunt terram.   Inhabitu in feculum feculi.
Iufti autem hereditabunt terram Item vt hereditate capias terram :c Que omnia funt monitiones acres. & pia follicitatione
repetite: quia funt abfentes: ne prefentia profperitatis mundi ab-
ducamur   Tu Vide cetera

    Et Notandi fingulariter ifti duo Verfus. Mutuabitur pec-
cator & non foluet. Iuftus autem miferetur & retribuet. Malum
eft quod peccator eft: quia in Chriftum non credit vel non colit
vere   peius autem quod mutuatur: quia indigne accipit. &
cumulat fibi. debitum & rationes   peffimum autem quod
non foluit nihil pro illis omnibus facit ideo cum fit fecundum
Aug indignus pane quo vefcitur. quid putas erit dignus. totius
creature vfu & minifterio? Et fi de ociofo verbo ratio exigitur.
quid de nocenti vfu vel abufu aliarum rerum. que plures funt
quam vna lingua? quid de ociofo vifu: auditu, tactu?

    Econtra Bonum Eft Quod Iuftus eft: quia in Chriftum pofi-
tus eft. Melius autem Quod miferetur ac non mutuatur Sed
potius mutuat ipfe alijs imitatus deum Quia inquantum Iuftus.
per Chriftum omnia fua funt   [Melius autem quod miferetur
ausgestrichen.] Optimum autem quia retribuet. Quia deo abunde
fatiffacit. Vnde Regulam Hic tene Quia deus noftris bonis non
eget ftatuit vt quicquid proximo retribuimus fibi retributum fit.
Et fic fatiffactum

    Sed quali confequentia fequitur. Ideo Iuftus miferetur &
retribuet. Quia benedicentes ej hereditabunt terram? :c. forte.
Quia deo nihil retribuitur nifi gratiarumactio & benedictio. Et
non benedicere: Hoc ipfum eft maledicere: Ac fic peccator non
folüit. Et ideo Difperibit: eo quod non benedixit Sed maledixit   Vel fit conftructio prepoftera fic Quia peccator non
foluit ideo peribit: pro ifta Quia maledicens peribit: ideo non
foluet. Sicut ibi. dimittuntur ej peccata multa, quoniam dilexit

multum, cum potius econtra fit Et illud domine clamafi: quo-
niam exaudifti me: cum potius exaudiret. quia clamauit.
Sic etiam hic Non foluet: quia fic eft maledicens & perdendus:
Cum fit potius perdendus quia non foluet

ps. 37.*) [Hebr. XXXVIII.]

Blatt 48ᵃ: Non eft fanitas in carne mea ꝛc Ad literam. de
carne Chriftj. in paffione fautiata & offibus concuffis atque diffi-
patis intelligitur: que fic facta funt: a facie ire Dej (.1. a prefentia & coram ira dej: Quę ira a facie peccatorum noftrorum
venit (.coram vel prefentia. Vnde hoc loco dictio Hebraica.
Coram exponitur: que a facie: ponitur. vt etiam fupra: A facie
infipientie meę .1. coram infipientia mea. Dicitur itaque de eo:
quod actu & prefenter eft: & ante faciem pofitum: Sicut quod
poft tergum eft, adhuc abeft & remotum eft. Quare hic de infirmitate fua [*Ausgestrichen*: pro prefenti] prefenter ei inflicta
intelligit

2° etiam intelligitur de infirmitate Humanę naturę: que fic
per peccatum infirmata eft, vt fit facilis & prona ad malum omni
tempore a Iuuentute fua: Et difficilis ad bonum: in omnibus
viribus fuis, [*Am Rande rechts:* Et fic offa funt vires anime *Am
Rande links aber:* Ifaie. 53. Vere languores noftros ipfe tulit.]
Et pro Hac quoque plangit Hic deuotiffime dominus propter
nos, vt eam auferat

3° De infirmitatibus corporalibus. & paffionibus, morbis ac
malis. quorum non eft numerus quibus per peccatum fubiecta
eft humana natura vt ad experientiam patet: Et pro ijs quoque
Chriftus doluit [*Am Rande rechts:* omnia enim mala noftra por-
tauit]

Quoniam iniquitates meę fupergreffe funt ꝛc. 1°. In Chrifto
funt fupergreffe. fecundum penam Sed non fecundum confcientiam. 2° In nobis autem feu humana natura (.pro qua orat:)
funt fupergreffe caput (.1. animam que caput eft in Homine: &
fecit eam feruam peccati: Et fecundum confcientiam oppreffit &

---

*) Vgl. Riehm, Initium pag. 13 sqq.

penam fimul. Atque Sicut onus graue. fcilicet ad malum femper
trahens: Deorfumque impellens .magis ac magis augendo peccatum: Sicut oppreffor tyrannus: in re publica. Et de hoc dicit
Dominus Matt xi Venite ad me omnes qui laboratis & onerati
eftis: 3° fimiliter vts. de penis & malis corporalibus intelligi poteft: que propter iniquitates, fupergreffe funt & grauant
nos vnde Ecclefiaftici. Corpus quod corrumpitur aggrauat animam ꝗ Et in hec mala tria fimul femper cadit homo. quo-
ciens peccat. Et tamen non perfecte ex eis liberatur in hac
vita. precipue de tercia: De 2ª enim de die in diem liberatur.
Quia pronitas ad malum tollitur & fortitudo roboratur Vnde de
iftis malis [Ifaie *ausgestrichen*] .x. Hiere: dicit Ve mihi fuper
contritione mea. peffima plaga mea. Ego autem dixi. plane
hec eft infirmitas mea & ego portabo eam: quod potiffimum de
2ᵈᵃ infirmitate dicit: fcilicet difficultate ad bonum. de qua &
fequitur. quomodo fit onus graue femper ad ampliora peccata
trahens

putruerunt & ꝗ Heb. fetuerunt feu graueolere fecerunt &
tabefacti funt tumores mej. fetere enim eft peccatum & malum
alijs innotefcere (.1. fcandalifare.) Sic autem totum genus humanum fetuit. [*Am Rande links:* alijs odor in mortem. alijs odor
vite in vitam.] Quia in fcandalis mundus totus erat: & feductio-
nibus mutuis. Et fic tabefacti (.1. putredine refoluti & corrupti
fcilicet addendo peccata peccatis.) tumores autem funt: fuperbia
& naturalis morbus & reliquie originalis peccati. vnde Homo
nunc naturaliter eft tumidus & eoipfo fetet (.1. fcandalifat: &
diffoluitur putredine.

Alio modo fetuerunt fcilicet coram deo & angelis (.1. abominabiles fuerunt & odiofi) vt Exo. 5. fetere feciftis odorem noftrum
coram pharaone & fernis eius. Et ps. 13. Corrupti funt & abominabiles facti funt ꝗ Corrumpi enim eft per peccatum magis ac
magis perire fetere autem eft alijs fcandalum effe: & deo odibilem ꝗ Et hoc a facie Infipientie .1. ignorantie. gratie & Chrifti.
Quia genus humanum ignorantia cecitatis oppreffum, etiam errorem putauit veritatem. vtpatet in idolatris & Iudeis, Ideo
tumores eius: ex primo peccato orti femper iverunt in peius ꝗ

Iftis autem tribus Infirmitatibus: adhuc duę addi poffunt.
prima fcilicet eft omnium martyrum & fidelium paffio: quam in
carne pertulerunt tanquam infirmi. Quia ficut & Chriftus paffus
ęft in infirmitate viuit vero in virtute: Ita Ecclefia cum eo fimilia patitur fecundum carnem paffiones mundi. Sed tamen viuit
in fpiritu ps. 67. Et infirmata eft. tu vero perfecifti eam Quod
autem Hanc paffionem fanctorum pro fua reputet. patet Act. 7.
Saule Saule quid me perfequeris

Blatt 48ᵇ: Et Matt 25. Quod vni ex minimis meis feciſtis ꝛc. Secunda .1. quinta in ordine Eſt Infirmitas Ecclefię.
Hodierna: in fpiritu & omnium peffima ac nouiffima. In qua
Caro allegorice & offa fimiliter fignificant. populum rudem &
prelatos eorum tanquam offa & fuftentacula Ecclefie. Sed non
eft fanitas in carne. Quia per Ecclefiam totam. fpiritus infirmatur: & peccata abundant. Sed & offibus non eft pax: pre
diffenfionibus: voluptatibus & aliis miferiis: quibus inuoluti funt:
qui fortiffimi & fuperiores funt in Ecclefia. Et in Hoc fenfu
deberet ille ps deuotiffime cum Chrifto orari pro Ecclefia

Sic quoniam iniquitates mee fupergreffę funt caput
meum (.1. ftatum prelatorum) Et ficut onus graue ꝛc Putruerunt infuper & corrupte funt cicatrices: quia fetor fcan-
dalorum vndique craffiffimus eft: & quottidiana in peius cor-
ruptio: Quia fal fapientie infatuatum [so] eft. a facie infipientie: eo quod fapiant nunc terrena. Hoc eft, mifer factus
fum (auerfione a fapientia & Dej veritate.) & curuatus fum
valde (fcilicet amore terrenorum.) hec enim per totum populum
eius nunc feruent.   tota die contriftatus ingrediebar. Quia
triftis eft facies Ecclefię & miferanda: eo quod fructus fpiritus
defęcit fcilicet Charitas gaudium, Quoniam lumbi mej impleti
funt illufionibus. Lumbi Chriftj funt, ex quibus generat filios
fuos. (.1. Epifcopi. facerdotes. Doctores,) Hii nunc non tantum
carnalis morbi illufionibus pleni funt. focarii [so], concubinarijque
Sed & opinionibus & fabulis, merisque coniecturis fluunt profe-
mine fancto & vero: in fuggeftis. Non enim verum femen predicant, nec vero affectu vel vfu: Sed laruas opinionum & queftionum & nugarum. Atque ipfum verum verbum, quandoque iocofe

effundunt & infructuofe, inter ridentes & contemptores Nonne Hoc tibi iam videtur effe. quod bic queritur. lumbi mej impleti funt illufionibus?

Afflictus fum & humiliatus fum nimis, quia Ecclefia deiecta a prima fua gloria: & afflicta certe Rugit autem a gemitu cordis. fui: quia hoc folum habet reliquum, Rugire de miferia fua. Quia dereliquit eam virtus fua prima: & lumen oculorum (.1. prelatorum eruditio. iam non eft cum ipfa. Sed cecitas oculorum adeft. Amici eius & proximi eius eam maxime nunc perfequuntur x. Igitur In ifto fenfu vehementiffimus eft ps: ficut & in illo .pro humana natura ante Chriftum, quia vtrobique par ratio x Sed hic magis.

Et in omnibus ps. vbi perfona Dominj inducitur pro nobis orare & plangere, cum affectuofa & gratiffima deuotione attendenda & fufcipienda funt, vt non tantum intellectus videat quid ipfe faciat. Sed etiam affectus recognofcat & ex intimis medullis gratias ej agat.

Infipientia Hic capitur pro ignorantia gratie & veritatis Chriftj [*Ausgestrichen:* Sicut Econtra] Chriftus enim eft Sapientia & virtus dej omnibus qui credunt in illum .1. Corin. 1. Sic ps 13 dixit infipiens in corde fuo: Vbi eadem Infipientia arguitur. Et ibidem fimiliter quod hic dicitur Corrupti funt & abominabiles facti funt (.1. tabuerunt & fetuerunt x Hoc enim eft fal terre. quo putredo & tabes eius expellitur. Qui ergo veram fidem Chrifti non habet. ab huius infipientie facie neceffario fetet & tabefit.

Mifer factus fum ꝫ etiam ad perfonam Chrifti referri poteft, quia amiffa confolatione derelictus fuperius: & Incuruatus per penas inferius. & fic tota die contriftatus ingrediebatur fcilicet die paffionis fue.   Et lumbi eius impleti [*Darüber:* Heb.] ignominia & illufionibus (.1. flagellis per Dorfum & lumbos: ibi enim folent magis percuti Homines virgis. quia carnofior pars corporis eft

Lumbi autem Ecclefie funt vts dixi. Parentes fpirituales: plebani Epifcopi de quibus in Canticis Iunctura feminum tuorum ficut monilia: (.1. quando Epifcopi cum Epifcopis & facerdotes

cum facerdotibus mutua Charitate nectuntur fuperiores cum Inferioribus.) Eft ficut Aurea Cathena & pulcherrimum monile ꝛc
licet autem offa difpergantur fic per diffenfiones & iniquitates.
Non tamen confringuntur Quia officia manent in Ecclefia & nunquam auferentur. alias Ecclefia ceffaret quod eft impoffibile

Blatt 49ᵃ: Nota autem quam proprie. dicit Illufionibus.
Nam in veritate. Omnis concupifcentia & voluptas eft illufio
anime. ea caufa Scilicet. Quia femper maius eft defyderium &
anxietas illius quam experientia eiusdem. Sed econtra in fpiritualibus. Quia in carnalibus. Defyderium quanquam eftuat per
dies & noctes & horas: Sed experientia eft momentanea. & mixta
doloribus fecundum illud. Rifus dolore mifcebitur: & extrema
gaudii luctus occupat. Et ideo nonne vere illuditur anima: que
defyderijs & fpebus vehementiffime accenditur tanquam ad aliquid
magnum & diuturnum, Et tamen cum venerit: eo ipfo recedit
quo venit. Cum enim voluptas fit in momento. idem eft eius
initium & finis: fimul dum feruet ceffat quando incipit tunc definit:
Et tamen tantis eftibus. in illam rapiebatur mifera anima: Quia
Illudenda: Sic illuduntur Aues. in decipulis: Sic illuditur
puer nummis aurichalceis pro aureis. Immo Hodie talis illufio
in auro & argento & alijs mercibus frequentiffima eft. & fpecies
omnis decipit. Specie enim inflammantur. Sed re comperta illuduntur. Et Hoc deus fieri permittit: vt nos ita erudiat in
omnibus que funt carnis quia funt vanitas & illufio animarum.
Etiam quia digni fumus. vt etiam literalem iftam rerum illufionem ab inuicem patiamur. quia nociuam illam & damnofam
anime illufionem amamus vt fic litera cum myfterio currat.
Oftendis mihi fuluum nummum. Et ego accendor tanquam in
aurum, Sed das aurichalcum. nonne me illudis?. Sic Diabolus &
mundus oftendit delectabilia fua: Et nos accendimur acriter. Sed
Dat abfinthium & momentum Non illudimur. Siquidem verum
eft. Non omne, aurum eft: quod fuluum eft

Econtra in fpiritualibus. Defyderium minus eft. & experientia
maior. quia folidum eft bonum. Sicut Nucem duram Inuenis. &
contemnis. Sed aperi: & erit dulciffima. Sic fpecies vini. quanquam eft naufeofa. Sed fapor fuauiffimus

Non habens in ore fuo redargutiones: Hic Exemplum fume. vt cum diabolo & fuggeftionibus, feu accufationibus & difputationibus eius nihil difputes neque redargues [so] Exemplo Chriftj Sed taceas omnino auertendo & contemnendo   Quia nullus vincit diabolum difputando eo quod fit incomparabiliter aftutior nobis omnibus   Si autem non cum diabolo. multo minus cum homine contendendum eft. Sed ferendum. quia non ipfe Sed per ipfum Diabolus operatur

ps 38.   [Hebr. XXXIX.]

Blatt 49ᵇ: Huius ps Titulus fcilicet Idithum poteft accipi & forte melius, non pro nomine proprio Sed appellatiuo: quod interpretatur. Tranfiliens: ficut fupra ps. 9. Almuth. pro Iuuentute: Et fic fenfus eft: Quod ps ifte dauid oftenfus eft: pro Chrifto & populo eius: vterque enim eft Idithum .1. tranfiliens: fcilicet fluuium iftum terrenarum rerum: & fluxum huius mundi: per contemptum mundi & [eorum? *Luther schrieb nur ein* q] omnium que in ipfo funt: & per amorem cęleftium: Vnde & talis eft quicunque poteft dicere: quod infra fequitur a. 5. verfu vfque ad. 13. Quia affectu fentit Quod vniuerfa vanitas omnis homo riuens. Ideo fubftantia inquit mea apud te eft. [*Am Rande links:* ..quoniam Aduena fum & peregrinus]   Vel fi non capitur omnino vt proprie qualitatis tamen Dauid in myfterium huius nominis: tali cantori hunc ps deputauit: quia vidit quod materia psi ad eius nomen refponderet

Dixi cuftodiam ꝛc Non fufficit proponere: ideo fequitur. pofui ori meo cuftodiam. Hec autem cuftodia maxime intus eft in corde: fcilicet per aliquod verbum dej [*Am Rande links:* Quia cuftodia fi non additur propofito cito propofitum ceffabit] vt fcilicet proponendo illud fibi: Vir linguofus non dirigetur in terra. Vel illud Efaie. 30 In filentio & fpe erit fortitudo veftra. Vel illud Iob. xɪ. Nunquid qui multa loquitur Iuftificabitur. Et illud. In multiloquio non deerit peccatum. pofita autem ita cuftodia maxime: quando irritamur & maledicimur   Tunc in opus procedit. & fic fe habet ficut propofuit. fcilicet cum confifteret peccator aduerfum me Qui fcilicet accufat & maledicit:

Tunc dupliciter dicit fe tacere Primum a malis. fecundo a
bonis.   Vnde dicit obmutūi fcilicet coram accufantibus, irri-
tantibus & maledicentibus: non refpondendo maledictis, aut eos
redarguendo Et per tale filentium hūmiliatus fum: quia traditus
in poteftatem eorum fine defenfione, [*Am Rande rechts:* Sic quando
quis confunditur & tacet mūltum humiliatus & vilificatus Superbus autem non tacet quia non vult vilificari.]

Et filūi a bonis fcilicet non improperando beneficia que
contuli (.quod difficillimum eft fieri quando Iniuriam patimur ab
iis quibus benefecimus Quia cito folemus exaggerare & magni-
facere beneficia noftra & eorum ingratitudinem. ac fic magnifice
accufare Et tunc dolor renouatur. Quia fingularis & acutus eft
dolor: Iniuriam & malitiam ex eo pati cui benefecimus ac fimul
tacere fuam beneficentiam ac permittere. pro malefico interpretari fic Chrifto contigit A l i o   m o d o [*Am Rande links:* Aug.
Caffio] filemus a bonis. fcilicet eos docendo vel fuadendo: Quia
funt indociles & indifciplinabiles Et fic iterum dolor eft Zelofis
animabus   3° A bonis fcilicet meis non me ipfum Iuftifi-
cando allegando Iuftitiam meam & bonitatem meam   Quia
enim fimpliciter pofitum eft. A bonis, facit amplam fignificationem in fpeties ipfam diuidendo.

Concaluit cor meum ꝛc Hic alia fententia incipit   Ca-
lefcit autem cor intra feu in medio noftri: quando inflammatur
in fpiritualibus bonis. Et Hoc idem eft Meditatio (.1. in medio
cordis cogitatio. Alias frigefit adextra vagando per fenfus,
2°. etiam calefit ad extra nos, quando accenditur amore exter-
norum & temporalium Et fic frigefit intra (.1. in fpiritualibus.)
& extinguitur ignis in euagatione contra meditationem, Videtur
autem fenfus huius verfus fic Herere cum precedentibus, Quia
quando quis non poteft proficere foris: ficut libenter vellet, magis
ardet intus. Quia qui occulte ardet magis ardet. Sic Hierem: .xx.
Et factus eft mihi fermo dominj in opprobrium & derifionem
tota die Et dixi. Non recordabor illius & non loquar vltra in
nomine illius Et factus eft: in corde meo quafi ignis exeftuans.
& claufus in offibus meis Et defeci ferre non fuftinens   Sic
enim b. Hilarius, cum fefe fruftra loqui contra Arrianos fentiret.

maximo ardore fidej erumpit li xij ꝛc Sic omnis fanctus maxime
accenditur Zelo: quando verbum veritatis ab aliis non auditur:
& filere coguntur Silent autem, quando non proficiunt neque
audiuntur. etiamfi maxime vociferent,   Et tunc tedio affectus
ab illis incorrigibilibus. Loquitur ad dominum & pro fe faltem
orat dicens, Notum mihi fac domine q. d Ex quo illi Bona audire·
contemnunt, quia non preuident

Blatt 50ᵃ: mortem aut futura bona. Ideo faltem mihi notum fac: quomodo omnia fint vanitas & breüitas, in quibus illi
volentes remanent.

Hoc notum facere Hic: non tantum pro apprehenfiua
notitia accipitur: fic enim omnes fciũt finem fuum, licet quando
& quomodo & vbi ignorent. Sed de adhefiua cum affectu & fenti-
mento ficut Apoft Tit. 1. Dicunt·fe noffe deum, factis autem
negant. Sic Et illi fciunt finem fuum, factis autem negant. Sed
fic viuunt: quafi femper victuri fint ac non morituri. Ideo dicit
Vt fciam fcilicet affectuali cognitione. [finem meum *ausgestrichen*.]
quid defit mihi (.1. ęterna bona.) Nam Nullus noftrum ignorat,
quin ęterna beatitudo fibi defit. Et tamen folus Idithum Hoc
fcit. quia non fapiũt nec vere ęx toto corde fciunt. quid defit
eis. Sicut ille qui dicit Ecce menfurabiles ꝛc Et eft ficut quando
quis gladio leniter perftringitur & non vulneratur. Sic illi per
verbum dej: non occiduntur nec vulnerantur Sed leniter perftrin-
guntur ac vfque ad aures percipiunt tantum

propter iniquitatem. poteft ifte verfus primo intelligi de humana natura. que propter primum peccatum fic eft punita: vt fit
ficut Aranea infirma: & in fcipfa tabefcens tam in penis quam in
peccatis. Et opera bona que facit: exigua funt & exilia: & ad
falutem inefficatia fine gratia fic de Iudęis Ifaie. 59. Tales aranę
texuerunt. Telę eorum non erunt in veftimentum, neque ope-
rientur operibus fuis, Opera eorum. opera inutilia ꝛc talia funt
Iuftitie proprię opera extra Chriftum.

Alio modo. de conuerfis ad Chriftum qui tabefcunt bene &
falubriter per contritionem femper: feipfos deftruentes: & [pec-
catum *ausgestrichen*.] carnem peccati inutilem ad malum reddentes.
de quibus prouer. 30. 4ᵒʳ funt minima terre Et ipfa funt fapien-

tiora fapientibus, formica, lepus, locuſta. Stellio qui manibus nititur. & moratur in ędibus regis (.1. Peccator penitens in Ecclefijs Chriſti. operatur manibus fuis) .1. fubtiliter operatur Quia ficut fragilitas eſt myſteriům mali, ita fubtilitas myſterium boni   Et in omni re actus eſt. myſterium boni, potentia autem mali Quia omnis res conſtat ex infirmitate & firmitate ex bonitate & malitia, ex potentia & actu: Et in qualibet eſt reperibile quid de potentia & infirmitate: qua machinatur ad maleficum ficut de materia dicit [Apoſt, *ausgestrichen.*] philofophus .1. phyficorum   Eſt autem fubtilitas iſta. prudentia & fpiritualitas. Quia caro facit craſſa & pinguia opera. Spiritus autem fubtilia caſtigata & limata ꝛc

Et fubſtantia mea tanquam nihilum ante te. (. Hoc ante te. Eſt quando quis a fenfibilibus abſtractus. videt in fpiritu: quam nihil fit iſta vita: Cuius vna bona hora, multum videtůr eſſe carnalibus

Omnia vanitas. fenfűs Quod omnia funt vanitas, non ipforum eſt. Sed hominis vane vtentis Igitur eſſe vanitatis in illis: eſt eſſe hominis vani & vti eiusdem Et fic vere. omnia exiſtentia vanitas inquantum vanitas funt. ipfe homo riuens: & non ipfa.

Doctri

In omnibus malis: deum authorem confiteri debemus. & dicere Quoniam tu fęciſti: ideo tacendum & obmutefcendum ne murmuremus aut blafphememus contra eum. Et ipfe orandus vt auferat. Quia qui nefcit. quis malum inferat, fruſtra fit impatiens & amouere nititur. Sicut fi ex loco ignoto telum Iaculetur. & fruſtra Irafcatur paſſus

2ª

Omnis Correptio eſt propter peccatum patet Hic. faltem propter primum: Igitur nullo modo alleganda eſt Innocentia, ne fcripturam Hanc videamur redarguere: ficut nec in alium retorquendum quam in deum. ne fimiliter Hanc Scrip contrainpugnemus vt doct .1. dictum

Blatt 50ᵇ:

ps 39. [Hebr. XL.]

Pedes Chriſti ſunt primo affectus anime eius que [*so*]
ammodo non ſunt. dolore & alijs paſſionibus moti. Sed in petra
(.1. ſtabili gaudio firmati.)   2º Status ipſe glorificati etiam
corporis: qui [*so*] ſimili metaphora ſtabilitus eſt ſupra ſtabilitatem
ęternam. Petra enim tunc ſtabilitatem ſignificat Sicut de Eccleſia
dicit ps. 103. Quoniam fundaſti terram ſuper ſtabilitatem ſuam,
cum tamen ſupra petram alias edificata dicatur.   3º ſunt
ipſi ſancti eius in carne viuentes. ps 67. vt intingatur pes tuus
in ſanguine: Quia per ipſos ſtat & ambulat in mundo Chriſtus

4º ſunt affectiue virtutes cuiuslibet ſancti in quo Chriſtus
habitat: Et tales ſunt pedes Chriſti tropologici fundati ſupra
petram fidej: vt iam nullis affectionum ventis in temporalibus
rebus moueantur Sed ſpe cęleſtium ſtant ſolidi.   Et horum
etiam dirigit greſſus & illorum in os mittit Canticum, Et ſic
credo iſtum verſum dici a Chriſto pro ſuis. & fere ad literam.
Quia communiter petra pro Chriſto & fide accipitur. ſupra quam
non niſi ſanctorum anime ſtatuuntur & pedes ſpirituales

Aures autem perfeciſti mihi. Cur non oculos aut linguam?
primo obedientiam commendat Secundo fidem: Quia ex auditu
fides, non ex viſu. Et aureum verbum Hic eſt. vt diſcamus
habere aúres. Et notandum per ſingula. Aures pluraliter, perfeciſti compoſitiue Mihi ſingulariter.   Duas habemus aures.
primo vt ſemper promptiores ſimus diſcere quam docere audire
quam audiri, loquenti cędere quam loqui. Quia vnam tantum
linguam habemus. 28. dentibus & primis. 4. acutis. Et inſúper
duobus labijs clauſam. cum tamen aures ſint patentes

Secundo vt detractori & accuſatori tantum vnam comodet
[*so*], alteram ſeruet alteri parti. quia alias ſępe errabit & ſedu-
cetur. vt factum fúit Dauid per Sibam detractorem

Tercio vt idem verbum bonum ſepius audire non pigeat nec
tedeat: quia duę ſunt aures & bis idem audiri ac pluries oportere ſignificat   Quarto ſiniſtra audienda mala opprobria
vituperia propter Chriſtum ſunt, Dextera autem bona de Chriſto
& cęleſtibus   Alia quoque multa tu exquire

Perfecisti: Heb fodisti: quod dicitur contra inobedientes: quoniam velut non habeant aures non audiunt, aut certe sicut Simulachra aures habent non perfossas Sed obstrusas ideo non audiunt, Quare Hec summa laus Christi & omnium Christianorum est: Habere aures perfectas & perfossas. Sicut econtra summum vituperium Iudęorum est inobedientia: quia per omnes prophetas arguuntur quod non audiunt vocem domini dej sui: quod vsque Hodie faciunt. Et imitantur eos omnes heretici, scifmatici: & proprij sensus homines vnde supra ps. 17. de Ecclesia gentium dicit In auditu auris obediunt mihi   In huius figuram Exo .21. precipitur vt cum Hebręus seruus .se sponte tradiderit: dominus suus eum ad ostium subula perfodiat aurem eius. Hoc fit quando Christo sese quis deuouerit: & libertati renunciat vt fit seruus Iustitie Opus summe est. vt acuto verbo dej obedientia ej commendetur. Quia in Hoc stat tota ratio & perfectio Christianę vitę.   Vnde ait Hic: Mihi: Quia soli Christo & suis hec perfectio aurium data est: Non autem Iudęis. quibus secundum Ezech. 23. Nasum tuum & aures tuas precident (.1. inobedientem) Chaldej fęcerunt

Sed Hoc nota. Quoniam Subula non in os Sed in manus sumere oportet. Quia Diabolus verbi predicatores irridet vt Iob 41. scribitur. Sed si gladium in manus accipias, tunc videbit seriûm esse.

Inaures sunt idem Quod subula aurem perfodiens: scilicet authoritates Scripturę diuinę: quibus aures ornantur Sunt etiam merita obedientię. vnde Iudęis sunt ablate Isaie. 3.

Ps 40 [Hebr. XLI.]

Blatt 51ª: Beatus Qui intelligit. Sepe dictum est. Quod intelligere in Scrip. non dicatur de ijs: qui tantum visibilia & sensibilia cogitant: quia in hoc Brutis comparatur Homo. [*Am Rande links:* quomodo in philosophia capitur. Sed respectu Inuisibilium] Sed qui spiritualia & Inuisibilia cogitant, quod non nisi per fidem fieri potest in Hac vita. Vnde Ro. 1. Inuisibilia dej a creatione mundi, operibus intellecta conspiciuntur. Conspiciuntur Inuisibilia inquit, non visa. Sed intellecta. & Hoc ex

10*

operibus a creatione mūndi. Sic Ergo Intelligere fuper Chriſto
eſt Habere cognitionem de inuiſibilibus in illo: que in
alio homine non funt: Et Beatus omnis ille. Alias omnes fchan-
dalifantur in illo. [*Am Rande rechts:* vnde ps 31. Nolite fieri
ſicut equus & mulus quibus non eſt intellectus]   Sic certe
vſque hodie Rarj qui intelligunt fuper Chriſtum Habitantem in
pauperibus & defpectis: Quia enim non videtur Chriſtus in illis
fenſibiliter: non intelligunt neque confyderant eum inhabitare
fpiritualiter Et ſic vſque Hodie Schandalifantur.   Similes
ergo tales Iudęis.   Quare femper Inuicem meliora prefumere de
Inuicem debemus fecundum Apoſtolum, Honore preuenire & fuperiores arbitrari O quam fepe loquitur Chriſtus de contemptibili
corde & perfona.   Et non aduertitur.   Loquitur autem magnus
& diues: & omnes mirantur

    Notandum fane Quod in Heb. non eſt: Egenum: Sed tantum
pauperem. Et ea additio non parum adimit dignitatis & ponderis
de fententię maieſtate. Chriſtus enim Zach. 9. pauper vocatur.
Et omnes Chriſtiani pauperes ps. 71. Quia pauperes tantum
Euangelifantur Et Beati pauperes quoniam ipforum eſt ꝛc
Item hoc autem intelligere non debet tantum de actu interiori
accipi. Sed etiam de exteriori. vt ſic foris agat erga Chriſtum
& pauperes: ſicut intus fentit & eſtimat, alioquin pro non intel-
ligente reputabitur. & inſipiens erit. quj dicit in corde fuo non
eſt deus

    Dominus Conferuet eum ꝛc: Lectus doloris. primo Eſt con-
fcientia pre peccatis fuis dolens, Quia In fola confcientia quiefcit
anima: vel inquietatur. per gratiam vel culpam Non enim eſt
dolor fuper dolorem confcientię. ideo eſt lectus doloris, in quo
cogitur iacere peccator: poſt peccatum, Et deberet quidem effe
lectus ad quietem. Sed nunc per peccatum eſt lectus doloris:
Non enim poteſt fugere a confcientia fūa propria: ideo eſt lectus.
Et tamen non quiefcere in ea. ideo eſt Doloris   Sponfa
autem in Canticis de füo lecto dicit. lectulus noſter floridus. Et
iterum In lectulo meo quefiui illum Iſta habet lectulum gaudii
quia fecuram confcientiam & quietam.   2° poteſt ideo dici
Lectus doloris. Quia homo quando in confcientia & delectatione

peccati quiefcit: Nefcit. quod delectatio ifta potius dolor fit cordis, afflictio fpiritus & vanitas

Stratum quoque infirmitatis dicitur. Quia per peccatum videt Homo fefe infirmum factum ad bonum & pronum ad malum. Et fic eft ibi Confcientia peccati & infirmitatis que eft pęna peccati. Ab vtroque liberat Intelligentia fuper Chriftum. (.1. viua & vera fides Chriftj: tollit enim reatum peccati (.1. Dolorem.) & Iuuat infirmitatem ad bonum Et fic mutat totum ftratum, vt fit ftratum in fortitudine: Quia nihil fortius & audatius. quam fecura confcientia. Hec enim omnia fperat, & omnia fuftinet

Aliam habet glofam S. Aug. quę procedit ex hoc verbo. Verfafti, Sed Hec propinquior eft literę. Quia dolor eft. peccaffe & infirmum fefe videre ad bonum, Vtrunque autem dominus tollit. ficut Matt. xi dicit Venite ad me omnes qui laboratis (.Hoc eft ftratum infirmitatis.) & onerati eftis (.Hoc eft lectus doloris.) Et ego reficiam vos. Hoc eft opem ferre & vertere & mutare vniuerfum .1. totaliter. quod tamen fit in fine vitę Semper enim in ftabulo nos habet Samaritanus: In quo dolorem oleo gratie mitigat & infirmitatem cura ftabularii fenfim medetur

Blatt 51ᵇ: Et fi ingrediebatur ꝛc Vt Videret. Hoc Ingrediebatur ad carnem intellige. Similiter Vt videret (.1. obferuaret.) non ait vt difceret, fequeretur, laudaret, neque vt intelligeret. Sed tantummodo vt fecundum carnem videret Chriftum: hominem eum folum credens ac querens Inuenire quid: quod reprehenderet accufaret. Et vniuerfis peruerfis & fufpiciofis idem eft hoc ingenium, Ingredi fcilicet vt videant & obferuent. Quare autem vident? Quia non intelligunt (.1. non cogitant de proximo fecundum fpiritum & animam.). Nec quid fit aut fierj poteft intus coram deo (.Hoc enim non viderj Sed intelligi tantum poteft fide pia:) Sed tantum vident foris quid fit fecundum carnem Et tunc fequitur neceffario quod Cor eius vana loquatur, Detrahendo ej & peruerfe interpretando eius dicta & facta Quia eius intentionem non confyderat, omnia finiftre vertit Et fic de bono malum De vita mortem de fuauitate amaritudinem colligit: ficut Aranea Et ita iniquitatem congregat fibi,

non ex illo Sed ex feipfo. Nec illi (.quia nulla ibi eft.) Sed fibi
in perditionem.

potest Hoc verbum etiam fic intelligi Congregat iniquitatem:
fcilicet quam mihi imponat accufando ex mea conuerfatione. Et
Huic Heret quod fequitur Egrediebatur. & loquebatur, iniquitatem fcilicet: quam de me congregauerat: Scilicet non mihi:
immo fibi congregauit (.1. fibi in perditionem: feu fibi (.1. que
fibi videbatur effe iniquitas: cum in fefe res effet equiffima Quia
Bona etiam mala funt malis. & videntur effe illis iniqua que
tamen funt ęqua. Sicut Vita Chriftj iniquitas illis videbatur. Et
ideo collegerunt quedam ex ea que coram Pilato proponerent
tanquam iniqua

Etenim Homo pacis meę. Singula Verba exaggerant. Quia
Homo: quia pacis (.1. quia nihil ei fęci: pacificus ei fui & non
nocui: & pacis mee participem fęci.) Quia fperaui in eo. quia
panes meos x.

Quod autem hic fupplantationem pofuit: cum in Heb &
Euangelio Planta feu Calcaneum fit pofitum: fit quia ab Ekeb
quod fupplantauit: Inde [Iacob *ausgestrichen*.] Iakob. 1. fupplan-
tator intelligitur. Et interpres effectum: Heb caufam fcilicet
plantam pofuit.

Sic & modo in Ecclefia fit: qui eius vefcuntur pane & fruun-
tur pace & vtuntur Bonis: ipfi eam maxime conculcant
Sed & Anima a fuo Iuda (.1. oculo fenfuque carnis proditur. &
conculcatur: quando in pace eft caro & otio

ps. 41. [Hebr. XLII.]

Blatt 52ª: Eruditio ifta: actiue intelligi debet vt valeat
idem quod intellectificatio feu faciens intelligere ita enim Ma-
fchil: Hebraicum fignificat: faciens intelligentes: Non autem
qualifcunque. Sed Sancta & fpiritualis eruditio eft fcilicet fpiritualiter & fancte intelligere faciens: fapientiam fcilicet non huius
mundi Sed in myfterio abfconditam. Et ps ifte quidem talis eft:
reuelatus filijs Core

Filii Core. poft perditionem patris fui [Exo *ausgestrichen*.]
Numer. 12. [*16, ist falsch citirt im Texte*] qui fuit de tribu Leui

& De Domo Caath cognatus Mofi & Aaron: optimi & eximii
prophetę fuerunt. & fere excellentiores pfalmos compofuerunt vt
infra patebit ac fere femper Cantica & Eruditiones

Myftice autem Core interpretatur. Calūūs vel Caluitium:
Et fignificat Synagogam que Decaluata eft facerdotio & regno
ficut prophetaūit Ifaias. 3. Et erit pro Crifpante crine caluitium (.1. pro electis principibus & proceribus & facerdotibus, x
Idem .7. & Michee .1. Huius Calūi funt apoftoli filii: Quia fynagoga defcendit & abforpta eft in terra viuens (.1. in litera mortua & terrena fapientia perierunt.   Eodem modo & Apoftoli dicuntur filii excuffionis ps. 126. quia fynagoga excuffa &
abforpta eft   Alii autem fic myfticant vt Hiero & Aug. Quod
Caluus eft Chriftus: quia in monte caluarie crucifixus eft Ideo
filii Core funt omnes Chriftiani filii Chrifti patris fūi   Tropologice autem Calui effe debent [effe *ausgestrichen.*] omnes fancti
(.1. pauperes fpiritu.) Quia luxus crinium, cupiditatem fignificat
Diūitiarum & alia defyderia fluxa vaga & temporalia

Vbi nos falutare: Heb. habet pluraliter: falutares vultūs mej:
& forte aliquis ineptus emendator. falutare pofuit remoto. s. In
quo. tangitūr trinitas diūinitatis Quia quelibet perfona falutare
eft. Sed addit tamen vnitatem dicens & deus & meus: Eodem
modo infra. & ps fequenti habetur in Heb.   Sed quare dicit
vūltūs mej? Quia tota merces Eft vifio Et quoniam deus non
eft falutaris nifi ijs qui faciem ad eum vertunt: & dorfum ad
temporalia Qui autem in temporalibus querūnt falutem. volunt
deum fibi facere falutare dorfi fui Quia faciem ad temporalia. &
dorfum ad deum vertunt. cum [tamen *ausgestrichen.*] duobus dominis serūirj non poffit

Iordanis fluuius eft terre fancte per medium flūens Significat
autem myftice. Baptifmum in Ecclefia & Sacram Scripturam.
in quo lāuantur omnes Chriftiani. Oritur autem ad literam in
radicibus Libani fecundum Hiero duobus fontibus. Ior & Dan.
Alii autem dicunt Quod ex vno fonte & quod dicatur Iordan a
Defcendendo: Iared enim Defcendit: fignificat Et ideo fit˙dictus
Iordan quafi defcendens a Dan: quia in forte tribus Dan oritur.
[*Am Rande rechts:* Hiero. li. no . . Heb: locorum. lite . . Aūlon:

dicit Ior ... fluit oriens de ... libus pamead .. Sed in litt. D.
Dan: dicit Quod Hebrej: vocant ... ūiūm & fic Ior .... dicitur
quafi flūūius quia a Dan er ... qui eft vicus prope pameadem
Und am Rande links: Alij autem in radicibus Hermon Iuxta
pameadem] Et Hinc confonat Quod fere omnes Doctores exponant. Iordanis. pro defcenfu vt etiam Bern: in fer: de Naaman
leprofo: Sic Scriptura Noui teftamenti orta eft in radicibus libani
(.1. apoftolis Ecclefie: qui funt fundamentum Ecclefie que eft
Libanus.   3º Iordan etiam ipfam Ecclefiam fignificat. Item
quamlibet animam.

     Hermon fignificat anathema, excommunicatio: & eo nomine
Chriftus vocatur ps. 132. Sicut ros Hermon. Quia Chriftus pro
nobis factus eft peccatum, maledictum, excommunicatio & anathema: Et ideo omnes Chriftiani funt Hermonijm. ˜quod eft plurale Hermon: Quia & ipfi funt abiectio peripfima & anathema
mundi. vt Apoft. mundūs mihi crucifixus eft & ego mundo. Et
Dominus. Abfque fynagogis facient vos. Et Heb. Exeamus ergo
cum eo extra caftra improprium eius portantes   Sed ifti
Hermonijm funt de monte modico. Quia tempore Chrifti Ecclefia
in apoftolis & difcipulis erat adhuc modica. Sed nunc impleuit
orbem terrarum [*Am Rande links:* Mons qui Sarion a fydonijs.
Et Sanir ab Ammoreis dicitur deut. 3. Et exprimit tempus
Chriftj: quia ficut Mofes vfque ad iftum montem peruenit & mortuus eft: Ita lex eius vfque ad Chriftum & tunc defecit. Et fic
memor eft dej: in tempore Chrifti, & apoftolorum fuorum Vnde
in C. [*Cantic. IV. 5*] intelligitur de Ecclefia Veni de libano, de
capite amana, de vertice Sanir & Hermon, de cubilibus leonum,
de montibus pardorum]

     poteft ergo fenfus ifte effe huius verfus. Memor ero tui de
terra Iordanis. (.1. vt ipfi tui fint memores faciam: ipfi inquam
de terra Iordanis: de illis & in illis memor ero tuj ꝛ Vel fic
Quia Chrifto promiffa fuit glorificatio & regnum in Ecclefia.
Ideo in turbatione fua: fe dicit recordari illius promiffi patris:
De terra Iordanis & Hermonijm: Quia fpes & promiffio confolationem dant tribulatis

     Blatt 52ᵇ: Abyffus autem abyffum Inuocat: permutatim

intelligenda funt verba: Abyſſus eſt omnis Homo. 1. Corin. 2.
Nemo nouit que funt hominis ſpiritus qui in Homine eſt: Abyſſus
etiam eſt omnis ſanctus vts ps 33 & .34. factum ergo Hoc eſt
quando act. 2. Compuncti Iudęi ex verbis petri Dixerunt. viri
fratres quid faciemus? tunc abyſſus abyſſum Inuocauit. Et Hoc
In voce Cataract. Quia Apoſtoli cum fiducia & copioſe effunde-
bant verbum dej. Et virtute magna reddebant Apoſtoli teſtimonium ꝛc Hic enim eſt fluminis Impetus, qui lętificat ciuitatem Dej
Sic & Zach. 8. Ibimus vobiſcum: audimus enim quoniam dominus
vobiſcum eſt

    Et hec de vno fenſu.   Sed Nunc in perſona ſynagoge
fidelis petentis iſta etiam poteſt intelligi. Item de Eccleſia vs [so]
dixi & quolibet fideli   Sed omnium propriiſſe [so]: in perſona humane naturę querentis a Chriſto ſaluari & ſperantis: que
tamen idem eſt cum ſynagoga. & Eccleſia & qualibet anima. &
Humanitate Chriſti   Vnde ipſa dicit Tranſibo in locum. &
in domum dei (.1. in Eccleſiam dej ibo:) Et in meipſo anima
turbata eſt: Ideo tui memor ero: de terra (.1. cum fuero in terra
Iordanis & Hermoniim De monte modico (.1. cum fuero in monte
modico ſcilicet Eccleſia primitiua:) Et eadem verba etiam Chriſto
competunt: quia ipſe pro humano genere loquitur & loquitur
quod ſic faciat: quia natura humana ſic faciet & eam ſic facere
faciet   Eſt ergo ergo [so] totus ps. ſuſpirium Humanę
naturę. petentis: intrare in Eccleſiam dej. Quia ſcit: quoniam
non in morte qui memor ſit dej: Nec in Babylone quia ibi
ſuſpenſa funt organa: Neque in ęgypto. Quia ibi eſt oppreſſio
Sed in terra Iordanis ꝛc Quia laus dej in Eccleſia ſanctorum &
non extra Natura autem humana, quando extra Eccleſiam |eſt,
talia dicere nequit, Ideo alius in perſona eius dicat. Sed nullus
melius: niſi mediator eius Chriſtus. Ideo attributus eſt ps Chriſto
loquenti pro húmano generi [so] Et eſt ſumpta materia huius
psi: Ex hyſtoria Eductionis de ęgypto & introductione in terram
promiſſionis: Quia vſque ad Iordanem & montem Hermon Moſes
eos perduxit Et ibi ceſſauit peregrinatio. Sic humana natura finito
deſerto errorum & iugo Pharaonis: In Eccleſia memor eſſe poteſt dej:
quod prius non potuit. Sed potius turbata fuit in ſe & ſuis miſerijs.

Tropologice autem Quilibet qũi in peccatis eſt: & penitere cupit, & gratiam dej querit: hunc ps orare poteſt: quia talis in ęgypto immo iam in egreſſu ęgypti eſt: in ſe quidem turbatus & ſuper ſeipſum & in ſcipſo ſibi iraſcens: ideo dej petit memorarj in terra Iordanis. Et ſic Intentio psi eſt ad literam: de egreſſu ſynagoge in Eccleſiam: de ęgypto & peccatis in gratiam: & de deſyderio ſic euntium   Et tale deſyderium naturale quidem eſt in humana natura: Quia ſynthereſis & deſyderium boni eſt inextingũibile in Homine: licet impediatur in mũltis: Et pro tali ſynthereſi: & in perſona eius: factus eſt ps iſtę [so]: quod deſyderium vtique deũs audit: & precipue etiam exaũdit poſtquam Chriſtus pro eo ſe mediatorem fęcit

Sic ergo Eccleſia venit de ſynagoga & intrauit populus de ſynagoga in Eccleſiam. Et Hoc volunt iſta verba [Am Rande links: Cantic. 4.] Veni de libano, de vertice Sanir & Hermon ꝛc (.1. tranſi de ſynagoga: que eſt terra Iordanis, & hermonijm. & de monte iſto modico (.1. ſcilicet populo Iudęo: in montem magnum. Et ecce hic elucet verus intellectus huius verſũs.   Synagoga enim vocatur terra Iordanis: quia ibi iſte populus morabatur. Et Hermonijm: quia ſimiliter ibi habitabit vbi eſt Hermon: Et fuit modicus mons, quia populus modicus. Regnum enim magnum mons magnus eſt. vt Babylon vocatur mons magnus Hiere. 52. Igitur ſenſus eſt Quod Eccleſia debet a ſynagoge paucitate oriri & tranſire in mũltitudinem gentium. & de terra Iordanis. in omnem terram. Et de Hermonijm. in fines orbis terre. Et de monte modico: in montem magnum & excelſum ſeorſum: vbi Chriſtus clarificatur: In iſto enim monte: Eſſe memor dei poteſt & debet: Quia in Eccleſia magna laudabo te. Synagoga autem Eccleſia parua fuit: quia vnus populus & vna tantum gens Vnde Recte dicit non in terra Iordanis Sed de terra Iordanis: quaſi d. cum de ſynagoga incepimus ire in Eccleſiam: tunc erit tempus tui memorandi

Blatt*) 54ª: laudandi & confitendi: quia tunc de morte in

---

*) Sollte Blatt 53 ſcin. Dieſs ſcheint zu beweiſen, daſs die Blätterzählung nicht von Luther ſelbſt ſtammt, obſchon ſie vor dem Einbinden gemacht iſt.

vitam ibimus: Et hoc idem eft quod fupra ait: Quoniam tranfibo in locum tabernaculi admirabilis vfque in domum dej: Et ita in Scrip fepius filij Ecclefie vt apoftoli. vocantur filij fyna-gogę ꝛc vt ps. 28. Et Sarion quemadmodum filius vnicornium. [*Am Rande links:* Et vitulus libani] (.1. populus Apoftolorum & difcipulorum qui funt Sarion Hermon, Sanir vt deutero. 3..) funt filii vnicornium .1. Iudęorum fuperborum. Item ps. 126. filii excufforum Item ps. 67. Dixit dominus ex Bafan Conuertam (.1. ex fynagoga aliquos in Ecclefiam migrare faciam.) Synagoga itaque relicta eft terra Iordanis & Hermonijm & mons modicus: immo expulfi funt ab ea Sed cur Nunc maxime Synago-gam vocat terram Iordanis & Hermonijm ꝛc Quia fcilicet loquitur de ea: fecundum quod iam erat prope finem fūi: Et iam inftabat introitus in Ecclefiam. Qui introitus fignificatus fuit per illum: quo filii Ifrael mortuo Mofe Iordanem tranfierunt, de terra vltra Iordanem & Hermon: tanquam fi illi Hunc pfalmum cantarent, qui tunc introierunt terram Ifrael per Iordanem Sic Apo-ftoli de fynagoga per baptiffimum [*so*], tanquam per Iordanem & de terra Hermon introierunt in Ecclefiam: ' Quodfi ifta expofitio non placet, (.que myfteria tangit illius introitus. Et credo filios Core Hoc myfterium fic intellexiffe: & de eo hunc ps ceciniffe.) Accipiat priorem. Quod terra Iordanis fit Ecclefia Similiter & Hermonijm Nam poteft vtrunque ftare: Et Iordanis & Hermon & mons modicus. tam in bonum quam in malum accipitur in Scripturis Vnde Iordanis Superbia Zach. xi. Vbi fignificat Synagogam veterem: [Alibi autem *ausgestrichen.*] Et ps. 13. Iordanis conuerfus eft retrorfum Alibi autem fignificat Ecclefiam vt Iob. 41. Et Habet fiduciam. quod Iordanis influat in os eius. Interpretatur autem defcenfio. Quia vtra-que defcendit Ecclefia in humilitatem carnis de fūperbia fpiritus. Synagoga de gloria carnis in humiliationem fpiritus Quia illa erecta hec cecidit Defcendit illa de malo in bonum, defcendit Hec de bono in malum . Sic Hermon vtraque dicitur Quod interpretatur Excommunicatio: Quia Ecclefia Eft Excommuni-catio mundo. Synagoga autem excommunicatio deo: illa fecun-dum carnem ifta fecundum fpiritum. vtraque ergo Hermon.

Sic Mons Modicus Ecclefia fecundum humilitatem in carne Sed
magnus coram deo & in fpiritu. Synagoga autem in fpiritu modicus tunc erat. Sed nunc nihil: Quia tunc Habuit aliquid &
modicum lumen & gratie Sed occultum in myfterio. Vel. quia
adhuc eft modicus: quia habet fapientiam litere: que modica eft
ad fapientiam fpiritus   Sed iterum Cur dicit pluraliter Hermonijm & non Hermon? puto Quod propter habitatores. qui a
[terra *ausgestrichen*.] Hermon monte fic nominati fint. fimiliter &
loca circumiacentia. vt fit fenfus Hermonijm .1. populi & pro-
uintię Hermon. ficut Nunc dicimus a Roma Romanos.   Et
fic Hermonijm funt populus Synagoge ficut & Iordanis & mons
modicus. Dicti fic: quia in Hermon & prope habitabant: ante
tranfitum Iordanis: quando erant figura fynagoge tranfeuntis in
Ecclefiam per baptifimum. [*so*]

Sic Synagoga multis alijs nominibus partialibus vocatur illius
terre, vt Bafan, Efebon Eleale, Carmelus. Saron, x Ifaie. 1. &
35. Item Galaad [*Num. 32, 3. Ies. 15, 4. 16, 9.*]   Vnde &
Lectus ille ferreus Og regis Bafan monftratur Hodie. Eft pertinacia Iudęorum in fuo fenfu quiefcentium vfque hodie

Blatt 54ᵇ: Lachryme dicuntur panes: Et verbum dej: &
opera Iuftitię. Et vniuerfaliter omnia quę ipfam ad virtutes promouent & ad bonum educant, confortant atque impinguant.
Exquo fequitur. Quod fanctis totus mundus. Cibus & panis
eft: Quia ex omni creatura: eliciunt fapientiam & eruditionem, Sapientia autem & veritas eft panis intellectus: Sapientiam inquam de Chrifto. Vnde ficut b. Hiero optime dicit Ad
paulinum. [Totus *ausgestrichen*.] Credenti totus mundus diuitiarum. Infidelis autem etiam obulo Indiget. Ita certe. Totus
mundus credenti cibus eft. Quia omnia cooperantur fanctis in
bonum.   Vnde prouer. .6. Docet nos hunc panem conficere.
dicens. Vade ad formicam piger. & difce fapientiam. Et. 24. de
eodem pigro. Quod cum vidiffem exemplo didici fapientiam
Hęc forte inepta funt rudibus & ftulta. Verum qui fpiritualem
cibum intelligit: fatis cognofcit que volo.   Immo dico &
Hoc Quod totus mundus, non tantum eft cibus. Sed eft omnia
in omuibus credentibus. Tam largam popinam Deus fuis fanctis

parauit. Verum adhuc in fano & velamento fidej comedimus fic dominum   Lachrymę autem pre omnibus animam reficiunt: quia ex illis mirabiliter anima afficitur & impinguatur: & ex illis ad fimilia femper fortius mouetur.

Effūndere animam. vide circa textum

Abyffus vts exponatur. poteft etiam aliter exponi vt fcilicet vtrunque pro fancto vt in glofa. Eodem modo illud ps. 18. Dies Diej eructat verbum :c.   Aliter Caffio. .1. nouum teftamentum allegat vetuftum in predicatione Apoftolorum.   3.º [so.] vnum malum inducit aliud.   4º Cognitio vnius peccati: addūcit cognitionem alterius.   5.º. Vna virtus Inclinat & requirit aliam [Am Rande links: Sic Vna authoritas intellecta mox aliam illūftrat & congrūūnt in vnum lumen omnia lūmina & confonant teftimonia Sic Aug factum fuit Quando apparūit ej vna facies... loquiorum caftorum. Sic fit quando abyffi abyffos confonanter vocant]

Cataracte autem funt proprię Cannalia, Implūuia vel aliqua his fimilia. per que Inducitur aqua: Et Hic pro Apoftolis capitur. Quia per illos deus velut torrentes Sapientie nobis effudit. vt ps. 45. fluminis Impetūs lętificat ciuitatem dej Et Cantic. 4. fons aquarum viuentium que flūūnt impetu de libano.

Omnia Excelfa tua: poteft etiam in bono fic accipi Quod excelfa (.1. gurgites profundi & fluctus aquarum viuentium. de quibus iam dixerat (.1. Euangelia tranfierunt fuper Ecclefiam: & eam lętificauerunt. vt etiam ps. 92. A vocibus aquarum multarum. Mirabiles elationes maris Vnde antiqua tranflatio habet fic Omnes fufpenfiones tuę: quod proprie exprimit proprietatem Euangelice Doctrine: quia non nititur in terra. nec in fapientia humana: Sed fufpendit & captiuat omnem intellectum in obfequium Chrifti Et talem fufpenfionem Iob petiuit. dicens. 7. Sufpendium elegit anima Et ifti funt fluctus & gurgites. falutares Domini qui fubmergunt carnem & concupifcentiam elus [so fūr eius]: & natare faciunt ac fufpenfam vehunt animam feu fpiritum.

Vnde & illud ps 92. Mirabiles elationes maris fic habet antiqua. Mirabiles fufpenfiones Et Mirabilis in altis dominus fcilicet in ardūis doctrinis fcripture [Am Rande links: Ifaie. xi. Repleta

eſt terra ſcientia dominj Sicut aqua maris operientis ps 28. Dominus Dilũuiũm inhabitare facit Et M. percuſſit petram & ſluxe-
runt aquẹ.]

In die mandaũit dominus: primo Quia difficillimum & rariſſi-
mum eſt. vt in proſperitate: dej memor quis ſit ac bonitatis &
miſericordie eius recordetur.   Ideo Hoc mandatur   2° Difficile quoque eſt in aduerſitate deum laudare: In qua facile eſt dej
meminiſſe: Sicut illic facile deum laudare: licet & hoc vtrobique
verẹ vix fiat [*Am Rande links:* Impinguatus recalcitrauit: Et
oblitus es [Domini? *Ausgestrichen*: dictum] creatoris tũi ꝛc [*Deut.
32, 15. 1S*]   Secundo. Sic In Die (.1. luce & reuelatione
noui teſtamenti.) deus miſericordiam ſuam in facto oſtendit &
omnibus mandat & denunciat: In nocte autem (.1. ymbra
vet. leg.) Canticum (.1. prophetiam & pſalmos ac promiſſiones de
ea: nũnciat.   Tercio In die (.1. in ſpiritu coram deo
miſericordiam ſuam mandat: In nocte autem (.1. foris in carne
(confeſſionem & laudem illius mandat. Quia laudem Chriſti in
fidelibus: totus mundus videt: qui tamen eſt in nocte: Sed ipſam
miſericordiam non: niſi qui accipit & eſt in Die. Et ſic puto
hic verſum debere intelligi. Quia ſic concordat cum precedentibus
& ſequentibus.   Vt ſit Reſponſio Siquis

Blatt 55ª: querat. Quomodo & vbi Abyſſus abyſſum Inuocat? Quẹ ſunt iſte abyſſus? Et vbi excelſa & fluctus tui?
Reſpondet videre hauc gratiam non potes. quia nox & in nocte
es: Canticum autem & teſtimonia eius bene vides: Vnde
antiqua traſ. Et in nocte declarauit ſcilicet foris. quod intus
mandat (.1. verbo ſuo facit. Sicut ipſe dixit & facta ſunt ꝛc
Similis eſt huic ille verſus. ps. 91. Ad annunciandum mane miſericordiam tuam & veritatem tuam per noctem.

In ps inicio. Quemadmodum Deſyderat ꝛc Heb. ſic. Sicut
Areola preparata ad irrigationes aquarum, ita anima
mea preparata eſt ad te deus, Et licet eadem ſit intelligentia
Scilicet quod Chriſti gratiam & ſalutem vtrinque deſyderare exprimitur. tamen Hic aptius vt videtur. Quia Areola niſi viſitetur
& irrigetur. per ſe non accedere ad aquas poteſt ſicut ceruus:
Ita genus Humanum, aquas ſalutis non poteſt accedere. Sed

tantum preparari   Quia fic prouer. 16.   Hominis eft preparare
animam Sic autem preparata fuit natura humana: per legem
Mofi: Quia lex parabat quidem Sed non dabat Sicut puer a
pedagogo paratur: ad hereditatem dignus.   Sed pater illam dat.
Ideo Chriftus vel populus fidelis in lege petit iam intrare in
gratiam & Ecclefiam Chrifti

In ps .43· [Hebr. XLIV.] Omnia facilia. Solum ifta verba
tropologice exponendo.   Auertifti ꝛc (.1. auerti fecifti fcilicet gratiam & virtutes ab anima ꝛc

Hoc tantum querimus. Vt quid dicit. Deus Auribus noftris
audiuimus? An poteft quis audire fine auribus? & fine fuis?
Nunquid timuit propheta: ne putarentur audiffe naribus vel oculis: vel non fuis auribus, vt fic neceffe fuerit addere: auribus
noftris? Eadem queftio & de illis eft: Locutusfum in lingua
mea: Et locutum eft os meum Et Dauid pfallebat manu: Nunquid aliud membrum quam lingua vel os loqui poteft? Aut
Dauid pedibus vel ore fuper Cytharam pulfauit quandoque?
Refpondeo.   Myfteria ergo hic tanguntur.   Quorum primum eft.   Quod Audire auribus. Eft fenfibilia tantum audire
Et Audire abfolute ad vtrunque poteft referri: Hic Igitur ad
diftinctionem fpiritualium auditus: addit auribus: quibus fpiritualia audiri non poffunt Quia in ps recitare intendit fenfibilia
beneficia patribus exhibita.   Secundo Ideo vt promptitudinem & obedientiam & perfectionem exprimat & hoc fignifica-
tiue. Quod fcilicet non noftri fenfus effe debemus. tantum intus
audire deum volentes Sed etiam humiliter audire foris auribus:
vt minifterium Ecclefie non contemnatur. vt Mofes ait Deut. 32.
Interroga patrem tuum & dicet: Sic ifti fideles per obedientiam
plus alienis narrationibus nituntur quam fuo fenfui. Malunt
enim difcere quam fibi ipfis Magiftri effe. Ideo alios Audiunt
Similiter etiam humilitas ibi commendatur. Dum Nihil fui alle-
gatur. Sed totum aliunde fcilicet ex patribus Sic & Ifaias dicit
Quis credidit auditui noftro: Nunc autem multi potius fua quam
audita iactant. Ac femper prompti docere quam difcere magis
effe volunt.   Quod autem ait Noftris fignificat Quod liberis
auribus. non peregrinis aut alijs vitijs occupatis audierint .1. fpon-

taneis, humilibus, fimplicibus   Tercio Quod Nulla virtus
fufficit ad intra effe. nifi & foris prodeat in opus fenfuum: Hoc
vult. quod auribus audiunt. Quod ore loquuntur. Quod manu
pfallunt, Quod oculis vident. Nam corde creditur ad Iuftitiam,
ore autem Confeffio fit ad falutem. Multi audiunt intus. Et
loquuntur & tractant fecum. quod tamen foris nolunt oftendere
vt Qui Intus fuperbus & Inuidus eft, fecum bene quandoque
tractat. Sed cum opus [*so*]

Blatt 55: In Ifto ps Omnia illa verba: que malum expri-
munt debent Relatiue accipi: & fub eis intelligi eorum contraria.
que funt in fpiritu. vt Repulifti & fimul fufcepifti: Confudifti &
fimul Honorafti.   Non egrederis in virtutibus noftris: &
fimul egrederis in virtutibus tuis fecundum Regulam illam Deut.
32. Ego occidam & viuere faciam Ego percutiam & fanabo Et
Heb. 12. flagellat autem omnem filium quem recipit Et apoc 3.
Quos amo. caftigo & arguo ꝛc

Vnde Hoc eft quod. 1. pe. 4. Tempus eft vt Incipiat vts.
Cui illud Ezech. 9. Et a fanctuario meo incipite Et Hiere. 49
Ecce quibus non erat Iudicium vt biberent Bibentes Bibent. Et
tu innocens relinqueris? Non eris Innocens, Eiusdem. 25. Ecce
In ciuitate fuper quam Inuocatum eft nomen meum: ego incipio
afiligere. Et tu Immunis eris. Non eris Immunis. Sed bibens
bibes.   Si ergo Sancti Apoftoli. Martyres talia paffi funt.
quid erit Impijs? Et mirum eft. quid nos cogitemus. Quando.
S. Iohannes Baptifta fic perijt. fanctiffimus. Et nos peccatores.
fic Impune nos viuere fperamus.   Quod fi de Iudeis deua-
ftatis Intelligitur. pro vtroque debent Intelligi. Quia & coram
deo & mundo funt repulfi & confufi   Et olim venditi fine
precio: quia. 30. pro vno Denario datj

Eruditio, in Hoc fupra & fequenti ps. pofitum aptiffime
tranffertur pro hebreo [Mafchil *ausgeftrichen*.] Mefchil. Quia
Rudes fignificat lignum craffum & illaboratum robur, teutonice
ploch.   Sic vetus lex Eft quafi rude quid: Hoc rude euangelium. rude baptifma. & omnia rudia. Sed per Euangelium
ex illa ruditate in politiorem modum ducta. Ideo Erúdire. Eft
fecundum nouam legem Docere quafi extra ruditatem literę: in

fpiritus intelligentiam ducere. Vnde propheta Erudire
Ierufalem :c

Humiliata eft in puluere anima noftra :c primo vt in glofa
metaphora eft. Secundo fignificat Carnis mortificationem:
Quia ficut Venter in Delitijs & in purpura viuens. eft in peccatis
Sic econtra. priuatus illis. adheret terre: Et fic fic [so] etiam
anima Humiliatur in puluere: que alias in gloria & Diuitijs
fuperbit. & in profperitate carnis luxuriat Vnde Ifaie. 47.
Defcende fede in puluere filia Babylon Et. 26. Expergifcimini
& laudate, qui habitatis in puluere. Et fic fignificat effe in contritione. illa enim eft puluis. quod tamen fecundum carnem fanctis
contigit 3.º exponit b. Auguftinus myfterio contrario de
illis. qui voluptate voluuntur corporis in terra. Quia venter eft
ipfa Gula vel appetitus comedendi :c

Blatt*) 53ª: Hermon Deutero. 3. dicitur Quod a torrente
Arnon (qui eft terminus Moab: diuidens Moabitas [*Darüber:*
Numerj. 21.] & Ammorreos tulerunt filii Ifrael. terras regis Seon
& Og. Regis Bafan vltra Iordanem: vfque ad montem Hermon
qui eft in fine terre promiffionis ad aquilonem Habens ex oppofito Libanum fimiliter ad aquilonem: Appellatur autem Hermon
A fydonijs, Sarion. Et Ab amorreis. Sanir. Hec Mofes.
poteft igitur Hermon dupliciter exponi primo de Synagoga circa
tempus Chriftj vbi incipiebat Ecclefia oriri quod figuratum fuit:
per filios Ifrael tranf iordanem De terra Hermon: ad terram
Iudeę proficifcentes Sicut enim ibi fuit mortuus Mofes. ita tempore Chrifti: lex Mofi Vnde Sic ad Ecclefiam dicitur Can. 4.
Veni de libano fponfa mea Veni de libano. de [vertice
ausgestrichen.] capite Amana, de vertice Sanir: & Hermon :c .1. [*Am Rande links:* .1. de paucitate Iudaici populi in
multitudinem & latitudinem gentium, fic ps. 113. Domus Iacob
de populo barbaro tuo fcilicet quando illud :de fiebat: facta eft
Iudea :c. Sic Hic. Memor ero: quando illud. de: erit. fcilicet
de terra Iordanis] Secundo de Ecclefia: Et tunc illa
propter: de: in textu debet pro. in. capi [Et fic In *ausge-*

strichen.] Eſt autem Eccleſia terra Iordanis & Hermon ꝛc vt in Collect

Allegorice autem Eſt mundus. Tropologice Caro cum concupiſcentijs ſuis. Quia ſicut Synagoga eſt modicus mons ad Eccleſiam: Ita Eccleſia huius temporis & militans, minor eſt Eccleſia triumphante. Et ſic totus ps: eſt ſuſpiriũm deuotę Eccleſie. optantis [ex hac vita *ausgestrichen*.] diſſolui & eſſe cum Chriſto: Quia ibi poteſt memor eſſe perfecte ac digne laudare deum. Cuius in terra adhuc riuens neceſſe habet quandoque non memor eſſe: ſicut Martha turbata, erga plurima turbata.

Tropologice Eſt oratio cuiuslibet fidelis anime: ſuſpirantis a peccatis ad gratiam conuertj. Vel ab imperfectione ad perfectionem venire.   His omnibus apte conſonant interpretationes nominum. Iordanis & Hermonijm & montis modici.   Immo etiam myſteria illius tranſitus olim per Iordanem & poſtea Synagogę ad Ẹccleſiam militantem. Sic enim Hermon eſt omne illud quod relinquitur ſimiliter Iordanis, mons modicus, (.1. vita priſtina, mundus, [Synagoga *ausgestrichen*.] imperfectio: & Huius temporis Eccleſia. Sic ſemper iſta prepoſitio: De: exprimit tranſitum de loco: qui relinquitur ad locum, in quo memoria dej habetur. Et ille eſt mons magnus, littus Iordanis vltimum & tranſ Iordanem, Et non Hermonijm .1. Anathema. Sed ſanctificatio ſicut ps. 113. facta eſt Iudęa ſanctificatio eius

Quando autem iſta prepoſitio: De: pro in: capi debet: quomodo tunc etiam ipſe locus ad quem per iſta nomina ſignificetur. vide in collect. Et ſatis patent

Quando autem dicit de capite Amana ꝛc videtur etiam ad illud alludere Genes. 12. Vbi Abraham Iuſſus exire de terra ſua ꝛc qui egreſſus figura immo exemplum eſt: de peccatis exeundi: Quia Amanus eſt Mons Cilitię Abraham autem de terra Aram .1. Syria meſopotamia: cũi Amanus coniungitur: ad terram promiſſionis venit   Sic Eccleſia de ſynagoge ꝛc. Idem vult ps. 44: Quando dicit obliuiſcere populum tuum & domum patris tuj ꝛc

Blatt 53ᵇ: Poteſt autem & totus ps accipi in perfona Eccleſie optantis de Hac vita ad cęleſtem migrare. Sitiens ad deum

De terra Iordanis & Hermonijm (.1. excommunicatorum quia funt abiecti ꝛc [*vgl. S. 154.*]

Ps .44. [Hebr. XLV.]

Blatt 56ᵃ: Vbicunque Canticum in titulis habetur: femper debet intelligi: talem pfalmum effe: gaudii & tripudij & cum affectu exultandi cantandum: Nam Canticum & cantus ex abundantia gaudentis cordis oritur. Eft autem Canticum fpirituale feu melodia fpiritualis: ipfe Iubilus cordis Eft itaque tituli fenfus. Ifte ps ad triumphum feŭ triumphale carmen fuper Chrifto & Ecclefia. qui funt rofe vel lilia. Eruditio fpiritualis. filijs Core reuelata. Et canticum dilectorum .1. Chrifti & Ecclefie qui abinuicem funt fibi dilecti Vt Cantic. 2. ·Dilectus meus mihi & ego illi Ididoth enim quod hic tranffertur dilectionum feu amatorium Eft plurale huius nominis Idida: quo Salomon fuit vocatus 2 Reg. 12. quafi dilectus & amatus feu amabilis domino Sic Ididoth fignificat proprie dilectos & amabiles Quia vterque elt dilectus Ecclefia & Chriftus: Et ficut Ecclefia a Salomone Sulamith: Sic ipfa hic cum cum [*so*] Chrifto Ididoth: quafi duo Salomones nominatur Quare Ididoth funt ipfi duo in carne vna Chriftus & Ecclefia Inuicem & mutuo dilecti. Et talium dilectorum eft hic ps canticum Eft enim Canticum Ididoth. Et eruditio fuper eifdem duabus rofis. Hoc eft vt de illis dilectis & Rofis Nihil carnale. Sed omnia erudite & fpiritualiter intelligamus. Ideo primum pofuit. Eruditio pro rofis & poft. Canticum pro dilectis. Scilicet vt fit nobis Eruditio & pro nobis: Sit autem idem Canticum & laus illis. Quare cum inter Eruditionem & Canticum: ifta copula & fit ponenda fecundum latinitatem: Hebreus tamen mos Habet. frequentiffime, eam omittere

Vide ergo pulcherrimam diftinctionem: Quoniam Idem ps Nobis eft Eruditio: Chrifto & Ecclefie Canticum. vt in eodem & nos erudiamur: & ipfi laudentur. Sed & hoc vide Quia Eruditio fuper Rofis: Quia Chriftus & Ecclefia nobis funt lilia & Rofę. nobis odorem & Exemplum preftant. fibi autem funt dilecti. Ideo Eruditio nobis pro rofis feu fuper Rofis. Sed Canticum

11*

illis & ad laudem eorum.   Sed ficut Ifta Eruditio facta
eft filiis Core: Ita certe & nos eorum fimiles effe neceffe eft. Si
& nobis reuelari debet: Non enim fruftra illis reuelata eft: nifi
quia fignificat. Quod folum filij Core eam intelligunt Sicut foli
tunc intellexerunt Quid autem Chore fignificat fupra ps. 41. patet
    Nunc Notandum Quod per Hoc nomen Eruditio Hic
exploditur omnis carnaliter fapiens qui literam fequitur. Quoniam Spiritualiter vult omnia intelligi in toto
ps. Et nihil carnalitatis cogitari Quoniam de Ididoth caftiffimis
fermo eft: Quare omnis (ait.) gloria filie regis abintus ꝛc quo
verbo feipfum totus ps exponit & oftendit quod non fit ruditio
Sed eruditio & fpiritum fapiat nequaquam carnem Similiter &
illo. Speciofus forma: pre filijs hominum q. d. non fecundum
formam filiorum hominum. tu fpeciofus es. Sed aliter & ineſti-
mabiliter
    Antiqua autem tranflatio habet In finem. pro ijs qui comu-
tabuntur [so]: vbi alias pro Rofis ponitur quod ex eo accidit.
Quia fi ifta dictio Sofanim: diũidatur in duas fcilicet So & fanim:
Significat primum, qui, que, quod. & alterum. commutatos Et fic
volunt: pro fidelibus intelligi Qui vere funt funt [so] commutati
per Chriftum & alterati: & renati ac iterum geniti: Idem enim
ipfum verbum fcilicet Sinah: alterauit, commutaũit, iteraũit ꝛc
fignificat: Ideo omnes non Immutamur Hic per gratiam de peccato in Iuftitiam, de carne in fpiritum: de litera & vmbra legis.
in vitam & lucem Euangelii. Et poft hẹc de corruptione in in-
corruptionem: de ignominia in gloriam ẹternam
    Quid autem In finem fignificet fcilicet lam nazeah: fupra
patuit fcilicet vel in triumphum, vel inuitatorium Quia ifte ps
Epinicion Eft.   Item quod illi habent: Ad intellectum:
Hocipfo exprimitur Quod nobis ifte ps eft Eruditio. & nobis ad
intellectum fcilicet fpiritualem. Vltimo ipfi habent Canticum pro
Dilecto in fingulari Et in Hoc videtur fignificari Quod Ididoth
ifti ideft Chriftus & Ecclefia. funt vnum corpus, duo in carne
vna. Duo Dilecti & vnus dilectus Quia Amor de natura fua
facit vnum ex amantibus: vt fint vnum in amore Quare Dominus
& Ecclefia funt vnum corpus. Caput & corpus vnus Chriftus

myſticus. ac ſic vnus dilectus. Aptiſſime tamen in Hebręo. nomine ſingulari expreſſus eſt Quia multi ſunt ſancti & innumera-
biles qui Hoc corpus Hunc dilectum conſtituunt, quorum quilibet
tamen eſt dilectus Et vide nūm iſtud velit obſcuriſſimus ille
verſus ps 67. Rex virtutum Dilecti dilecti & ſpeciej domus diuidere ſpolia

Blatt 56ᵇ: Exponunt itaque alij ps totum in perſona patris.
vſque ad finem. Alii autem in perſona prophetę: vt Hiero:
Lyra: Caſſio. in quo ſenſu & ego malo abundare. Quanquam
ſecundum illos inter quos eſt b. Aug Anagogia optime procedat:
Sed non litera: Nam ſi non in perſona prophete accipiatur: vio-
lento Ductu opus eſt in iſtis verſibus: propterea vnxit te deus
Deus tuus, Et propterea benedixit te deus inęternum: Que verba
de deo in tercia perſona ſonant: & de Chriſto in ſęcunda: ergo
de propheta. in prima. ſicut ibi in ps. 109. Virgam virtutis tuę
emittet dominus ex Zion. Dominare Nec illud ſatis mouet. [mo-
net?] quod Apoſt. Heb. 1. hunc verſūm allegat dicens: Ad filium
autem Thronus tuus deus in ſęculum. Quia non vult. quod pater
ad filium iſta dixerit: nec Hoc probatur. Sed propheta ſit ad
filium locutus. ſicut ſupra dixit Et ad Angelos quidem dicit (.ſci-
licet propheta.) Qui facis angelos tuos ſpiritus: Sic Ad filium
autem ſcilicet. Dej: dicit ſcilicet propheta. Et noſtrum ſenſum
Confirmat hoc. quod Hiero. dicit Symmachum. pro Eructaŭit:
poſuiſſe. Commotum eſt cor meum verbo bono Non enim videtur
iſte ps ſic abſolute a patre incipi: ſine prooemio prophete: maxime ſic & tali Titulo preornatus. Sic enim prophete ſolent
magnum quid dicturi attentum reddere auditorem. Vt Iſaie .1.
Audite cęli. Et ps. 48. Audite Hec omnes gentes Et. 77. Attendite populo meus Quare videtur mihi propheta. ſic proteſtari: ſe
motum eſſe a ſpiritu ſancto: & verbum bonum audiſſe quo modo
Zacha. 1. dicit Et Reſpondit Dominus angelo qui loquebatur in
me: verba bona verba conſolatoria. Sic iſte Eructauit cor
meum verbūm bonum .1. Nūncium bonūm & prophetiam
bonam: de maximo illo bono ſcilicet Chriſto & Eccleſia: Quia
iſte eſt ſermo domini bonus. ſuper genus humanum. Eructauit autem dicit (.1. de plenitudine interiori & ex corde intimo

affectuofoque animo: fignificaũi vobis.) Et minus fignificaũi quam
cogito corde: ideo non effudi. Sed eructaũi Quia effundi non
poteſt: tantum quantum capitur: Eructaũit .1. ad extra ructauit:
quia continere non potũi quin commune facerem. quod accepi.
ex abundantia enim cordis os loquitur in carnalibus. Sed nonne
multo magis in fpiritualibus? Etenim In Ieremia fit verbum domini ficut Ignis claufus in offibus, & ferre non valet: In Heliud
autem Iob 32. ficut muſtum nouum fine fpiraculo Verum quoniam
temporalia exigua fũnt: ideo effũndi poffunt in alterum: Spiritualia autem incomprehenfibilia: ideo vix ad extra ructari &
fignificari per linguam poffunt Quod fi dixerit quis. Ergo quid
prodeſt. quod eructes tantum: fi non effundas: ex ructu nos
non percipiemus quod tu fentis: quia non effundis quod fentis,
Refpondet & remittit ad eum ex quo & ipfe Hauſit ac fi dicat:
ad me os tuum non aperias: Sed fcias. quoniam lingua mea per
quam eructat cor meum tibi. Eſt calamus fcribę velociter, fcri-
bęntis: fi ergo paraũeris te ad fcripturam dej: lingua mea &
ructus meus, verbum quod foris loquor: ipfe fpiritusfanctus in
te fcribet per linguam meam velociter, vt non fit neceffe multa
me verba facere. Sed folus ructus fufficiet illi fcriptori vt te in
illo & per illum informet: Quia ex vnico verbo: poteſt totum
cor tuum replere Ergo non in mea verba fperes: quafi illa fuffi-
ciant: Sed nec de fpiritufancto defperes quafi non vno ructu &
verbo meo te poffit velociffime docere: Ad illum ergo cordis os
aperias. quando me audis ructuare: Et fic me audias, vt per me
ex illo magis audire paratus fis.   Et in iſto verbo miro
modo erudit nos: quomodo fit verbum dej audiendum aut [fcri-
bendum *ausgestrichen und darüber geschrieben:*] legendum: Scilicet
quod non ex noſtris viribus illud aggrediamur. Sed nec litera
contenti fimus: & foris audito verbo. Sed fpiritum ipfum que-
ramus audire: quia quantumuis verba foris multa fint, non tamen
funt nifi ructus. Et quantumuis modica fint vel vnum, Eſt tamen
velox & plenus doctor qui in illo totum docere poteſt. Ergo
quid in mo intendis? Quid indignaris breuitatem & obfcuri-
tatem? Lingua mea, verbum meum foris prolatum, ructus meus
non eſt illud: quo es erudiendus intus: Sed eſt calamus & inſtru-

mentum illius: qui intus velociſſime docet: Ipſe formabit viūas
literas in te Ego autem per verbum meum, mortuum, mortuas
in te formo. Nam ſicut Homo [verbis *ausgestrichen*.] lingua vtitur
velut inſtrumento: quo fundat & formet verba: Ita Deus vtitur
verbis noſtris, ſiue ſint Euangelia ſiue propheti̧e. tanquam inſtrumentis: in quibus ipſe viua verba in cordibus ſcribit. Quando
enim Quis alteri verbum in cor miſerit & ſenſum verborum.
Nondum eſt ſcriptura. Sed ſolum ſtilus poſitus in tabulam. qui
tunc ducitur in literas viuas, quando deus incrementum dat. &
afficere

Blatt 57ᵃ: & ſapere concedit: quod quidem poteſt velociſſime
facere. Igitur Sicut qui rigat & plantat nihil eſt Sed qui incrementum dat deus: ita qui ſtilum habet vel eſt: vel ponit eum
ad tabulam nihil eſt. Sed qui ſcribit. Scriba ſcilicet velociter
ſcribens, ſpiritusſanctus. Quare Ructare. & calamum eſſe: tuum
eſt o propheta: foris pronunciare potes. ex abundantia cordis &
ſpiritus Sed non poteſt [*so*]: ipſum ſpiritum effundere foris, neque
ipſum infundere ac ſic ſentificare ſicut tu ſentis Recte ergo dicit.
poſtquam dixit Erūctaūit cor meum verbum bonum, q. d non
enim poſſum amplius. quia Lingua mea vltra non poteſt Eſt enim
Calamus ſcribe Ego autem non ſum ſcriba Eructare ergo. eſt
per linguam proferre vocaliter: quod intus in corde tenetur vita-
liter. Sed vocalis vox & ſermo. tam exile quid eſt: ad vitalem
intus ſenſum, vt ſit vix ructus ad extra quidam. Vnde patet
quod Hic lingua debet accipi: pro ipſa locutione: ſeu ructu verbi
boni   Item Eructare poteſt etiam alio myſterio ſignificare
Quod ex litera ſpiritum pronunciet: Spiritus enim latet in litera:
que eſt verbum non bonum: quia lex irȩ. Sed ſpiritus eſt verbum bonum, quia verbum grati̧e. Et ideo illud educere de
litera. eſt ipſum Eructare Sed quia tunc non licebat ipſum palam
effundere: quia lex adhuc vigebat: ideo ſolum Eructare licebat:
quod nunc oportet ebuccinare & aperto ore & voce palam predicare: [*Am Rande links:* Vnde in titulo eſt. Eruditio] Eructat
ergo propheta. Sed effundit euangeliſta & apoſtolus   Et ſic
lingua eius eſt Calamus ſcribȩ: Sed tunc nondum ſcripſit in Iudȩis:
Sed in Chriſtianis illum ſtilum duxit & ſcripſit Scriba. Portant

vſque Hodie illūm ſtilum Iūdęi ocioſum & Eructatur illis verbum
bonum. (.1. pronunciatur tantum & prophetatur.) Sed effundi non
patiuntur neque Scribi

Sed quid eſt Hoc? Dico ego opera mea Regi mihi ſenſus videtur eſſe Quod opera mea (.1. materia mihi deſumpta ſuper
quę verbum bonūm eructuo.) loquor ad honorem regis Chriſtj.
q. d. de Chriſto ſunt opera mea de quibus loquar. Et ſic eſſet
expreſſa propoſitio de quibus ſit locuturus: Dicuntur enim opera
eius: quia de illis locūturus ſit: & Hoc regi (.1. ad honorem
regis.) Et iſte ſenſus fundatur in iſto verbo: Mea: Alio
modo vt b. Hiero & Caſſio. exponit (.1. pſalmum ipſum dico ipſi
Chriſto). Item Alio modo Sic eructat cor meum verbum
bonūm. Quia dico opera mea .1. quę mihi placent. & que amo
& que ſecundum ſpiritum operor Regi (.1. quod ex ipſo ſint &
per ipſum q. d Intendo dicere de operibus Iuſtitię & non legis,
quibus Iuſtificati ſumus: quoniam omnia opera noſtra (.ſecundum
Iſaiam.) tu operatus es in nobis Domine Ergo opera que feci &
quę mihi fęcit narrabo ad honorem Regis [*Am Rande links:* Aug
aliter. poteſt etiam ſic: Dico opera mea regi (.1. confiteor regem
Chriſtum dominum meum,] Vel opera mea (.1. opera Chriſti
que per participationem etiam mea ſunt. dicam quod non ſint
mea Sed Regi Ergo ej dicam & accepta referam. Quia in lege
Moſi neque verbum neque opus bonum eſt. Ideo Cor Erūctat
verbum bonum ſcilicet Quia futurum eſt Quod opera fiant que
nunc ſunt verba. vt ſit impletio quod nunc eſt prophetia: Quod
tūnc faciam opera mea Regi. Nunc autem ea dico & propheto
Quod opera mea omnia ſint regi ad honorem. Vltimo ſic. Dico
(.1. prenuncio.) quod opera mea Regi aſcribantur. hoc eſt [*so*]
futurum eſt. quodammodo non ſeruiam diabolo Et opera mea
non eius ſint neque ej obediam & ſubditus ſim. Sed neque legi
Moſi. Immo Soli regi. Nunc autem verba mea ej ſunt Et nondum facio illa opera nouę legis. Sed Dico & prenuncio Tunc
autem ero totus eius. cum opera mea ei ſeruierint: Colligamus ergo breuiter in ſumma Meo Iudicio ſenſus eſt
iſte verborum. qualis ille Dauid 2 Reg. vltimo. 23 Spiritus Domini non litera locutus eſt per me non per alium ad

me. Et fermo eius per linguam meam dixit. Hoc ifte fic dicit,
Lingua mea Calamus Scribę velociter fcribentis. Rurfus Dauid
Ibidem. Dixit vir cui conftitum [*so*] eft de Chrifto Dej Iacob.
egregius pfaltes Ifrael. Hoc ifte fic: Eructauit cor meum verbum
bonum. Dico ego opera mea Regi. Et fic mihi effe prooemium
videtur Sunt enim ifti duo verfus difficiliores in toto ps. Maxime
in ifta parte. Dico ego opera mea regi. quam ego nondum capio
fatis   Lingua mea Calamus: velociter fcribentis (.1. fpiritum loquor & intellectum myfticum: per illum enim fpiritusfanctus erudit corda: Spiritus enim loquitur myfteria Lingua autem
Scribarum eft calamus: tarde & per ambitum litere fcribentis
Mofi: Quia Spiritus eft velox & directus, Litera autem circumiens
& tarda per defertum

Blatt 57ᵇ: Nunc Vide conftructionem. Non ait Eructauit
venter aut ftomachus. ille enim eft Crapule ructus: quare de
fpiritu ifte ructus venit fine dubio. Sed nec fic ait Eructauit
lingua mea. Quia quicquid in lingua eft: effunditur potius: quia
non habet referuaculum: Ideo de plenitudine cordis & de fpiritu
occulto venit ifte propheticus Ructûs,   Item Non ait Dico
verba mea Regi Sed nec facio opera mea Regi: Quia illûd eft
officiûm legis. Hoc gratię. Lex enim non habet opera falutis.
Sed tantum verba & figna: operum fûtûrorum. Quę cum Iudęi
nolint effe figna: remanent in lege & peccatis. & dicunt folum
figna & vacua verba deo: Chriftiani autem faciunt deo & implent
opera legis Deo. propheta autem medius inter vtrofque. dicit
opera fua deo. Igitur omnia dicta & facta legis funt velut verba
& figna tantum: [opera autem & *ausgestrichen.*] verba autem &
facta Euangelii funt opera & res ipfa fignificata: Et illa prophetantur & dicuntur a prophetis.   Diftinguemus aliter

Dicere verba	facere opera	facere verba	dicere opera.

funt 4ᵒʳ

In heb. geminate dicitur. pulcherpulcher. pro illo. Speciofus
forma. Et Hiero: Decore pulchrior: Ifta autem geminatio exprimit aliam effe pulchritudinem: pre filijs hominum licet ipfe
fit homo Que vtique eft fecundum animam & Hominem interio-

rem.				Quia vts dixi nihil carnaliter nos finit cogitare eru-
ditio ista filiorum Core: in isto Rege.				Et fane Notandum.
Quod Chriftus proprie fecundum Humanitatem dicitur: rex. in
fcripturis Quia fecundum diuinitatem ipfe eft idem qui fe con-
ftituit regem glorie vna cum patre & fpiritufancto				Ideo
Quando dicit.	Dico ego opera mea Regi: hic filium Dej fecun-
dum humanitatem intelligit: qua coronatus eft a matre fua in
regem.				Eft itaque ista pulchra pulchritudo regis: quod
homo interior.	Habeat pulchros oculos. pulchras aures labia,
genas dentes, totam faciem, manus, pedes venter :c que omnia
funt in homine fpirituali per gratiam & virtutes Qualis Cant.
.7. & .6.

Diffufa eft gratia in labijs tuis.	Hoc experientia patuit &
patet. Quia cum Chriftus & Apoftoli. predicauerint Inuifibilia &
incomprehenfibilia que oculus non vidit, :c Et Iufferint pro iftis.
omnia vifibilia contemnere tam bona quam mala: Nifi in verbo
eorum fuiffet gratia attrahens: nunquam preualuiffent:				Non
fic Mofes aut vllus legiflator humanus Quia nec precipiunt nifi
temporalia: Et fi preciperent Inuifibilia: nunquam perfuaderent:
quia non effet gratia.	Sed potius Indignatio & ira in labijs
eorum. Ideo & Hic propheta dixit: Lingua mea calamus Scribe.
Quia Mofi Lingua non erat talis Calamus: quando literam loquebatur: vnde quando Iudęis in Deferto: aliqua fuadebat abfentia.
futura aut difficilia: vt expugnationem Hoftium, aut refectionem
carnium: :c Nulla erat gratia in labijs eius: quia non mouebantur
nifi nudo verbo: In Noua autem lege: Lingua mea inquit: que
loquitur fpiritum. & cuius locutio eft Eructatio cordis: femper
eft diffufa per gratiam				Quia vbicunque predicatur verbum
fpiritus: fine fructu non predicatur.	Quia diffufa eft gratia in
labiis tuis				Quare Hic diftinguendum				Labia Chrifti
Sūnt preter perfonalia

{ primo vtrunque teftamentum fpiritualiter audiendo & exponendo.
{ Secundo omnia labia fanctorum fuorum: qui vere fancti funt
{ etiam fi non publice predicent

			Tercio omnium labia qui predicant vel ex quibus procedit
Euangelium .1. fpiritus veteris legis. etiam fi non fint fancti per-

fonaliter maxime quando ex officio & auctoritate Ecclefie & publice docent

In hijs omnibus labiis eft diffufa gratia. Quia talia predicant: que nifi gratia fimul cooperans auditori accefferit. nihil proficiant. proficiunt autem: quia non fruftra Hęc prophetia pofita eft. Quare ifta pro nomina: tuus tua, tue in hoc ps. femper ad fpiritum referenda funt fecundum Eruditionem in titulo pofitam. Et fic funt femper lingue eorum calamus fcribę: quia quando loquuntur ifta lingua fimul fpiritusfanctus per eam fcribit in cordibus audientium. Quare Corol. notamus. Quod verbum dei libenter audiendum eft. Quia nunquam fruftra predicatur. Ifaię. 55. verbum quod egredietur de ore meo. non ⁊c

Blatt 58ᵃ: Propterea benedixit te deus inęternûm, verbum enim dej conferuat Ecclefiam dej: benedictio enim in fcrip fignificat multiplicationem & augmentationem. Scilicet quia diffufa eft gratia in labijs Chriftj: fequitur multiplicatio fidelium. & hoc inęternûm. quia non ceffabit Ecclefia.

Spetie tua & pulchritudine tua: Ifta pronomina tua. iterum Hic cum Emphafi veniunt Quia non qualibet fpetie Sed tua (.1. fpirituali.). Sed quomodo differunt Speties & pulchritudo? forte quia Species naturalia: pulchritudo autem gratuita fignificat. Et nota quoniam non ait. Impetu & bello intende. Sed Specie tua Quia non in violentia Sed in amore regnum Chrifti incepit & ftat & perfeûerat   Ideo Speties Charitas. Pulchritudo autem cęterarum virtûtûm Decor.   Seu Species fubftantie perfonę: Decor operatio multiformis

populi fub te cadent. Ifte cafus eft falutis: quia cadunt de ftatu peccati & fuperbię. Et fub Chriftum. Aliter Cadunt alii fub diabolum & fub peccatum. Vnde Apoftolus. Ro. Cum enim ferui effetis peccati: liberi fuiftis Iuftitię: Nunc autem liberati a peccato: ferui facti eftis Iuftitie

Oleum letitię, non poteft effe carnale oleum. Sed fpirituale: quia tale lętificat cor

Myrrha eft arbor aromatica in Arabia precipuę: tamen etiam in India & ęthiopia nafcens, Cuius Gummi eft duplex .primum

quod ante incifionem: fponte effluit & exfudatur: quod gręce
ftalcte [& aliquando generali nomine Aloe *ausgestrichen*.] Dicitur:
latine autem Gutta fiue Stilla. Et In fcrip. vt Exo 30. myrrha
electa & prima: Similiter in Canticis Myrrha prima & proba-
tiffima & electa vocatur: Quia eft optima omnium: amariffima
& viridis coloris & clariffimi. Valet autem mirifice ad fanitates
corporis ad vulnera fananda: maxime ad incorruptibilitatem fer-
uandam: Secundum Alterum autem Gummi: quod profluit ex
incifione Myrrhe. & ideo retinet nomen generale arboris: Vnde
Et in Euangelio Iohan. 19. Venit autem Nicodemus ferens
mixturam Myrrhe & aloes (.1. gutte ꝛc Vtrunque autem in
Heb. nomen habet ab amaritudine. Vnde & b. Hiero. Hoc
loco in Heb Aloe [Cafia autem: que & fiftula dicitur ab aliquibus
ausgestrichen.] Haberi dicit. ficut & Can. 4. Myrrha & Aloe, cum
omnibus vnguentis primis Et ideo mihi videtur melius
Aloen pro gutta poni: ex iftis duobus locis. Et Myrrham
vtrunque gummi complecti [*Am Rande links:* ideo forte talis fit
confufio in tranflatione]

Cafia [*Am Rande links:* que & fiftula dicitur] frutex ęthiopię
odoris molliffimi. & ad Balfami odorem proximi: valet autem ad
vnguenta & odoramenta fingulariter   Plinium vide li. 12.
c. 19. Nunc vide Nifi propheta ifta vellet de fpiritu intelligi: Quid mirum aut grande De Chrifto prophetaret:
cum Aaron in vefte fua: meliora vnguenta & ornamenta Habuerit:
Similiter & tabernaculum preciofius fuit. quam Hic Defcribitur
Chriftus: fi fecundum carnem accipias

pendet igitur Intellectus huius verfus ex myfterio figurę:
que fcribitur Exo: 29 & .30. Vbi dominus precepit Mofi: ex
Myrrha, cynnamomo. Calamo. Cafia & oleo: vnguentum facere
quo vngeret. omne tabernaculum & fuppellectilem eius, facerdotes
& veftes eius: Quę res fignificabat Quod Ecclefia & omnis populus
Chrifti fpiritualiter vngendi erant, gratijs, donis & virtutibus:
Et hanc fignificationem hic propheta exprimit Sicut & infra ps
.132. Sicut vnguentum [*so*] in Capite quod defcendit in oram
[*so*] ꝛc   Myrrha ergo & gutta & Cafia (.1. vnguentum ex
illis confectum. (.1. gratia per talem confectionem fignificata. in

omnibus fidelibus Chrifti diffufa eft) Et odor illius vngenti [*so*].
Eft exemplum & bona fama. ficut dicit Apoft. Sumus bonus odor
Chrifti: alijs odor vite in vitam alijs odor mortis in mortem. Et
eadem res fignificata eft per vngentum [*so*] Nicodemi: quo mortuum Chriftum vnxerunt   Symbola autem Myrrhe & gratiꝑ:
multa funt: Hec tamen eft in vifu maximo Quia ficut Myrrha
cauet putredinem in corporibus mortuis. Ita gratia conferuat
animam a corruptione: in mortificato corpore: Quare Myrrha
proprie Caftitatem fignificat: Gutta autem virginitatem: Cafia
coniugatorum virtutes

Blatt 58ᵇ: Vocatur autem Ecclefia Veftimentum Chriftj
Genes. 49. lauabit in vino ftolam fuam. & in fangüine vue pal-
lium fuum. Similiter Sancti. Domus eius.   Quod autem dicit
Eburneis Ebur enim offa funt Elephantorum mortuorum. Sic
Anime fancte. funt refiduum corporis mortificatj quod fuit beftia
dum viueret in vitijs. Ergo Domus Eburneꝑ funt anime. in
carne crucifixa Symbola autem Eboris & anime plurima funt.
fcilicet quod eft folidum contra Inuidie corrofionem, Candidum
contra luxuriam.   Durabile & perfeuerans, contra inconftan-
tiam. Lꝑue contra afperitatem irꝑ.   Et aptiffima materies
ad vnguentaria vafa. ficut fola anima capax eft gratiarum & virtutum.   Quoniam vinum nouum in veteres vtres non eft mitten-
dum. (.1. gratia fpiritus carni non eft committenda) Sed nouo
vtrj (.1. fpiritüi.) occifa carne. .Sicut quando anima expolitur
& dolatur per verbum dej: paratur in vas vnguentarium fpiritusfancti: & domum Chrifti: Nam quod facit ars: in figurando: Hoc
Euangelifatio in crudiendo: figuram enim anime dat fcientia Sed
gratiam & vnguentum .1. incrementum folus fpiritusfanctus

In Veftitu de aurato: Heb: in fafcijs aureis: quꝑ funt vberum
proprie ligacula: Et Hoc fignificat Quod Ecclefia fancta ab intus.
etiam cogitationes pectoris. aureis euangelii prohibitionibus cauet
Sicut econtra Ezechiel. Synagogam. arguit de Impudicitia cordis.
23. Quod vbera eius in egypto confracta fint: Diabolus enim
vbera anime: omnibus viribus nititur frangere (.1. malis cogitationibus polluere). Similiter fignificat. Quod Ecclefia Vbera: quibus lacte pafcit infirmos, non habet difcinctas [*so*] ficut Heretici.

qui fua docent. Sed captiua in auctoritatem Scripture Non docens nifi verbum dej Vbera enim Ecclefie. funt doctores infirmorum. quos lacte mollioris doctrine erudiunt.

Repetamus Nunc iterum

Eructauit. primo in perfona dej capitur. Et fic folus quia
non aliunde ficut vir ex muliere: Sed ex corde produxit vnigeni-
tum vt pulchre Aug. exponit. Dico opera mea Item Aug. fic:
quod fit repetitio eiusdem fententiꝗ. fcilicet generationis diūinꝗ
q. d Dico opera mea (.1. in verbo vnigenito meo: omnia opera mea:
difpono.) feu dico (.1. verbum profero in quo funt omnia. Iohan. 1.
In ipfo vita erat ꝛc. pater enim in hoc quod verbum fuum dicit.
in quo funt omnia, dat filio & dedit quod fit idem creator cum
patre   Et fic dicit omnia opera fua in verbo & per verbum
fuum. Ergo Dicere regi opera patris Eft Chrifto homini: diuinitatem datam profiteri: & per eam cuncta facta effe ac in eo
effe. per dictionem patris: filius habet omnia opera patris: ficut
& effentiam.   Item Aliter poteft fic intelligi: Dico opera
mea (.1. Quod per verbum creo omnia ad extra. Hoc De ifto
rege debet intelligi q. d fciatis Quod rex ifte homo eft principium illud in quo fꝗci cꝗlum & terram.

Lingua mea Calamus ꝛc Aug vult. Quod comparatiue Deus
fuum verbum. non fonis Sed fcriptis explicat: ad fignificandam
permanentiam: Quia Scriptum manet. prolatum tranfit. Sic verbum dej ꝗternum eft: & tamen velociter dictum fimul

Secundo in perfona prophetꝗ vts. Sed Dico opera mea regi
adhuc difficile eft. Aug. autem fic fecundum quofdam dicit accipi.
Eructauit cor meum verbum bonum (.1. hymnum & laudem Chrifto.
Sicut blafphemia eft verbum malum. (.Et Hec fententia non eft
abfurda: Quia fancti gaudium cordis non poffunt effundere Sed
vix eructare.) Dico ego opera mea (.1. laudes: Quia fumma opera
Hominis funt laus Dej. Nec poffumus aliquid retribuere nifi laudem & confeffionem tantum.

Lingua mea ꝛc .1. fecundum Aug. Velocia fcribentis (.1. ea
que cito implenda erant Verum in ifto verbo, quid profundius
Eft. Sciendum Itaque Quod verbum dej triplici modo dicitur
& reuelatur. Primo a deo patre in fanctis in gloria & in feipfo

Secundo in fanctis in Hac vita in fpiritu: Tercio per verbum externum & linguam ad aures Hominum Et fic eft velut in tercium vas

Blatt 59ᵃ: tranffufum. Et Hoc eft figuratum. per Hoc Quod olim deus locutus eft in prophetis & patribus Et fic mediante Homine: factum eft velum literę: & paries medius.   poftea locutus eft in filio: Hoc adhuc eft in velamento. Sed tamen fecundum.   Tandem pater ipfe in Cęlo. loquetur nobis in feipfo. cum nobis verbum fuum ipfe fine vllo medio reuelabit vt audiamus & videamus & beati fimus: Atque ficut primo locutio multis figuris & vmbris fuit Inuoluta: que omnia in vno Chrifto implentur. & Inueniuntur. Quia quicquid in lege, tam multis verbis & factis agitur. totum vnus Chriftus habet in veritate Sic enim verbum confummans & abbreuiatum fęcit Dominus: Vt que ibi multis aguntur. Hic vna fide fcilicet & Charitate explentur. [*so*] & ceffet onerofa multitudo legum   Ita in futuro erit deus idem vnusque omnia in omnibus. Et tam multa quibus nunc fub Chrifto etiam vtimur & egemus fcilicet gratijs & donis: [que tamen multo funt p *ausgestrichen*.] que funt per multa olim carnalia fignificata (.Nunc enim pauca funt ceremonialia. immo nulla fere de neceffitate Euangelii nifi. 7. facramenta que olim erant plurima. Sed tamen fpiritualiter ifta remanent: & adhuc funt multa:.) Et tunc omnia ifta pater. vno nobis verbo pręftabat: Quia cum apparuerit gloria eius tunc fatiabimur Et tamen vnico & fimpliciffimo verbo fuo fatiabit nos: Sicut modo in fpiritu: vnica ceremonia fcilicet facramento: omnia tribuit: que olim multis carnalibus & imperfecte .1. figno dedit

De tali ergo Velocitate: que Hodie eft in Chrifto propheta vult quod lingua fua fit Organum fpiritusfancti: qui nunc velociter fcribit: quia fpiritum dat. litera depofita: Senfus enim fpiritualis eft proximum inftrumentum fpiritusfancti: quo corda erudiat: litera autem remota & tarda.   Si autem in perfona patris. Iterum bene. Quia in futuro ipfe erit Scriba velox per verbum fuum in omnibus beatis

Quare omnia in Hoc ps funt velocia (.1. fpiritualia: remoto omni fenfu carnis.) Vnde Cum audis Regem nominari, noli regnum mundi, neque regem in purpura & auro cogitare: Sed in fpiritu regem: qui in veritate regnat, non in diuitijs & tyrannide Quia profpere ait procede & regna   Et Hoc propter veritatem & manfuetudinem & Iuftitiam. Et ducet te mirabiliter dextera tua (.1. non fecundum homines. qui tale regnum non fapiunt

ponuntur ergo ifta tria Veritas manfuetudo, Iuftitia: nimis apte: precipue propter hoc ne regnum eius carnale putetur. Eadem ratione illud quoque Deducet te mirabiliter.   Quia cum diceret. profpere procede & regna. addit. propter veritatem. x q. d. vt per iftas & in illis regnum tuum fit: profperaberis ad ipfum.

Nota autem Quod Hic veritas abfolute ponitur. Vbi alias veritas fepe tua dicitur que eft Chriftus. legis impletio: Hic autem per eadem & omni alia veritate debet intelligi. Et pulcherrime docentur Hic Prelati officium fuum: Primo quod in veritate: 2° in manfuetudine, tercio in Iuftitia regnent & prefint in Ecclefia populo Chrifti In veritate

Dico { primo vt non litera tantum prefint: feu fecculariter & poteftate tantummodo gaudentes ac honore & dignitate officiorum. Sed fint in fpiritu fuperiores & vere aliis preferendi tam in vita quam in verbo: Alioquin erit paftor & Idolum: Et non veritas. Sed vanum fignum

Secundo vt alios erudiant verbo veritatis. & non litera: ficut Iudei faciunt. Nec ficut leges Hominum & Iura: Doceant. Sed Euangelio fuos dirigant: quod eft veritas .1. Chriftus

Tercio: vt ipfi & fuos fubditos. mendacia fugere faciant. & Inuicem veritatem loqui procurent   Vide quam pregnans verbum. Sed Hodie pene obfcuratum & oblitum: Et Hec omnia

exemplo Chriftj: Qui regnat in veritate non in vmbra legis, nec in vanitate fecculi Nec in falfitate tyrannorum. His tribus enim opponitur veritas

Blatt 59ᵇ: Secundo in manfuetudine. (.1. vt non poteftate vtantur tanquam dominj. Sed manfueti fint ne illud Ezech. 3. Audiat. cum poteftate & aufteritate imperabatis eis x Vbi pulchre

exprimitur. quanta damna fiant. vbi non in manfuetudine regitur:
Mali enim fuauiter funt corrigendi, Infirmi tolerandi vt Apoft
ad Timo Et Aug. in regula: patiens fit ad omnes x Contrarium
nunc agitur. quia fulminationes furiunt. Eo quod pueri fint principes ex ira dej

Tercio In Iuftitia. fcilicet coram deo & hominibus. vt deo
facrificent fe & fuos offerendo orando. caftigando. & puniendo &
reddendo meritis premia cuilibet

Igitur Cum dixiffet. profpere procede & regna: pone iunxit,
nec alio loco pofuit: propter veritatem x tanquam caufam precedentis: propter veritatem ergo: & hoc tibi: Et manfuetudinem:
hoc alijs Et Iuftitiam hoc Deo   Et Qui vnum habet omnia
habet. Et qui vnum non habet. nullum habet. Sunt enim infe-
parabilia: Tales igitur effe debent, qui ad officia curas-
que animarum fcandunt aut eliguntur Vt poffit illis
dici ficut & Chrifto (cuius conformari debent imagini.)
Specie tua, & pulchritudine tua, intende profpere procede & Regna. propter veritatem & manfuetudinem &
Iuftitiam (.1. Quia dignus es regnare & profpere afcendere: eo quod veritatem & manfuetudinem & Iuftitiam
poffideas.) Et tunc deducet te mirabiliter dextera tua:
Alioquin feducet te [finiftra tua *ausgestrichen.*] miferabi-
liter finiftra tua

Eodem modo Tropologico Regi: que eft anima fancta: fuper
carnem, mundum & diabolum dicitur: Vnde in fenfu tropologico. [per qua *ausgestrichen.*] vtitur iftis verbis Ecclefia: in
feftis fanctarum virginum & viduarum: Quia per quan-
dam excellentiam Virginitas regnat fuper carnem: ficut
regina & domina potentiffima: que nec vno momento
carni cędit: fimulque diabolum & mundum gloriofe
calcat Atque quia omnis anima virgo eft fide: conculcans vitia
& exceffus carnis mundi & diaboli   Redeundo igitur ad
primum.

Veritas Eſt 2ˣ

Scilicet	Sermonis contra	1.	Errorem & falſitatem
		2	falſitatem vt quando poete fingunt, ergo contra fictionem: ſine tamen intentione mentiendi
		3	mendacium
	Operis contra	1	Vmbram. vt figurę legis: erant veriſſimę res: & tamen ſimul vmbrę veritatis future & Diũinę ſcilicet Chriſti Et adhuc ſunt vmbrę. eternę glorię. omnia temporalia.
		2	falſitatem in opere vt quando quis errat in opere Sic quando quis prelatus fit indebitus per errorem ſũi. Aut talia facit
		3	Vanitatem Quando ad literam ſolum regnat & foris: ſeu carnaliter tantum in poteſtate congaudendo: Neglecto ſpiritu. vt ſit ſpiritu talis: qualis foris apparet
		4	Mendacium: quando contra conſcientiam intrat ouile aut regnat. ſeu officia agit. Hoc eſt Idolum

Hec eadem Tropologico regi accomodes
Blatt 60 ist herausgeschnitten.

Ps ·48. [Hebr. XLIX].

Blatt 61ᵃ: Quique terrigene. & filii hominum. Heb. exprimitur: Ignobiles & nobiles. Vnde in Hebreo ſunt Tria nomina: que Hominem ſignificant. Primum eſt Adam. Et hoc proprie exprimit hominis naturam corporalem & hominem exteriorem, ſecundum quam de limo terrę formatus eſt. Adam enim terram proprie ſignificat. maxime rubeam Et ſic aptiſſime Apoſt. Ro 5. dicit Quod Adam fuerit forma futuri: Quia terrenus & corporalis homo figura eſt. cęleſtis (.1. ſpiritualis..) Vnde dicit Si portamus Imaginem terrenj :c   Alterum Eſt Enos Quod interpretatur [oblitus *ausgestrichen*.] obliuifcens feu defperatus Et proprie exprimit Hominem fecundum rationalem naturam fecundum quam corpori peccati immerfus eft: & defperatus & obliuifcens factus. Vnde ps .8. pulchre ifta duo nomina componit dicens. Quid eft ęnos. quod memor es eius. Aut filius Adam. quod vifitas eum? q. d. Quid tu ipfe deus eius memor es: qui totus defperatus & in obliuionem datus eft. Et Quid illum vifitas, qui infima terra eft. Mira enim dignatio dej. Quod defperatorum memor eft: & vilem terram vifitat, eligens infirma & ea que non funt. Tertium Eft. Is. quod fignificat hominem in mafculino. Ifta in feminino. Et proprie: eum qui eft caput vel nobilis inter alios. velut Heros ac princeps. Vnde Hic Habetur Quique Adam & filij Ifcim .1. omnes qui de terra eftis & infimi Et qui principes & nobiles fint inter vos [*Am Rande links:* Hanc proprietatem linguę hebręe non poteft vlla fequi ideo cum interpres vereretur dicere quique filii hominum & filii hominum coactus eft ad etymologiam ire quia non Habemus quo nos hominem differenter exprimamus fecundum corpus & animam]

Os meum loquetur .fapientiam? Quę eft igitur ifta fapientia? Illa inquam. Cur timebo in die mala. Sed que eft ifta? Refpondet Hęc eft Sapientia: Quod omnia vifibilia & tranfitoria Mala non funt metuenda. Et Bona fimiliter non fperanda: Quoniam Mala non damnabunt coram deo. Sed nec Bona faluabunt coram eodem. (.Vtraque enim in lege promiffa. Iudęi fibi pertinaciter aduertunt Immo Bona ifta coram deo damnabunt. Et Mala potius faluabunt. In his igitur. 4. ftat fapientia ifta quam hic promittit Scilicet quod

Mala non damnant		illa non metuenda
Bona non faluant	ideo	illa non appetenda
Bona potius damnant		illa potius fugienda
Mala potius faluant		illa potius ferenda

De primo dicit Cur timebo in die Mala? Dies ifta mala dicitur propter Malos & perfecutores q. d. non eft timendum in die, qua mali preualent contra me & meos. Quia nolite timere eos qui occidunt corpus: Malum enim eorum non damnat coram deo. Sed magis prodeſt   Cur ergo timebo? Iniquitas Calcanej mej circundabit. q. d. Eſto. Iniqũitas eorum qui mihi fratres ſunt ſecundum carnem me perſequitur Nunquid ideo timebo quaſi hoc ſit totum & omne malum? Abſit.   Sicut autem Iacob nomen accepit a planta fratris ſui Eſau non a ſua planta propria: Ita Caro eſt Calcaneus animę tropologice. Allegorice autem Carnalis Iſrael Eſt Calcaneus Spiritualis Iſrael: Nam ſicut ſe habet anima ad carnem. ita [Iudęi *ausgestrichen.*] Synagoga ad Chriſtum & Eccleſiam: ideo ſub iiſdem verbis. illorum allegoria & huius tropologia in ſcripturis aſſumitur. [*Am Rande rechts:* Sic etiam gentes carnaliter contra ſpiritualiter viuentem Eſt ſimiliter Calcaneus] Sed Quia Hic dominus in parabola & propoſitione loquitur Allegoriam illam. Genes. 25. hic pro litera intelligi oportet. Vt ſit Calcaneus: ipſe Iſrael carnis Ipſe Eſau myſticus: Vnde Chriſtus myſticus Iacob dicitur. Et Maxime etiam eo myſterio. Quia ſicut Calcaneus eſt finis corporis humani. Sic Iudęi qui Chriſtum perſecuti ſunt: fuerunt vltimum & finis ſynagoge. Quia tunc Eccleſia cepit & Synagoga ceſſauit. Tercio ideo. Quia Sicut Iacob naſcens, apprehendit plantam fratris ſui Eſau. Sic filius dej naſcens. apprehendit humanam naturam in Iudęis & myſtico Eſau: Et Hoc prope finem ſynagoge. Quia in fine temporis legis natus eſt

De 2ọ dicit, quomodo Bona non ſunt appetenda: quia non ſaluant. Sed magis noceant, (.hoc enim eſt maxima ſapientia, noſſe.) dicens. Qui in virtute ſua confidunt, ꝛc Q. d. Cur timebo mala & requiram bona? Cur detrectem iniquitatem proximorum ſecundum carnem & confugiam ad bona: horrendo mala? Cum illi qui confidunt in virtute ſua & diuitijs. tales ſint. Quod etiam frater qui tamen maxime beneuolus eſt fratri: non poſſit redimere, ſecundum deum. Quod ſi non redimere, nec damnare certe. q. d. Quantumcunque benefaceret, non per hoc redimeret. Et quantumcunque malefaceret. non damnaret. Cur ergo in die mala timebo? Aut cur in die bona ſperabo? Quia frater non redimet: etiam in die bona .1. quando bene facit Sicut enim dies mala eſt. in qua Impius. male facit & nocet. Ita dies Bona. in qua frater bene facit. Igitur & mala & bona contemnenda

Quia illa non timenda a Calcaneo inferibilia. Nec ista fperanda a fratre conferibilia. Et Ideo Hic. Calcaneum appellat eundem populum quem & fratrem. illud, quando nocet. Hoc quando benefacit   Calcaneus eft quando in virtute fua confifus & diuitijs fuperbiens circundat in nequitia. Frater quando poteft benefacere & redimere. Non ergo frater redimit. Quod

Blatt 61ᵇ: fi quommodo redimit. Redimit homo (.1. fecundum hominem poteft redimere temporaliter pro hac vita.) Sed noftra redemptio ex deo eft. Ideoque ifta redemptio non eft magnipendenda: quam tamen folam infipientes Iudęi & omnes carnales magnipendunt. & expetunt.   Non fic fancti dej martyres. qui non fufceperunt redemptionem talem, vt meliorem inuenirent refurrectionem.   Quia redemptionem humanam non curant. Sed querunt diuinam, Illi autem diuinam non curant Sed querunt humanam. Et ideo contra eos totus ps vadit.

Sequitur Si redimit homo: & non deus. tunc non dabit deo placationem fuam cui tamen maxime debet dari: fi debemus redimi. dat autem eam homini quidem. Et precium redemptionis corporis. Sed non animę.   Ideo Laborabit: etiam fic redemptus adhuc erit in captiuitate & labore inęternum. Et adhuc viuet imperpetuum, vita peffima: quia non eft mortuus cum Chrifto vt cum eo viueret.   Non videbit interitum ꝛc vt in gloffa.

Conformiter ad hanc fententiam dicit ps. 88. Quis eft homo qui viuet, & non videbit mortem? Eruet animam fuam de manu inferi? q. d. homo non redimet. Nullus vtique.   Et poteft Hic illud. Non videbit interitum. accipi: fecundum opinionem illorum. ac fi diceret. Talis infipiens non videbit (.1. putat fe non vifurum mortem: cum tamen fapientes videat mori, adeo eft infenfatus. quod cum illos innocentes videat perire. Non intelligit Quod & ipfe corporaliter morietur: & fpiritualiter peius: quia infipiens eft: & ideo Neceffario peius morietur, cum fic mifere fapientes moriantur. Sed hoc non aduertit: Vnde & contra talem Hoc fonat. Quis eft homo qui non videbit mortem? q. d illi infipientes fic fe putant effe non vifuros. Sed vtique videbunt. mortem inquam Inferni

Sed & Hoc aliquid habet ponderis. quod videt fapientes

morientes, Videt enim (.1. complacet fibi in Hoc. quod fapientes
fancti fic moriuntur (.1. varijs tormentis conficiuntur vt Apoft
[*1 Cor. 15, 31. Rom. 8, 36.*] ait. Quottidie morimur. & eftimati
fumus ficut oues occiffionis [*so*].) hec enim Iudej Inuidi libenter
confpexerunt in Chrifto & fuis. Sed interim non videbant interitum fuum etiam peiorem fibi imminere.　　Omnia ergo ifta
contra Iudeos vergunt. qui non nifi Humanam redemptionem
vfque Hodie expectant Et Interitum fuum necdum vident. Quia
libenter vident Sapientes mori (.1. Chriftianos perire.

　　Mūltis autem & aliis modis ifti quinque verfus funt ab alijs
expofiti: multum laboriofe: alii quefitiue. alii tropologice. alij
mixtim ex omnibus.　　Vnde quidam fic. iuxta heb. **fratrem**
redimens, non redimet vir vel virum. (.1. Chriftus redimens
fratrem fuum fcilicet quemlibet electum qui & **vir eft** in Ecclefia
redemptor. **Ipfe non redimet.** fcilicet Calcaneum & eos qui
gloriantur ꝛc **Vel virum** (.1. Iudam & fotios,　　**Et non dabit**
deo placationem pro eo. fcilicet Iuda & fuis fotijs **Et precium**
redemptionis anime eorum: Sed quiefcet in fecula,
(.1. ipfe Chriftus quiefcet.) **& viuet in fempiternum Et non**
videbit interitum, cum viderit fapientes (.fcilicet fecundum feculum.) **morientes** ꝛc　　Sed hec expofitio violentior
eft paulo Quia licet Chriftus fuam placationem pro Iuda & Iudeis
efficaciter non dederit tamen vtique dedit fufficienter. Sed magis
ipfi non acceperunt, Ideo non. debet negari datum. Sed potius
acceptum beneficium propitiationis.　　Item Quòd pro vir:
virum ponit: coniectura magis eft quam expofitio Et quod fapientes hic pro feculj fapientes ponat, non videtur, cum mox
fequatur. Simul infipiens & ftultus peribunt.　　Quare ille
prior melior videtur

　　Qūid illud Inclinabo in parabolam aurem meam. Et aperiam in pfalterio Heb in Cythara enygma meum: quod eft idem
quod propofitio　　pfalterium hic pro reuelatione pfalterij
capi poteft. Quia per Chriftum aperta. funt myfteria in pfalterio
pofita de fe:　　2° In pfalterio (.1. in Hoc pfalmo quia Chriftus Hic ea docet: que in Euangelio Docuit poftea. Et fic propofitiones fuas etiam Hic prophetice aperit: quas poftea etiam

in Euangelio aperuit   3.° Quia ficut pfalterium inter ceteras
fcripturas, eft maxime abfconditum & velatum: Ita & dominus
fententiam fuam in parabolis velauit & abfcondit. atque fic in
Euangelio fuas propofitiones aperuit in pfalterio (.1. ad modum
pfalterij. fcilicet enygmaticum & parabolicum, Quia fpiritus litere
totus in parabolis per pfalterium narratur   4.° Quod
ficut Inftrumentum illud Muficum, fcilicet pfalterium, non
dat verbum Sed tantum fonum (.1. fonum non articulatum per
fyllabas Intellectualiter fignificatiuas Sed tantum fonum fenfibiliter
perceptibilem.). Ita litera vel parabola. Eft velut fonus, non
articulatus neque diftinctus. Et ita tota lex vetus. Eft tantum
vox vel fonus: quia folum fenfibilia tradens

Blatt 62ª: ac [velut *ausgestrichen:*] fine verbo myftici fenfus.
Quia ficut per Incarnationem Chrifti: verbum dej additum eft
carni Ita per eundem, fpiritus reuelatus eft: qui eft velut verbum
vocis, & ficut deitas carnis. Et fic propheta vult. Quibus Chriftus aperiet in pfalterio (.1. reuelabit in illa parabolica voce &
fono verbum fpiritum & diuinitatem latentem   Et Hoc
modo Apoftolus dicit. 1. Corin. 14. Quod tuba, nifi diftinctum
fonum dederit, quis fefe parabit ad prelium? (.1. articulatum,) ꝛc
Tuba fonans Eft lex literalis fenfus. Qui fonus articulatur &
diftinguitur: Quando fpiritualiter & myftice exponitŭr. Que arti-
culatio fono fic facit, ficut myfterium litere, fpiritus carni, Diuinitas humanitati Chrifti.   Qui enim Carnem Chriftj. infpi-
ciat indiftincte, fine dubio nihil intelliget, nihil fe difponet ad
eum. Si autem eum deum effe diftinxeris, Iam in terram cadens
adorabis: Quia carnem eius in verbum diftincte articulafti: ideo
iam intelliges In hanc fententiam Excellenter theologiffat Apoft
vbi supra   Et Hoc Mofes figurauit [Leuitici. 12. *ausgestrichen.*] Quando precepit fonum tube differenter articularj. Quando
itur ad bellum, Quando Numerj. 10. fefta aguntur. Quando populus congregandus eft   (.1. Scriptura 3ᵈ fenfu myftico articulatur.   primo tropologico, qui parat ad bellum contra vitia
& Demones Secundo allegorico, qui parat ad Epulas & dies feftos,
ad eruditionem & refectionem fpiritualium Tertio literali, qui
congregat populum. Et Hic eft fimplex clangor. vt ibidem dicit

Igitur. pfalterio aperire. Eft in parabola & vmbra (qualiter litera eft) producere fpiritum & myfticum fenfum, Hoc autem certum eft quomodo Chriftus egerit.

ps. 49. [Hebr. L.]

Blatt 62ᵇ: Deus, deus, deus, Locutus eft (.1. loquetur in futuro.) fic enim debuit tranfferri latine quia in Heb. ponuntur tria nomina Dej Vnde Hiero fic Fortis, deus dominus, locutus eft primum. tranfferens fecundum etymologiam fcilicet El locutus autem eft deus (.fecundum Apoftolum.) olim in prophetis. nouiffime autem in diebus iftis, in dilecto filio   Quid ergo locutus eft?

Vocauit terram, quia venit peccatores vocare ad penitentiam. Mifit enim verbum fuum. Hoc eft. quod locutus eft. loqui enim eft verbum mittere & dirigere ad alium, foris   Dicere autem eft verbum tantummodo producere. & diffinitiue ftatuere, ac determinare. Non fic loqui: [*Am Rande links:* dicere loqui] Et iftorum duorum verborum talis doctrina in fcrip. Euidens eft.   Quia quecunque deus dixit fiunt & facta funt Et fic verbum eius femper fit & factum eft. vt dicitur in multis locis Scrip. Quia tunc deus per internum verbum immediate dicit, quod eft omnipotes [so] & efficax.   Locutus eft autem fepius & multa: que non funt facta & audita ac recepta ab ¡hominibus. Ideo Locutio & verbum dej multum differunt.   Locutus ergo eft in dilecto filio fecundum carnem eiufdem

Ex Zion fpecies Decoris eius. Ecclefia Eft fpecies decoris Eius fcilicet Chriftj. Quia ej affimilata & de eius plenitudine accipiens. Ipfe decorus. & omni decore pulcherrimus a quo decore venit fpecies (.1. forma & imago eius in Ecclefia: Et ipfa de Zion exiuit in totum orbem terrarum.   Quia vocauit ab ortu folis vfque ad occafum .. Scilicet in Zion incepit. & ibi primum exiuit ifta vocatio. vt [act. 1 Eritis *ausgestrichen.*] Matt. vlt, Incipientes a Ierufalem vfque ad nouiffimum terrę. [*Am Rande links:* Ifaie 2. Mich. 4. De Zion exibit rex & verbum domini de Ierufalem Sic etiam Ecclefia: quia cum lege & in lege exit. etiam populus qui eft in lege. Non enim lex fe fola fine

fuis cultoribus exiuit in orbem terrarum. Igitur lex decora &
Synagoga. Sed euangelium Species illius decoris fimiliter &
Ecclefia]   Alio modo fpecies decoris eius Eft manifeftatio & claritas decoris eius: Et Hec eft Euangelica lex per
totum mundum predicata quia in ifta fpecie & claritate apparuit
omnibus. quis effet decor Chrifti. quia fcilicet fpiritualis. Sicut
ftella magis oftendit natum Chriftum, ita Species ifta & claritas
Euangelii. decorem & gloriam Chriftj.   Tercio   Species
(.1. reuelata facies decoris Chriftj, qui prius in litera latuit, tunc
cepit videri.   Quia fuit quidem decorus. Sed nondum fpecies eius apparuit ideo abiecta litera. & adducta luce, tandem
apparuit veritas. quam vmbra non finebat effe fpeciem, licet decorem effe prohibere non poffet.   Et Hoc in Monte Chriftus
oftendit. quando decorem diuinitatis & glorie fue, foris protulit
in fpeciem.   Vnde & fpecies a fpecere venit, vt fit non nifi
ille decor. qui viderj poteft & in claritatem pofitus. Hoc enim
in lege non erat.   Sic Sic [so] forte illud fupra ps. 44. intelligi poffit Specie tua & pulchritudine tua. vt fit, fpiritus, ipfe
decor, pulchritudo, manifeftatio autem eius paffiua per Euangelium actiue, fit fpecies eiusdem. [*Am Rande links:* Et fupra
ps 46. Speciem Iacob quam Dilexit]   Et Huic confonat
Heb.   Gloria & decore tuo. Quia Decor fine gloria non
videtur. Et eft fub litera latens. Gloria enim eft clarificatus
decor & Species eft manifeftata pulchritudo. Sicut dicit Iohannis. 12. pater clarifica me claritate quam habui (.Ecce abfconditam.) priusquam mundus fieret.   Eodem modo & Hic
iuxta heb. Hiero: capi poteft,   Ex Zion perfecto decore deus
apparuit. Quia lex imperfecta eft. & decor eius per Euangelium
perfectus eft.   Talis eft & illa oratio,   Gloria & honore coronafti eum. 8. Et Gloriam & magnum decorem impones
fuper eum x

Qui ordinant teftamentum eius, fuper facrificia.   .primo
(.1. qui pactum Chriftj feriunt pro facrificio). fic enim Heb..) qui
legem eius fufcipiunt vt eüm colant facrificio.   Vnde Sacrificium eft finis legis & Euangelii Quia quid aliud facit Euangelium. quam quod nosipfos mactat & mortificat fecundum carnem

&fic offert deo viuificatos fecundum fpiritum Ro. 12. Exhibeatis corpora veftra hoftiam. Et 1. Pe. 2 vt per ipfum offeratis hoftias fpirituales :c. Quę fumus nos ipfi: de quibus Hoc [*so*] ps nos erudit.

Secundo fuper facrificia (.1. perfectius & dignius quam fint facrificia legis ac plusquam illa Ordinant autem: quia primo feipfos. deinde alios offerunt & per verbum dej conficiunt. Hoc enim poftulat ordo Charitatis. vt prius pactum & teftamentum dominj faciat ad facrificandum feipfum. Deinde & alios. Quod autem verbum dej fit teftamentum patet in glofa. Et ps. 26. Teftamentum ipfius vt manifeftetur illis

Blatt 63ᵃ: Deus, Deus nofter, dicit: primum quia in feipfo verus etiam fine nobis eft deus, Secundum. Quia per veram religionem nofter deus eft, ficut dicitur deus Abraham. Ifaac. Iacob. Ifrael. Et fepius in li. Regum ad prophetas dicitur deus tuus. deum tuum :c Sic Ezechias ad Efaiam. eiufdem. 37. Et Zdech ad Ierem. eiufdem 49 [*Die 4 scheint durchstrichen. Ob 39?*]

Sacrificium Laudis. foli debetur deo. laudem enim & gloriam: iam fibi vendicauit, quam ej diabolus & homo furatus fuerat. [*Am Rande links:* Aug. Hoc facrificium eft. Gratias agere illi a quo Habes quicquid boni habes Et cuius mifericordia tibi dimittitur quicquid tuum malum habes. Vnde Baruch. 1. Et dicetis Domino deo noftro Iuftitia, nobis autem confufio faciej noftre] Quare coram deo non gloriari poteft omnis caro, Sed folus ipfe gloriofus eft. & nos confufiofi vt fic dicam. Tunc enim Recte deus colitur Quando nosipfos omnino confundimus. Et omnem laudem & gloriam ej attribuimus. Et quicquid in nobis eft. Quia quando deo tribuimus quod fuum eft: & referuamus nobis quod noftrum eft. tunc nihil referuamus. & ipfum nihil eft noftrum Totum autem eft dej. ex quo accepimus. Talis ergo confeffio ex vero corde: eft ipfum laudis facrificium, fcilicet totos nos deo debitos fateri quicquid fumus. Et nihil nobis relinquere omnino. Atque non folum corde Sed & opere nos, fic ej confiteri, vt opera ipfa teftentur, nos nihil nobis effe & videri Et ex hoc fundamento fit, vt quilibet quantumuis fanctus, neceffe habeat de fe coram deo omne malum fentire & confiteri. & omnino nihil. Et dicere. Tibi foli peccaui, tibi malus fum, tibi nihil fum. Quia fi deus auferat id quod fuum eft in nobis ve- riffimum eft: id quod relinquitur. priûationem, tenebras, & ma- lum effe. Ac fic damnatione dignum Quod fi aliquid illorum nobis inflectimus: iam fures fumus bonorum Dej. & fubtractores glorie eius

Et ex hac radice veniunt ifta verba: Beatus vir cui non im- putauit dominus peccatum. Et illud Apoftoli: Quorum primus ego fum. Et illud Chrifti. fede in loco nouiffimo. Quia fi deus nobis vellet imputare: illud quod eft in nobis: vltra eius dona: iam effemus peccatores Sed hoc falui fumus, quod ipfam noftram nihileitatem nobis non imputat, quando eam faltem agnofcimus Et fic nullus fanctorum, etiam b. virgo, non mentitur, dicendo. Dimitte nobis debita noftra. Sic Sic Ego dixi in ex- ceffu meo. omnis homo mendax. Quare? Quia humiliatus fum nimis Ideo Credidi. & fic locutus fum, Non quia fumus ali- quid Et fic totum. c. Ro. 3. intelligi debet Vnde & Efaie. 40. Ecce gentes. quafi nihil reputate funt ej. Nunc autem omne Nihil eft peccatum, Quia lege prohibitum, vt nullus vacuus coram Deo appareat. Sed omne nihil eft vacuum, ergo omne nihil eft contra legem. Etfic Conclufit Scrip. omnes fub peccato Gal. 3. hoc eft ergo verum facrificium laudis. Sci- licet fuam totam abyffum agnofcere & omnia que eft, habet, poteft, dej bonitati afcribere & confiterj. Quare profunda theologia in ifto verfu eft: qualis & in toto ps fequente. per fingulos pene verfus eft.

Quod autem alii illud de facrificio altaris exponunt, non videtur ad literam dici. Licet verum fit Quod facrificium laudis: & res ipfa facramenti fit idem: Quia in ipfo offertur femper facrificium laudis. de quo Hic loquitur. Sed non folum in illo. Immo facrificium laudis eft Iuge facrificium, quod nunquam ceffat offerri. Quia nos ipfos deus requirit & non noftra. nifi vt fignum feu facramentum. facrificii quod fumus nos. Nam & b. Aug. tale exponit facrificiûm Vnde illa dictio Hod hebraice fignificat proprie Confeffionem: que tamen & laus eft. Sed magis exprimit, laudem fcilicet de acceptis ac gratiarumactionem:

Nam & laus quedam eſt. non confeſſio nec gratiarumactio Sed tantum preconiſatio.

Cęli annunciant Iuſtitiam dej: quoniam deus Iudex eſt. Hoc nouum verbum Apoſtoli nunciauerunt Scilicet Quod iam deus ipſe, non Homo loco dei Iudicaturus ſit. Et ideo neceſſe eſt vt tale Iudicium ſit vniuerſale & omnium generale. quia dej: Cuius Vicarij tantum partiale agunt. Ipſe autem. quia ſupremus. & altiſſimus. neceſſe eſt. vt omnia Iudicet. Quare annunciare. quod deus Iudex eſt. eſt annunciare vniuerſale Iudicium & quod non ſufficit Iuſtitia alicuius. quam coram Hominibus habere poſſit.

Sed requiritur Iuſtitia dej vt coram deo Iuſtus ſit, Et ad hoc requiritur: quia non ab homine Sed a deo Iudicabitur. Quoniam deus Iudex eſt.

ps .50.*) [Hebr. LI.]

Blatt 63ᵇ: Iſte ps ſicut eſt vulgatiſſimus: ita certe difficillimus preſertim in verſu quinto: ſuper quo tot ſunt pene expoſitiones allatę. quot fuerunt expoſitores. Quare Apoſtolum pro nunc ſequi volumus Ro 3. Qui per ipſum probat. quod omnis homo ſit mendax & peccator. Solus autem deus Verax & Iuſtus. quod debet intelligi de ijs hominibus, qui nondum a deo ſunt Iuſtificati. & deo coniuncti. quoniam tales ſunt Iuſti & veri dicit ergo. Eſt autem deus verax & omnis Homo mendax. ſicut ſcriptum eſt. vt Iuſtificeris in ſermonibus tuis & vincas cum Iudicaris.   Et ſequens. Infert Corol ſecundum quoſdam. Si autem iniquitas noſtra Iuſtitiam dej commendat ꝛc (Hoc enim ſequi videtur ex iſto. Tibi peccaüi vt Iuſtificeris: quaſi non poſſit Iuſtificari. niſi nos peccemus.   Sed hoc ſic debet intelligi propoſitiones ponendo

primo. Omnes homines ſunt in peccatis coram deo & peccant .1. ſunt peccatores vere.

Secundo. hoc ipſum deus per prophetas teſtatus eſt, & tandem per paſſionem Chriſti idem probauit: quia propter peccata hominum fęcit eum pati & morj

---

*) Vgl. Riehm, Initium pag. 16 ſqq.

Tertio Deus in feipfo non Iuftificatur. Sed in fuis fermonibus & in nobis

Quarto Tunc fimus peccatores quando tales nos effe agnofcimus, quia tales coram deo fumus

Tunc fequitur. Qui non eft peccator (.1. fe non confitetur peccatorem.) manifefte contendit deum condemnare in fermonibus fuis. quibus nos in peccatis effe teftatus eft. Et Chriftum non pro peccatis mortuum effe contendit Et fic Iudicat deum & mendacem facere nititur. Sed non vincet neque preualebit. preualuit autem deus. Et tales fuerunt Iudęj & funt vfque Hodie

Vnde multę funt tales auctoritates in Euangelio & Apoftolo: que videntur nos Inducere vt peccemus: cum non aliud velint, nifi vt confiteamur & agnofcamus nos effe peccatores. dicit. Tibi foli peccaui. Et fic tunc Iuftus & verax in fermonibus efficitur. quibus nos peccatores declarauĭt. Et vincit. quia falfe Iudicatus fuit. Et qui dicit. Tibi peccaŭi foli. Excludit Iuftificationes legis: q. d. Non confiteor de peccatis contra legis ceremonialia: quia talia funt figuralia peccata. & per legem auferibilia. Sed de ijs: que lex nullo modo poteft auferre. nullis Hoftiis, nullis lotionibus, aut ritibus. Ideo tibi foli peccaŭi. Quia de veris peccatis confiteor: non de vmbraticis. Quia ecce veritatem dilexifti Et fic eft expreffio precedentis verfus, quale fit peccatum fuum quod cognofcit. Quia non figurale Neque per fanguinem hircorum auferibile. Et taliter peccata confiteri: Hoc eft: deum Iuftificare & victorem facere: Cui repugnant Iudęi vfque hodie: Qui per fanguinem hircorum peccata volunt auferri. & figuralia tantum peccata eftimant. Vnde

Ifta repu-
gnant
{
Negare fe peccatum habere aut
non confiteri: Et deum Iuftificari
Se ipfum Iŭftificare coram deo. Et deum glorificare

Quare a nullo Iuftificatur, nifi ab eo qui fe accufat & damnat & Iudicat. Iuftus enim primo eft accufator fui, & damnator & Iudex fŭi. Et ideo deum Iuftificat, & vincere ac fuperare facit Econtra Impius & fuperbus. primo eft excufator fŭi ac defenfor, Iuftificator & faluator. Quare ipfo facto dicit deo faluatore fe

non Indigere. & Iudicat deum in fuis fermonibus & iniuftificat
ac mendacem & falfum arguit, Sed non preualebit. deus enim
vincet.

Quod fi adhuc quis non intelligat quoniam nullus Iuftus eft
coram deo. qui folus Iuftificatur. Sequitur clarior expreffio. Ecce
enim in iniquitatibus conceptus fum.   Ergo verum eft quod
tibi fum peccator & peccaui, vt tu folus gloriofus fis in Iuftitia
& Iuftificeris folus, quando omnes fumus peccatores   Et
Verum eft.   Quia [nullum opus *ausgestrichen*.] Adeo nos
coram deo fumus iniufti & indigni, vt qu̅ęcunque facere poffemus,
nihil coram eo fint. Immo & fides & gratia, quibus Hodie Iufti-
ficamur non Iuftificarent nos ex feipfis, Nifi pactum dej faceret.
Ex eo enim precife. quia teftamentum & pactum nobifcum fęcit:
vt qui crediderit & baptifatus fuerit faluus fit, falui fumus. In
hoc autem pacto deus. eft verax & fidelis & ficut promifit, feruat.
Quare verum eft, nos effe in peccatis coram illo femper. [nifi
ausgestrichen.] vt fcilicet ipfe in pacto fuo & teftamento quod
nobifcu̅m pepigit. Iu̅ftificator fit   Vnde litera Heb. Sic
Tibi foli peccaui. propterea Iuftificabis in verbo tuo .1. pacto
tuo.   Qui ergo non peccat nec peccatum confitetur, hunc non
Iuftificat deus in pacto: quia qui non credit ꝛc Eo quod non
poffit deus

Blatt 64 fehlt; ist weggeschnitten.

Blatt 65ᵃ: Dicit autem Tibi foli: propter peccata legalia,
que etiam per legem mundari potuerunt. vt tactus. Mortui pol-
lutio corporalis ꝛc. Talia enim peccata funt coram lege & Mofi
potius in his quam deo peccatur Dicit peccaui fcilicet vero &
Spirituali peccato. de quo ps. 18. ab occultis peccatis meis munda
me Et Hoc eft Iudicium quod diligit honor regis & amat dominus: fcilicet feipfum accufare & Iudicare Et tunc Iuftificatur
Dominus in verbis fuis. vt infra ps 141. Iuftus dominus in verbis
fuis ꝛc fcilicet quibus. omnes oftendit effe in peccatis

Deinde Iuftificeris. Hoc fit in eis. qui fe non Iuftificant fed
Iudicant. vt deus Iuftus fit & per eum Iuftificentur & ipfi. Dicit
autem maxime Iuftificeris. & non verificeris. Quia contra Iudęos

potiſſimum loquitur vt Ro. 3. patet Qui non ignorant aut ſaltem non ignorare debent: omnes eſſe in peccatis. Sed qŭia ſe per ſuas Iuſtitias Iuſtificari credunt: ideo deum iniuſtum faciunt ſcilicet quaſi iniuſte eis faciat. quod neget eos in ſeipſis Iuſtificari poſſe. Gentibus autem & verax & Iuſtus eſt

Vincas. Hoc fit in malis & incredulis. A quibus Iudicatur deus Cum ipſi ſeſe deberent Iudicare. ſicut illi qui dicunt. Tibi peccaui. Econtra illi dicunt Non peccaŭi. Et ita dum ſe Iuſtificat neceſſario deum condemnat. De quibus prouer. 30. Generatio que tergens os ſuum dicit. Non ſum operata malum. Quia Iſta duo ſeſe mutuo Inferunt

Qui ſeſe { Iuſtificat, Deum condemnat qui illum peccatorem eſſe affirmat per omnes ſcrip: maxime ps. 18. vt apoſt. allegat Ro. 3. Iudicat & confitetur peccatum, deum Iuſtificat & verificat: Quia dicit id. de ſe: quod deus

dicit de eo. Et ita iam conformis deo eſt. Et verax & Iuſtus: ſicut deus cum quo concordat Quia eadem dicunt: Sed deus dicit vera & Iuſta: Et ille dicit eadem. ergo & ipſe cum deo Iuſtus & verax eſt. Illi autem cum deo pugnant de veritate Deus enim illos aſſerit eſſe impios, illi autem negant Et ſic neceſſe eſt vel deum vel ipſos mentirj: quia mutuo ſeſe condemnant & Iudicant. Sed impoſſibile eſt deum mentiri. Quare vincas cum Iudicaris: ſcilicet in ſermonibus tuis, non enim in ſeipſo Iuſtificatur aut Iudicatur Et ex iſto verbo abunde patet differentia Iudicii & Iuſtificationis

*)[Iuſtificatio Sui contra Iudicium & condemnatio ſui

Iuſtificatio dej contradict Iudicium & condemnatio dej]

---

*) [ ] ist ausgestrichen. Beide Sätze, der ausgestrichene und der geltende stehen auf gleichen Zeilen einander gegenüber.

Iudicium sui contra ·   Iustificatio sui

substantialiter   *contra*   *tor.*   *substantialiter*

dic

contra   *tor.*

Iustificatio dej substantialiter contra Iudiciũm Dej

His nunc Applica Regulas logice. de naturis oppositarum propositionum.

.1. Omnis Accusator sũi, Iustificat deum: Sed non econtra. omnis Iustificator dej Iudicat se. quia potest Impius deum glorificare, vt demonia

2. Omnis Iustificator sui condemnat deum: Sed non econtra. omnis condemnator Iustificat se: quia damnati Iudicant deum & tamen non Iustificant.

.3. Nullus Iustificator sui, Iustificat deum Sed bene econtra. aliquis Iustificator dej Iustificat se.

Hoc totum est quod ps precedenti dictum est. Sacrificium laudis honorificabit me & Illic iter. Sic Iob ait   Celi sunt immundi in conspectu eius & Stelle sunt immunde coram eo & Luna non lucet. (.1. sancti non sunt sancti coram eo Sic Isaie. 40. Omnes gentes. quasi nihil & inane reputate sunt ej: Quia Sancti sese confitentur maxime immundos: Dicentes semper tibi soli peccaui vt Iustificeris ꝛc. Vnde Vna Insignis stella inter eas Dixit. Venit Ihesus Christus peccatores saluos facere: quorum primus ego sum Ecce quomodo ista stella non est munda coram eo: que tanta fulget claritate coram hominibus Et Hinc nascitur illud. quod Mirabilis est Deus in sanctis suis. Nam Verum Qui pulcherrimus est coram Deo: idem est deformissimus & econtra. Qui deformissimus ipse est pulcherrimus.   Sic Qui est pulcherrimus sibi: ipse est turpissimus coram deo Quare sic? Quia sacrificium confessionis Honorificabit me. Nec est vllus

Blatt 65ᵇ: ornatus aut vestis Ecclesie prestantior. quam Indumentum confessionis: Hoc enim eam maxime decet. Ita vt ps dicat: Confessio & pulchritudo in conspectu eius, Et iterum.

Confeſſionem & Decorem Induiſti ﹖ Et Confeſſio & magnificentia opus. Quare ps 44. dicit Audi filia & vide & inclina
aurem tuam Eſto humilis: & ſic concupiſcet rex decorem tuum.
Igitur Non qui ſibi Humillimus videtur. Sed qui ſibi fediſſimus
& turpiſſimus videtur. Hic eſt ſpecioſiſſimus coram deo
Et ratio Eſt Quia ſuam feditatem nunquam videret, niſi eſſet
intime illuſtratus lumine ſancto, Sed habens tale lumen eſt Spe-
cioſus. & quanto clarius tanto ſpecioſior. Et quando clarius
habet: tanto magis videt ſeſe eſſe deformem & indignum.
Quare verum eſt. Turpiſſimus ſibi eſt formoſiſſimus Deo. & econtra
formoſus ſibi turpiſſimus eſt Deo: quia caret lumine quo ſe videat,
Sic B. Virgo ait. Quia refpexit vilitatem ancillę ſuę. Hec ſunt
medulla Scripturę. & adeps frumenti cęleſtis. omni diuitiarum
gloria amabilior. Bonum mihi lex oris tui ſuper milia auri &
argenti. Nec ego pro tali intelligentia: totius mundi diuitias
commutarem Si optio daretur: Dulciora enim ſunt ſuper mel &
fauum. ſunt iſta eloquia dej.

Quo fit vt etiam ſancti, in ſuis virtutibus, non gloriantur.
licet in ipſis gaudeant & exultent. eas referendo ej. qui dedit.
Vtrunque enim nimis abſurdum eſt: &. In paupertate ſuperbire.
& in alienis veſtibus ſuperbire. Primum faciunt qui ſeſe luſtifi-
cant cum ſint impij: Secundum qui quidem Iuſti ſunt. Sed de
virtutibus ſuis ſuperbiunt. & viderj volunt. Licet autem bene
gaudere vt dixi Semper igitur peccatum timendum
ſemper nos accuſandum & Iudicandum in conſpectu Dej. Quia
ſi nos ipſos Iudicamus, non vtique a Domino Iudicabimur. Quia
non Iudicabitur bis in idipſum: Nec poteſt eum condemnare:
qui iam a ſeipſo & per conſequens. a ſermonibus dej Iudicatus
eſt. Quia deus ſeipſum negare non poteſt Sed ipſe Iudi-
cauit illum peccatorem. & Hoc idem fęcit ipſe: Ergo non poteſt
eſſe contra illum ſic ſeſe Iudicantem. alioquin eſſet contra ſeipſum:
qui illi conformis fuit in Iudicio Quare neceſſe eſt vt Iudicium
ſuum in illo agnoſcat & approbet

Patet Itaque ps. iſtum proprie non de Dauid. Sed in perſona Eccleſie prophetice factum eſſe: a dauid velut parte Eccleſie:
ſumpta occaſione ex hyſtoria: quę in titulo nominatur. Maxime

ex eo quod dauid per Nathan correptus ftatim agnouit & con-
feffus eft peccatum dicens. peccaüi Vnde Hoc ipfum: potiffimum
Hic allegat. Quoniam iniquitatem meam ego cognofco: Ibi enim
intellexit. Quod accufare feipfum, fit Iuftificare deum & per
confequens feipfum.   Non fic Saul Qui a Samuel correptus
ait. Immo obediüi voci Dominj. qui fuit figura Synagoge: ideo
ficut ille ita & ipfa proiecta eft a facie in Dorfum. a fpiritu
viuificante in literam mortuam.

figuram huius rej Infpice in Chrifto pendente in cruce. Vnus
latro Iudicat, condemnat & blafphemat eum, alter feipfum Iudicat & Iuftificat Chriftum dicens. Nos quidem Iufte (.1. Tibi foli
peccaui) hic vero nil mali geffit. (.ecce vt Iuftificeris.) Quod fi
Iuftificatur. Sed Iudicatur. nihilominus vincit & Iuftificabitur vel
ab inuitis. Qui enim nunc fefe accufare non volunt & deum Iuftificare in fuauitate & bonitate allecti, tandem Hoc facient in fortitudine & feueritate victi fcilicet poft mortem & in extremo Iudicio

Ifta autem Intelligentia non tantum pro ifto verfu
aut psalmo vtilis eft. Sed ad omnes, vbi memoria fit
laudis & Iuftitie & glorie dej. Quia non poteft deus
laudari, Iuftificari, glorificari, magnificarj, admirari :c
nifi fimul & prius, nos vituperemur, accufemur & confundamur & econtra. Vbi noftra confufio, accufatio,
ibi laus dej. & Iuftitie eius memoria fit. Exemplum

primi { laus tua in fines terre ps. 47. facrificium laudis
ps precedente laudate pueri: Alleluia quoque
vbicunque ponitur

Exemplum 2ᵗ { Confundantur & reuereantur
Cum confufi & reueriti
Confeffio & magnificentia opus eius }

[*Am Rande links:* Nota bene *mit einer grossen, den Zeigefinger
hoch hinaufstreckenden Hand.*]

Blatt 66ᵃ: Cor mundum crea in me deus. Mirum &
magnum verbum. Multi enim. non faciunt peccata. Sed omnia
bona. Et tamen fola fuperbia fubtiliffima. de ipfis virtutibus nata.
polluit illos ideo ait. non manum, oculos, pedes, linguam, aures,
carnem. munda. Quia illis forte quis iam non peccat. Sed folum

cor inflatur. & polluitur   Ita & Spiritus rectus (.1. Tropologice enim nunc loquor. vltra ea que literaliter in glofa dicta
funt.) Quia quidem viuunt quidem [*so*] fpiritu & mortificant carnem. Sed fpiritus eorum inflexus & curuus eft in fe ipfos: pro
vana gloria & fuperbia. Tales fine dubio fuerunt Heretici quidam. Qui caftiffime viuebant. Et Hodie Boemi vicini noftrj:
Qui in omni mundicia pene nos excedunt. excepto corde: quod
fpiritualis fuperbia polluit. Et Hec eft Efca diaboli electa Nam
& ipfe licet fit immundiffimus: tamen in mundo loco optat habitare: dicit enim. Afcendam in montem aquilonis ꝛc Horror itaque eft attendere in Hoc abyffale & terrificum dej Iudicium.
Quod multi Heretici tam docti, tam fancti externis fuerunt &
in fcripturis eruditiffimi. Et propter folam hanc feditatem intimam cordis repudiata eft omnis talis fynagoga & adulterata

Nota autem fi deus Iuftificandus eft in fermonibus fuis, quibus
nos. affirmat peccatores Vtique etiam, in operibus fuis, quibus
Hoc idem afferit. Hęc opera autem funt, flagella & cruces: quę
cum fuper nos veniũt: dej velut verbum funt: peccatum noftrum
arguentis & conteftantis. Atque ideo cum omni timore & humilitate fufcipienda: & confitendum ej. Quia Iuftus eft in operibus
fuis. Ita enim per prophetas Ifa & Ierem d. Corripiam te in
Iudicio: ne tibi innocens videaris.   Semper enim in nobis
eft reliquum & reliquię peccatorum. fcilicet Inclinationes & motus
mali: ad iram, fuperbiam, gulam, accidiam, que funt coram eo
peccata, mala & damnabilia: ideo femper pũnienda.   Sicut
Iebufei olim in finibus filiorum Ifrael: propter quos quia non
potuerunt expellere, frequenter fuerunt puniti bellis & fame ꝛc.
Immo & ad peccata pertracti

Domine labia mea aperies. Hoc proprie, Ecclefie conuenit,
quia nunc apertum eft os totius fcripture. & publice annunciatur
laus Chrifti   Aperitur autem fide: Sine qua eft claufum
& mutum vt Credidi propter quod locutus fum. quia fides aperit
os. maxime ad deum, (.fic enim nunc loquimur.) & de deo in
veritate loquendo

Tibi peccaui. Cur non mihi? Nonne peccatum mihi nocet
& in meam miferiam vergit? Sed Tibi (.1. coram te. q. d. Etiam

13*

fi coram hominibus Innocens fuero & fanctus, coram te tamen peccaũi & fum peccator, & malum fęci: Quia non Iuftificabitur in confpectu tuo omnis viuens

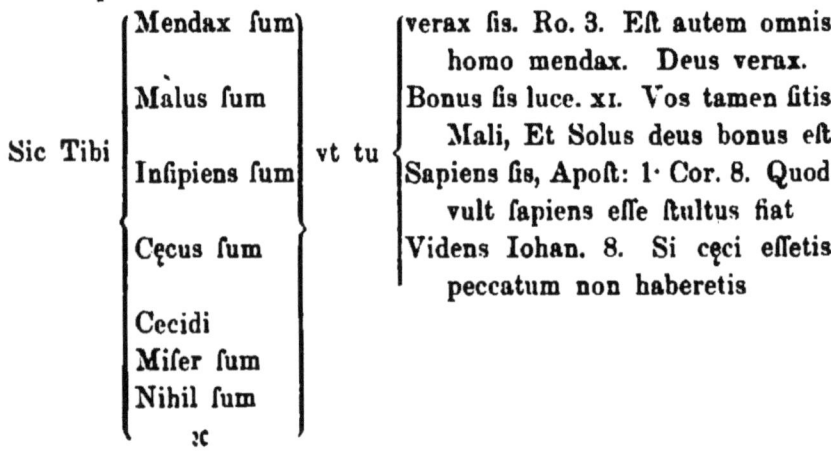

Sic Tibi
{
Mendax fum
Malus fum
Infipiens fum
Cęcus fum
Cecidi
Mifer fum
Nihil fum
ꝛc
}
vt tu
{
verax fis. Ro. 3. Eft autem omnis homo mendax. Deus verax.
Bonus fis luce. xi. Vos tamen fitis Mali, Et Solus deus bonus eft
Sapiens fis, Apoft: 1· Cor. 8. Quod vult fapiens effe ftultus fiat
Videns Iohan. 8. Si cęci effetis peccatum non haberetis
}

ps. 51. [Hebr. LII.]

Blatt 66ᵇ: Quid gloriaris in malitia, d. q. Ne putes: quod ex teipfo Habeas: quia fuper me potens es in iniquitate Sum modo Infirmus quia volo, tu autem poteftatem in me nullam Haberes: nifi tibi datum effet defuper: Ideo quid gloriaris in poteftate mala: immo in malitia? Quia poteftas omnis a Deo eft & A deo non nifi bonum eft: Ideoque in malitia tua potius gloriaris: quia per eam mihi modo preuales.   Sic erit etiam anti Chriftus. poteftas tua mihi nihil faceret: fi fola effet. Sed Malitia qua abuteris poteftate. Et fic gloriaris non quia potens es fuper me. Sed quia mala potes inferre

Cogitauit Lingua tua. Mos eft Scripturę vt totum nomine partium exprimat: quod in nullo ideomate vidi. ideoque huius Scrip: propria locutio eft. Vt Oculi tui vel mej: vel veftri videbunt quod latinus diceret. Ego tu. nos, vos. videbimus ꝛc. Ita lingua tua, mea, loquitur os Iufti meditabitur fapientiam. Et lingua eius loquitur Iudicium. Et os meum annunciabit laudem tuam. Item Si non poterit manús eius Inũenire: Et pes tuus concúlcet ꝛc. Quare autem?

primo vt comprehendat fub eifdem verbis: literam. allego-

riam, tropologiam, Anagogiam: Nam Si dixeris. Ego locutus
fum: folus tu intelligeris locutus ad literam. Sed quando dicitur
Lingua mea Calamus fcribe: Ibi primo lingua prophetę. ad literam intelligitur.   Secundo. Allegorice omnis doctor Ecclefie
& predicator. Quia In corpore Ecclefiaftico etiam fua lingua
eft   Tercio Tropologice Sunt vires anime. meditatrices &
difputatrices in corde: per quas formantur verba cordis & cogitationes.   Anagogice autem eft filius Dej in Diŭinis ꝛc.
Vel in Malo. diabolus

Secundo ad exprimendam vnitatem anime, in multis membris, Quia Anima tota eft in qualibet parte. Et ideo quando
vno membro vtitur, tunc tota in iHo eft. immo omnes vires ad
illud tunc cooperantur Et fic omnia membra. quodammodo fiunt
vnum membrum & per confequens totus homo fit velut vnum
membrum illud ad quod anima fefe tranffert. & fic tranfferendo.
omnia fęcum fumit

Deus deftruet te ꝛc. 4ᵒᵣ ibi Vaftationes nominantur: In quo
fignificatur quod ftabilis & firma erit Hęc vaftitas. poffunt autem
multipliciter diftribui. De Iuda quidem. Quod 'eft deftructus in
ęternum, Euulfus & emigratus de bonis huius vite. & etiam de
ipfa vita que fuit tabernaculum fuum, & eradicatus etiam de choro
Apoftolorum & Ecclefia.   Igitur deftructus ad infernum.
Euulfus de bonis & neceffarijs huius vitę. Emigratus per mortem. Eradicatus per peccatum & defperationem.   Ita &
Iudęi deftructi: Quia Synagoga ceffauit & cecidit nunquam refur-
rectura fic vt fynagoga fit   2ᵒ Euulfi de terra fua. Et Difperfi per omnem terram 3ᵒ emigrati fcilicet de hac 'vita per
varias mortes. 4ᵒ Eradicati de oliua & Ecclefia & fide veraque
fcripture intelligentia.   Sic quilibet Impius: deftruitur de
ftatu in quo viŭit: quia cogitur ceffare: facere voluntatem fuam,
in diuitijs, Honoribus ꝛc 2ᵒ Euellitur de bonis exterioribus: per
infirmitatem & mortem.   3ᵒ per eandem etiam de bonis corporis & vita 4ᵒ etiam de bonis Spiritualibus. quod omnium peffimum eft

Videbunt Iufti & timebunt. fcilicet in hac vita: Quia
Ruina Iudęorum Exemplum eft ire Dej: a quo non mirum fi

pilj horrerent: & in ſtuporem verteremur. Sic enim Apoſtolus
Ro xi ſuadet. Noli altum ſapere Sed time: Si enim ꝛc
Nobis itaque in terrorem & cautelam iſta Horribilis ſynagoga
vaſtitas ſtatuta eſt. Malach. 1. Et vocabuntur termini Impietatis.
& populus cūi iratus eſt Dominus imperpetuum ꝛc   Sed Iniuſti vident & nihil timent: immo ſequuntur eos   Suntque
infenſati nimis

Et ridebunt ſūper eos ſcilicet in futuro: Non enim quando
timent rident: Ne forte & cum ipſis labantur & pereant vts in gloſſa.

ps. 52. [Hebr. LIII.]

Blatt 67ᵃ: Aut requirens deum **primo** requiritur deus velut
amiſſus. Nam Querit aliquid, qui nunquam habuit. requirit autem
qui amiſit quod habuit.   Habuit autem homo deum in
principio & per inobedientiam amiſit in paradyſo. Sed adeo inſipiens factus eſt. vt non requirat eum. Immo totus in carne
merſus. peccata & mala Querit & requirit

Secundo requiritur (.1. iterum atque iterum. Hoc eſt Iugiter,
aſſidue, ſemper & perſeueranter queritur. de Die in diem eundo.
de virtute in virtutem ac ſi magis ac magis appropinquando.
Apparet enim ijs: qui fidem Habent in illum Et Inuenitur ab
ijs qui non tentant eum Sap. 1. Sed primum eſt. Eſſe intelli-
gentem. ac deinde requirentem. Nam qui non Intelligit non
querit Qui ignorat non amat. Ignoti enim nulla cupido
Inſipientes autem Quia tantummodo Senſum habent. & non intelligunt Sed tantum ſentiunt: requirunt ſeipſos & ſua ſemper &
aſſidue Ideoque omnes declinant (.1. deorſum ſeſe inclinant: non
ſurſum ſe erigunt ad ſpiritualia:) Et ſic inutiles fiūt. nec ſibi,
nec deo, nec proximo vtiles. immo omnibus noxii maxime ſibi
Solūmque nūmero ſunt in rebus. alijsque impedimento

Exultabit Iacob & lętabitur Iſrael. duas vitas Expri-
munt iſta nomina Iacob enim interpretatūr ſupplantator: quia
ſupplantat Eſau fratrem ſuum. Ita Spiritus debet ſupplantare
carnem ſuam & mundum. cum vitijs & concupiſcentijs ſuis. quod
fit per vitam actiuam Et Deinde fit Iſrael quod interpretatur
Vir videns deum: Vel vt lyra & alij. Directus cum deo ſeu prin-

ceps cum Deo. Et in idem redit: quod fit in vita contemplatiua. Et fic duo ftatus in Ecclefiaftico populo Hic Infinuantur
myftice   Eodem modo per illa Duo. Ierufalem & Zion:
Item. Iuda & Ierufalem *c.

Qui deuorant plebem *c Cur non ait vt cibum carnis? Aũt
vt cibum abfolute? primo vt inglofa.   Secundo fecundum
Aug. Quia cẹtera omnia alternis. folũm panem quottidie deuo-
ramus. Ita Sancti funt in q̃uottidiano martyrio. Verum primum
melius de Iudẹis. hoc autem de mundo toto   vnde prouer.
30. Generatio que gladios habet pro dentibus. & commandit
molaribus fuis. vt comedat inopes de terra. & pauperes ex hominibus. ps. 78. Comederunt Iacob & locum eius defolauerunt

ps 53. [Hebr. LIV.]

Blatt 67ᵇ: Titulum eleganter & Sapienter exponit b. Aug.
cum totius hiftoriẹ myfterio. Ziphei enim interpretantur florentes.
Apúd quos latet & abfconditus eft Dauid fugitiuus. Sic Homines
Sẹculi funt florentes in bonis mundi: & inter eos Iuftus Homo.
eft abfconditus (.1. fine gloria & reputatione quia pauper fpiritu.
& contemptor floris mundi. & fugitiuus ac peregrinus in Hoc
fẹculo. Et ideo femper patitur proditionem & perfecutionem ab
iftis florentibus: quod primo. Capiti omnium Iuftorum Chrifto
contigit. & deinde omnibus fuis membris: Iure ergo Alieni vocantur: quia a regno dej funt excluſi Et Hoc myfterium Dauid
optime intellexit. in Chrifto & fanctis futurum Ziphej itaque in
fpiritu funt Iudẹi, Chriftum perfequentes. Et Homines mundi.
perfequentes. Chriftianos pios & Sanctos

Deus in nomine tuo: Ziphej autem & fẹculariter florentes.
in curribus & in equis faluare fefe ftudent: Sancti autem in
nomine domini dej fui. ficut Ifaie. 30. In filentio & fpe erit
fortitudo veftra: Et dixiftis. Nequaquam Sed ad equos fugiemus.
.1. ad carnale auxilium, in tumultu fẹculari: fine nomine domini:
Sancti autem in filentio & patientia. & in fpe non in re. ficut
illi. quia in nomine Domini faluantur. quod non niſi in fpe fit
& patientia & filentio. Vbi impii in tumultu & re immo rej vanitate faluantur.   Sic ps 43. Et in nomine tuo fpernemus

infurgentes in nobis. Et fequitur. Non enim in arcu meo fperabo :c Sic iterum Ifaie. 52. Quia neque in tumultu exibitis
Et eiufdem. 9. Quia omnis violenta predatio cum tumultu &
veftimentum mixtum fangüine, erit in combuftionem & cibus
ignis: (.1. Qui per impatientiam. & feculari tumultu volunt faluari: damnabuntur & peribunt. quod proprie factum eft in deftructione Ierufalem   Vbi Iudei dimiffo Chrifto qui in filentio
& fpe faluat: ipfi contra Romanos in tumultu & re ipfa fecundum feculum fe querebant faluare. & combufti funt cum tota
ciuitate: Quia non in Humilitate & patientia. Sicut Chriftus
fecit. qui fic exuperauit diabolum & Iugum oneris eius, non in
tumultu & poteftate feculari: Sed in nomine domini ita vt feipfos
ficut Madian occiderent & perderent demones. quia mifit gladium
in terram Et venit feparare Hominem aduerfus patrem fuum:
Et fic venit difcordia bona vt rumperetur pax mala Hoc eft
quod vult propheta dicens. Iugum enim oneris eius exuperafti
ficut in Die Madian, quia ibi fine gladio fuo & effufione fanguinis, Inimici cefi funt. ex folo tubarum fonitu. Et ratio eft
Paruulus enim Natus eft nobis: Humilitas Scilicet in nomine
dominj. non in viribus fuis faluari debemus neque in viribus
mundi. Sed in humilitate (.1. in nomine dominj totaliter fcientes.
quod omnino nos nihil in nobis falutis Habemus. vt non in arcu
noftro fperemus. & gladius nofter non faluet nos

Et in virtute tua Iudica me: Hoc iterum ad idem nos ducit.
Que eft virtus dej in qua nos faluat? Ea fcilicet que Iudeis
Schandalum. gentibus ftultitia eft. Scilicet Infirmitas, paffio, crux,
perfecutio :c Hec funt arma Dej: Hec virtutes & potentie. per
que nos faluat & Iudicat atque difcernit nos ab illis. qui aliter
fentiunt: Quia fecundum Apoft .1. Cor. 1.: Quod infirmum eft
Dej, fortius eft hominibus, & quod ftultum eft dej, fapientius eft
Hominibus [*Am Rande links:* . . Ro. 1. Euangelium virtus dej
eft in falutem omni credenti] Quia Hoc mundus ignorat, Quod
patientia, humilitas, crux & perfecutio: fit virtus & fapientia:
Ideo Iudicatur in ifto puncto. & difcernitur per fuam infipientiam
a fanctis, quibus Chriftus crucifixus eft virtus & fapientia: quia
per crucem & paffionem fuam & eius. triumphant omnem vir-

tutem Diaboli Quare vere eſt virtus dej iſta: que tamen eſt
hominum infirmitas, Elegit enim Infirma vt confundat fortia
differunt ergo

Virtus dej $\left.\begin{array}{l} \\ \\ \text{Virtus mundi} \end{array}\right\}$ Eſt $\left\{\begin{array}{l} \text{patientia} \\ \text{crucis \&} \\ \text{Impatientia} \\ \text{crucis} \end{array}\right.$ $\left\{\begin{array}{l} \text{Infirmitas} \\ \text{dej} \\ \text{Infirmitas} \\ \text{mundi} \end{array}\right.$ vere eſt eadem

Auribus percipe: Quomodo? Nunquid deus habet aures?
Sed quia verbum eſt hic in heb quod ab aure: quaſi aurire, venit:
quod noſtri ſemper tranſferunt auribus percipere

Blatt 68ª: Ecce enim deus adiuuat me. Et dominus ſuſceptor
eſt animę męę. Ex iſto quod Dauid multum fuit perſecutus &
tamen nunquam comprehenſus a Saul Sed ſemper euaſit: figuratum intelligitur. Quod Chriſtus & Chriſtiani. licet ſecundum
carnem. patiantur & occidantur: tamen anima eorum ſemper ſalua
euadit & nunquam comprehenditur. ſecundum quod dominus promiſit. Nolite timere eos qui occidunt corpus. animam autem
non poſſunt occidere. Et Hoc inſpiciens propheta dicit. Ecce
enim deus adiuuat me: non ait Homo: Etſi Homo perſequitur
deus adiuuat. Homo manifeſte perſequitur. Sed deus immediate
& occulte: quod impii non vident. niſi is quem adiuuat. Quia
homo eſt manifeſtus. deus autem Inuiſibilis. ideo Inuiſibiliter
adiüüat Et tunc maxime: quando minus putatur. (.1. quando
maxime foris deſerit in manu hominum: Tanto enim intus
propius adeſt deus adiuuando quanto propius foris
adeſt Homo nocendo. vt ſic triumphet Diabolum in virtute
ſua & patientia ſanctorum ſuorum. Et ideo bene dicit. Et dominus ſuſceptor eſt anime męę: licet ſit deſertor corporis mei. Non
quod ſic olim cum Dauid fieret, quem etiam ſecundum corpus
ſuſcepit & adiuuit Sed Hoc figura fuit. ideo Hanc figūram in
myſterium tradens. non ait. Et dominus ſuſceptor meus eſt. Sed
anime męę: ſingulari nota & Indicio ad ſpiritum litere nos Diri-
gens. Figuratum eſt idem in lege: quando vnus paſſer
immolabatur & alius emittebatur. Item vnus Hircus mactabatur
& alius emittebatur. Ita caro crucifigitur. Sed ſpiritus ſaluatur
& liberatur. Vide quam breuis ps. Sed quam longus. Sic

Apoftolus.   Nam virtus in infirmitate perficitur. & cum infirmor
tunc fortior fum Item libenter gloriabor in infirmitatibus meis.
vt inhabitet in me virtus Chrifti ps 67.   Infirmata eft tu vero
perfęcifti eam : Sic Chriftus (2 Corin. penult,) non infirmus
Sed potens eft in vobis: Et admodum familiaris eft ifte modus
loquendi apud Apoftolum Nonne fic Sancti Martyres etiam opere
probauerunt? Vide S. Agatham. S. Luciam. Agnem x quomodo
tanto animofiores fiebant intus: quanto amplius in eas feuiebatur
foris Hic potuerunt dicere in tribulatione dilatafti mihi

Virtus itaque Hic: licet pro increata potentia accipi poffit.
tamen proprie: pro ea virtute dej capitur qua deus fuos fanctos
roborat & firmat in aduerfitatibus. vt act. 1.   Donec Induamini
virtute ex alto. Et ps. 33.   Et fpiritu oris eius omnis virtus
eorum. Et Ro. 1.   Euangelium virtus Dej eft in falutem omni
credenti Et ps 109. Virgam virtutis tuę. Et eft contraria virtuti
mundane: que nititur in carne & falute humana. Senfus ergo
eft. Iudica me & difcerne me ab illis. dando mihi virtutem.
quam ipfi nefciunt: & alia eft a virtutibus eorum Et fic diftin-
guar ab eis. qui non in nomine tuo fed fuo: & virtute fua gloriantur

fortes quefierunt animam meam. Hic tangit Diaboli
malitiam. quia per afflictionem carnis in qua preualet fanctis.
non querit carnem· Sed occultam animam rapere. per impatientiam.   Sed Ecce deus. (.cum accentu proferendo vts.) [*Am
Rande links:* ps. 9. quafi leo in fpelunca fua .1. Diabolus in fuis
cultoribus] Sed quid fequitur? Quia victus Hoftis: ipfe incidit
in mala. que molitus. & redeunt in eum omnia ftudia fua. Auerte
mala x Et in Veritate tua.   Quia per illam virtutem veram &
dej: vincuntur & difperduntur ab eo que tentabant: Attribuit
autem propheta Deo: quia Huius eft ipfa virtus vera.

Confitebor nomini tuo quoniam bonum eft: Non ait. quoniam bonum dat. Sed propter effe bonum non propter Dare
bonum, q. d propter fcipfum. non propter lucrum   Nam
domini nomen bonum eft in confpectu fanctorum fuorum ps precedenti. 51. hoc eft Nomen domini non dat fanctis bonum aliud
quam eft ipfummet: Sed ipfummet eft bonum eorum. Et fic dat

feipfum. & ita non dat Sed eft bonum & tota beatitudo fanctorum. Nam ficut dicitur. deus dat fanctis feipfum quod valet.
Deus eft bonum fanctorum fuorum. Ita etiam Nomen eius dat
feipfum illis .1. eft bonum eorum.   Eft autem nomen dej:
ipfe Chriftus filius dej verbum quo fe dicit & nomen quo fe
nominat ipfum in ęternitate

ps .54. Obfcurus. [Hebr. LV.]

Blatt 68^b: Quis dabit mihi pennas: Ifta eft Vox eorum qui
funt in actiua vita & prelaturis [vt Martha circa plurima turbati *darüber geschrieben.*]: quoniam ex omni parte rebellionem
contradictionem & Inuidiam cum tedio patiuntur Sicut Chriftus
A Iudęis. Et ideo fufpirant ad vitam contemplatiuam. & quietem ftudiorum affectuofiorum. & liberarj cupiunt ab ifta moleftia
Et vbi corpore non poffunt: corde tamen & defyderio funt in
deferto & folitudine (.1. feceffu. a tumultu conuerfationis actiue
vitę.   Elongant ergo fe & fugiunt & manent. Quę tria per
ordinem requiruntur. Primo Quod prius Elongent fe, magis
affectu quam fpatio. Secundo Sic fugiant (.1. femper magis ac
magis & ardenter elongent fe) 3° & perfeuerent Cui autem Hoc
contingere non poteft: Arripiat verfum fequentem cum Chrifto.
dicens. Expectabam eum, qui faluum me fęcit.   Verum
Notandę funt caufę quare fugienda fit Actiuua vita & conditiones
fugere volentis.   primo. Sit cupidus pennarum (.1. vite
contemplatiue. vt non odio vite actiue & officii laboris. Sed
amore contemplatiue.) penne enim fignificant actus & ftudia contemplationis, quibus mens eleuatur in deum. Et
Hoc ideo ne querere conuincatur, que fua funt, [*Am Rande links:*
.. fimplices columbe, non veftra funt querentes,] Secundo. ficut
Columba (.1. non ficut Coruus qui de arca volat, vt cadaueribus
pafcatur. Hi funt. qui ideo preeffe & alijs prodeffe refugiunt,
vt ocio & fuauitate vite perfruantur [*Am Rande links:* .. ftudium
volatus tantum ad huius vite commodum tranfferunt Columba
autem more fuo ... fert, ramum oliue virentis (.1. doctrinam
pietatis.) ad archam Ecclefię.] Vt nunc Diuites facerdotes. dimiffis officiis facerdotalibus, lucris & puellis inhiantes

Tercio etiam Vt non ex ira & felle amaritudinis omittat. Sed
ficut columba mitis & fine felle anima. Alioquin nunquam feliciter contemplabitur.   Et idem eft quod fequitur. Et Vo-
labo: quia ideo debet amare contemplatiuam vt volet, non vt
luxuriet, hoc eft natet, in lubrico carnis, Neque vt repat in terra,
ficut auarus. Sed vt volet in cęlo. De quibus Efaie. 6. qui funt
hi qui vt nubes Volant: & quafi columbe ad feneftras fuas
Et requiefcat. Scilicet a tumultu & opere peccatoris. Sed Qui
fuerit columba: docebit eum Hec omnia fianctus. Quia in Columba
apparere & habitare difpofuit.

     Precipita domine difiide ꝛc. primo Caffiod: & Aug in bono
& falubriter illis imprecarj dicit, ne implent fue malicie effectum
Sicut edificantibus turrim babylonis contigit.   Secundo. Sicut
contigit Iudicibus qui Sufannam accufabant, vt fcilicet diuidantur
(.1. in verbis difcordes & diuerfi Inueniantur in accufatione mea,
qui prius confpirauerunt. Et fibipfis contradicant vt factum eft.
dum in cruce blafphemarent. Et fit omnibus mentientibus. vt
fibi ipfi contradicat Imprudens. Quia Diuidit ita liguas [so] fal-
lacium contra feipfos dominus   Tertio myftice. Quia linguas varias in lege nunc Habent (.1. gloffas diffonas a textu.)
Quia Diuife funt lingue eorum. a vera lingua legis: Vt iam
lingue eorum non fint calami velociter fcribentis. Sed Diaboli
feducentis. Et diuidentis a Chrifto & veritate

     Labor: in ps & Scrip. pro peccato capitur: eo. quod ani-
mam affliget [so] & laffet vt Sapien. 5. laffati fumus in via iniquitatis & ambulamus vias difficiles. Et ps. 16. propter verba
labiorum tuorum. ego cuftodiui vias duras. Et ps. 9. fub lingua
eius labor & dolor. Et ps. 139. labor labiorum ipforum operiet
eos: Et fupra ps. 48. laborabit inęternum ꝛc [*Am Rande links:*
..eft maxime peccatum fuperbie & ire: quod .... ex verbo Chrifti:
Matt. Ve: ad me .... ite a me quia mitis fum & humilis ..rde:
Et inuenietis .equiem animabus veftris .. go non humiles .. non
mites. non .. uenient requiem Sed laborem. quod .... expe-
rientia docet. Vnde propter ifta duo Iudej. dicuntur populus
inimicus & vltor ps. 8. Vltor propter Iram, Inimicus propter
fuperbiam]

Vnde Matt. xi. Venite ad me omnes qui laboratis. Et Iſaie [de Iuſtis *ausgestrichen*.] 40. Deficient pueri & laborabunt. Qui autem ſperant in Domino current & non laborabunt

Et proprie eſt peccatum proprię Iuſtitię Hipocriſis & literę: quo. quis neglecto eo ad quod tenetur. aliud laborioſe agit. Sic Malach. 1. Et Dixiſtis Ecce de laboro   Vnde Hic dicit Et labor in medio eius & InIuſtitia. Ininſtitia enim Eſt incredulitas ſicut Iuſtitia eſt fides: In medio .1. corde eorum. Et labor eſt propria eorum Iuſtitia: Quę optime labor eſt. Quia in litera & neceſſitate, ſine ſpiritu libertatis. agitur Vt prouer. labor ſtultorum affliget. Ideo ſub lingua eorum labor & dolor dicitur. Quia literam ſtatuunt, abiecto ſpiritu libertatis. qui facilitat Sic enim diabolus Habet grauiora martyria. quam Chriſtus. Quia plura faciunt & patiuntur. in ſuo ſenſu & peccato: quam Chri-ſtiani Vt heretici ſuperſtitioſi

Et quod ſequitur Et Iniuſtitia. Hec eſt incredulitas. Sicut vtpatet hic. Similiter viuere in peccatis & ſecundum carnem eſt labor & mors conſcientie, etiam Inquietat conſcientiam. quan-tumuis ſit voluptuoſa. Econtra Viuere in bonis moribus eſt Quies conſcientie & pax. quantumuis foris ſit inquietudo in carne igitur fac quadratum*)

Blatt 69ᵃ: Tu autem Homo Vnanimis: Quod ait Homo. & non amicus vel aliud nomen: Exprimit. Quod Iudas ſecundum Hominem & in facie vbi Homo videt. erat conformis ſibi & alijs: immo & vnanimis in ea ſcilicet que foris agebantur. Intus tamen videt eum eſſe Diabolum vt Iohan. 6. eum nominauit Loquitur enim de eo. ſecundum Humanam apparentiam: Quia valde igno-miniofum erat Chriſto A proprio Diſcipulo ita tradj: Potuit enim quilibet dicere. Ecce qui cum vnanimis, Dux & notus fuit tradit eum: Magnum argumentum videtur: quod ſit impius ex talis [ſo] tam intimus ab eo recedit. Et ſic Iudas facto ſuo multum auxit & confirmauit opinionem eorum contra Chriſtum, & alios ſcandaliſauit. ac ſic magnificauit ſuper eum ſupplantationem, Ergo Dominus iſta verba ita Dicit: ſicut ab aliquo alio. poſſent dici

---

*) Eine Zeile iſt weggeſchnitten.

ita Vt. Ecce ille Homo vnanimis eius, dux eius ꝛc. Quid faciant alij?

Caſſio. Veſpere & Mane & Meridie: ꝛc Narrabo veſpere:
quo traditus ſum annunciabo mane. quo coram pilato accuſatus
ſum: Exaudiet vocem meam, Meridie. ſcilicet in cruce ſuſpen-
ſum.   Aug. Veſpere (.1. de preſentibus.) Narrabo, Mane
(.1. de futuris annunciabo.) Meridie .1. De ſempiternis exaudiet
vocem meam.   Et aliter Veſpere. quo ſepultus & mortuus
fuit Mane quo reſurrexit. Meridie. quo aſcendit in cęlum

Iudeorum ſermones ſunt molliti & blandi: quia omnia in lege
interpretantur. carnaliter & ſecundum [Heb. tranſlatio aliter habet
& quomodo concordetur vide ibidem *am Rande rechts*.] huius vitę
ſuauitatem de ſuo meſſia: Sed econtra Sermo Chriſtj foris eſt
durus & aſper. Sed intus lenis & ſuauis: Ideoque Iudeorum
ſermo vocatur Dolus ſub lingua. ps. 5. linguis ſuis Dologe [*so*]
agebant: Et ſuper linguam quidem oleum. Sed ſub lingua eorum
fel. Et venenum aſpidum ſub labijs eorum Quia foris blandi
ſunt. & tamen intus atrociter occidunt & toxicant credentes animas Econtra Chriſtus [*ausgestrichen:* ſuper labia ſub labijs enim]
.in Canticis dicitur. Mel & lac ſub lingua tua. (.1. verba eius
carni ſunt dura & carnalibus inſipidia. Sed ſpiritalibus [*so*] &
qui intus ea ſapiunt. ſunt lac & mel.   Sic Scrip. vocatur.
Hortus Nucum dicens Deſcendi in Hortum nucum vt viderem
poma conuallium. Et proprie psaltelium [*so*] eſt Hortus nucum.
foris duriuſculus in prima ſpecie. Sed intus dulcis nucleus. T a l i s
a u t e m a p p a r e t: q u a l e s ſ u m u s n o s. Dulcibus eſt Dulcis.
Carnalibus eſt inſipida [*so*]   Sicut & Sol indurat lutum:
Ideo per diem Sol vrit Iudęos. .1. Scrip.

De iſtis ergo eorum blanditijs. Iſaie. 28. pulchre loquitur.
Audite verbum Dominj viri illuſtres ꝛc

Vbicunque in ps aut prophetis Exauditio Dej pronunciatur:
tempus gratię prophetatur. quod eſt proprie tempus beneplaciti
& exauditionis. Non autem tempus legis veteris: niſi in ſuſten-
tatione dej propter futurum tempus gratię ſecundum Apoſt Ro. 2.
Vnde Iſaie. 65. Eritque antequam clament ego exaudiam, adhuc
illis loquentibus ego audiam: Hoc enim promiſſionis verbum eſt:

Quare non de legis tempore intelligendum eſt Et eiuſdem. 49.
quod Apoſtolus. 2. Corin. 6. adducit. Tempore accepto exaudiui
te. & in die ſalutis adiuũi te. quod apoſtolus de tempore gratie
exponens proſequitur: Ecce nunc tempus acceptabile. Item
Iſaie. 61. ſic prophetatur. Vt annunciarem annum placabilem
domino. Sic illud ps. 4. intelligi debet. Dominus Exaudiet
me cum clamauero ad eum [*Am Rande rechts:* ps. 105. Memento
domine in beneplacito populi tui] Et ps. 90. Clamabit ad me &
ego exaudiam eum. Item ps. 31. pro hac orabit ad te omnis
ſanctus in tempore oportuno. Heb. Inueniendi Et ps. 64. tale
tempus dicitur annus benignitatis. ſine dubio ad doctrinam temporis legis. quod eſt annus malignitatis & maledictionis: de qua
nos Chriſtus ſecundum Apoſtolum liberauit. Item ps. 68.
Ego vero orationem meam ad te domine. Tempus beneplaciti
deus, Et ps. 101. Quia tempus miſerendi eius. quia venit
tempus, Igitur Exaudiet deus (.1. tempus exauditionis veniet: inquo deus exaudiet, qui modo neſcire nos videtur totum
genus humanum, .Sed Hoc fiet propter ſpiritum ſanctum
qui datus eſt nobis. Et Hoc figuratum fuit. Quod olim
deus mediate audiuit voces populi ſcilicet per Moſen & prophetas.
referebantur & offerebantur vota eorum Sic Tropologice
Eſt: quando quis eſt in ſtatu gratie

Ps .55. [Hebr. LVI.]

Blatt 69ᵇ: Sicut ſupra ps. 15. dictum eſt Michtam idem
eſt. quod aureus vel infignis: quod alij ad materiam psi vt Bür-
genſis, Alij vt lyra ad genus carminis: alij ad authorem psi vt
ſcilicet Infignis & aureus ps: de infigni & aurea materia. ab infigni & aureo propheta factus. Omnia vera ſunt iſta. Veruntamen, myſtice. Significatur Chriſtus. qui eſt verus Michtam.
Cuius fignum Eſt crux eius. Et aurum. diuinitas. vt Cant. 5.
Caput eius aurum optimum: Et ita vere ipſe eſt Aureus Dauid
(.1. diũinus.) Et Infignis (.1. crucifixus. Vnde & tranſ. habet.
pro Michtam. Titũli inſcriptionem (.1. Intitulationem, vel Infigne. Et ita patet Quod Michtam. Mirabili breuitate. Vtrunque
Includit ſcilicet Deum & hominem crucifixum. qui eſt Chriſtus

dominus,   Et hoc idem Vult tranf. Hiero: que fic habet.
Humilis & fimplicis feu perfecti Dauid. Quia Chriftus humilis
fecundum formam feruj, perfectus autem fecundum formam dej
[*Am Rande links:* Vel fic componendo vtrunque. Ex auro (.quod
eft diuinitas.) & figno. quod eft humanitas (Ifaie. 11.·) Sic Dauid
Michtam Dauid ex humanitate & diuinitate conftans ... Humanitas fig ... in quo omnia funt ... nificata que in & ... deum
funt. quia ... abbreuiatum,]   Poffet forte etiam fic intelligi
Quod Dauid ad literam fit Michtam (.1. infignis & fignificatiuus.
tanquam figura Chrifti: Et fic Michtam .1. figuratiuus Dauid
intelligeretur. quod veriffimum eft in omnibus iftis hiftorijs qui
[*so*] in titulos ponuntur.

Columba igitur Chriftus eft De qua Hic ps. loquitur ficut
ps. 21. De cerua matutina. Muta autem patuit quare.
Elongationum: quod Hiero fic. Eo quod procul abierit. fignificat
Quod Chriftus elongatus eft a fua terra & Hereditate .1. fyna-
goga. ficut per Hiere. dicit. Dimifi Hereditatem. Et ipfemet
Iohan. Ego vado & queretis me & in peccato veftro moriemini.
Et Hoc tangit in ps quando dicit pro nihilo faluos facies illos.
Quia omnino elongata eft falus ab eis. vt ps. 108. Noluit bene-
dictionem & elongabitur ab eo Dilexit maledictionem & veniet ej

Igitur Quod philiftej Dauid tenuerunt In Geth. Eft quod
Chriftum Iudei tenuerunt. in paffione. Geth enim torcular dicitur. quod paffionem fignificat: Quia Tren. 1. Torcular calcauit
dominus

poteft Infuper Columba muta: fcilicet que non gemit in confeffione Chriftj: intelligi ifte populus Iudeus populus elongationum, qui erat prope. & factus eft longe Quia Si hi tacuerint
(ait Dominus.) lapides clamabunt .1. gentiles. Et Huic confonat
titulus antique tranflationis. Sic pro populo qui a fanctis longe
factus eft: hoc eft a rebus fpiritualibus que funt fancte in neutro
enim genere: Sanctis Hic ponitur

Tranfcurfus igitur psalmi.

Miferere mej (.quia quando homo non miferetur Sed conculcat, reftat vt non nifi deus mifereatur: Et econtra Quando
Homo miferetur: iam deus deferit & non miferetur: Miferetur

autem Homo tantummodo carnis. & non fpiritus, deus autem fpiritus vel vtriufque. Sic miferebantur: qui martyribus penas diffuadebant ad negandum.)

In deo fperaũi non timebo. Cur non timet? quia in deo fperat, Econtra qui fperat in Homine vel auro: quid reftat nifi timeat quid faciat fibi homo: fcilicet auferendo aurum, amicitias, honores. Et alia bona humana? Atque hinc fit. quod veritatem alter alteri timet narrare. Et non laudamus fermones in domino. Sed laudamus in homine: quia eos loquimur quos volunt audire homines. & eos etiam audimus, quos illi loqui volunt. Hos fi vituperaremus: & dej fermones vel loqui vel audire: moneremus, iam inimici fierent qui amici funt. Ideo iftos laudamus fermones, in Homine (.1. laudabiles & bonos reputamus vel faltem tacendo & audiendo facimus ac fi laudaremus: Qui enim tacet. & non vituperat, laudaffe conuincitur. Econtra qui dej fermones non predicat vel non audit: eo ipfo. vituperaffe Iudicabitur.
Igitur laudare fermones: Eft eos predicare libenter & audire, non quidem ex feipfo aut ex Homine (.Quoniam omnis Homo mendax.) & mendacium loquitur.) Sed in deo .1. quia dej funt & vere & Iufte: ideo non pudebo in eos. Sed cur nos non facimus ita? Quia In Homine & in Humanas res fpem pofuimus: quas neceffe eft perire. fi dei fermones extuleris. Ideo timemus nequid noceat Homo. Hic autem quia in deo fperat, non poteft timere nifi deum. Vbicunque enim eft fpes ibi & timor & amor & odium & gaudium & triftitia

Blatt 70ª: Inhabitabunt & abfcondent (.1. abfconfionem facient fue maliuolentie) .1. ad meas doctrinas veniunt intrant in fynagogas Sed abfcondunt fuas Infidias. quod ad capiendum me affint. Ex ifto patet manifefte. Quod deus eft qui hic loquitur in ps. Et non poteft Dauid competere. Quia fcrutatur renes & corda: & abfcondita tenebrarum accufat. quare foli Chrifto competit Sed licet ipfi abfcondant, non tamen mihi ficut putant. quia Ecce video. Calcaneũm meũm obferñabunt: Calcaneus Eft Caro foris in fenfibus viuens: qui tunc obferuatur: quando quid dicat, audiat, videat, faciat, patiatur, vadat & omnia facta & paffa corporis, obferuantur. Et ad quid obferuant? Sicut

expectauerunt (.1. quia expectant animam meam vt fiquomodo
rapiant: ergo Sicut fuftinuerunt .1. quia fuftinuerunt &, Sicut
.1. quia non bono corde expectant & fuftinent: ideo neque bono
animo obferuant. Sed malo. Apoftoli enim & ipfi eum obferuabant. Sed bene: Ideo dicit Sicũt fuftinuerunt ita & obferuant.
Quomodo autem Suftinuerunt animam eius? quia difficilis erat
eis etiam vita eius vt Sapient. 2. Grauis eft nobis etiam ad
videndum & contrarius nobis. Igitur ficut omnis Inuidus, Impa-
tienter fuftinet meliorem. fic & ifti fecerunt Chrifto. quia cum
grauitate & impatientia fuftinuerunt animam eius. in carne ma-
nentem. Ideoque non quieuerunt, donec eam extra corpus occidendo eum, extruderent. Adhoc enim omnia obferuabant & totum
Calcaneum, non tantum os. vel oculos. Sed omnino. quicquid
foris in eo fieri potuit, obferuabant, vt eum morti traderent.
tunc impletum eft illud Genes. 3. Ipfa conteret caput tuum &
tu Infidiaberis calcaneo illius: Ipfa inquam Humanitas Chrifti:
Caput fcilicet Iudeorum fuperbos

Sed Vnde hęc orta funt? Quia gloriatur (inquiunt.) fe habere patrem deum. & dicit fe filium dej Hoc eft. quod ait. In
deo laudabo fermones. (.1. dicam quod fermones mej fint ipfius
dej: Ex quo fequitur quod fim deus: Quia fi funt mej: & funt
dej: Ergo ego fum deus. Igitũr in deo laudare fermones nulli
conuenit nifi Chrifto. quia per hoc confitetur fe deum: Si enim
laudat fermones in deo (.1. quod funt dej) & ipfe laudat tanquam
fuos Sequitur. Et Hũic loco refpondet titulus Michtam.
Ibi enim exprimit. Quod ifte ps Sit dictus in perfona
diũini dauid & aurej: & quod in ipfo fiat profeffio diũinitatis. & auri illius vnde dicitur Michtham

Pro nichilo faluos ꝛc Quia hos qui funt extra chriftum &
eum reprobant, neceffario non faluat pro ulla re. etiam fi omnium
fanctorum merita Haberent: eo quod folus vnus Chriftus fit falus
& redemptio per quem & pro quo nos deus faluat: Illum enim
dominus pro nobis & peccatis noftris. & fic pro eo faluamur Illi
autem omnino pro nihilo   Et ideo neceffario fequitur. in Ira
populos confringes & non in bonitate

Deus Vitam meam (.1. intimas afflictiones vt in glofa.) Et

hic tangitur ratio tituli quod Columba vocatur Chriſtus: qui
ſemper gemüit pro nobis, ſicut columba

In quacunque die ꝛc Sic ordina (.1. omni die ſeu quandocunque dies fuit. & quamdiu dies fuerint, Inuocabo te. quia per
ſingulos dies benedicimus te.

Vt placeamus coram deo: Non ait coram hominibus in luce
morientium, Sed in lumine viuentium ſcilicet pro nobis ſemper.

ps .56. [Hebr. LVII.]

Blatt 70ᵇ: Quia Verba faciunt Hoc in animabus auditorum:
quod dentes & lingua. in carne vel cibo ideo ab officio eorum
& actu ſic per metaphoram nominantur.   Dentes autem
proprie ſunt verba dura & aſpera in furore & ira iaculata: ſicut
Iudeorum de Chriſto. Tolle Tolle eum & Hunc Inuenimus ſub-
uertentem.   Lingua autem verba mollia & ſeductoria in
blandis & ſuauibus perſuaſionibus. Et quia hec magis efficacia
ſunt ad ſeducendum quam aſpera: Ideo Hic vocatur talis lingua
gladius acutus, quia .potenter diuidit animas a Chriſto. per eorum
peruerſam doctrinam vſque hodie. Dentes ergo in perniciem
aliorum & eorum quos odiunt. Linguam autem in perditionem
propriam. & ſuorum quos diligunt. Vtrunque enim neceſſe eſt
fieri: in perfidis. Hereticis & rebellibus. Scilicet mordere, detra-
here aduerſantes. & delinire conſentientes. ad illud Habent dentes
pro armis & ſagittis. Ad Hoc autem linguam Cuius ſi vis Exemplum vide in Iudeis contra nos & pro ſe: Immo & in hereticis.
Sed & Hodie Sic Scotiſte contra Occam. Occam contra Scotum.
dentes Habent & linguam [*Am Rande links, beschnitten:* Hinc ·
Nota ſemel quod ... lingua dolo ... & amaritu ...., labor, dolor ... tes, maledictio ... ps. 13. &. 9. ... alijs ad iſtum modum
intelligenda ſunt .... ſa: quia blanditur .... 14. qui non egit
dolum ... linguis ſuis .1. ... ura (quia mordet ... Mich. 3.
Qui .. rdent dentibus ... aduerſantes.) ... predicant pacem
(... ſuis.)

Laqueum parauerunt pedibus. Non eſt intelligendum. quod
Domino occulta fuerit eorum machinatio: ſicut hic videtur dicere.
Et ſupra in ps. 9. &. 30. de Inſidijs: Nam ſi ignoraret non accu-

faret & expreſſe nominaret laqueum & foũeam: Sed quia res in
ſe talis fuit: & quantum ad eorum voluntatem. fuit laqueus &
fouea: & coram hominibus:　　　　Igitur in his & ſimilibus verbis. Vbi in ps: accuſantur Corda & cogitationes Impiorum. mani-
feſtum eſt non purus homo eſt qui loquitur Sed etiam-deus, Nec
ſolum deus, Sed etiam homo quia verba humana format & perſonam Hominis gerit.　　　　Nam Homini non conuenit Iudicare
corda & recitare cogitationes. Rurſus deo non conuenit queru-
lari & Humana de ſe fateri Igitur erit verus Michtham ſimul deus
& homo idem

Chriſtus Eſt pſalterium noſtrum & Cithara noſtra: pſalterium propter actiones: Cithara propter paſſiones eius ſecundum
Aug: Nam ſicut pſalterium deſurſum Habet ſonum ſuum. Ita
operationes Chriſti & virtutes miraculorum deſurſum virtute diũinitatis in eo habitantis veniebant.　　　　Paſſiones autem ab infra
ex humanitate ex Infirmitate carnis in ipſo veniebant, ſicut ſonus
Cithare ab infra [*Am Rande links:* Aug. Vtrunque ait eſſe corpus
Chriſti] Quare pſalterium ipſe: ex hoc quia ipſe eſt deus incarnatus, Et Cithara: quia eſt homo deificatus vt ſic dicamus. Et
Hinc patet quare iſto liber potiſſimum pſalterium. Quia de incarnatione dej & paſſione Chriſti. eſt frequentiſſimus.
Cętera vide ſupra ps. 32.　　　　Sic ergo pſallere in tali pſalterio
& Cithara fit primo intentionaliter: meditando & exercendo:
in operibus & paſſionibus Chriſtj: quod eſt deo ſuauiſſimúm canticum & omnibus angelis Dei　　　　Secundo realiter in fide
Chriſti, ſimiliter opera facere cęleſtia. & pati mala terreſtria: vt
ſit caro Cythara in paſſionibus Chriſtj. Et Spiritus pſalterium
in operibus bonis. Et Hec eſt Cithara & pſalterium tropologice:　　　　Eccleſia autem ſimili modo vtrunque eſt Allegorice.
Item Scriptura Sancta ſimiliter eſt vtrunque. pſalterium in ſenſu
myſtico Cithara in litera & Hiſtoria　　　　Vnde breuiſſime Aug.
Caro diuina operans pſalterium eſt. Caro Humana paciens. Cithara eſt.　　　　Vnde & illud ps. 42. Confitebor tibi in Cithara
deus ſcilicet accedendo ad altare in memoriam paſſionis. Et
ps. 32. Confitemini Domino in Cithara [*Am Rande links, beschnitten:* . . . .° dicit etiam hic Ex . . . te pſalt. .1 . . . . . per quem

& ... quo mihi .. falletur & in ... glorificabor. ... o enim non
... fallitur literali .falterio, quia non habet fenſibiles aures ad
fenſibilem auditum, Sed ſpiritualiter Et hoc non niſi in Chriſto]

ps. 57. [Hebr. LVIII.]

Blatt 71ᵃ: Recte Iudicate. Hoc Iudicium eſt feipfum
condemnare. & nullo modo Iuſtificare. Et Hoc eſt initium Iuſtitie
in quo Iudęi etiam vſque hodie errant. Vnde fequitur docens
eos hoc Iudicium, dicit. Etenim in corde iniquitates operamini in terra. q. d Sic eſtimate & Iudicate & Sentite de
vobis, quoniam in terra (.1. quamdiu non in cęlis conuerſamini
feu in regno cęlorum. in fpirituali Iuſtitia: Sed in terra adhuc
& Iuſtitia (carnali & terreſtri) coram hominibus, femper iniquitates operamini: femper peccatis & eſtis peccatores: in peccatis
Sicut econtra 1. Iohan. 5. omnis natus eſt ex deo: non peccat
(.1. non eſt in peccatis niſi velit.) Vos autem neceſſario eſtis in
peccato: quamdiu extra Chriſtum eſtis. Et Manus veſtrę Iniuſtitias concinnant. Ergo damnandum eſt cor veſtrum, damnande
manus veſtrę. & aſſumenda manus Chriſti: ipſa enim facit fola
Iuſtitias & non veſtre manus. Quia folus mirabilia facit: & omnes
fanctos mirabiles facit. quia mirabilis in fanctis fuis.

Heb. Iniuſtitias manus veſtrę appendunt vel ponderant: Et
huius fenfus eſt. opera veſtra que vos multum ponderatis: funt
mere Iniuſta: quia qui feipfum Iuſtificat: fua opera ponderat Sed
Hec eſt Iniuſtitia maxima. Ideo non recte Iudicat, vt fua opera
accufet. Hec autem veritas patet in Scriptura late: Sed eam non
vident ipſi. Ideo alienati funt ɔc

Quod autem fimul addit: In corde & in terra: Scilicet quod
operamini iniquitatem in corde in terra Senfus eſt Quod opera
que foris faciũt. licet Iuſta fint fecundum apparentiam: tamen
quia literalia funt. & fimul cor per fidem non eſt Iuſtum. Sequitur
Quod operantur in corde iniquitatem in terra. (.1. opera que ad
literam faciunt: ad cor relata funt iniqua: Quia Quando cor iniquum eſt: omnia eius opera iniqua funt quantumlibet fpeciofa
funt. [*Am Rande links:* Et hic patet quod Deus eſt qui loquitur
quia cor eorum Iudicat] Et In Hoc verbo apte & aperte expri-

mitur Natura Hypocrifis Quę coram Hominibus in terra: Eſt
operatio Iuſta: Sed in corde eſt iniqua. Tales ſunt omnes Heretici, omnes ſimulatores. qui foris ſpeciem fingunt. & cor eorum
non eſt ita. Igitur arguit propheta. quod hipocrifim faciant: &
ſuam Iuſtitiam magnificent. Hec enim Duo tunc & nunc In
Iudęis ſunt & fuerunt   Vnde

Alterum vocat Iniuſtitias. alterum iniquitates: Iniuſtitia enim
eſt contraria Iuſtitie que eſt fides in Chriſto. quę eſt in corde:
illi autem in corde perfidi: ideo operantur in corde iniquitates,
in terra Iniquitas autem eſt: preferre Iuſtitiam ſuam Iuſtitię
Dej: immo Iniuſtitias iſtas quas operantur: volunt eſſe Iuſtitias.
Et ita primum Iniuſti & hipocrite: deinde etiam iniqui, eas ſta-
tuendo & ponderando

Quod Vterus ſignificet Scripturam. illud [Iſaie *ausgestrichen.*]
Genes. myſtice. 25. probat. Quod Rebecca geminos [*Am Rande
rechts:* Cantic,] in vtero Habuit ſeſe collidentes: Ita Iudęi &
Chriſtiani pugnant in ſcriptura ſibi Inuicem

Quod Iudęi per ſerpentes Intelliguntur. illud luce. 3. probat.
progenies vel genimina viperarum, quis monſtrabit vobis fugere ꝛc
Quod autem Incantationibus pateant maxime hoc genus beſtia-
rum notum eſt. Nec Iniuria. Quia Diabolice artes ab antiquo
& initio in iſto animali inceperunt   Vocatur autem talis
Homo ſerpens: primo quia repit in terra. Secundo quia
venenum peccati habet. 3º Quia cauda ſua (.1. extremitate ſua
ſcilicet ſenſualitate in qua totum venenum eſt. 1. peccatum, ob-
ſtruit aures cordis.) quia placet ei vita ſua. ideo non vult audire
ea que ſunt ſibi ſalutaria ad ſpiritum: ſicut Act. 7. de Iudęis

Conterit Deus dentes (.1. mordaces & detractorias accuſationes) primo ſecundum Aug: quando Chriſtus Iudęos expro-
prijs verbis confutauit, vt Matt: 22. de tributo cęſari dando. Et
eiuſdem. 21. de Iohanne bap. Quia accuſationes meditabantur in
eum, per captioſas inſidias: & fruſtrati ſunt voto ſuo: Et ita in
ore eorum contritę ſunt. antequam producere poſſent mordaces
dentes, Secundo Quando ex proprijs verbis Iuſtificabit & con-
demnabit vnumquemque in fine mundi & hora mortis.
Tertio Quando facit aliquem in bonitate mordaces, detractiones,

in fefe compefcere: antequam proferat. Sed Hoc minus apte ad propofitum, & potius in corde quam ore fiet: Ideo primum melius: quod proprie impiorum eft quibus non in corde fecundum bonitatem. Sed in ore confringuntur. in confufionem eorum. Elegans eft hec Expofitio Vide etiam fupra ps. 3. Dentes peccatorum contriuifti

Blatt 71ᵇ: Conterit autem etiam fic dentes, quia Iudęis abftūlit vim nocendi Chrifto & Chriftianis. per fuas detractiones Et ita manent in ore eorum: & mordent quidem eum & fuos, Sed non foris & publice.

Molas leonum. eafdem accufationcs intelligit: quibus dixerunt: Tolle Tolle crucifige eum: Quia ficut Dentibus Molaribus, cibus demorfus, omnino conteritur & comminuitur. Ita per tales voces Iudęi Chriftum omnino conterere & comminuere voluerunt. Sed non potuerunt, Infirmate enim funt & confracte tales molę: Si autem confracte, ergo fortes aliquando & magnę fuerunt? Ita fane in paffione dominj. Vbi eum contriuerunt, Sed nunc conterere non poffunt. Iam enim non moritur

priufquam {
intelligerent Spine veftre Rhamnum, Sicut viuentes, fic in ira abforbet eos

Crefcant fpine veftre in Rhamnum quafi viuentes. quafi in ira tempeftas rapiet eos

producat fpinas veftras Rhamnus. ficut viuentes ficut in ira combibit eas
}

Et ficut varie tranflatum: fic varie expofitum eft. Lyra & aliqui fic (.1. priufquam filij veftri intelligentes facti fuerint, fiue adulti fiue ad vfum rationis (vt dicitur) peruenerint antequam fiant Rhamnus adulta. abforbet eos Deus in ira: ficut viuentes (.1.

Et hunc fenfum Iuuat. heb. tranf. Et forte firmari poteft illo: quod viri fanguinum non dimidiabunt dies fuos: quod non perveniunt ad optatos dies fuos

Iudęos effe fpinas patet per illud primo

Ifaię .7. Spinę enim & vepres erunt in vniuerfa terra: Et omnes montes. qui in farculo farrientur non veniet illuc terror fpinarum & veprium

2? eiusdem. 9. Succensa enim est quasi ignis Impietas: vepres & spinam vorabit. Et succendetur in densitate saltus. & conuoluetur in superbia fumi :c.

3? .2. Reg. 23. preuaricatores autem quasi spine euellentur. vniuersi qui non tolluntur manibus: Igneque succensę comburentur vsque ad nihilum.

4°. ps. 117. Et exarserunt sicut ignis in spinis. Cur ergo Vepres? Nempe quod pertinaciter sese complectuntur & inseparabiles sunt sicut squame Behemoth. Iob. 41. Cur spine? Quia lilium in medio suo pungunt & persequuntur (.1. Christum & Ecclesiam eius Igitur ignis ille est Impietas, qui cecidit super eos. & non viderunt solem: Sensus ergo est Quod Spine iste absorbentur in ira vt sint incorrigibiles: sicut viuentes: quia in spiritu absorbentur secundum animam. licet viuant secundum corpus. Et Hoc priusquam intelligant Rhamnum (.1. Synagogam Sathane.) .1. quia nunquam intelligunt rhamnum. & se esse sub synagoga sathanę. Nam sicut Ecclesia & quilibet prelatus. Est Oliua & therebinthus & omnis arbor laudata. Ita Synagoga & quilibet in ea superior & prelatus Est Rhamnus. & vepris & quelibet arbor vituperata Tota ergo Miseria est Iudęorum: quod non agnoscunt: suos dúctores & doctores esse rhamnos. per quos & ipsi in spinas formantur Et ita pereunt, antequam ad intellectum tanti mali veniant. Si enim intelligerent, non absorberentur ne permitterent sese absorberi

dirigit autem sermonem ad maiores populi. Quoniam ipsi sunt Rhamnus & populi sunt spinę illius Rhamni Est autem secundum Cassio. & b. Aug, spinarum genus molestum, quod prius in Herbam mollissimam pubescit Sed vbi adulta ętate calluerit ramusculos producit acutissimos. posteaque eius sudes in arboream firmitatem durescunt. Et ad hunc sensum potest Heb: duci. Antequam crescant scilicet intellectualiter in rhamnum .1. contra eam vt intelligant eam

Sicut Viuentes: primo quia sibi soli viuere in deo videntur. Et hanc miseriam vide in omnibus superbis. & Hereticis. Qui preter se omnes mortuos. & nihil esse putant O Subtile malum

Superbia fpiritualis　　　Secundo Quia pereunt ficut viuentes, cum Chore numerj. 12. Myftice fcilicet quia in fuo fenfu non funt mortúi Et Hoc peffimum cum Nulli foleant abforberi nifi mortui: ideo in fpiritu abforbentur. Nam aliter non poffunt abforberi: qui viúi abforbentur vts

ps. 58. [Hebr. LIX.]

Blatt 72ᵃ: Eripe me ꝛc Ifte petitiones Chrifti & paffiones maxime pro nobis fiunt. Et quis id ponderat? Quid putas nobis futurum fignificari. tam feruida petitionê & paffione filii dej? Si enim non effet ineftimabilis miferia futura: fine dubio. non adeo ineftimabilis laboraret pro nobis orator Sed Heu. quod tantam ineftimabilitatem in omnibus ps non aduertimus

Quia Tituli iftorum trium ps. habent. Ne difperdas: & loquuntur de perditione Iudęorum finguli: puto meo fenfu. quod non debeat illud accipi. vt non difperdat Chriftum vel dauid. Sed de Iudęis in malum eorum. Quia fcilicet non difperduntur. vt fancti dej difperduntur quia fic humiliarentur & vitiofa in eis forma. & hoc quod ipfi funt difperderetur vt fierent quod non funt ipfi fcilicet filii dej & Iufti.　　　Felix enim eft hec difperditio. Et Infęliciffimum eft: non difperdi fic: Vnde tunc magis Irafcitur. deus. quando nihil irafcitur. & dimittit in defyderijs fuis ire impios, crefcere & proficere. & non deftruit eos. Et in huius miferię fignum. titulus dicit. Ne difperdas. fcilicet Iudęos. Secundo etiam Ideo. vt infra in ps fequitur Ne occidas eos ꝛc. Et fic ps prophetat in Titulo quod fit locuturus de Iudęorum perditione. Qua non delentur & difperdentur. Sed in Exemplum & memoriale fint cunctis gentibus. Sic enim Titulus directe confonat in iftum verfum. Ne occidas eos.　　　Sic enim per prophetam Ezechielem. 16. eis minatur dicens. Et auferetur Zelus meus a te. & non irafcar amplius. eo quod non ꝛc. Sic ps. 74. Tit. fimilem habet. Quia fequitur in ps. fex eius non eft exinanita. Et fimiliter loquitur de perditione huiusmodi Iudęorum. Igitur ficut ad tale Irafci. fequitur non mifereri. Abacuk. 3. Cum iratus fueris mifericordie ręcordaberis. Et ps. feq. Iratus es &

mifertus es nobis. Ita ad tale, non difperdere fequitur non edificare: quo quid horribilius? Nam & inter Homines Hec eft ira
& contemptus maximus. quando dicunt. Nec dignor te, cor-
reptione mea & flagellis. quia omnis timor zelofus eft. Et qui
non Zelat, odit   Natura enim Verbi dej: & ordinatio voluntatis eius eft prius difperdere quod in nobis eft. & ad nihilum
deducere quicquid fumus, ac fic fuum ędificare. Quia vinum non
mittit in vtres veteres Nec nouum pannum committit in veterem.
Sed nouum vinum nouos vtres habere difponit. ჯ Vnde Ierem.
.1. dedi te prophetam in gentibus. vt difperdas, euelles [so], de-
ftruas, diffipes. & edifices & plantes ჯ

Quod fi ifta non placent, illud vide quod circa textum eft.
Videri fcilicet poffe: tranfferri oportuiffe. fuper perditione: pro
Ne difperdas. Quia ifta dictio. Al. & fuper. & ad & non fignificat Vel fi nec Hoc fufcipiendum eft. Ita intellige. Quod fi
non difperdendus eft Chriftus. Sequitur ex contrario. quod difperdendus fit inimicus Chrifti & contrarius. Et fic ps loquitur de
vtroque

Eripe me de operantibus ჯ Dixi circa textum & commento.
precedente ps. Mihi videri hanc effe differentiam inter iniquitatem & Iniuftitiam. Quod Iuftitia eft credere deo. ficut Ro. 4.
Apoftolus &. Ro. 1. probat Quia Iuftus ex fide viuit: Iniuftitia
per oppofitum eft non credere. Quia omnis qui non credit eft
Iniuftus & impius.   Iniquitas autem eft leuiathan & addi-
damentum ad Iniuftitiam: fcilicet fuam ftatuere Iuftitiam, & deo
etiam monenti nolle fubijci: Hoc enim eft iniquum. Quod Infe-
rioris verbum & diffinitio ftatuatur: & fuperioris reijciatur. Ideoque licet fimul fint tamen Iniuftus refertur ad hoc. quod non eft
conuerfus ad deum Sed auerfus, Iniquus autem ad hoc. quod
non eft auerfus a fe & ijs que fua funt, Sed conuerfus.
Quare Sicut in omni malo eft Auerfio & conuerfio fimul. Ita
fimul Iniuftitia & iniquitas Hec propter conuerfionem illa propter
auerfionem a deo. Sed cum multiplex fit conuerfio ad creaturam.
tantum autem vna auerfio quia vnus deus. & multę creaturę. licet
quelibet talis conuerfio poffit dici & dicatur iniquitas. quia pre-
fertur Indignum digniffimo deo. vt fcilicet aurum argentum, do-

mus, gloria, honor, voluptas & omnino quicquid eſt Humanum. temporale, mundanum,

Blatt 72ᵇ: Tamen proprie: iniquitas per excellentiam dicitur. quando ſenſus proprius & voluntas propria ſtatuitur. contra ſenſum dominj & voluntatem eius. Hoc eſt enim conſilium impiorum. & via peccatorum. Conſilium propter ſenſum proprium. Via propter voluntatem & Iuſtitiam propriam. Et ratio eſt. Quia inter omnia: que deo debemus & propter eum dimittere, eſt intellectus & voluntas nobiliſſimum: ideo ad hanc conuerti: eſt maxima & ſumma iniquitas: reiectio ſenſu & voluntate dej. Et ideo talis iniquitas fere non habet locum, niſi in rebus ſpiritualibus, Quia intellectus & voluntas proprie Inuiſibilium eſt. Quare eſt ipſum demonium meridianum, quo aliquis ſuam Iuſtitiam ſtatuit. & auerſus a ſpiritualibus rebus. quas deus ſtatuit (.ſicut lex. verbum dej, gratia, ſalus,.) conuertitur ad ſpirituales. res. quas ipſe ſtatuit: ſicut ſuę ceremonię. ſuę doctrinę, ſuus ſenſus. Et iſte error valde facilis & ſubtilis eſt: quia ſpiritualis. Et in Hac iniquitate laborant Iudęi, heretici. & omnes capitoſi & ſuperſtitioſi: in occulta & Spirituali ſuperbia: ſua querentes & preferentes ijs: que ſunt dej: cum tamen maxime velint deo ſeruire viderj & miro modo Humilitatem oſtentent. Niſi Quod volunt ſibi demonſtrari contrarium, antequam ſenſum ſuum deponant. Vinci volunt ad fidem immo ad manifeſtam notitiam: & non credere De his dicit dominus Matt. 7. Diſcedite a me omnes qui operamini iniquitatem: cum tamen ibidem dicant. Multas virtutes fecimus. in nomine tuo: ɔc Sed quia ſunt iniqui. ideo pereunt

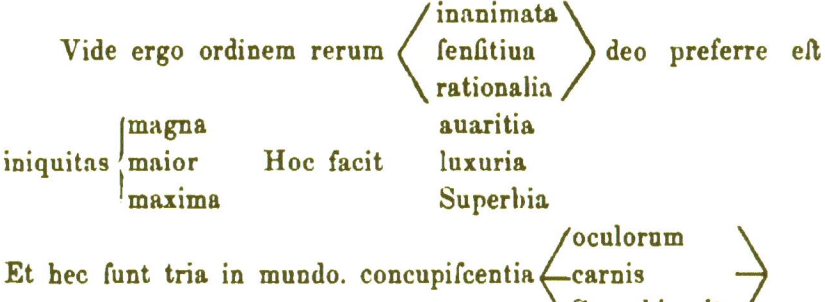

Vide ergo ordinem rerum ⟨ inanimata / ſenſitiua / rationalia ⟩ deo preferre eſt

iniquitas { magna / maior / maxima }   Hoc facit   auaritia / luxuria / Superbia

Et hec ſunt tria in mundo. concupiſcentia ⟨ oculorum / carnis / Superbia vite ⟩

Vnde patet quam recte talem iniquitatem Scrip. appellet. Inuentionem eorum ps. 80. Ibunt in adinuentionibus ſuis. quia ſtatuta & volita propria ſunt: & Hec eſt ſpiritualis idolatria. non acquieſcere & repugnare. & peccatum in ſpiritumſanctum irremiſſibile, quia preciſe obuiat gratiȩ per ſuperbiam ſpiritus. dum cedere non vult deo. Sed ſibi cȩdi.

Viri autem ſangüinūm recte Iudȩi dicuntur: quia de ſanguine Iſrael & non de ſpiritu, gloriantur cum Apoſt Ro. 8. dicat. Non qui filii carnis, hi filii dej. Sed filij promiſſionis eſtimantur in ſemine. Vnde & vepres vocantur: quia inextricabiliter ſeſe complectuntur ſecundum carnem   Sed & nunc quam multi ſunt: qui ſibi ſpiritualiſſimi videntur & tamen ſunt Sanguiniciſſimi vt ſic dixerim, veriſſimique Idumȩi. Hi ſcilicet qui ſuas profeſſiones, ſuum ordinem, ſuos ſanctos: ſua Inſtituta: ita venerantur & efferunt: vt omnium aliorum vel obfuſcent, vel nihil ipſi curent, ſatis carnaliter ſuos patres obſeruantes, & iactantes: ex meris ceremonijs & gloria patrum ſuorum. ſe ſanctos & admirandos reputantes. Nonne tibi Iudaizare videntur, qui ſuos, conuentus, ſuum ordinem ideo laudant: & ideo alijs preſtare volunt, ac nullo modo docerj: quia magnos & ſanctos viros habuerunt: quorum titulum, nomeu & habitum geſtant? Nam ſic & Iudȩi gloriantur de nomine & carne. Sed interim: ſi qui alij. quid melius habeant & operentur. omnino dedignantur ſibi in exemplum aſſumere. vt imitentur: quia ab eis ſcilicet non proceſſit: O furor late regnans hodie. Ita nunc pene fit, vt etiam, quilibet conuentus. contemnat alterius mores acceptare, adeo ſuperbe, vt ſibi dedecus putet: ſi ab alio. quam a ſeipſo doceatur aut recipiat. hec vera ſuperbia eſt Iudȩorum & hereticorum, in quo & nos Heu infȩlices comprehendimur. Quia cum in nullo ſimiles patribus noſtris ſimus: ſolum de nomine & gloria eorum. contra inuicem contendimus & ſuperbimus

Blatt 73ᵃ: Sine iniquitate Cucurri & direxi. Hȩc duo & vſque hodie: faciunt, vt irruant in aliquem fortes.   Currere. enim eſt alacriter & Zeloſe viam Dej opere & verbo ire & docere pedes enim ſunt affectiones: quȩ per gratiam dej: leũes fiunt & agiles & alacres. Sic econtra per tepiditatem graues, ignaui &

fecordes. Sed odiunt certe omnes tepidi feruidum & Zelofum:
Quia timent fefe cogi. ps. 17. Pofuit pedes meos quafi ceruorum. Abacuk. 3. Ponet pedes meos quafi ceruorum: Hoc ergo
eft cum gaudio & alacritate viam dej ire: Hoc eft currere ps. 18.
exultauit vt Gygas ad currendam viam.   Econtra illi cum
tedio & triftitia vix reptant in via dej   ideo odiunt illum.

     Secundo Quia direxi .1. per directum & compendium it.
omiffis longis & multis ceremonijs carnalibus, fpiritum arripit.
Vel certe fimul ceremonias fpiritualiter implet. Illi autem fpiritu
vacûi. in folo ambitu ceremoniarum fatigantur & laborant: quas
tamen ficut Iudęi multum reputant: fpiritum autem non ita.
Quot quefo videas: qui tunfiones genuflexiones, Inclinationes,
cantationes, orationes faciunt. folum in corpore: & corde nunquam prefente? At nonne Hoc eft affligere fpiritum. & in nuda
figura deo feruire fine fpiritu? Et circuire per defertum terram
Edom montem Seir: ad mare rubrum? Non autem eft dirigere.
& per directum compendium in fpiritu facere.   Vnde orat
ps. 5. Dirige domine in confpectu tuo viam meam. Illi
autem circumducunt in confpectu hominum vias fuas.
Quoniam non eft in ore eorum veritas. Sed tantum in
corpore vmbra & vanitas. Quia cor eorum vanum eft. &
fine fpiritu

     Quoniam quis audiuit q. d. ita fęcure loquuntur que fua
funt, ac fi dicerent: Vel ficut illi qui dicunt, quis audiuit? vt
ps. 9. Dixit enim in corde fuo non requiret. Et Ifaie. xi. Ve
qui profûndi eftis corde & dicitis. quis videbit nos?: Quia fcilicet
non eft timor Dej ante oculos eorum. ps [*Am Rande links:* ps.
13.] Hoc quidem fęcerunt tempore Chriftj: loquentes ore: cum
tamen corde non fic loquerentur. dicentes Magifter fcimus quia
verax es. Non enim putabant quod ipfe audiret: que ipfi inter
fe concluferant. [*Am Rande rechts:* Et hoc ps 100 confirmat
dicens de eifdem. detrahentem fecreto proximo fuo. hunc perfe-
quebar. vide ibidem] Sed tamen aliud in Hoc verbo puto latere
quod nondum video An forte quod loquuntur Hodie Iudęi de
immo contra Chriftum & fuos. Horribilia, quę nemo audit. &
eo audatius loquuntur & maledicunt nos. quo minus Chriftiani

audiunt Qui fi audirent. eos omnino delerent. feruntur fane tur-
piffima de Chrifto & nobis dicere.

Nequando Obliuifcantur populi mej: quidam in geni-
tiuo capiunt, vt fi diceret: Ne obliuifcantur quod ipfi Iudęi:
populi dej fuerint olim: Et fic fint in terrorem aliis Ro. xi. Noli
altum fapere Sed time. Vide feueritatem Dej. ꝛc. Et Hoc confirmat. quod antiqua tranf. habet. nequando obliuifcantur legis
tuę. fcilicet Chriftiani territi exemplo eorum: non obliuifcantur
legis tuę. videntes quoniam & illi cum effent populus eius. fic
puniti funt, eo quod obliti fint legis eius: ne fimiliter pereant.

Delictum oris eorum fic conftrue. ad Hebraicum fenfum,
Depone delictum eorum (.1. ipfos in & cum Delicto eorum: vt
fimul perdas vtrunque Non tantum delictum. & eos faluando ficut
fanctos tuos. Et Hoc Indicat quod ait, in peccato. Quia fanctos
in Iuftitia & virtute fua deftruit illos autem in peccatis, tradendo
eos in peccatum: vt fic in peccato pereant. Horribilis nimis
fententia Quia in delicto oris fũi. fe fuosque omnes perdunt,
peftiferis doctrinis fuis. Et vtitur ira dej ad eos perdendos, non
alio: quam delicto oris fui: Vnde ficut fanctos. In virga (.1. per
virgam. feu virga deftruit: Ita illos per delictum oris eorum: feu
delicto. tanquam inftrumento perdit. vt fic in propria fpicula in-
currant ficut Madian & Philiftej

Blatt 73ᵇ: Comprehendantur in fuperbia fua (.1. a vel per
fuperbiam fuam.) Hebraica enim locutio ablatiuos inftrumentales
femper. per. in: exprimit. Vide ergo Si es luxuriatus, adulterafti,
furatus es, occidifti, periurafti: ac fic per fingula, non comprehenderis, quin tefte confcientia videns te male fęciffe, non comprehenderis. Sed omnia ifta tu comprehendis. Sed fi tibi Iuftus
incipis videri. & omnia bene intendere, & etiam Noüa quedam
tentare, que optimam fpeciem habent: Iam Ecce non vides Hanc
fuperbiam. Optime te facere putas   Et ficut Saul dicis: Immo
obediũi voci dominj: Hic non pateris te docerj. & dimouerj:
Sancta inquis funt & bona. Sed deo omnia fancta & bona placent.
Ecce Hic in fuperbia comprehenderis. Sic heretici Sola ifta
fuperbia pereunt. Quia Singulariter incedunt: reiecta obedientia
& communione fanctorum

Et vide Iuſtum Iudicium dej. fit vt iſti Hereticj. facillime faciant, multa & ardua. & rigidiſſime viuant.   Hi autem qui ſunt in communione: difficillime & ęgre tepideque. vix modica faciunt.   Cur ita? Quia illos permittit a Diabolo Iuuari vt ſic ſeſe a ſpirituſancto putent leuarj: & ita ſuperbiam ſuam non agnoſcant. Sed magis Indurentur & puniantur: Superſtitio eorum & diſceſſio prima. Hos autem a Diabolo permittit impediri. vt ſemper remaneant, in humilitate & agnitione ſuę imperfectionis: Et ſic Iugitur [so] plorent lugeant & peniteant. & Inuocent dexteram dej. Et ſciant, quoniam violente regnum cęlorum rapiunt.   Et ideo certamen forte dat illis vt vincant. & Sciant, quoniam omnj fortior eſt ſapientia. Illis autem tam facile ſinit eſſe: quicquid operantur. vt velut irrideant nos Infirmos: Atque cum ſic nos tanquam ipſi fortes ſint & ſancti, irriferint Nihil aliud faciant, niſi ſeipſos irrideant. & comprehendantur ſuperbia ſua. O vtinam iſta Heretici perpenderent noſtrj pighardj vicini noſtri   Hęc enim ſunt illa ſigna & prodigia mendacia, in quibus Antichriſti omnes procedunt, ita vt in errorem ducantur, ſi fieri poteſt etiam electi

Ipſi diſpergentur ad manducandum: licet aliqui pſalmum iſtum a Verſu iſto .7. ac deinceps in bonitate exponunt, tamen quia laborioſa eſt expoſitio & interrupta. ideo & iſte verſus ſatis violenter exponitur. At etiam ſecundum noſtrum ſenſum, non ſatis aptus videtur. Ideo Inquirendus eſt.   Igitur. proprium eſt omnibus carnaliter ſapientibus, quorum Deus venter vt. ſi non abundent, ad votum, murmurent: Vnde & hic mihi Iudęos videtur ſic Notare: Quia cum ſoli pauperes euangeliſentur: & predicetur a Chriſto & Apoſtolis, non oportere, in hoc ſęculo abundare. Sed penuriam pati, ſpe futurorum: Ipſi Hanc ſententiam indigne tulerunt, & contra eam murmurabant, quia in lege eis promiſſa fuit abundantia Sancti enim. ſi non fuerint ſaturati, ęque gratias agunt & non murmurant, Quia non diſperguntur ad manducandum. Sed potius ad abſtinendum. & in pauperta [so] viuendum. Quare illi ſola carnalia querentes. in Hoc ſcribuntur   Vel ſi quid melius noueris ꝛc Nam omnes qui ſuper harenam Edificant. flante vento. peiores fiunt. Vnde Iudęi hodie

multis modis confunduntur & fraudantur votis fuis. Sed quid
faciunt, Nunquid patientes funt? Immo furiunt intus. Et fi
poffent dentibus difcerperent. Sed quia hoc non poffunt: ideo
murmurare tantum poffunt

Ps. 59. [Hebr. LX.]

Blatt 74ª: Noûûm titulum affert ps ifte: Quia nec canticum
nec ps. infcribitur. Sed teftimonium, Sicut & alij quidam inferius. Et Quare? Nifi quia hoc ipfo prohibet: ne carnaliter intelligatur. Ne fignum pro re: & teftimonium pro exhibitione
operum accipiamus. Teftimonium enim ad aliud dicitur. Sicut
Iohannis teftimonium de Chrifto. Sic ifte ps eft Teftimonium
De Rofa futura (.1. prophetia & indicium de Ecclefia: quia de
ipfa loquitur & in perfona eius. Immo & ipfe ps Eft teftimonium
Ecclefię: quo fibi teftatur & omnibus, De futuris tantummodo
bonis. quod temporalia non fint eius.   Quod autem ad
docendum, dicit   Certe fignificat Quod totus ps, plenus Eft
doctrinis.

Sichima interpretatur hûmerofa feu laboriofa vel onerata.
[*Darüber:* Sed melius Hûmerus] Et hec eft plebs carnalis Ifrael.
qui fub onere legis: portauerunt pondus diej & ęftus. Hec autem
diûifa eft per Ecclefiam. fcilicet quofdam conuertendo: alijs rema-
nentibus in perfidia: Secundo. Diuifa fcilicet a diabolo & peccatis, quibus adheferunt & hec falutaris diuifio: Eadem eft
Vallis foccot .1. tabernaculorum. ex eo fane. Quia Caro eft tabernaculum anime: omnis autem eorum cultus erat foris in carne:
& tabernaculis, non intus in anima. Enumerat autem quos diui-
ferit ab eis

Galaad. interpretatur Cumulus vel aceruus teftimonij [*Darüber:* Genes. 31. melius teftis in nominatiuo — *Am Rande rechts:*
.65. *ausgestrichen.* 44. Ifaie Vere vos eftis teftes mei] In quo
exprimitur primo collectio eorum: qui funt eruditi in lege dominj:
que eft teftimonium dominj fidele. Vnde Scribe & principes facerdotum vocantur Galaad Hiere. 22. Galaad tu mihi caput es
Libani. Igitur Galaad funt Apoftoli & omnes fideles primitiúj

fic dicti ab eruditione Scripture Vt fi diceret Aceruũs Euangelii vel legis nouẹ populus Qui & iidem Manaſſes & Ephraim & Iuda vocantur vt infra. Non enim differentes populorum partes. Sed proprietates eorum, qui in Ecclefia funt iſtis nominibus exprimuntur. Quorum primum eſt. Effe cumulum teſtimonij (.1. eruditionis & noſſe legem domini: quod in omnibus. precipue autem in Apoſtolis eſt

Secundo ab opere martyrij: immo quoruncunque operum & mirabilium, quia his omnibus teſtimonium dant de Chriſto & futura vita Et ita funt aceruus teſtimonij (.1. Numerus vel multitudo reddentium virtute magna teſtimonium refurrectionis Ihefu Chriſti domini noſtri act. 4. ps. 121. Tribus Tribus domini teſtimonium Ifrael.

Manaſſes. [*Am Rande links:* fc. Naſſcha, .1. oblitus] interpretatur oblitus [*Darüber:* obliuifcens, obliuio]. quod mox fequitur. Quia funt obliti patris fui & domus fue fcilicet fynagoge, poſtquam Galaad facti funt per fpiritumfanctum, Nam Genes. 41. hoc nomen Imponens filio fuo. Hoc myſterium fic expreſſit. Obliuifci me fẹcit dominus omnium laborum meorum & domum patris mej. Inde dicitur ad Eccleſiam. ps 44. Obliuifcere populum tuum & domum patris tui. Inde Manaſſe vere eſt ipfa Ecclefia: oblita prioris vitẹ fuẹ & fynagoge & mundi. Immo ficut Apoſtolus phil. 3. dicit: obliuifcitur ea que poſt eam funt. & femper fefe extrudit in anteriora.

Notandum Quod totus ps. primo de Iudẹis accipiendus eſt: ac deinde de gentibus, fecundum illud verbum Apoſtoli Ro 1. Iudẹo primum & (fupple Deinceps.) grẹco.) Cum enim de Iudẹis fuerit recte expofitus. facilis eſt ad exponendum de gentibus, Hereticis, & malis Chriſtianis. per Analogiam

Ephraim (a phare .1. creuit, fructificauit.) fructificatio: ficut ibi Genes. 2. Crefcite & multiplicamini: quod in fpiritu ad Eccleſiam dicitur. Et ideo ipfa Ephraim: Et propter hoc ipfa eſt fortitudo Chriſti quia per eius multiplicationem: dominatur in medio inimicorum fuorum: Sic Dani. 8. de antichriſto Et deiecit de fortitudine. Et magnificatum eſt vfque ad fortitudinem cẹli.

Et vſque ad principem fortitudinis magnificatus eſt (.1. vſque ad Chriſtum caput Eccleſię.

Sicut Eccleſia tribus nominibus ſcilicet Galaad, Manaſſes, Ephraim dicta eſt: que eſt vna pars diuiſionis Sichimę (.1. populi ſub lege.) Sic & altera pars diuiſionis eiuſdem. ſcilicet Synagoga relicta, tribus denominatur ſcilicet Moab, Idumęa. & paleſtina. contrarijs myſterijs & interpretationibus: Et in medio ſtat Iuda rex meus. qũi Eſt diuiſor Sichimę & vallis tabernaculorum ſecundum illud Iſaie 28. ſicut in monte diuiſionum ſtabit dominus

Moab igitur interpretatur. ex vel de patre (.quia filia Loth ex patre eum concepit magno myſterio Iudeorum illegitimorum. Sicut enim ex inębriato patre natus fuit: Ita & Iudęi inebriantes legem vino ſüi ſenſus, Ex inde concipiunt, non niſi Moabitas: pertinaces Et qui in Eccleſiam vſque hodie non ingrediuntur

Blatt 74ᵇ: Sicut enim pater ſeminat filios. Ita lex ſeminat Iuſtos & bona opera. Sed eorum lex vino inebriata eſt vt Iſaie. 28. Errauerunt pre vino. Sacerdos & propheta neſcierunt pre ebrietate: abſorpti ſunt a vino, Igitur ſicut loth ebrius. figura fuit. Sacerdotum ſuo vino ębriorum. Et ſicut ille ex filia: Ita iſti ex ſynagoga: genüerunt Moabitas filios ſimiliter ebrios,
Et ſic non ſunt Galaad .1. populus habens verum teſtimonium Chriſti. Sed ſui ſenſus vinum.

Igitur Moab iſte populus relictus Synagoge, non ait eſt meus. Sed eſt Olla. ſpej meę. ſiue lauacri mej: Mirabile verbum & pregnans: Olla ſignificat. quod ſint Zelo & ira Büllientes contra Galaad & Eccleſiam, que ira orta eſt: propter ſcripturam: quam vtrinque volunt habere. Vnde Hiere. 1. Ollam ſuccenſam ego video ab aquilone (.1. Synagogam iratam & furioſam a diabolo. Sed. Ecce, Hec ira & perſecutio Eſt Eccleſię vtiliſſima. per hanc enim lauatur & purgatur. Nam deus ſuos ſanctos in hac vita perſecutionibus purgat & Emaculat. Et ideo licet Moab non ſit pars Eccleſię. ad hoc tamen ſeruit, vt ſit in purgationem & lauacrum eius Sicut virga vtilis eſt ad caſtigationem puerorum: per hanc autem caſtigationem naſcitur Spes glorię. Quia omnes quos deus amat, caſtigat. ideo omnis tentatio: eſt ſignum amantis dej Ideo maxime ſpem operatur Ro. 5. Quare Moab est olla lauacri, lauationis siue spei: in idem redit. Eodem modo de gentibus tyrannis, Hereticis, malis Christianis, omnes ad hoc valent vt Galaaditis sint purgatorium, lauacrum: & preparatio spej. Disce ergo Hic patientiam o homo Si tibi nascitur tentatio & tribulatio. Dicito. Ecce Moab olla lauacrj & purgatorij & spej mihi a domino. sic diuiditur.

Immo disce & compassionem super illos. Primo quidem quia sunt olla (.1. tantum secundum carnem viuentes & testea vasa, sine spiritu: 2° quia fragiles & non perpetuj: sicut Infernus est. Melius est enim ollam habere Bullientem. quam lacum & Geennam: quia illa conteretur & peribit. Hec nunquam. [*Am Rande links:* Nolite timere eos qui occidunt corpus]. 3°. Quia arrepti sunt & pleni. aqua feruenti & bullienti passionum & irarum fumigantium: Tu autem Calix benedictionis & vini meri. compatiendum enim est passionatis. 4°. Quia tibi prosunt. ad puritatem vitę presentis: & spem futurę. Quis ergo non libentissime. feret illos? immo & condoleat illis Igitur Ecclesia gaudet. Quod dominus Etiam Malos ordinat. in bonum suum, vt sint olla purgationis eius. Ideo iste ps. ad docendum habet in Titulo

potest & aliter intelligi. olla spei meę: quia portant carnaliter: Scripturam nostram. que est $\left\langle\begin{array}{l}\text{Spes nostra:}\\\text{lauacrum nostrum}\end{array}\right\rangle$Quia vt per consolationem Scripturarum spem habeamus: Sustinuit enim anima mea in verbo eius ꝛc. Sed & septies in Iordane lauandum est: hoc ergo lauacrum & spem nostram: ipsi portant nobis. Sunt nobis olla ad hoc (.1. tantummodo literaliter eam nobis custodientes: secundum faciem foris ꝛc

Idumęa est eadem ipsa Moab. contraria Manasse: quia non obliuiscitur. Sed terrena interpretatur. quia tota temporalibus & carni incubat. Super hanc ergo populus extendit Calciamentum suum predicationem suam. Sed non profęcit, nisi vt in tit, .12. milia conculcando sibi Calciamentum esse verbum Euangelii ostendit Apost Ephe. 6. Calciati pedes in preparationem euangelii. Quia speciosi pedes Euangelisantium pacem. Ro. 6. (.1. pedes intellectuales induti & eruditi verbo euangelii. Cantic. 7. Quam

ſpecioſi ſunt greſſus tui in calciamentis tuis filia principis. Ezech.
16. Calciaui te Hiacintho .1. celeſti doctrina inſtruxi te.

philiſtijm 3° eadem pars contraria Ephraim (:paleſtina vel
allophyli .1. alienigenę:) quod interpretatur cadentes potione. &
ruina poculi: Sicut Ephraim creſcit & aſcendit: ita illi [ſo] cadit
& decreſcit. vt in Saul figuratum, cuius domus quottidie decre-
ſcebat. Dauid autem quottidie ſuccreſcens, ſeipſo fortior fiebat.
Et Hij ſubditi mihi ſunt & ſubiecti. Sed non ęquati & connu-
merati. Non enim ait mej ſunt. Sed ſubiecti mihi ſunt: quod
patet per experientiam. Quia Iacob ſupplantatus dominatur ſuper
Eſau fratrem ſuum vſque hodie

Cur autem dicit diuidam? Quia olim in confuſo, dum figura
ſtabat: beneficia dej corporalia ſcilicet tam bonis quam malis
dabantur. vt liberatio, &c. Nunc autem liberentur ſolum dilecti:
Et Bonis ſpiritualibus non communicant niſi Boni Similiter nec
puniuntur niſi mali: Olim autem ſimul boni cum malis, quia
figuralia Mala & bona erant Vnde dixerunt prouerbio: patres
comederunt Vuam :c Ezech. 18. quod dominus promittit ſeſe ab-
laturum: quod & nunc facit Quia Sic diuidit vt in bonis ſolum
mali puniantur & ſolum Boni donentur: licet corporalia vtriſque
communia ſint Hanc autem Iudęi Diuiſionem nolunt. Et vſque
hodie nolunt ....*) fieri ſine Iudicio

Blatt 75ᵃ: Vnde Iſaie. 35. Non tranſibit per eam pollutus
&. 52. Non adijciet vltra, vt pertranſeat per te incircumciſus &
immundus:

Sed quis hoc intellexiſſet ita, antequam impleretur?
Igitur. Cepit Ihefus facere & docere. prius facit deus quam doceat: Sic Incarnatio & paſſio Chriſti, non eſt intellecta, donec
facta ſuit Hoc eſt ergo Iudicium diſcretionis quod Chriſto dan-
dum fuit, vt iam nullus damnaretur propter alium, nec donaretur
propter alium: (.quod fit & fiebat in temporalibus bonis & malis.)
Sed vnusquiſque in ſuo peccato moritur, & ſua Iuſtitia viuit:
ſicut per Ezech. 18. in hanc ſententiam prolixe diſputat.
Ceſſat itaque iſta communio &· confuſio. Quia diuiſa eſt Sic-

---

*) Weggeſchnitten.

cem,   Et vide ordinem pulchrum.   dedifti metuentibus te (.non autem alijs.) Signum quod eft fides Chriftj argumentum: vt fignentur propter veritatem fic enim dicitur in Heb. haberi. Sed [? Quod?] tamen idem eft: quia per hoc fugiunt & fecernuntur. Ifaie 66 Et ponam in eis fignum ꝛc Vt liberentur dilecti tui. Ecce hic incipit diuifio Iudej enim rem querunt: non fignum .1. non fidem vel fpem Sed res ipfas huius temporis

Deus Locutus eft in fancto fuo (.1. in me populo fuo. quod eft fanctuarium fuum, q d Verbum dej ego habeo: & in me locutus eft & loquitur & loquetur. Non enim vos eftis qui loquimini Sed fpiritus patris veftri qui loquitur in vobis, Ideo Letabor Quia fine gaudio Hoc verbum dej non auditur: & per ipfum. Diuidam Siccem. Quod proprie fignificat hûmerum. Erat autem populus ifte non nifi humerus. quia oneribus legis oppreffus: Sicut fupra ps 20 Quoniam pones eos humerum vel dorfum: Et Allegorice fignificat totam gentilitatem. que fuit humerus diaboli. Ifaie. 9. Virgam humeri eius & fceptrum exactoris eius fuperafti ꝛc   Tropologice. quelibet anima pondere peccatorum preffa & inclinata facie deorfum   Gaudium ergo Ecclefie eft. Hunc Humerum Diuidere: & ab onere: quod nec ipfi, nec patres eorum portare potuerunt: Sed qui diuidit humerum. partem facit eius. Et fic funt iam duo humeri diuifi: vnus nouus alter vetus, Nouus eft Galaad Manaffe & [reliquie *ausgestrichen.*] Ephraim: per que (.quia funt partes totius populi.) fignificantur reliquie. que faluate funt. Sed Moab, Idumej philiftej (.quia funt integri populi. fignificantur partes Ifrael maiores reprobate   Et Conuallem tabernaculorum dimetuit, Soccot enim tabernacula fignificat: Eft autem idem populus in vmbra & tabernaculis habitans Sed non in fancto:

Eft autem Notandum certe: Quod ifte ps. & omnis diuina Scrip. viua eft & permanens ficut ait ps. 118. Ineternum domine permanet verbum tuum. Et in feculum feculi veritas. Ideoque oportet fit intelligi. vt fit adhuc & vfque in finem mundi, ad docendum. Etenim fecundum hiftoriam de Moab & Idumea, effet iam mortua, quia illa preterijt: Ideo oportet accipi fecundum

quod femper habet fibi refpondens in re prefenti: quocunque
tempore: Ita & hodie funt Moab. Idumej :c

Vel aliter Sic. Deus locutus eft in fancto fuo: puto ego hanc
effe primam gratiam & mirificam dej dignationem: cui datum eft:
fic verba fcripture', legere & audire, tanquam exiftimet fe, a deo
ipfo audire. Quomodo enim non totus horripilabit: fi aduertat,
tantam maieftatem ad fe loqui? Vt Iob. 27. [26, 14.] Et cum vix
ftillam fermonis eius audierimus. Quis poterit tonitruum magni-
tudinis illius intueri. Sed nos ita fegniter & legimus & audimus:
tanquam fortuitu aut fine authore aliquo, nobis offerretur. Et
non videmus neque fentimus. quantus eft qui loquitur   Ideo
hanc fęlicem Iactantiam merito fibi Ecclefia arrogat dicens Deus
locutus eft in fancto fuo: Et ideo Lętabor inquit: quoniam verbum dej verbum bonum & optimum eft: Et Vt diuifionem iftam
optimam intelligas, non ex ira & malitia procedere: dicit fefe
lętari ad diuidendam Siccem'

Blatt 75ᵇ: Sermo de Martyribus Ex eodem ps

Moab olla fpej meę: Cocus videtur effe, qui hunc ps fęcit,
quia de olla difputat Ideo myfterium coquinę nobis tractandum
eft.   Totus igitur mūndus .1. homines: qui fanctos, perfe-
quitur. & tribulat. vocatur a deo Olla, Cuius tres pedes, funt
illa tria que in mundo effe Iohannes dicit. Concūpifcentia carnis,
Concupifcentia oculorum, fuperbia vitę. In his tribus enim ftat
mundus Nos autem fumus. Carnes & cibi in ipfa cocti & co-
quendi. vt preparemur in cibum Sanctis & angelis & Chrifto:
Qui & ipfe cocus eft. Sic ad eum dicit pater Ezech. 24. pone
ollam ęneam :c Et Mich. 3. Offa eorum conciderunt. & confre-
gerunt, quafi in lebete & quafi carnem in medio ollę.   Quod
autem nos cibi fimus Chrifto: teftatur figura Genes 27. Affer
mihi de venatione tua vt Comedam :c Ac totum myfterium Vide:
pecus occiditur diuiditur in partes, funditur fanguis, ponitur in
ollam & infunditur aqua, Sic primo nos venantur predicatores:
tanquam feras in fylua peccatorum, confodiunt iaculis verbi dej.
& fic diftribuunt membra mortua peccato, vt feruiant Iuftitię.
Deinde in tentationes & paffiones parant, & difponunt. hoc eft
in ollam Moab. vfque dum fatis concocti fumus, tunc effundimur

ex olla. in Vafa aurea & argentea & offerimur fedenti deo chrifto
& fanctis fuis in cęlo in ferculum   Quid ergo fugis tentationes & tribulationes? Signum eſt enim quod pararis ad
gloriam & vocaris in ferculum fanctis omnibus, qui de te reficiantur in cęlo An non reficiantur? Etenim gaudium eſt Angelis.
fuper vno peccatore ꝛc. Hoc gaudium eſt eorum refectio: Comedunt de te. & tamen integer manes tu & faluus   Igitur Spes
magna eſt omnibus, quibus Moab olla efficitur: Quare quam
rectiſſime dicit Moab olla fpej meę. q. d. Niſi Moab mihi olla
eſſet, non ita fpem haberem: Quare viderint hi: qui nihil pati
volunt, quid fequatur: quia vtique fpem non habebunt vitę ęternę.
Non enim Celeſtes conuiuę crudum & incoctum cibum comedunt: Sed nec ollam certe: Quia olla remanet in coquina & non
offertur difcumbentibus: Sic S. Martyres: quando ad martyriũ
ducebantur: tunc primum maxime confidebant, tanquam cer-
tiſſime a domino vocati. vt S. Sifinnius dixit. [Si tamen *ausgestrichen.*] Ego quidem hoc femper optaũi. Verũtamen ſi meritus
fuero vt defyderatam coronam accipiam: [*Am Rande links:* Et.
S. Andręas. Et S. Agatha. S Agnes] Vide hic ducitur ad ollam:
& fe indignum putat: Quare? Vide fpem quam per iſtam ollam
concipit. Si meritus fuero vt coronam ꝛc Ecce quam certus eſt
de corona: quia ducitur ad ollam. Recte ergo olla iſta fuit ej
olla fpej (.1. operatrix fpej. fecundum illud Apoſtoli Ro. 5. Glo-
riamur in tribulationibus Scientes, quoniam tribulatio patientiam
operatur patientia probationem, probatio vero fpem. Spes autem
non confundit. Vide vt gloriantur quod in ollam ponuntur. &
fefe indignos reputant Vnde & Apoſtoli. act. 5. Ibant Apoſtoli
gaudentes. quoniam digni habiti ſint: Ecce indignos fe reputant
Sed & dominus dixit eis fpem. de hac olla: Gaudete & exultate,
quoniam merces ꝛc Et Iacob. 1. omne gaudium exiſtimate, cum
in tentationes varias incideritis (.1. in ollam Moab:) Ergo a contrario, omnem triſtitiam exiſtimate. ſi in Iucunditates varias incideritis (.1. cęnaculum & cubile Moab.) ſicut idem Iacob. 5. Agite
nunc. plorate & vlulate diuites in miferijs veſtris. ꝛc Igitur Vita
iſta prefens Eſt coquina. Moab (.1. tribulationes & tri-
bulatores. funt Olla.) Sed quod mundus contra vniuerfalem

Ecclefiam. Hoc quilibet malus contra quemlibet Iûftum eft:
Quare gaudendum cuilibet Iufto: fi habet aduerfarium, quia deus
vocat eum ad coronam. Verûm primum oportet ipfum venatu
capi, occidi & diuidi: .1. luftificari a peccatis. ne fteriles patiatur
palfiones. ficut patiuntur etiam mali. [*Am Rande links:* leuit .1.
Scilicet prius detracta pelle veteris vitę. *nit mit haud vnd mit
har*] Ac vide an ne ps quoque iftam artificinam coquinę ab initio pretendat deus repulifti nos & deftruxifti (.1. occidifti iratus
es & mifertus es nobis: Sic enim occidit & diuifit in partes vt
fibi membra non inuicem in peccatum cooperentur Deinde oftendifti populo tuo dura (.1. pofuifti nos Iuftificatos in ollam Moab

Blatt 76ª: Vide itaque dej in te bonitatem. Si tu ftulta
mifericordia fuper carnem in olla coquendam: velis vel ollam
deftruere vel ignem extinguere. Nonne cocus diligentiffime vtrunque defenderet. ac te vel furiofum vel omnium infipientiffimum
Iudicaret? Immo & olle & ignis curam habet quam maximam.
non propter ignem & ollam Sed propter carnem que in ea
lixatur.   Talis eft & noftra ftultitia: quando optamus noftros
aduerfarios extingûi vel difperdi: ftulta miferatione fecundum
carnem. & volumus faluare carnem: Vnde contra iftos ps ifte
dicit. Vana falus hominis. Vere prudentiores filii Huius fęculi,
filijs lucis. Quis enim tam prudenter fefe habet in palfionibus
fuis: ficut iftud negocium oftendit?   Et vltra Vide: quando
non eft feruens Bullitio: operculum ollę claudit. Si autem feruet,
deponitur vt fumus libere euaporet. Hoc eft. quando exigua tentatio eft, non fortiter furfum clamamus ad dominum, Quando
autem fortis eft totis viribus furfum fumamus oratione & defyderio   Igitur Chriftus Bonus cocus: inftaurat ignem & ollam
cuftodit, donans impijs facultates huius vitę & remouens eis
impedimenta, vt plene poffint concoquere fanctos fuos: Et mitius
eos feruat ac parcit eis: quam fuis fanctis. Quia relinquendi
funt   Igitur Concludendo dicit pro glofa tex Moab (:fcilicet
non meus. Sed.) olla (.1. Bulliens & furens tribulator.) fpei meę
(.1. operatrix fpci mej: [*so*]) Quia eft expreffa fententia facrę Scrip.
Quod qui extra tribulationem eft. extra ftatum & fpem falutis
eft. Heb. 12. Quod fi extra difciplinam eftis, cuius participes

facti funt omnes, ergo adulterj. & non filii eftis. Vnde Ro. 8.
Heredes fumus dei coheredes autem Chriftj: fi tamen compatimur
vt conglorificemur. 2 Cor. 1. operatur tolerantiam earundem
paffionum, quas & nof patimur. vt fpes noftra firma fit pro vobis
Scientes, quoniam ficut focii paffionum eftis. ita & confolationis
eritis   Et 2 Timo. 2. fidelis fermo (.1. diffinitus & verax &
certus.) Si commortũi fumus & conũiũemus: fi confuftinebimus &
conregnabimus.   Et c. 3. omnes qui pie viuere volunt in Chrifto,
perfecutionem patientur. Vnde. & S. Aug. in fer. de marty: Qui
enim noluerit fanctos martyres imitari ad eorum focietatem non
poteft peruenire x   Et mirum eft fi confyderemus noftram per
omnem Ecclefiam, impaffibilitatem: Cui nam ifta dicta & fcripta
effe putemus? an lapidibus & lignis? Vere quidem nunc funt &
dicuntur lapidibus & lignis

   Sed queritur. Cur potiffimum: Moab. pro olla: & non Idu-
mẹam Vel paleftinam & econtra ponit? Forte eo myfterio. Quia
fecundum Aug Ifto ps. Moab ex abufu patris natus eft. Ita Iudẹi
ex abufu legis, quam corrumpunt & non legitime exponunt nati
funt, Ac ideo fequitur quod fuum fenfum velint ftare: Sed quia
contra Hunc Ecclefia predicat ideo oritur Tribulatio Et Moab
indignatus: quod fibi contrariatur. vertitur in ollam: Vnde
& Saul abutens Dicitur quia per ipfum quoque figurantur.   Eo
quod fint veri abutentes lege: Nam ex quo Verbum Dej
dicitur femen: ex quo oriuntur filii Dej: ficut ex femine fructus,
Recte Iudei orti funt ex femine ebrio: patris ẹbrii: quem ipfum
tamen inebriauerunt: ficut figura fignificat fuo vino & fuj fenfus
liquore. Quia lex talem illufionem patitur potius. quod tale femen
ex ea concipiunt, quam faciunt. furtiue enim eliciunt: ficut filiẹ
loth. ex patre furtiue elicuerunt femen eius.   Igitur optime
olla Moab attribuitur. Quia perfecutio oritur ex fupcrbia vite,
que oritur ex proprio fcnfu & capite

   Idumea autem Cupiditatem temporalium fignificat: Quia
Efau quidem non ficut Moab natus. Verum tamen, propter offam
ruffam, vendit fpiritualia. Et eft vir venator: Sic omnis cupidus
venatur & diuagatur foris in rebus corde. Iacob autem fimplex
in .tabernaculis pauper manet Sic & Nemroth Robuftus venator

dicitur: Quia Diuitias & regna huius mundi querebat. Et hinc
recte opponitur Manaſſes .1. populus obliuioſus per ſpem con-
temnens temporalia

Blatt 76ᵇ: Sicut Galaad aceruus teſtis: contra Moab: quia
habet verum verbum Dej: & De vero ſemine natus eſt per fidem:
Qui enim credunt: Hi naſcuntur ex verbo & ſemine Dej: Quare
propter fidem Galaad merito Dicuntur. Et ideo Humiliantur &
non inflantur: Quia nemo per fidem Iuſtificatur. niſi prius per
humilitatem ſeſe iniuſtum confiteatur. Hec autem eſt Humilitas

Alienigene autem ſiue Philiſtijm: ſua quoque ratione: Iuſte
Dicuntur Carnaliter ſeu ſenſualiter viuentes, in concupiſcentia
carnis,: Interpretatur enim philiſtijm. Cadentes potione (.1. .1.
qui per gulam ruunt in luxuriam: Quos vno nomine Apoſt. exprimens. vocat eos ventricolas. quorum deus inquit venter eſt:
Venter autem vtrunque vitium ſcilicet gule & luxurie comprehendit. immo luxuria eſt ſequela gulę: & comes infallibilis: Quia
inde Philiſtijm .1. Cadentes. (.propter luxuriam.) potione propter
gulam: Et ſic in ipſo quoque nomine vtrunque includitur. Sane
potio: non poteſt niſi gulam exprimere: Sed caſus ex potione
nullus eſt niſi luxurie & fornicationis:			Et in huius rej
figuram Scribitur Quod primo quinque fuerunt ciuitates & ſatrape
philiſtinorum: vt ipſe numerus. ſaltem ſenſualitatem Inſinuaret. &
ventricolas in ſenſibus viuentes monſtraret.

Secundo. Quia Idolum, colebant. Dagon. quod triticum:
ſignificat. Scilicet. Eſca ventri. Venter Eſce: Quem enim colerent ventricolę. guloſi & luxurioſi, niſi Dagon? vt ſit venter eorum
deus,. Hoc & gentes alię: in Cerere & Baccho & Oſyri ſęcerunt
Immo puto paleſtinos: idem Demonium, (quod gręci Cererem,
dicunt.) Dagon ſua lingua vocaſſe. Sed quam religioſe etiamnum
colitur. precipue a germanis. bibulis & Epulonibus

Igitur tria ſunt iſta in mūndo: & tria illa in Eccleſia. contraria ſibinuicem valde. & in medio eorum. rex Iuda. Chriſtus,
ſicut inter oues & hędos. Iudex Iuſtiſſimus. illos primos habens
a dextris vt dilectos liberatos dextera ſua, iſtos autem nouiſſimos
a ſiniſtris

Sed Vide benignitatem Sponſę Chriſti Ecclelie. Moab dicit

ollam fpei fuę. In Idumeam extendit calciamentum fuum: philiftijm Habet fubditos   Quę ratio diftributionis illius? Cur
non in omnes extendit calciamentum? aut omnes habet fubditos?
De Moab fatis patet. Quia fuperbus eft valde. & arrogantia eius
plusquam fortitudo eius: ideo incorrigibilis eft talis: & nullum
bonum in eo. nifi vt alijs profit, qui fibi prodeffe recufat: & fiat
alijs in ollam purgatorij [*Am Rande links:* Ifaie. 16. Hiere 48.]
In Idumeam autem femper habet extenfum calciamentum fuum
(.1. femper predicat contra terrenos homines, nec vnquam ceffat:
Semper habet extenfum verbum in eos & directum, eos monet,
arguit, caftigat, minatur: Quia quid predicat tota Ecclefia. nifi
nolite diligere mundum, neque ea, quę in mundo funt?
Sed quia ifta ciuitas munita eft, multis negocijs vallata & occa-
fionibus peccati: Et non eft opis humanę, ipfos perfuadere, ideo
dicit Quis deducet me in ciuitatem munitam? Quis deducet me
vfque in Idumeam? Nonne tu deus? Vel ciũitas munita eft
Moab. Melius tamen Idumęa: Quia in Moab eft defperatio conuerfionis & falutis.   philiftijm autem funt fubditi: Quia
illos facilius perfuadet: quam cęteros. ideo de ipfis talem non
facit difficultatem Quoniam Diuites & auari: periculofius egro-
tant. & morbo velut incurabili. Quia difficile eft diuitem ingredi
in regnum cęlorum: Sed Luxuriofi fubditi funt (.1. fub-
duntur & fubdentur per penitentiam. vel facramentum matrimonij

Blatt 77ᵃ: Expofitio Continua & ex dictis elimata
Deus. repulifti nos (.1. fynagogam & ftatum eius ficut & omnem
veterem hominem.) & deftruxifti nos [*Am Rande rechts:* Vel
vt infra ps. 73. exponitur. vide ibi] quia ammodo ftatus legis non
placet. Sed deftructus eft Quia lex iram operatur: Ita et lex
peccati, Iratus es & mifertus es nobis. (.iratus pro veteri
ftatu. mifertus ad nouũm.) Quia Status vetus: Dulcia & bona &
quietem in hoc mundo requirebat: Sed tu nunc contrarium agis:
& commouifti terram & conturbafti eam: a bonis huius
vitę. Ideo fana contritiones eius, quia commota eft amplius non placent tibi: ideo dona, tua nobis.   Olim quidem
populo tuo bona oftendifti Sed nunc dura. Et potafti eos vino
Iucunditatis fecundum carnem. nunc autem vinum compunctionis

nobis propinas.   Dedisti itaque in hocipso significationem timentibus te. vt fugiant a facie arcus Vt liberentur dilecti tui. Vt scilicet talia dares: quę ammodo non essent indifferentia bonis & malis qualia erant: omnia beneficia veteris legis. Sed tantum communia dilectis & electis: vt sic In Iudicio & ęquitate regnares: Boni soli fruantur. & Mali soli priuentur illis: non tantum in Israel carnali. Sed per totum mundum: quicunque dilectus esset. liberetur: hac vera spiritalique liberatione   Salua ergo dextera tua: sicut olim saluasti sinistra tua (.1. saluabis dextera tua & exaudies me: Imperatiue orat: ea que prophetat.   Deus ipse ipse inquam perse. deus: non iam Moses aut Helias. Sed deus locutus est (.1. loquetur in Sanctuario suo. Et certe verbum dej viuax est: Ideo si ipse loquitur. non carnaliter Sed spiritualiter loquitur. ideo non in Atrio legis. Sed in Sancto Ecclesię loquitur. Ibi enim homo missus a Deo loquitur: & in alterum vas transsusum verbum narrat: & quod sic narratur verbum, certe. aliam personam Induit, ideo non est verbum in sua efficatia. Sed larua & alia lingua velatum. Sed hic deus loquitur per se Hoc enim fęlicissimum est. deum scilicet loquentem audire, Et oblique hic arguit eos. qui dixerunt Exo 20. Non loquatur nobis dominus, ne forte moriamur, loquere nobis tu & audiemus. O Stulta oratio: Non mihi sic domine Non sic. Sed loquere tu: quia audit seruus tuus, Audiam quid loquatur in me non Moses. Sed dominus, quoniam loquetur certe pacem in plebem suam, Nec aliter potest dominus loqui nisi pacem   Et ideo. Lętabor scilicet a locutione domini,   Vnde hic Nota Quod Quando deus immediate loquitur. efficacissime loquitur. Et hoc petit propheta. Et Hic Ecclesia gloriatur. Quia sic promisit Iohan 6 Erunt omnes docibiles deo Et Hiere. 31. dabo legem meam in cordibus eorum ꝛc Et sic locutus est ad prophetas. qui dixerunt. factum est verbum dominj ad me: Tunc semper intellexerunt mysteria nouę legis Sed quando mediate loquebatur vt per Mosen & prophetas, tunc verbum eius mox erat velatum: & medium positum inter deum & populum, deum loquentem & populum audientem. Sicut & modo fit. licet aliter: Quia tunc erat medium etiam quoad intel-

ligentiam: que prophetis erat clara. populo autem velata fub
typo temporalium bonorum vel malorum. Quia omnia mala &
bona populus carnaliter intelligebant [so]: prophetę autem Spiritualiter: maxime quando verbum dej recitabant de iftis: Aliquando
autem ex perfona propria. expreffe prophetabant de futuris bonis
fpiritualibus.   Nunc autem licet predicator verbi intelligentię non mediet, tamen incremento mediat': quod non ipfe
poteft dare. Sed quando deus loquitur ille dat iftud. Ideo fruftra
loquentis lingua laborat: nifi & Dominus loquatur in Sanctuario
fuo. tunc enim auditor lętatur. alioquin fi folus homo loquitur. auditor potius triftatur. Quia folum annunciat, quid mali
fecimus & quid boni debeamus. deus autem loquens dicit: quid
mali dimiffum fit. & quid boni donatum.   Vnde ait ps. 50.
Auditui meo dabis gaudium & letitiam: Ecce audire cupit. quid
nifi loquentem? Quem? nifi deum? Quia deus non habet nifi
verbum bonum & fuaue: tunc enim dicit homo: Eructauit cor
meum verbum bonum, Quare eructauit? Quia ad plenum dicere non poteft Hoc verbum. Quia Deus enim per fe loquens,
non eft nuncius fúus. Sed omnes alii funt nuncii: ideo minus
mouetur

Blatt 77.ᵇ: ad alium tranfferri non poteft. Sed folus qui
audit percipit: eloqui non poteft. Sed tantum eructat. Quare
autem cor? Quia deus non ad aures ficut homo Sed tantummodo
ad cor loquitur. Ideo cum vox hominis ad cor loqui nequeat.
Sed tantum ad aures fequitur quod folum eructet verbum & non
loquatur, quia deus ipfum loquitur folus. qui folus ad cor loquitur. Vnde fequitur. Lingua mea calamus fcribe vęlociter fcribentis, q. d. quod ego dicere non poffum: ille ficut me: ita & te
vęlociter docere poteft: Sic Dies diej eructat verbum. Et nox
nocti indicat fcientiam   Scientiam poteft Indicare Sed non
verbum, nifi tantum eructare   Igitur Hoc verbum lętificat
neceffario animam. Ideo dicit Lętabor. & partibor Sicchem. Si
Habeo verbum dej: ad quid mihi illud foli? Nonne & in alios,
ipfum partiar? partibor certe Sicchem: predicabo illud & palam
faciam: Et ex Hoc orietur Diúifio humerj: Quia verbum Dej
gladius eft. & Iudicii virga. difcernens eos. Qui funt humerus?

Qui funt dorfum? Qui in labore & onere funt. Nam vere omnis
Qui extra Chriftum eft: Eft humerus & dorfum: Quia
portat. primo diabolum cum peccatis fuis, Secundo leges &
ceremonias literales, Tertio penas etiam peccatorum & miferias
huius vitę. [*Am Rande links:* Ifaie. 9. Iugum oneris, Virgam
humeri, Sceptrum exactoris fuperafti] Vnde omnes qui etiam
Hodie funt in Religione tantum corpore, funt humerus,
tantum onera ceremoniarum ferentes. Sed o quot funt illorum.
Qui fibi faciunt onus ex vita fua. Igitur Ecclefia Diuifit quidem
primo humeros. (.1. oneratos ꝛc.) Secundo [*ausgestrichen*: penas
peccatorum & ceremonias. Et) peccata & diabolum: & onera
legis. Seruat tamen penas peccatorum. Et pro Hac Diuifione
lętatur. Quia tam grauia pondera depofuit,   Quia non
abftulit Sicchem Sed diuifit & partita eft, Et Conûal-
lem tabernaculorum metibor: Sicut humerus literaliter fuit Synagoga: Allegorice autem gentilitas tota immo eadem
litera. Iudęus primum & poft gręcus & allegorice omnis: qui
vnum de tribus dictis portat. (.Diuifio autem allegorica eft. fcilicet populos alios conuertendo alios non (quia non abftulit omnes
ad fidem non enim omnes obediunt euangelio   Similiter &
tropologica: Quia non abftulit omne malum & onus. ex nobis.
Sed relinquitur ad pugnam: Infirmitas carnis, in pęnis & peccatis
memoribus. In multis enim offendimus omnes.) Metiri autem
eft bona docere. & ad regulam ducere Iuftitię. Sicut enim Diuidere eft malum arguere & abfcindere ab hominibus. Ita Metiri
eft bonum docere, vt fic declinare a malo & facere bonum, erudiat. [*Am Rande links:* Et ideo necellario eft ibi verbum abbreuians & confummans, Ifaie. x. Diuidendo enim abbreuiat fcilicet
carnales homines & motus carnis. confummat autem menfurando]
Quia Iuftitia & Iudicium correctio fedis tuę. & preparatio fedis
tuę. per Iudicium (.1. condemnationem fůj. reprehenfionem,
caftigationem: Qua enim caftigat doctor. vel docet: ipfum fefe
caftigare & arguere in vilitate fua.) diuidit ipfum, & declinare
facit a malo & fic corrigit & emendat fedem Chrifti: Sed
per Iuftitiam, (.fidem qua ex Chrifto docet fperare gratiam, &
in eum viuere.) metitur & facere bonum ac fic preparat fedem

Chrifti Vnde & Apoftolus: Ro. 12. dicit fecundum menfuram fidej. Sicut vnicuique diuifit Deus Quia Euangelium eft regula & menfura: fecundum quam dirigimur & menfuramur. Si tamen prius diuifi fumus per idipfum, quod diuidit fpiritum & animam ꝛc.

Conūallis itaque tabernaculorum. primum Iudęus & gręcus. ac inde omnis: qui folum eft homo. Quia Tentoria ęthiopie vidit Abacuk: Quando enim Homo fine fpiritu eft, caro eft Et fic non in tabernaculo corporis fui: Sed eft ipfum tabernaculum. Sara enim olim intus in tabernaculo erat Genes. Et Iacob vir fimplex habitans in tabernaculis. Hi funt qui intus fecum habitant. & non foris erumpunt & vagantur Sicut Efau. Qui in rebus herent exte$terioribū$s, & vagantur cum tabernaculis fuis. ficut aucupes & paftores Sed vide quam apte Corpus noftrum tabernaculum dicatur. teutonice. *lauberhütten. Buden.* Sceua ꝛc Quia ficut tabernaculum ex ramis conftruitur & preter portam & feneftras vndique eft peruium & perluftrabile Ita corpus noftrum fenfibus & lingua (que eft maxima porta) & ipfo tactu

Blatt 78ᵃ: qui per totum corpus eft foraminofus, ficut tabernaculum, totum eft patulum: & varia percipit per ifta foramina· Sed & cibi & potus. per os ingeruntur & ingreditur & egreditur omne per os malum & bonum

Meus eft Galaad poffunt in his tribus vt in glofa populus teftis per fidem. & idem obliuifcens per fpem, & multiplicatus per fpeciem [*fpem*] accipi Aliter etiam fic. Vt Galaad. fit ftatus fuperior. vt Iere. 22 Galaad tu mihi caput es Libani (.1. pontifices & maiores caput Ecclefię.) Manaffes contemplatiuos: qui omnium obliti funt Ephraim: populum inferiorem actiuum, quia talis multiplicatur per fuperiores & contemplatiuos. ideo recte fructificatio eft: illi autem fructificantes Sicut exponunt doct. illud Ezech. 14. Si fuerint tres viri ifti in medio eius. Noe, Daniel & Iob. ipfi liberabunt animas fuas.

Tropologice autem multis poteft virtutibus & operibus applicari: Vt

pro Religiofis { obedientia — Galaad
paupertas — Manaffes
Caftitas — Ephraim

Pro alijs
{
humilitas
benignitas
vel patientia
Bonitas
}

Galaad
Manaſſes

Ephraim

Item
{
Intellectus
Memoria

Voluntas
}

Item
{
Confeſſio
contritio
ſatisfactio
}
Item

Ieiunium
oratio
Elemoſyna

>

Et fere quam facile ad omnem trinitatem ſanctam poteſt
applicari Sicut Econtra iſta tria Mala ad omnem trinitatem peruerſam Vt

Moab   mala voluntas
Idumęa ſit malus intellectus⎬ ꝛc
philiſtijm   Mala memoria

Hoc autem loco & tempore nobis ita ſufficit diſtinxiſſe. vt
idem ſit populus. Moab propter ſuperbiam Idumęam. propter
concupiſcentiam oculorum. & philiſtijm propter concupiſcentiam
carnis

Sicut ſecundum ſ. Gre. humanitas gratioſa Chriſti. Eſt Calciamentum diűinitatis eius benedictę. Ita verbum Vocis Eſt calciamentum ſpiritus. qui per ipſum intrat in animam: Et in ipſo
tanquam pes clauditur, Quia quicquid de humanitate Chriſti.
Hoc de Euangelio intelligendum eſt dici: Et ſicut multis ſola
humanitas nota fuit, Ita & Euangelium opertum eſt his qui
pereunt, vt non fulgeat eis Euangelium glorie & gratię.

ps 61. [Hebr. LXII.]

Blatt 78ᵇ: Non mouebor ampliũs. [*Am Rande links:* Sicut
ps precedens. Inhabitabo in tabernaculo tuo in ſęcula (.quia
non cogitur emigrare: ſicut ex tabernaculo ſuo & Moſi.) Et in
hunc ſenſum etiam accipienda verba prophetarum. quando prophete aiunt. quod populus Iſrael vltra non mouetur de terra
ſua ꝛc] Omnis qui credit in chriſtum, non mouetur vltra (.1. habet
poteſtatem. poſſe. non moueri vltra. Iohan, 6. Qui credit in me
non morietur inęternum (.1. poteſt non mori, inęternum, Vita
enim & ſalus per Chriſtum nobis data ſpiritualis, eſt huiusmodi
naturę: Quod non eſt neceſſe eam ceſſare, ſicut vitas corporales:

Item 1. Iohannis. 5. Omnis qui natus eft ex deo non peccat (.1. poteft non peccare fi vult, . Qui autem eft extra deum, neceffario peccat (.1. eft in peccatis.

Secundo fic. Non mouebor amplius, quia in Adam femel moti fumus. de gratia in damnationem, Sed per Chriftum redemptus, non mouetur amplius. 1. 2? hoc eft in mortem fęcundam. Quia per Adam moti fumus in mortem naturę & gratię. Et Hec eft mors & motio prima: Immo Mors nature eft dormitio potius. Ideo prima motio, eft in peccatum, 2ª autem eft in damnationem & infernum. Et In hunc mouentur: qui in Chrifto non credunt: vt Iudęi. Hic autem non mouetur amplius: plus dicit, minus dicendo. q. d. non folum non mouebor. fecundo: Sed etiam de prima motione in peccatum, faluabor: Illi autem. quia manent in motu primo Sponte, ideo mouebuntur etiam amplius & 2? Sicut Apoc. 20. Hęc eft mors fecunda

Dupliciter enim fit, vt quis deo non fubijciatur. primo, quando legi eius non obedit & potius diuitijs fefe fubijcit & voluptatibus & omnibus que funt in mundo. Secundo. quando in propriam Iuftitiam confidit. vt Iudęi & Heretici. & fuperbi fpiritualiter. Et Hoc periculofius eft quam primum, Quia cum in malis illis non funt: tamen adhuc deo non fubijciuntur per veram humilitatem. Et de vtrifque loquitur ps. Scilicet vt nec in temporalibus omnibus. Nec in propriis meritis. confidendum fit vllo modo. Hoc eft neque in temporalibus nec in fpiritualibus bonis Sed per bona temporalia & fpiritualia, in ipfum folum deum. Sicut Vifus non in aerem & lucem. Sed per aerem & lucem in objectum

Tanquam parieti inclinato: Quia fancti in mundo: funt infirmi ac ad mortem & paffiones difpofiti: Et Impij eos non vlterius confyderant: ideo arguit eos. quod fic irruunt in eos: vt non aliter eos reputent: quam fragiles & labiles homines: vnde ps. 117. Impulfus euerfus fum vt caderem & dominus fufcepit me. In heb autem. Sic. Tanquam paries inclinatus & maceria corruens. Et ita refertur ad Impios: Qui, cum vere: proximi fint ad ruinam in infernum, eo quod non viuant fpirituali vita. Sed tantum corporali: que tamen eft nihil aliud nifi

continua Inclinatio ad cafum mortis. Recte paries inclinatus
dicuntur & maceria corruens fiue minans ruinam, Et nimis apte.
Vita impiorum iftis verbis defcribitur. Vnde & Ifaie. 30. Quia
fperaftis in tumultum & calumniam Erit vobis iniquitas Hęc ficut
interruptio cadens, & requifita in muro excelfo. Igitur paries
Eft corpus noftrum Et idem Maceria, vtrunque ad mortem femper
inclinata & femper ruinam minans Quare fuper ipfum niti. & cor
fuum fuper eum ponere, eft horribile. Quia cadente Ifto pariete,
per mortem. neceffe eft vt anima: ruat in perditionem,   Si
autem furfum heret in cęleftibus & non nititur fuper carnem,
tunc non poteft ruere, etiam fi corpus ruat. Sed furfum herebit
in deo. Et Hoc facit Idithum: tranfilitor

Cucurri in Sitj: fcilicet ad cęleftia fufpirans. Vel in fiti (.1.
quod eorum falutem fitiebam qui me perfequebantur

Ore fuo benedicebant ꝛc poteft effe pars pro toto (vt in glofa)
quia omnia foris bona oftendebant & tamen intus mali erant, in
corde: Item Quia omnis fuperbus folum fefe benedicit in corde
& aliquid reputat. Eft fi foris aliquem laudat, hoc ore tantum
facit: & non corde, Quia fuperbia non patitur quod alium fibi
ęqualem vel fuperiorem reputet. Ideo folum fe in corde laudat &
benedicit. Et foris mentitur quando alium laudat. Talis eft vox
Hereticorum: quando fe peccatores confitentur pre cęteris Et
tamen alios propter eorum peccata vitant. & feipfos tanquam
meliores fegregant

Blatt 79ª: Lyra dicit. In Heb. fic haberi. Mendaces filii
hominum in ftateris ad afcendendum: ipfi & vanitas fimul Cuius
fenfus eft. Quod Homines cupidi per phas & nephas terras,
poffeffiones & diuitias fibi vendicant, [tantum vt crefcant & afcen-
dant & exaltentur in fęculo. Sed in hoc non definunt effe vani
Sed tantum afcendit cum eis vanitas quantum afcendunt ipfi.
Quia Auarus nunquam implebitur pecunia Ecclefiaftes. 5. Et
crefcit amor nummi quantum ipfa pecunia crefcit. *Dies ist ausgestrichen. Dafür am Rande links:* Et in hoc ipfum femper magis
proficiünt, non defiftentes aliquando. Sed continue afcendentes
de pauciore auaritia in maiorem] Nec faturatur oculus vifu Ecclefiaftes. 1. Et fatis Hoc monftrum Hodie practicatur. maxime

in diuifionibus terrarum. Bonorum. Hereditatum. tam apud principes quam pontifices. ficut & Ifaie. 5. in eandem loquitur fententiam dicens Ve Vobis, qui iungitis domum ad domum, &
agrum agro copulatis. vfque ad terminum loci: Nunquid habi-
tabitis vos foli in medio terrę? Et Amos 6. Ve Vobis qui opu-
lenti eftis in Zion. Tranfite in Calanne & Emath & videte fi
latior terminus eorum termino veftro ,eft. Hoc quidem nunc
pontificibus dicitur: qui latius quam reges & principes regnant.
Afcendunt enim ipfi & vanitas fimul cum eis.   Poteft
autem noftra tranflatio fic adduci: Vt decipiant ipfi
de vanitate in idipfum: .1. vt de vna vanitate in eandem,
inidipfum eam augentes femper ficut & ipfi femper magis vani
fiunt Quia ipfi de vanitate in idipfum fiunt .1. de vanitate
magis tales ipfi & magis vani, ·eo quod vanitatem non deferunt,
Si autem eam dimitterent, iam de veritate fierent in
aliud fcilicet in veraces Ideo vtrunque crefcit in idipfum: Ipfi & vanitas. Non tamen vanitas de ipfis Sed
ipfi de vanitate Prius ipfi Nam omnis creatura vanitas eft
non volens propter hominem qui vanus eft & eam vanitatem facit   Vel breuiter fic. Ipfi in idipfum (.1. femper
magis ijdem funt & manent, fcilicet vani. & hoc quia de vanitate: de veritate enim neque ipfi. Sed alij. neque in idipfum Sed
in aliud .1. in veraces fierent. Et fic femper afcendit eorum
vanitas & ipfi vani. ficut ibi. Superbia eorum qui te oderunt
afcendit femper. ps. 73.

Nolite cor apponere. Ex Hoc loco fumitur argumentum contra Iudęos, nifi effent ficut afpis furda Quia cum totus ps. ad
fperandum, gloriandum & omnino proijciendum in domino per-
fuaferit. Hic autem dicit. Quod cor diuicijs non fit apponendum.
Ergo euidenter fequitur. Quod fperare in domino fit diuerfum,
ab expectare Diuitias & temporalia a domino, Quia dicit. Si
affluant fcilicet quafi forte, non fi dederit dominus: quod tamen
dicendum fuit, fi fperande effent ab eo

Semel loquitur deus. Cur? Quia non eft bilinguis ficut illi,
qui corde & corde loquuntur. Vnde & omnia verba dej funt
vnum, fimplex, idem, verum. quia ad vnum omnia tendunt quan-

tumuis multa fint. Et omnia verba que in vnum tendunt, vnum
verbum funt, Et omnia que ad diuerfa tendunt. etiam fi vnum
fint verbum. funt tamen duo & multa

Igitur inter ifta duo fcilicet timorem poteftatis & fpem mifericordię dej: oportet nos femper confiftere, vt fic inter molam
fuperiorem & inferiorem molamur domino: & inter dentes fuperiores & inferiores conteramur. & in chrifti vifcera traijciamur
Immo & omnis operatio creature. hanc nobis exhibet eruditionem
Vt aurum in fornace. & omne opus in fua officina

ps. 62. [Hebr. LXIII.]

Blatt 79ᵇ: Vigilo. duplex eft vigilia: corporis & anime.
Anima vigilat, quando non peccat. Sed ftrenuę & alacriter
opera lucis operatur Ro: 9. Hora eft Iam nos de fomno furgere: Hęc vigilia incipit de luce .1. mane fpirituali (.fcilicet fidej
qua a Chrifto illuminatur quando oritur fol Iuftitie. per bonam
monitionem in anima Ephe. 4. Exurge qui dormis ꝛc Econtra.
Tepide agere. eft dormitare. Et tales nefciunt fitire in Dominum
aut Iuftitiam

Quam multipliciter tibi Caro. Aug. .1. Caro pro hac etiam
vita multis Indiget: & hęc etiam a deo fitit Quia non tantum
fpiritualia Sed & temporalia a nullo nifi deo defyderanda funt.
Sed Hoc violentum: Quia non dicit ad tua. Sed ad te, vt etiam
caro ad fpiritualia intelligatur Sitire. fcilicet glorificationem fui.

Deferta. Vbi defertum eft, non funt homines. Et vbi non
funt homines, non eft honor, fama & gloria Ergo recte per defertum intelligitur, contemptus in Hoc mundo actiue & paffiue,
Quia mundus contemnit fanctos & non honorat. Sed nec ipfi
Hoc querunt immo contemnunt, . Vbi autem eft Inuiüm. non
funt negocia. Vbi non funt negotia, non funt diuitię & lucra.
Ideo per Inuium intelligitur paupertas in hoc mundo. [*Am Rande
links:* ..i funt nundine videtur lutum calcatur & ....eę (plateae?)
teruntur. etiam ..ne & domus paruas(?) .. non illic gramen crefcit in viis, ..c tele aranearum .. Ianuis] Vbi vero non eft aqua:
ibi nec recreatio aut vlla voluptas: Ideo per inaquofum accipienda eft concupifcentia carnis.

Magna igitur mifericordia dej eft. Quod fanctos fuos facit,
contemptibiles, pauperes & afflictos fiue lugentes, quoniam alias
non vel difficillime poffent apparere ei. Sed obfcurarentur ab
eo. & fic nec ipfi viderent virtutem & gloriam eius: Nam
in honore effe & nomen & famam habere Ac non fuperbire
fecundum Chrifoft, difficillimum eft., humilitas enim in honore
periclitatur vehementer Experientiam interroga & videbis, cum
enim ceperint diffamari, confundi. & detrectari, tunc non folum
non patienter ferunt (.Cum tamen deberent etiam libenter eo
fpoliari & optatiue.) Sed funeftis contentionibus & excufationibus,
fuam gloriam redimunt. inuicem mordentes, defendentes odio
habentes, Affumunt autem iftud b. Aug: in fuę nequicię velamen,
Qui negligit famam fuam crudelis eft. Quafi dixerit, Qui non
omni vi & machina. per phas aut nephas famam fuam defenderit
crudelis eft. At vbi tunc decus humilitatis. abiectio plebis. &
meritum contemptibilitatis manet? Vtique non aliud vult. S.
Aug: Nifi Quod quis ita fpeciem mali cauere debet. & fimplici
verbo. fuam innocentiam probare, vt non neglexiffe arguatur.
Non autem vult, vt violenter defendatûr. Quia Hoc ipfum magis
polluit famam bonę vitę. fi te fûperbe defendas, quam ipfa detra-
ctio polluerat. Ideo rarus eft. qui non capiatur in honore fuo:
    Sic in Diuitijs effe. & eas non amare. aut nimiûm cupere.
difficillimum eft Iterum experientia abunde teftatur. Quia periclitatur paupertas in diuitijs: Vide pontifices & facerdotes ·&
religiofos: quid agant pro rerum temporalium vfu & retentione.
fortius iam funt Temporalia & vt fic dicamus ftabilius & ęter-
nius: ad Ecclefiam incorporata & ligata: quam fides & fpiritualia.
Quia omnes patenti ore clamant: quod femel datum eft Ecclefię.
& deo: nunquam poteft reuocarj: hoc quidem de animabus &
corporibus tacetur: que proprię deo dicantur. de temporalibus
autem etiam per arma mundi practicatur vt ferûentur.
    Sic in delicijs, inter fęminas, epulas effe: & continere, quis
credatur? Igitur hoc ipfum experientia plus loquitur. quam audiri
quis fuftinere poffit. ambe enim aures inde tinniunt Quare in his
tribus: nemo poteft facile vel vllo modo, apparere deo in fancto.
& videre gloriam dej. Vnde & Ecclefiam fuam Chriftus Ifaie.

54. Vocat, vt mulierem derelictam, merentem & abiectam ab adolefcentia fua. Et. infra. .1. paupercula, .2. tempeftate conuulfa, & .3. abfque vlla confolatione Et Ifaie. 9. Iugum enim oneris eius, (.hec eft concupifcentia carnis.) & virgam humeri eius (.hec eft oculorum.) & fceptrum exactoris eius (.Hec eft fuperbia vitę.) fuperafti ficut in die Madian .1. per verbum dej quod eft gladius Gedęonis noftri magni Chrifti. & panis hordeaceus

Igitur hanc mifericordiam confyderans propheta: qua ifta fúis negat deus, dicit. Melior eft mifericordia tua fuper vitas fcilicet iftas tres quę funt in múndo Et ideo Sic benedicam te in vita mea. non in vitis iftis mundi, que non funt meę   Igitur Mundus in fe quidem eft terra

$$\left\{\begin{array}{c}\text{deferta}\\ \text{Inuia}\\ \text{inaquofa}\end{array}\right\} \text{& vere & his qui veritatem diligunt. Sed Vanis}$$

& carnalibus. Eft per contrarium $\left\{\begin{array}{c}\text{paradyfus}\\ \text{via lata}\\ \text{Irriguus}\end{array}\right\}$ Sed Hoc vane

per vanitatem Et hęc eft tropologia iftius verfus vtpatet

Blatt 80ᵃ: Sanctum, fpiritualiter Eft Ipfa Ecclefia allegorice: Tropologice autem Ipfa fanctitas fidej & Iuftitię Spiritualis. Sanctum autem fanctorum eft Beatitudo futurę glorię.   Sicut in tabernaculo Mofi fuit figuratum.

Vita fpiritualis eft vna: Quia omnia vnit: fcilicet omnes fanctos in vnum. omnia membra in vnum ⁊c Sed Vita mundi, eft multiplex. Quia difpergit & multos facit. Item Quia nulla fufficit. nullius membri vita fatis eft. Et tot funt vitę 'in mundo: quot obiecta concupifcentię: Quia in quolibet, anima viuit fua cupiditate, fruendo illis. Vt Superbia vitę eft vna vita, Concupifcentia & delicie carnis eft alia: Et nullus in fingulis nec omnibus fimul. [*Am Rande links:* Sic etiam funt mille genera mortis corporalis ⁊c]   Vita autem Sanctorum eft in vno Chrifto folo: quia in Hoc folo fruitur omnis anima. & omnibus viribus. Et hec vita eft mifericordia .1. gratia. Ro. 6.

Memor fúi tui fuper ftratum meum ⁊c Religiofam eruditio-

nem preſtat nobis iſte verſus. Scilicet Vt ad minus memor [so]
ſimus Dej: De ſero & mane, vt ſic principium & finis nobis ipſe
ſit Et omnis operatio & oratio noſtra per ipſum incipiat. & in
ipſo finiatur, vt orat Eccleſia & docent Sancti patres. Immo &
medium ipſe ſit. Iuxta illud. Exipſo per ipſum ſeu cum ipſo &
in ipſum ſunt omnia. Ex ipſo quo ad principium: per ipſum
ſeu cum ipſo. quo ad medium. In ipſum quo ad finem. omnia
noſtra agantur & fiant. Ac ſic veſpere & mane & meridie ps. 54.
narremus (.1. fine, principio & medio.) Sicut enim diem in iſta
tria diuidendum docet. Ita horam & quodlibet opus. immo &
totam vitam

    primo autem dicit Memor ſuper ːc. Quia plurimum Iuuat
ad matutinam puritatem. Serotina meditatio & recollectio. Sicut
econtra plurimum obeſt. Serotina diſtractio ad matutinam re-
collectionem, quia ibi reliquię cogitationum diem feſtum agent
in mane. Vnde aptiſſime cum dixiſſet memor ſūi: mox addidit·
meditabor in matutinis. Quia eo promptior eſt meditatio matutina, quo memoria veſpertina diligentior fuit. Sed Heu quantum
diabolus iſta nunc omnia ſubuertit, per omnes ſtatus, Quia Ebrie-
tates, leuitates, loquacitates, luſus & alia monſtra nunc ſerotine
maxime frequentantur: Ideoque eo peius mane orant & celebrant
& peſſime deficiunt.   Nota autem Quod Memoriam Veſperi
& meditationem mane tribuit, differentiam inſigniter nobis oſten-
dens.   Nam Quia ſuper ſtratum ocioſis ac maxime, ijs qui
ſunt potati: ſolet carnis vexatio titillatioque excitarj Ideo memoria opus eſt: & non perfunctoria recordatio dej. Sed fixe in
meditatione dej manendum & obdormiendum, vt ſic & per ſomnum
quodammodo duret

    Quoniam Melior eſt miſericordia tua ːc Vide quam eximie
iſte miſericordiam dej ponderat & magnificat: Nam Nihil eſt,
omnium Iudicio, precioſius quam vita: que omnium maxime expetitur. & propter quam omnia. vt vulgo dicitur *Ein Eddel ding,
das leben.* Hic autem dicit. Melior. non auro, argento, purpura,
gemmis. Sed nec tantum, vita vna: Sed ſuper omnes vitas: quas
quis habere & cogitare poſſit: quia pluraliter poſitum Vitas,
omnes comprehendit: Et ex hoc patet quam precioſe. gratiam

dej eſtimare debemus. ita vt etiam mille vitas pro ea contemnere.
& mille mortes ſubire deberemus.   Sed heu prohdolor. Quam
multi ſunt. qui non ſolum, nec vnam vitam vel vnam mortem.
Sed nec vnam infirmitatem vel ſanitatem propter eam conte-
mnant. Immo. vnum denarium. & quandoque vnum verbum. potius eligunt quam miſericordiam iſtam ſeruare: Igitur Si eſt
melior ſuper vitas. docemur hic certe: eam ita ſeruare. vt ſi
neceſſe ſit omnes diuitias, honores, voluptates amittere, & omnem
contumeliam paupertatem. afflictionem ſubire. parati ſimus, quippe
qui vitas & mortes pro ea contemnere debemus

    Concludendo ergo ps.   Verſus iſte. In terra deſerta:
Tropologice Exprimit tria vitia in mundo. & ponit. 3! contrarias
virtutes. vt deſertus eſt mundus: quando ſuperbia vitę & honor
contemnitur & huic conſonat quod ſequitur. In Sancto apparui
tibi (.1. nihil mihi apparui Sed tibi: quia humilia reſpicis in
cęlo x Et hoc quia terra mihi deſerta eſt. 2° Inũius eſt per
paupertatem: Et hoc ideo ſic volui, vt viderem virtutem tuam,
Beati enim pauperes, quia ipſorum eſt regnum cęlorum.
3° Inaquoſus. per voluptatis contemptum, ſcilicet vt viderem
tuam gloriam x

        ps. 63. *[fehlt als Ueberschrift.*   Hebr. LXIV.]

    Blatt 80^b: Accedet homo. primo de Chriſto vt in gloſa que
eſt S. Áug. 2° Caſſio. Sic Accedet homo ſcilicet quilibet fidelis
ad cor altum. per diũinorum contemplationem & fidem & ſic
deus [*Darüber*: Chriſtus] Exaltatur non in ſeipſo. Sed in tali
corde [*Am Rande links:* .... tas enim Chriſti non .... ſcitur,
niſi mens ...... dem eleuetur.] 3°. Sic Accedat homo ad cor
altum .1. profundum ſeu humile: quia quanto magis nos humi-
liamur tanto magis deum exaltamus. ita vt qui nihil ſe ipſum
reputat, Hic vere deum. ſummum & optimum eſtimat & econtra.
4ᵗᵒ Quia Vbi nos. ad cor, grec. [& Heb. *ausgestrichen.*] habet &
cor altum. Quod ſic exponunt. Accedet homo. .1. Chriſtus veniet, qui eſt homo & altę mentis & glorificabitur deus per totum
mundum,   Vel ſic Accedet Chriſtus ſcilicet ad nos per fidem

& ad deum per feipfum. [*Am Rande links:* Aliter fic Cor ... Eft
cor fpirituali ... piens. Quia fpiritualis .. emine Iudicatur &
.. n profundo dej .... onditus: Et in ... exaltatur deus .... nale
autem cor eft altum Sed vanum ... e fpiritu (.1. in illo ... exaltatur deus, . otius ipfemet. Iob. 5. Vir va .... in fuperbiam
eri ..... ur.] At mihi videtur potius hebraica effe locutio
ficut Canticorum. 2. Vir & gladius fuper femur eius: quod noftra
tranf. fic vertit. Vniuscuiufque gladius. fuper femur fuum, Vnde &
hic. fingulorum vel vnicuiufque [*so*]: pofuit: pro homine vel viro.
ficut ibi: S. Hiero Et Miche. 7. Vir fratrem fuum in mortem
venatur. (.1. vnusquifque.) Eiusdem 2. Calumniabantur virum &
domum eius (.1. vnumquemque cum domo fua.) virum & hereditatem eius, Ifaie. 9. Vir fratri fuo non parcet (.1. vnusquifque
vel finguli) Et. 2. Corruet populus vir ad virum & vnusquifque
ad proximum fuum. Et apprehendet vir fratrem fuum ɔc
Et ps. 48. frater non redimet, redimet homo .1. Vir. feu finguli
feu vnusquifque   Ifta enim dictio. Ifch: virum, hominem, principem & vnumquenque vel fingulum fignificat. Et inde oritur
tanta diuerfitas. Vnde ficut in hoc ps. pro homine ponitur. &
ps 48. ita potuit vbique in predictis locis poni: Vel vt ibi pro
viro & vnoquoque, ita etiam hic potuit poni: ficut &. S. Hiero
fęcit vtpatebit.   Igitur fecundum hunc loquendi modum fenfus
mihi videtur. Accedat vir vel vnufquifque cum corde alto: ficut
fupra. vir & enfis eius (.1. vir cum enfe fuo.) ɔc Et fic fiue & cor,
fiue ad cor habeatur. eadem patet fententia Vel fi de Chrifto:
Sic. Accedet Chriftus verus vir & heros, cum alto corde, non
ficut filii hominum graui corde. & fic exaltabitur

5ᵗᵒ. heb fic habet. defecerunt fcrutantes fcrutinio.
Cogitationibus fingulorum (. vel vniuscuiufque. feu viri &
viri: hominis & hominis. fiūe per fingulos. Et fenfūs eft. Defęcerunt in fuo fcrutinio: fingillatim vnus quifque cogitationibus
.1. confiliis fuis.) & corde profūdo, Quia Quilibet fuum confilium
& fuas cogitationes afferebat ad hoc fcrutinium. vt patet in Euangelio in domo Caiphe: & tamen defęcerunt & non Inuenerunt:
licet profundi cordis effent, tamen non preualuit hic cor profundum, nec confilium vniuscuiufque. [*Am Rande links:* ... ullus fuit.

qui .. inveniret, ſicut .. diſperſit ſuperbos men ..... cordis ſúi
ſic ... defecerunt cogitationibus. Et ps. 5. ... idant a cogitatio-
nibus]   Sagittabit`eos deus. (iſte ſagitte fuerũt Romani:
miſſi contra eos a domino: Iaculo repentino inferentur plage eorum) .1. inopinate ſunt a Romanis diſperditi.
Corrũent in ſemetipſos lingũis ſuis, (.1. ſeſe ſecundum
animam interficient, per doctrinas perfidię contra Chriſtum. Vnde
lyra Sic tranſſert. & Scandaliſabunt eos lingũę eorum. Quia
quem ſemel negauerunt, pre ſuperbia rurſum confiteri erubeſcunt:
Et Sic in verbis ſuis defendendis & Iuſtificandis, quibus eum
coram pilato occiderunt, corruunt & Scandaliſantur ne in Chriſtum credunt. [ſo] Hoc & omnibus contingit: Qui ſuperbi deue-
nerint, ad alicuius affirmationem & negationem: vt conuicti
erubeſcant retractare. & mutare ſuum verbum: ſicut & Heretici
faciunt: ideo omnes corruunt in linguis ſuis,.Si autem eas dimitterent. & linguis Chriſti & confeſſionis loquerentur. vtique non
ruerent. Sed ſurgerent.   Fugient omnes qui viderint
eos ſcilicet ad Chriſtum ab eis, & timebunt omnes homines
(.1. poſſunt timere & fugere, quia eſt terribile ſufficienter ſpecta-
culum.) Et annunciabũnt opus dej (.1. dicent quod Hec ſit
vindicta dej & Sagittatio. a cęlo & opus eius intelligent. (.1. quod
ſit opus. intelligent. Sed non ipſi inſęlices.   poteſt autem
noſtra tranſ. ſic concordari ad hęc   Accedet homo ad
cor altum (.1. homines ipſi Scrutantes iniquitatis: Singulus
eorum ad intra cogitat & facit ſuam diligentiam. vt Inũeniat
falſum teſtimonium contra Iheſum. Vnde Matt. Cum multi ſalſi
teſtes acceſſiſſent, . querebant falſum teſtimonium, nec Inũenie-
bant: Ecce quomodo defecerunt. & acceſſerũt. Et ſic cogitationibus vniuscuiuſque & profũndo corde deſęcerunt   Et exaltabitur deus ſcilicet Chriſtus: tunc ſcilicet quando eos ſagit-
tabit, hoc ipſo ſuper eos exaltatus oſtendetur.   Sagitte autem
parũulorum factę ſũnt plage eorum, (.1. Romanorum iaculum dej
repentinũm: Et ſic illate ſunt plage eorum Romanos enim Hic
parũulos. Vel Sagitte paruulorum quibus ipſi parũuli Iudej occiſi
ſunt ſubito. Cetera vts. Infirmate enim ſunt lingũę eorum contra
eos (.1. ſuę lingue non ſaluant Sed magis perdunt eos. quia per

has fefe feducunt. Sed quia Hec Eft nimia violentia, Dimittenda
eft concordia: Et aliter tentanda Sic

Blatt 81ᵃ: Illud. Sagittabit eos dominus Sagitta
fûbita vel Iaculo repentino. poteft & de predicatione Apoftolorum accipi: Quia fubito: dum illi fperabant, Chriftum effe
abolitum: furrexerunt in eos Apoftoli: & verba fpiritusfancti in
eos torferunt. Et Hoc noftrę tranflat. & expofitioni confonat
Sagittę paruulorum. .1. apoftolorum & difcipulorum Tunc Inferentur plagę eorum: fiue facti funt ictus eorum (.1. ex
eo quod fagittauit eos Dominus: Hinc orte funt miferię eorum:
quia verbum eius non fufceperunt. Sed magis peiores facti funt:
Et fic facti funt .1. venerunt feu initium habuerunt ictus eorum.
Quia Corruent in femetipfos linguis fiue Quia Schanda-
lifauerunt eos linguę eorum. fcilicet quod fuas linguas non
reuocare maluerunt. quam defendere. Siue etiam in bonitate
intelligantur. Quia per Hoc. cognouerunt fuas plagas. & lapfi
funt in falutem Sed non videtur   Fugient ergo omnes
qui viderint eos vts.

Et annunciabunt opus dej. & opus eius intelligent. (.1. opus
redemptionis per Chriftum factę & totius vite Chrifti & intelligent, quoniam opus Dej eft Iudicium & veritas & ęquitas. Non
autem vmbra & vanitas vt ps. infra. 110. & Supra. 27. Quia
Iudęi carnales. Expectant a domino folum opera vifibilia & vm-
bratilis Huius vitę falutaria: Sed opera dej funt. Spiritualia &
ęternę vitę operatiua Ideo non poffunt ab illis intelligi. Sed ab
Apoftolis & fidelibus. Ideo enim opera eius dicuntur veritas.
Opera enim dej. funt intelligibilia (.1. folum intellectu
& fide perceptibilia in fpe non in re. Nam Qui fenfum
tantummodo fequitur, in cruce Chrifti & in Ecclefię
fuę directione neceffario Schandalifatur, cum non, nifi
penas & priuationes huius vitę in ea videat. Et ita fit
ei crux Chrifti fchandalum. Quare intellectu opus eft. ne
ftultitia nobis fit, fapientia Dej Similiter & opera dej in malis,
viuentibus pofitiue in hac vita: folum funt intellectualia: Quia
fecundum fpiritum funt damnati coram Deo: quibus concedit
vitam fecundum carnem. Et ita opera dominj funt veritas.

pro fanctis. & Iudicium pro impijs: '[*Am Rande rechts:*
Immo pro vtrifque Quia veritas ... fpiritum faluatur Iudicium
propter contemptam & abu ... In Malis econtra ....tas quia
verum in fpiritu. & in carne] Vnde & hoc ipfum Econtra,
nifi quis intelligat Schandalifabitur. vt queritur ps 36 &. 72.
Mej autem pene moti funt pedes Vnde ait Exiftimabam vt cogno-
fcerem, Hoc labor eft ante me (.fcilicet ex mea inueftigatione id
non apprehenderem, nifi per fidem mihi reuelaretur aliunde fcilicet
a deo ideo fequitur.) donec intrem (.fcilicet per fidem a vifibilibus
vertendo oculum ad Inuifibilia.) in fanctuarium dej (.1. in myfterium & Ecclefiam & fanctum non feculare Sed fpirituale: Et fic
intelligam .1. intelligens fiam in nouiffimis eorum

    Aliter quoque intelligi poffunt opera: ad modum quo fupra
ps. 27. expofitum eft. Vt opera dej fint acta in Chrifto & Ecclefia: facta autem fint ipfe Chriftus & Ecclefia: tanquam caufę
2ę operum dej

    Tercio ficut. infra. ps .191. [*so*] in margine vide ibi

    Quarto fic. Quia omnia opera Creationis. & veteris legis:
figna funt: operum dej: quę in Chrifto & fuis fanctis facit &
faciet: Et ideo in Chrifto illa pacta tanquam figna. omnia implentur Nam omnia illa funt tranfitoria: fignificantia: ea que funt
ęterna & permanentia: Et Hec funt opera veritatis illa autem
omnia vmbra & opera figurationis. Ideo Chriftus finis omnium
& centrum, in quem omnia refpiciunt & monftrant ac fi dicerent.
Ecce ifte eft. qui eft, nos autem non fumus. Sed fignificamus
tantum. Vnde Iudęi arguuntur ps. 27. quod non intellexerunt opera
& in opera. (.1. opera in veteri lege. non intellectualiter afpicie-
bant. Sed tantum carnaliter, non vt figna & argumenta rerum.
Sed res ipfas. Quia quod intelligitur: Inuifibile eft. ab eo quod
videtur aliud longe   Vnde Apoftoli. Annunciauerunt opera
dej (.fcilicet in Chrifto facta.) & exinde. Intellexerunt facta eius
(.1. res preteritas in geftis & creationis: fcilicet intelligentes.
quoniam ifta opera Chrifti: in illis olim fint figurata & fignificata,
Quia tunc perfecte intelligitur fignum, quando res ipfa figni
videtur.   Vnde & nos omnes modo in Ecclefia Intelligimus
(.1. intellectualiter & fpiritualiter accipimus.) facta dei: olim fci-

licet in lege & natura facta Iudej autem eadem facta non intelligunt. Sed fentiunt tantum vfque in hodiernum diem

Igitur breuiter ad quadruplicem fenfum ifta reduci poffunt
de operibus dej

Hec omnia Chriftus fimul

> Opus dej literaliter Eft creatura
> mundi. & gefta veteris legis
>
> Opus dej tropolo eft Iuftitia
> fidej. non Iuftitia proprie legis
> per legem & nature Iuftitiam
> fignificata
>
> opus dei Allego Eft Ecclefia
> per fynagogam & alias nationes
> fignificata
>
> opus dej anagog. Eft Ecclefia
> in gloria triumphante: in his tribus
> intellectus opus eft. Et Iudei in
> duobus. 2. & 3. errant .... ectu alie-
> nati a veritate (?) allego

ps. 64. [Hebr. LXV].

Blatt 81b: Te decet. Heb. Tibi filentium, laus. Vel tibi
filet laus. Quod primo intelligitur fecundum illud fupra Nonne
deo filebit anima mea? Quia laus dej. Eft filentium noftri: vt
Ifaie. 41. Taceant. mihi fiue ad me Infule (.1. non fe iactent.)
Et. 30. In filentio & fpe erit fortitudo veftra .1. non in veftre
virtutis iactantia Sed in confidentia mee. fortes eritis

Secundo. fecundum extaticam & negatiuam theologiam: Qua
deus inexpreffibiliter & pre ftupore & admiratione maieftatis eius,
filendo laudatur, Ita vt iam non folum omne verbum minus Sed
& omnem cogitatum inferiorem effe: laude eius fentiat.
Hec eft vera Cabala. Que rariffima eft. Namque ficut Affirmatiua de deo via, eft Imperfecta, tam intelligendo quam loquendo:
Ita Negatiua eft perfectiffima. vnde in Dionyfio frequens verbum
eft. Hyper, quia fuper omnem cogitatum. oportet fimpliciter, in
caliginem intrare. Attamen literam huius ps. non puto de
hac anagogia loqui. Vnde Nimis temerarij funt noftri theologi:

qui tam audacter de Diuinis dilputant & allerant [*so*], Nam vt
dixi. Affirmatiua theologia. Eft ficut lac ad vinūm. refpectu Ne-
gatiuę. Et Hęc in difputatione & multiloquio tractarj non poteft.
Sed in fummo mentis ocio & filentio. velut in raptu & extafi.
Et hęc facit verum theologum. Sed non coronat vllum vlla vni-
uerfitas, nifi folus fpiritusfanctus. Et qui hanc viderit, videt
quam nihil fciat omnis affirmatiua theologia. Sed Hec plura
forte quam modeftia patitur

Dabar. Heb. id fignificat. quod latine gefta fiue hiftoria. Vnde
dabreiamim [*so*] .1. Gefta & hiftorię: que facte funt in diebus
Regum Ifrael teu, *Handel adder geschicht.* Gręci Chronicon. Vnde
frequens eft locutio Scrip. Non fuit verbum: Item Quod eft verbum? econtrarijs.

Multis nominibus eandem Ecclefiam nominat fcilicet Zion
Ierufalem vers. 1, atria vers. 4, domus vers. 5., templum 5, terra 9
flumen 10, Campi 12, defertum 13, Vallis 14, oues 14, ager. 11.
quia Sulcos   propter excellentiam glorię & virtutis multi-
plicis in illa   Zion quia cęleftia fpęculatur, Ierufalem quia
pacem habet & videt Atria. quia preparatio future glorię &
introitus ad illam, Domus dej quia habitat dèus in ea, Templum quia in ea colitur deus, terra quia peregrinatur in hac
vita, flumen Dej quia a deo continue alijs & alijs fidelibus
genitis fcaturit. tanquam ex fonte aquę affidue profluunt Sic ex
deo fancti nafcuntur in verbo eius, [*Am Rande links:* . . s nofter
Chriftus eft . nt˙noftrum] Campi Quia vulgata per omnes gentes.
& manifeftata mundo totj. Defertum. quia contemnit ea que
in mundo funt, Vallis propter humilitatem. Oues. propter
affiduam oblationem & mortificationem fūi.   Item Corona
anni benignitatis Quia vfque in finem fęculi ftabit. Ager Quia
colitur & fructificat merita femper.   potes & alia tu Inqui-
rere fi volueris. Item Colles propter excellentiam eleuate Iuftitię fuper humanam naturam. Adde quintumdecimum Quia
Germinans eft. quod femper floret & nunquam marcefcit per
accidiam & tepiditatem

. Exitus .1. egreffionis matutini & vefpere delectabis. primo
vt in glofa 2? fic Exitus: funt. emiffiones verbi & euangelij

ps. 18. in omnem terram exiūit fonus eorum. [*Am Rande links:* Iſaie. 2. Miche. 4. de Zion exibit lex.] Huius ergo foni exitūs. qui funt exitus matutini (.1. de diuinitate Chriſti) & vefpere (.1. de humanitate Chriſti). quia factum eſt vefpere & mane dies vnus (.1. deus & homo vnus Chriſtus.) Hoc nunc ad Eccleſiam & animam tranſſeretur. Quia Matutina cognitio & vefpertina fecundum Aug. eſt de creatore & creatura, ergo Mane eſt deus, vefpera creatura

3ᵘ Exitus Matutini (.1. noūę legis) & vefperę (.1. veteris legis.) ſimul delectabis. Quia vtrūnque predicatur. hiſtorię & myſteria earum: Spiritus & litera. Nam Antiqua lex recte Vefpera. Noua autem mane. Sed prius dicit Matutini. quia Spiritus principalior eſt litera SicSic. Scriba doctus profert De thezauro fuo Noua & vetera prius Noua, deinde vetera. quaſi teſtimonium nouorum. Quia lex vetus non intelligitur niſi prius noua habeatur 4ᵗᵒ Exitus Matutini ꝛc (.1. animarum & corporum: fcilicet de peccatis: Animę de peccatis in hac vita: Corpus de corruptione penalitatibusque in futura refurrectione: Quia ſic funt duo exitus ſicut due refurrectiones. Sed niſi prius Matutinum exeat nihil prodet immo nec erit exitus vefpere: hij autem exitus delectabiles funt per fidem & ſpem

Blatt 82ᵃ: Heb. Sic, Sulcos [*Darüber:* Riuos] eius inebria, multiplica fruges eius, in pluuijs irriga eam: & germinj eius Benedic. [*Darüber:* genimina eius, in ſtillicidijs. letabitur germinans. Benedices] Voluetur annus in bonitate tua, Et Veſtigia tua rorabunt pinguedine.
Cuius fenfus eſt. Quia fancti: per quos & in quibus operatur & habitat Chriſtus: funt veſtigia eius. ſicut dicit leūi 26 Inhabitabo in illis. & inambulabo inter eos. & ero illorum deus. & ipſi erunt mihi populus Et Ezech. 43. Locus folii mej: & locus veſtigiorum pedum meorum. vbi habito in medio filiorum Iſrael inęternum, Et ps. 131. Adorabimus in loco vbi ſteterunt pedes eius. Quia Igitur opera virtutum: funt greſſus & tranſitus dej: Quando ergo illa in corpore efficimus, tunc deus in nobis veſtigia fua imprimit. Quia per talia opera. cognofcitur. quod Deus in nobis eſt ſicut per veſtigia: hominis tranſitus Igitur veſtigium veritatis,

ſapientie & Iuſtitię: que deus eſt in nobis: apparent per opera.
talium in corpore noſtro. Et ſic terra ſcabellum pedum eius eſt.
in quo imprimuntur Veſtigia eius.　　　Anima autem ſedes eius
quia celum.　　　Talia erga [ſo] Veſtigia rorantur pinguedine (.1.
ſpirituali gaudio deſurſum infunduntur Cum omne bonum opus
exhilaret conſcientiam & animam.　　　De talibus ps. 76.　In
mari via tua: & ſemitę tuę in aquis multis. & veſtigia tua non
cognoſcentur (.ſcilicet ſenſu. Sed tantum fide percepta intelliguntur.　Quia viam viri in adoleſcentula. penitus ignorat Salomon
prouer. 30.

　　　Totus autem ſere ps Contra ceruicem & preſumptionem Iudęorum loquitur. Qui ſoli ſibi videntur eſſe. ex Iuſtitia & parentela
populus dej　　　Vnde

　　　primo dicit.　Omnis caro ad te veniet

　　　Secundo Beatus quę [ſo] elegiſti. non ait qui filius Abrahe
　　　eſt.　Sed Electio facit populum dei

　　　3° Sanctum eſt templum tuum mirabile in ęquitate .1. ſine
　　　acceptione perſonarum

　　　4° Spes omnium finium terre & in mari longe

　　　Iſta quattuor certe ſunt fortia contra eos argumenta maxime
autem quartum quod nimis clare loquitur

　　　Vbi autem nos Habemus: Induti ſunt arietes oüium. Heb.
Veſtientur agnis arietes.　Alii autem Veſtientur Agni paſcuorum
ouibus.　　　Cuius ſenſus eſt.　Quia paſtores Eccleſiarum. In-
duuntur multitudine plebis quilibet in ſuo loco.　Quia populus
eſt. quaſi veſtimentum ſui Epiſcopi & paſtoris. Iſaie. 49.　Vnio
ego dicit dominus. Quia his omnibus veſtieris velut ornamento ꝛc

Ps. 65.　[Hebr. LXVI.]

Blatt 82ᵇ: Mentiuntur inimici ſui Chriſto primo, quando
mendaces relatiue ad eum collati probantur [*Darüber oben rechts
neben Ps. 65:* Et ſic idem eſt ac ſi dicat. hec tanta opera tue
virtutis ſoli inimici negabunt, ideo mentientur: futuri ſunt qui
mentiuntur Vel quando negare falſe. eius opera per infidelitatem
conuincentur? quod idem eſt] Secundo. quando ſe mendaces &

falſos eſſe agnoſcunt. & ſic omnem gloriam veritatis: ſoli ej tribuunt per humilem confeſſionem ſui. ſcilicet quod ſint mendaces,
eodem ſenſu, quo ſupra. ps. 50. Tibi ſoli peccaũi vt Iuſtificeris:
Sic Hoc loco. Tibi mentiuntur. vt tu verificeris in ſernonibus
[ſo]. Et Hoc inductiue per ſingulas virtutes. accipi. vt generaliter & vniuerſaliter verum ſit: Tibi mali ſumus vt tu Bonificeris:
(.1. malos eſſe nos agnoſcimus & omnem bonitatem tibi confitemur .1. tuam eſſe [Am Rande links: ... mentiri eſt nihil ... ud
niſi conũerti .. deum in hũmilitate.] Sic luce. 11. dominus ait.
Vos cum ſitis mali noſtis bona data dare filijs veſtris. Et Iohan. 8.
Si cęci eſſetis peccatum non haberetis. Ergo efficiamur
oportet. cęci. Infirmi. mali ꝛc Hic eſt modus loquendi: quem cum
Apoſtolus paulus predicaret (:ſicut etiam facit Epiſtola ad Ro.)
putatus eſt ab alijs. Docere mala facere vt venirent bona. Quia
tibi peccaui ait. vt tu Iuſtificeris ꝛc [Secundo ausgestrichen.] Et
Hoc eſt: quod per illud verbum. Confiteri. tam frequenter in
ps poſitum exprimitur. Quia non melius deus laudatur quam
confeſſione noſtrorum peccatorum & malorum Ioſue. 7. Da gloriam deo & conſitere Vnde b. Hiero. Confeſſio peccati eſt laus
dej. Vnde Iſa [41, 24.] dominus Ecce vos eſtis ex nihilo Igitur
auferendo quod dej eſt reſiduum quod noſtrum eſt nihil eſt: Et
hoc ergo totum deo confitere

Conuertit Dominus mare in Aridam dupliciter: primo Quando
Sanctis tantum gratię confert vt etiam per omnes perſecutores,
illeſa fide Chriſti & ſaluo ſpiritu triumphantes tranſeunt [ſo] ad
cęlum. [Am Rande links: Hoc factum intelligitur ... o allegorice.
& .. aliter in Chriſto. Iſaie. 51. [Vers 10.] Qui po ...... profundum maris .... vt tranſirent .... rati] Quia licet ſecundum
carnem patiantur & impediantur. tamen ſecundum ſpiritum. libere
& ſine omni impedimento tranſeunt: immo quod mirabile eſt. Aque
a dextris & ſiniſtris ſunt eis quaſi muri Quia tam aduerſitates
quam proſperitates mundi, eo magis promouent, quo magis in-
tentantur his qui fortes ſunt in fide: Et ſic patet animabus
via ad celum. per medium totius mundi (.1. per aduerſitates &
proſperitates. per contemptum & honorem, per Infamiam & bonam
famam. vt Apoſtolus ibidem [Am Rande links: .. [2.] Corin. 6.]

pulchre hunc tranfitum defcribit: Vel funt eis pro muris
vtrinque: Quia Sancti immobiliter vtrunque contemnunt. Et. fic
deus fanctis conuertit totum mundum. & quicquid in ipfo eft in
aridam. (.1. Ita vt nulla in eis gutta defyderii. ad mundum remaneat. Vnde qui Vult iftam hyftoriam & omnes alias Intelligere:
[*Am Rande links:* facta eius intel ... runt ps. 63. [*Vers 10.*] Cogitet Corpora filiorum Ifrael qui per mare rubrum
tranfierunt, tanquam fint animc: & greffus eorum. fint
affectus & opera eorum: in medio mari .1. mundo. vel
propria carne: que eft vere mare tropologicum, ps: 113.
Mare videt & fugit (.1. mundus & caro receffit ab anime fide
& fpiritualis populi virtute. Et Hoc totum quia Mofes virga
percuffit (.1. Euangelio mundum erudiuit & caftigauit Chriftus

    Secundo. Quando Synagogam fpoliauit omnibus aquis: &
aridam eam fęcit. Sed Hec expofitio ad propofitum minus apta
& paulo violentior.   licet ad hoc poffit applicari: Quia Conuertit Synagogam. vt locum daret Chriftianis. & impedire non
poffit: manens ipfum mare. diuifum ad dexteram & finiftram ficut
mundus. relictus in profperitate fua & aduerfitate rurfum reuo-
lutus in feipfo fubmerfis ipfis (.1. animabus eorum in medijs
fluctibus talibus: Igitur Animas intellige, quando Homines audis
in ifta Hiftoria [*Am Rande links:* tropolo. Aug Quando .... tit
Impios qui ..... mare. Et facit ..... cis. Efurientes ....
fitientes Iuftitiam ..... dos fcilicet qui male ..... erunt humidi]

    In flumine pertranfibunt pede: Hoc proprię Iudęos tangit &
eft fimilis fententia: quia ipfi funt Iordanis ille retrorfum conuerfus: Et ceffit. tranfeuntibus fidelibus Chrifti. Et adeo ceffit,
vt pede pertranfirent (..1. nullum defyderium de fynagoge ftatu
& fluxu haberent.   Sed Vide miram eloquentiam: Tranfibunt pede. ' quo alias tranfirent? an capite vel auribus timuit
ituros intelligi? Sed & fi pede ibunt, non ibunt immo claudi-
cabunt. At fi fignificare pro plurali. pedibus vult dicere. Ad
quid? forte. excludit equos, currus aut lignipedia & calceos?
pes igitur, & vnus omnium pes eft: Hoc eft concorditer & fine
vllius exterioris adminiculo. fola gratia fpiritusfancti ibunt, non
in tumultu fęculari in curribus & equis   Vide Hiftoriam

Exo. 15. &. 14. Quia ad percuſſionem Moſi: ſpiritus domini ſiccauit profundum. Sic ad verbum dej ſpiritusſanctus: remouit, omne deſyderium mundi. & ex cordibus eorum diſpulit totum. & fęcit ſiccum. vt in terra deſerta irent in regnum cęlorum

Sed quia flumen equo & brachio ſęcularj poteſt tranſiri. At Eccleſia Hoc non fęcit. Quia & ſynagogam vicit mirabiliter & terribiliter

Blatt 83ᵃ: Induxiſti nos in laqueum, Prima Impatientia eſt: vello fugere a facie perſecutionis: Sed contra Haec Deus tradit in laqueum, vt non poſſimus aut certe vt nos doceat non debere velle fugere. Siquidem fuga non vincitur Sed peioratur tentatio. Vnde dicitur Incidit in Scyllam ꝛc Et Iob. 6. Qui timet pruinam, ruet ſuper eum nix. Et vbique paterfamilias domi eſt. Sic Iſaie. 30. In ſilentio & ſpe erit fortitudo veſtra Et dixiſtis nequaquam. Sed ad equos fugiemus. Ideo fugietis (.ſcilicet fugam peiorem habebitis.) Et ſuper veloces aſcendemus. ideo velociores erunt, que [so] perſequentur vos,. Sic filii Iſrael. fecerunt ſibi ex. 40. Diebus 40 annos in deſerto   Secunda eſt querela. quia ſi vna eſſet. facile tacerem. Sed nunc ſunt multę. & vnum malum non ſine alio: [*Am Rande rechts:* Iacob. 1. omne gaudium] Reſpondet hic. poſuiſti tribulationes. nes, nes, non nem: ait. Sed multas. Ideo ferendum eſt   Tertia eſt multorum libenter ſuſtinerem. ſed a tam indignis nolo. Si Iuſtus & bonus me tribularet paterer tacens. Reſpondet Hic Impoſuiſti homines ſuper capita noſtra: Non deos. Bonus te non perſequitur. neque tribulat Ergo neceſſe eſt a malo perpeti. fruges frugem non triturat. Sed flagrum aut plauſtrum, & aurum aurum non purgat Sed ignis, lana lanam non comit Sed dentorium. terra terram non proſcindit Sed vomer.   Nec ager agrum impinguat ſed fimus.
Quarta. At diu durat. Reſpondet Hic: poſuiſti, Impoſuiſti ꝛc. .1. firmiter ſtatuiſti

Holocauſta & ſacrificia. myſtice. capiuntur primo. pro ipſo corpore per verbum dej mactato & crucifixo. & per ignem Diuinę charitatis accenſo. ac ſic deo per verum gratiarumactionem oblato. Sic enim in gloriam dej cedit. quando propter eum totum fit   Ro. 12. Exhibeatis corpora veſtra: Et ſic idem opus vel

17*

totum corpus. poteft effe omnia facrificia. vt Rofet*) folio. 155.
Sic Boues funt Corpora per laborem in Ecclefiafticis ofñcijs
exercitata: fcilicet predicando. corripiendo monendo ac fic triturando peccatores   Arietes autem funt Corpora eorum. qui
prefunt alijs in adminiftrando facramenta & gratiam & orando.
vt funt paftores Ecclefiarum vnde hic dicit cum Incenfo arietum
    Hirci funt Corpora fanctorum: in Iugi penitentia pro pec-
catis afflicta.   Et fic ibi tres ftatus Ecclefie. prelatorum. qui
funt arietes: Contemplatiuorum & predicatorum. qui funt Boues
Actiuorum. qui funt hirci.   Vnde prelatorum & officialium
proprię eft incenfum & miffas facere & offerre
    Secundo funt ipfa opera talium: Tertio ipfa verba ta-
lium.   Sic Arietes funt opera officiorum: que officia ipfa
concernunt: Quibus dirigitur populus ad fequendum ea. Nam
Sicut perfona eft dux & preüium exemplar. Ita & opera funt duces
aliorum operum in fubditis: ad quę fequantur Et Boues funt
ipfa opera predicantium, ftudia, lectiones, fcriptiones, meditationes :c   hirci vero omnia opera penitentię.   Sic fimili
modo de verbis Verba fint arietes (.1. ductoria & exemplaria
aliorum hirci autem confeffiones peccatorum.   Boues contio-
nes :c   Vnde Ofee. 13. Reddemus tibi vitulos labiorum
noftrorum. ficut vitulos. ita Boues & hircos & arietes. labiorum
noftrorum.   Nunc Idem opus poteft effe Holocauftum,
hoftia victima. prout fit diuerfa intentione vide Rofet vts,
    Medullata autem funt ifta omnia: quando ex intimis cordis
medullis fiunt, & non tantum foris. vt Hypocrite vel qui fegni
corde ea offerunt. Vnde hic manifefte patet. Quod de

---

*) Rofetum exercitiorum fpiritualium et facrarum meditationum. In quo
etiam habetur materia predicabilis per totum anni circulum. 1491. Hain,
Repert. Bibliogr. Vol. II. P. II. pag. 231. no. 13994—13996. Fabricii Bibl
lat. ed. Mansi tom. IV. 103. Vf. ist der vor 1510 gestorbene Iohann Mau-
burnus, Momburnus, Mabuenus aus Brüssel, Augustinerabt im Kloster Livry
bei Paris. Die Pariser Ausgabe von Anfang August 1510, fol., nicht pagi-
nirt, ist in der Bibliothek der Iacobikirche zu Freiberg. („Das hott Jung-
frawe Margaretha von Schonbergk gekoufft.") Vergl. meine Erläuterungen
S. 113.

myſticis loquitur. Quia nuſquam in lege habetur mentio. de medullatis hoſtijs

Ratio omnium. Quia Sic predicator Bos ab actu predicandi dicitur: qui in capite duo cornua (.1. in anima duo teſtamenta habet.) & arat ac triturat: Ita etiam verba eius ſimili modo arant & triturant. & habent duo teſtamenta, in allegatione. & ſic conculcant vitia & peccata.   Sic etiam opera eius Sic Iſaie. 5. & Michee. 3. Ecclefie dicitur. ponam cornu tuum ferreum & vngulas tuas creas. Nonne Mirabilis Bos eſt Eccleſia. que ferreum cornu & vngulas creas. (.1. inſuperabile & victoriale ver- bum predicationis,

Eodem modo de arietibus & hircus [ſo].   Veruntamen. Quia etiam in malo capiuntur in ſcrip. Boues. hirci & arietes Iob. de Diabolo. fenum ſicut Bos comedet

Non autem differentes populi: in iſtis nominibus intelligemus. Sed diuerſas virtutes Quia hircus: olim erat Hoſtia pro peccato. ſignificat omnes: qui pro peccatis penitent & omnia opera & quodlibet in ſingulari opus eorum.   Bos autem figura Euangeli- ſtarum omnes doctores, predicatores & verbi dej tractatores. & ſingulos ſermone [ſo] eorum. Aries autem prelatos. Et breuiter tres ſtatus: Actiui funt hirci. Studioſi & contemplatiui funt Boues. prelati funt Arietes, Et vnus(?) [. . . . . weggeschnitten.]

Blatt 83ᵇ: Ad ipſum ore meo ꝛc Que eſt iſta tanta res: vt ſic prouocet venire, & audire omnes timentes. quia ad deum clamet & exaltet ſub lingua? Verum quam optime dicit. Quia timentibus dominum ſolum patet, quid ſit exaltare ſub lingua: Alijs autem, dici non poteſt, ideo fruſtra diceretur communiter q. d. Vos qui timetis dominum, ſatis intelligetis. quanta fecerit anime mee. in hoc quia ad ipſum clamaui & exaltaũi ſub lingua mea: quia tale eſt vt alij intelligere non poſſint.   Inde enim nos theologi, tam irreuerenter. Sanctum dej nomen vulgo nomi- namus, prefertim in diſputando & etiam orando. quia ſub lingua exaltare neſcimus. Et audacter: de trinitate perſonarum quarum tamen tria nomina. funt tremenda vehementer. & nunquam ſine tremore cordis proferenda. ita diſputamus. de diſtinctione formali & reali. ſicut Sutor de corio ſuo diſputat. Credo quod ſi cum

humilitate & Reuerentia tam facra nomina in os fumeremus:
melius intus erudiremur a deo: quam fic per noftras fubtilitates
ịn temeritate profecimus.   Sic enim fancti, quando nomen
Dej affumpferint in os. ita intus ftupent ad maieftatem eius, quem
foris nominauerunt. vt velut peniteant. quod nomen eius in os
fumpferint, Et hoc eft proprie exaltare fub lingua: [Am Rande
links: Hoc recte fentit ..... intelligit quod ..... nullus dignus
...., nifi Chriftus ... fingulariter promiffum .. Ipfe Inuocabit
pater meus es tu] Sed Quia ex Ariftotele didicimus loquaciter
& audacter de rebus Difputare putamus: eandem loquacitatem
& audaciam etiam ad diuina transferendas.   Hinc eft Quod
ego odio Habeo, Opiniones iftas tam audaces, Thomiftarum,
Scotiftarum. & aliorum. Quia facrum dej nomen, in quo fignati
fumus. quod celum terra & infernus tremit: adeo fine timore
tractant. & exaltant fuper linguam, deprimunt autem fub lingua

Aliter poteft etiam textus intelligi: vt fit fenfus de
promiffione. fcilicet venite & audite: quanta fẹcit animẹ meẹ. &
hic fit finis fententie. ac ibi alius incipiat. Ad ipfum ore meo ɔc.
q. d. cum veneritis. Narrabo vobis omnia eius bona fpiritualia.
Sed hic non ea narrat Sed narrare promittit Sicut ibi ps. 33.
Venite filii audite me: timorem domini docebo vos. Et Hic
finitur fententia. Item ps. 2°. Narrabo dej preceptum.
Quia folum eft exhortatio vt veniant ad audiendum. Quia fi
Hoc ps. velit expedire, non diceret venite. Sed Ecce doceo vos.
& venio ad vos. & mitto narrationem eorum. quod tamen non
facit vtpatet. Quare eft fenfus Venite & narrabo vobis non vanitates & leuitates. Sed mirabilia. fcilicet quanta fẹcit animẹ meẹ

Ps .67. [Hebr. LXVIII.]

Blatt 84ª: Exurgit deus Chriftus primo Quando incarnatur:
Quia tunc cepit ftare & ferũi formam affumere vt pro nobis fer-
uiret & pugnaret, qui antea in finu patris quieuit ps. 16. Nunc
exurgam dicit dominus Secundo quando a mortuis vt Hic
Tertio Tropologice. quando fides eius mortua in animo refurgit
fcilicet quando quis conuertitur ad penitentiam in fide Chrifti
Quia ficut Chriftus crucifigitur ita & refurgit in nobis dormit,

vigilat, agit, quiefcit Quarto. quociefcunque in effectu auxilium
preftat ps. 3 Exurge domine faluum me fac deus meus. Vt ibidem b. Aug. exponit. Quinto in extremo Iudicio

facies dominj. primo Eft reuelatio eius fiue notitia eius:
qua cognofcitur effe dominus. Et Hoc eft lumen vultus eius ps
4& ps precedente. Illuminet vultum fuum fuper nos. Secundo eft ipfa gratiofa diuinitas anagogice. ficut illud fides eiusdem. Nam qui Chriftum nondum dominum credit, nondum habet
lumen vultus eius necdum perijt a facie eius. Quia tam falubriter quam feueriter. peritur a facie eius: Salubriter in hac vita.
Tercio Eft reuelatio eius in extremo Iudicio: vbi peribunt inimici eius horribiliter Quarto eft ipfe intellectus myfticus
in feipfo: de Chrifto. de quo fupra ps. 4.

Sic Dorfum per oppofitum. Sic Infra. Cęli diftillaue-
runt a facię dej Ifrael: (.1. ex eo quod Chriftus per fpiritumfanctum Deus apparuit & cognitus eft: ceperunt Apoftoli. predicare euangelium. etiam alijs. quod ipfi nouerunt, ex inhabitante
Chrifto

A facie Dej Sinaj. Chriftus Deus Sinaj propterea dicitur:
Quia apparitiones Dej olim in perfona dej facte, omnes
figurabant: apparitionem Dej in carne: Et fic Rubus virens. eft
gratiofa humanitas viride lignum, fine omni ariditate peccati. &
defectu gratię aquę fpiritusfanctj In qua corporaliter ignis Diuine
bonitatis & Charitatis manet inęternum. Et eadem ratione
dicitur Deus Ifrael: Quia Iacob apparuit in forma angeli
luctans cum eo. & ibi ei nomen Ifrael impofuit. Quia deum in-
carnandum vidit Sic & pater de ipfo dicit Ofee. 1. Saluabo eos
in Domino deo ipforum. Ecce pater appellat ipfum dominum
deum, non fuum Sed noftrum. Ipfe faluat. & tamen in deo noftro.
vterque vnus faluator.

pluuiam Voluntariam. Hoc fegregare dicitur ad differentiam
literę. q. d. feorfum & aliam a litera non vulgarem legalem vel
[... weggeschnitten.] doctrinam dabis. populo qui & ipfe fegrega-
tus eft a tabernaculis Chorę. Vnde Reliquię Iudeorum Apoftoli
dicuntur filii Chore in titulis psalmorum Dicitur autem
voluntaria: quia facit. fpontaneos feruos dej: ex amore libero,

non ex timore cogente feruientes. Sed ex fpiritu libertatis. vt
Apoftolus difputat. qui eft fpiritus voluntarius & fpiritus princi-
palis fupra ps. 50: Et quia fine meritis noftris. Sed ex bona
voluntate fua

　　Infirmata eft. [*Am Rande links:* .1. impotens. Infirmatur
enim, Dum predicat veritatem Veritas enim odium parit ideo
poft pluuiam voluntariam ftatim fequitur & infirmata eft.] Non
de morbofa infirmitate hoc intelligendum eft. fed fecundum quod
apoftolus. 1. Cor. 1 ait. Deus elegit infirma huius mundi vt confundat fortia. [*Am Rande rechts:* vt Of .... [*C. 14, 5.*] diligam
eos .... tanee, ps. 50. Benigne fac in bona voluntate] Igitur.
Infirma (.1. non fortis fecundum feculum, non refiftens perfecu-
toribus. Sed patiens & fuftinens. ficut Impotens. Quia non multi
potentes. aut nobiles. Sed infirmos (.1. impotentes.) Et in tali
infirmitate virtus perficitur. vnde hic dicit. tu vero perfecifti eam.
Sic eodem modo. ftulta facta eft (.quia ftulta elegit deus.) quia
non fapit cum filijs huius feculi, Sed tu fapientem fecifti eam
　　Item Afflicta eft. Sed tu confolaris eam Et fic vniuerfaliter.
Quicquid eft in mundo. pauper facta eft. Sed tu ditafti eam.
Vnde fequitur. parafti in dulcedine pauperi deus. Sic. contempta
& abiecta eft. Sed tu honorificafti & fufcepifti eam. Quia qui
hominibus placent, deus fpreuit eos Sed qui funt opprobrium
hominum & abiectio plebis. ipfi funt corona glorie in manu domini. & diadema regni ꝛc. Videte ergo vocationem veftram.

　　Cum igitur noftro tempore Ecclefia firmata fit, ditata &
Honorata fecundum feculum [*Darüber:* & fapiat. ideo infatua-
tur], ideo fequitur quod deus diffipauerit offa eorum. & confufi
funt. & fpreuerit eos. ita vt fint infirmi coram deo, abiecti
coram deo & deus hereditatem fuam fpreuit. Et ad nihilum
redegit Ifrael. Nec virgines funt lumentate, & vidue non plora-
bantur

　　Alio modo. Infirmata eft .1. agnofcit fe infirmam, ftultam
& nihil: ideo tu, robur, fapientia, & entitas eius es Quoniam qui
fe humiliat, infatuat, annihilat, exaltabitur, fapiens fit, vnde deus
meuſ gloria mea & lux mea Et fic exponit b. Aug. ps. 6. Miferere
mej domine quoniam Infirmus fum

Tercio Infirmitas Spiritualis. fcilicet in virtute Chriftj deficere: Et non abundat in ea. Et Hec nunc frequens eft

Blatt 84ᵇ: Super occafum ·Myfticc afcendit, quando per fidem dominatur fuper carnem. & fpiritum fuper eam dominari facit Quia antea Occafus (.1. caro dominabatur fupcr fpiritum & afcendebat: Ideo in Chrifto quoque occafus afcendit fuper eum. & dominata eft ej mors. propter nos fic ipfo volente. Vt fic per ipfum rurfus dominaretur vita fuper occafum. fi cum eo refurrexerimus Recte enim Caro occafus dicitur & fpiritus mane fiue diluculum. Quia caro occidit tandem, Spiritus autcm immortalis in meridiem vfque ineternum Et fic Spiritus iam dominatur fuper carncm fpiritualiter: vincendo eius inclinationes ad peccata mortis. Sic fuper eam dominabitur corporaliter. vt iam ammodo non fint occafus Sed viuat & ipfa ineternum

Breuiter. Itaque Occafus domini fimplus (.fecundum Aug.) concimit [so] noftro occafui duplo: Et ipfe vno fimplo victo & afcenfo: noftrum fimul vicit duplum. Occafus cnim nofter in peccatum & mortem eft vtrunque. Chrifti autem in mortem tantum. & non in peccatum, Et affidue nunc afcendit jn nobis fuper occafum in [Darüber: peccati] peccatum per fidem fui: quod eft ex carne occidente, Tandcm in futuro ctiam afccndet fuper occafum mortis. cum nouiffima deftructa fuerit mors. & mors abforpta in victoria. Interim peccatum & mors fpiritualis abforbetur in victoria Chrifti Vnde Araboth Heb. deferta. pluraliter fignificat ad iftos duos occafus exprimendos. fuper quos Chriftus afcendit per fuam refurrectionem. Refurrexit enim ad Iuftificationem noftram Ro. 4. Et nos refurgemus per Ihefum ꝛc

Poteft etiam intelligi Occafus ifte Litcra legis: que victa eft & abforpta per Chriftum. & fic afcendit & nos per fpiritum afcendere fecit fuper literam occidentem. que eft Campeftria Moab Sic enim aliqui Araboth interpretantur: Et hanc victoriam fignificat fecundus tranfitus filiorum Ifrael. fcilicet per Iordanem Quia fluuius fignificat mortalitem [so] corruptionis: ficut mare rubrum perfecutiones peccatorum: Vnde in Iordane fluuio nulli inimici fubmerfi funt. ficut in mari. quia in

prima victoria vincitur hoſtis & in primo occaſu. Sed in ſecunda
In Iordane: aquę inferiores ad ſiniſtram defęcerunt (.1. corru-
ptiones carnis Et ſic alter occaſus eſt ſuperatus. Et ſic Iofuę
deducit ſuos in veram promiſſionis terram ęternam. relicto Iordane mortalitatis. Aquę autem ex altera parte inſtar montis
eleuatę ſunt. Quid hoc? Aquę in dextris Eſt Vitalitas carnis,
quę eleuabitur poſt hanc vitam [*Ausgestrichen:* Quia tranſi]

Vel tranſitus Iordanis eſt egreſſio anime de corpore. Et ſic
vincitur mors corporis. tranſeundo & relinquendo tam corruptio-
nes carnis quam vitam carnis. Sed nondum ſatis intelligo
hoc myſteriũm Quia de Iudęis dictum Videtur. Qui in altera
parte Inſtar montis erecti ſunt in ſuperbia contra diſcipulos dominj Ex altera autem parte defecerunt, quia quoſdam receptos
quoſdam defeciſſe a Chriſto conſtat

paraſti. verbum abſolutum (.1. paratum vel parationem ſęciſti.)
quod ſignificat ſacramentum Euchariſtie: quod eſt panis ſine labore
noſtro paratus. Vnde & Man Heb paratum [*Darüber:* alij Mū-
nus] ſignificat ſecundum ly. Quia olim dabatur filiis Iſrael. paratum a deo. Ideo paraſti idem eſt. quod. manna dediſti pauperj
deus in bonitate tua. Diuiti autem nihil Quia. diuites
dimiſit inanes. Vnde patet Quod hoc ſacramentum non eſt
cibus niſi pauperum. & nequaquam diuitum. Quia deus non dat
habenti. Nec eſt opus medico bene habentibus. Igitur pauperi:
.1. qui eſt ſpiritu pauper. Et qui ſeſe agnoſcit pauperem. Nam
omnes quidem ſumus pauperes coram deo. Sed non omnes id
agnoſcimus. Ideo notanter exprimit pauperi: Et hoc deus. Homo
enim parat diuiti potius. Iam Cur in dulcedine tua? Quia
cum tot angeli digniſſimi, Et ſi eſſent Infiniti, non ſint ſufficientes.
eum digno honore ſuſcipere. Quid eſt quod ad infimum limum
terrę deſcendit: Et non ſua. Sed noſtra querens: adeo contentus
eſt. viliſſimo honore. immo potius irreuerentia noſtra quam maxima. Vere dulcis dulcedo dej. In qua nos vehementer humiliat,
tanta dignatione.

Blatt 85ᵃ: Rex Virtútum, dilecti dilecti, & ſpeciej domus,
[*Darüber oben quer vor am Rande:* Aug ſic. Rex. filius pater virtutum

dilecti .1. filii per repetitionem dilecti: Vel alterum dilecti. ipfi
fpeciej domus vt fit dilectus patris & fpeciej. Vel fic Rex virtutum (..1. Virtutes dilectorum & virtutes fpeciei domus diuidere
.1. ad diuidendum fpolia. five quibus diuidit fpolia. funt Chrifti.
Ipfe enim eft rex .. Dominus virtutum . . . . lium. nec ex
f . . . . . . eas habent: . . . . gloria virtut .. tu es. fic i . . . virtutum eorum.] Quod preter glofam: fecundo poteft fic accipi. Vt
omnes tres genitivi a nominatiuo rex regantur. Vt rex virtutum,
rex dilecti dilecti & rex fpeciej domus: Ad hoc fcilicet rex. diuidere fpolia (.1. ad diuidendum vel vt diuidat fpolia.) grec. locutio.
Et eft fenfus Chriftus eft rex omnium poteftatum in Ecclefia,
omnium fidelium fefe muto [so] diligentium. & totius Ecclefie que
eft domus eius

Geminatio autem illius dilecti dilecti. primo ponitur more
hebraico: quo exprimitur diftributio fingulorum, Vt ibi. Illuc enim
afcenderunt tribus tribus Domini (.1. fingulę tribus Domini.) Et
[Nehe *ausgestrichen*.] Numerj 17. Accipies ab eis virgas fingulas,
Heb. Virgas virgas: Eft enim Regula. Quod nomen fubftantiuum
geminatum pro Singulo vel fingulis intelligatur tefte Keuchlin
folio. 573*). ps. 97. pfallite domino in cithara in cithara .1. fin-
gulati . . . citharis. feu . . . fingulas citharas Ezech. 14. Homo
homo de domo Ifrael .1. fi . . . . vel quilibet. Tranflatio autem
non v . . . hoc feruat [. . . *bezeichnet Weggeschnittenes, Rand rechts.*]
Secundo ad expreffionem fucceffionis fidelium in dilectione:
Quia Chriftus eft rex dilecti dilecti .1. vnius poft alium fine fine.
vt ibi dies diej eructat verbum: Et ps 103. Et Iuftitia illius in
filios filiorum x Sic hic rex dilectorum dilectorum. vel dilecti
populi dilecti populi   Tercio ad commendandam Charitatem mutuam Quia in Ecclefia Chrifti non folum funt diligentes:

---

*) Ludwig Geiger, Johann Reuchlin Sein Leben Und Seine Werke.
Leipzig 1871. S. 110 ff. Die Seitenzahl 573 stimmt mit der Ausgabe der
Rudimenta (v. J. 1506); sie hat die Seitenzahlen unten. Panzer, Annal. VIII.
p. 228 no. 9. — Ueber die hebräische Ausgabe des A. T., Brescia 1494. 8vo.,
deren sich Luther bediente, vgl. Berlinische Bibliothek u. s. w. Berlin 1747.
8vo. Erster Band. Erstes Stück. XIV. S. 152—162. und Viertes Stück. IX.
S. 576—584. Paul Luther verschenkte sie.

quia fcilicet inimicos etiam diligunt. qui funt eorum dilecti. Sed
etiam rurfum alter alterum dilgit [*so*]. ac funt mutuo dilecti
dilecti. alter alterius dilectus Sic vt quilibet illud Cantic. 2. ad
proximum dicat. dilectus meus mihi & ego illi   Quarto
ad expreffionem duplicis Charitatis & 5to fpiritualitatem dilectionis. Quia Spiritus folet communiter in fcript. geminatione
exprimi. vt Efaie 37. [*d. i. 38, 19.*] Viuens Viuens ipfe confitebitur tibi & forte multis alijs modis. [*Am Rande rechts, verschnitten:*
Sic in prophetis ... locutus fum, ... faciet. feu ...do faciet
I.... derabuntur fec...tur: Quia f... federantur extra....
non corde E.... federati funt ....rati. Et confent....difcu-
tiunt. ficut .... in delicijs v.... mor... Et non .... vnit:
Sic ... etiam federati....tiunt. Sed hic ... quod etiam federa-
ra...tiant. Sed federa...rati funt: non ... Sed fpiritu &
lit ...]   Ecclefia autem dicitur Species feu gloria
Domus. fecundum Burgenfem: quia fic mos Heb. vxorem nominat.   Item ideo: Quia Ecclefia olim in fynagoga erat
abfcondita. Nunc autem manifeftata vts ps.   Ex Zion fpecies decoris eius. Species enim eft productus ad lucem & in
publicum decor: Ita Ecclefia de fynagoga vulgata eft per orbem
ideo fpecies
    Heb. Sic Reges virtutum federabuntur, [*Darüber:* .1.
virtute federati] federabuntur, & Species domus diuidet
fpolia [*Am Rande links:* Si autem dilecti effet in plurali. facilis
eft concordia. Rex fingulari pro plurali reges, dilecti dilecti
fupple funt mutuo. & fpeciej domus fupple erit diuidere fpolia
Sed Grecus repugnat. Vbi ponitur in genitiuo] Et fic fenfus
valde clarus eft. Quia reges exercituum. funt Apoftoli & fequaces
eorum Epifcopi: Quorum cuilibet fuus eft exercitus & populus
diftributus, Illi mutuo federati funt. [Duplici *ausgestrichen.*] Charitate gemina Et tunc potuit Species domus diuidere fpolia.
Sed Heu nunc reges virtutum, diffentiunt diffentiunt & odientes
odientes. Ideoque non diuidit Ecclefia Sed diuiditur a diabolo
in fpolia Ve illis.
    Dum difcernit celeftis reges fuper eam. Difcernit Chri-
ftus primo: quando fingulari gratia implendo eos ab alijs diftin-

guit, Secundo quando difcretionem & prudentiam eis concedit. Seu difcretos & prudentes eos conftituit Non enim fruftra
omifit dicere. dum conftituit, Sed ait Dum difcernit vt Indicet
nos, multa debere deliberatione & prudentia procedere precipuę
in electione prelatorum

Tercio Difcernit (.1. in diuerfas partes Ecclefię diuerfos
difponit Quarto difcernit (.1. differentes gratias alijs & alijs
tribuit. Vt .1. Corin. 12. difputat. quem fenfum credo Hic principalem effe: Nam dona dedit ideo, vt dealbetur Ecclefia. vt
idem Apoft. ait Ephe. 4. ad confummationem corporis eius. [*Am
Rande links:* vt oculus fit oculus pes pes, manus manus. Quando
ficut difcernuntur & difponuntur. optime albabuntur] Quinto
non quoflibet affumens. ficut heu nunc fit in Ecclefia. Sed Iudicio
difcernens: Sexto. quia prelatis magis incumbit Iudicium
cęteris. Et ideo tacitis alijs hos tantum dicitur Difcernere. ·
Omnia ifta fimul in ifto verbo intelligendum eft fpiritum fanctum
voluiffe Et feptimo: A litera in fpiritum difponens ficut fupra.
pluuiam fegregabis. vt fint fpiritualiter & in fpiritualibus fuperiores, vt regnum Ecclefie non in corporali prelatura exiftimes
Et tunc certe fi fic prefuerint, poteft Ecclefia proficere & albarj
Sed nunc ad literam valde prefunt & raro in fpiritualibus & in
feparato. Quia Ecclefiam folum in temporalibus ftudent ampliare.
Stulti nimis.

Quia vero quartum non feruatur, etiam in religionibus. Sed
oculus vult effe manus. & auris oculus. Sed & ipfi ordinatores
ita confundunt: vt iam non fecundum menfuram fidej. quam
diuifit eis Deus Sed quilibet omnia vult effe & omnes quilibet.
Ideo iam celeftis non difcernit Sed terreni. confundunt reges
fuper eam

Niue dealbabuntur in Zelmon: hanc locutionem Alemanica
lingua. ficut multas quoque alias facilius imitatur & confequitur
quam vel greca vel latina. fcilicet. *Sie werden fchnehe weifs*, fic
eodem modo ponitur fupra ps. 50. Et fuper niuem dealbabor.
fchnehweifs. kohlfchwartz. feürRoht: Eyfskalt, fteynhart.

Blatt 85ᵇ: Si dormiatis inter medios Cleros. Pennę ꝛc. Hoc
quod Cleros hic ponitur. Heb: fortes, limites vel terminos dici-

tur. Et b. Aug. primo fic. Si dormiatis inter duas fortes (.1.
duo teftamenta in his meditando & ftudendo: tunc pennę Columbe
(.1. anime contemplatrices patientie) deargentate (.1. diuinis fcripturis eruditę erunt. [*Am Rande links:* ps. 103. Intra medium
montium pertranfibunt aque] Et pofteriora dorfi (.1. exterior
conuerfatio corporis.) in virore .1. rutilantia. & exemplorum
luce (auri .1. Charitatis.   Et vt ad plenum fenfum peruenia-
mus vltima particula primo eft expodienda. Notandum itaque
Quod Corpus noftrum eft. dorfum quod ad mundum & temporalia
vertimus. Spiritus autem eft facies. que furfum ad deum tendit.
& feftinat femper Hoc notato mirifica & fęcunda in ifto verfu
patet fententia.   Dorfum itaque in pofterioribus Habet ruti-
lantiam feu virorem auri. Hoc eft in corpore relucent opera
pulcherrime Charitatis ad proximum: faciendo eis bona & ferendo
ab eis mala [*Am Rande links:* portatur onus .... rj in dorfo]
Quod autem dicit, pofteriora exprimit profectum. Quia
obliuifcens ea que poft eam funt femper in anteriora extendit
feipfum: Vel certe Quia Vita & conuerfatio: quam in corpore
geffit, rutilat etiam. poft mortem & poftquam corpus amplius
non eft. Ac fic non folum dorfum. Sed & pofteriora dorfi (.1.
fequentia tempora poft mortem eius refplendent opere Charitatis
eius. ficut Sapient. ait. Ornauit tempora vfque ad confummationem vitę ac Sic Rutilantia feu viror pofteriorum dorfi Sancti
Aug. Eft memoria fanctiffime vitę fuę quam geffit in corpore.
Quod infuper ait in virore, pallore: ideft Quod memoria eorum
femper viret & In memoria ęterna erit Iuftus: Sic econtra
pofteriora dorfi Neronis & Iudę. Quid funt? fetor. fulphur &
omnis mala fpecies   Sed adhuc nota clarius Quod Dorfum etiam fignificat receffum ex hac vita: Sicut enim facies aduentum ita dorfum receffus Sic Memoria fanctorum qui receffe-
runt, ac recedunt. eft in claritate aurea. In quo fimul docemur
quod poft obitum fancti clarius rutilant.   Sed & illud fane:
Quod opera noftra bene facta poft nos Habere debemus. & vts.
obliuifci, ac velut nefcire fefe habere merita. Nam qui fua merita
attendit & numerat, certe hic non habet pofteriora dorfi in rutilantia auri, Sed ponit ea ante faciem. & per confequens dorfum

priuat gloria fua. & nihil poft fe relinquet: opera enim illorum
fequuntur illos, non ait precedunt

Talis igitur eft fanctus ad Homines & in dorfo. Quomodo autem ad deum? Ecce penne columbe deargentatę (.1.
per diuinorum eloquiorum ftudia: affidue volat in deum: Nam
quo volaret. nifi in deum, qui pennas deargentatas habet? .1.
folum diuinis literis imbutas & informatas, Cum autem Diuina Scrip. argentum fit. & in ea omnis fapientia & fcientia:
fequitur, Quod anime quarum penne iftis funt imbutę. omni
fapientia & fcientia fint repletę   Et Nota Quod Scripture
virtus eft hęc Quod non mutatur in eum, qui eam ftudet. Sed
tranfmutat fuum amatorem. in fefe. ac fuas virtutes. ideo dicit
penne deargentate non argentum pennatūm: [*Am Rande links:*
.. enne (.1. doctor... Ecclefie] Nunc pone virtutes fcrip. Eft
lux ergo anime illuminate. eft veritas, ergo veraces: Eft fapientia ergo fapientes. Eft Difciplina ergo difciplinate Et
fic inductiue vniuerfaliter funt omnibone. Vnde non ait penne
funt argentę. Sed deargentate. Quia non tu me mutabis in te
Sed tu mutaberis in me. Nec ego a te. Sed tu a me denomi-
naberis. [*Am Rande links:* ... heretici faciunt] Ifti ergo funt duo
fructus. eorum. qui dormiunt inter cleros. Quare videndum nunc
quid illud fit. ˙   primo Audimus f. Auguftini mentem.
Secundo idem fic exponit Cleros pro fortes vel hereditates
accipiendo   Et fic duę Hereditates. Temporalium & ęternorum. Qui ergo ęternam per fpeciem [*so*] nondum habent, & tamen temporalem per affectum non curant: hi
dormiunt inter medios cleros. Et Hec eft optima interpretatio
& veraciffima. Quia contra Iudęos loquitur Qui terrenam hereditatem querunt. Cum Hic doceat, eam, etiam fi affluat nefcire
& cor non apponere Diuitijs ac velut dormientem [inter eam he
ausgestrichen.] vti ea: Et tamen fimul per fidem & fpem. futura
potiri. quam etiam nondum habet Et dicere Dominus pars hereditatis meę Et iterum portio mea Domine fit in terra viuentium,   Tertio poteft etiam accipi vt. infra. ponctur. pro for-
tibus tantum in hac vita. Quia Heb. Habetur terminos feu limites.   Sed primum videamus De fomno quomodo hic accipiątur.

De tota autem Ecclefia Exponendo: que eſt Columba, Cuius tot ſunt pennę: quott. Contemplatiui: Et ſunt due ale. ex duobus teſtamentis Dorſum autem ſunt actiui. Igitur Quilibet doctor eſt penna eius, erudita Scripturis diuinis: Et iſte duę alę ſunt date Mulierj apoc. 12. [. . . . . *weggeſchnitten.*]

Blatt 86a: Igitur quid ſit dormire iam Videamus. Vbi ſciendum quod preter corporalem ſomnum & mortem corporalem: que etiam ſomnus in Scripturis dicitur. Eſt Duplex ſomnus. vnus Ecclefię. alter mundi. Quia ſicut alter alteri eſt mutuo crucifixus, ſtultus, infirmus. Homo ſpiritualis & homo carnalis. Vnde oritur 2x ſapientia, crux, infirmitas, fortitudo ſtultitia x vt Apoſtolus in ſuis Epiſtolis vtitur frequentiſſime. Sic etiam alter alteri mutuo dormit & duplex oritur ſomnus.   Igitur Somnus

Mundi Eſt dormire in ſpiritu. non vigilare deo. Hoc eſt ludere in rerum affectu & omnino inuolui: Quia ſicut dormiens non veris rebus gaudet triſtatur, ſed phantaſmatibus & rerum imaginibus fallitur: ita coram deo & in ſpiritu, omnes: qui in rebus tranſitorijs, poſthabitis ęternis, gaudent ſperant, timent, Dolent, in imaginibus falluntur vt copioſe Scriptura probat. dicit Iſaie. 29. Sic comedit & bibit dormiens & cum expergefactus fuerit. vacua eſt anima eius x ps. 75. Dormierunt ſomnum ſuum & nihil Inuenerunt omnes viri diuitiarum in manibus ſuis

ps. 38. In imagine pertranſit homo

ps. 72. Imaginem ipſorum ad nihilum rediges. velut ſomnium ſurgentium (.1. conuerſorum ab illis ad Chriſtum

ps. 75. dormierunt qui aſcenderunt ęquos

Ro .13. Hora eſt iam nos a ſomno ſurgere

.1. Theſſ. 5. Qui dormiunt nocte dormiunt

Ephe. 5. Exurge qui dormis

Sic dormiuit Siſſara Iudic. xi & mortuus. Et Saul in caſtris. Et puella & lazarus quos dominus in Euangelio ſuſcitauit myſtice Contra hunc ſomnum. dominus precepit. vigilando valde ſollicite. Tales igitur veras res non vident. Sicut dormientes veras res non percipiunt

Ecclefię Eſt dormire fecundum carnem & mundo: Vigilare autem deo. ſicut illi vigilant mundo

Quia ſicut dormiens non videt res foris que ſunt in mundo: Ita ſancti: ſic vtuntur rebus quaſi non vtantur. [*Am Rande rechts:* Vtentes hoc mundo tanquam non vtentes] Et ſemper alibi ſunt in corde. Quia in cęlis eſt conuerſatio eorum. Quare ſunt in mundo ſicut dormientes. Et tamen intus vigilant. de hoc ſomno

Can. Ego dormio & cor meum vigilat: Illi autem vigilant & cor eorum dormit

ps. 126. Cum dederit dilectis ſuis ſomnum Ecce ꝛc

Et ps. 3. Ego dormiui ꝛc

Et Hunc ſomnum Chriſtus in ſomno ſuo docet. Quia ſicut Mortůus eſt vt moriamur ſecundum carnem & viuamus ſecundum ſpiritum, ita dormiuit vt dormiamus ſecundum carnem & vigilemus ſecundum ſpiritum.   Sic Adam dormiuit in paradyſo

Cum igitur ps iſte in verſu iſto, ſine dubio. non de malo ſomno loquatur: Conſequens eſt vt de iſto ſomno optimo & ſancto loquatur. Quia qui ſic dormit: ipſe eſt Columba cuius pennę ꝛc Et vt Hunc ſomnum Indicaret. addidit inter medios cleros (.1. terminos.) Hoc eſt res exteriores Qui quare termini dicantur patet primo Quia ſunt omnes finitę. & non tantum terminati Sed ipſi termini deus autem & ſpirituale bonum. eſt ſine principio & termino vllo. Sed ſemper in medio quia ęternitas ipſa Igitur mirabilis ſtultitia: in terminis vigilare & ibi laborare: Vbi non eſt niſi, quando inceperis tunc deſinere cogeris. Quia omnis motus eſt partim in termino a quo & ad quem. Sic omnes res huius vite: ſimul incipiunt & deſinůnt. & nullus ſtatus ſimul. Quare recte termini & limites dicuntur. Quare dormire inter medios illos terminos: Et terminos non videre. Ergo Breuiter ſententia eſt iſta. Qui ſunt contemptores diuitiarum & rerum voluptatum: ipſi ſunt, qui erudiri in diuinis ſcripturis & exerceri in operibus charitatis glorioſe poſſunt.   Quę omnia Apoſtolus breui verbo complexus. ait. In Chriſto Iheſu nec circumciſio ꝛc Sed fides que per dilectionem operatur fides. Eſt deargentatio pennarum. Nam verbum Dej eſt qui-

dem argentum [euangelium *darüber*.]: Sed quando adheret
per affenfum tunc pennis allicitur. Et fic argentantur (.1 verbo
dej per affenfum fidej accrefcunt. quafi incarnatur deus fic argen-
tatur anima   Et tunc fequitur operatio per dilectionem. (.1.
pofteriora dorfi in pallore auri.) vt luceat lux veftra coram hominibus: ad quos dorfum habetis

Blatt 86ᵇ: Anima enim Humana Eft in medio rerum temporalium, ficut centrum in circumferentia. Si ergo non fecum
intus manet. quiefcit ac dormit. Sed foris in circumferentia
verfatur, in infinitum diuiditur. vt pulchre Aug. li. 2. de ordine
difputat Si autem intus manet: omnia ad ipfam ingruunt & con-
uergunt. ficut circumferentia. fi centrum manet, tota ad ipfum
pendet. Si autem centrum moueris, totam circumferentiam mouifti
& circulum nontafti [*so*]   His igitur omnibus verbis. often-
ditur. quam preciofe fint fideles animę coram deo. Quia ornatę
auro & argento defcribuntur: Non que Homines querunt Sed
fpiritualibus: que deus pro auro & argento reputat. ac fic nobis
Indicat: per ea que preciofiffima funt apud nos.   Latet autem argentum tale & aurum intus, Nec apparet: nifi fulgor, viror,
pallor. & rutilantia (.1. opera refplendentia ad extra   ·

Vt quid fufpicamini montes coagulatos? hoc ad Iudęos. Et
primo fic. Quare Apoftolos & difcipulos qui funt montes: lacte
fpirituali coagulati fufpicamini & male de eis cogitatis?
Secundo quare Montes (.1. prophetas.) fufpicamini (.1. opina-
mini. & opinionibus veftris exponitis. Non enim funt prophetę
tales Sed fufpiciones veftre. Quia funt tranflati alio. fecundum
quod promifit Dominus. dicit. Si Habueritis fidem ficut granum
Sinapis & dixeritis monti huic. tollere & mittere in mare: fiet
Hoc fic fit Quando Mofen aut prophetas. fide afpicio. tunc ceffant
ftare in litera: Sed mihi funt iam extra literam in fpiritu & extra
fynagogam per totum mundum: Quia tales montes. per myfticam
intelligentiam que eft fides, tranfeunt de litera & angufta fynagoga in fpiritum & totum mundüm. Nam fi prophetas infpicias
fecundum intellectum, non de litera neque de fynagoga Sed de
fpiritu & toto mundo loqui videbis Sed ifte fpiritus nunc factus
eft. Quare fic tranflati funt de facto ab eis. Ideo apud eos iam

non funt Sed fuperftitiones & opiniones tantum, quia putant fe habere prophetas. Sed nos Habemus eos. Eodem modo & quod de Arbore dixit, Eradicare & mittere in mare exponendum Iob. 6. Qui tranffert montes & non cognouerunt

Tercio Heb. Habetur in Nominatiuo vtquid contenditis, montes coagulati fiue excelfi: Et huius fenfus eft Quod Quia ipfi ficut lac. fic coagulatum eft cor eorum. Nam vt fepe Dictum eft. Scrip. Duas generationes defcribit: Et vtrique eadem nomina conueniunt contraria fignificatione. vt fapientia mundi, Ecclefie Crux mundi. Ecclefie. fortitudo mundi Ecclefie Sic quoque lac & coagulatio bona quedam eft. Sed altera mala. Quia lac eft mollior eruditio fiue in bono fiue malo. Coagulatum autem eft quod iam incepit indurefcere `ad cafeum. & proficere in tali eruditione. Sic Iudei iam funt in duriffimos cafeos coagulati. & incomeftibiles prorfus facti. Quia Mollem iftam doctrinam de rebus temporalibus: qua adhuc paruuli in pedagogo vefcuntur, iam in vfu longo omnino duruerunt in cafeum. Ideo recte Montes propter fuperbiam. Coagulati propter pertinaciam fuę doctrine lacteę. de rebus huius mundi.

Et domini domini exitus mortis. Differunt dominus vite & dominus exitus mortis: Quia hoc eft expreffius de immortalitate & incorruptione futura dictum. poteft enim effe vita: que tamen aliquando in mortem intret Et adhuc dici fic dominus vitę. Immo ifta vita, non vita Sed rectius Exitus vite & introitus mortis eft: eo quod fine intermiffione. Media vita in morte fumus. ac femper dum fumus. fimul eximus de hac vita & intramus in mortem. Sed Exitus mortis Eft de morte totaliter exire & in totalem vitam ire: Hoc eft mortem abforberi in victoria. Et totaliter poft tergum relinquere. Hoc quidem nunc agitur in fpiritu, Sed in futuro etiam. fiet in corpore, ac fic Dominus Ihefus eft vere deus vitę. & non tantum vitę. Sed etiam exitus mortis .1. immortalis & fine mixtura mortis aut mortalitatis, vitę mere & purę. Vt fic nos exeamus mortem Et ipfa exeat .1. finiatur. Quia exitus finis eft. dominus finis & finitor mortis. [*Am Rande links:* ....us fignum gemi ...ur domini, domini ..... & corporalis & ...ritualis in mortali.... funt author ipfe] In quo

18*

tamen fimul exprimitur redemptio. Quia dominus vitę. creator
vite intelligitur. Sed dominus exitus mortis recreator. vitę in
mortem lapfę   fic ps. 64. Exitus matutini & vefpere delectabis
.1. quod fpiritus & caro exeant de morte. dulcis eſt fermo &
delectabis per hoc fideles tuos

   Blatt 87ª: Si autem Exitus. in nominatiuo cafu ponitur vt
omnes dicunt. Eſt eadem fententia. Vt Exitus mortis .1. finitio
mortis in fe & in nobis, eſt ipfius dominj dej Chriſti. Quia ipfe
eam exiuit & exire facit

   Nota autem Quod Supra dictum eſt Zelmon. (quod vmbra
vel vmbraculum virtutis dicitur.) hoc habet myſterium. Quia
Vmbra conſtat ex lumine & corpore: Lumen eſt diuinitas Sol
vrens per Diem. Quia inimicitia inter nos & deum: Acceſſit
corpus humanitatis. & facta eſt nubes & vmbra refrigerium nobis.
Sic in protectione dej cęli commoramur. Et Ifaie. 4.   Erit vmbraculum Diej & eſtus & Abfconfum a turbine & pluuia.
Sic Ifaie. 61. Solem nube tegam hec eſt fides. de qua luce. 1.
Spiritusfanctus obumbrabit tibi ꝛc

   Currus dej ꝛc tam de Angelis quam Hominibus intelligi
poteſt. Sed fequentia indicant de hominibus intelligi. Sicut b.
Aug pulchre exponit. Quia Dominus in eis per fidem. In fina.
Non fina quecunque Sed quę eſt in fancto. In ipfis eſt dominus.
ipfi autem in Sina. Sed fina eſt in fancto   Hec funt tria tabernacula. Anima, corpus & Ecclefia: Quia Deus immediate eſt in
anima: Et fequenter in anima in corpore & cum vtroque in
communitate Ecclefie: que eſt fanctum

   Dixit dominus Ex Bafan Conũertam Varie id exponitur.
primo in bonitate. Bafan. interpretatur Siccitas: Et eſt populus
fynagogę fimiliter & gentium primo tamen Iudęorum. ficcus a
grątia Chriſti: Et illi funt conuerfi in irrigua. [*Ausgestrichen:* &
in profundum maris] Heb. habetur Conuertam de profundis
maris. Et ita fenfus planus eſt. Scilicet quod Conuerfi funt ad
deum aliqui ex Bafan (.1. fynagoga,) aliqui de profundis maris
(.1. de medio gentium: Ideo bis pofuit Conuertam,   poteſt
autem noſtra tranſlatio fic adduci. Conuertam in profundum
maris. [fcilicet *ausgestrichen.*] vt [fe *ausgestrichen.*] agnofcant [eſſe

ausgestrichen.] in medio maris Vel ipfos de Bafan. conuerfos: Conuertam ad gentes vt & illas conuertant: ficut act 13. Ecce conuertimur ad gentes   Sic Apoftoli ex Bafan Conuerfi vltra conuerfi funt ad conuertendas gentes miffi in profundum & medium maris totius mundi [*Am Rande links:* Et Ifaie. 66. Mittam ex eis. qui faluati fuerint ad gentes :c]   Quod autem Bafan fynagogam fignificet patet Ifaie. 2. Et fuper omnes quercus Bafan. loquitur enim ibi de Iudęis vtpatet, Et recte Bafan. quod interpretatur pinguedo, ficcitas, confufio. pinguedo fecundum carnem fapiendo craffe Siccitas fecundum fpiritum carendo aquis gratię. ac fic vere vtrobique confufio, perturbatio: peruerfusque ordo

Secundo in feueritate   Conuertam ex Bafan: extrudendo de regno fynagoge in medium gentium difpergendo   Tertio poteft vtrunque de fynagoga accipi: Quod fit Bafan & mare, & fic exipfis facta fit conuerfio.   Quarto. Ex Bafan (.1. homines qui fe agnofcunt in ficcitate effe: & in profundis maris Soli enim, qui gratia fe Indigere vident faluantur. Qui enim fibi iam videntur effe falui, non faluantur a domino. eo quod filius hominis venit querere & faluumfacere, quod perierat. Et non fit opus medico bene habentibus.

Vt intingatur pes tuus in fanguine. Hoc non eft accipiendum. quafi ideo conuerfi fint in mare vel de mari. vt intingerentur, tanquam ifte finis fit conuerfionis. Sed quia fic futurum erat. vt intingerentur prophetat primum. quod ante illud fieri oportet. vt tunc illud commode fieri poffit Ac fi dicas Vtere facramento vt mori poffis. (.1. quia moriendum eft. prius facramentis vtere: Sic. Quia martyrifandi fuerunt, Conuertam eos primum [*Am Rande rechts:* quafi d. Ne Intin ... tur. nifi prius ...uertatur. Sed quia ..tingendum eft. conu..tatur vt fic in...gi poffit felic .... alioquin abfo ... retur in fang .... potius vt I .... non conuerfi] Pes itaque Chrifti funt fancti per quos mundum conculcauit. vt Apoftoli & martyres, [*Am Rande links:* Vt fuper afpidem & bafilifcum ambulabis conculcabis leonem & draconem] Sed ifta conculcatio fieri non potuit, nifi per paffiones & fanguinem martyrum: Tunc enim perfecte mundus eft contem-

ptus: quando etiam vſque ad mortem: ipſi non conſenſerunt .&
ſic per ſanguinem ei ſuperiores fuerunt, Dum non quod ille voluit
efficere potuit.   Dicit autem intingatur, non ſubmergatur
aut ſuffocetur. Quia non ibi ſunt perditi Sed magis inde ſaluati.
Tincti tamen ſunt, quia paſſi & ſi non victi, tacti licet non ſupe-
rati. Senſerunt Sed non ſúccúbuerunt. Vt intingatur pes tuus
in ſanguinę   Quis fructụs inde? Audi. Lingua canum tuorum
ex inimicis ab ipſo [Unten am Rande quervor: Quod autem ſancti
ſint pes dej patet ex illo. 2. Corin [2 Corin. VI. 16.] Ambulabo
in eis & ero eis in deum ꝛc Dicit autem vnus pes, quia vna
fides. ꝛc]

    Blatt 87b: [Oben am Rande quervor: Vnde Heb. clarius id
exprimitur. Vt calcet pes tuus In ſanguine (.1. per ſanguinem.
calcationem exerceas in mundo)] .1. Ab eo Quod pes tuus intin-
getur in ſanguine: ab eoipſo inquam Lingua procedet canum
tuorum ex inimicis. Vt merito ſanguinis effuſi. id fiat vt qui
inimici fuerunt, canes tui fiant ac ſic mundus in ſeipſo vincatur:
[Am Rande links: ... ex ijs vel numero ... micorum tuorum.]
Qui cum ſanguine abſorbere putauerit te & conſiſtentiam tuam,
pedem tuum, quo ſtas in hoc mundo, eo ipſo contra ſe ipſum,
excitet canes arguentes & latrantes: Quia non abſorpti Sed in-
tincti tantum fúerunt: Et ita licet Martyres moriantur, ſurgunt
tamen ex inde Doctores: Qui Hoc defendunt verbis, pro quo illi
paſſi ſunt operibus: Quia cum Diabolus putaſſet Eccleſiam abſorbere ſanguine. ac multitudine perſecutionum,
ignorauit Quod vix intingeret eos, & plures contra ſeſe
loquentes & predicantes excitaret   Sed Notandum
quod ait Lingua, non dentes canum, non denique aliquod aliud
membrum: Nam vere ſicut Martyrum ordo Eſt pes &
Baſis totius Eccleſię. Ita ordo doctorum Eſt lingua
Ecclefie: Quia ipſi publice Hoc predicauerunt. quod martyres
ſanguine affirmauerunt. Et ſunt iſti duo ordines mox inuicem ſe
in Eccleſia ſecuti, Lingua itaque canum medicinalis eſt. ſimul
officium doctorum totum in lingua eſt. Et lingua ſine oſſibus eſt.
& ſaporum Iúdex Sic doctores. non Inuidenter mordere. Sed
blanditer docere & ſanare: & Iudicare inter ſaporem hereticum

& catholicum Eſt infuper media in ore & inter labia. Quia inter duo teſtamenta mediat & verſatur. Et ad vtrunque fefe loquendo allidit, vtrunque allegando & inducendo

Deus confringet Capita inimicorum. Quod Capita ſignificent principes, Amos 6. probatur dicit Ve vobis optimates capita populorum. Et Iſaie .9. Longeuus & honorabilis ipſe eſt caput Tropologice autem Eſt anima in homine: que confringitur per Infidelitatem, peccatum & vitia ꝛc Sic vtroque modo Iudeorum capita funt confracta. Et idem Eſt. quod ſequitur. Verticem capilli vel crinis. Quia capilli funt facerdotes in fummo vertice ſynagoge: Vertex enim eſt fummitas cuiuslibet communitatis: ſicut montis. [*Am Rande links:* Amos. 1. Exiccabit verticem Carmeli Iſaie. 3. decaluabit dominus verticem filiarum Zion] Nam quelibet communitas eſt Mons quidam Vnde & Eccleſia mons eſt: In vertice igitur (.1. fummo facerdotio) velut ornamentum eius funt capilli: Quia caluities eſt ignominia capitis Sicut Capillus eſt eius gloria. Coma enim capitis eſt gloria eius & decor: Sed vide quam proprie loquatur Non ait Capillos verticis: Sed verticem capilli. Quia fummitatem & verticem ſynagoge deſtruxit fcilicet facerdotium, quo deſtructo, etiam capillos deſtrui certum eſt. [*Am Rande links:* cum tamen ipſi remanent Sed vertex perijt, quia iam funt ſine facerdotio] Quod apud Iſaiam alia forma prophetatur. 3. Et erit pro criſpante crine Caluitium, (.1. pro ſplendido facerdotum choro nuda ſynagoga. Quia ibidem. 7. radet dominus in Nauacula acuta in his qui tranſflumen funt caput, pilos pedum & barbam vniuerſam (.1. Iudęos: qui tranſiordanem, tranf baptifmum remanent facerdotibus priuabit. & ſubiectis populis. & vniuerſis virilibus & barbatis in ſpiritu Tropologice autem eſt. quod Voluntas eorum capilloſa. ſicut Abſalom (.1. exuberans cupiditatibus terrenorum bonorum confringentur. Et Hoc in bonitate vel ſeueritate

Zelmon (.1. vmbra primo pro corpore Chriſti in quo latet diũinitas: 2° fides ab eo refultans Tertio Eccleſia in qua latet Chriſtus. 4to Anima quelibet fidelis Quinto ſpecies panis in facramento Sexto b. Virginis vterus vel ipſa virgo: Septimo. Verbum Euangelii vocale vel ſcriptum (.1. Scriptura

fancta). (.Vnde Hęc eſt Mons Zelmon Iudic. 9. in quem afcendit
Abimelech. & precifis ramis combuſſit habitatores Sicchem (.1.
Scribe & legifperiti Scripturas corrumpentes & detruncantes:
accendunt Synagogam: Zelo & furore contra Chriſtum & totaliter
in eo comburit. Quia malum fignum: quod extra montem ramos
detulit in humeris fuis (.1. ad alium fenfum ducunt authoritates
Scrip. & Exempla patrum ibi pofita.) [*Am Rande links:* ....
etiam figura here .... rum. quia a Selmon .... Hebreo abfcin-
dunt .... les. qui in eo orti .... & tranfferunt eos ... gnem.
Sic autoritates ... ipturę fimiliter] Similiter et Iudęos de ſtirpe
patrum natos exciderunt a Chriſto

    Quia quicquid de vno illorum Dicitur. de fingulis
Dicitur

    Blatt 88ª: Currus dej, metaphorice dicitur Eccleſia, Quia
ex Hac vita in futurum vehit & ad aliquem finem currit fcilicet
ęternę falutis: quia Currus dej eſt   Tropologice autem Eſt
ipſa anima: Que eſt multis milibus affectionum ignearum & meditationum lucidiſſimarum plena: velut quibufdam fuis Cherubim
atque Seraphim. Immo & operibus externis in corpore vehitur
deus Quia portate deum ait in corpore veſtro. Igitur & corpus
eſt currus & ferculum Dej. Quod ferculum fecit fibi rex
Salomon. Sicut domus eius duplex eſt. Anima ipſa & Corpus
eius. De quo alias. & in hoc forte myſterium: Heb. habet. Bis
decem millia millia Quia femel decem millia milla. [*so*] funt
virtutes in anima: & altera decem millia millia funt opera
in corpore. Quia vtrinque abundare. fanctos decet: & extra in
meritis operum. & intus in meritis affectionum.   Vocatur
autem Currus. Quia feſtinat ex hoc mundo & femper in
via eſt vſque dum ad patriam & domum veniat cęleſtem.

Cuius quattuor Rotę funt. 4ᵒʳ affectus fpes, timor, gaudium, dolor. in vtroque latere duę fcilicet duo ex amore boni & duo ex
odio mali: vt facile patet confyderanti. Temo autem Eſt recta
intentio & directio omnium, prudentia fcilicet & oculus virtutum.
[Rota poſterior dextra *ausgestrichen*.]

    Rota poſterior dextra fpes } de futuro {bono
    Rota poſterior finiſtra timor } de futuro {malo

Rota prior dextra   gaudium⎫ de prefenti vel preterito ⎧bono
Rota prior finiſtra   dolor   ⎭   ⎩malo

Et Hoc eſt plauſtrum quo triturantur ſegetes Dominj: & exercentur fideles Chriſti. & conculcantur mundus & diabolus Sic Allegorice (.1. Ecclefie: 4ᵒʳ Rote. 4ᵒʳ Euangelia. 4ᵒʳ virtutes. 4ᵒʳ partes mundi.   4ᵒʳ

Anagogice Currus dej erit in Iudicio, omnis multitudo Angelorum & hominum peccatorum in quibus feretur Chriſtus in cęlum cum gloria.

Dominus in eis in finai: primo fic Chriſtus in fanctis illis: In fina (.1. fecundum humanitatem aſſumptam) In fancto (.1. in cordibus eorum, fiue fpiritualiter.) q. d. iam non eſt in eis. per humanitatem. ficut erat ante paſſionem. indifferenter in locis prophanis quibufcunque. & inter impios Iudęos nec loco corporaliter amplius definitus, ficut quelibet res prophana. Sed eſt in eis in fancto (.1. vt fic dicam. Sanctiter fiue fpiritualiter: quando in corpore & corde eorum portatur. per fidem & virtutes Secundo In eis In fina (.1. qui funt In finai.) Sed in fancto q. d. Eſt quidem in eis exiſtentibus in fina, ficut olim fuit ad literam. & in prophano finaj. Sed in finai fancto, & myſtico .1. in Ecclefiaſtica finai. in qua ipfi funt.

Pręuenerunt Principes. Documentum Hic figna. Qui funt vere principes inter alios femper funt ad omnia primi. & preueniunt cęteros. Si autem funt Idola & tantummodo locum occupantes dignitatum non preueniunt neque fequuntur etiam. Sed dicunt. ite & facite: cum debeant dicere, Venite & videte & preire alios in omnibus   Coniũncti pfallentibus, (non ludentibus & tabernantibus ac cubiculantibus. pfallere autem eſt corde, ore & manu deum laudare quia fit cantu oris. & tactu manuum. Et in ipfo totius vite actiue ratio confiſtit Cantare autem eſt ore tantum laudare. Iubilare corde ꝛc

Secundum Principes oportet in medio a Iuuenculis haberi. quod eſt obedire ex corde fuperioribus & prelatis, alioquin nihil fonabit deo pfalmus, fi in rebellione. & inobedientia fiat. & non habeat principem fuum in medio fui. Sed potius in fine & vltimo ac poſt tergum.   Sicut enim prelatis preuenire & precedere

incumbit: ita Iuuenculis & fubditis. obedire fequi & in medio
eos Habere conuenit, quod fane ex obliquo percutit Hereticos &
fuperbos

Blatt 88ᵇ: Tercium. Principes preuenire & coniungi in
medio noftri: fit, quando Apoftolorum & fanctorum fuffragio &
exemplo nitimur, vt quod noftris meritis non valemus ꝛc Medium
enim Iuuencularum eft cor earum. in quo preueniunt, & in eo
funt. per exemplum & fuffragium,

Quartum, fublimiter & precellenter: de ipfis eftimandum eft:
Sic enim preuenient prelati nobis. (.1. nobis reputabuntur multum
nos precedere, etiam fi in fcipfis mali fint.) Et Hoc fiet, fi in
medio noftri fuerint .1. fi eos corde amplectimur. & non extremo
fenfu funt & loco tantum.   Multi enim preueniunt principes
fuos: quia putant fe effe multo meliores: eo quod non in medio
eos amplectuntur

De fontibus Ifrael. Ifti funt duodecim fontes, Exo. 15. in
Helim .1. duodecim Apoftoli. primo quia aquę doctrinę Euan-
gelicę, in omnem terram & in fines orbis terre effluxerunt ex
eis   Secundo Quia ipfi principia totius populi Ecclefiaftici.
& primi patres. & origines. ficut fontes fuorum riuulorum.
ideo dicit. benedicite. de fontibus .1. Vos de fontibus orti & eruditi feu potati   Tercio fontes funt ipfa facramenta Ecclefię.   Quarto: quilibet liber totius biblie. vt fuit figuratum
in puteis. quos fodit Ifaac & alias   Quinto quodlibet
verbum Scripturę Dej eft fons. quia fcaturit aquas inexhauftas
omnibus, qui fitiunt. doctrinam falutarem

Ibi Beniamin ꝛc Myftice. Qui In Ecclefijs & communione
fanctorum manet: ipfe eft Beniamin (.1. filius dexterę & gratię)
ipfe adolefcentulus (.1. recens & florens in fpiritu) ipfe in exceffu
mentis (.1. fuper carnem & mundum victor eleuatus & triumphans
omnia) Econtra Qui extra eft. per inobedientiam & rebellionem,
ipfe eft filius finiftrę & feruus ancille filius, Ipfe Senex in vetu-
ftate peccati: & abforptus in carne & mundo

Tibi offerent reges munera. primum de Apoftolis: qui addu-
xerunt domino Munera fcilicet viua & intellectualia (..1. Homines
ad fidem. Ifa. 66. Et annunciabunt gloriam meam gentibus. &

adducent omnes fratres veſtros donum domino vnde ſupra. Acce-
piſti [dona in Hominibus Scilicet *ausgestrichen*.] Non credentes
in habitare dominum deum ꝛc   Secundo. De regibus carnalibus Qui obtulerunt munera carnalia. & temporalia Chriſto in
Eccleſiam. vtpatet experientia & notum eſt Et Hoc a templo tuo
(.1. propter templum tuum

Diſſipa gentes que bella volunt, non ait, que bella ſuſtinent,
aut patiuntur vel agunt Sed qui volunt. Voluntatis vicium arguitur, etiam ſi facultas operum non aſſit. Sic Iudꝫorum, tota
voluntas,. eſt in contentione, & voluntarie eligunt bella contra
Chriſtum & ſuos Ideo pro eis deſtructis. Veniunt Legati (.1.
miſſi vel nuncii ex ꝫgypto. Licet Legati principaliter Rectores
dicantur. Qui & angeli dominj & nuncii dej vocantur tamen
optime omnes etiam poſſunt dici legati ad mundum & homines

.   Magnificentia & virtus eius ꝛc Primo vt in gloſa.   Secundo
Magnificentia .1. Gloria. & claritas & regni maieſtas, non eſt in
terrenis Hominibus. Sed in nubibus Quia in terra non eſt ej
virtus Sed Infirmitas. Et non magnificentia. Sed contemptibilitas
Vnde ſequitur. Mirabilis deus in ſanctis ſuis   Quia gentibus
ſtultitia. & Iudꝫis Infirmitas. qui terrena ſapiunt, Sanctis autem
virtus & ſapientia & gloria ꝛc. 1. Corin. 1.

Blatt 89ª: Mirabilis deus in ſanctis ſuis. Et Hoc mirabile
& grande verbum ſuum. Primo ſic (.1. ſoli ſancti deum admirantur. quia ſoli magnitudinem maieſtatis eius & immenſum
pelagus. ſapientie & abyſſum bonitatis ſue. nobis exhibitꝫ, agnoſcunt. Et qui magis magis agnoſcit. etiam ita admiratur magis-
magisque. Qui autem parum vel nihil agnoſcunt. parum eum
admirantur neque ſtupent. Sed audacter agunt & incedunt &
accedunt. Sancti autem terrentur & admirantur. ita vt metuant
eum reſpicere & appellare. Sicut Moſes, non audebat contra
Dominum reſpicere. Sed cecidit in faciem ſuam Exo. 3. Vnde
frequenter in ps. Vbi nos admirabile habemus. Heb. terribile
habet. ps. 44. Deducet te mirabiliter dextera tua. ꝛc

Quanto enim magis Diūina bonitas, ſapientia, maieſtas. a
ſanctis cognoſcitur: tanto ipſi timoratius & Reuerentius ſe ad
eum habent. Ita vt vere exultent ej cum tremore. Ideoque Si

nondum ftupes. admiraris, metuis, tremis, noli putare te, deum
agnofcere: Seruite enim Domino in timore. & metuant eum
omnes fines terrę. Et. 46. Quoniam dominus excelfus, terribilis.
Et terribilis eft locus ifte ꝛc Hic enim timor eft fummus cultus
Dej, nec nifi perfecte Charitatis & fidej & fpej: Qui excellen-
tiffime eft in angelis. Quia [fub *ausgestrichen.*] columnę celi con-
tremifcunt coram eo. De quo & ps. 18. Timor dominj fanctus ꝛc.
Vnde & Iacob. Genes 35 Iurat. per timorem patris fui Ifaac:
quod vnum de nominibus dej propter excellentiam donj [*so*]
ponitur

Secundo Mirabilis in fanctis, quos maxime diligit. Et tamen
ita percutit & humiliat Hoc enim proprie bonitatem ficut primum
potentiam vel maieftatem refpicit. licet vbique fit potentia Sapientia & bonitas.   Sed Mirabilis eft bonitas. que in mala
mittit & affligit. Et mirabilis altitudo maieftatis: que etiam in
infimis prefens [potens?] eft. & operatur & loquitur cum illis:
Cum fit altiffimus: omnium fere videtur effe communiffimus. &
omnibus obfequi & benefacere. Sunt enim Multe differentie
rerum Et in his omnibus deus eft fuper & fubter. intra
& extra: ante & retro. Vt Mole eft omni fuperior. inferior, interior, exterior. prior, pofterior. Sic etiam
vita qualibet & Senfu & intellectu.   ad omnes enim
omnium illorum differentias & limites deus adeft &
fupereft. Et in his omnibus ftupendus, metuendus, terribilis & mirabilis. Scilicet in fanctis fuis

Tertio Mirabilis in fapientia & Directione omnium. precipue
fanctorum. Et Hoc eft quod exaltat humiles & difpergit fuperbos: Superbia autem mirabiliter fubtilis: ideo mirabilis fapientia
dej: que eam cognofcit. Ecce Eft aliquis Infigniter doctus in
facris literis, & abftinenter religiofeque viuit. putat omnia que
fentit a fpiritufancto effe: & eft occultiffime fuperbus: Alius
autem rudis nihil horum habet forte Sed miratur habentes. &
fic profunde fe vilem & incomparabilem ad illum fefe reputat:
Ille autem etiam cum quolibet concurrere. & comparare fe poffe
putat: Quia non multos preftare vel ęquare fibi videt. Eft enim
doctus. ac fic non in nouiffimo loco ficut ille fedet. Sed cum

primis: Ideoque Ecce mirabilis deus Hunc reprobat: & illum coronat   Et ratio eft.   Nam noftro tempore Non eft putandum: Quod omnia que quis fubtiliter etiam in fcripturis intelligit, ac mirifice meditatur & Inuenit: effe a deo, vel grata deo. Nam fic de diabolo dicit Ezechiel fub nomine principis Tyri: Ecce fapientior es Daniele (.1. Hoc eft omnibus contemplatiuis) diabolus enim omnia nunc myfteria nouit quia reuelata funt per totum mundum. & clarius quam nos: Et ideo ad feducendum fuperbos. permittente deo, mira poteft fuggerere in intellectu. Sicut facit nunc Hereticis & olim faciebat: qui mira in fcripturis intelligentia floruerunt, cum tamen effent. heretica tenebra excecatj: Item .1. Corin. 13. Si noûerim myfteria omnia: Et Matt. 7. Nonne in nomine tuo prophe. Et 2. Corin. 1. Quidam propter Inuidiam predicant Chriftum: Hęc & fimilia: faciunt, vt nullus quantuncunque doctus fit: mox concludere debet: fefe a fpiritufancto effe illuftratum femper. Sepius Hoc a diabolo efficitur tranffigurante fe in angelum lucis: Ideo femper valde timendum eft. & maxime humiliandum

Non tamen ideo reijciendum eft. quod fic intelligitur. Sed per orationem & benedictionem omnia fanctificantur Ergo & hic fac crucem & orationem fuper illud

Blatt 89ᵇ: Itaque Vnde & recumbe in loco nouiffimo: quantumuis eruditus fis (.1. nulli te comparare multo minus preferre te incipias. Quia Scito Sciens Sciendo. Quoniam Sapientior eft Daniele princeps Tyri: H   Veruntamen Sancti & aliqui Doctores. Differentiam pofuerunt quomodo cognofci poffit, quando fit illuminatio a fpiritufancto. vel a diabolo.   Et quidem omnium prima eft. Quod licet fapientior fit Daniele. non tamen Iob aut Noe: Quia ifto verbo Ezechie Humilitas maxime pre omnibus neceffaria, ftudiofis & contemplatiuis, incutitur & timor. Quia nullis tam facilis & periculofa fuperbia: ficut abftractis illis & doctis & contemplatiuis. Eo quod in multis fefe vident preftare cęteris   Igitur Qui funt Iob: Hoc eft vere & boni actiûi & fefe in bonis operibus exercent: manifeftum eft: quod fapientiores funt diabolo Quia opera dant verum teftimonium, De fpiritufancto prefente,   Quia Qui facit voluntatem patris

mej Et qui fermonem meum feruat ad eum veniemus ꝛc Non fic.
Illuminatis tantum. non in opere Similiter Neque Noe (.1. prelatis fapientiores: Quia Horum officium eft dej: & hi, qui fubditi
funt falli non poffunt

Secundum fignum eft & differentia. Quia illuftratio Diaboli
venit in locis & tempore importunis: vt in Choro fub laudibus
diuinis, vel in nocte quando dormiendum eft, vt deftruat caput.
Vel alias quando alia communiter aguntur, vt fic ea impediat.
vel minus deuote fierj procuret. Econtra Spiritusfanctus. eft
fpiritus confilii, omnia fuo ordine & loco illuftrat

Tertium. Illuftratio Diaboli, non humiliat. nec ad Infernum
ducit. Sed tantum in his occupat que fuggerit, Spiritus autem
fanctus. primo hominem in profundum fuę vilitatis inducit. Et
facit omnia ftatim quięta & tranquilla, vt nec fuperbire, Inuidere,
irafci delectet. contra alios. Sed fe potiffimum & ante omnes
videt ˙ Quia Dominus ad inferos deducit & reducit

Aethiopia. preueniet manus eius deo. Heb fic. feftinet dare
manus deo, que videtur alia fententia effe: Quia hic manus
ęthiopię. ibi manūs fynagoge putantur intelligi: Eft autem manus
dare fefe dedere. & fubiectum fateri [ac auxilium *ausgestrichen.*]
Trenor. 5. Aegypto manus dedimus & Affyrijs (.1. fúimus fubiecti
& dediti. Ęthiopia autem cito dedidit fefe Chrifto per obedientiam fidej: pre fynagoga, que vfque hodie differt & tardat: Et
fic noftra tranflat. dicit preueniet manus illius: quia cito & feftinat
dare illa autem tardat Aliter autem fic. preueniet manus
eius. Vt Eunuchus Candacis Reginę, act 8

Sciendum autem: Quod vt plurimum, vbi fit commemoratio
gentium ad Chriftum conuertendarum: fimul fingulariter, Aethiopes
nominantur ps. 86. Et Tyrus & populus ęthiopum. Et. ps. 71.
Coram illo procident ęthiopes ꝛc. Licet per Ethiopes etiam
Impii intelligantur, maxime Iudęi: Abacuk. 3. pro iniquitate vidi
tentoria ęthiopię. Et Amos vltimo Nunquid ficut filii ęthiopum
mihi eftis filii Ifrael? Inde et Saul. ęthiops in titulo ps. 7. vocatur. Et ita per ęthiopiam. Ecclefia gentium intelligitur.
per ęgyptum autem mundus Et propheta occafionem fumpfit. ex
figura Nūmeri. 12. Vbi propter ęthiopiffam vxorem Mofi Maria

& Aaron contenderunt,: quod vfque Hodie fynagoga facit contra
Chriftum propter gentilitatem affumptam. ficut illi propter ęthiopiffam Et fic gentium Ecclefia preuenit Iudęos. ficut apte exponit
b. Hiero. De Emorrhoiffa: Hunc verfum allegans. [*Matth. 9, 20.*]

figuratur autem & nominatur Ecclefia gentium: Ethiopia. vt
fatis patet, propter nigredinem peccati Ac quia fefe nigram confitetur. Iudęi autem libanus (.1. Candidi fibi videntur & fancti
Hec autem dicit Nigra fum fed formofa (.1. Quia confiteor me
nigram, ideo formofa fum. Quia qui peccat. Iuftificat deum in
fermonibus eius. Et ita dat gloriam deo per quod iam ipfe
quoque Iuftus eft Quia Confeffio & pulchritudo in confpectu eius,
Dixi confitebor Et tu remififti ꝛc ergo confiteri peccatum, & effe
Iuftum. idem funt

ps 68. [Hebr. LXIX.]

Blatt 90ª: Ifte ps. ad literam loquitur de paffione domini.
in perfona eius. Sed fimul: omnes paffiones. & infirmitates Ecclefie ibidem narrantur. Quę ad tres fpecies referri poffunt

Prima fuit aduerfitas & perfecutio tempore martyrum: Et
quia Hęc erat fenfibilis facile de Hac intelligebatur: [*Am Rande
rechts:* perfecutio & pena] Et ibi proprie. deus Infirma
elegit vt confunderet fortia. Et fua Ecclefia tunc Infirma. Et per eam vicit. non autem per poteftatem fęculi

Secunda fuit Inftantia Hereticorum tempore doctorum:
[*Am Rande rechts:* Error & herefis] Et ibi proprie Deus
elegit ftulta vt confunderet fapientia (.1. fapientes in
oculis fuis. Et vicit Ecclefia per ftultitiam fidej: fapientiam
illorum

Tercia nunc Eft. Inualefcentia tepidorum & malorum.
[*Am Rande rechts:* pax & fecu .. tas.] Quia accidia iam regnat
adeo, vt vbique fit multus cultus Dej: fcilicet literaliter tantum,
fine affectu & fine fpiritu. Et pauciffimi. feruentes. Et Hoc fit
totum, quia putamus nos aliquid effe. & fufficienter agere: ac fic
nihil conamur & nullam violentiam adhibemus. & multum facili-
tamus viam ad cęlum, per Indulgentias, per faciles doctrinas:
quod vnus gemitus fatis eft. Et Hic proprie Deus eligit ea

que non funt. vt Deftruat ea quę funt: Quia qui ex vero
corde fefe nihil effe putat: fine dubio: feruet & feftinat
ad profectum & bonum,   De omnibus his tribus. Hic
orat. Saluum me fac Domine. Quoniam intrauerunt aquę. Aquę
erant: paffiones Chrifto irrogate a Iudęis.   Aquę erant perfecutores martyrum: a Demonibus Ecclefie. immiffj.   Aquę erant
Heretici & funt. ab eifdem: eidem immiffi. Aquę funt multitudo
tepidorum & literalium Chriftianorum vfque Hodie ab. eifdem.
immiffa Ecclefię: Clamauit olim contra tyrannos & hereticos.
Clamat & nunc contra iftos femichriftianos dicit. Intrauerunt
aquę vfque ad animam meam. & cętera quę fequuntur. Quę
omnia nunc feruent: De quibus Malach. 1. Si offeratis claudum
& languidum nonne malum eft? offer illud duci tuo fi placuerit
ej: aut fi fufceperit faciem tuam. Dicit Dominus exercituum,
Quia vero fic oratur & canitur in Ecclefijs. languente fpiritu &
vno pede (.1. corpore tantum) fcilicet finiftro: vt fi Homini fieret
talis cultus, contemneretur. quantomagis a tanta maieftate.   Et
tota Inftantia Diaboli eft. contra nos. vt fic femichriftianos faciat:
Putamus quidem abeffe eum: Sed fortiffime adeft.   Non quidem aduerfitate aut Herefi nos Impugnat: quia ibi fefe victum
cernit, Sed profperitate fecuritate & quięte: Et hec omnia veniunt,
quia fine timore dej fumus. Et non omnino nihil nos effe putamus. Sed fufficienter agere vts dixi. Ideo male habet Ecclefia:
Quia in pace eius amaritudo amariffima Vt Bern. ait: que fuit
amara fub tyrannis, amarior fub hereticis. amariffima
fub pacificis & fecuris   Igitur Hee Aquę nunc intrant
vfque ad animam eius'
   Tropologice. Aque funt Hominum talium, tentationes (.1. de
pace & fecuritate incitationes Nulla enim pugna Hodie tam eft
neceffaria. quam contra pacem, fecuritatem, accidiam & tepiditatem [*Am Rande links:* Vnde Apoc. 3. Tepiditas in vltimo fcilicet feptimo angelo argúitur] Et Hic opus effet vt totis viribus
& armis contra ftaremus. Quia eft omnium difficillima. Cum non
Habeat. extrinfecus cogens ad bonum, ficut olim perfecutio &
herefis fuit. Sed potius habet extrinfecus refoluens & laxans.
Quia Intellexit diabolus violentia & herefi extrinfecus impellendo

proficere non poſſe. ideo cepit nunc Impulſum dimittere: & potius
blando allicio tanquam ſecuros obtruncare   Igitur Qui non
ſibipſi iam efficitur tyrannus & perſecutor, ſibi ipſique hereticus.
vt contra ſeipſum bellum ſuſcitet. vt ſe reputet tanquam anime
ſuę perfecutorem & Hereticum. & a ſeſe ſemper ſugiat ſollicitus
ad dominum credo quod non poſſit ſtare

    Inde enim fit. quod verba pſalmorum (ſecundum b. Aug Hoc
[ᵃ⁰] ps.) nos parum afficiunt: Quia non talia videmus in nobis.
ſicut in martyribus erant: quando iſta legebantur cum ſapore.
Sed ſi recte videremus tunc omnes querele in ps. Hodie fortiſſime
currunt, contra aduerſitatem proſperitatis. Quia plus pax nunc
Impugnat. quam olim gladius, plus veſtitus quam nuditas, plus
Eſca quam fames, plus

    Blatt 90ᵇ: ſecuritas quam anguſtia, plus copia quam ege-
ſtas. & omnium contraria: que Apoſt Ro 8 recitat dicit. Quis
ſeparabit nos a Charitate Chriſti? Nam & de antichriſto Scribitur
Daniel. 8. Quod non in penuria. Sed in copia rerum omnium
occidet plurimos. Quare ſicut Apoſtoli pſalmos pro tempore
ſuo applicuerunt contra Iudęos ſuos Hoſtes. Martyres ſuo tempore contra perſecutores. Doctores ſuo tempore contra Hereticos, (vt b. Aug. fere vbique facit:) Ita & nos modo contra
ſemichriſtianos. & Carnaliter in litera tantum Seruientes Domino
orare & aptare Debemus. [*Am Rande links:* .... in huius ſignum
..... tur nominibus generali ..... ſaluum me ſac ꝛc] Maxime
pro principibus & ſacerdotibus Eccleſie: vbi maxime viget hoc
malum: Non quod furendum & indignandum ſit contra illos.
blaſphemandum & detrahendum: cum hic nullus ſit fructus [*Am
Rande links:* Ezech. 9.] Sed dolendum, compatiendum, miſeren-
dum Eccleſię in illis. & pro illis orandum. Quia ſicut olim ita
& nunc. Iniquitas Zodomę ſororis noſtrę. eſt hęc. abundantia &
ſaturitas panis, ſuperbia. & ocium ipſius & filiorum eius. & manum pauperi non porrigebant. Contra hęc portenta in Eccleſia.
modo eſt pugna. Quia pro gloria dej & honore Eccleſię, dicunt
ſeſe iſta colere Sicut olim Iudęi, Baal nominabant ipſum verum
deum. Volentes eum colere, cultu Baal: Sic iſti cultu diaboli
& mundano Deum colere volunt, cum ſeipſos potius colant Et

mendaciter dicunt, pro honore dej. ſicut illi mendaciter. Iura-
bant, Viuit dominus, in Baal: que res magnum habet ſacramentum & figuram, in noſtros mores. Nam quod dominum vocaůe-
rint Baal. patet manifeſtc per Oſee. Vbi Dominus dicit Et non
vocabit me vltra Baalim. ꝛc Et per Iſaiam. 49. & Ieremiam Si
viuit dominus dixerint, Hoc ipſum falſo Iurabunt. Cur? quia
alieno cultu eum coluerunt ſicut & iſti faciunt   Dicit Itaque
    Saluum me ſac. Hoc verbum. generale. exprimit omnem
miſeriam: Ideoque ex omnibus liberari petit. Notandum autem.
Quia Chriſtus ſemper ſuo ſimplo nobis duplo noſtro reſpondet
Secundum ſ. Auguſtinum li 4 tri. 3. Vt Quia ſpiritualiter non
fuit in miſeria. Sed tantum literaliter: Siue Quia in malo Culpe
non fuit vnquam. Sed tantum in malo penę. Nos autem in
vtroque & duplo ſcilicet Malo. Culpe & pene Tamen Quia etiam
pene Immeritus fuit: fit pena eius. pro peccato noſtro: Quare
Quando petit ipſe a penis liberari: ſimul petit nos a
peccatis & penis liberari, cum eius pene: ſint non niſi
peccata noſtra & penę noſtrę. Ac ſic ſimul ps De eo & nobis
loquitur & Hinc deuotiſſima eſt affectione cum Chriſto legendus.
ſimul inquam noſtra peccata & ſuam penam ſub eiſdem verbis
intelligamus.
    Aquę ergo primo ſunt ipſe pęne & paſſiones Chriſti: Simul
autem iniquitates noſtrę. Iob 15. Qui bibit iniquitatem ſicut
aquam: Sicut enim Iuſtitia eſt aqua quam qui ſitiunt beati, quoniam ſaturabuntur: Ita Iniquitas eſt: quam qui bibunt: ſitient
iterum Iohan. 4. Eſt enim Caro noſtra puteus ille Huius aquę
ſitifere & ſalſuginee.   Et Ecce Mira poſitio. Iuſtitiam ſitire
prius eſt. Et tunc ſaturari: Iniquitatem autem bibere: Et tunc
amplius ſitire Quia Eccleſiaſtes. 1. Non ſaturatur oculus viſu nec
auris auditu. Et tria ſunt Inſaturabilia & quartum nunquam
Dicit ſufficit prouer. 30.
    Quod autem dicit Aquę pluraliter: pluralitatem
ſignificat penarum ſuarum & peccatorum noſtrorum
Eodem modo limus profundi: Eſt pena eius pro noſtra concupiſcentia carnis: ſicut Aquę. concupiſcentia oculorum. Nam iniquitas
proprię eſt Cupiditas vnde Dicitur Mammon iniquitatis.   Et

Caro noſtra vere eſt limus de limo facta limus permanens, limus rurſum futura: Iniquitas autem diuitiarum aquę. quia ſicut aquę fluunt & non manent. Ita Diuitie ſimiliter: limus autem etiam poſt hanc vitam in terra eſt. Igitur Chriſtus Infixus eſt in noſtro limo (.1. concupiſcentijs carnis noſtre Que ad profundum Ducit & abyſſum. Et proprie peccatum carnis: profundo comparatur. Quia inter omnia maxime excecat. & beſtiam facit omnino. Ideo non eſt ibi ſubſtantia

Sic Altitudo maris (.1. ſuperbia vitę que eſt in mundo.) Quia mare mundus eſt. Et iſte eſt triplex funiculus. qui adeo difficile rumpitur, vt non niſi per filium dej in cruce diruptum, dirum-peretur. Et ergo tempeſtas demerſit eum

Blatt 91ª: Vel poteſt ſic conſtrui. vt ſingula ſingulis reddantur. Vt Aquę (.1. peccata iniquitatis noſtre.) intrauerunt vſque ad animam (.1. occiderunt eam) Et ſic peccatum noſtrum & pęna eius ſimul ibi exprimuntur Sic Limus profundi peccata noſtra ſunt, in quibus per paſſionem & mortem eſt infixus. Sic Altitudo maris. Superbia noſtra, Et tempeſtas eſt turbo. qui demerſit per mortem eum in altitudine maris noſtri   Iam vltra vide

Aque Intrant	vſque ad animam	
In limo figitur	Et non eſt ſubſtantia	Cur ita?
In Altitudinem maris venit	tempeſtas demerſit,	An ſine

ratione? Sane facies psalmi aperta videtur. Sed multum habet introrſūm

Subſtantia in Scrip. metaphorice accipitur tam ex grammaticali quam phyſicali ſignificatione. Et proprie, non vt philoſophi de ea loqūuntur, hic accipienda eſt. Sed pro ſubſtaculo ſeu ſubſidentia: in qua pedibus ſtari poteſt, vt non in profundum labantur. & mergantur. Et ſic Chriſtus: non habuit tale ſubſtaculum vitę: quin caderet omnino in mortem. Si autem paſſus ſolum, non vſque in mortem fuiſſet, ſubſtantiam vtique habuiſſet: & in quo conſtitiſſet. Secundo poteſt Hic accipi. ſicut Sapient. [*Darüber*: prouer. 3.] ait. De ſubſtantia tua [fac elemofynam *ausgestrichen.*] honora deum, Et Apoſt. In Hac ſubſtantia glorie [*Darüber* .1. [*d. i. 2*] Cor 9. vt non erubeſcamus.] Sic enim dicitur

19*

omne illud. per quod quifque [*Darüber:* in fũa vita] fubfiſtit. Vt
diũes fubfiſtit per diuitias, Sanus per fanitatem. honoratus per
honorem. Voluptarij per voluptatem. Quia tam diu funt tales:
quam diu iſta durant. Et fic fubſtantia propriẹ. magis eſt qua-
litas vel extrinfecum quam ipfa eſſentia rej Quia Scrip. nihil
curat quidditates rerum: Sed qualitates tantum Et fic qualiter
vnusquifque eſt & agit, fecundum hoc habet fubſtantiam: Qua fi
caret, iam non fubfiſtit Quare pauper, abiectus afflictor fũi: funt
fine fubſtantia.   Denique fubſtantia magis de bonis mundi
dicitur Quare breuiter quicquid eſt in mundo: quo aliquis, poteſt fecundum hanc vitam fubfiſtere & florere
fubſtantia dicitur: Sed Sancti talem non habent. Heb. 10.
Confyderantes vos habere meliorem & permanentem fubſtantiam:
Et fides eſt fubſtantia rerum fperandarum (.1. poſſeſſio & facultas
rerum. non mundanarum (que eſt vifio vel fenfus) Sed futura-
rum: Credo autem Quod fpiritusfanctus dedita opera. contrario modo philofophis. fubſtantia vtatur. fcilicet pro acciden-
tibus bonis fortunẹ, corporis & animẹ. & pro tota duratione
exiſtentie. non prout contra accidens diſtinguitur Sed propter
accidentia. etiam ea includens. Et hoc ideo, Quia confidit Cor
viri in mulierem fortem, vt fpolijs philofophiẹ non indigeat Ac
fidem non in fapientia hominum Sed in virtute dei monſtret
confiſtere
     ps autem iſto noſtro tempore maxime currit. Quia fecundum
Bern: Amaritudo Ecclefie fub tyrannis amara fb hereticis amarior. Sed nunc in pace eſt amariſſima. Quia omnium deuotorum
Iudicio & experientia teſte maxima tentatio eſt nullam habere
tentationem. Et omnium fumma aduerfitas, nũlla aduerfitas Et
tunc maxime deus Irafcitur, quando non irafcitur. fecundum
eundem Bern. Non enim cum non fentio, Sed cum fentio te
iratum. maxime propitium confido. Etenim cum iratus fueris
mifericordie recordaberis Abacuk. 3. Et ps. 59. Iratus es &
mifertus es nobis, Ergo per contrarium, Non iratus es, & non
es mifertus nobis Sic. 2. Mach. 2. Maximi enim beneficii indicium eſt, non finere peccatores ex fententia agere. Vnde & gentilis Hannibal: Spiritum nefciens. tantum carnem fapiens In

temporalibus quoque fic effe probauit. quando ait. Magnam rem-
publicam fine hofte externo confiftere non poffe. quam veriffime
enim Hoc dixit. quanto magis Hęc Chrifti Ciuitas maxima
Et Ennius poeta Moribus antiquis res ftat Romana virifque Sic
Ecclefie res moribus nouis cadit, antiquis autem ftat (.1. aduerfitatibus.) Et ille frater in Vitifpatrum maximam iram timuit dej:
quando vno anno non fuit infirmus. Sic ergo Nunc Chriftus.
Infixus eft in limo profundi & non eft fubftantia

Blatt 91ᵇ: Et vere fuftinet nunc qui fimul contriftetur. &
non eft. Quia non eft quia vbi non eft aduerfitas quomodo poteft
effe contriftatio? Sed nec poteft contriftari quis ej, qui non
triftatur. quanquam hoc ipfo maxime contriftandům fit. quia non
triftatur vel quia pax ej eft amariffima Amos. 6. Qui lafciuitis
in ftratis veftris & nihil patiebamini fuper contritione Iofeph.
Et vt occafionem demus & accipiamus. ad intrandam
Huiusmodi meditationem Chriftus Hodie fic fe habet
Quod

Aquę intrant ad animam eius (.1. Auari homines Ecclefiam penę extinguunt pre multitudine: Similiter & Cupiditates
diuitiarum fuffocant fidem animarum fine modo a minimo ad
maximum vt ait propheta. [*Ierem. 8, 10.*]

Infixus eft in limo profundi. Quia in luxuriam carnis lapfi.
fatis tenaciter & fixe in ea ligantur a diabolo. Nunc enim non
cecidiffe. Sed perfeueraffe in carnis peccatis diabolo fufficit Et
Vide ordinem. Quomodo Diuitię pariunt luxuriam: quia prius
aque intrant: Diuitię foris per cupiditatem intrant, Dein fequitur.
ociům & gula & delicie in vfu diuitiarum: vnde & mox limus
profundi, dalida [*so. Ob Dalila? Richt. C. 16. Dalia, Armuth?*] enim
cum generatis fuis non poteft abeffe, vbi funt ociofe diuitie &
facultates   Refpice pontifices & facerdotes. & fi non ita eft.
quod infixi funt in limo profundi quia aquas prius intrare paffi
funt: immo continuę intrare ad fe faciunt mendacij me arguę.
Et Recte, limus non fupernus Sed profundus (.1. caro vitijs
fuis oppreffa. Nam & fancti de limo terrę & limus funt. Sed
limus fublimis & cęleftis. illi autem limus profundi.   Vides
itaque Hic Concupifcentiam carnis & oculorum quomodo Chri-

ftum (.1. Ecclefiam eius conculcet? Iam tercio Superbiam vite
confydera:

Veni inquit in altitudinem maris (.1. in medias pompas
& glorias mundi. Nunquid eft Hodie aliquid fuperbius arrogan-
tius, pompofius, gloriofius principibus & facerdotibus Ecclefię?
Qui etiam luxu & fplendido apparatu dignitatem & gloriam regum
& principum longe fuperant. Siquidem poteftate fęculari: Imperio
terreno. & dominatu vrbium regnorum prouintiarum. ita nituntur,
ita rapiuntur. ita cupiunt & ampliant vbi poffunt vt fine fronte
palam nihil pudeant, Hec omnia patrimonium Chrifti appellare.
& pro gloria dej. & incremento Ecclefie talia augere. Cum tamen
hinc neceffe fit. omne minifterium Ecclefiafticum relinquere.
& ęquum iam videtur relinquere verbum Dej & mini-
ftrare menfis [*Am Rande links:* .. fic fiat menfa ... orum coram
ipfis ... laqueum, vt ... tur Schandalorum ... ella] Quare
fequitur Quod tempeftas bellorum, negociorum, caufa-
rum, contentionum. Demergat eam vt experientia abunde
adeo teftetur. Vt Infelicior vix fuerit Ecclefia vnquam.
Hęc quidem, mea forte opinione quis putet componi. Sed quid
fi ex Euangelio & Scripturis probarem fi tempus pateretur.
Sequitur

Laboraui Clamans. raucę factę funt fauces meę.
primo Quod Euangelifatur quidem verbum dej & clamatur &
laboratur. Sed ita minutim aduertitur. Ita contemnitur, vt non
clamare Sed raucefcere vix putetur   Sane fecundum b. Aug.
tunc Rauca eft vox predicantis. Quando is qui audit, male
eam aduertit: Tunc autem liquida & clara. quando clare &
liquide auditur. Nam apparationes & allocutiones. Defcribuntur
regulariter in fcrip. ad difpofitionem eorum ad quos fiunt
Secundo fic Quia orationes habentur. Sed tepide & raucę: Quas
proximus vix audiat. Nam vere Rauca eft oratio, que afpera
& dura & fine affectione producitur & ficca Eft autem nunc fere
omnium quęrela de ariditate & ficcitate affectus fcilicet Quia
diftracti & aridi inter orandum fit. Vox autem Clara ipfa eft
plena & Iucunda deuotio. Sic olim cum effet fuccus & fanguis
in Ecclefia. Iuuencule tympaniftrie clariffime cantabant Nunc

autem rauco & laboriofo opere oramus. Quare breuiter in ifto verfu. Laboriofa. arida & Indeuota oratio Ecclefie. noftro tempore vel futuro in proximo, defcribitur Sic enim olim

Blatt 92ª: ex abundanti vnctione. Exultationes dej in faucibus eorum. & exultauit lingua eorum Iuftitiam Chrifti. Ita modo ex defectu adipis & pinguedinis, rauce funt fauces Chrifti. & ftridet ac gemit afpera vox in ficco gutture. Non tamen omnino perit aut filet vox eiufmodi Sicut Incredulorum. qui non clamabunt in gutture fuo. quia fimiles funt facti. fimulachris fuis. eo quod folum Credens poffit loqui. Credidi enim propter quod locutus fum. Sequitur

Defecerunt oculi mej. dum fpero in deum meum. fic Ezech. Attenuati funt oculi mej fufpicientes in celum in excelfo. Hoc eft quia non exauditur Sed derelinquitur ac Inūalefcit malum, fatigantur oculi furfum videre. & fidej oculus infirmatur & minuitur in tantis peccatorum tumultibus Nam ficut per Victoriam peccatorum & malorum fides ferenatur, vegetatur & proficit. Ita econtra peccatis preualentibus, obfcuratur. Allego: Oculi Chrifti funt, ftudiofi & contemplatiūi in Ecclefia, meditantes die ac nocte in lege Domini, aliorum directores. maxime etiam prelati. qui vtramque vitam ducere debent. Sed per multitudinem auarorum, luxurioforum, fuperborum. vehementer minoratus eft nūmerus taliūm. & defecerunt valde. Alii in lucra, alii in voluptates, alii in ambitiones. Multi etiam in Iura & traditiones hominum. & non pauci ad philofophiam Ariftot. hi omnes. quia deferunt Diuine lectionis ftudium ideo deficiunt oculi Chrifti in Ecclefia. Qui tamen olim ficut Oculi Columbarum & lacte loti & ficut pifcine in Efebon [*Cant.* 7, 4.] fuerunt. proficiunt autem & profecerunt eo magis Oculi antichrifti & mundi, Videntium acūtiffime ea que funt mundi. Sicut & fauces mundi iam non rauce funt. fed fonore nimis Tropol. autem Oculi Chrifti funt. fidej fenfus & illuminationes fpirituales. ille fimiliter defecerunt in multis. etiam in his, qui multa fciunt in Scrip. ac omnia myfteria nofcunt. & ea que funt fidei pulchre callent. ita vt vere fint in eis oculi Chrifti. Sed defecerunt. Quia non fapiunt affectu. ea que fciunt, & fegniter ac frigide aguntur in deum:

ſecundum ea que cognoſcunt Nam qui multa ſcit: & non affectu
in ea tendit ſeruide. Videntur oculi eius defeciſſe. & prope eſſe
cum fatuis virginibus habens lampadem. Sed non oleum. De
quibus Iſaie   Qui vides multa

Et Hoc totum ſit Quia affectus eorum friguit occupatus.
alijs cupiditatibus: aut certe quia tentatus a talibus, non fortiter
eis reſiſtit. Sed velut dormitans, infirmiter reluctatur. Et ſic
alterum alterum impedit. vt oculi in ſomnum declinent & deficiant. Concupiſcentia autem fortior dominetur aut ſaltem potiore
ſorte pugnat [so]   Credo autem multos nunc (& potiſſimum
ex me & aliquibus experior.) experiri hanc prophetiam. Quia
optime quidem ſciũt omnia quę credenda ſunt. Sed ita ęgre
poſſunt credere & eis aſſentire, vt videantur velut quodam ſomno
opprimi. & graũi corde fieri. nec ſurſum eleuare ad dominum
poſſe. Hoc eſt quod dicunt. Velle quidem eos libenter credere.
& paratos eſſe. Sed neſcire: quomodo fiat vt non ſeruide poſſint.
Talis ſuit ille Qui dixit. Domine adiuua incredulitatem meam.
Et Apoſtoli Domine adauge nobis fidem. Quam acute putas in
martyribus iſti fuerunt oculi: quod etiam in tot tormentis, non
potuerunt obliuiſci eorum que videbant Nos autem etiam in vno
verbo offenſi vel modico damno, mox obliũiſcimur ęternorum Quia
tunc Hinuli & Capreę fuerunt. Nunc autem Bubones & noctuę.
Sed Nota quod Oculi magis deficiũt ſomnolentia quam aduerſitate. immo hac excitantur: illa autem ſoporantur & deficiunt
quadam ſecuritate obdormientes. Et quid moror? Horribile verbum eſt nec ſatis exprimere poſſum. defęcerunt oculi mej. Quia
Qui non vndique omnia timet, non circumſpicit. Qui autem
timet, nihil negligit, quia ſedule vigilat, & omnia timet. Ideo
Dominus

Blatt 92ᵇ: contra iſtum defectum tam ſollicite precepit vigilare & apertos oculos ſemper habere & expectare aduentum eius.
Ideoque Timore opus eſt, qui hunc teporem excitet & excutiat
ſomnum Scilicet vt cogitemus & eſtimemus, Quia ſęcüritas omni
aduerſitate peior, & terribilior eſt Quare eam ſic time & fuge, ſic
abominare. ſic eam ſuſpectam habe: tanquam ſit omnium maxima
aduerſitas. eo quod inducit ſomnum & deficere oculos facit Et

tali memoriali illam tibi diffuafam tene. Quia profperitas eft Duplex aduerfitas. & fecuritas bis periculum eft Sicut. [*Ausgestrichen:* Vbi. — *Am Rande links:* ... pax, peffimûm .... iniqûiffimûm .... ellum ad hoc ... ge b. Aug. in .... ogo ps. 69 ....chrę] Non eft maior iniquitas quam fumma iniquitas. [*so*] non maior in Iuftitia quam fumma Iuftitia. Non maius damnum. quam maximum lucrum, Sic non maior aduerfitas quam profperitas nec maius periculum, quam nullum periculum. Ratio eft quia Incautos facit. Cum enim Dixerint pax & fecuritas ꝛc Nihil falûûm vbi omnia falua. Nihil ita [*fanum, ausgestrichen.*] egrum: quam per omnia fanum, Nulla tentatio, omnis tentatio. Nulla perfecutio. tota perfecutio. Sic enim diabolus nunc Ecclefiam impugnat maxima perfecutione: quia fcilicet nulla perfecutione Sed fecuritate & ocio. Ve ergo nobis: qui ita prefentibus abripimur. & infenfati Vifcum diaboli non intelligimus   Nos quidem facimus. Sicut Stultus heres. qui relictos ampliffimos a parentibus thezauros, non nifi prodigere nouit, non autem augere. Sed femper de cumulo aufferre. Ita Pontifices. & facerdotes. profundunt gratias & indulgentias fanguine Chrifti & martyrum congregatas & nobis relictas, vt non putent fefe neceffe Habere, augere illum thezaurum, Nec aliter remiffionem peccatorum. & regnum celorum acquirere, nifi illorum meritis. Cum tamen nemo poffit participare communi bono. qui non etiam fymbolum fuum addiderit. Accipere enim de thezauro Ecclefie. & non etiam addere. eft impoffibile & fruftranea prefumptio. [*Am Rande links:* .ui enim non laborat ..... non manducat Et ... non eft fotius paffionum .. neque confolationum erit] Verum ipfi putant fefe Habere in prefidio & promptu repofitum Hunc thezaurum Vt quando velint, eo vtantur. ideo fecuri tradunt fe in omnia quę funt mundi. Quia Scilicet thezaurus ille permanet: Mundus autem tranfit, ideo cum vtrunque quęrant. prius mundum querunt, ne pretereat, poftea abunde. cęlum fibi fupereffe credentes. putant inquam (.1. fic agunt. vt facto ita fentire videantur. Et illûd Sap. 2. Dicere. Coronemus nos rofis antequam marcefcant. Vmbrę enim tranfitus eft vita noftra. Sed timeo ne ficut prodigis heredibus contingit, ita & nobis contingat. fcilicet productis & confumptis omnibus bonis, mendicare & omnem neceffitatem cum ignominia fuftinere. Non quod thezaurus Ecclefie. fit confumptibilis. Sed nobis dico confumptibilis: Eft enim Infinitus in fe. Sed non in nobis quia minor pars eo participat. Talis etiam prodigalitas meritorum. Eft etiam in religiofis Qui fuas fraternitates & indulgentias. per omnes angulos fpargunt, tantum vt victum & amictum habeant. Quem fi Haberent, talia nihil molirentur   Horribilis furor & cęca miferia Quod nunc non nifi ex neceffitate euangelifamus, & non ex voluntate. & copiofiffimus talium nūmerus.   O mendicantes mendicantes. mendicantes.   At Excufat forte quod Elemofynas propter deum recipitis. & verbum dej ac omnia gratis rependitis. Efto fane. vos videritis

De tali igitur tribulatione Ecclefie, intelligo Euangelium Matthe. 24. Cum videritis abominationem Quia mira proprietate verba in eam confonant. licet fic a Domino principaliter effe intenta, non audeam afferere. Tūnc enim qūi fūnt in Iūdęa. fugiant ad montes. Et Ve pregnantibus & nutrientibus illis diebus, ꝛc

Blatt 93ª: Quia fupra ps. 67. dictum fuit. Quod Geminatio eiusdem verbi vel fententię in fcrip. precipue antiquis fignificat fpiritūalitatem rej. que narratur vel vtrunque: immo vere vtrunque fcilicet literam fpiritu plenam Vt ibi Viuens Viuens ipfe confitebitur tibi (.1. Viuens in carne, ita tamen vt fit fimul viuens fpiritu Sic & hic. Deus tu fcis infipientiam meam. Vt Hoc non de Infipientia carnis vel peccato literali intelligas. addit. Et Delicta mea a te non funt abfcondita. Vel fimul de peccato exteriori & interiori. Vt Infipientia intus. delictum foris. Vel propter geminationem fententię. 2ˣ Infipientia, intus & extra. Duplex delictum fcilicet extra & intus.   Ita. Non confundantur & non erubefcant. (fi eft idem verbum vt in hebr. patet Si autem non, (vt in glofa.) ftat fua differentia.) Quia & interior & exterior eft confufio. & fimiliter. interior & exterior erubefcentia   Ita & [3 *am Rande.*] Extraneus factus fum fratribus meis. fecundum exteriorem habitum & interiorem. & peregrinus eodem modo Quia ifta geminatio (.vts.) taliter notari Iubet

[*Am Rande links:* Vt fic nec coram deo nec hominibus confundantur Sed vbique gloriofi fint]   Ita denique Cum in principio dixerit Infixus fum in limo)c quod de literali morte &
carne intelligitur) Infra ne geminetur idem. Orat. Vt non Infigar
in luto. q. d. fufficit femel: fecundum carnem. paffio & mors non
moriar & occidar fecundum fpiritum & animam: ficut illi qui
pereunt & damnantur: Illi enim pereunt fecundo. & Infiguntur
in luto fecundo. Et non tantum moriuntur morte [fecunda *ausgestrichen.*] prima Sed etiam feçunda. Nam ficut eft Mors prima
& fecunda. ita. & paffio. profundum, limus tempeftas omnia 2ª)c
Vnde hanc fpiritûalem perditionem & mortem exponens addit.
Neque abforbeat me profundum, neque vrgeat fuper me puteus
os fuum, fcilicet ne forte. claûfo ore inferni. exire nequeam ficut
damnati. Intraûit enim in infernum, qui aperuit os fûûm: Sed
non potuit os fuum fuper eum claudere & eum retinere. Sed
patûit ej omnino ęgreffus.   Eodem [*so*] morte. os mortis
fufcepit eum. Sed non potuit eum claudere.   Sic & fancti
Intrant in mortem in os profundi. Sed non in ea clau-
dentur. quia refurgent a morte Et puteus inferni vel puga-
torij [*so*] non poteft eos abforbere ac concludere.   Sicut Impios.   Quos demergit tempeftas fecundo (.1. corpore & anima.)
fimiliter & lutum & Aqua.   Nam quando Impij & reprobi
moriuntur vtroque moriuntur fcilicet corpore & anima. ideo geminatio illa. eos defcribit. Iufti autem quando moriuntur folum
fecundum carnem moriuntur fecundum quam etiam tandem eua-
dent. Quare ipfi Infiguntur vt non Infigantur ficut
Chriftus caput eorum
    Tropol. autem Eft. Quando Electi non permittuntur in pec-
catis defperare. quando mortui funt & in limo peccatorum. Sed
non abforbentur in illis. Sed per penitentiam patet eis os Inferni
& exitus.

Deus tu fcis)c

    Hoc ideo dicit Quia Iudęi cum Chriftum crucifixiffent. puta-
bant iam omnibus perfuafum effe: ipfum effe peffimum & maledictum a deo. & omnino Impium & feductorem Quia lex Dicit.
Maledictus a domino qui pendet in ligno. Ideo ad hoc genus

mortis feſtinabant, vt eum, Deo oſtenderent odibilem. ac ſic eam
Concluderent authoritate legis. ipſum non potuiſſe perire tali
morte, niſi Iniuſtus eſſet coram deo. Ideo dixerunt. Confidit in
deo. Saluum faciat eum ſi vult. q. d. Non videtur quod velit
eum vel voluntatem in eo habeat. Quia Maledictus a Domino,
qui pendet in ligno. Ideo Ecce ignorantes quomodo eſſet maledictus, Et verum quidem eſt. quod fuit maledictus a Domino:
quia fecit eum pater maledictum pro nobis. Et vere propter
peccata mortuus eſt. Sed ipſi neſcierunt, quomodo eſſent ſua
Deus autem noŭit. Quare dicit Illi ignorant mea delicta. Tu
autem ſcis .1. quomodo ſint mea non Intelligunt, . quia aliorum
fęci mea   Non Intellexerunt etiam. Quod maledictio iſta
non potuit totam perſonam abſorbere. Sed fuit abſorpta. quia
deus erat nulli potens maledictioni ſubiacere. ſed tantummodo
caro eius. Et ideo ſimul maledictus & benedictus, Simul viuus
& mortuus: ſimul dolens & gaudens. Vt omnia in ſe abſorberet
mala. & omnia ex ſe conferret bona Benedictus dominus noſter
Amen

    Blatt 93ᵇ: [Cum autem ſit 2ᵗ Zelus ſcilicet Dej & proximi
ſicut & Charitas, pulchre hic vtrunque exprimit dicens: zelus
domus tuę .1. Zelus tŭi & proximorum vt ſint tibi domus & tu
glorificeris *Oben am Rande quervor.*] Zelus Eſt nihil aliud. niſi
ira, odium, diſplicentia ꝛc amoris vel amor iracundus: ideo eos
tantum pro obiecto habet. quos & amor. Et eſt nihil aliud, niſi
odium, Inuidia vel diſplicentia mali vel vitii in eo quod diligi-
mus. Quare nullus poteſt Zelare niſi qui amat. preſupponit enim
amorem. & in id obiectum agit in quod amor. Amor qui diligit
bonum in eo & promouet. Zelus. qui odit malum in eo & re-
mouet. Inde dicitur deus Zelotes. Chriſtus in prophetis. Quia
maxime diligit Iuſtitiam & odit iniquitatem in ſuis fidelibus,
Sed Zelus domus Dej. eſt excellentior alijs Zelis. ſicut Charitas
excellentior alijs amoribus, Quia Charitatis eſt diligere & velle
alicŭi bona non quecunque neque ad quodcunque. Sed ęterna
bona. & ad ſalutem ſpiritualem. Sic Zelus diŭinus vel ſpiritualis.
Eſt odiſſe vel nolle alicŭi mala non quecunque nec ad quodcunque. Sed mala ſpiritualia ad ęternam damnationem, Quia ſepius

ne ifta mala Habeat dilectus fuus, irrogat ej omnia mala carnis
& mundi. Sic Deus Zelat fanctos fuos. dum eis mala mundi
infert, ne mala fpiritus eis noceant. Ideoque valde perni-
ciofe & contrarie diligit & odit mundus. quam deus.

[*Am Rande links:* Mundus $\left\{ \begin{array}{l} \text{diligit bona carnis} \\ \text{odit mala eius} \end{array} \right]$

Et talis Zelus hodie refriguit ficut & Charitas. Et videtur
etiam dominus abftuliffe fuum zelum ab Ecclefia. ficut per Ezech.
16. minatur dicens. Auferetur a te Zelûs meus. Et amplius non
irafcar tibi. que eft Horribilior ira eius

Comedit me (.1. rodebat, terebat, macerabat fic ibi tabefcere
me fecit Zelus meus Et Vidi preuaricantes & tabefcebam. Et
defectio tenuit me

factum eft mihi in opprobriûm. ꝛc licet ifta in Euangelio non
legantur Quod Ieiunium & cilitium Chrifti irriferint, tamen ex
quo omnia alia eius dicta & facta, riferunt, contempferunt, immo
& quedam blafphemauerunt: confequens eft quod etiam in his
eum irriferint. Nam Cum ipfe paupertatem predicaret & diceret.
Quam difficile eft diuitem intrare in regnum cꝗlorum. audiebant
hec (ait lucas.) pharifej qui erant auari. & deridebant eum [*Am
Rande links:* luce 16. Et eiufdem. 8. puellam refufcitantem, deridebant Et Ifaie 28. Viri illufores dicûntur fimiliter prouer. 3.
&. 9. Et ps. 1. In Cathedra deriforum non fedit] Igitur ficut in
illo: ita in abftinentia & veftitu & omnibus eis contrarius fuit.
Ipfi autem amabant Epulari fplendide & preciofe veftiri ficut
Epulo ille: Ideo peruerfi omnia peruerterunt   Sed & membris fuis idem contigit & contingit vfque Hodie: quod ftulti a
mundo reputantur. Quia non querunt ea que funt mundi Scilicet
Epulas & veftium pompas. Quod monftrum adeo fane Hodie
inoleuit. vt qui inter nobiles non eligit cum Chrifto parabola &
opprobrium effe, cogitur pro veftibus & crapula (vt eis non diffi-
milis fit, in ornatu & gula) pene totam fubftantiam perdere &
in preffuram ire, Et Hi fi qui funt. qui eos non imitantur: bene
intelligunt & canere poffunt Hos verfus operui in Ieiunio animam meam & factum eft in oprobrium [*so*] mihi ꝛc. Nam Que-
relas multorum audimus: Quod vituperantur velut non

Homines: qui fotietatem eorum vitant. fic enim fine dubio & Chrifto contigit. Et primitiuis fidelibus contigiffe b. petrus teftatur dicens 1 pet 4. Admirantur non concũrrentibus vobis in eandem luxurie confufionem blafphemantes. Si [*so*] b. Agatha. Anaftafia. paffe funt [*Am Rande links:* ... unt enim oportet confirmarj *Es ift . tzt fto der braüch*]

Verum Nota Quod ieiunium debet ordinarj non ad iactantiam. Sed Hũmiliaui inquit animam meam pharifei enim & Hipocrite fic Ieiunant. vt animam eleuarent in vnicam gloriam & iactantiam. [*Am Rande links:* folum corpus humiliant]

Sic & illud credendum eft, factum effe. licet Euangelium non habeat. In me pfallebant qui bibebant vinum. Nam et membris fuis fimiliter contingit. Quod autem bibebant dicit vitium Cupiditatis notat & in vino, lautitias potus, Quia fimplex refectio in Scripturis. per Guftare aquam vel panem folet exprimi. vt act. 10. Et cum Efuriret voluit guftare. 2 Regum 17. Tranfierunt feftinanter. guftata paululum aqua.

Differunt Veritas falutis (.quia eft fidelis impletio falutis. Et quod addit tuę. excludit falutem mundi carnalem.) Et Salus veritatis vel vera (.eft falus fpiritualis & folida contra hoc. quia vana falus hominis.

Blatt 94ª: Quoniam benigna eft mifericordia tua ficut in Glofa dictum eft. Tempore martyrum multum benigna fuit mifericordia quia tribulatio multum amara. Et fimiliter tempore Hereticorum. Nunc autem multo magis. Sed non nifi paucis. Quia paucis apparet tanta Ecclefię miferia in pace fua, Quam dominus maxime fleuit. quando fuper Ierufalem fleuit & ait. Et nunc quidem in hac die tua, fi cognouiffes quę ad pacem tibi. nunc autem abfcondita funt ab oculis tuis. Ita fi & nos cognofceremus ea que nobis ad noftram pacem funt, fcilicet quia funt omni tribulatione priora fine dubio aliter ageremus proinde vt dixi. Quilibet fibi formet & faciat. maximam tribulationem: Quia fic fcriptum eft parafti in confpectum eo menfam, aduerfus omnes qui tribulant me. Nemo vllo modo accedat facerdos ad altare: nifi multis tribulationibus fit onuftus. & multis miferijs refertus Sed quia pax & fecuritas non finit nos talia

videre. ideo laboremus & monftremus. Quid confyderare debeamus. vt multas miferias videamus. vt fic mifericordiam domini
magnificemus & benignificemus. Nam non eft poffibile mifericordiam dej magnificare & bonificare. Nifi Quis
magnificet & malificet prius miferias fuas vel eas tales
agnofcat. Non enim Hoc eft mifericordiam magnificare, vt vulgo
putatur. Quia deus parua putet peccata. Vel quia non puniat
ea: immo Hoc eft maxime mifericordiam eius extenuare. Quia
qui paruum reputat malum, quomodo poteft magnum bonum, quo
illud tollitur? Ideo omne ftudium noftrum id effe debet, magnificare & aggrauare peccata noftra. & fic femper magis ac magis
accufare. Et affidue Iudicare condemnare Quanto enim quis fe
profundius damnauerit. & peccata fua magnificauerit, tanto aptior
eft ad mifericordiam & gratiam Dej. Hoc eft enim. quod Apoft.
prohibuit, vt nobis placeamus vllo etiam puncto Sed maxime &
in omnibus difpliceamus ac fic cum Iob vereri omnia opera
noftra. Nam qui fibi complacet, non poteft in timore dej ftare
& fine prefumptione effe. Effe autem fine timore quid peius?
Ideo ad fummam difplicentiam fui. etiam in bonis noftris. tenden-
dum eft omni ftudio

Primo itaque Confydera omilliones tuas & hoc multipliciter.
primo in naturalibus Quia. Vide an per fingulos dies & horas
in tota vita tua. Deum laudaueris & gratias egeris adhoc enim
teneris ftricto precepto. & Iure naturali. Nam cum fingulis diebus & horis beneficia dej acceperis. fcilicet vitam, effe, fenfum.
intellectum. Infuper victum & amictum & minifterium folis celi
& terre. & omnium elementorum, multis nimis varietatibus, manifeftum eft quod acceptis gratias debes Sed quis hic non videat
infinitas omilliones & ingratitudines fuas? Quis enim pro vna
die fatis gratias egit? Secundo in gratuitis perceptis
fcilicet facramentis & bonis Ecclefie: Que non minus tibi mini-
ftrat quam totus mundus. cum ipfa fit mundus quidam intellectualis Igitur vitam, fenfum effe. intelligere. victum & amictum
in fpiritualibus, minifterium folis Iuftitie. celi & terre & omnium
que funt in Ecclefia. bonorum accipis fine intermiffione. [*Am
Rande links:* Beati oculi qui vident que vos videtis. quanto defy-

derio illi ea querebant in quibus nos fumus] Et ecce Iam altera
vice fupplantaris a beneficijs Dej & infinitas omilliones immo
Infinities infinitas ingratitudines tuas vides. Quia per fingula
momenta infinita beneficia tibi offeruntur a domino. Et ficut pro
vna buccella panis. ita nec pro vno verbo voritatis dignas poteris
agere gratias. Qui autem ista beneficia vilia putat. & omilliones
illas non magnificat, nunquam vere humilis & fibi difplicens erit.
Nec mifericordiam & bonitatem idoneus erit estimare. ficut de
eis ps. 91. dicit. Vir infipiens non cognofcet Hec: & econtra. in
factis tuis meditabar. & meditabor in omnibus operibus tuis Sed
Ha quot funt qui omnia fortuitu fierj putant. Nefcientes vel non
credentes Hec a domino fefe accipere. Et hec quidem tantum
de omillione gratiarumactionum.

[*Ausgestrichen:* Secundo Confydera Commilliones] Tercio tandem omilliones preceptorum Dej non tantum quo ad fub-
stantiam facti vel operum, Sed multo magis etiam. quo ad qua-
litatem vel quantitatem. Quia diligere deum & proximum &
Cetera. quoties offendisti. Sed & fi dilexeris maxime timendum.
Ne non tantum & taliter

Blatt 94ᵇ: quantum & qualiter. quo ad numerum & pondus
cordis & affectus teneris. Sed quis definiuit tibi aut quis tibi
dicet. quoties aut quam feruenter Hoc deus a te exigat? Ita
vt ipfe folus fibi Hoc Iudicium reliquerit. ac iam ipfe nefcire
cogaris omillionum tuarum & numerum & modum feu menfūram.
Ac certe Hoc vnicum fatis abunde. omnes etiam fanctillimos
vehementer humiliat & in timorem mittit: Nam Ipfe Iudicat
Iustitias, & gladius Iudicij fui bis acutus est ideo orandum Delicta
quis intelligit? Ab occultis meis munda me domine. & ab alienis
parce feruo.   Sane omnia in pondere numero & menfura a
deo fiunt ita etiam a nobis requirit   Numerus est. quoties
faciendum fit idem. Menfura. quot vel quibus fcilicet tibi pro-
ximis, deo   pondus feruor & intenfio. Sed Quis proximos
menfuret quibus debes? nifi deus, Quis pondus nifi idem pon-
derator fpirituum? Quis numerum nifi idem? Igitur Vide hic
innumeratas tuas omilliones & necellarium timorem ac humilitatem

Quarto denique omiſſionem Zeli ad alios corripiendos mo-
nendos. Hoc eſt vniuerſa peccata aliena: que tacendo incurriſti.
vel Scandalo tuo fieri feciſti. Sed & hic neſcis. quoties quantum
& quam grauiter delinquas,

Quinto tandem commiſſiones & prohibitionum tranſgreſſiones.
Que ſuum quoque numerum habent & non potes ſcire quoties
quantum x.

Sexto omnium aliorum peccata. tanquam tua ſaccre. &
omnium miſerias ferre debes. Nam alter alterius onera portare
debet. Sed cum iſta ſint. per omnem dimenſionem infinita. ſi hec
recte. & cum affectu ponderabis. ac non aliter. quam ſi tua eſſent.
cogitabis. Quomodo non dej miſericordiam maximificabis: Qui
tot tibi peccata & miſerias indulget? Nam qui non ita facit
omnium peccata ſibi communia, quomodo implebit legem Chriſti?
quomodo imitabitur Chriſtum? Qũi ſic feciſſe ſecundum Apoſtolum ſuper hunc ps cognoſcitur. Quia non ſibi placuit. Sed aliorum imbecillitates & miſerias ſuſtinũit. Quia Improperia Impro-
perantium deo ceciderunt ſuper eum. Ita & ſuper te cadere
debent. & omnia ſuſtinere. & totum iſtum ps cum eo: tanquam
tibi proprium orare Et Sic potes dicere. Quam benigna eſt miſericordia tua. Saluum me fac. quoniam Infixus ſum

Septimo quod pax & ſecuritas noſtri temporis. maximum eſt
impedimentum quare miſericordia Dej ſit non multum bona aut
magna. quia mala non ſinit viderj multa & magna. quanquam
ſiquis ponderet, eo maior ſit. Quia tanto maior ira dej ſuper
nos eſt: quam ſi auertere volumus, multo maiore inſtantia &
timore & humilitate orandus eſt. quam tempore martyrum Nam
ibi tanta confidentia orabatur vt etiam laudaretur deus in malis
& gauderent in paſſionibus. Nunc autem non ſic. quia in pace &
ſecuritate gaudere non poſſumus. Ideo orationes noſtre modo,
triſtitie tantum plene ſunt, timore & afflictione aut ſaltem eſſe
debent Quia longe factus eſt a nobis conſolator. eo quod longe
factus ſit tribulator.

Octauo ſuper hec omnia potes flere amariſſime. quod pre
duritia tua. talia non ſentis, nec moueris, nec afficeris. Cum
quodlibet illorum tale ac tantum ſit, vt omnibus lachrymis non

poffit fufficienter deplorari   Quare. fi in illis gemere non
potes Geme fultem quod gemere non potes. plora quod plorare
non potes, triftis efto quod triftis effe non potes, humiliare, quod
humilis effe non potes, Time quod· timere non potes & fic de
alijs. fi forte vel hoc diuina mifericordia refpiciat. & magnificet
fefe fuper te

Et Vt modum & manuductum magnificande mifericordię dej
accipias. Confydera aliquem vel aliquos. qui fubito in peccatis
fuis occifi vel mortũi funt. puto autem. Quod fi fanus es. non
acciperes totius mundi omnem gloriam, diuitias & voluptates.
Et ita perires. Etfi fcires te ita periturum. & totius mundi.
precio. te. ab eo interitu redimere poffes. libentiffime faceres.

Blatt 95ª: Diligenter obfecro intende. & affectum taliter
pereuntium tibi forma & Induę. Credo videbis horrorem fuper
horrorem: & magnam bonitatem Dej ęftimares fi te fic eriperet.
Et ipfe putas iam damnati. fi eriperentur. quam immenfe magni-
ficarent dej mifericordiam   At nunc id adde. Nonne ficut
illi perierunt, fic tu potuifti eodem momento. & per momenta
adhuc fingula, Et ficut illi damnati luunt, ita & tu potuifti. Quod
autem non eft factum aut non fiat etiam iam. Nonne Hęc eft
infinita abyffus bonitatis diuinę fuper te? An tam infipiens es.
quod minorem eam reputas bonitatem: quia conferuat: quam
quia redimeret? Noli ita ęftimare. Sed omnino finge tete iam
effe damnatum cum omnibus demonibus, (Quia fine omni dubio
talis ex te fuifti & es.) Et ideo eadem menfura: gratiam dej pondera preferuantis te a damnatione: qua menfurares eam tete. ex
medio inferno eruentis.   Talem deuotiffimam & efficaciffimam
meditationem Habuit Ezech. quando ait. Ego dixi in dimidio
dierum meorum. vadam ad portas inferi Cum tamen nunquam
intrauerit. Et .infra. tu autem eruifti animam meam vt non
periret. Ecce Erutam dicit: quę nunquam ibi fuit. Sed quia
ex fefe. ad ibi deputata fuit. Et Dauid. De profundis Clamaui
ad te domine. ꝛc Sic enim dominus deducit ad infernum &
reducit Sic magnificat mifericordiam fuam nobifcum. Qui autem
tali meditatione non exercentur. vilem reputant mifericordiam
fuam. Contra quos Iona. 3. [*d. i. 2 Vers 9.*] Qui fruftra derelin-

quunt mifericordiam fuam ꝛc Nam & ipfe tali affectu dixit. De
ventre inferi clamaui ad te. Et omnes fancti ita affectu prius
cum domino moriuntur. & defcendunt cum eo ad infernum. Et
fic tandem cum eo refurgunt. & afcendunt ad cęlos & mittūt
dona fpiritus in alios. Hec autem omnia tropologice inquam.
Nam moriuntur quo ad affectum & intentionem peccati. Et fimiliter quo ad affectum penarum inferni defcendunt in illum Et
fic omnes orationes ps. que in perfona Chrifti in inferno conftituti clamantur. Clamantur etiam in perfona fanctorum: affectu
& corde in infernum defcendentium. Sic Conuertantur peccatores
in infernum omnes qui ꝛc Quare qui non cum Chrifto moritur,
ad inferos defcendit, nunquam etiam cum eo refurgit & afcendet,
Vnde hic orat Erue me, libera me: Quę omnes funt affectuo-
fiffimę orationes, etiam eorum qui funt in meditatione inferni:
ficut funt Chrifti: literaliter in inferno conftituti. Sequitur Ergo
Quod Mundaui homines Quia in bonitate fua viŭūt: & non
defcendunt cum domino ad inferos. Sed potius afcendunt ad
cęlos. ipfi tandem defcendent & non afcendent Sic de fanctis
dictum eft ps 106. Afcendunt vfque ad cęlos. & defcendunt vfque
ad abyffos anima eorum in malis tabefcebat   Hanc autem
Tropologiam paffionis Apoftolus nobis in multis locis ftudiofe
commendat. Quia plurimum ad intellectum fcripture conducit &
vehementer ad bonum promouet.   Sic enim vt dixi Et hoc
exponit Chriftus non fibi placuit ꝛc Volens quod nos tropologice
idem faciamus. fcilicet affectu & meditatione omnium peccata
Induere. & fic Infirmitates Imbecillorum fuftinere & non nobis
placere. Sed placere alter alteri in bonum, non in malum eius.
In Edificationem non in Deftructionem, Quod autem hanc auctoritatem fic tropologice accipere debeamus. Audi magnum verbum.
Quęcunque enim fcripta funt ad noftram doctrinam fcripta funt
fcilicet moralem. Ergo & ifta de Chrifto ad literam dicta. nobis
funt Moralis doctrina

Cum igitur noftro tempore Reales paffiones & tribulationes non habeamus, fumme neceffarium eft vt
faltem affectuales iftas nobis inferamus. Vt fic apti
fimus. quibus deus mifereatur & quos faluet. Ac fic

noſtri ipſorum ſimus Tyranni Tortores, Heretici. ex-
citantes tales affectus qui nos perſequantur & ad meliora cogant. ne per pacem & ſecuritatem diſſoluamur:
Quia pax & ſecuritas hijs affectibus omnino repugnat.
& Voluptas valde impedit gula ꝛc [*Darunter in der Rand-
mitte die Signatur: D*]

    Blatt 95ᵇ: Et ideo cum Iacob lugens deſcende ad inferos.
Et Hoc tibi inſigne pone. Quando tepidus es. & non in inferno
cum corde tuo Scias ibi periculum tuum adeſſe Et pacem &
ſecuritatem tibi inſidiarj ad interitum. Quare diu & nocte non
taceat pupilla oculi tui. Et ne dederis requiem & pacem tibi
(.1. ſecuritatem.) quia tunc repentine ſuperueniet tibi interitus.
Igitur Chriſtus ſemel deſcendit. Et ideo cum ſequuntur omnes
quocunqne ierit, precepit enim ſequi ſe debere. ſi autem in
omnibus alijs cur non etiam in hac? Igitur Si queris ſignum
gratię Dej. & an ipſe ſit Chriſtus in te: Ecce non datur tibi
ſignum, niſi ſignum Ione prophetę. Si ergo triduo in inferno
fueris: ſignum eſt Quod tecum Chriſtus & tu cum Chriſto ſis.
Quare ſumme timendum ne illud ad te dicat Ezech. 16. Quieſcet
indignatio mea in te Et auferetur Zelus meus a te Qua ira,
non eſt maior. Quia ſimul neceſſe eſt Charitatem auferrj: ſi
Zelus aufertur cum ſint duo comites inſeparabiles   ps. 4.
In tribulatione dilataſti mihi. ſic econtra in ſecuritate, ſine dubio,
conſtrinxiſti & artaſti mihi   Et ps. 17. diſciplina tua ipſa me
docebit, ergo econtra pax mea, me dedocebit   Vides itaque
quam vere periculoſa ſint tempora iſtius pacis & ſecuritatis. qualia
ad Timoth. apoſtolus deſcribit Nam omnia que ibidem ponit. ex
pace & ſecuritate oriuntur. ſcilicet Cupidi, elati. voluptatum
amatores ꝛc Ideo tanquam ſumme iratum deum cogita. & non
falleris. Quia Zelum eius in te non ſentis.   Et Nota:
Quod ſicut prima tempora felicia fuerunt quia diſci-
pline & tribulationis tempora fuerunt. Vbi Eccleſia
maxime profecit Sic nouiſſima infelicia. quia pacis &
ſecuritatis tempora ſunt & erunt vbi Eccleſia maxime
deficit & deficiet. Et vltima perſecutionum Eccleſię erit pax
& ſecuritas, ſecundum Apoſtolum Qui ait Cum dixerint pax &

fecuritas, repente fuperueniet eis interitus. Sicut Zodomitis &
in Diluuio. Sicut denique Iudęis in Deftructione fua.
Vnde & Apoc. 3. vltimo inter feptem Angelos fcilicet Laodicię.
imputatur. quod nec fit frigidus nec calidus Sed tepidus. Hoc
eft in pace fecurus,

Conclude igitur. Quandocunque non es fic affectus, ficut
iam in inferno ardens & damnatus, vel vt iam moriens, non
poteris Digne tales orationes dicere. Nec prefumas quod perfectus fis. Quia quanto exprefIius & intenfius hunc affectum
Induere potes, tanto magis proficis Et quanto frigidius, tanto
magis deficis. Quare hinc optimam habes occafionem humiliandi.
Quia Quando non es in inferno vel morte, confidenter. potes
timere iram dej. & nondum fperare eius mifericordiam. Necdum
enim dignus & aptus es vt mifereatur tui Sic In vitispatrum.
dicitur Quod nullum diem aliquis poteft explere, nifi eum nouifli-
mum reputet. Ita nos addemus, Nec vllam horam vel momentum
digne explebit, nifi affectuofe eam velut nouiflimam eftimet. Talis
enim humiliabitur & timebit Et ita Deus ej gratiam fuam dabit
Et requiefcet fuper eum fpiritus eius   Vnde dicit Sapientia.
Ego mater pulchre dilectionis, timoris & agnitionis & fancte
fpej. Hoc eft autem non tantum in affectu timoris agendum.
Sed etiam in affectu fpej & amoris.   Vt ficut nullus digne
orare poteft. orationes afflictorias, nifi vts dixi, in mortem &
infernum eat. Ita econtra nec digne poteft. laudes letabundus
dicere nifi affectu fpej afcendat in cęlum. ac quamintenfius
poteft, fefe in medio angelorum & fanctorum iam de facto effe
reputet.   Sic etiam amare (.Scilicet fecundum fpiritum.) nifi
quis. Induat affectum domini Ihefu. Hoc eft Cogitet. fi ipfe
quoque fummus effet, nobiliflimus, ditiflimus, potentiflimus &
maxima charitate: pro hofte fuo vel viliflimo latrone. fefe in
omne malum & mortem traderet. Hoc quanto affectuofius fęceris,
tantomagis intelliges Charitatem Chrifti. & accenderis ad Charitatem erga eum

Blatt 96*: Dederunt in efcam meam fel ꝛc Hoc Iudęi etiam
allegorice fecerunt & faciunt. Quando veritati quę eft Scripturis
(ipfe Chriftus fcilicet.) poftquam eam crucifixerunt & contorferunt

in fuum fenfum & fuum arbitrium, mifcere tentant amaras glofas,
Inuidas & blafphemas contra Chriftum vt Mofes deut. 32 prophetauit. fel draconum vinum eorum. Veritas enim comedit nos
& nos eam Ipfa efca noftra. & nos Efca eius: Ideo cum ipfi
deberent efca eius effe: quos in fefe incorporaret. ficut Chriftus
nos deuorat & tranfmutat in fe. & fumus Efca eius. Sed facti
funt fel, amariffime perfidiȩ. ita vt comedi non poffint. ficut ficus
ille male & male valde apud Ierem. 34. [d. i. 24.] Vnde & dominus
maledixit ficum que non habuit fructus & quod hoc non propter
ficum Sed in fignum fȩcerit maledicendȩ Synagoge per hoc nobis
Indicant Euangeliftȩ. Quia dicunt non fuiffe tempus ficuum, q.
d illa ficus non meruerat maledictionem. Sed illa quam fignificabat. cuius fructus efuriebat   Sic etiam nos fumus potus
Chrifto & veritati & veritas ac Chriftus. econtra potus nofter,
Quia Epulamur cum domino in mutuo conuiuio pinguiffimo ipfe
nobifcum & nos cum illo. dum inuicem incorporamur. Sed Iudȩi
facti funt acetum & corruptum vinūm & Inueteratum per Infidelitatem   Ecce quam magnum facramentum illi impii
nefcientes contra feipfos perpetrauerunt. Dominus enim
cum guftaffet noluit bibere. Quia veritas fcrip. & fidej non recipit
eos. nec glofas eorum. Sed potius moritur & extinguitur in eis
      Horum furorem per omnia imitantur Heretici. Qui fimiliter
veritatem potant felle fuȩ perfidie. & aceto fui fuperbiffimi fenfus.
Sed non recipit eos lingua & guttur Chrifti. Quia Doctorum
ordo fentit amaritudinem fellis draconis. & ideo refpuit eos cum
fuo felle & aceto   Sed & omnes qui in malitia & prefumptione peccant & facris participant in peccatis fimiliter faciunt.
Quia volunt domino incorporari & potare eum Sed non poffunt
Et horum Hodie grandis eft numerus vt omnes qui in fuperbia
& Inuidia, luxuria, ira, cum propofito accedunt ad facramentum
Ecclefie. Vel prefumunt faluari Sed refpuit eos Dominus ficut
Hereticos & Iudȩos. Scilicet quam diu tales funt. Si enim emen-
darentur. vtique eos biberet & ipfi eum. Sed inter eos nullus eft
talis Ideo Iufto Iudicio ftatim fequitur
      Fiat menfa eorum coram ipfis in laqueum.. Hic Signanda
eft Notabilis Quod omnes vindicte & imprecationes &

maledictiones fiue Iudęis fiue alijs, in fcrip. prędictę. fecundum tropologiam funt faluberrime & optantiffimę [*so*] vtilitatis. ficut Apoftolus Ro. xi. innũit dicens Nolo vos fratres ignorare myfterium hoc, vt non fitis fapientes apud vosipfos. Quia Cęcitas contingit ex parte in Ifrael ꝛc Ecce myfterium hoc ait effe. vtique falutare, nobis fcilicet licet [*so*] non illis Et fic tales maledictiones non tam ex ira prophetantur. quam ex fumma Charitate nobis impetrantur. Igitur in me fit ifta maledictio moraliter intellecta Menfa fiue fcrip. fiue Sacramentum altaris, fiue refectio corporalis, fiat in laqueum vt capiat me fecundum carnem, & liberet fecundum fpiritum. vt comprehendatur peccator in operibus fuis Et in retributionem fcilicet vt caro peccati fubijciatur & humilietur Iuftę. que dominata fuit fpiritui Et faciat ej fpiritus ficut ipfa fęcit fpiritui. Quia filia ifta Babylonis Mifera. Beatus qui retribuit tibi retributionem tuam quam retribuifti nobis, vt cum Sanfone dicamus ad iftos quinque fenfus fatrapas paleftine (.1. carnis.) Sicut fecerunt mihi fic feci eis

Blatt 96ᵇ: Et in fcandalum. fcilicet vt femper offendat & nunquam proficiat Sed peior fiat eius poteftas & infirmior Obfcũrentur oculi, (fcilicet concupifcentie). vt non videant vanitatem Sed finant fpiritum videre veritatem. Et dorfum eorum femper Incurua. vt non erigat ceruicem contra fpiritum, nec leuet calcaneum fuum contra eum aut incuruet eum

Effunde fuper eos iram tuam — fcilicet Ieiunando, caftigando, affligendo, frigus, eftum, famem, fitim, nuditatem. homines perfecutores verbo & opere. Et furor irę tuę comprehendat eos (.1. vt euadere non poffit Sed omnino mortificetur. & crucifigatur. Fiat Habitatio eorum deferta (.1. nullum peccatum. nulla delectatio: nihil mundanum aut carnale in fenfibus moretur, Sed fint deferti Et in tabernaculis eorum non fit qui inhabitet. Pereat omnis cupiditas carnis & in eius membris, non relinquatur. motus peccati. Et Hanc Tropolog. Apoftolus Ro 6 .8. & 7. pulcherrime defcribit. Vbi dicit Quod non regnet peccatum ꝛc.

Aliter etiam fic poteft falutariter intelligi Scilicet. Quod tales impij. agnofcat [*so*] tantas vindictas fuper fe veniffe & im-

pendere. Immo & quilibet fanctus timeat ne fint fuper eum
Et fic illis Agnitionem. His timorem adde in Expofitione iftorum verfuum vt fic. fiat menfa eorum (.1. vtinam agnofcant,
vtinam reueletur eis, vtinam intelligerent & faperent. quod menfa
eorum eft eis in laqueum Quia enim fic futurum preûidet eis
optat vt & ipfi fic nouiffima preuideant. fecundum illud Mofi
deut: 32. Vtinam faperent & intelligerent ac nouiffima preuide-
rent. Sic enim fit menfa eorum in fchandalum, quando eis fit:
fit autem eis, quando ipfi intelligunt [*Am Rande links:* quamdiu
enim non cog .. fcitur aliquid´effe fa ... m nondum ei vel ... d
eum, factum eft ... autem apud eum, quando ... ofcitur factum
effe] Quia vt fepe dixi mos eft fcripture: loqûi & apparere ad
modum eorum, quibus fit Ideo & hic, fiat, dicit: cum fine dubio
fit aut ficut effet. ita certe futura erat. Sed nondum eis fit aut
facta eft. Sic de fequentibûs fimili modo

Secundum Timorem. autem vt fic. fiat menfa eorum (.1.
fic timidi fiant & metuant, ac fi menfa eorum fit eis in laqueum,
vt fic per humilitatem. & timorem, non fiat eis laqueus. [*Am
Rande links:* ... enim timetur ta... effe. iam ej factum .ft tale.]
Quia fine dubio. fi prefumunt & non timuerint. Ipfa prefumptio.
fit laqueus vel facit laqueum ex menfa ifta. Efcam enim dedit
timentibus fe. Non timentibus autem. Efcam non Sed laqueum.
Quia vts. Nifi Quis defcendat femper in infernum affectu &
timore, non erit in fecuri [*so*] ftatu. Qui enim fecurûs eft minime
fecurus eft. Et qui timidus & pauidus eft Beatus eft, quoniam
minime pauebit

Hinc credo. quod tanta abominatio abundet Crapularum. &
luxuriarum. Quia nec fpiritualem nec corporalem menfam timemus in laqueum nobis fierj. Quia non cum timore fumimus cibum
ideo mox capit ipfe animam noftram & illaqueat, in titillationem
carnis, in multiloquia, in leuitates & alia portenta fine numero
(.1. in retributionem & in fchandalum, Et tunc mox oculi obfcurantur. ad Videndum diuina. Et dorfum (.1. caro Incuruatur)
ad concupifcentias fuas & alia que funt in mundo Sed cum Hoc
omnibus alijs contingat in menfa fua: quam maxime Clericis &
religiofis id contingit. Quorum menfa, cum fit aliorum fudor &

peccata incomparabili timore timenda fit, ne fit in laqueum. Vere
non tantum in laqueum Sed in laqueos potius erit. Quia &
alienis & proprijs peccatis irretiuntur.   O ꝛtinam &
nos intelligeremus & faperemus ac nouiſſima prouideremus. Quoniam iſte imprecationes non alibi, nec inter Iudęos nec gentes
(.quo ad menſam corporalem.) ita abundant. ſicut apud facerdotes & religioſos hodie. Qui etiam ipſi comprehenſi a furore
irę dej funt, vt non videant, nec videre velint fefe in ira dej eſſe

Blatt 97ª: Quod dicit Effunde iram tūam, ſignificat fine
omni mifericordia iram ſeüeritatis. Nam ira bonitatis non eſt
effufa ira Sed vix ſtillata. quia effufio gratie eam mitigat. quam
effudit in nos abunde fecundum Apoſtolum Oleum enim effūſum
nomen tuum.   Si autem Stilla irę dej dicitur: omne illud quod
fancti patiuntur fcilicet mortem & omne malum huius vitę: Qūid
erit effuſio? O O o. Quis noūit poteſtatem ire tuę pro timore
tuo?   Sic Mich. 2. Et erit qui ſtillet populo huic .1. pro-
miſſor bonorum temporalium Sepe enim in prophetis. Stillare.
pro mala huius mundi prophetare accipitur. Quia ſicut populo
Iudaico bona mundi promiſſa (que funt ſtilla ad bona ęterna.)
ita & mala mundi eis communicata funt ideo prophetę ſtillare
eis dicuntur.   Chriſtianis autem promiſſa funt bona ęterna &
mala ęterna. Ideo nunc non ſtillat Sed effundit vtrunque in Chriſto
& Apoſtolis fuis. [*Darüber:* per Cataractas, Et per cęlos toni-
truat nunc *Und am Rande rechts:* Et aperüit cataractas celi Et
abyſſus ... Inuocat.]   Sicut enim Nomen eius effufum eſt,
ita & obliuio eius. Et ſicut Exinaniüit fe ad nos. omni bonitate,
Ita exinanit fefe omni ira. fuper nos, Et ex menfura bonorum
femper pendet magnitudo malorum Et promiſſa & minę mutuo
fefe clarificant & oſtendunt.

Idem eſt quod ait. Et furor ire. vel ira fūroris ſicut alibi
Et ira indignationis ps. 84. Eſt mera ira, fine mixtūra mifericordię. Non ira bonitatis Et comprehendit (.1. totaliter inuolüit
vt nullis modis exire poſſint. Quia in inferno nulla eſt redemptio

Quoniam quem tu percuſſiſti. Hic ratio aſſignatur tantę vindictę. Quia non precife ideo quod Chriſtum crucifixerunt, quia
orauit pro eis. & potuit eis dimitti ſi vellent. [*Am Rande rechts:*

fecundum illud Zach. 1. Ego iratus fum parum, ipfi vero ad-
iuuerunt in malum] Sed quia non ceffauerunt·eum perfequi etiam
mortuum & refurgentem in membris fuis,   percuffus enim
fuit a patre Ifaie. 53. Sed fi tunc ceffaffent ipfi: quando pater
ceffauit eum percutere. Et eum glorificaffent, quando eum pater
glorificauit, omnia eis falua fuiffent, Nunc autem glorificante
eum patre, ipfi nolunt, & nihilominus eum perfequebantur. Vnde
dixit ad eum qui erat illorum vnus Infignior. Saule Saule quid
me perfequeris. Igitur Quod vindicta ifta fuper eos fuit, eft
mera voluntas eorum. Nam deus voluit faluare eos. Sed cum
nolint: ideo non poteft deus eos contra eorum voluntatem. quare
fic neceffario fequitur vindicta, quia voluntatem fuam non mutant.
Et ex ifto patet. Quod ifta vindicta non eft definite & abfolute
fuper eos Sed conditione voluntatis fuę ftante. Sic enim Apoftolus Ro. xi. Sed & illi inferentur, fi non permanferint in incredulitate   Sequitur. Et vt affligerent vulneratos meos
narrabant fiue Et fuper dolorem vulnerum meorum addiderunt.
Vulnerati Chrifti funt omnes fancti eius, quia portant crucem
eius tropologice funt vulnerati verbo euangelii & percuffi a domino (ficut Caput eorum) fecundum carnem. Quia mortificant
feipfos, caftigant & affligunt Iugiter in humilitate & timore Dej,
in paupertate & contemptu. Hęc autem eft percuffio Dej mifericors
& paterna.   Tales autem fic afflictos, humiles, & vulneratos Chriftj. Iudęi non folum non funt miferati. vt dignum
fuit. Sed infuper perfecuti. addentes fupra id quod Deus per-
fequutus eft eos. Vnde Iob. Miferemini mej faltem vos amici
mej. Quia manus Domini tetigit me. Quare me perfeqŭimini
ficut Deus? Et carnibus meis faturamini (.1. lacerando me fecundum carnem. expletis iram veftram   Sic enim Quilibet
fanctorum eft. Quod pelli eius confumptis carnibus adheret os
eius. fcilicet per concrucifixionem Chrifti & compaffionem. Et
fic fiunt pelles Salomonis. Hos ergo compunctos corde mortifi-
care [*Darüber:* ps. 108.] Eft caufa quare non poffunt conuerti &
faluarj. Conuerterentur autem. fi defifterent. Amos. 1. Super
tribus fceleribus & fuper quattuor non conuertam eum ꝛc Nec
enim poteft, Quia peccat peccatum

Blatt 97ᵇ: in mortem fcilicet ter & quater .1. fepties. qui
eft numerus vniüerfitatis quia fine fine peccant Sicut per fe totum
tempus voluitur.　　　　Horum ftudia imitantur Heretici. Qui
Ecclefiam pro malis afflictam. & in fuis paffionibus cum Chrifto
crucifixam. cui deberent compati & condolore Infuper difcindūnt.
& fecant pregnantes Galaad. ad dilatandum numerum fūum ac
fic magis addunt fuper dolorem vulnerate fponfe Chriftj
Sed & hi quoque eos imitantur. Quia facris mifcent feipfos. in
peccatis prefumptuofe. & vniuerfaliter omnes, qui peccant fcienter.
Quia in his omnibus, affligitur Ecclefia. fupra id quod fecundum
carnem affligitur. Quia minuitur nūmerus eius & infirmatur &
vritur Et hodie pontifices addunt domino fuper dolorem vulnerum eius

Appone iniquitatem fuper iniquitatem ꝛc. Hoc vts intelligendum eft. Si fic permanferint Quia vt tales non poffunt intrare
in Iuftitiam dej, ficut tamen prefūmūnt omnes eiufmodi putant
enim fe obfeqüium preftare deo: in ifta iniquitate fūa. Et ergo
contra eorum fuperbam prefumptionem loquitur ifte verfus q. d.
Noli approbare eorum opera, neque pro Iuftitia eis reputes.
quecūnque faciunt, Sed Imputa eis femper pro iniqūitate per
omnes fucceffiones eorum Sic enim apponit deus iniqūitatem fūper
iniquitatem eorum. Quando pofteris eorum patrum facta imi-
tantibus: eque pro iniquitate impūtat. ficut patribūs,
Secundo Quando tradit eos in fenfum reprobum, vt continūe
peiūs proficiant in perfidia fūa. & maiora contra Chriftum machi-
nentūr　　　　Myftice autem addendo predictis. Quoniam
quem tu percufifti perfecuti funt (.quia fpiritum contritum
& Hūmiliatūm, titillant & moleftant motus fenfuales. & femper
nituntur eum perdere.　　　　Et fuper dolorem vulnerum
meorum addiderunt (.1. fuper contritiones meas quibus fpiritualiter pro peccatis gemifco, etiam fuas vexationes. fenfus molefti
addūnt. Dum me ad gulam luxuriam, iram, fuperbiam, accidiam
& reliqua opera carnis [*so. Und am Rande links:* . unc etiam
additur .. lor fuper dolorem ... rurfum poft ... am peccatūr.
quia ... bra funt occifa .... rucem Chrifti & ... ta: ideo ea
reno .. re Eft paffionis .. rifti caufam reno .. re]　　　Appone

iniquitatem fuper iniquitatem .1. pūnitionem & deteſtatio-
nem & caſtigationem eius magis ac magis. & imputa & imputare
me fac carni etiam leuiſſimos motus, in malum. Et velut maximum malum doce me reputare eius fuggeſtiones.   Et non
Intrent in Iuſtitiam tuam. Non finas me. aliquid carnale
reputare, tanquam tibi gratum, tanquam Iuſtum & fanctum coram te. Sic enim & Ioh. 3. maledicitur & petitur non numerari
Caro cum fenſibus fuis, vt fpiritus falūūs fiat.   Deleantur
de libro riuentium. (.non appareant. quaſi opera vitę & falutis.)
Et cum Iuſtis non fcribantur Sed difcernantur ab eis, tanquam iniquiſſimi. Sed quam rarus iſte Zelus fuper carnem Habetur. facile enim nobis Indulgere folemus. & mitius carnem
reprobare cum motibus eius Sicut filii Ifrael. Iebufeum & Cana-
neum, non expulerunt de finibus fuis   Quia omnino non difpli-
cuerunt fibi in illis Sed placuerunt eis: ideo inter eos permixti
manferunt

Eodem modo. Quo ad agnitionem & timorem vts. fcilicet vt
agnofcantur & timeantur perfequi fpiritum & fuper dolorem eius
addere vt fugiatur. Et Apponatur ꝛc (.1. femper magis ac magis
cognofcatur iniqua, quanto clarius cognofcitur fpiritus. Quia
qui proficit in amore fpiritus. etiam in odio carnis proficit. Et
inuenit in ea fedum & iniquum, quod prius non Inueniebat. Et
fic non permittit intrare & mifceri aliquid ex ea. fibi. Sed omnem
tepiditatem & motum eius damnat & deteſtatur & accufat. & cum
bonis non fcribit. Nec nūmerat inter benefacta. Et Hinc enim
fequitur maxima Humiliatio fūi: Quia in omni opere bono. vix
deeſt caro in aliquo. Et fic efficimur nihil. Scientes quoniam
in multis offendimus omnes. Ne aliquis in fua merita confidat
Sed deteſtetur.   Sic etiam Appone (.1. fac timerj a me
carnem meam. tanquam eam. que femper nititur apponere iniquitatem ꝛc

     Blatt 98ᵃ: Ad principium psi
     Iſti tres primi verfus. 4ꞏ intelliguntur. primo ad literam de
Chriſto paſſo. Secundo de fanctis martyribus membris eius
exemplum Chriſti fequentibus. & fimiliter in carne paſſis. Quia
funt cum eo infixi. vt non Infigerentur. Tercio Tropologice.

scilicet vt agnoscat se Chriftianus effe in peccatis. & miserijs. &
fic humiliatus in fpiritu hanc deuotiffimam orationem faciat. Nam
quod nobis videmur. effe fecuri. & extra limum profundi, non
ideo eft. quod vere non fimus ibi. Sed quia non videmus nos
effe. nec agnofcimus Apoc. 3. dicis quia diues fum & locuples &
nefcis quia mifer es & miferabilis. Et hoc fatis fupra expofitum
eft ad iftum verfum   Benigna eft mifericordia tua. Sic enim
miferiam fuam agnofcere debet quilibet. Et quafi in inferno cum
Chrifto defcendens Clamare deprofundis   Quarto Eft prophetia de miferia Ecclefie, qua videtur noftris temporibus currere. de qua 2 timoth 3. In diebus nouiffimis erunt homines
feipfos amantes ꝛc. Sic Aquę funt vts   Eodem modo &
fequentes verfus duo poffunt 4ᵗ intelligi vt ex dictis facile colligi
poteft.   Quia rauce facte funt fauces & defecti oculi Chrifto
& martyribus corporaliter. Tropologice autem. agnouerant. Quod
eorum oratio & oculus coram deo nihil fit. Et 4º Quod in temporibus noftris vere per peccatum fic contingit. Et contra hoc 4ᵗᵘᵐ
infra orat. Eripe me de luto vt non Infigar. fcilicet in peccatum.
vel non in eo perfeuerem. Nam quando pre abundantia iniquitatis pauci erunt docti & contemplatiui. tunc deficient oculi.
Quando autem inefficaces predicatores. & tepidi orantes & cantantes. tunc rauce erunt fauces. Sicut Iudęis contigit Quibus
Chriftus & tota veritas mortua eft. Nam omne malum quod
Chriftus ab eis paffus eft: eis obtigit fic quod oculi ab eis defecerunt, & rauce facte funt ꝛc Sic fiet omnibus & fit. qui crucifigunt filium dej in fe   Sed Beati qui tropologice hoc
faciunt, Vt ficut Chriftus mortuus eft: fic fibi etiam moriantur.
fibi deficiant oculis. & voce. Quia qui fibi videtur liquide canere.
velut lufcinia coram deo. eo ipfo fic raucus afinus rudit & nihil
eft. Qui autem fibi raucus & rudis videtur, eo ipfo optime placet
deo. [*Am Rande links:* Vel quia fecundum carnem & mundum
canere, debet raucum putare coram deo (Vt fic mundo per omnia
fit crucifixus & mundus ej. Quando autem vox mundi tibi rauca
eft, tunc eft tibi crucifixus & econtra] Vnde Canticis Sonet vox
tua in auribus meis. Non autem in auribus tuis, Sed meis: Quia
noli teipfum audire & non tibi placeas. Sed difpliceas tibi vt

mihi placeas. Sicut qui fibi viuere videtur & aliquid eft, ipfe fe feducit. Sed qui fibi mortuus videtur & nihil eft in oculis fuis, ipfe viuet coram deo. Vnde Apte verbum Apoftoli Ro. 15. quafi totum pfalmum tropologice exponit. Arguit enim a litera ad tropologiam fic Chriftus non fibi placuit. Sed ceciderunt :c Ita nos non debemus nobis placere Sed difplicere. Et fuper nos cadere Improperia dej. que nos & alii fecerunt in deum. Et fic nos debent humiliare vt fic tam noftra quam illorum infirmorum portemus infirmitates ficut Chriftus portauit. corporaliter nos moraliter feu affectualiter Et quod ifta confequentia a litera ad tropologiam bene valet. probat fic. Quecunque enim fcripta funt ad noftram doctrinam (.1. tropoL) fcripta funt :c

Subftantia vts Ambitioforum eft gloria, diuitum. diuitie, Guloforum. Efca & venter. luxurioforum voluptas. Has autem fubftantias. Chriftus per fuam non fubftantiam, omnes deftruxit: vt fideles in illis non fubfiftant nec confidant. Sed fint fine fubftantia. habeant autem fidem pro eis, que eft fubftantia alia fcilicet fubftantia dej   Sicut Mors Chrifti deftruxit vitam glorie. diuitiarum vt in ea non viuant neque fubfiftant.   Et fic non fubftantie fimiliter. 4! poteft accipi primo ad literam de Chrifti naturali vita. 2° martyrum fimiliter. 3° Quod agnofcunt fefe non habere fubftantiam fidej vel timeant Et videant quoniam omnia que funt in fe & in mundo funt non fubftantia. Sed limus profundi. O felix qui hoc videre poteft. quia talis facile contemnit ea omnia & aliam fubftantiam querit. Cui enim honor & diuitie & voluptas non eft fubftantia: Et tamen fe in eis effe videt. fine dubio contritus eft fpiritus eius & anxius. Et fit contemptor glorie. pauper. & afflictus   4to prophetice quod pre abundantia iniquitatis fubftantia fidej peribit. ficut dominus predixit. putas Inueniet fidem in terra

ps. 69. [Hebr. LXX.]

Blatt 98b: Defecit ifta Vox plurimum in Ecclefia. deus in adiutorium meum intende, licet affidue ad literam verfetur labijs & fono. Nunc enim deum Accaron Inuocant Et adeo in adiutorium gladii & fecularis potentie confiditur. vt etiam cum fummis

regibus & principibus de gloria belli contendere audeant. Si
quis tempore martyrum talia prophetaffet in Ecclefia futura quod
propter temporalia, etiam pontifices. patres animarum: tantum
fangüinem effent effufuri Chriftianorum vtrum laudaffent? Et
quidem Apoft. 1. Corin. 6. dure argüit. Quod non magis frau-
dem paffi fuerant. & propter efcam & victualia litigia habuerant.
Nunc autem bella. & quidem cruentiffima. atque ab ipfis fummis,
qui ea ficut Apoftolus hic facit fedare debeant dicit. Efca ventri
Venter Efcis. forte licet eis. Sed nunquid ideo expedit? Et quis
fcit fi licet? Quod autem non expediat manifeftum eft.   Sed
& religiofi verfi in contentionem in inüicem. iam potius principes
Inuocant: & defcenderunt in ęgyptum fperantes auxilium in pharaone: dominus autem dicit Aegyptus homo & non deus. Et equi
eius caro & non fpiritus. ideoque peffime habent

Confundantur ꝛc. ifta verba. fi ex affectu dicuntur & imprecatiue: tropologice accipienda funt fcilicet in bonum eorum. Quia
malům non eft optabile fibipfi, neque aliis. nifi occafionaliter ad
bonum. Vt fcilicet feipfos agnofcant confufos. Vel certe vt a
deo intus, vel hominibus aliquam foras patiantur confufionem &
fic erubefcant.   Vnde non fuffęcit fibi dicere. Confundantur
Sed addidit & reuereantur. quia confufionem non optat nudam &
infructuofam. Sed vt ea intellecta erubefcant, Multi enim confunduntur. Sed non erubefcůnt. Exempli gratia. Omnes nos
audimus verba dej. audimus Exempla fanctorum. Videmus alios
nobis meliores, Et talia omnia funt nobis in confufionem Sed
tamen non erubefcimus: Ideo petit hic vtrunque. vt confundantur. & etiam reuereantur Vt nobis non fit frons meretricis. Im-
pudens, que etiam gloriatur in confufione & ignominia fua ac
nihil reueretur. Igitur pro nobis ipfis iftum deuotiffimum, orare
poffumus. Quia confundimur quidem per fingula momenta [*Am
Rande links:* ... llud ps. 43. orare .. leamus. tota die .. recundia
mea ...... me eft. operuit ... fufio faciem . eam.] Sed non
reüeremur neque erubefcimus: Et ideo neque confundimur quia
non agnofcimus nos confundi, in mediis confufionibus pofitj.
Quapropter Scriptura, que fic loqüitur ficut auditor eft difpofitus:
petit hic nobis fieri confüfionem: cum talis nunquam defit nobis:

Sed vt intelligamus eam. Qua intellecta sequetur reuerentia.
Et Hoc meo fensu, vult titulus: fcilicet Ad recordandum (.1. vt
ad cor redeamus. & intelligamus confusionem noftram, que cir-
cunftat nos quia obliti fumus noftri & dej.) Nullus enim poteft
fui recordari vel dej, fine confusione & erubefcentia   Et ideo.
quando non fumus in confusione & rûbore, fignum eft, quod noftri
obliti fumus Et opus eft orationem huius pfalmi legere ad recor-
dandům. Sic Tyranni & Heretici omnes

   Quod autem abfolûte dicit ad recordandum: non huius vel
illius. Indicat. Quod omnium que obliti fumus recordandum fit,
que tamen funt in iftis duobus. fcilicet Deus & nos ipfi

   Secundo fcilicet ifta verba non ex affectu & imprecatiue. Sed
tantum intellectu. & prophetice dicuntur. non vt fic fiat. Sed
quia fic fiet. fecundum b Aug ps preced. Et hoc illis qui nolunt
falubriter confundi & erubefcere. Quia continget illis Quod intelligent confufionem & erubefcent in inferno vel morte Sicut
Iudeis contigit. Quorum confûfio Eft in toto mundo. & erubefcentia fimiliter

   Quod autem ter idem videtur repetere. & Sexies optat erubefcentiam. perfectam poteft fignificare erubefcentiam. Quia fena-
rius perfectûs eft numerus   Sed aliud eft in caufa meo
videre Quia non vtitur eifdem verbis per fingula. Sed primo
Confundantur & reuereantur quod proprie tyrannis fuperbisque
in feculo poteftatibus congrûit, que Ecclefiam perfecute funt: &
fibi fortes & fapientes & recteagentes vifi funt, Sed poftea confufi
inceperunt reuereri & cum timore etiam pudefcere. ficut Ifaie. 41.
predictum fûit: Confundentes fuper omni fortitudine fua.

   Blatt 99ª: Secundum Hereticis: quos non vexat nifi fuperbia
fpiritualis. quafi fanctiores aliis fint: fibi videntur. alios omnes
preuertiffe & precedere longe. in fanctitate & fapientia etiam
fpirituali & Chriftiana: Sub nomine enim Chrifti, eadem (.qua
gentes & perfecutores.) opinione. fortes, fapientes & recteagentes
Ideoque tales quia minimûm profecerunt: optandum eft. vt reuer-
tantur & retrorfum auertantur a fuo profectu, ad initia falutis.
Aûertantur a fuo fenfu & opinione vt ad Chriftum conûertantur:
cum erubuerint de fua fuperbia. & intellexerint, Quoniam eorum

profectus non fŭit profectus Sed auerſio a Chriſto. ideoque Aŭer-
tantur retrorſum. (.1. a ſuo propoſito redeant. Vel intelligant ſe
& agnoſcant ſeſe aŭerſos a Chriſto

Tercium autem. noſtris & noŭiſſimis temporibus congrŭit
Vbi tepidi & preſumptuoſi & Schandaloſi abundant, quos omnium
difficillimum eſt ad meliora promouere. Mox enim reuerberant
Tu nos doces? Quis oſtendit nobis bona? Hi in ſecuritate &
pace perambulantes, omnem conatum in ſe & in aliis erga ſeſe.
irrident Et dicunt vah vah ita vt proprijſſime verſus iſte tales
exprimat: Qui non credit tales nunc abundare Experiatur. Ego
in vtroque ſtatu ita expertus ſum, vt hanc vnicam maximam
ſemper putauerim Eccleſie ruinam & miſeriam. [*Am Rande links:*
Et vulgus quoque ſaltem facto irridet verbum Dej] Hinc enim
eſt Quod nec monaſteria, Nec collegia. Nec Eccleſie Cathedrales,
vllam velint recipere diſciplinam, Et quod multo peius eſt. Alter
ab altero adeo dedignatur erudiri & perfici: vt ſi non ab ipſis
primum prooeſſerit verbum atque diffinitio. digniores ſeſe putent.
quam vt ab alijs recipiant: Et irriſores tantummodo fiunt Quid
ergo contra iſta portenta agat Eccleſia. niſi quod dicat Auertantur ſtatim erubeſcentes qui dicunt mihi euge euge? Et ad hoc
non viribus ſuis nixa: domini inuocet manum. d. deus in adiutorium meum intende: domine ad adiuuandum me ſeſtina? Vel vt
in heb. domine ad protegendum me (.ſcilicet ne tantum noceant
mihi. vt perſeuerem ab eis.) ad adiuuandum me ſeſtina (.ſcilicet
vt Auertantur ſtatim ꝛc   Et Hŭic tercio addidit ſtatim .1.
velociter. quia maximum malum eſt. & inteſtinŭm valde in omni
collegio, ideo niſi mox curetur. vehementer diffundit contagium
ſuum, vt putent non neceſſe eſſe adeo feſtinari. Ideo Auertantur
ſcilicet a tali ignauia ſua. Vel ſeſe agnoſcant a domino auerſos
Et ſic ſaluentur.   Quare licet hi tertii idem quod primi &
ſecundi faciant & illi idem quod iſti. omnes enim tales querunt
animam Eccleſie & volunt ej mala & irrident eam. Sed quia
primi manifeſte & ex intentione querunt animam Eccleſie. Heretici autem per Indirectum quia Eccleſiam potius ſe inſtaurare
putant. Tepidi autem per ignaŭiam: In omnibus tamen perit
anima Eccleſie immo multę animę. immo forte plures per Igna-

uiam & defidiam. quam per herefim & perfecutionem. Quia
Herefim & perfecutionem facile eft, noffe. & püblice fe difcernit
& feparat. Sed Hoc malum intus manet. & mifcetur femper. nec
poteft difcerni. Quia omnia que funt fidej tenent. Nifi Quod
virtutem eius abnegauerunt. Et verbis confitentur fe noffe denuo:
factum autem negant. Et hinc Exemplo fuo plurimos perdunt.
dum non aduertitur paruulum accidie pacis & fecuritatis

Heretici autem proprijffime. Velle malum Ecclefie dicendi
funt: Quia imponunt ej falfitatem & colluuiem vitioforum & malorum Chriftianorum: Et ita ex paucitate malorum. omnes concludunt effe malos. [non difce *ausgestrichen*.] Quia plurimum vident
palearum in Area: totum fine vllo grano paleam effe audacter
affirmant. Ac fic fibi tantum bona. Ecclefie autem mala volunt
.1. Voluntatem habent. & vellent, vt foli boni putentur. Ecclefia
autem in omnibus mala reputetur. Nec enim poffunt ipfi boni
viderj, nifi Ecclefiam malam, falfam & mendacem afferant.

Blatt 99ᵇ: ac nota vitium eorum: Volunt inquit q. d. Ignorant. atque ex mera temeritate & vitio voluntatis imponunt, vt
ideo fcilicet fint mala apud me omnia, quia ipfi tantummodo
volunt, non enim id oftendere & demonftrare poffunt. Idem eft
quod alia tranfl. Qui cogitant mihi mala .1. fingunt fuper me.
& non vere omnia in re ipfa (.1. in me.) mala. Sed tantum in
cogitatione eorum & opinione: quia foli boni videri volunt. Quod
autem Hęc fit intelligentia huius verbi. poteft ex eo dignofci.
Quia quid hoc ad Ecclefiam, fi quis in nuda cogitatione, mala
de ea fufpicetur & fentiat? Hoc enim fine damno eius fieri poteft.
Sed ideo accufat eos Quia foris plurimos ej abftrahunt & feducunt in herefim & fic querunt animam eius, non alia caufa, nifi.
quia cogitant & fingunt ej mala. & voluntarie fuper eam compo-
nunt. Vnde non ait fimpliciter. Volunt mala. Sed mihi mala
ad meam perditionem & damnum (.1. ad meum malům, volunt
mala   Merito ergo Clamat Domine ad protegendum me
ab iftis. ad adiuuandum me feftina. fcilicet duo petens primo vt
non fuperetur ab illis petit protegi & adiuuari.   Secundo.
vt illis preualeat & eos conuertat, Et quia hoc ardentiffime cupit.
quia Charitate & Zelo plena eft. addit feftina. Quia amor nefcit

moras. Veruntamen primum fibi prouidet. deinde aliis fuccurrere nititur. Quia a feipfo incipit Charitas Neque in fuis viribus confidit   ideo dominum Iuűocat.

Hanc ergo Tropologicam confufionem. nos docet literalis Confufio & erubefcentia Chrifti. Quia ficut mortuus eft vt moriamur, moraliter. Ita etiam confufus eft, vt confundamur moraliter. Eft autem moralis confűfio. vt fibipfi quilibet difpliceat: & non innitatur fenfui. & prudentie aut bonitati fuę. ficut Heretici & prefumptuofi. Ideo dicit Operuit confufio faciem meam. Et propter te fuftinui opprobrium, Chriftus enim fibi non placuit. Voluit apoftolus, vt etiam nos non placeamus vnusquifque fibi. ficut heretici. Qui infirmitatem imbecillorum fuftinere nolunt. Quare? quia fibi placent. & omnes alii eis difplicent, non communicant malis aliorum: ideo non communicabunt etiam bonis eorum Non cadunt fuper eos opprobria exprobrantium deo Quia Zelus domus Dej non comedit eos.   In labore hominum non funt. & cum hominibus non flagellantur: ideo tenuit eos fuperbia. prodijt quafi ex adipe iniquitas eorum. tranfierunt in affectum cordis: Et pofuerunt in cęlum os fuum & lingua eorum tranfiuit in terra Hoc quidem faciunt heretici. quia fuum os exaltant & per terras dilatant. Et ex abundanti affectu & voluptate. iniquitatem (.1. fuam Iuftitiam fuam [so] quia inique eam preferunt pre Iuftitia dej & extollunt fuper omnes.)   Non fic Apoftolus qui ait. Quis infirmatur & ego non infirmor? Quis fchandalifatur & ego non vror? Et ad Gal. Quia confundor in vobis. Non ideo ab eis receffit. Non ideo aliam fectam Inuenit. non aliam legem finxit quia illi iftam tranfgreffi fuerant. Sed follicitus fuit eos emendare. & non deferere: ficut Heretici faciunt, Qui fugiunt ficut Mercennarii [so], ab infirmis omnibus, quos maxime fuftinere debebant.   Quia non ficut Apoftolus difplicent fibi. Ceciderunt enim & fuper eum opprobria exprobantium [so] deo (.opera mala & peccata, propter que deus & nomen eius. exprobatur & blafphematur.) Et Zelus doműs eius comedit eum.   Sane Infirmos ibi fine dubio dicit, eos qui peccant in Ecclefia ex fragilitate   Qui adhuc funt fortes in carne & mundo. Infirmos autem in fpiritu. licet non fint fapientes in carne. quia fciunt veritatem humilitatis & fidej, Sed peccant vt dixi ex infirmitate carnis   Et ideo Scrip hoc loco idem docet. Quod b Greg. dicens Quoties peccatores confpicimus, necelle eft vt nos metipfos prius in eorum calamitate defleamus. Ecce quomodo non fibi placet. Sed cum Infirmantibus˙infir-matur

Blatt 100ᵃ: Vnde omnibus facerdotibus commendandus eft ps ifte. cuius principium tam frequenter diu nocteque voluunt, vt non tam frigide & perfunctorie. ipfum demurmurent. Sed tota intentione Ecclefiam dej in ifta oratione Iuuent. Quoniam fi Ecclefia adiuta fuerit, nos quoque falui erimus. cum ipfa fit gal-lina noftra, nos pulli eius. Non enim fruftra fpiritus fanctus fic ordinauit in omni hora pro principio Hoc principium huius pfalmi. Igitur. Memento vt dicas. Deus (.quia non eft alius qui Iuuet eam nifi tu deus nofter.) in adiutorium meum intende (.1. tu me adiuua. vt Tyranni, Heretici, Schandalofi me non oppri-mant. Et cum a te adiuta & in me falutem primo Habuero: facile & alijs potero fuccurrere tuo auxilio) ideo ad adiuuandum me feftina. Sane, nec Hodie defunt tyranni & perfecutores. Qui pauperes opprimunt caufas viduarum & pupillorum non Iudicant. Quia fcilicet proceffum & ftrepitum Iuris. non nifi diuites & potentes ductitare poffunt, Ideoque pauper tractus in forum, antequam ad Ius fuum peruenerit, plus confumpfit quam habuit. Contra quos orandum eft vt pacientes fint ij, quos perfequuntur illi   Deinde Heretici non defunt & illufores multi pleni leui-tatibus & nugis. Sed de hijs fatis Vbi nunc tropologia?

primum Contra vitia & peccata preterita ne te in defpera-tionem inducant. Secundo contra infultum concupifcentie carnis & operum eius, 3° contra allicia mundi & fuggeftiones diaboli. ne tibi preualeant Sed perfeueres in fpe & fide & gratia & vnione Chrifti. Dic. domine Deus in adiutorium meum intende. Quia hec oratio eft Clypeus, iaculum, fülmen & munimen contra omnem impugnationem. timoris, prefumptionis, tepiditatis & fecüritatis ꝛc que maxime Hodie regnant vts dictum eft.   Deinde vt eis preualere poffis atque id cito: tam malos motus deftruere. adde. domine ad adiuuandum me feftina. Quia feftinandum eft in illis

explodendis. Maxime noftra ętate, vitium fecuritatis & tepiditatis: Tunc perfequere Confundantur & reuereantur (.1.
falfa & ftulta mihi reueletur omnis eorum intentatio fcilicet. peccatorum preteritorum ad defperationem. mundi ad peccata carnis ꝛc vt fic videam, quoniam confufibilia funt fpiritũi: fi ea
fequeretur. Deinde fuperbi cogitatus de propria fanctitate,
motus fingularitatis tanquam multum profecerim. auertantur retrorfum, vt videam quoniam nihil funt. & de nibilo me inflant.
& profeciffe me mihi fingunt. & per Hoc volunt mihi mala, vt
eo peius ruam. quo magis aliis meliorem me mihi viderj fecerint. Vltimo & maxime periculofa tentatio cogitationum,
de fecuritate. dicentium mihi Vah. quid adeo follicitus es? non
eft neceffe. iam enim humilis es. & paciens? putas quod deus ita
ftricte de te requirat? Ipfe fcit figmentum tuum. ipfe bonus eft.
Vnus gemitus eum placat. putas fi nullus faluus fieret, nifi qũi
ita rigide procederet: Vbi tota ifta multitudo. in qua nullam
violentiam vides? Abfit vt omnes pereant. difcretionem oportet
feruare ꝛc Et ita paulatim obliuifcitur mifera anima, timorem
domini & quod regnum cęlorum vim patitur. Ac fic incipit dormitare & ftertere: quafi iam apprehenderit. Contra iftos ergo
motus. Inuocato adiutorio dej dicito Auertantur ftatim erube-
fcentes. qui dicũt mihi vah vah. vt videam Quod confufibiles
fint. & mihi confufionem parant Auertantur ergo & non
ammodo proficiant mihi ifta perfuadere. Vel auerfi & auerfores
mej effe a me agnofcantur

Exultent autem & lętentur in te omnes qui querunt te (non
qui inuenerunt te & apprehendiffe fe arbitrantur contra apoftolum, qui potius triftentur confundantur & humilientur. Sed qui
affiduc obliti que poft eos funt in anteriora extendunt feipfos.
Nam & heretici feipfos querunt & non Chriftum vel ipfum Inuenerunt. Et tyranni querunt fua immo animam meam

Blatt 100[b]**:** [*Ausgestrichen:* Vnde Ifaie] Et dicant femper
Magnificetur dominus, qui diligunt falutarem [*so*] tuum. Si autem
dominus magnificetur, neceffe eft vt ego paruificer & nihil fiam.
& quo magis nihil fiam. eo magis verax fiam. Et quo magis
verax fio, magis magnus fio Quia veritas magna eft & magnificat.

Vnde fequitur mirabilis confequentia Qui fefe magnificat, paruificat Et qui fefe paruificat magnificatur. Quia qûi fe humiliat
exaltabitur. Sic enim oritur & fit circulus perfectiffima figura,
vt ad initium vnde cepit reuertatur linea. Quia a magnitudine
in paruitatem defcendit & eo ipfo afcendit in magnitudinem. Igitur nec tyranni nec Heretici magnificant dominum. Sed feipfos
potius. Ita nec fuperbi & fecuri. Qui non·diligunt falutare dej.
Amor enim alacer eft non dormit.   Quare fequitur humilis
ille orator. Ego vero (.vtcunque illi diuites & perfecti iam fint
& non egerint) egenus & pauper fum. Video quod nihil habeo
& tamen Indigeo. ideo deus adiuua me. Quia non eft alius. Tu
enim, adiutor meus es (vt illis preualeam.) & liberator meus (.vt
mihi non preualeant: ideo domine ne moreris: Et eft idem verfus
in fententia cum primo. Quia fimiliter duplex petit adiutorium
& feftinum   Vide ergo quare fit ps ad recordandum: Quia
eft memoriale & monitorium, quo teipfum fufcites, ab ignauia
& tepiditate. & Sic recordatiuncula ifta excitatus pugnes contra
iftas larûas. Sicut aliquis in tabula vel ante oculos fignum memoriale ponat ficut precepit Mofes filijs Ifrael. Et ideo breuis eft
Sed ad multa monet: que alijs diftracti folemus obliuifci, vt fic
Habeamus aliquod monitorium & memoriale breue in multis.

Hęc autem forte & caufa eft. quare ad fpiritualem letitiam
pauci perueniant. Quia cum deum non querant. non poffunt
lętari & exultare. Sed quia Inuenerunt eum. ideo marcidi fiunt
in fe ipfis

Magnificatur dominus, magna eius beneficia reputando. 2°
magnam eius iram metuendo Vt fic magnifice diligatur. & magnifice timeatur: Et in his duobus Eft proficere fine fine ideo dicit.
femper magnificetur dominus.   3° Magna & multa ab eo
petendo. Vnde orando nullus pro fe folo vel fibi foli: Nec pro
vno aliquo dono, Sed pro toto bono orandum eft & pro omnibus hominibus. Quia alias effet fuam bonitatem anguftare & in
vnum hominem concludere Vnde docuit orare, dimitte nobis
peccata noftra: Nobis ait fcilicet omnibus. & omnia: que funt
tamen innumerabilia & maxima. Nullus ergo pro fe folo orare
debet

pro Titulo Ad recordandum: fcilicet fuipfius. Quia qui fui oblitus eft omnium oblitus eft & qui fui recordatur omnium recordatur. Ideo abfolute dicit recordandum. Quia cognitio fuipfius omnem fcientiam in fe comprehendit Vnde b. Aug ps. 70. Tota & fumma fcientia Hominis eft Hec. Scire fcilicet quod per fe nihil eft: Qui enim füi non meminit, nihil meminit. Et in Confeff. idem. Vbi Inueni me noui te. & vbi Inueni te noui me Et ideo cum Hic ps. Intendat. Vt omnes auertantur retrorfum ad fui cognitionem. apte preponitur titulus ad recordandum

ps. 70. [Hebr. LXXI.]

Blatt 101ª: Ifte ps quo facilior & aptior eft, intellectu, eo fecundior & abundantior eft. affectu. Et omnes pfalmi Laudatorij & obfecratorij, fumme funt affectionis, & ipfis Seraphim accommodati Quia laudare deum & orare vltima perfectio eft & fumma. que prerequirit, victa vitia & triumphantes virtutes. Quia impurus laudare non poteft, cum non fit fpeciofa laus in ore peccatoris

Igitur Singula Infpice verba. Primo in deum fperare non poteft, qui nondum de Mammona & toto mundo defperauit ac de feipfo. Quare neque, non confundetur inęternum

Secundo. In Iuftitia dej nec liberarj poteft: Quippe, cum non fperet in deum qui Iuftificat Impium. Sic Nec Eripi. Ego autem puto quod ideo duplicet fenfum fcilicet libera & eripe: Vt non tantum a culpa Sed etiam a miferia infirmitatis faluet Quia dimiffa culpa adhuc multa nobis reftant: de peccato inflicta fcilicet Infirmitas in memoria, cęcitas in intellectu, concupifcentia fiue inordinatio in voluntate. Ex quibus tribus. omne peccatum originaliter defcendit: Ipfa autem funt reliquię peccati originalis etiam dimiffi in baptifmo   Alio modo fic.   Libera fcilicet fecundum animam per Iuftitiam Vnde ait In Iuftitia tua libera me, non ait in aliquo alio, nifi per Iuftitiam vult liberarj: ergo ab Injuftitia vult liberari. per Iuftitiam enim ab Iniuftitia. Sicut ab egritudine per fanitatem & ab ignorantia per Scientiam liberamur.   Tunc fequitur Et Eripe me fcilicet ex hoc corpore´ vel etiam fecundum corpus. Quia etiam anima per Iuftitiam liberata adhuc tenemur. per corpus in periculis & captiuitate & exilio huius vite

Tercio Et falua me, dicere non poteft, nifi qui fe infirmum & egrotum & damnatum intelligit & agnofcit. Quare, qui fibi falŭi videntur. Et quibus placet fua fanitas in carne, mundo & diuitijs, non orant etiam fi dixerint hec verba

Quarto. Iam liberatus, falŭatus, Iuftificatus. reftat vt mittatur in pugnam & probationem, Hic autem opus eft protectore eo. qui fuit faluator, Quia ipfe eft qui perficit qui & incepit. Igitur Efto mihi in deum protectorem. fcilicet ab impugnationibus, Ac Vide miram conftructionem verbi. Non ait Efto mihi in protectorem tantum. vel in deum tantum. Sed vtrunque fimul. Scilicet magno periculo impugnatur & tam ardua res eft huius pugne, vt non nifi deo protectore confiftere poffit. Quia diuina eft virtus. qua vincitur mundus, Nec poteft vllo prefidio ftare nifi diuino. Hoc autem verbum quomodo dicet, qui pofuit carnem brachium fuum? Igitur primum ab omnibus oportet deficere ad deum folum Sequitur Et in locum munitum fcilicet vnde me perfeueranter defendam. vt fic faluus fiam etiam in re, qui per te iam faluus fum in fpe. Quia fruftra eft falus in fpe. nifi perueniat ad eam que eft in re: Sed ad hoc opus eft Deo protectore & loco munito, ne amittatur ea que eft in fpe, aut exturbetur tentatione Hic iterum geminatio effe poteft. quod relinquo. Quia Spiritum cum litera fignat

Quinto. Quoniam firmamentum meum & refugium ꝛc Iterum duplicat vt fpiritalem [*so*] protectionem intelligamus vts fepe dictum eft Et Hic ratio datur petitionis. q. d. Mea conditio & falus ita fefe habet, vt folum in te poffit folida permanere, Quia non ex carne eam habeo. Ideo alijs quidem. firmamentum eft Mammon, honor, quia quam diu illa funt, ipfi honorati, diuites funt. Sed meum (.1. ego qui tuis diuitijs inhio.) non poteft effe aliud firmamentum. in quo confiftam & permaneam, nifi tu folus. Ideo

Blatt 101ᵇ: dico Quoniam fir: ꝛc. firmamentum autem dicit. Quia Bona fpiritualia non perfiftunt in fe Sed in deo fine intermiffione ex eo fcaturientia. Nam etiam fi nullus fit impugnator

adhuc falus animarum, in feipfa deficeret niſi continue in deo &
ex deo conſeruaretur Refugium autem dicit. Quia in impugna-
tione ſimiliter tantum in deo & ex deo permanent Ideo apte ſua
ſuis reddit. Eſto mihi in deum protectorem. quia firmamentum
meum es tu. Eſto mihi in locum munitum, quia refugium meum
es tu. protector & firmamentum. conſeruando tua dona inme.
Locus munitus. & refugium, repellendo hoſtes meos.   Aliter
vt in gloſa fcilicet Quia deſperaui de omni firmamento & refugio.
Sed ſum in exilio & infirmitate. Igitur Nullus Hoc verbum dicit
Qui ſuum refugium & firmamentum extra deum habent, quomodo
dicent. firmamentum & refugium meum es tu.

      Deus meus eripe me. Hic in fpeciali deſcendit enarrare. a
quibus petijt. deum pro refugio & loco munito. primum quidem
Iudęos. Qui ſunt peccatores ſicut omnes qui ſunt ex Adam.
Deinde addunt ipſi. quod contra legem agunt. fcilicet nolentes
ex peccatoribus Iuſti fierj per fidem Chriſtj, que eſt lex vera &
lux vera.   Tercio Sunt Iniqui. quia ſuam ſtatuunt Iuſtitiam.
preferentes eam Iuſtitię dej. Hec ſunt tria peccata de quibus
Amos 1. &. 2. Super tribus fceleribus Iſrael & ſuper 4ᵒʳ non
couertam [so] eam ꝛc

      In te Confirmatus ſum ex vtero. primo quidem de Chriſto.
Sed quia geminat vterum & ventrem: ideo ſimul de Chriſto Hi-
ſtorico & myſtico intelligendum. Igitur Sicut beata virgo fuit
venter. vnde proceſſit Chriſtus deus. Ita Scriptura Eſt venter
vnde oritur veritas diuina: & Eccleſia: Quia Thalamum Chriſti
b virginem ps. 18. dicit Et Thalamus populi fidelis Eſt Euangelium, Vnde dicitur in Canticis. Que eſt iſta que progreditur
quaſi aurora conſurgens, Et Iſaie. 46. Audite qui geſtamini a
vulua mea. Et ps. 109. Ex matrice aurore, tibi ros Infantie
tuę.   Hec eſt Matrix in qua collidunt ſe Eſau & Iacob (.1.
in Scrip.·) Ideo Apoſtolus vel doctor. qui eſt parens animarum. & generat filios Chriſto. & fuſcitat ſemen fratri
ſuo mortuo .1. Chriſto. Habet pro vtero ipſum Euangelium. in illo enim alit: format & parit & nutrit. Sed
hunc vterum heretici conſtuprare nituntur Sed non poſſunt. Quia
eſt virgo inuiolabilis. omnes adulterantes refpuens. Verumtamen

Ruben afcendit fuperbūs. & maculat ftratum patris fũi. Ideo
non crefcit & effufus eft. [*Am Rande links:* ... vtero (.non ex
... is) ante lúciferum ... ũi te. Sicut enim ... er ad generationem ... ij fũi temporalem ha... vterum virginis ... quo eum
genũit ... Quilibet predicator .. [*Ausgestrichen:* productor] habet..
vtero Scrip. ... qua generat fili .. fpirituales. Eft ... ante luciferum ad ... ram genitus Et .... quam diabolus eum ... deret
& infice . et. omnes enim .. lii poft luciferum .. fequentes tanquam ...... um nafcuntur ... t vnicum iftum ... preuenit eum
nafcendo & moriendo. ... ante luciferum .... tamen. Ex
vtero con...rui. Quia et vte.us ifte. nunquam a lucifero vifus
Sed immaculate conceptus eft.]

Ego autem femper fperabo, etiam fcilicet quando mihi mala
querunt. Spes enim in tempore profpero facilior eft. Sed in
aduerfo difficilior: Ideo folus fanctus femper fperat. femper benedicit, ficut Iob. Et Hoc idem eft quod fequitur. Adijciam fuper
omnem laudem tuam q. d. Non tantum in bonis te laudabo. vbi
eft materia totius laudis. Sed etiam in malis. in quibus nulla
videtur materia laudis: Nifi ijs qui fe viũũnt. Et in malis prefentibus & vifibilibus. fimul Inuifibilia vident & fperant. Nam
qui talia non videt. Videt autem folum prefentia, non poteft
deum laudare nifi in bonis. Quia quia [*so*] nefcit quid & ad quid
fint mala. Ideo non poteft adijcere fuper omnem laudem: ficut
ille qui fperat Hic enim fcit quod talia non tantum non Iniufte.
Sed etiam vtiliter fiunt. quod illi ignorant

Blatt 102ª: Ideo fequitur: os meum annunciabit Iuftitiam
tuam. q. d. Sic adiicio fuper omnem laudem tuam quod predico
Iuftitiam tuam & falutem Inuifibilem: Quia fecundum ea que
funt vifibilia. omnia apparent effe iniqua & perdita. Quia per-
cutimur & mortificamur & tamen faluamur eo ipfo Et in tali
percuffione te laudantes, confitemur Hoc effe nobis falutare: quod
alij non putant qui non nifi bona que vident laudant.   Sic
etiam iniqui reputamur & tamen Hec eft Iuftitia noftra: Et fic
femper in malis fperantes adijcimus laudem fuper omnem laudem.   Et idem dicit quod fequitur. Quoniam non cognoũi
literaturam. q. d Non ficut illi in litera & vifibili Iuftitia & lege

incędo. quam Mofes fcripfit vel homo. Sed intrabo. intus ibo. introrfum accedam in fpiritualem Iuftitiam. que eft virtus Chrifti: que Scribi non poteft literis. ficut Lex Mofi　　　Et hec tota ratio eft, quare ab illis Iniuftus reputor: qui literam & Iufti-tiam fcriptam tantum habent. Sed per hoc eo magis Iuftus fum. Sicut perditus ab eis reputor, qui literalem & forinfecam falutem tantum fapiunt: & in hac ipfa, tantummodo Deum laudant. Sed ego ea contempta, non agnofco eam, non placet. mihi: ideo ad-ijciam fuper omnem iftam laudem tuam. & intrabo in potentiam dominj

　　Videntur autem ifta verba obfcura. Sed quando comparatiue ad Iudęos accipiuntur primo facilia apparebunt　　　Vnde fequitur Deus Docuifti me fcilicet tu ipfe: in his omnibus, ne agnofcerem literam Sed intrarem in potentiam tuam ꝛc

　　Antiqua tranfla. habet. Non cognoui negotiationes. Et in heb. literaturas. feu quod expreffius diceretnr fcriptiones feu fcripturas. per quas litere formantur. Nam Et fpiritusfanctus Scribit. Sed non facit literas. quia fcribit in corde. per linguam loquentis. ps. 44. lingua mea calamus fcribe velociter fcribentis. Non fic Mofes. Cuius calamus eft mortua arundo & inanis Nego-tiationes. autem b. Aug exponit. de Iuftitia propria: que eft fine fpiritu: quia illa negocium eft. & non pax: quia non conciliat deum Sed potius irritat & negocium contra eum & eius contra illos fufcitat　　　Sed nos cum noftro textu videamus.

Calamus quo fcribitur. femper eft neceffario intus vacuus & inanis: Et facit literas extra in tabulis mortuas Lingua autem Eft folida caro & plena. Et facit viuas literas in corde per aurem tranffufis verbis.　　　Sic lex Mofi. Vacua eft fecundum literam & velut Calamus inanis. Et non facit nifi mortuas literas in corde. quia fcribit tantummodo literalem falutem & gloriam.

Lex autem Chrifti Eft Lingua Vnde apparuit in linguis igneis fpiritusfanctus. Cum tamen fit columba & in pennis apparere debuerit, ficut fupra Chriftum in fpecie apparuit. Sed quia non vacuam literam docet. Sed viuům & fenfitiuum fpiritum, ideo in linguis apparuit　　In Chrifto tamen apparuit in fpecie columbę. quia Chriftus adhuc literam feruaüit. eam implendo fpiritu

ſuo   facit autem lingua viuas literas in corde   Quod ſic
intelligendum eſt: Non quod etiam lex quelibet non faciat viuas
literas in anima, cum nihil in viũũm ſubiectum recipi poſſit, niſi
viũũm, Sed quia non facit viũas literas: que deo viue ſunt &
immortalem intelligentiam ſiue ſenſum de ęternis, non de temporalibus.   Nam quando anima temporalia ſapit: Dicitur habere mortuam ſapientiam, cum tamen ſit viua ipſa. &
omnis eius ſapientia. Sed deo non viũũnt hęc. Niſi quando ſapit
ea: que ſemper viũũnt & ęterna ſunt   Quare Et lex Moſi
literis Hũmanis ſcripta Eſt etiam lingua viua: ijs qui eam ſpiritualiter legunt & intelligunt Sed eſt Calamus ſeu literatura: ijs
qui eam carnaliter legunt. Quia tunc imprimitur in animam eius
ſenſus literalis. per verba legis. tanquam per quaſdam pennas
ſeu Calamos.

    Blatt 102ᵇ: Igitur Metaphora aſſumitur Hic in iſto modo
loquendi. Non proprietas, Quando dicitur lex eſſe Calamus [*Ausgestrichen:* literatura] Euangelium autem lingua. Ea ſcilicet. Quod
ſicut Calamus facit literaturam mortuam in membrana mortua:
Sic lex vel verba legis carnaliter intellecta facit ſpiritualiter
literaturam ſenſum & intelligentiam mortuam, in cordibus carnalibus & mortuis.   Et ſicut Lingua viũa. facit naturaliter
ſenſum ſeu literas, notas, impreſſiones viuas in anima viuente ſeu
in auditore viuo.   Ita Euangelium: facit ſpiritualiter impreſſiones ſpirituales intelligentiam ſpiritualiter viuam & ęternam
in cordibus ſpiritualiter viuis.   Quare lex Moſi: ſiue dicta
ſiue ſcripta ſit, dummodo ſpiritualiter tractetur. Eſt viũa
lingua. & non iam mortuus Calamus. Et econtra etiam Euangelium ſi carnaliter tractetur: Eſt mortuus calamus. Et omne
illud: quod de lege Moſi dicitur. teſtis eſt Apoſtolus. 2. Cor 4.
Quod ſi opertum eſt Euangelium noſtrum: in his qui pereunt
opertum eſt.

    Igitur Eccleſia non agnoſcit literaturas, nec calamũm qui
facit eas: Sed agnoſcit [*Ausgestrichen:* viuas intelligentias] voces,
quas facit lingua ſeu linguę ignee. [*Ausgestrichen:* 2 Cor. 3.]
Quare hic lingua & calamus metaphorice & ſpiritualiter: ſicut &
litere & voces accipiende ſunt. [*Ausgestrichen:* Quare] Vt. 2. Cor. 3.

Quod fi adminiftratio mortis, literis formata (fiue literificata.)
fuit in gloria in lapidibus *c* Quare Spiritus feu Euangelium
Seu lex fpiritualiter intellecta Eft Voces: lex autem carnalis eft
litera: Et predicatio legis eft Calamus. faciens iftas literas. predicatio euangelij eft lingua faciens iftas voces. Voces
inquam (.1. fpirituales intelligentias in corde. literaturas
autem (.1. carnales intelligentias in corde

Sic. 1 Iohan. 5. Hic eft qui venit in aqua & Sanguine Non
in aqua folum. Sed in aqua & Sanguine Ihefus Chriftus. licet
Hoc aliam intelligentiam requirat. Quia Iohannes baptifta. venit
folum in aqua Sed non in fanguine. Quia predicauit baptifmum
premiorum. Sed non baptifmum gratie & remiffionem peccatorum. Et Quia Aqua Eft Vocalis predicatio Sanguis autem
Eft gratia incrementi Et vtrunque Chriftus ęgit & agit:
homo autem & Iohannes folum alterum fcilicet in Aqua.

Igitur dicat Ecclefia. Non cognoüi literaturas hoc eft literi-
ficia fiue factiones & formationes literarum in animo (.1. non
placuit mihi nec afpicio legem carnaliter predicatam. Sed vocem
feu verbum viuum feu verbaturas (vt fic dicam.) per linguam .1.
predicationem & doctrinam fpiritualis legis. quod eft Euangelium Quia deus docuifti me. *c* fcilicet tu per linguas & minifterium Apoftolorum. Non Mofes me Docuit.

Hic applica totam logicam. Quia litere, vocem. Vox con-
ceptum Indicat. Sic lex Euangelium. Euangelium Chriftum fignificat Et ficut Ideota. [*so*] literas tantum materialiter, non vt
figna vocum afpicit & concipit. Sic Iudej legem. Et Sicut vocem
barbarus audit & non Intelligit Ita qui Euangelium non cum
intellectu & incremento audit

Et Iuftitiam tuam vfque in altiffima. In hoc tandem verfu,
recta Diftinctio Iuftitie Dei & Humane defcribitur. Quia Dej,
vfque ad celos celorum pertingit & pertingere facit. Et eft Iuftitia ad altiffima fcilicet perueniendi: humana autem non. Sed
potius vfque ad infima. Et Hoc ideo. Quia qui fe exaltat Humiliabitur Et qui fe Humiliat exaltabitur. Sed nunc Iuftitia
Dej. Eft tota hec: Scilicet fefe in profundum humiliare. Talis
enim venit in altiffimum: quia defcendit in profundiffimum

prius. Et proprie Chriftum Hic Exprimit. Qui eft potentia Dej & Iuftitia dej: per maximam & profundiffimam Humilitatem: Ideo iam eft in altiffimis per fummam gloriam.

Blatt*) 103ᵃ: Vnde Qui Apoftolum & alias fcrip. vult fapide intelligere: Oportet ifta omnia tropologice intelligere: Veritas, fapientia, virtus, falus, Iuftitia fcilicet qua nos facit fortes, faluos, Iuftos, fapientes, ꝛc. Sic opera dej, vie dej: Que omnia Chriftus eft literaliter: Et fides eius moraliter hec omnia

Iudicium & Iuftitia: in veteris legis Scrip. rariffime [*Ausgestrichen:* Anagogice] ad literam, de futuro accipitur Sed frequentiffime ac vere femper. de tropoligico [*so*] & morali & Allegorico. Cuius ratio eft. Quia Vetus lex: proprie folum primum aduentum Chrifti prophetauit: In quo Chriftus in Iudicio benigno & falutari regnat quia aduentus gratię & benignitatis eft. Vnde Apoft Ro. 3. Iuftitia dei teftificata a lege & prophetis. Iuftitia autem dej per fidem Ihefu Chrifti. Noua autem lex proprie. de futuro Iudicio & Iuftitia. prophetat. Quia fecundum Aduentum Chrifti prophetat. qui erit in Iudicio feueritatis. & vindicta ęterna. vtpatet in Multis auctoritatibus Iohan. 6. poteftatem dedit ej Iudicium tuum facere   Et. 1 Thimo. Qui Iudicaturus eft viuos & mortuos. ꝛc Et Ro. 2. In Reuelatione Iufti Iudicii dej

Quod autem hic de benigno Iudicio loquatŭr, patet quia dicit Iudicabit pauperes populi. Quia damnat illos vt faluet ꝛc Item Iudicare populum tuum in Iuftitia: Sed impios Iudicat in Iniuftitia eorum. Et bene dicit. Iudicare. Quia Chriftus accepit Iudicium a patre: non fruftra: Sed nec fibi tantum: immo nobis. Quia. populum tuum Iudicare inquit

Blatt **) 103ᵇ: Lex Chrifti, lex pacis, lex gratię, Euangegelium, vocatur multis nominibus alijs: vt via domini ps 24 Vniuerfę vię Domini mifericordia & veritas, (.1. gratia & veritas Iohan. 1. per Ihefum Chriftum) Sic illud Ifaie. 55. Quantum exaltatur cęlum a terra, exaltate funt vię męę a vijs veftris Et ps. 70. Iuftitia tua vfque in altiffima. p. 103. Quantum diftat

---

*) Gehört schon zu Psalm 71. Siehe Blatt 104ᵃ.
**) Gehört zu Psalm 71. Siehe Blatt 104.

ortus ab occidente longe fęcit a nobis iniquitates noftras. Quantum fecundum altitudinem cęli a terra, corroborauit mifericordiam fuam fuper timentes eum, [.1. gratiam a litera exaltauit. deiecta illa: quia eft lex peccati & mortis   Nũnc igitur Mirum quomodo Gratia feu lex gratię (quod idem eft) fit Iudicium & Iuftitia   Hoc videndum   Sine dubio: ideo quia Iudicet & Iuftificet credentem ej Hinc enim verbum quodlibet dej eft Iudicium: Iudicat autem tripliciter

Primo Tropologice. Quia condemnat opera carnis & mundi. oftendit enim quod omnia que funt in nobis & in mundo: coram Deo fũnt abominabilia & damnabilia: Et ita qui ej per fidem adheret, neceffario fibi vilis & nihil, abominabilis & damnabilis efficitur Que eft vera Humilitas. Vnde & ifto vocabulo aptiffime natura & proprietas humilitatis exprimitur Non enim qui fe humilem facit vel dicit vel reputat. Sed vilem & damnabilem. Et hoc non tantum corde & verbo Sed & opere oftendit [*Am Rande links:* Et hoc eft Iudicium quod hic dicit] Quare Caftigatio & crucifixio carnis & damnatio omnium que funt in mundo. funt Iudicia dej: que per Iudicium (.1. euangelium & gratiam fuam. in fuis operatur   Et fic fit Iuftitia. Quia· qui fibi iniuftus eft & ita coram deo Humilis. huic dat deus gratiam fuam.   Et ifto modo frequentiffime accipitur in fcrip. Sic Iuftitia Tropologice Eft fides Chrifti. Ro. 1. Iuftitia dej reuelatur in eo ɔc

Secundo Allegorice Quia ficut inter carnem & fpiritum difcernit. & opera eorum diuidit Hęc approbando in Iuftificationem: illa reprobando in condemnationem, immo omnia noftra fcilicet etiam noftras Iuftitias Ita etiam difcernit, inter credentes & non credentes.   Quia gratia fiue lex chrifti non datur indifferenter quibufcunque: ficut olim in lege & etiam nunc temporalia: que fine Iudicio deus videbatur dare omnibus. & quandoque malis plus quam bonis.   Vnde Iudęi conquefti. illud Ezech. 18. Non eft equa via domini.   Et illud natum proverbium: patres comederunt vuam ɔc [*Am Rande links:* Et Iere 23. dixerunt verbum domini onus.   Et ibidem dicit.   Onus erit vnicũique fermo fuus] Quia & mala dabat indifferenter bonis & malis.   Et fic

deus nullam difcretionem habere vifus eft: Sed Nunc Euangelium
eft fpiritualia bona: ideo rigidiffima difcretione datur tantummodo bonis. & mala fpiritualia tantummodo malis. ficut ibidem
predicit   Et ideo vocatur Iudicium dei quia contrarium eft Iudicio hominum, damnat enim ea, que eligunt
homines, & eligit ea, que damnant homines Et Hoc Iudicium
eft in Cruce Chrifti nobis oftenfum. Quia fic ipfe mortuus eft
& abiectio plebis factus Ita oportet nos fimile Iudicium cum
eo portare, crucifigi & mori fpiritualiter. vt apoft Ro 6 & 8.
exponit

Notandum autem Quod Quando dico Euangelium effe Iudicium & Iuftitiam: intelligendum de euangelio pleno fiue impleto:
Euangelium enim Impletum & opere perfectum. ipfum eft Iudicium & Iuftitia quibus regit Chriftus Ecclefiam. [*Am Rande links:*
Quia quando Euangelium opere impletur tunc femper verbum
dej incarnatur fpiritualiter opus enim Eft velut Caro. Et verbum eft velut dej filius Quare Euangelium impletum Eft Iudicium & Iuftitia Et opus dej, Via dei ꝛc ficut ad literam Chriftus
hec omnia eft, in perfona fua] Alioqûin. Si pro folo verbo Euangelii accipitur, tunc tantummodo eft fic Iudicium & Iuftitia:
quod oftendit, que fint damnanda & eligenda   Hoc eft vt
noftro more loquor [*so*] Euangelium eft, realiter & formaliter
Iudicium & Iuftitia: Quando fic opere viuitur ficut ipfum nos
docet.   Eft autem oftenfiûe & doctrinaliter Iûdiciûm & Iuftitia: quando docet fic viuendum.   Qûi enim implent Euangelium, non funt fub lege. Quia iam nulla eft fuper eos, cum eam
impleuerint. & iam ej adequati fint. lex enim non dominatur nec
eft fupra eos, qui eam implent. Sed potius ad eam afcendunt &
pertingunt ad eam

[*Unten am Rande quervor:* Impletio legis Eft Mors legis.
Ro 7. Quamdiu vir viuit

Blatt 104ᵃ:

Ps .71. [Hebr. LXXII.]

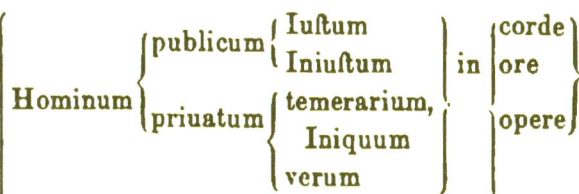

Secundum Scrip. autem Iudicium hominum illud dicitur. quod contrarium eſt Iudicio dej: Quia ſcilicet eſtimant tantum temporalia bona dicentes malum bonum, bonum malum Iſaie. 5. Sic Iuſtitia ſimili modo,

Iudicium {

Dej {

Anagogicum: quod ab alijs damnationis Vocatur: Et in ſcrip. veteris legis. Sed bene in noua. raro Iudicium vocatur. Sed frequentius. Reuelatio Iudicii. Ro. 2. Et dies retributionis Iſaie. 61. Allegoricum. quod tamen eſt literale ſecundum prophetiam. Hoc vocatur ab alijs diſcretionis, cum tamen in omni Iudicio ſit diſcretio & damnatio. diſcretio bonorum. damnatio malorum: Et hoc agit Chriſtus deus occulte in Eccleſia: & eſt inſcrutabile Nec de hoc frequentius loquitur Scrip. Eſt autem aliud quod manifeſte agit. [*Nun rechts am Rande herunter:* Scilicet. quod .... aſſumit ... bonos & ..... Sed ſolum bon ..... buit ſua .... Olim enim .... figura .... tam bonos .... malos .... vtpatet in Actis .... alijs mal .. Similiter afflige .... los & bonos. Vnde prouerbium ... fuit., patres .... vuam ꝛc. quod ... pheta prouu .. turum. Quia v ..... ſine accept .... narum nunc ... Iudeus ſiue ... ſua iniquitas .. Vide Ezech [*Ezech. 18, 2 vgl. Ierem. 31, 29.*] .... pulchre. hoc ..cium deſcribentem .. ſic regnat in Iudicio. habens malos ... differentia: Et ... deligens ſine .... Et hoc pet ... primum agn ... dicens In v .... comperi. quia non ... Sicut ta-

men Iudę. Quia nunc in v .... bonıs reg ...
Iudicio ea n ..... ps. 5. Quia non .... volens
deus .... Et Homo fignificat ... in Iudicio ....
exit a mort... fecundum ps. Quia ... non omnibus v ... fuit Sed tantum c ... Prius autem
omnibus ... malis. propter .... miffiones pr ...]
Tropologicum. Et Hoc frequentiffimum affu-
mitur in Scrip. Hoc eft qua deus condemnat &
condemnare facit, quicquid ex nobis Habemus.
totum veterem Hominem cum actibus fuis [Dar-
über: etiam Iuftitias noftras Ifaie 64] Et eft proprie Humilitas immo Humiliatio. Quia non qui
fe humilem putat Iuftus eft Sed qui fe deteftabi-
lem & damnabilem reputat in oculis fuis, [Dar-
über: & fua peccata damnat vindicat :c] Hic eft
Iuftus. [Am Rande links: & Iuftificare deum etiam
in hijs, quibus Iniuftus apparet Quia ftultum dei
fapientius eft hominibus ita Iniquitas viri, melior
eft. quam mulier benefaciens Et Iniuftitia dej.
melior. quam Iuftitia hominum] Qui enim mortuus eft. Iuftificatus eft Ro. 8. Et in Hanc
notam Scrip. vtitur ifto vocabulo Iudicium.
vt exprimat veram naturam humilitatis. que eft
vilificatio & contemptus & omnino damnatio fui-
ipfius   Et Hoc maxime ponitur. vbi coniungitur cum Iuftitia vt Ifaie. 9. vt corroboret
illud in Iudicio & Iuftitia: Et. 11. Arguet in Iudicio pauperes. & in Iuftitia pro manfuetis terrę.
Et ps. 88. Iuftitia & Iudicium preparatio fedis
tuę. Et ps.

94. Iuftitia & Iudicium correctio fedis tuę. Et ps. 98. Iudicium
& Iuftitiam in Iacob tu fęcifti. ·Et ps. 32. Diligit mifericordiam
& Iudicium, Et ps 36. Quoniam dominus amat Iudicium, Et ps
98. honor regis Iudicium diligit. Et Hoc eft Iudicium. quod
omnes prophete clamant. Iudęos abominatos effe olim, ficut &
hodie faciunt. Quia Moab fuperbus eft valde. Et comprehen-

duntur in fuperbia fua. Quia Non refurgunt Impij in Iudicio ⁊c
Sic ps 95. & 96. Iudicabit orbem terrę in ęquitatę. Iudicabit
populos In Iuftitia Et Quoniam venit Iudicare terram ⁊c.
Sic fi nos ipfos Iudicaremus, non vtique a domino Iudicaremur,
Hoc enim Vocatur Iudiciům dej: Sicut Iuftitia vel virtus. vel
fupientia dej: (.1. quo nos Sapientes, fortes, Iufti & hůmiles vel
Iudicati fumus

Sed Quia Hoc Iudiciům, fit corde, ore & opere. ficut
quelibet virtus Ideo neutrum fufficit fine alio.　　　Rurfus. Quia
ficut fides capitur quandoque pro interiori actu quandoque: pro
ipfo Euangelio quod fidem docet. feu obiectis fidej.　　　Inde fit.
Quod & Iudicium fignificet quandoque ipfum Euangelium & verbum Dej: Quia docet tale Iudicium exercere & agere. ps. 18.
Iudicia Domini vera: ⁊c ps. 9. Auferuntur Iudicia tua a facie
eius.　　　Immo in omni loco. poteft Iudicium pro verbo dej
accipi: [*Am Rande links:* precipue quando pluraliter ponitur A
Iudicijs tuis non declinaůi] quia per ipfum fiunt omnia Iudicia
dej quecunque fiunt, Cum & filius fit Iudicium & verbum patris.
Igitur. Hec tria vnum funt.

$$\left.\begin{array}{l}\text{Iudicium verbum dej} \\ \text{Iudicium fui ipfius damnatio} \\ \text{Iudicium. opere taliter impletio}\end{array}\right\} \text{Sic} \left\{\begin{array}{l}\text{Aqua} \\ \text{Spiritus} \\ \text{Sanguis}\end{array}\right\} \text{Hi tres vnum funt}$$

Aqua.　　　fluxum verbum in ore
Spiritus in corde
Sanguis vindicta in corpore

Qui enim fe condemnat & vilificat in corde: talia etiam in
corpore oftendere & pati debet
Sic tropologice illud Gladii ancipites in manibus eorum. Ad
faciendam vindictam in nationibus (. fcilicet fenfuum.) increpatio-
nes in populis (fcilicet motuum carnis.) Ad alligandos reges
eorum in compedibus (. Scilicet membra peccati regnantis in
Homine.) Et nobiles eorum in manicis ferreis Vt faciant in eis
Iudicium confcriptum. fcilicet tropologicum. Confcientia Hęc eft
omnibus fanctis eius. (.1. nullus eft fanctus quando: ifta glorietur

gloria: licet ſeculi Hominibus eorum confuſio & ignominia videatur. quia non ſapiunt ea que ſpiritus ſunt

poteſt autem & allegorice intelligi ſuo modo

Blatt 104ᵇ: Eodem modo & Iuſtitia dej triplex eſt: Tropologice Eſt fides Chriſti Ro .1. Reuelatur enim Iuſtitia Dej in euangelio ex fide in fidem. Et ita eſt frequentiſſimus vſus in Scrip. Allegorice eſt ipſa Eccleſia tota. Vt ait Apoſtolus ait [ſo]. Vt ſimus Iuſtitia dej in Chriſto. Anagogice ipſe deus in Eccleſia triumphante.   Verum Sicut Iuſtitia magis reſpicit bonos & in illis eſt: Ita Iudicium magis malos & in illis eſt. Quia Iudicium in damnationem Sicut Iuſtitia in ſaluationem ſonat.

Corol. Suauiſſime ſunt iſte orationes in ps ſi ſi [ſo] ſaltem ex affectu orationis dicuntur, & non in tenore prophetie proferuntur. Iudica me Domine. Iudica terram: Iudicabit orbem terre ꝛc

Quia tunc ſemper de tropologico ſunt Iudicio intelligenda: Vt ſit ſenſus. Iudica me Domine (.1. da mihi veram humilitatem & carnis mee mortificationem, meimetipſius damnationem, vt ſic per te ſaluer in ſpiritu. Sic etiam. Iudica domine terram (.1. doce eos viliter de ſe eſtimare: & ſua vitia damnare & crucifigere ꝛc. Si autem prophetice proferuntur. ſic ſunt terribilia & horrore plena verba: vt ſit ſenſus: Tu Iudicabis & damnabis eos ꝛc. & De Anagogico Iudicio intelliguntur

Calumniator ſecundum Caſſi. Eſt qui innocentiam alienam in reatum nititur exquiſita machinatione perducere. Quod diaboli proprium officium apoc. 12. Scribitur. proiectus eſt in terram accuſator fratrum noſtrorum: qui accuſabat eos die ac nocte. Sicut autem hoc malum in totum genus humanum agit diabolus. Ita Iudaicus populus in Chriſtum, Tyranni in martyres: Heretici in Catholicos. & vſque in finem ſeculi: Detractores & ſuperbi: bonis & ſimplicibus. Sed omnis Calumniator humiliatus eſt & erit per Chriſtum

Sic enim diabolus etiam benefacta nititur. oſtendere: quod deficiant. vt aliquid ſui in illis Inueniat vtpatet in multis obitibus ſanctorum

Et permanebit cum ſole & ante lunam: licet iſtis verbis ſimpliciter quidem eternitas Chriſtj deſcribatur: tamen aliis quoque

myſterijs graůida ſunt.　　Et heb. ſic. Et timebunt te cum
ſole & vltra lunam　　Quare & ſol & luna tropolo. allego.
& Anago: hic videnda ſunt.

Anagogice. Sol diůinitas: luna humanitas Chriſtj. Et ſic
ſenſus eſt. Quod Chriſtus conſtat ex ſole & luna ſiůe vt proprijſſime dicit. Cum ſole & ante lunam: Eſt enim Chriſtus cum
diůinitate & ante humanitatem: Quia ſecundum quod homo. eſt
ante ſeipſum in ęternitate ſecundum quod deus: Eſt ſecum ſolus.
tamen in vtroque permanet nunc inęternum, tam ſcilicet deus
quam homo permanens in ſeipſo: & in fidelibus ſuis talis per
fidem.　　　Heb autem ſic. Et timebunt te (.ſcilicet filiali timore.)
cum ſole (.1. filio.) eodem timoris cultu: Et vltra lunam (.1. plus
in eo quam hominem in ipſo colentes [*Am Rande links:* facile
concordat heb. Quia Chriſtum .... manere cum ſole .. ante
lunam. Eſt ..... credi deum ... omnium ac ſic .... & timeri.
Sed ... hominem eſt vltra .... ante ſeipſum quia .... us Quia
creditur .... ſit aliquid vltra ... ante humanitatem ſcilicet .... us.
Et hoc .... hereticos Si autem finitur litera queritur ... poteſt
& ſic dici permanebit cum Sole (.1. ſicut ſol. vt ps 9. perijt memoria eorum cum ſonitu (.1. ſicut ſonitus vel ad modum ſonitus
Sic hic Cum ſole ideſt ad modum ſolis vel ſicut ſol. Quia ſol
non mutatur viciſſitudine lucis ſicut luna. Sic Chriſtus idem
manet. per omnia tempora Eccleſię. alijs ſuccedentibus alij [*so*]
recedentibus: Et ideo dicit: vltra vel ante lunam (.1. plus & ſupra
quam luna (.1. Eccleſia. Que mittitur in varia incrementa &
decrementa idem tamen Chriſtus ſemper ſol]

Allegorice Sol Chriſtus. Luna Eccleſia eius

Tropologice Sol anima fidelis. Luna Caro eius

Quia ſicut Luna (:ſecundum Aſtron: ſemper dimidio ſuo globo
illuſtris eſt: ſcilicet ea parte: qua vertitur ad ſolem ex quo totum
lůmen habet. Sic Eccleſia: ſemper dimidia (.1. ſecundum animam eſt illuſtris Sed ſecundum carnem obſcura coram mundo
Multa alia myſteria in lune motu ex ſcrip. paſſim colligi poſſunt.
prouer. 7. In die plene lune

Blatt 105ᵃ: Igitur Sic Chriſtůs permanet, cum ſua humanitate & ante lunam (.1. coram Eccleſia: que ipſum ſemper ante

ſe habet quia ab eo illuminatur Vel ante. prior & caput eius.
Nam non Sol a luna Sed luna a ſole lumen habet. Ideo non
luna ante ſolem. Sed ſol ante lunam eſt·

Tropologice. permanet cum ſole .1. fideli anima: ante
carnem eius q. d. in ſpiritu

Deſcendet ſicut pluůia in vellus. ꝛc primo. ſine opere humano incarnabitur: Vnde & Miche. 5. de Apoſtolis Erunt reliquię Iacob. in medio populorum multorum. ſicut ros a Domino
& quaſi ſtille ſuper Herbam: que non expectat virum, & non
preſtolatur filios hominum Sicut enim Chriſtus de ſpirituſancto
conceptus eſt. Ita quilibet fidelis, nullo opere humano. Sed
ſola gratia dej & operatione ſpiritusſancti. Iuſtificatur & renaſci-
tur   Secundo vt lyra & Caſſio: Sicut Vellus recipit plůůiam
& reddit, manens illeſum: ita Virgo concepit & peperit Inuio-
lata.   Et pro vtroque canitur In Sequentia Sancto rorante
pneůmate parituram diuinj floris amygdalum ſignauit Gabriel:
Quod autem primo Vellus. deinde terra fuit irrorata: ſecun-
dům Aug ſignificat Quod primum ſynagoga. deinde Gentilitas
ſignif. (? β)

Donec auferatur Luna: vtraque ſcilicet literalis & myſtica:
Luna autem ad literam auferetur: quando tota erit ſicut Sol
modo eſt. Nam nůnc ſemper eſt dimidia lucens & peregrino
lumine: tunc autem proprio: Et ceſſabit viciſſitudo luminis in ea
ſicut Eſaie. 30. dicit Et erit lux lunę. ſicut lux ſolis. Et lůx ſolis
ſeptempliciter ſicut lux ſeptem dierum (.quod non intelligo ſicut
multi: de primis diebus. in quibus dicunt ſolem fuiſſe ſepties cla-
riorem quam nunc eſt Sed propter peccatum Ade obſcuratum vt
iam vix ſeptima parte luceat.   Nec Hoc textus Iſaie habet.
nec intelligi ita cogit) Sed dicit. Quod lux ſolis erit ſeptempliciter lux ſolis: ſicut lux ſeptem dierum (.1. ac ſi ſeptem dies
eſſent vnus dies Et ex ſeptemplici luce dierum. vna lux fieret
facile autem poteſt concedj. Quod iam lux ſolis ſit ſepties clarior luce lune. Ergo quantum creſcet luna, tantum & ſol in
claritate

Sic Eccleſia luna ſpiritualis auferetur. Quando [*ausgestrichen:*
lux ſolis] ſecundum corpus fulgebit ſicut ſol: Et ſecundum ani-

mam: qua iam fide fulget, fulgebit in clara vifione dej. Quę
vifio excedit fidej claritatem fepties & amplius. Interim autem
donec Eſt media parte fui (.1. fecundum fpiritum per fidem) clara.
que eſt radius a fole Chriſto in eam defcendens: Et altera parte
fui (.1. fecundum corpus.) obfcura. femper oritur Iuſtitia & abundantia pacis Sic enim .1. Corin. 13. Cum venerit, quod perfectum eſt, euacuabitur. quod ex parte eſt

　　Vide miraculum. In omnibus prophetis: Quando gentes
enumerantur, in fpecie: que ad Chriſtum conuertentur. folum eę
nominantur: que funt meridionales vt ęthiopes. Arabes. Egyptii
Econtra quando mala prophetantur. femper fere eę nominantur.
que funt aquilonares Vt Gog Magog. Tubal Mofoch & Dedan ꝛc
In quo oſtenditur differentia vtriusque generationis. Quoniam
Auſtrales funt quibus fol approximat per fidem. Aquilonares
autem a quibus recedit per infidelitatem. Et ficut hoc Iudicium
fol agit in toto mundo. Ita Chriſtus idem in toto genere Humana [so]　　　　Et huic ratio redditur. Cur pre cęteris
Ethiopes ita inducuntur. Scilicet propter myſterium.
Quia per Ethiopes fignificantur ii qui funt ardentiſſimę fidej.
Sicut enim fol proximus eſt ęthiopibus, & funt omnium nigerrimi
ab eo decolorati. Ita qui funt feruentiſſimi in fide Chriſtj: proximi funt ej & ipfe eis

　　Blatt 105ᵇ: Ideoque ab eodem maxime decolorantur: quando
fefe agnofcunt eſſe nigros & hŭmiliantur coram eo, Vt In Cantic. 1. Nigra fŭm fed formofa ꝛc

　　Tharfis fupra ps. 47. dictum eſt quod quandoque pro mari
capiatur: Et ita videtur hoc loco accipi: quia addit: Et in [so]
infulę. q. d. Reges maris & infule que funt in marj Et fic intelligitur mare mediterraneum, in quo funt regna. in litore meri-
dionali Egypti, affrice, Numidie Mauritanię, libię. Cyrene. Ex
altera parte & litore aquilonari. Hifpanie Gallie, Italie. Grecię.
afie Ionię, pamphilie, licię Cilicie, anthiochię. Syrie ꝛc. Hec omnia
iacent in litore maris noſtri feu mediterranej. Et omnia fub
Chriſti fide. gloriofe ferŭierunt.

　ʼ　Vbi Nos Habemus Reges Arabum. Heb. fic. Reges Schaba
(.per. f. pingue & fpumans fueŭicum) & faba (.per. f. tenue &

exile.) quorum hęc eſt differentia. Quod Quod [*so*] primum
Schaba ſignificat Arabiam fęlicem: ſic dictam a Schaba filio filii
(.1. a nepote Chus qui fuit filius Cham Genes. x. Et latine dicitur Sabęa. in qua naſcitur Thus & myrrha [*Am Rande links:*
... tingit ad lit.. maris rubri .... ntalis] Virg. Solis eſt Thurea
virga Sabeis. Scilicet ſcrip. Arabiam fęlicem ſic nominat: ſic.
infra. dabitur ej de auro Arabie. Heb. Schaba .1. Arabię felicis
Et inde fuit Regina Schaba. que ad Salomonem venit 3 Reg.
10.   Saba autem fecundum. Eſt ciuitas regalis ęthiopie.
Et dicitur a Saba filio ipſius Chus. Vnde Chus ęthiops Heb
dicitur: quia pater ęthiopum eſt.   Et ex iſtis duobus locis
fuiſſe Magos putatur. qui ad Chriſtum natum venerunt.
Et poteſt ſane idem in prima parte verſus intelligi. Scilicet
Reges Tharſis .1. maris rubri. quod ſoli arabes felicis arabie ſiue
ſabej. ex vtroque latere poſſident. & per conſequens, etiam inſulas
in medio eius Et ſic ſecunda pars eſſet repetitio eiuſdem ad cla-
riorem expreſſionem   Sed primum melius. vt cum Iſaiee
[*so*]. 61. [*d. i. 60 V. 5 ff.*] conſonet: qui ait Quando ad te con-
uerſa fuerit multitudo maris (q. d. Reges Tharſis,.) fortitudo
gentium venerit tibi (.q d.) Et inſule: Dromedarii Madian
& Epha: Omnes de ſaba venient, aurum & thus deferentes: Item
Omne pecus Cedar congregabitur tibi. Arietes Nabaioth mini-
ſtrabunt tibi.   In Hijs verbis exprimitur aliquo modo, que
& qualia ſint iſta dona: Quia homines conuertendos ſcilicet in miniſterium Chriſtj vult intelligi   Vnde triplex
Arabia: que a latinis dicitur. petręa, deſerta & felix. in Scrip
ſic nominantur. Quod felix ſemper Schaba Dicitur. Deſerta autem. ſuum nomen retinet: quia Arab. deſertum ſignificat. petręa
autem non vno nomine Sed nunc Madian Epha. Nabaioth. Cedar.
frequentius tamen Cędar.   Sunt autem Iſmaelite. Amonite.
Moabite, Madianite Idumej omnes in Arabia

Blatt 106ᵃ:

lxx		firmamentum		Chal.
Hiero	Erit	Memorabile		in capitibus facerdotum
lyra		Abúndantia tritici		in terra, in fummis montiúm
Burg.		placenta tritici		Quę omnia in idem confonant
Kimhi		particula frumentj		Nam fupra montes dixit Apofto-

los & eorum fucceffores: fummum autem feu vertex montium.
Eft caput eorum. In hoc autem vertice Chriftus in facrificio
miffe: Eft frumentum & panis celeftis in fpecie facramentali.

Primo. firmamentum. quia panis cor hominis confirmat ps.
103. Et Chriftus in hoc facramento eft vnicum & fingulare. firmamentum totius fidej & religionis Chriftianę. Tolle enim Hoc
facramentum ait Bonauentura: Et erit confufa gentilitas & idolatria per omnem Ecclefiam.

Secundo eft memorabile triticum: quia in memoriam domi-
nice paffionis inftitutum eft. Ideo & memoriale domini dicitur

Tercio   Abundantia, quia tale facramentum abunde per
omnes terras conficitur

Quarto   placenta.   Hoc magis formam & figuram [*Darüber:* ritum & ceremonię] facramenti exprimit

Quinto   particula.   Hoc quantitatem panis oftendit

Quod aut eiu feptuaginta magis firmamentum pofuerunt, eo
factum eft. ne tam fanctum facramentum clare gentilibus proderent.

Florebunt de ciuitate ficut fęnum terrę: Fenum propter
tranfitorium fuum effe: eft male fignificationis: Ifaie 40. Omnis
caro fenum. & omnis gloria eius flos feni.   Exiccatum eft fenum
& cecidit flos feni. Vere fenum eft populus. fcilicet propter
mortalitatem & caducam perfeuerantiam.   Sed quo ad ortum
eius. eft bonę fignificationis. primo ficut fenum nafcitur fine
opere humano. Ita filii Ecclefię.   Secundo ficut fubito
nafcitur. per omnes terras, ita per totum mundum fideles: quia
velociter currit fermo eius. Sic [*so*] enim fenum in vere eft
Iucundiffimus afpectus per prata: Sic Ecclefia primitiua in martyribus. Tunc enim fuit Iucundiffimum tempus Ecclefie. Vbi
tot flores & odorum fenum vbique. Si vinee florentes odorem
dederunt.

Blatt 106ᵇ: Vnde Iob. dicit Quis reſtitit ej & pacem habuit? Et tamen hic dicit quod ſic

ps 72 [Hebr. LXXIII.]

Iſtum ps. dignum eſt. velut lucernam habere. ad multas auctoritates ſcrip: ſoluendas: que contrarie ſibi videntur. Quia Cum multẹ ſint auctoritates, que malis non niſi mala minentur. Et bonis non niſi bona promittant: In Contrarium ſunt. querelẹ tot ſanctorum & experientia. Et per totum pſalterium. voces lamentabiles piorum   In quibus potius male eſſe bonis. & bene eſſe malis oſtenditur

Hic ſuſcipit perſonam de hac materia diſputatoris: Et velut queſtionem primo proponit An verum ſit. Deum eſſe bonum rectis corde. Deinde arguit ad partes vtraſque & in dubium vertitur primo dicens. Mej autem pene moti ſunt pedes.   Quia videtur Quod non rectis corde ſit bonus deus. Hoc probat Inductiue. Deinde in contrarium adducit inconueniens.   Deinde ponit Notabilia pro concluſione inferenda. dicens Quod de iſta materia poteſt dupliciter fieri conſyderatio. primo ſecundum Hominem & ſecundum viſibilia   Secundo ſecundum deum & ſecundum ſpiritum. Quo ad primum. difficile eſt. immo impoſſibile eam ſoluere.   Sed quo ad ſecundum. facillimum.

Tunc Infert Concluſionem. Quod Intelligendum eſt in nouiſſimis eorum (.1. intellectionem oportet habere, in hijs que venient Poſt Hoc ſoluit rationes in oppoſitum [*Darüber:* & propoſit *ιϛουον letzteres ausgestrichen.*] factas. dicit. Veruntamen propter dolos poſuiſti eis Vltimo Confirmat & concludit queſtionis partem affirmatiuam

poteſt autem ps de Iudẹis ˈprimum Intelligi. Sed melius generaliter de omnibus. Iudẹorum quippe carnalium (in quorum perſona & ſimilium. hic multa dicit) fuit hec ſententia. Ezech. 18. Non eſt ẹqua via Dominj: Quia videbant ſeſe colere deum: & tamen a gentibus conculcari idolatris. Quia bona tantum externa ſapiebant: Deus autem indifferenter dat bonis & malos [*so*], Bona & mala exteriora, ſimul eos affligit in vnum, & ſimul eis benefacit in vnum, vtpatet vſque hodie immo malis. abundantius

benefacit: & bonos amplius affligit. [*Am Rande links:* .. s Hoc
eſt ..... mum quod omnia ..... us eueniunt .... e non eſt
peſ .. mum Sed ipſis .. ſipientibus] Et Hoc non iniquę Sed vt
fides locum habeat. Si enim Malis tantum mala daret. & mox
cum peccant, iam fides periret. & cogerentur ſibi ſeruire omnes
Et ſi tantum Bonis Bona daret, ſimiliter periret fides & ſpes,
quia putaretur, ej tantummodo pro iſtis ſeruiendum. Igitur vtile
nobis eſt. iſta prouidentia Dej: quod malis bona. vel non ſolis
ipſis mala Et Bonis mala vel non ſolis eis Bona tribuit per Hoc
erudimur. alia reſtare & bona & mala.   Vnde per Ezech
vtſupra Si erit parabola iſta vobis vltra in prouerbium Sed anima
que peccauerit ipſa morietur. Et filius non portabit iniquitatem
patris: Quia Hic non dicit. Caro morietur Sed anima. Quia de
ſpirituali pena loquitur & Spirituali premio: Iſta enim non ita
indifferenter diſtribuit. Sed puriſſimo Iudicio Vnde non loquitur
ibidem de peccato originali. vtpatet. Quia promittit Chriſti gratiam: Quam qui non acceperit ipſe morietur. Nam peccatum
Ade Indultum erat illis per circumciſionem

   Igitur. Differunt. Iuſtum & bonum. Quia Bonum proprie
refpicit malum pene cui contrariatur Sed Iuſtum eſt contra malum culpe Sic deus Bonus eſt. quia penam aufert Non autem
Bonus impijs, quia non aufert eis penam. immo eorum Iudicio
omnino contrarium de eo ſentiunt vt h. Aug. li. 1. tri. vlt
Iuſtus autem quando dimittit vel imputat peccatum & malum
culpe, & dat bonum gratię & Iuſtitię. Et ſic Iuſtum. eſt bonum
Iuſtitię. vel malum Iniuſtitię Bonum autem eſt. ſalus & beatitudo.
Malum autem pena & miſeria. [*Am Rande links:* .... Apoſt ...
gratia & pax. gratia contra malum culpe. pax contra malum
. ene]   Eſt igitur Deus Bonus. rectis corde. Quia ab eis
vere malum pene aufert: Hic in ſpiritu: Et in conſcientia primum, In futuro etiam in corpore ſimul. Sed Hoc non facit, niſi
prius malum culpe ablatum ſit, ideo addit. rectis corde. Quos
enim Iuſtificauit, hos & beatificat.   Et Hoc eſt vere bonum·
quia ſpirituale & ęternum: Ideo Bene dicit Quod bonus
Deus Iſrael ijs qui recto ſunt corde. Non enim ijs qui recto
ſunt corpore & tantum in Iuſtitia carnis

[*Unten am Rande quer herüber:*

    mea   ſpiritu   mea   carne

dextra   Eſt proſperitas in   Siniſtra eſt aduerſitas in

    illorum   carne . . . .

quia illi recti . . . .]

Blatt 107ᵃ: & legis recti ſunt, ſicut hipocrite, talibus enim
adhuc non eſt bonus: quia malum pene eis non aufert, in ſpiritu,
eo quod nondum ablatum ſit malum culpe: Nondum eſt Iuſtus
eis ideoque necdum bonus.   Hęc igitur eſt Concluſio pro-
poſita totius pſalmi

    Deinde mouet dubia Carnalium. & eorum argumenta pro-
ponit. Mej autem pene mo. ſ. p. pe ef ſ. gr m. Quia Zelaůi.
emulatus ſum. iniquos.

    Pacem peccatorum videns. Hinc manifeſte colligitur duplex
pax. ſcilicet peccatorum & Iuſtorum. Quia ſicut pax piorum Eſt
bonum eorum. qua deus eis bonus eſt: Quia prius eis Iuſtus eſt
per gratiam vt ps. prece: Orietur in Diebus eius Iuſtitia &
abundantia pacis. Iuſtitia & pax oſculate ſunt. [*Ps. 85, 11.*] Sic
pax peccatorum, eſt bonum eorum, qua & ipſis videtur eſſe˙bonus.
cum tamen Iuſtus eis nondum ſit, nec gratia eius in illis. Ideo
niſi quis ſit animal mundum & vngulam ſiſſam habens. diſcernere-
que potens precioſum a vili. inter pacem & pacem gratiam &
gratiam, bonum & bonum, mouebuntur pedes eius. Et ponet
malum bonum & bonum malum Iſaie. 5. Et dicet pax pax &
non eſt pax. Sicut Ierem. 14. Expectamus bonum & non eſt.
pacem & ecce turbatio. ſcilicet conſcientię ſiůe malum pene
Et hanc differentiam gracię. Zach. exprimit d. Exęquabit gratiam
gratię eius.   Et noſtri vſitatiſſ. verbo. dicunt gratia gratis
data & gratia gratificans

    Sed quam pauci etiam hodie ſunt, quibus non moueantur
pedes. viſa pace peccatorum Videns enim eos in diůitijs, pompa
luxurie & Gula, ſaltem ſubſiſtit. & conſyderat aperto ore. Immo
vno ſpectaculo aliquo preſente. ſtamus & hiamus: interim obliti
noſtrorum Rariſſimusque eſt. qui clauſis oculis & auribus procedat.
Sed & multis quoque Cauſa tepiditatis hęc ſunt. Quia aliorum
perditos mores aſpicientes. longe ſe illis preſtare putant: quia

non ficut cęteri hominum ipfi funt. Et ita fibi placentes. eoipfo
abominabiles fiunt deo. Non confyderantes, quoniam illi forte
mox conuertendi: multo eis meliores erunt. Et ipfi interim talentum gratię dej. defodiunt in terram

labor eft ante me. Differunt ante me & ante deum: non
fecundum fpacium loci: Cum vbique fimus ante deum & omnia
ante eum, & ante nos, 	Sed fecundum Cognitionem & affectum
[*Am Rande links:* Genes. 17. Ambula coram me.] Sic ante deum
funt, omnia que fecundum fpiritum reputabilia funt, feu que deus
reputat. [*Darüber und bis auf den Rand rechts:* Vnde ifta videre
hoc eft ante deum effe Sic econtra ante hominem & mundum
funt ea: que mundus putat vel h . . ifta videre . . . eft ante
h . . . . . . effe] Nam que ipfe reprobat, non funt ante eum.
Vnde frequens eft verbum iftud in Scrip. In confpectu dej: Co-
ram deo, apud deum & ante deum. 	Et nos enim ante deum
fūmus. quando ea cognofcimus & amamus: que deus eligit. Sic
enim Anima eft ante deum. & ante faciem eius. Econtra Impii
dicuntur Egredi a facie dominj. vt Sathan Iob. 1. Et feruus ille
nequam . qui conferuum fuum, [*so*] Quia fcilicet vertunt faciem
ad fe & fua: & dorfum ad deum & ea que funt dei. Ideo iam
licet literaliter fint femper ante faciem eius. Sed non
moraliter. nifi quando vertit faciem ad deum & ea que
dej, funt, auertendo fe a feipfo & ijs quę fua vel mundi funt
Ergo ante deum & ante faciem dej effe. Hoc eft intrare in
fanctuarium dej: Non enim ille introitus fpeciofus eft vt dixi.
Sed affectionalis & moralis (.1. Conuerfio ad fpiritualia & diũina.
Quia antequam fic conuertatúr: Eft in prophano. & ante mundum & ante fe. quia fua & mundi tantummodo videt. ac in confpectu habet: Et ita eft extra fanctuarium dei & egreffus.
Sanctuarium enim dej, eft non nifi anima fpiritualiter ad deum
conuerfa Quia anima eft fedes fapientie. Et in medio populi
(.1. corde eorum) habitare fefe promittit. Quare Sanctuarium &
prophanum, non funt longe querenda. intra nos enim funt. Sicut
dicit ps. 84

Blatt 107^b: [*Oben am Rande herüber:* . . . . . etiam fanctuarium Alleg. Ecclefia hic intelligi. Et fic ps. in perfona humanę

nature dicitur. Que non intelligit iftam rerum difpofitionem, nifi intret in Ecclefiam: ibi enim eruditur ... fidem. que eft folius intellectus, vt intelligat in Nouiffimis eorum: Extra autem folum videt in primis eorum: Et ita Chriftus in perfona eius loquitur vt Deu 32 Abfcondam faciem meam ab eis & confyderabo nouiffima eorum hoc abfcondere eft intrare in fanctuarium dej & dorfum vertere ad eos.] Et fuper eos qui conuertuntur ad cor. Et redite preuaricatores ad cor. Quid enim eft redire ad cor. Nifi mentem reuocare ab ijs: que fenfus attingit & foris funt? vt intus videat ea que corde tantum videri poffunt. [*Am Rande links:* ... Hic dicit. Ideo ... uertetur populus . eus. hic] Nam omnes tales extra fanctuarium dej funt. Ideo redeundum eft illis. fi volunt fanctuarium intrare. Quare idem eft redire ad cor & intrare fanctum dej. Quippe cor eft fanctuarium dej. Regnum enim dei intra vos eft dicit dominus donec ergo illud facias, non intelliges. Sed mouebuntur greffus tũi. Et Zelabis eos qui bene habent & impii funt. Si autem intres. Ecce intelliges.

Et intelligam (.1. intellectualia tantum videam. fiue intellectionem faciam: iam excludendo fenfum. & ea: que fenfibilia funt.) in nouiffimis eorum. [*Am Rande links:* ... ait Intelligam ... iffima. Sed in ... iffimis. quia verbum ab ... tum: Eruditus intelligens ero ... infpexero eorum .. uiffima. Sic flagellis fapiunt ... pientium, . Vnde ps. 58. leta. .. Iuftus cum vide ... vindictam. quia ..... quod non fruftra ... ferint] Nouiffima dicuntur contra prima. Prima autem eorum. Exteriora bona: Sed nouiffima funt eorum interiora. quod vtrunque facile patet. Infpiciendo. vtrorunque fitum & conuerfionem: Ea enim que ante faciem funt. dicuntur prima: Que autem poft tergum. nouiffima & pofteriora. Sed nunc illi habent faciem ad temporalia. & fic funt eorum anteriora: Iufti autem faciem ad ęterna. ideo talia funt eorum anteriora: primum enim querunt regnum dej & ante omnia, nouiffime vero temporalia. ad que habent dorfum. Sed illi dorfum ad ęterna: quia nouiffime venient ille ftulte virgines. dicentes ꝛc. quia nouiffime illa querunt. cum iam hora tranfierit

Ergo intrare fanctuarium & redire ad cor. hoc eft intelligere eorum nouiffima Quia videt fua prima in illis non effe: Et iam

auerſus ab eorum primis videt nouiſſima eorum. ſicut Abacuk. 3.
pro iniquitate vidi tentoria ęthiopię.

Dextera. felicitas. proſperitas & ſucceſſus ac velut fauor for-
tunę: Sicut ſiniſtra aduerſitas & Impedimentum.   Dextera
autem Iuſtorum eſt fauor & gratia dej: in qua viuunt, proſpere
procedunt & regnant.   Siniſtra eſt aduerſitas eorum temporalis. Ediuerſo Dextera iniquorum Dextera iniquitatis. proſperitas in temporalibus: Ibi enim ſuam dexteram ſtatuunt & eligunt   Et Hęc moraliter [*Am Rande links:* ... ſit dextera
... ps. 1. dicitur ... quecunque faciet ſemper .... buntur.
Manus .... opera: proſpera autem ..xteram ſignificantur ...pera
coram deo quia ...tera mea. Sic ps. 44. Intende proſpere......e]
Allego: Eſt Eccleſia que ſtat a dextris Anagog. Eſt futura Eccleſia ſtatuenda a dextris.   Moraliter vt dixi   Eſt gratia
fidej   Et hanc tenet Chriſtus in ſuis, ſiue ſpiritus. Caro
autem ſiniſtra

Quia Vero Mundus ſemper & in omnibus eſt contrarius Chriſto: ſicut de Egypto Scribit Pompo: Mela
[*Mela I. cap. 9.*] Ideo quod vnius eſt dextera alterius eſt ſiniſtra.
vtpatet in duobus ſibi obuiantibus: Quia alter alteri eſt ad ſiniſtram xc Et Hoc ſignum abhorrens Iacob Genes. 49. commutauit
manus. ponens dexteram ſuper eum, quem Ioſeph ad ſiniſtram
ſtatuerat

Eodem modo de alijs ſitibus: Quod vni eſt ſupra alteri. eſt
infra: & ediuerſo. Quod alius portat in capite. alius conculcat
pedibus. Quia Mundana Impijs ſunt ſuper eos portant ea in
humeris: Celęſtia vero conculcant. Econtra ſancti mundum conculcant Et cęleſtia ſupra ſe habent in humeris. Sic Diuiſa eſt
ps. 59. ſiccem (.1. humerus: Vt illi terrena. hij cęleſtia portant.
Et hinc ad queſtionem. Vtrum ſint antipodes? Reſpondetur. Quod
hi vere ſunt antipodes: Quia pedes vertunt: quo nos caput. &
nos pedes. quo illi caput.

Sic eodem modo Quod vni eſt ante alterj eſt poſt. & ediuerſo.
Sic nouiſſimi primi Et primi nouiſſimi. Sic dextrj ſiniſtri & ſiniſtri
dextri: Sic Inferj ſuperi & ſuperi Inferj reſpectu diuerſorum Et
in ceteris ſimili modo. Vt hic nuſquam

Blatt 108ᵃ: & nuſquam, Hic. Viũi mortui & mortui viũi, pauperes diuites & diuites pauperes domini ſerui. & ſerũi domini. Nudi veſtiti & veſtiti ſunt nudi [*Oben längs am Rande herüber:* Et Seneca. Nuſquam eſt qui vbique eſt. Et eiuſdem. Vbique eſt. qui in vno eſt. Item. Sic Bern. Et Scipio. Nunquam minus ſolus quam cum ſolus ſum]

Illud autem quod verſu. 10. in glo: dictum eſt: Aliter & aptius ſecundum b Aug & Caſſio. in bono accipitur. Cum populus meus conuertetur ab illis ſcilicet malis. q. d. Qui vult eſſe populus meus Vel qui eſt populus meus. moneo. vt conuertatur. Hic: 1. in tali facto vel re tali. Quia ideo permittuntur. vt dies pleni Inueniantur in eis Et dixerunt tales impij. Quomodo ſcit deus? ſcilicet contemptores diũinę prouidentię facti.

Ecce ipſi peccatores (.1. peccant.) & abundantes. obtinuerunt: Non ait mcruerunt. Sed occupauerunt, obtinuerunt. q. d Nibil ad eos pertinet quomodo eas habeant: obtinere tantummodo curant

Notandum autem

Quod iſta hic deſcripta: que faciunt Impij ex proſperitate: licet non ſingulis conueniant Nam non omnes ea faciunt. tamen aliqui ex illis: Et ſic. quia de tota generatione malorum. que facit hec omnia. aliqui illud alij aliud ⁊c   Et primo quidem. quia ſcimus. quod quecunque lex loquitur. hijs qui in lege ſunt, loquitur. Ideo de Iudęis tempore Chriſti exiſtentibus Valde plane intelliguntur: Quia hij in labore hominum non ſunt. (ſicut Euangelio dicit Matt 27 Onera grauia digito ſuo nolunt mouerè: Et amant primos recubitos in cęnis & Inuicem ſeſe glorificaue-runt. Ideo tenuit eos ſuperbia. vt humilitatem Chriſti reci-pere non poſſent. & tranſierunt in affectum cordis. ſcilicet in ſua deſyderia. Deinde prodijt quaſi ex adipe iniquitas eorum. ſcilicet contra Chriſtum   Et contra eundem Cogita-uerunt & locuti ſunt nequiciam. ſcilicet cum poſſent bene loqui chriſto. ſponte male loquebantur.   Differunt enim Malitia & nequitia: Quia malitia eſt: quando quis loquitur vel agit malum cognitum. Nequicia autem: quando etiam bonum auertit ne loquatur vel agat. [*Am Rande rechts:* Malicia . . . . .

nocere N .... tia prod .... nolle & ..... bere. v ... a nequam.
v ... Aug li......] Sic Iudei nequitiam loquebantur. quando
verba & opera Chriſtj. optima ſemper auertebant in malum. Malitiam autem, quando ſuas falſas accuſationes contra eũm loquebantur. Sequitur Iniquitatem in Excelſo locuti ſunt (.1.
in Chriſto: qui eſt deŭs excelſus.) Et ſic poſuerunt in cęlum
os ſuum. quia verba ſua ſuper verba Chriſti ſtatuere niſi ſunt,
& ipſum Iudicare & reprobare. Eſt enim in celum os ponere,
magnificare verbum ſuum. & cum deo contendere: quod illi in
Chriſto vtique faciebant: Et lingua eorum tranſiũit in terra
(·1. preualuit & dilatata eſt contra Chriſtum.   Et dixerunt. quomodo ſcit deus (.1. Chriſtus quem propheta deum
appellat. licet ipſi non eum ſic nominarent. Sed dixerunt. quomodo ſcit ille noſtras cogitationes contra eum? q. d neſcit. Sed
propheta eum nominat ita. Quia reſpicit ad quem ipſi loquuntur.
Et ſi eſt ſcientia in excelſo (.1. chriſto. q. d. nequaquam.

Eſt autem Hic Notandum. Quod licet impii directe in faciem dej non dicant: tamen dicunt indirecte. Nam Sicut Chriſtus
apparuit Iudęis incognitus. Et tamen quicquid illi in eum ęgerunt: in deum excelſum egiſſe recte dicuntur. Ita & modo quicquid in veritatem & Iuſtitiam agitur & dicitur. in deum dicitur
& agitur. Quia Iuſtitia & veritas in Iuſtis & ſunctis: illis videtur.
neſcire. que contra eam machinentur Et vere Iuſti & ſancti ignorant. Sed deus qui in eis eſt. bene videt: Ideo omnino ſimiliter
agunt. qũi ad hominem Iuſtum talia agunt ſicut Iudęi in Chriſtum Nam qũicquid in Iuſtum dicitur, indirecte in deum dicitur
qui in illis eſt. Si igitur quid ęgeris contra Iuſtum. & in corde
dixeris. Ecce ipſe hoc neſcit.

Blatt 108ᵇ: [*Oben am Rande längs herüber:* primo ſic. Aliqui
ponunt & dicunt ſi eſt ſcientia in ꝛc. ſicut iacet litera. 2°: Quia
Iudęj ſic Chriſto fecerunt. Quod autem dicit Quomodo ſcit deus,
hoc nomen deus propheta addit. & ſic appellat eum: Non illi:
Sed tantum quomodo ſcit ſcilicet ille quem ego ſcio quod deus
eſt. Sic etiam allego: & tropol. Heret: Et ſenſuales ſuperbie.
Non enim ipſi volunt Deum ſic blaſphemaſſe viderj: Sed Hoc
cum dicunt: Quomodo ſcit: non putant eſſe deum. cum tamen

fit.] quomodo fciet? Et contra eūm contenderis. Iam iniquitatem in excelfo loqueris: & in cęlum os ponis: quia Iuftus eft celum in quo eft deus, Et quando ei prefers tuum verbum. vel condemnas, iam fine dubio. in cęlum os pofuifti. Et putas, quia ipfe nefciat, Et non fcientia in Excelfo. ficut Iudęi in Chrifto. Quare Vt dixi. Quod Iudęi contra Chriftum ad literam, hoc omnes Impii: contra membra eius & Iuftitiam eorum. ideo valde multipliciter hodie hoc faciunt. Quia quando Iuftis male faciunt: ipfo facto dicunt, non videt deus. Vel deus non eft in eis: Sed longe alibi. Si enim deum in illis effe crederent, non contra eos ita agerent. nec eorum monitiones fpernerent.   Et in huius intelligentie notam. Non dixit folum quomodo fcit deus? Sed addidit Et fi eft fcientia in excelfo (.1. non eft deus in eis. qui fciat.   Nec deus ipfe fcit: licet fit. quia in eis non eft non curat. quod illis facimus. Quia nec illos noūit nec inhabitat. Sed alibi eft.   Ideo eos nefcit (.1. non habitat in eis.) ergo nec quod eis facimus fcit. quia non Imputabit eo quod iniufti illi funt. quibus hec facimus. Sed potius nos fcit: quia nobis bona dat Et Affumunt Impii argumentum exeo quod ipfi abundant. Et fancti egent. Et fic concludunt. deus non eft cum eis. Sed nobifcum: Quia illis non facit bene & nobis non facit male. Ideo non fcit deus. quod facimus eis: quia non reputat nobis pro iniquo Et Hec eft propria opinio Iudęorum. Quod illis deum addeffe [so] putant: qui florent temporaliter Illis autem non. qui egent Et fic funt infipientes facti: vt etiam inopes & pauperes perfequantur Quia non fuftinent ab eis monitionem, cum putent, eos non a deo, Sed ex proprio capite contra eos loqui. Nefcientes quoniam pauperes euangelifentur

Et Valde bene Notabis Hoc infigne punctum Quod Deus Chriftus: qualis erat fecundum diūinitatem in cordibus eorum in eftimatione, talis apparuit eis foris in eorum oculis. Sed ipfi non nifi carnaliter de eo fentiebant intus: tanquam folum carnalia dans & diligens ideo apparuit etiam foris in eis caro & homo. [*Am Rande links:* ... Caro apparuit ... omnibus fuperbe. quia .... tem in corde non .... fcunt apparet etiam .... s eis ignobilis .... in mortali & fluxo. .... oris   Et .... poteft

Efaie. 6. intelligi Excęca cor populi huius Et oculos eius ǀc .. cut Intus ceci fuerunt ... foris quoque fchandali .... funt]

Vnde ad Apoftolos. Expedit vt ego vadam (.1. vt carnalem apparentiam tollam. vt fic nec intus de me carnaliter fapiatis Vt fciatis. quoniam deus in vobis: fpiritualia & celeftia diligit & donat, non carnalia De illis autem Iudęis: qui de deo vfque hodie etiam. non nifi carnaliter fapiunt. & fperant dicit. In prophetis Ifaie 40. Cui affimilaftis me dicit dominus. Et in multis locis. ex eodem vitio vocat eos plaftes idoli, fabros mendaciorum. Quia deum carnaliter cogitant. & non fpiritualiter: eo quod aliter eum effe imaginentur quam eft. agat, velit.   Igitur ficut in illorum cordibus deum Chriftum non reputabant. Sed contrarium potius, cum tamen effet   Ita omnes impii deum in fanctis non effe putant, Et in veritate vel Iuftitia schandalizantur. Et contra eam pugnant. Quia talis apparet eis Iuftitia foris: qualis eft apud eos intus. Sed intus videtur eis nihil & parum eam curant. Et defpecta eft eis ideo & foris eam contemnunt, blafphemant & proijciunt. ficut Iudęi Chriftum in cruce: qui quod tam fedus apparuit, non putabant effe deum. Ita & illi. Quia Iuftitia eis nihil apparet. quam ipfi in fe ipfis fedauerunt. ideo etiam foris contra eam ponunt os fuum & fuperbe contra eam loquuntur & agunt. Et dicunt: quomodo fcit deus? Igitur Tota ratio Quare dicant deum nefcire Eft quia non reputant: deum effe in illo vel in eis. contra quos loquuntur. Exemplum videamus in hereticis. Et fit Celum Ecclefia: In hoc cęlum ponunt os fuum, quia eam Iudicant, damnant, & diffiniunt contra eam vt volunt. Et tranfit lingua

[*Unten in der linken Randecke:*

Celum { Iuftus   Impii
       { Ecclefia   heretici]

Blatt 109ᵃ: eorum in terra, Quia fermo eorum vt cancer ferpit Et eo ipfo non folum non peccare. Sed & obfequium preftare deo fe putant. Et ita deum nefcire fuam nequiciam eftimant (.1. non pro nequitia agnofcere: Quare autem faciunt? Quia in labore hominum non funt. & cum hominibus non flagellabuntur .1. non compatiuntur peccantibus. Sed fibi tantum

23*

placent. Nec fecundum legem Chrifti. alter alterius onera portant Sed tantummodo recitant, detrahunt, accufant Iudicant facta
eius. Ideo tenuit eos fuperbia. Et ita vere os fuum ponunt in
celum. Sed quia magna fpecie viũũnt fanctitatis. Et ibi quoque
pax peccatorum videtur. ideo pedes ibi pene mouentur etiam
electorum. Simulant enim fe pacem Chrifti & omnia que Chrifti
funt habere. ideo periculofa omnia ibi funt

   Sic Iudęi in Chriftum. qui eft cęlum fecundum humanitatem. in quo diuinitas benedicta: corporaliter habitat Et in hoc
Iudej os fuum pofuerunt, dum eius dictis contradixerunt, Iudi-
cauerunt, recitauerunt, accufauerunt, fibi placuerunt folis.

   Sic omnis qui rebellis & inobediens, arguit fũũm fũperio-
rem vel Ecclefiam fuam: reprehendens eorum dicta vel facta,
Detrahendo. Iudicando ꝛc ponit in cęlum os fuum

   Dies pleni Inuenientur in eis.   Dies pleni. funt in quibus expletur totum defyderium carnis & mundi.   Vacũi
autem. in quibus nihil habetur de carne & mundi. Sic enim
fancti licet fint in diebus malorum: tamen quia nihil participant
cum eis de hoc mundo: ideo eorum dies funt vacũi ac velũt fru-
ftranej. Econtra quia illi nihil de fpiritu participant & ficut
vacũi coram deo & habent vacuas noctes ideo eorum dies pleni
funt   Sic Iob. 7. Et ego habũi menfes vacuos, & noctes
laboriofas enumerauī mihi.   Dies Eft Concupifcentia mundi:
qua videt caro Nox autem eft excecatio, tenebra, mors & crucifixio concupifcentię. Et ideo noctes ifte funt laboriofę. quia in
exercitio fpiritus aguntur. Et fic fimul currunt. dies vacũi: Quia
fanctus fecundum carnem eft nox & habet noctem coram mundo.
Et ifta nox. eft ipfe dies vacuus: Illi autem quia habent diem
plenum, qui eft ipfa nox vacua & non laboriofa: quia fpiritus
eorum. eft vacuus qui deberet effe nox coram mundo.

Vnde ifte in ps hoc ait. Et caftigatio meo [so] in matutinis: q.
d dies mej adeo funt non pleni: vt etiam ftatim in eius initio
vacuetur fcilicet in matutino: quando fuggeritur lũx concupifcentie & vifio mortis. ftatim extinguo eam. vt non repleat mihi
diem. Et noctem vertat mihi in diem. noctem inquam laborio-
fam, in diem plenam   Sic ps. 137. Dies formabuntur &

nemo in eis (.1. vacûi erunt.) ſic Ierem.   Et diem hominis
non deſyderaûi domine tu ſcis.   Sic enim ſancti: quia omnia
que ſunt in mundo: ſterilia, vana & vacua reputant. ſicut & ſunt
ideo eis non vtuntur.   Et ita dies eorum ſunt vacûi ſcilicet ab
vſu & voluptate omnium que in mundo ſunt.   Impij autem,
quia multum ea reputant ideo dies eorum ſunt pleni: quia plena
& perfecta ea eſtimant: & nihil reijciunt Hęc eſt nox de qua in
multis locis: Nox nocti indicat ſcientiam: Et Nox mea in delicijs meis. Et ps. 91.   Ad annunciandum mane miſericordiam
tuam. & veritatem tuam per noctem.   In die mandauit dominus miſericordiam ſuam. & nocte canticum eius   Et optime
dicit Veritatem & noctem. Quia ſpiritus & veritas eſt. in exercitio ſpiritus. mortua carne & luce eius extincta: Et hec nox
ſicut dies illuminabitur: Sicut tenebrę eius ita & lumen eius (.1.
idem ſunt tenebre eius & lumen eius

Blatt 109ᵇ: Poſûiſti eis ſcilicet vt deijcias. Immo Hoc ponere eſt deponere. ponere ſecundum carnem & mundum, deponere
autem ſecundum animam & deum.   Econtra. Depoſuiſti ſanctis. vt ſcilicet eos ponas. immo hoc deponere eſt maxime ponere
& ſtature [*so*]. Sic enim deponit & occidit ſecundum carnem.
Et ſtatûit eos ſecundum ſpiritum.   ps. 11.   Ponam in ſalutari.
Et: 54. Depone eos protector meus domine. Sic enim humiliat
& exaltat, deijcit vt eleuet. elidit vt eliſos erigat. Sic ſimili modo
deieciſti eos dum alleuarentur: quia quos exaltat humiliat. ſcilicet
ſecundum ſpiritum hoc. ſecundum carnem illud. Sic econtra
ſanctos. Eleuaſti dum deijcerentur ps. Cum ceciderit non colli-
detur. quia dominus ſupponit manum. ꝛc   Et ſic omnia iſta
in antitheſi de facto intelligi poſſunt, vt ſimul dum ponuntur in
lubrico ſunt re ſpectu diuerſorum. Et hoc non vident ipſi: qui
nouiſſima propria ſua non vident quia in prophano ſunt. & nondum ingreſſi ſunt Sanctuarium Dej: Sed tantum prima ſua vident.
nec habent intellectum Sed ſicut equus & mulus tantum preſentia
& exteriora ſapiunt   Intelligunt autem talia. qui intrant in
ſanctum dej. Vt abacuk. 3. pro iniquitate vidi tentoria. Secundo
poteſt vtrunque intelligi ſucceſſiue: ſcilicet quod deiicientur finaliter: qui nunc exaltantur vt ſic ad diuerſa tempora referantur.

Sed Hoc non videtur fecundum verba pfalmi exprimi. Sed id
quod dictum eft. Quia dicit Dum alleũarentur: Et fic Nouiffima
eorum vult accipi interiora & fpiritualia eorum. q. d. foris funt
in lucro: fed intus in damno: Ideo talis vita fugienda poffunt
enim & ipfi conuerti. Et fic non erunt talia nouiffima eorum
Non enim oportet eorum nouiffima fic effe neceffario, qui tales
funt. quia nec ipfi tales funt neceffario

Sic illud quod fequitur. Quomodo facti funt (.facti ait, non
futuri vel fient) fcilicet fimul dum funt pleni. funt etiam deferti
Sed quomodo fiet, vt etiam ipfi agnofcant fefe effe defolatos?
Refpondet. Velut fomnium furgentium. domine. in ciuitate tua:
Ibi poteft fieri: fi in Ecclefiam conuertentur & feliciter redigantur
in nihil: ficut fibi factum dicit Quia ad nihilum ꝛc.

Vide ordinem, numerumque verborum. Quoniam omnia verba
dej funt in pondere, numero, menfura Defolati funt, defecerunt,
perierunt. primum eft magnum, 2ᵐ maius quia poteft aliquid
defolari & tamen rurfum proficere. Sed hic ait defecerunt (.1.
etiam paulatim minorati funt. vt proficere nequeant,   Tertium maximum. Quia poteft aliquid deficere, quod tamen ideo
nondum pereat Ecce hic eft pondus verborum   Deinde Quia
tria funt in mundo vt notum eft Defolatur ergo concupifcentia
carnis, deficit concupifcentia oculorum & perit fuperbia vite Et
hic eft numerus verborum   Vltimo   prius eft concupifcentia carnis vincenda & facilius eft Difficilius autem & 2º concupifcentia oculorum: quia non poteft defolari fubito ficut illa. Sed
deficiet paulatim,   Vltimo difficillima fuperbia vite: que etiam
de victoria nafcitur viciorum Ideo hęc non vincitur fi defoletur.
deficiatue, nifi omnino pereat propter iniquitatem fuam: quia ini-
quiffimum genus vicii eft. quod inique diuidit inter gloriam dej
& confufionem fũi Hec eft menfura

Et hec quidem in bono   Nunc per oppofitum: Defolati
funt: dum abundantes funt defecerunt dum profecerunt, perierunt
cum perfecerunt.   Vide mirabilem eloquentiam Scrip. Quanto
plus itur in carnem tanto magis receditur a carne. Et Hic iterum eft pondus verborum Quia maius eft deficere quam defolarj:
maius perire quam deficere in fpiritu

Blatt 110ª: defolatur enim. etiam per vnum peccatum. deficit autem dum addit & magis infirmatur ad bonum quam prius erat, magis excecatur, magis concupifcentia incenditur: Quia expletio libidinis non extinguit Sed accendit concupifcentiam perit autem dum obftinatur & in confuetudinem venit. vel contemptum. Vt iam omnino cęcus fit. etiam bonum malum, malum bonum Iudicet: Et in fenfum reprobum veniant. [*so*]
Deinde. Quia defolatur fides in intellectu. Spes in deficit in [*so*] memoria: Charitas perit in affectu. Vel melius. Charitas defolatur fides deficit. fpes perit   Et fic eft iam defperatus
Et Hic eft numerus verborum.   Vltimo Defolatur per concupifcentiam carnis. deficit per concupifcentiam oculorum perit per fuperbiam vitę.   Et hęc eft menfura verborum

Sequitur iterum trinitas alia. Quia. ad nihilum redactus fum (quia deus deftruit ea que funt & eligit ea que non funt. & hoc memorie & fuperbie eft contrarium: que fibi aliquid effe, poffe, ftareque videtur in fuperbia vite & honoris iactantia.
Et nefciūi. Quia ftulta elegit. deus. vt confundant [*so*] fortia Et hoc eft contra vitium intellectus qui fibi fapiens videtur in concupifcentia oculorum. & ijs quę funt in mundo diuitijs.
Vt Iumentum factus fum Quia infirma elegit deus vt confundat fortia. (Sed Hoc pro primo ponendum erat & primum, pro hoc loco 3º.) Quia hoc eft contra vitium voluntatis: quo concupifcentiam carnis fequitur vt Iumentum in guftu & tactu tantum viuens Igitur qui fic fefe agnofcit effe: hic femper eft cum domino. Nam licet Carnales fint huiufmodi, tamen quam maxime nolunt effe huiufmodi. Sed omnia per contrarium de fe fentiunt, ideo non poffunt dicere Ego femper tecum. fed femper cum Diabolo.

Verum etiam alio modo, Iumentum eft quilibet Iuftus, eo modo quo fupra ps. 43. Oues occifionis dicuntur fancti. Quia non in delicijs nutriuntur: Sed in labore & exercitatione ficut Iumenta. a domino vfurpantur. arando, triturando, portando, vehendo: in minifterijs Ecclefię

Defęcit caro mea (.fcilicet querendo exteriora fibi.) & cor meum (.fcilicet in fe confidendo.) q. d defecit corpus & anima

mea. a fuis bonis: propter te vt tu fis mihi pro ijs omne bonum
Et ideo deus cordis mej. Nam cum deus omnibus bona tribuat
indifferenter: ijs, qui folum temporalia ab eo accipiunt & petunt
vt Carnales Iudej, erat & eft deus, non cordis Sed deus carnis
eorum. quia tantummodo carni eorum benefacit: ac ita ipfi volunt. Sed quibus in fpiritu benefacit: ijs eft deus cordis eorum.
Et ideo illi peribunt, cum carne fua: Quia non deum Sed dona
Dej. pofuerunt fibi partem fuam.   Quare elongantur.   Que
elongatio non eft fpacii. Sed cognitionis & amoris   Scilicet
quando creaturis derelicto creatore: Inheretur toto affectu.   Et
tanto magis elongatur: quanto intenfius ea amantur.   Amor
enim eft approximatio anime & fpiritus

ps. 73. [Hebr. LXXIV.]

Blatt 110ᵇ: Iftum ps. b. Aug. de vltima Vaftitate Ierufalem
exponit. Lyra de Captiuitate babylonica Alij de turcorum tyrannide. Caffio. vero cum b Aug Confonat

Ad concordandum autem omnes fimul. Quia titulus indicat,
intellectualem effe psalmum Et de intellectuali feu myftica vafta-
tione loqui. Ideo meo fenfu abundans. puto. quod loquatur de
deftructione perfidie. Qua impij interpretes Iudei: Scriptūram
corrūmpūnt. Et fpirituali intelligentia legis deftrūcta: fuum fenfum carnalem erigūnt, Et adhoc valde proprie verba fonant in
ps. vt Ianuas exciderunt, pofuerunt figna fūa figna: Et iam non
eft propheta apūd eos. fcilicet nullus fenfūs neque qui intelligat
prophetam. Qui enim intelligit prophetam. Eft fine dubio propheta: Qūi autem non intelligit: etiam fi libros eius teneat tamen
verum eft quod fequitur. Et nos non cognofcet amplius. Quia
ignorans prophetam. etiam a propheta ignoratur   Ifta autem
perfidia incepit tempore Chriftj. Et hanc preūidens propheta:
in fancto ifto populo venturam & diu duraturam: fecit hunc
psalmum.

Hec autem vaftitas fpiritualis. fuit figurata. per captiuitatem
babylonicam. Sed clarius in vltima vaftitate: Et ideo illi figuram
exponunt huius psalmi. nos autem myfterium & literam fpiritua-

lem Sed quia id quod Iudeorum perfidia, ęgit & agit. in fynagoge populum: omnes heretici & precipue Turcus egerunt &
agunt in populum Ecclefię. ideo idem ps in allegoria de illis
recte exponitur   Veruntamen fecundum primūm fenfum: quem
pūto literalem effe. (eo quod omnes prophete veteris legis ad
tempus & dies Chrifti tantum prophetauerunt: ficut Apoft pet.
act 4. teftatur Et Dominus Matt. xi. lex & prophetę vfque ad
Iohannem. tunc enim impletę funt fcripturę prophetarum. quia
folum hijs. qui in lege erant loquebantur. Et ad eos folum etiam
mittebantur.   In noua autem ad gentes Apoftoli miffi funt.)
facilior eft & plana intelligentia. prophetę. Orat enim pro populo
fūo: qūem Inimici Chrifti impii eorum doctores miferrime deftruunt, in fpiritu. ita vt Chriftus in eis nullum locum, nullum
honorem, nullum feftum habere poffit, ficut prius habūit quando
ftetit Synagoga, tunc enim habitauit in eis fpiritualiter: ficut
modo habitat in Ecclefia. Sed tale ei tabernaculum nunc ej
deftruxerunt ac vfque Hodie deftruunt.

   Sūmpfit autem hanc fpiritualis vaftitatis intelligentiam: ex
occafione & intuitu vifibilis & corporalis vaftationis. Nam quod
fecūribus & bipennibus agitur in derafione fculpture, deftructione
Ianuarum & lignorum materialium. Hoc agitur lingūis & doctrinis, in derafione interioris fculpture & intelligentie fancte de
cordibus hominum.   Sculpturę enim & artificiata corporalia in templis & domibus: vmbra funt & facramentum: fcien-
tiarum. Sapientiarum, prophetiarum. & vniuerfaliter omnium
habituūm in intellectū: que formantur in anima vel deftruuntur.
per linguas, ficut per fuas bipennes & fecures.   Vnde In
Ifaia tales Iudej, vocantur fabri & plaftes Idolorum fimiliter
apud Ierem & Ofeam   Ignis autem eft figura & vmbra,
Zeli & emulationis. quo Iudej contra Chriftum fuccenfi funt &
fic in feipfis Chrifto locum fuum incenderunt. Et vniuerfaliter
omnes habitus concupifcibiles & irafcibiles fignificantur per ignem.
Quorum funt duo genera cohtraria fcilicet Chrifti & mundi: illius
Boni huius autem mali funt Et mutuo fefe deftruunt
Videtur autem propheta maxime refpicere ad figuram. Iudic. 9.
de Abimelech qui ex fylua cefis ramis ꝛc   •

Blatt 111ª: quia iftam figuram infpexiffe videtur Et inde
fuiffe illuminatus quia dicit: In Sylua lignorum & Ianuas exciderunt. que tunc Abimelech agens, figurabat futuros iftos feductores
fynagoge impie: quę cum a domino Chrifto qui verus faber &
Salomon domum dei edificare Iuffus eft, nollet dolari & edificarj:
Iufte tradita eft in illos fabros. ficut eis predixit Ioh. 5. Ego
veni in nomine patris mej & non me fufcepiftis. aliūs veniet in
nomine fuo. & hunc fufcipietis

Igitur fecundum hunc fenfum profequamur. Vt quid deus
repulifti? in finem, iratus eft furor tuus, fuper oues
pafcue tuę, frequenter enim in prophetis repulfionem repudium
& defertionem Iudęis predicit. Ideo etiam Hoc ipfo verbo fatis
indicat de quibus loqŭatur. Et experientia teftis eft: quoniam
iam millefimus & quingentefimus annus eft & eo amplius, quod
Iudei repulfi funt. Ideo dicit in finem fcilicet ipforum vt nihil
de eis remaneat aut fuperfit: quibus mifereatur

1 Et fic primo In finem refpicit nŭmerum feu multitudinem. vt fcilicet omnes vfque ad vnum etiam repellendi intelligantur

2 Alio modo. quo ad tempus

3 Tercio vt circa textum quo ad gratiam. quia fine mixtura
mifericordie: qualis eft electorum repulfio   Sed primum
pulchre defcribit Amos. 6. Et tollet eum propinquus fuus
(fcilicet a Chrifto reuocando) & comburet eum (fcilicet odio &
zelo contra Chriftum.) vt efferat offa de domo (.1. fpiritualem virtutem fidej & gratię de corde eius.) Et dicet ei qui in
penetralibus domus eft (.1. fpiritŭi & animo eum feducendo.)
Nunquid adhuc eft penes te? (Scilicet Chriftus. adhuc in
eum credis? adhuc locum habet apud te & opinionem?.) Et
refpondebit finis eft (Scilicet nihil de Chrifto in me relictum,
non reputo eum. Sed nego. Et ita faciunt Iudęi hodie. Et ideo
quia Chriftus [ausgestrichen: ab eis] eft finitus in eis & in nullo
eorum. ideo & ipfi funt finiti in illo. ac fic repulfi in finem.) Et
Dicet ej Tace & non recorderis nominis domini (.1. mutuo
fe exhortabuntur vt non meminerint nominis Chrifti. qui eft dominus. licet ipfi nęgent, tamen prophetę eft hec appellatio

Sic deut 32. Clauſi quoque defecerunt & reſidui conſumpti ſunt
.1. repulſi in finem.

Hoc tamen ſic intelligendum eſt: Quod non de tota ſynagoga
accipiatur. Sed de parte reproba In illis enim nullus eſt finis
ire & repulſe. Alioquin ſi de tota capiatur tunc ille ps loquatur. 59. Deus repuliſti nos, iratus es & miſertus es nobis. iratus
ſcilicet reprobis & miſertus electis. Denique ibidem Galaad.
Manaſſe & Ephraim electi. Sed Moab. Idumęa & paleſtina re-
probata

Qui autem dicit repuliſti nos, ſc non repulſum eſſe
indicat quia repulſus non poteſt ad deum orare. Sed
quia reliquię ſaluatę, tanquam pars illorum: ſibi im-
putant fierj ex affectu compaſſionis: quod illis ſit &
factum eſt. ideo tanquam ſibipſis fieret. Dicunt. Deus
Vt quid repuliſti in finem? Sic ſcilicet repuliſti. quia iratus eſt
furor tũũs ſuper oues paſcue tue Iſte ſunt oues domus Iſrael
Et heb. ſic. fũmaũit furor tũũs ꝛc magis indicat de Iudeis dici ꝟt
Iſaie. 65. Iſti fumus erunt in furore meo & ignis ardens tota
die. [Am Rande links: Et nomen prophete in titũlo poſiti ſatis
indicat, vocem ſynagoge .1. Aſaph eſſe hunc ps. Synagoge nequam
& ps intellectualis de intellectuali ſua perditionc]

Memento congregationis tuę, quam poſſediſti ab
initio hic deum proũocat ad miſericordiam in beneficijs pręte-
ritis. Quia populus Iſrael fuit congregatio ſolius dej. quam ab
initio poſſedit in Abraham, immo in Adam per lineas generationum vſque ad Chriſtum finem omnium tunc enim ceſſauit propago carnalis. in populo dej & congregatione fidelis populi

Blatt 111ᵇ: Redemiſti Virgam Hereditatis tuę: Hec
eſt ipſa propago filiorum. de radice patriarcharum orta. quam
primo de egypto, ac deinde ſepius tandem de captiuitate Babylonica redemit Nouiſſime autem de poteſtate diabolj Et De iſta
nouiſſima ſe loqui: ſimulque quę ſit iſta virga hereditatis exponens oſtendit. Q. D. Virgam inquam iſtam ſcilicet. Quę eſt mons
Zion. Hanc redemiſti ſcilicet O Chriſte deus per tuam paſſionem: in quo habitaſti. ſcilicet etiam per corporalem con-
uerſationem, vt Iohan. 1. Et habitaũit in nobis. etiam poſtea

fpiritualiter. Exquo ergo redemifti & habitafti in nobis, vtquid
repulifti ergo nos? Venifti ad nos omnes & non recipis nos
omnes. Sed maximam partem repûlifti.   Quę eft ergo
Caufa quod nos repulifti ita? Quid dicemus? quem accufabimus?
Nunquid iram tuam tanquam crudelem? Abfit. Sed Superbus
eft Moab. & auribus grauiter audierunt. & noluerunt audire:
Quia fecundum Ofee. 4 repulit fcientiam: Iufte repellis & tu eum
vt non fungatur facerdotio tibi. Sed & multos fecum ducit in
perditionem. & cecum cęcus in foueam pertrahit: Hoc faltem
refpice & miferere. Quia fuperbe tibi refiftunt increduli. Infuper
de aliorum cordibus te detûrbant & expugnant veritatem tûam
in illis. per falfas machinas doctrinarum fuarum Scripturas &
intellectum eius vaftantes.   Ideo tu quefo. Leua manus
tuas in fûperbias eorum in finem. Non tu repelleres in
finem: nifi ipfi fuperbirent in finem. expone vts. allegatus Amos
expofitus eft. Quia chriftum & veritatem finiûerunt in feipfis
omnino. vt non obedirent & hûmiliarentur fub eo: finis enim ibi
eft Chriftj. Sed non fic in fidelibus etiam peccantibus: qui faltem fidem informem fpem quoque eodem modo retinent & fic
velut vltima fimbria eum adhuc tenent. quam diu funt in hac
vita Illi autem omnino eum abiecerunt & finem eius in fe ipfis
ftatuerunt. vt nulla fide eum dignum reputent. Ideo fequitur.
Quanta malignatus eft inimicus in fancto .1. omnia mala
egit in animabus. in populo fancto, in Scripturis fanctis: Notandum enim quod triplex fanctum [*Am Rande links:* Sanctum]
eft vts dictum eft ps precedente. Anima, Ecclefia, Scrip. Iudęi
autem in primitiua Ecclefia, maxima mala fecerunt, dum ej
abftulerunt maiorem partem populi Ifrael. qui erat deftinatus
ab initio ad Ecclefiam. ideo quod in illis mali agitur in fancto
agitur. Similiter faciunt in Scrip. vt notum eft. Et omnes
Heretici

    Secundo notandum   Superbia vel malitia in finem [*Am
Rande links:* In finem] Eft ea. que eft incorrigibilis, obftinata &
defperata, quę etiam agnitam veritatem impugnat, vbi non eft
locus emende. & fpes correctionis, & fructus monitionis. Sed
defenfio fue Iuftitie & excufatio pertinax fenfus fûi vt Iudeorum.

Hereticorum & Turcorum Qui autem ex infirmitate & errore peccant, non in finem peccant Sed citra manent & poffunt emendari. Vt pulchre diftinguit Iohan. 1. Iohan. 5.

Tercio Notandum. [*Am Rande links:* Virga] Quod Ecclefia primitiua Eft virga. fcilicet de fynagoga tanquam radice orta Sicut enim radix in terra abfconditur. Virga autem foris in altum procedit Sic Ecclefia quando erat adhuc in radice: in fynagoga. abfcondita erat coram mundo. Sed tempore Chrifti, cepit prodire & crefcere. & replere tótum orbem & maxima arbor tandem facta eft. ramofa ficut therebinthus. Ifaie 11. Egreditur virga de radice Ieffe. ps 109. Virgam virtutis tue emittet. Numeri. 24. Et virga confurget ex Ifrael. Sic enim Scrip. Eft virga. Ecclefia virga. Anima virga feu fides anime   Vnde Ecclefia ps. 47. dicta eft Speciofûm germen, feu furculus Virgula. arbufcula. nouella plantula x

Manus leûare. [*Am Rande links:* leuare manus] Eft deprimere & humiliare. Quod dupliciter fieri poteft vt fepe

Blatt 112ª: dictum eft in ⟨ bonitate / feueritate Sed hic in bonitate principalius videtur orare, quia non dicit leua manus tuas in ipfos fed in fuperbias eorum: q. d. opto vt ipfi falui fiant pertinax eorum & vfque in finem obftinata fuperbia. hûmilietur. Et cognofcant manum tuam fuper fe eleuatam & fic confiteantur potentiam tuam & fuluentur Quod fi nolint. fiet vt eam fentiant & damnentur.

heb autem fic habet. fublimitas pedum tuorum diffipata eft in finem, omnia mala egit inimicus in fanctuario, quia in prima parte verfus omnino alius fenfus eft. Terra enim fcabellum pedum Chrifti eft. (.1. terreftres Homines vel fancti fecundum carnem Sed nunc tale fcabellum fubducunt Chrifto ne fint fub eo: ne carnem fuam ej hûmilient & fubfint. ideo diffipati funt: qui debuerant. fublime & gloriofum fcabellum pedum eius effe fecundum corpus. Ideo ecce ponuntur fcabellum pedum eius fecundum vtrunque fcilicet corpus & animam in feueritate   Et qui nolunt effe fublimitas pedum eius fint profundum pedum eius

Et gloriati fūnt qūi oderunt te, in medio folennitatis tue. (.1. Iudęi inimici tūi domine Ihefu. fūperbi funt &
fuerunt, in fidelibus tuis, eos perfequendo & in eorum malis
gloriando: [*Am Rande links:* quod poteft etiam intelligi de Iactantia eorum contra Chriftum in medio die pafche quando crucifixus fuit Chriftus qui fuit vere folennitas eius.] Solennitas
enim Chriftj. Eft totum tempus gratię: in quo eft fpiritualis
fabbatifmus & fefta myftica in corde: Sed nunc Iudęi fuperbia
fua & perfidia repleuerunt. cordā multorum: in quibus dominus
feftum fuum & requiem confcientie eorum: habere volūit: ab
operibus peccati feruilibus, carnalibus, mundanis & diabolicis
(.iftis enim violantur fabbata Chriftj:) Sed illi etiam in talium
violationum monftris gloriantur Et fuperbe defenderunt Vnde
notanter ait in medio folennitatis tuę. non in finibus. vt Indicet
differentiam medii & extremi (.1. fpiritus & litere in folenni-
tatibus. Medium enim folennitatis Eft interior folennitas cordis.
que eft ęterna. Sed exterior. Eft circumferentia & extremitas
huius folennitatis. Iudęi igitur abftinent quidem ab extremo
folennitatis & literam fabbati non polluunt. Sed intimum & medium eius peffime polluunt.   Sicut & modo Chriftiani faciunt.
feriantes ab opere laboriofo. operibus peccatoris inuoluuntur

Heb fic. fremuerunt hoftes tūi: in medio pacti tūi
Et facile in eandem fententiam recidit. Quia medium pacti. de
fabbato. Eft pactum de fpirituali fabbato de quo Zach vltimo
& Ifaię vltimo prophetatur. Nifi quod medium pacti latius fe
extendit quam medium folennitatis. fcilicet ad omnia promiffa
dej: que funt fpiritualia: Sed Iudęi volunt ea carnalia: ideo furiunt & fuperbiunt in fpiritu fuo: & fruftra literalem fimulant
religionem & obedientiam dej.   Et iftūm verfum clarius
exponunt fequentes

pofuerunt figna fua, figna. Ifta funt Idola cordis illorum. & figmenta doctorum illorum: fcripture Magiftrorum. &
Inuentiones rabim eorum. de quibus Ezech multa nimis in prophetis. [*Am Rande links:* fcilicet populum contra Chriftum acer-
bando in die parafceue]   Chriftus enim eft in fignum excelfum (.1. fides Chriftj & opera fidej funt figna dej. Hęc illi

deiecerunt & abiecerunt: & fuam fidem fuam opinionem fuum
fenfum, fua opera. (.1. fua figna pofuerunt.   Sicut & heretici
& turci fecerunt de quibus Dominus, dabunt figna & prodigia c
Et Apoſtolus Cuius aduentus eſt fecundum operationem fathane
in fignis mendacibus c   Et Hoc omnes ea faciunt aſtutia: vt
auctoritatem Scripture pro fe habere videantur.   Ideo Hic dicit

Blatt 112ᵇ: pofuerunt fua figna figna (.q. d Volueruut fua
figna: tua figna videri & fuum fenfum. tuę fcripture fenfum eſſe.
Quia & hec funt figna credentis in Chriſtum, linguis nouis loqui.
& fcripture fpiritum intelligere.   Et talia figna fibi arrogant
falſo.   Heb fic. pofuerunt figna fūa in trophęum.   Quia
volunt femper fuperiores alijs videri & victores in veritate: alio-
rumque magiſtri

Et non cognouerunt: ficut in exitu fuper fummum,
Mox enim fequitur Vt infipiens fit & nihil cognofcat: qui fibi
fapiens videtur. & fuo fenfūi innititur vt prouer.   Vidiſti hominem fibi fapientem videri: plus eo fpem habebit infipiens.   Et
ibidem.   Sapientior fibi ſtultus videtur. feptem viris loquentibus
fententias   Igitur pofuerunt figna fua.   Et ergo non cognouerunt. & traditi funt in tenebras & excecati vt. infra. dicit.
Replete funt tenebris terrę Quod autem fequitur valde obfcurum
eſt.   Et primo fic poteſt intelligi.   Quod funt excecati eo
modo: quo lucifer. fcilicet pertinaci & incorrigibili cecitate. auerfi
a deo & egreſſi ab intima veritate & luce fpiritus. ficut ps. 81.
dicit Vos autem ficut vnus. de principibus cadetis .1. ficut primus
fcilicet lucifer. Ita Hic.   Non cognouerunt .1. infipientes facti
funt. & veritatem amiferunt. fic contigit in exitu & egreſſu fathane
luciferi a veritate in qua non ſtetit, fuper fummum. fcilicet volens ęquare immo fuperare altiſſimum. & in fummum eius afcendere diuinitatis: Ibi enim eſt. per fuperbiam a feipfo egreſſus:
ideo percuſſus eſt cecitate & cecidit.   Sicut enim homo per
humilitatem intrat in feipfum & fic cognofcit, illu-
ſtratur & fit fapiens.   Ita per fuperbiam exit a fe ipfo
Et fic non cognofcit, obfcuratur & fit infipiens Vt in
lucifero factum eſt: quem in hocipfo imitantur.   Et ficut homo
per humilitatem & cognitionem fūi: intrat fub infimum.

Sic per fuperbiam exit fuper fummum Quia qui fuperbit, deo vel equalis vel fuperior effe nititur. Qui
autem hûmiliatur. etiam omni creature fefe inferiorem
facere nititur. Igitur in hoc verbo pulchre natura
fuperbie exprimitur. Quę eft a fe exire fuper fummum.
& ex fe volens facere altiffimum.   Vnde totus ps
non nifi fuperbiam accufat vt. infra. Superbia eorum qui
te oderunt x Quia Hęc eft caufa incredulitatis & initium omnium
malorum

    Alii textus fic habent. Sicut in egreffu defuper. Et fic
fenfus videtur effe Quod fuperbi exeunt de fublimitate fpiritualis
intelligentie. in literalem fenfum & qui interiora & celeftia fapere
debuerant: fapiunt terrena & exteriora. Et fic ab intimis egrediuntur ad exteriora, a fpiritualibus ad carnalia. a fummis defuper ad infima Et hoc totum: quia ponunt fua figna & non
cognofcûnt. ideo neceffario exeunt defuper de fummo. in inferiores
partes terre vts ps. 62. Ad hoc poteft duci fic nofter textus. ficut
in exitu fuper fummum, (.1. quando ponunt fua figna egrediuntur
a fpiritu in literam. Et Hoc tam pertinaciter. vt fuper fummum
ponant & ftatuant fuum fenfum ac preferant literam infimam:
fuper fpiritum fummum [*Am Rande links:* litera enim terra eft,
fpiritus autem celum. illa infimum hic fummum: fiue fummum eft
fenfus Chrifti, Infimum autem fenfus humanus Illi igitur exeunt
de fuper fummum in infimum Quia non cognouerunt: quia ponunt
figna fua figna]

    Heb fic. Manifefta in introitu defuper. quod fic con-
cordat: Quia non cognofcere & manifefta figna ponere idem eft:
Dum enim Scripturam de vifibilibus ac manifeftis exponunt: abiecta fide: que eft non apparentium rerum argumentum & fignum
Sequitur Quod non cognofcant Inuifibilia & ea que funt fidej.
fides enim non ponit

    Blatt 113ª: manifefta. Sed non apparentia: Nec in introitu
defuper. Sed in introitu de deorfum Vel in exitu de deorfum.
Vide vt mira confonantia verborum. fides habet exitum a vifibilibus & introitum ad Inuifibilia furfum: ideo eft fignum vel
figna non apparentium. Infidelitas autem habet exitum ab Inui-

fibilibus & introitum ad vifibilia defuper: Hoc eft Spiritus ducit furfum a litera & carne per humilitatem. Incredulitas autem deducit infra a fpiritu per fuperbiam. Ideo fiue. fic fiue fic textus ponatur. vera eft intelligentia   Vnde heb. pulchre exprimit malum effe introitum: quando dicit. defuper in introitu: qui non poteft effe. nifi in infima: Sicut etiam exitus defuper: non poteft effe nifi fubtus.   Quod autem nofter textus habet fuper fummum. poteft accipi ad eorum eftimationem: Quia fibi videntur ire fuper fummum: quando egrediuntur de fide Chrifti & fpiritu. Suus enim fenfus optimus eis videtur Ideo fe ab alijs fegregant & exeunt de medio eorum: quafi ipfi melius quid fapiant Et fic ponunt fua figna: ficut in exitu fuper fummum (.1. quia hoc facientes fibi videntur de inferno & omni malo exire: fuper fummum celorum. Sed quia non cognouerunt ideo potius intrant in inferiora & fubter infimum inferni Et hic fortaffis erat primarius intellectus huius verfus

Tropologice autem Hec omnia, fi fiant: optime fiunt. vt homo fiat non cognofcens & ponat fua figna figna (.1. peccata fua.) & exeat a fui eftimatione defuper a fuperbia fua vel fuper fummum (vt fibi fummus peccator appareat. ficut illi fibi fummi fancti quod relinquo ex precedentibus practicarj: quia facile poteft fieri. Vt homo proponant [*so*] in confcientia fua Et accufet peccata fua: que fecerunt in corde fuo. omnia ifta mala: que Hoc ps fcribuntur. Et oret pro congregatione virium & gratiarum: quas redemit in baptifmo ꝛc

Quafi in fylua lignorum fecuribus exciderunt Ianuas eius in idipfum Hec eft perfidorum & Hereticorum conditio. vt non contenti propria perditione: plurimos fecum perdant & fuum virus late diffundant longeque propagent vt apoftolus ait. Et fermo eorum ficut cancer ferpit. Et fermo eorum valde proficit ad fubuerfionem. Ideo hic idem querulatur dicens: Quafi ꝛc. Non enim magnum eft, quod ligna & lapides deftruuntur Neque hoc propheta deplorat Quia fecundum Aug. Non erit magnus, qui putat magnum quod cadunt ligna & lapides & moriuntur mortales. Sed quod in fpiritu deftruuntur ficut & dominus fuper Ierufalem flens, oftendit, Romani enim corporaliter Iudeos

vaſtauerunt. Sed ipſi multo peius ſeipſos. per inſtrumenta doctrinarum ſuarum

Et vt nobis oſtendat. quoniam plus de ſpirituali Vaſtatione
quam corporali loquatur: ſatis digna ponit argumenta. 1° Nam
quid neceſſe ſuit addere. in ſecuri & aſcia deiecerunt? quaſi non
ſuffeciſſet. Si ſolum, deiecerunt vel exciderunt, diceret: Niſi quia
exprimens inſtrumentorum nomina. vocat ad modum ſpiritualem
deſtructionis. 2° Item Si deſtructe ſunt Ianuę & incenſ: quomodo in eis ſigna ſua ponere potuerunt? Sed in ſpiritu hec omnia
fieri poſſunt   3° Item Quia Ianuę templi erant creę omnes
vt dicit Ioſephus. ergo Securibus excindi non potuerunt neque
lapides quibus innixe erant 4° Item Aſaph ſuit ante templum
ſalomonis edificatum. Igitur in ſpiritu videbat in quo & locutus
eſt. Neque hic niſi de ſanctuario loquitur. non enim facit mentionem niſi de monte Zion & ſancto: quod ſuit templum: immo
tunc nondum ſuit. Sed preuidit templum & Zion ſpiritualem

Blatt 113ᵇ: Securis *axt* Aſcia & dolabra. *Beil.* bipennis.
barten,

Quaſi in ſylua lignorum. (.1. quaſi non eſſet ſacre Ianuę
Sed prophanę ſicut ſunt ligna in ſyluis eadem ęſtimatione eas
temerauerunt: qua & illa   Secundo ſic (.1. copioſe & ſine
delectu omnes exciderunt, quaſi eſſent ligna ſyluarum: in quibus
nihil pretij nihil neceſſitatis eſſet.) ſecuribus exciderunt Ianuas eius in idipſum .1. ſimul omnes nullum relinquentes.
At ſecundum intellectum & Inuiſibilia. populus Iudeorum ſylua
ſuit & eſt, lignorum: quia amiſſo ſenſu & ſpiritu: hominem exuit:
ſolum creſcere viſibiliter & florere nouit. Et videtur aliud eſſe.
Sylua lignorum & ligna ſyluarum. de quibus ps. 95. Sed Hoc aliud
ocium poſcit   Igitur. Secures aſcia vel dolabra ſunt lingūe
docentium, quorum miniſterio. exculpuntur anime & formantur
in diuerſas figuras & doctrinas ac diſciplinas: Quibus linguis ſit
etiam hoc, vt ſeducti negent auditum prebere verbo ſalutis. &
aſſenſum veritati tunc certe Ianuę ſunt exciſe. Quia auditus eſt
Ianua: per quam intrat verbum Chriſtj in mentem. Quod vitium
vſque hodie in Iudęis pertinaciſſimum eſt. Quia nolunt vllo modo
audire vel aſſentire Chriſto. Sicut ps. 23. eis dicitur. Attollite

portas principes veſtras: omni enim ſtudio, omni vſu lingue, id
agunt, vt perſuadeant ſuis, ne credant Chriſto. Hoc autem eſt
Ianuas anime ſecuribus & aſcijs exſcindere Sed & Turcus: non
tantum lingua & verbo id facit: immo & gladio & morte prohibet
audiri verbum Chriſti: Et ideo quam maxime. hic etiam Ianuas
deſtruit ſalutis

Et Notandum primo. Quod non ait. Cultris aut aculeis
perforant. Sed Securibus exſcindunt In quo nota: quod non
leūi monitione pungunt auditum verbi dej aut mordent eos qui
audiunt ſeu caſtigant eos. Sed toto niſu perſuadendi preualent.
vt nullo modo audire aut aſſentire ſinant   Eſt enim lingua.
Culter: aculeus, quando leuiter monet & perſuadet Eſt autem
Securis, quando grauiſſimo pondere & forti ictu perſuadet. vt
Iudęi faciunt   Eſt etiam Nouacula acuta: quando detrahit,
Quia Nouacula acuta non ſicut ſecuris, omnino excindit & deijcit:
Nec etiam pungit aut ſaūtiat ſicut culter & aculeus qui intrat
carnem. Sed tantum foris ſuper cutem leuiter tranſit & radit
[*Am Rande links:*   Securis
    .... ua Culter
    Nouacula

Secundo Notandum. quia dicit Ianuas pluraliter: Vna Ianua
eſt Auditus per quam intrat ſalus in animam Chriſtus. Altera
Eſt os per quam exit Confeſſio Chriſtj. ſcilicet confitendo peccatum ſuum & gloriam Chriſtj: Immo Totum corpus & quodlibet
membrum eſt Ianua. per quam exit opus fidei: quod confitetur
Chriſtum coram hominibus. [*Am Rande links:* ...ua]   Has
autem omnes, illi ſuis peſtilentibus aſcijs deſtruxerunt in ſemetipſis: Vt exire non poſſint talia opera.

Heb. Sic. In ſaltu lignorum ſecures, Et nunc ſcul-
pturas eius pariter bipenne & dolatorijs deraſerunt
fuit enim in Synagoga quondam. notus deus: & intelligentia ſpiritualis: que accedente aduentu Chriſtj: per Scribarum interpretationem valde mutabatur in nudam literam. vt eos Dominus in
Euangelio arguit: Que ſunt eorum Thalmudica plena mendacijs,
& inuerſionibus immo peruerſionibus Scrip. Sicut Zach. 5. De
Amphora Impietatis prophetat. Et Ierem. [*23, 36.*] Et peruer-

24*

tiſtis verba dej viuentis. Et Treno. [*4, 1.*] Immutatus eſt color
optimus: Et Hanc gloriam ſapientie & vere intelligentie. hic
vocat Sculpturas illas ſpirituales: quas dicit deraſiſſe eos. non
leûiter. Sed aſcia & bipenne. linguis ſuis magniloquis & grauibus
ad perſuadendum. Ac ſic habent nunc Scripturam & Sanctuarium.
Sed deraſum. omni ſculptura ſpiritualis forme doctrinę. Habent
Sanctuarium ſynagogam. qui ſunt ipſi & anime eorum. Sed deraſi
ſunt. deiectus omnis decor myſtice eruditionis. Iſaic. 3.

Blatt 114ᵃ: Incenderunt igni (.ſcilicet Zelo & emula-
tione.) Sanctuarium tuum, (.1. ſynagogam tuam: populum
tuum. contra te Chriſtum dominum ſuum prouocando.) in terra.
polluerunt tabernaculum nominis tui. Quia nomen ţuum
inuocatum ſuit ſuper populum ſynagoge. & in eis erat. Et ipſi
debuerunt eſſe Sanctuarium tuum ſicut olim fuerunt. Sed Ecce
Incenſi ſunt & polluti a ſuis Magiſtris & inimicis tuis.
Dixerunt Cognatio eorum ſimul (.1. poſteri eorum cum
ipſis.) Quieſcere faciamus omnes dies feſtos dej a terra
(.1. ſpirituales ſolennitates & dies in corde, non agemus Chriſto:
qui eſt deus. Non quod ipſi Deum vocant illum. Sed propheta
ſic appellat eum: quem ipſi deum negant. ac ideo nullum cultum
ej impendunt. neque intus neque extra. Et ſic vere quieſcere
faciunt omnes .1. vtroſque dies feſtos Chriſti a terra (.1. a populo
ſynagoge.) Qui enim Chriſto non celebrat: nec deo celebrat.
Et qui ej aufert: deo etiam aufert. vnde totus ps. ad perſonam
Chriſti proprie dirigitur.   Sequitur   Signa noſtra
non vidimus (.ſcilicet inter eos Quia neque ſenſum, neque
opera patrum ſuorum habent Iudęi hodię.) Iam non eſt propheta (ſcilicet apud eos. quia ſi haberent prophetam & prophetiam vtique Chriſtum intelligerent. Cum prophetia nunquam ſit
allata. humana voluntate. Sed ſpirituſancto locuti ſunt ſancti
dej homines ac ideo tales Chriſtum non poſſunt neſcire. Sicut
nec olim vlli prophete neſcierunt: Et ideo cum illi Chriſtum
neſciant: patet. quod apud eos nullus eſt propheta   Et nos
non cognoſcet amplius (.1. populus iſte auerſus, non intelliget
nos prophetas, quos tamen per omne ſabbatum legunt.   Vel
ſic propheta nos non cognoſcet amplius, orando in perſona illo-

rum. quia fcilicet nullus eft inter eos amplius propheta: ideo eos non poteft vllus agnofcere tanquam populum fuum, ficut olim fecerunt. Sed folum Chriftianos agnofcunt prophete. Et ifte fenfus Iuuatur ex Heb. vbi fic Et non eft nobifcum qui fciat vfquequo: Quia non eft inter eos (qui tamen funt de genera- tione & femine patriarcharum & prophetarum: ideo dicit. nobif- cum.) qui poffit prophetare eis. quam diu duret eorum ifta Ca- lamitas horribilis

Vfquequo deus (.o Ihefu Chrifte.) improperabit ini- micus (.q. d quefo vt facias ex eo amicum, vt ceffet tibi impro- perare Et incipiat nobifcum te laudare. Hoc enim Expectatur impleri adhuc ante finem mundi   Irritat aduerfarius (Iudaicus populus refiftens tibi.) nomen tuum fcilicet diuinitatis quia negat te deum. fac obfecro vt definat irritare & aduerfarius effe. in finem (.1. vt non fit refiduum: quod nomen tuum non irritet.   -

Vt quid auertis manum tuam & dexteram tuam, de medio finu tuo, in finem Bonum imprecatur hic verfus. licet enim: manum ad punitionem: & dexteram ad fauorem in Diuerfis hominum meritis aliqui accipiant: tamen melius in idem capienda funt. Vt fit manus. qua eos corripiat ad falutem. & dextera. qua eos gratificet: illic auertendo a peccatis hic conuertendo ad fe. Ideo enim femel tantum pofuit: Auertis: Et copulatim ej dedit. manum & dexteram. Sic enim ej promifit & minatus eft per Ezech. 23. [16, 42.] Non irafcar tibi. Et hoc eft auertere manum: Et eiufdem. 9. [8, 18.] Non mifcrebor. Et Hoc eft auertere dexteram.

De medio autem finu tuo., ociofum verbum videtur aut faltem obfcurum eft. valde Heb fic. Conuertis ma t & d. t. in medio finu tuo confumens. Senfus ergo videtur a metaphora. Quoniam abfcondit auxilium apud fe & non extendit ad illos extra fe: Et Hoc, in finem totaliter eos deferendo. Et fic con- fumens eos nullis reliquijs referuatis Sicut qui manum fuam in finum fuum abfcondit, nihil operatur aut auxiliatur.

Veruntamen occulto indicio. Vult quod Chriftus abfcondit (non fuo Sed eorum vitio.) diuinitatem fuam ab eis. vt eam non agnoſcant. Nam dextera dej Eſt filius dej: Et ipſe eſt in [*Unten die Signatur A*]

Blatt 114ᵇ: ſinu patris ſūi. Ideoque Conuertere dexteram ſuam in medio ſinu ſuo. Eſt diuinitatem ſuam abſcondi ab eis. in patre. vt illi non filiūm. Sed ſolum patrem deum putent, ipſum tantum hominem Sicut manus in ſinu poſita non videtur. Sed tantum ſinus. hoc autem non faceret eis, niſi ipſi prius dexteram ſuam, in ſinum ſuum auerterent (.ſpiritum in literam intruderent & fidem abſconderent coram deo. Ideo ſicut fecerunt ej ſic ipſe facit eis. Dextera enim noſtra auertitur in ſinu noſtro: quando operari ſecundum ſpiritum renüimus. Et abſcondimus totum ſpiritum, in carnem. ſicut talentum in ſudario vel terra. Et occupamus negocijs huius vitę.   Vel certe in medio ſinu ſuo (.1. in humanitate ſua coram eis abſcondit eo. quod ipſi deum non credunt cum eſſe. Sed tantum hominem. Sic enim ab Iſaia. vocatur deus abſconditus valde. Humanitas enim gratioſiſſima Chriſtj Eſt ſinus iſte. formatus de mundiſſimo panno carnis virginęę: & in medio eius. in intimo inquam illius humanitatis abſconditus eſt. Et auerſa dextera eius ab illis. Sed non a nobis. Sic enim factus eſt petra ſcandali & lapis offenſionis ipſis & omnibus ſuperbis. Quia in eo quod Chriſtum negant. ac cultum & feſtos eius dies polluunt: non putant ſeſe deum negare, cum tamen vere negent & vere polluant. Sicut Heretici, quando veritatem negant. etiam deum honorare ſe putant. Et tamen ſimul verum eſt: eos dicere. Quieſcere faciamus omnes dies feſtos dej a terra. Quia eo ipſo. quo veritatem excludunt deum excludunt.

Vides ergo quomodo incipit elucere, non modo eſſe non ocioſum. Sed pregnantiſſimum illud verbum. Et tota ratio omnium dictorum. Cur illi ſuperbi ſint & repellantur Quia ſcilicet abſconditus eſt. auertit dexteram ſuam in ſinü ſuo, & deitatem ſuam non oſtendit eis quia noluerunt ſuſtinere vt oſtenderet vtpatet in Euangelio.   Vnde quod ait, ſinu tuo: videtur diſtinguere ſinum patris. a ſinu ſuo Quia ſecundum diuinitatem eſt in ſinu patris Sed ſecundum humanitatem in ſinu matris. Sed ſinus patris eſt diüinitas, Et ſinus matris caro. illam de patre. hanc

de matre habet [*Am Rande links:* Ambr. fer: oct .... Chrifti
finus ... eft diûinitas: in ... euangelifta fides ... matre vir-
gini ... Vide ibidem .. lchre*)] Huius rej figuram Mofes
olim geffit Quando manum fuam mifit in finum & facta eft leprofa
Quia Iudęi abfcondunt dexteram fuam in finum fuum. (.1. fpiri-.
tum in literam.) Deum in hominem purum, fcilicet Chriftum,
vertentes. quantum in eis eft. Eritque in diebus nouiffimis. vt
eam rurfum in finum mittant Secûndo figno & tunc credent. qui
primo figno non crediderunt ficut ibi textus dicit Et tunc ceffabit
lepra illa hucufque incurabilis proprii fenfus. Hoc autem fiet:
quando in finûm fpiritualem. & veram intelligentiam Scrip. mife-
rint manum fuam Et fic Duplex eft finus Chriftj: litera &
fpiritus: virgo mater. & deus pater. De primo loquitur Heb.
tex. De altero nofter. qui dicit. de medio finu tuo: (.1. de finu
patris auertis dexteram tuam, non tibi Sed illis: Quia illi non
credunt te effe in finu patris: ideo eis es auerfus de medio ifto
finu tuo: Et es conuerfus in finu tuo medio fcilicet matris (.1.
carnis.) Hoc eft breuiter Vtquid differs. cognofcere eos: te effe
deum verum? quamdiu fines eos te folum hominem putare? Sic
enim carent dextera & gratia tua. Ecce Hic eft intellectus
Afaph: quem titulus indicat: fcilicet deum in homine intelligere.
Et non effe auerfam dexteram dej in medio finu eius vel de
medio finu eius. Vnde nunc vlterius ex ifto intellectu profequitur confeffionem eiufdem diuinitatis per recitationem operum
eius Diuinitatis teftium Et Eft mira Confeffio dicere ad
eum qui apparet tantum homo: Tua eft dies. tua eft nox x

Blatt 116ᵃ, d. i. 115ᵃ: Poteft & finus accipi tropologice vel
allegorice: de ipfa fynaga [so] vel qualibet anima: A qua auertit
dominus dexteram gratie fuę: propter incredulitatem eorum.
Quia ficut homo in finu corporali: ita Chriftus per fidem requiefcit in finu cordis, in memoria & confcientia quięta. Sed extra
hunc finûm, eûm Iudęi proiecerunt omnino. Similiter Sinus
Eft. ordo doctorum & contemplatiuorum. in quibus requiefcit

---

*) „Nam Chrifti finus erat in Ioanne Euangelifta fides, in Deo Patre
diuinitas, in Maria matre virginitas." S. Ambrofii (Sermo XVII.) In Octava
Epiphaniae Domini. Opp. Lutetiae Paris. M.DC.LXI. Tom. V. Sp. 22.

veritas Chriſtus.   Et ſic Sinus Abrahe dicitur Conſcientia
fidej Abrahe: in quo recipiuntur omnes fideles & membra Chriſti
     Deus autem rex noſter, ante ſęcula (.1. abeterno ſiue
ęternus.) operatus eſt ſalutem in medio terre (ſcilicet Ieru-
ſalem per mortem ſuam.) Et per hanc: Tu confirmaſti in virtute tua mare) Et hic myſteria Exodi exponit. prophetans
eorum impletionem in Chriſto. Nam ſicut in medio Ęgypti fecit
ſalutem filiorum Iſrael. per phaſe ſuum figurale Sic in veritate
fecit ſalutem ęternam: 'per tranſitum ſuum ex hoc mundo ad
patrem.   Et ſicut ibi diſſipaũit mare rubrum & vtrinque fir-
maũit ad pertranſeundum Sic mundum diũiſit. & virtute ſua con-
tinũit. vt electos ſuos per illum duceret ad celum. Et ſicut
Electos principes pharaonis vna cum ipſo, pharaone contriuit in
aquis. (nam Ezech. 29. &. 32. pharao rex ęgypti draco vocatur
& leo: Sic & dracones ſunt principes.) ita demones & principem
demonum. contriũit in perſecutionibus. & patientia victoriaque
martyrum. Hinc dicit. Tu contribulaſti capita draconum.
(.1. demones principes.) in aqũis (.1. in perſecutionibus) [*Daran
am Rande rechts:* Vel exiſte.... in aquis .... in populis ....tes
per mu .... qui & prin .. pes ſęcul ... cuntur] q. d in proprijs
eorum perſecutionibus contriuiſti eos, .   Tu confregiſti
caput draconis (.1. ſuperbiam ſathane, aſtutias. & potentias
eius) Dediſti eum eſcam populis ęthiopum (.1. in deuora-
tionem & conſumptionem eorum qui prius erant peccatores. Sicut
Iob 41. dicitur diuident eum amici, concident eum negociatores
Et ps. 103. Draco iſte quem formaſti ad illudendum ej. Quia
Quando Eccleſia collecta de nigris peccatoribus diuidit diabolum.
& membra eius ſibi incorporat continue: recte cum pro Eſca
habere dicitur.   Vel populus Ethiopum ideo Eccleſia gentium
dicitur: Quod Nigra eſt ſed formoſa: foris in oculis hominum
nullius ſpeciej ſicut Ethiops.
     Vel Si in malo accipiatur populus ęthiopum (.quod vix credo.)
Senſus erit. Quod Impii homines paſcuntur diabolo & malis
anime ſuę. Sicut pii paſcuntur Chriſto pane ſuo viuo.   An
autem Vere ad literam. cętum maritimum edant neſcio. vt hinc
myſterium trahere putetur propheta

Hierher gehört von Blatt 116ᵇ Signatur C: .14. & .15. verſus.
poſſunt multipliciter: primo de Iudęis (.omiſſa ea qua lyra de
pharaone exponit ſicut bene ej licet.) Qui ſunt mare rubrum
per quod Ecclefia primitiua tranſijt quod dominus diſſipaũit
fecundum heb. tranſ: .1. diũiſit. feu confirmaũit virtute
ſua: fcilicet a dextris & ſiniſtris, vt ſanctis liberum daret greſſum
ad celum: Nec ſiniſtre perfecutiones, nec dextere proſperitates
eos impedirent: que erant in ſynagoga.   Sic ibidem con-
tribulaũit feu contriũit Capita draconum, (.1. principatus
ſuperborum facerdotum & feniorum qui progenies ſerpentum ſunt
& draconum,) in aquis .1. populis ſynagoge.   Nam fic figurat
virga Moſi verſa in draconem: immo Magi pharaonis in ſuis dra-
conibus: Quia Apoſt. dicit. Quod ficut illi reſtiterunt in Moſi:
fic iſti veritati Euangelij vtpatet in actibus.   Tu confregiſti capũt draconis Heb. capita leuiathan.   fcilicet
eoſdem principes ſynagoge ſuperbos, iratos & inflatos. dediſti
eum Eſcam populis Ethiopum (.1. nigris Iudeis, qui nunc
ſunt ęthiopes Abacuk. 3 Et alibi. Nunquid non ficut filij ethiopum ꝛc Illi enim paſcuntur: illis ſuis Magiſtris & maioribus: Nos
autem Chriſto paſcimur: illi antichriſto ſuo

Secundo de diabolo & toto mundo. pariformiter. 3° de hereticis & eorum principibus. 4° de Turco & antichriſto: 5ᵗᵒ de
quolibet ſũperſtitioſo capite: quod loquitur ficut draco detrahens
veritati. & refiſtens ej vt apoc. 12. patet qui trahit 3ᵃᵐ partem
ſtellarum in terram

Blatt 116ᵃ, d. i. **115ᵃ**: Tu dirupiſti fontes & torrentes:
(Sicut in deferto fecit per virgam Moſi.) Sed nunc melius: fontes
ſunt Apoſtoli, prelati & doctores. tanquam capita & origines
ſpiritualium populorum.   Torrentes autem ſunt: populi ex
eis repente multiplicati per orbem terrarum Tu ficcaſti flũ-
ũios ęthan (.1. populos induratę ſynagoge & robuſtę.   Ethan
per. n. ſignificat fortem: durum: robuſtum velut inexpugnabile
faxum) Et ideo Quia Iudęi pertinaces & dura generatio ſunt &
inexpugnabilis perfidię. merito amiſſa aqua ſapientie: quam olim
in lege & prophetis habuerunt, exiccati ſunt.   Cętera omnia
facilia ſunt. ideo dimittenda. [*Am Rande links:* Beſtię autem ſunt

ipfimet: lupi rapaces, feductores animarum.] preterquam ifte verfus. Repleti funt qui obfcurati funt terre domibus ini-
quitatum, Cuius conftructio perplexa. fic poteft primo conftrúi
vt diceretur. Repleti funt peccatores terrę (quia obfcurati funt.)
Diuitijs & domibus ac peffeffionibus iniquis & iniquitatis. Quia
diuitie. faciunt cęcum & incre [*Unten Signatur B*]

Blatt 116ᵇ, d. i. **115ᵇ**: dulum cor. Illi autem funt repleti
dicit diuitijs. immo cupiditatibus potius, cum diuitijs repleri non
poffunt Auari. pauperes enim Euangelifantur & illuminantur
Diuites autem excecantur & obfcurantur. Dicuntur itaque obfcuri
terrę. (.1. obfcuri. in terris de terra. vt ficut dicitur. Obfcuri,
mali, Indocti, peccatores terrę) vult enim loqui de Iudęis. qui
funt de populo terre fancte: q. d   Sunt quidam etiam Sancti
Homines terre promiffionis. illi autem funt obfcurati eiufdem
terre & generationis.   Heb. Sic Replete funt tenebris
terre. habitationes inique fubrute: fcilicet deftructe a fide
Chrifti aliene & non edificate in radice & focietate patrum fuorum. Ideo fequitur dimiffis illis obfcuratis diuitibus & obfcuratis
mente: Pauper & inops laudabunt nomen tuum domine.
Nec vtique laudarent nifi noffent. Nec noffent nifi illuminati
effent. Quare pauperes euangelifantur. Et ferúi mammon obfcurantur

Notabilia

Finis eft duplex fcilicet Confumptionis & confummationis
(:quod cum philofophia poteft confonare de fine quo & gratia
cuius: finis enim quo Eft confumptionis & ceffationis: finis autem gratia cuius eft adeptionis & acquifitionis. Et fic aurum
ęgypti. ad tabernaculum comodatur [*so*].   Eft vterque 3ᵖ. fcilicet Tropolog. Alleg: Anagog.   ·Quia

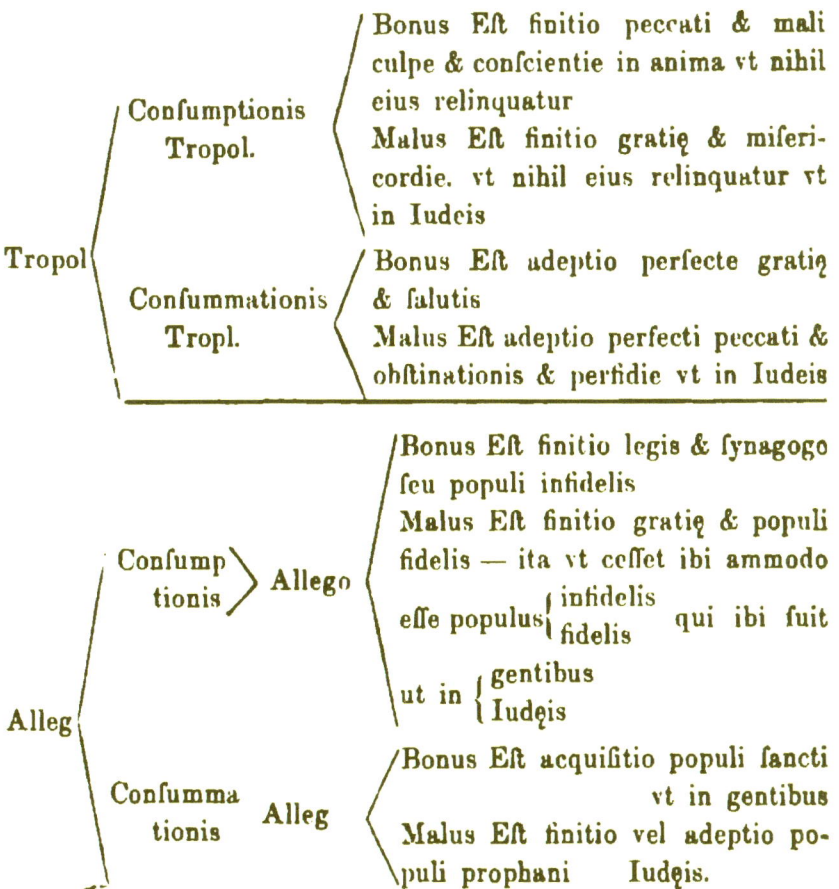

Tropol
- Confumptionis Tropol.
  - Bonus Eft finitio peccati & mali culpe & confcientie in anima vt nihil eius relinquatur
  - Malus Eft finitio gratię & mifericordie. vt nihil eius relinquatur vt in Iudeis
- Confummationis Tropl.
  - Bonus Eft adeptio perfecte gratię & falutis
  - Malus Eft adeptio perfecti peccati & obftinationis & perfidie vt in Iudeis

Alleg
- Confumptionis Allego
  - Bonus Eft finitio legis & fynagogo feu populi infidelis
  - Malus Eft finitio gratię & populi fidelis — ita vt ceffet ibi ammodo effe populus { infidelis / fidelis } qui ibi fuit
  - ut in { gentibus / Iudęis }
- Confummationis Alleg
  - Bonus Eft acquifitio populi fancti vt in gentibus
  - Malus Eft finitio vel adeptio populi prophani Iudęis.

Vnde Chriftus dicitur finis in Hijs omnibus, quia { illos confummat / hos confumit } Et fides eius fimiliter ficut ipfe Eft verbum

< Confummans / Abbreuians > { illos / hos } .1. virtutes, & fanctos vitia & impios a fanctis & vitijs diuidendo Et fic confummatio abbreuiata inundat Iuftitiam.

Et ita in omnibus titulis ps, vbi ponitur. in finem. poteft fic accipi: Similiter illud. Ad Victoriam. Eft enim victoria: finis belli confumptionis. & finis pacis. confummatiuus. Tamen [*Ausgestrichen*: In hoc autem] frequentius eft & vfitatius, finem femper pro confumptione accipi. Sic enim Chriftus eft confumptio: fchandali petra, lapis offenfionis, & omnino finis omnium malorum. fimiliter fides eius In hoc autem ps. de omnibus accipi debet. tamen in Malo fcilicet fine. gratiǫ, populi fancti, & beati

Anagog.

Confump.

> Bonus Eſt finitio omnis mali etiam corporalis
> Malus Eſt finitio omnis boni etiam corporalis

Confum.

> Bonus   perfectio omnis boni
> Hec erit ǫterna beatitudo & ·felicitas
>
> Et
>
> Malus perfectio omnis mala   Hec erit ǫterna miferia & damnatio

---

Chriſtus itaque finiũit legem. Et per hoc omnes finiũit qui legi adheferũnt. Sicut quando frangitur virga frangitur: illud fimul frangitur. [*so*] quod vnum eſt cum virga. Zach. [*Sachar. 11.*] De duabus virgis

Blatt 116ᵃ: Intellectus vel eruditio in Titulo ps. pofitum: femper Indicat: Inuifibilia. fpiritualia, quǫ videri nequeunt. Sed folo intellectu & fide attingi poſſunt: ibi dici, fiue bona fiue. mala Vnde Intelligere in Scrip. aliter quam in philofophia capitur. fiũe fit abſtractiua fiue vniuerfalis: quia philofophia femper de vifibilibus & apparentibus. vel faltem ex apparentibus deducta loquitur. fides autem Eſt non apparentium, nec ex apparentibus deducta: immo de cǫlo eſt: Cum ex apparentibus potius contrarium fidej femper deducatur vtpatet.

Orat ergo Afaph. pro populo Ifrael ne in finem repellatur. Sed recordetur eius deus quem ab initio poſſedit. Vidit enim futuram Iudǫorum perfidiam: tam grauiter fynagogam deſtructuram Vnde dicit Quanta malignatus eſt inimicus in Sancto. Vbi Notandum. Quod triplex fanctum eſt Scilicet

Anima fiue fides ⎫
Synagoga fidelis ⎬ de quolibet illorum. omnia fequentia exScriptura fancta ⎭ ponuntur propriũſſime. vt fcilicet

Sublimitas pedum tuorum (.hǫc eſt Anima fidelis, populus fidelis, Scrip. fancta, Quia adorabimus in loco vbi ſteterunt pedes eius.) **diffipata eſt.** Quia populum de fide futuri Chriſti fanctum: detraxerunt in perfidiam Et fic de fingulis animabus. fidem Chriſti diſſipauerunt. Et Scrip. infuper negauerunt. & in

fuam perfidiam traxerunt. Synagoga enim habuit fidem in
fidem Ro. 1. vnde fuit populus fanctus: Quia tenebantur conclufi
in eam fidem, quę erat reuelanda: Et Ro. 13. dicit. Nunc pro-
pior eft noftra falus. quam cum credidimus: Sicut ergo nos per
fidem factę incarnationis & future glorię fanctificamur Sic tunc
populus fynagoge fanctus erat per fidem futurę incarnationis Et
in tali fancto omnia mala ęgit inimicus. Et pofuerunt fua
figna: Et Ianuas eius exciderunt ꝛc Et gloriati fūnt in medio
pacti dei (.1. teftamenti fiue Scrip. fancte. Vnde heb. textus
aptiffime fonat adhoc. fremuerunt hoftes tui (.1. furiunt fenfum
fuum Zelo infipienti ftatuere, in pacto tuo

Signa fua in
- animabus funt doctrine eorum vel opiniones
- populo. funt mores & ceremonię eorum. Et ideo. infra. dicit quiefcere faciamus omnes dies feftos dej a terra (.1. vt Chrifto nullus ritus apud nos fit. qui eft deus
- Scrip. funt Expofitiones & glofe eorum, vnde annotationes dicūntur

Ianue in
- Animabus.
- populo
- Scrip

funt
- Auditus vts in Commento: Erūditi & docti. per quos alii intrant & exeunt
- Verba Scripturę: quo torquent violentiffime in fuum fenfum, abfcindendo, que fibi non placent

Incendunt
- animas
- populos
- Scrip.

Zelo
igne contra Chriftum
Inuidis & iracundis expofitionibus.

Et fic irritat aduerfarius nomen Chriftj in finem, quia fine
ceffatione & vfque ad omnimodam confumptionem: Et Vide ne
hoc forte fit: quod ait dominus. Nifi abbreuiati fuiffent dies illi
Quia omnium herefum machinatio in Ecclefia, non peruenit fic
ad finem: vt ifta perfidia Iudaica. Sed ceffauit & ceffat tandem
omnis herefis, vincente Ecclefia. Nifi Quod fecta Turcorum adhuc reftat. vt & ibi non in finem prolongetur furor dominj &
repulfio [Unten Signatur C]

Blatt 116ᵇ: poteſt autem & de noſtris moribus peſſimis iſte
ps Exponi. Quia. vel ſimiles vel peiores ſumus Turcis in pro-
phanatione ſacrorum. Et ſatis diu durat: iſte furor ſchandalo-
rum in ſacrorum contaminatione. Ita vt Eccleſia merito oret, vt
quid deus repuliſti in finem? Iratus eſt furor tuus ꝛc.
Quanta malignatus eſt inimicus in ſancto: Quis Inimicus? diabolus. Sed etiam. Inimici hominis domeſtici eius. Et
amici tui & proximi tui aduerſum te appropinquauerunt et ſteterunt,

primo in diſtributione & occupatione beneficiorum & bonorum Eccleſie: quis enumeret mala & abuſus

Secundo. in luxuria, in pompa, in ſuperbia ſacerdotum

Tercio in temeritate adminiſtrandorum ſacrorum. verbi dej:
poteſtatis Iudiciarie, Iuriſdictionis ꝛc In iſtis enim talia fiunt in
Eccleſia: que dominus multo egrius fert: quam Turcorum bla-
ſphemias

· Quarto. In medio ſolennitatis Vide quot monſtra fiant,
an non omnes dies feſti dej comprimantur & quieſcunt
[so] in terra: Siquidem. Hodie ideo feſta aguntur: vt liberius
malefaciant. quam in aliis diebus non potuerunt pre labore ma-
nuali   Non hic Signa noſtra videmus Sed ponunt
ſigna ſua ſigna.   Et incendunt ſanctuarium dej &
polluunt. omni concupiſcentia & peccatis, Et ita irritatur
nomen Dej. & blaſphematur in nobis.   Quare videtur
deus dexteram ſuam auertiſſe de medio ſinu ſuo in finem

At forte nondum apparet. quomodo in ſecuri & aſcia deij-
ciunt eam Et ſecuribus excidunt Ianuas eius ſimul. Turcus iſta
facit myſtice & literaliter.   Nos autem ſpiritualiter. vts in
Commento Non quidem hereticis doctrinis. Sed ſcandaloſis verbis
& factis. Ita vt verbum dej iam fruſtra videatur predicari. quia
non ſunt Ianue quas intret.   Sed Secures (.1. grauiſſima
ſcandala fortiter eas exciderunt.

ps. 74. [Hebr. LXXV.]

Blatt 117ª: Ps Cantici. Sicut apud nos. quedam ſunt Cantica tantum, vt Reſponſoria. antiphone. Gradualia ꝛc. pſalmi

tantum, vt que ex pfalterio leguntur. pfalmi autem Cantica poffunt apud effe. vt Magnificat, Benedictus. te deum laudamus, hymni: Que omnia fecundum verba & voces. fimiles funt ps. & funt pfalmi. Sed Cantu & melo differunt ab alijs. Talis forte quedam differentia etiam olim fuerit. vnde ifti tituli reftant.

Cum accepero tempus Ego Iuftitias Iudicabo: quod Chriftus primo facit in omnibus: Sed quilibet eius: idem fimiliter facit in feipfo, quia fuas Iuftitias deteftatur & Iudicat. Confitetur autem foli deo & Inuocat nomen eiûs, Quia autem fuas Iuftitias non Iudicant Sed faluant & excufant, non vtique confitentur deo fed fibi & fuę virtuti: ac ideo deum Inuocare non poffunt, quippe qui gloria dej non egent, cum fuam potius querant Iohan. 5. Quomodo poteftis vos credere: qui gloriam ab inuicem accipitis. Et gloriam que a folo deo eft non queritis? Gloria enim dej Eft confeffio & Inuocatio noftra

Liquefacta eft. Hic nos nihil dicimus: de liquefactione illa perfectorum & contemplatiuorum de qua multi multa loquuntur: Quoniam expertis credimus folum de ea loqui licere Sed de liquefactione incipientiûm tantum loquimur: que nos latere non poteft. Nam cum, ab inchoatione fanctitatis vfque ad perfectionem fint, infiniti gradus. [*Am Rande links:* quia fapientie eius non eft numerus. Et femper de claritate in claritatem. de virtute in virtutem. Ex fide in fidem eûndum.] In fingulis gradibus deus fuis donis abundat: & aliud experitur qui eft in fecundo. quam qui in primo & fic deinceps: fecundum quod multe funt manfiones in domo patris Chriftj Hinc enim tot oriuntur expofitiones in Scrip. fanctis. Quia quifque in fuo fenfu abundat. Et vni Eft liquefactio illud: quod alteri nondum eft. Sic eodem modo in ceteris donis & virtutibus. Vni Eft illud fortitudo & decor. quod alteri nondum eft. Exempli gratia Subdiacono Eft fuus decor. Diacono fuus, prefbytero fuus. Epifcopo fuus. Et tamen cuiuflibet eft decor. Et quilibet in fuo poteft habere liquefactionem, vnctionem ꝛc Carifmata. Quoniam deus eft mirabilis & infinitus in fanctis fuis. Ac ideo Non funt contemnende diuerfe expofitiones vnius textus. perfertim morales.

At nos vt dixi. cum incipientibus maneamus. Igitur Liquefactio Eft duplex Bona Eft quando durus peccator, ficut
Chriftallus liquefit ad ignem fpiritusfancti. Et ita in fe ipfo
tabefcit. & omnino nihil fit: Qui enim fic liquefit, a domino con-
firmatur. Nam Infirma ipfe fortificat, ftultos fapientes facit. Et
vocat ea que non funt vt fint. Sic liquefacit vt Induret. liquefacit eos vt in fuo fenfu fint ductiles & flexibiles In domino
autem inflexibiles & infuperabiles   Altera Eft huic contraria & mala, quando homo a rectitudinis firmitate & forma, in
omnem fenfum & ventum ductilis & flexilis efficitur. Sicut Iudei.
a vero & folido intellectu in Scrip. olim habito: nunc tabefcunt,
diffoluuntur & liquefiunt, in omnem doctrinam mendacem Quia
omnem doctrinam potius fequuntur: quam Chriftum veritatem.
Igitur vide contrarias liquefactiones: Iufti & fideles Chrifti: ad
omnem veritatis normam: funt molliffimi & liquidiffimi: ad normam autem falfitatis, rigidiffimi & inflexibiles.   Econtra Iudej:
ad omnem normam mendacem. liquidiffimi. ad normam autem
veritatis. rigidiffimi & obftinatiffimi: fimiliter heretici & omnes
capitofi & fingulares. Vnde de illis dicit hic Quod exaltant cornu
fuum,   ps. 67. Sicut fluit cera a facie ignis fic ɔc: quod vtraque liquefactione fieri poteft.

Blatt 117ᵇ: Iniqui funt primo qui que fua funt tantummodo querunt: & proximo fuo nocent feu pofitiue feu priuatiue.
maxime autem in Iudicijs Hoc fignificatum habet   Secundo
magis proprie. Iniqui qui fpiritum poftponunt litere: Et fic
inique agunt, quando fuas Iuftitias agunt tunc enim inique Iudicant, vile preferentes preciofo. Et Hec eft mera fuperbia: quam
in hoc ps arguit per totum. Superbia autem fpiritualis: que
exaltat cornu fuum.

Magnum verbum eft. quod ait. a defertis montibus (.1. poteftatibus & principibus gentium qui prius deferti a deo erant.
Vult ergo nos docere. Quod nulli funt damnandi, nulli defperandi
a falute Chrifti: Nec quifquam fe folum, faluum putare debet.
ac alios Iudicare: Quia Hoc faciunt Iudei, Heretici & fuperbi
[*Am Rande links:* Ro. 2. Exiftimas autem homo, qui Iudicas
eos ɔc hoc enim Iudei faciunt confidentes in Iuftitias carnis:

quas gentes non habere videbant, cum tamen vitia gentium fimiliter haberent] Quia qui hodie eft defertus. cras forte erit cultus
& fecundus Et qui hodie fecundus, cras defertus, & Hec omnia
ideo: quoniam deus Iudex eft Qui humiliat & exaltat folus. Nolite ergo Iudicare ne Iudiceminj. In quocunque enim. [*Matth. 7, 1.*]

Scio autem. quod ifte verfus aliter conftruitur fcilicet fcor-
fum & non pendenter ad precedentem & vt fit vox prophete: non
illorum iniquorum. Sed hoc violentum eft: Et bene affentirem
fi fic poneretur. Quia neque ad orientem, neque ad occidentem,
neque ad defertos montibus. fcilicet effugere poteftis. Vbique
enim deus eft, qui Iudex eft. Sed Ieiuna & abrupta fententia
eft Cum autem dicat ab oriente x motum a loco fignificat. fecundum illud Magi venerunt ab oriente Et Ifaias. filii tui de longe
venient. Et dominus Matt. 8. Multi venient ab oriente x hanc
enim equitatem Iudei: a deo negant, Quia dicunt. Non fecit
taliter omni nationi Nos populus eius & oues pafcue eius.
Igitur illi volunt eum, neque ab oriente neque ab occidente,
deum haberi. Sed folum apûd fe. hoc autem eft iniquum. Nolunt
enim gentes fibi participare fuperbi: Ideo fequitur

Hunc (.1. Iudeum fuperbum.) humiliat & hunc (.1. hûmi-
lem gentilem.) exaltat. Quia ille prefumit de fuis meritis: hic
autem de domini virtutibus, pharifeus ille, publicanus hic. ita
enim b. Aug. exponit & optime. Quia ifto literaliter intellecto:
facile patet fimilis fententia de hereticis. & omnibus fuperbis.
Sic enim Inclinat ex hoc in hoc. & relinquit fecem fuperbis: ex
populo Iudaico tranftulit gloriam legis. Et ficut ait: auferetur
a vobis regnum celorum & dabitur genti facienti fructus eius:
Et ita fecem (.1. literam refiduam. effufo viuo fpiritu ad gentes.)
Iudei peccatores bibunt Sic enim fpiritualia funt vinum, Carnalia
funt fex. Sic Intelligentia fpiritualium eft vinum Et intelligentia
carnalium fex: hanc Iudei fuperbi: Illud humiles gentes bibunt.
Quia Inclinauit. (.1. ad humiliatos fûndit) Et vide vt vigilante verbo vtitur. Inclinauit, non ait fudit aut pro-
pinauit. Quia vinum legis folum humilibus datur.
Eodem modo fuperbis & hereticis. relinquitur fex ceremoniarum
tantum exteriorum. & hypocrifis. Sed intus gratia & viuus fpi-

ritus, folum humilibus datur.   Vnde omnis obferuantia &
religio exterior Eft fex: quam folam relinquit bibendam: hijs
qui per illam fuperbiunt in ceteros Quare? quia calix in manu
domini: vini meri, plenŭs mixto .1. potens eft enim dominus hęc
facere fuperbis, vt eorum obferuantia fit eis tantum fex
Calix Eft diuina Scriptura & doctrina legis. Sicut Calix
Babylonis.   Eft doctrina mundi Vnde Calix in manu meretricis
apoc. 17. plenus abominatione & fornicatione fpirituali. Et ps 22.
Calix inebrians quam preclarus eft .1. claritate fpirituali
preftat: Et quod calix talis fit Scrip. patet ex precedentibus.
Quia in loco pafcue me collocauit, fuper aquam refect. Virga
tua & Baculus   parafti in confpectu meo [*Am Rande links*:
Claritas litera eft Sed preclaritas fpiritus eft ps. 15. funes ceciderunt mihi in preclaris]
     Blatt 118ª: menfam. Et Impinguafti in oleo caput meum.
Multis nominibus eadem res eft fignificata fcilicet Scrip. fancta
Et ps. 15. Dominus pars calicis mej (.1. in Scrip fanctis. Ego
habeo fenfum de domino Chrifto: vt .infra. Benedicam dominum
qui tribuit mihi intellectum. Nam habere intellectum Scrip.
fecundum fenfum Chrifti: Eft habere dominum pro parte calicis
iftius. habere autem intellectum fecundum literam Eft habere
feruum & Mofen pro parte calicis iftius. Ideo Spiritualis populus
dicit. dominus pars calicis mej & hereditatis meę: Carnalis
autem. Seruus Mofes Eft pars calicis mej.   Ifta autem
pars calicis eorum ps. 10. dicitur. Ignis grando. nix: fpiritus
procellarum.   Hoc autem loco. dicitur. fex calicis: quia non
finunt eam exinaniri Sed pertinaciter feruant. [*Am Rande rechts:*
Calicem falutaris accipiam (.1. verbum fpirit . . lem habens intel . . . . . . & fenfum per fidem accipiam] [*Ps. 116, 13.*] Senfus
ergo eft
     Calix eft in manu Domini (.1. Scrip. eft in poteftate
Dej, cuicunque voluerit, dabit eam Dat autem eam humilibus, ·
Calix inquam vini mej (.1. puriffime intelligentię fine admixtione
carnalitatis. Sed tantummodo fpiritualia fapiens & fapere faciens
Eft autem in heb. Vna dictio. Vini merj: Vnde Et Ifaie. 5.
Scrip. Dicitur Vinea meri (.1. puri vini. quod eft Euangelium

Quia vinum corporale bibit corpus: Sed anima non: [*Nun am Rande rechts:* niſi ſuum vinum: quod eſt doctrina & veritas: ſimiliter autem eſt pura veritas ſine vanitate: Nam & litera ſeu ſcriptura: que de temporalibus docet: eſt vinum non merum: quia non docet aut dat ſpiritualia: Sed tantum temporalia . Qu... ſunt vana non mera .. na . immo ſigna v ... Et ſic inquantum ſig .. ſunt vera. Sed ... ſimpliciter re ...]

plenus mixto: quod poteſt multis modis ſumi. Primo quod idem calix ſit mixtus varietate omnium intelligentiarum & gratiarum: Vt vnicuique ſapiat ſecundum quod voluerit. Iuxta illud Sap. 9. Bibite vinum quod miſcůi vobis. Et hoc verbo repugnante. verbo illi. meri vini. vult nos a carnalis vini intelligentia remoůere: quod non poteſt eſſe ſimul merum & mixtum . Alio modo mixtům. Quia ſimul literam cum ſpiritu, ſimul humanitatem cum diuinitate in Chriſto: ſimul veritatem cum enygmate fidej Bibit Eccleſia. ſicut ait in Canticis. [*Cap. 5, 1.*] Comedi fauum cum melle meo: Nam ſecundum verbum domini, Caro non prodeſt quicquam. ſcilicet ſola ſed eſt ſex. Veruntamen caro mea vere eſt cibus & ſanguis meus vere eſt potus. Scilicet ſimul deum & hominem credere & intelligere hoc eſt bibere meraciſſimum vinum. tamen mixtum optime. Iudęi itaque Qui ſolam carnem in Meſſia ſapiunt: vere ſecem huius calicis bibunt: Quia deum in carne negant Ac ſic ſapientiam abſconditam in myſterio non cognoſcunt, Sane Non fuit Intentio Dej in lege Moſi: vt vmbra iſta & figure aliter acciperentur niſi vt ſigna future veritatis. aliquando finienda: Et qui ita ea intelligebant Bibebant calicem meri plenum mixto Sed quia illi vmbram in rem & figuram pro veritate ſtatůůnt: iam ſecem ſibi faciunt ex mixto illo puriſſimoque vino. Et reſeruant ſibi tantum literam & ſignum: Sicut qůi nucem retineat amiſſo nucleo. Et putamina pomorum. Ideo ps. 4. eis dicit Vt quid graui corde diligitis vanitatem & queritis mendacium?

Sicut Autem hoc de Scriptura. ſic de natura quoque & omnibus alijs bonis intelligi debet Quia Vera bona: que ſunt ſpiritualia: ſunt in viſibilibus tanquam in ſuis ſignis, vmbris &

25*

calicibus.   Quia ficut Calix eft locutio vinum in illo Eft fenfus
in illo. fex autem eft carnalis fenfus,   Sic Vfus cuiufque
creaturę Eft velut Calix. Que fi fpiritualiter accipiatur & affu-
matur. Eft calix meri & mixtus. Si autem tantum. quod videtur
Eft calix fecis. fic bibunt omnes peccatores terre. Sic funt omnia
eorum vana ficut *stroernmenner*, *potzemenner*. Ifaie 1. Vinum
tuum mixtum eft aqua Argentum tuum verfum eft in fcoriam.
Sic etiam de punitione: Quia Res exterior eft calix:
dolor & pena quam infligit eft vinum in illo. Sicut enim
per calicem immittitur potus. Sic deus per res penam & malum.

     Blatt 118ᵇ: [*Am Rande links:* Mixtum] Et multum pregnan-
tibus verbis vtitur ps: Mixtum enim: Etiam poteft accipi.
Quia bona & mala infert Quia Euangelium Imponit crucem &
vitam, pacem & bellum, bonum & malum paupertatem & diuitias:
Et Hec eft veriffime mixtura falutaris, quam diu hec vita durat
Verum. quia talis intelligentia fcripture. fiue intelligere hanc effe
voluntatem dej. vt bona fpiritus & mala carnis fimul fufcipiamus.
Eft puriffime intelligere fcrip. Et vere vinum merum Intelligere
autem eam de bonis carnis tantum: Eft ipfam mifcere · aqua
Ifaie. 1. vinum tuum mixtum eft aqua. Quia tales peffimum
mixtum faciunt. Scilicet vitam & crucem. pacem & bellum (.1.
pacem extra. bellum intra, vitam foris, crucem intus x. Et Sic
intelligere, Eft Scrip: fecem habere: Quod autem fecem affumit
& non aquam: facit ad expreffionem finiende & defecture Synagoge: Quia fic fex eft finis vini exhaufti Sic Iudei amiffa gloria
Ecclefię: funt relicta fex: ficut & Scriptura fimiliter eis eft quales
ipfi funt

     fex autem Eft vltimum vinj & finis. quod non valet nifi porcis
& ad vinum ftillandum .1. ad Exemplum & timorem habendum
ex perditione Iudęorum

     Tropol. Et inclinauit ex hoc (.1. carne.) in hoc (.1. in fpiri-
tum.) Hoc eft enim mixtum vt dixi Tropol. Quod inclinat carnem.
& aufert ea que illius funt. Et dat fpiritui ac eum exaltat
                          pro documento.
     Omnes qui in Biblia & facris literis. volunt ftudere: hunc
verfum fibi quam diligentiffime notent. Calix in manu dominj

vini meri. Hoc eſt dicere. Quod Scriptura non eſt in poteſtate
noſtra, nec in facultate ingenii noſtri: Ideo in eius ſcrutinio nullo
modo confidendum in intellectum noſtrum: Sed humiliarj & orare
oportet: vt inclinet ad nos illum: Quoniam non datur niſi incli-
natis & hũmilibus   Exemplum Eſto Iudęorum miſeria. Qui
ſuperbiunt in hoc quod dicitur Non fecit taliter omni nationi
& Iudicia ſua non manifeſtaũit eis. Et putant Scripturam &
Calicem ſeſe in manu & poteſtate ſua habere omnino: Et ideo
exponunt eam ſecundum ſuum ſenſum.   Sed Hic dicit Quod
ſit in manu dominj. Quia poteſt deus auferre Scripturam ſeu
ſenſum eius, illis ignorantibus & non aduertentibus: Et adhuc
ſe habere eam putantibus vt Iudeis contigit: Quoniam ablata eſt
ab eis: ac ſic ablata: quod oſtenſum eſt: quia Calix eſſet non in
manu eorum. Sed in manu Domini: dans eum cũi volũit. Sic
Dicit Iob. 9. Qui tranſſert montes, & non cognouerunt.   Ita
ps preced. Non cognouerunt Sicut in exitu ſuper ſummum: quia
ponunt ſigna ſua ſigna: In exitu (.1. in litera exteriori & vmbra:
& ſuper ſummum eam preferunt ſcilicet ſuper ſpiritualem ſenſum
ſtatuentes illum

Ita fit omnibus ſuperbis & pertinacibus, qui innituntur ſuo
ſenſũi inflati: quod deus inclinat ab eis in alios veritatem &
vinum ſyncerum: & relinquit eis fecem: Dum ignorant. vt hereticis. Qui ſibi maxime veritatem habere contendunt: & antequam
intelligant habent fecem quam bibunt. Quia deus tranſtulit ab
eis vinum merum. Et mittit illis operationem erroris ſecundum
Apoſtolum: quia calix in manu eius meri. Quia non poteſt pura
veritas ſimul ſtare cum ſuperbia cordis. Etiam ſi veritatem dixerit:
tamen quia non humiliter dicit: iam nec vero dicit: ideo
neque veritatem: quia non quomodo, cũi, quando, vbi,
quantum debet dicit: Quare quandocunque vnum illorum deeſt: iam non eſt vinum merum, Sed mixtum vinum
fece carnalis alicuius paſſionis, ideo dominus ab eo
aufert illum   Ierem. 32. Qui habet ſermonem meum loquatur ſermonem meum vere Et eiuſdem 25 Si viuit Dominus dixerint, hoc ipſum falſo Iurabunt. Et Eſaie Qui Iuratis non in
veritate ꝛc Iurant in nomine meo mendaciter. hoc eſt nomen

Dominj affumere in vanum. Et Apoft. 1 Timoth. Tractans verbum veritatis recte.

Blatt 119ᵃ: Igitur in Scrip. fanctis. non ficut in Ariftotele
faciendum eft: Vbi fapienti licet contradicere fapienti Quia ibi
qualis Magifter. talis eft eius & doctrina: prophanus & prophana:
Hic autem fanctus & Sancta.　　Quare vbicunque & a
quocunque profertur aliquis fenfus, qui non repugnat
fidej regulis, nullus eum debet reprobare, aut fuum
preferre, etiam fi fuus fit multo euidentior & magis
proprie litere confonat. Nam in talibus illud verbum Salomonis vtiliffimum, locum debet habere prouer. 1. Audiens
fapiens, fapientior erit. Et ibidem. 3. Ne innitaris prudentię tuę.
Mirabilis enim eft deus in fanctis fũis: Et mirificauit fanctum
fuum, ita & fanctam fuam fcilicet Scripturam.　　Experientia
ego id edoctus fum fepius Quando cum mihi quandoque aliorum
doctorum fenfus: ineptus licet non falfus videretur: poftea in
alio paffu, ftupũi: cum viderem, tam proprie eum effe dictum.
Exempli gratia illud quod Doct. exponunt: de. Exemplis mortuorum patrum: Calceos inquam filiorum Ifrael in manducatione
pafcha, mihi extortum & violentum videbatur: Quia magis mihi
fecundum Apoftolum videbatur dici: oportere effe Calciatos pedes
in preparationem euangelii. Sicut Et in Canticis. 7. In Calcea-
mentis tuis. Et Ezech. 17. Calciam te Iacintho ꝛc Et ps. 59. In
Idumęam extendam Calciamentum meum　　Et hunc fenfum
illi femper pretuli. Sed cum recte infpexiffem: eft idem fenfus
Et ille multo perfectior & plenior Et quafi entelechia huius:
Nam Quid funt Exempla patrum mortuorum: nifi opera Euangelica? Et fic Calcei. funt (vt fic dicam:) Euangelium incarnatũm
& operibus indutum: Quod ego de nudo Euangelio illi de: impleto fenferunt. Et vtique idem fenfimus. Sed illi perfectius
Ita & in alijs multis.　　Quocirca fufpecta eft. &
nequaquam fecure audienda illorum fententia: qui he-
braicam veritatem literę: adhoc allegant, non vt illu-
minent [elucident *am Rande rechts.*] noftram. Sed vt repro-
bent tantummodo & contendant, Non oportet hęc ita
fieri. Sed vnufquifque in fenfu fuo abundet. Et Inũicem fupe-

riores arbitrari neceſſe eſt. Corol: Qui vellet & per
tempus poſſet: vtique omnium expoſitiones diuerſiſſi-
mas etiam: quam facillime poſſet concordare: Et ego
pro mea parůitate: putarem etiam mihi in Domino id
non Impoſſibile

Et Hęc eſt ratio quare dominus teſtimonia demonum de ſe:
nolůit. Et quia Idem iſte Aſap ps 49 dicit. peccatori autem Dixit
Deus. Quare tu enarras ꝛc.

Dicit autem lyra in heb. ſic Calix in manu Domini vini
fortis. Burg ſic. Vini lutuoſi. Sed Hec omnia potius (.precipue
Burg.) ex Coniectura Iudaica videntur Dici. Quia carnaliter
Scrip. intelligentes aptant. que ſuo ſenſui videntur. Quia ſęx vini
non videtur eſſe: niſi vini lutulenti & ſpiſſi. ideo contemnendum
Hoc eſt.

Sicut ergo in ſegete. ſimul eſt palea & triticum. ſicut in Calice mixtum. ·1. vinum lůtůlentum ſeu fęculentum quod a fecibus
nondum eſt depuratum. Sic in Scrip. confuſum vinum literę &
ſpiritus Sed defecaůit ipſum Chriſtus Quia Inclinaůit calicem ex
hoc in hoc. Et fecem ſeorſum literę illis. Et ſpiritum ſeorſum
nobis. Sic ps. 16. In reliquijs tuis ꝛc (.1. fecibus literę relictę.)
Sic Iſaie [*Ies. 25, 6.*] Conůiuium pingůiům & vindemię defecatę
& conůiuiům medullatorum. Quia Sicut Nux habet teſtam & me-
dullam. Caro. cutem & pingua [*so*]. Vůa. vinům & vinacia oſee 3
Diligunt vinacia vuarum Ita in Scrip. vet. teſt. mixtum vtrunque.
Sed nunc defecatum. ps 126. filii Excuſſorum. defecatorum depu-
ratorum, .1. ſpiritus & non literę. vini defecati

ps. 75. [Hebr. LXXVI.]

Blatt 119ᵇ: A montibus ęternis Illuminans mirabiliter: Heb. A montibus rapinę ſeu captiuitatis Hij ſunt ſancti doctores in gentibus a Diabolo rapti: & ſpoliato eo: ad Eccleſiam vocati
Quia ſic captiuam důxit captiůitatem: Sic enim Catulus leonis
Iuda: ad predam aſcendit Et predaůit predantem Iſaie 33. Ve qui
predaris, nonne & ipſe predaberis? Et .9. Sicut exultant victores
capta pręda, quando diuidunt ſpolia. Iſta autem depredatio facta
eſt ſine tumultu vt ibidem: Omnis violenta predatio cum tumultu.

q. d Non autem ista. Quia paruulus natus est nobis Ideo
Magna sunt opera dominj: Quia mirabilia: Que enim compa-
ratio: predę temporalis. ad hanc predam spiritualem? Illú-
minat autem mirabiliter: Quia per fidem intus: ita vt nullus
homo lucem eorum videat. lux enim in tenebris lucet, & tenebre
eam non comprehenderunt: Sapientia enim dej stultitia est carnalibus & non possunt eam lucem videre Vnde & hic sequitur
Turbati sunt omnes insipientes corde. [*Oben am Rande quer herüber und links herab:* Montes rapine Actiue sunt Apostoli: qui
rapuerunt & spoliauerunt diabolum hominibus & gentibus & sic
captiúauerunt in Ecclesiam & fidem: passiue sunt doctores &
Episcopi, taliter rapti & captiuati, Tropol. sunt anime sanctę, seu
virtutes theologice: que rapiunt sensus carnis & membra peccati.
vt faciant membra Iustitię ꝛc Et... heę proprię sunt montes eterni.
Quia Charitas nunquam exci.... & Iustitia ... manet in ...ulum
sęculi: A .... libus enim venit . x virtutibus ..stitia tua sicut
montes dej] [*Ps. 34=35 V. 7.*]

Ascenderunt equos. Exquo Isaias. 31. equos exponit:
pro carne: Ergo ascendere equos Est in carne & iis que carnis
sunt visibilibus tantum & temporalibus vehi, exaltari & confidere.
non in spiritu & fide Inúisibilium.

De celo Auditum fęcisti Iudiciúm tuum, Hoc est Iudiciúm (.1. euangelium.) quo ostendit omnes carnales & quicquid
carnis est: damnabile esse: Quia per resurrectionem suam Christus. vicit mortem, carnem & omnem corruptionem. Et nouam
vitam assumens, veterem damnauit, ac sic in Iudicium surrexit
[*Am Rande links:* .. Iudicium tropol....ncipaliter intendit .. quia carnem illi de..rere nolunt: ideo ... illa
preter domini .oluntatem. damnatur .udicio allegorico
Anagogico.] Sic Ro. 1. Reuelatur ira dei de cęlo super omnem
impietatem ꝛc Sic enim princeps mundi Iudicatus est. & nunc est
Iudiciúm mundi

Ideo sequitur. Terra tremúit & quieuit. Quia compuncti
sunt & cessauerunt carnaliter sapere & túmúltús carnis qúieuit
vt act. 2. Quid faciemus viri fratres. [*Am Rande rechts:* quem
tremorem spiritualem figuraúit motus terre sensibilis in resur-

rectione Chrifti Non enim homo quiefcit a terrenis. nifi terrore
tremefactus. Et hoc fit aŭdito Iudicio Dej. quod Iudicat omne
carnale & minatur futurum Iudicium Eft ergo 2ˣ quies & inquies]
Sic Ifaie. 1. Quiefcite agere peruerfe: Et fic per tale Iudicium,
faluos fecit omnes manfuetos terrę: fuperbos autem damnaŭit:
Verŭntamen. Non Iudicium Hoc ideo audiri fecit Vt illos damnaret. Sed vt faluaret: Sed quia ipfi manfucti effe noluerunt:
perierunt

Quoniam Cogitatio Hominis confitebitur tibi. (.Hoc eft Iŭdi-
cium: quod homo fibi difpliceat, fibi irafcatur, fibi vilefcat. ac
fic fefe abneget. & folum deŭm confiteatur) Et reliquię cogitationum feftum agent tibi: Tale feftum. non poteft nifi fpirituale effe: Quia cogitationes ipfum agunt [*Am Rande links:*
vide infra ps .. v9?] Quę autem funt reliquię iftę? Quid remanet
cogitationum: poftquam homo fibi iratus fuerit & difplicuerit?
Nempe memorię & perfeuerantie talium. Quia femper fe Iudicare. femper fibi irafci debet homo vt pulchre Exponit b. Aug

Vnde Heb. Quoniam $\left\langle\begin{array}{c}\text{ira}\\\text{Meror}\end{array}\right\rangle$ hominis confitebitur tibi
Et reliqui is meroris accingeris

as ire cinges vel retinebis q: d. Iuge facrificium
tibi erit: fpiritus contribulatus. & cor contritum: Sicut ps. 4
docuit. Irafcimini & nolite peccare, loqŭimini in cordibus veftris.
& in cubilibus veftris compungimini. Et fic facrificate facrificium
Iuftitię & laudis: Quia talis compunctio & ira & locutio cordis:
eft ipfum facrificium laudis & Iuftitię: Et Confeffio deo

Quare patet quod Cogitatio hic & reliquię cogitationum.
pro difplicentia. & irafcibilis potentic actus [*so*] accipi debent:
quibus accingitur Chriftus libenter: Quia fic Ifaias. 59. ait. Induit quafi palliŭm zelum [*Darüber:* Et opertus eft quafi pallio
zeli] Quod autem Cogitationem exprimit &: non locutionem vel operationem. Eft quia locutio & operatio poteft effe
ficta: Sed non cogitatio confitendo Et vt doceat, nos ex vero
corde deo confiteri

Ibi Confregit ꝛc fic ps. 49. Venite & videte opera domini,
Auferens bella, arcum conteret & confringet bella & fcuta com-

burct igni (.1. voluntatem illorum & ftudium.) Quia Eph. 6. Non
eft nobis luctatio aduerfus carnem & fanguinem .1. homines. qui
materialibus armis expugnantur vtpatet experientia: Noftra enim
Arma non funt carnalia. 2 Corin. 10. Sed fpiritalia [*so*] Sic
Ifa. 2. Mich. 4. Non leuabit gens contra gentem gladium, nec
exercebuntur vltra ad prelium: Et Multis alijs locis.

Blatt 120ᵃ: Tripliciter itaque Chriftus notus fuit in Iudҿa:
primo Quia Sancti vet. teft. foli dei verj cognitionem & religionem habuerunt. Secundo magis proprie: per carnis perfona-
lem prefentiam Vbi ad fenfum etiam notus eft & apparuit: Et
fic ifte ps poffit etiam Epiphanic fefto applicari. Quia ibi in
carne natus & manifeftatus eft. & per totam vitam fuam. claruit
ibi miraculis & doctrinis Tit. 1. Apparuit humanitas faluatoris
noftri Dej   Tercio proprijffime. Quia ibi incepit manife-
ftari reuelata fides Chrifti. lux Euangelij veritas & Iuftitia. per
miffionem fpiritus fancti. Et Hec fuit & eft: manifeftatio Chrifti
in fpiritu ficut illa in carne: Et Hec fola falutaris eft. Illa
autem non profuit omnibus quibus facta eft: Hҿc autem omnibus
eft falus quibus apparet.   Et Quod ps de hac potiffimum
loquatur. Indicat quod fequitur.   Et in Ifrael magnum
nomen eius

Magnum eft nomen Dej: vbicunque eft. & vbique eft.
Sed non dicitur magnum, nifi: vbi cognofcitur effe magnum, fcilicet intellectu & affectu colente ipfum & magnificante Quare
idem eft Nomen effe magnum, quod magnam habere notitiam de
eo. Magna autem notitia eft. noffe ipfius magnitudinem. Et Hoc
eft quod Notus eft in Iudҿa Deus

Tunc recte fequitur

Et factus eft in pace locus eius: Quia per cognitionem &
amorem: paratur ej habitatio prius oportet notum effe Deum:
& nomen eius magnum: Et fic erit ibi ej locus in pace. Sane
Noftra tranflat (vt fepe dixi.) femper magis ad fpiritum accedit.
Ideo pro Salem habet pace: Quia non literalem Ierufalem exprimit Sed fpiritualem. Quҿ tamen tunc fimul fuit in literali:
Nam Ecclefia que eft fpiritualis Ierufalem fuit tunc & incepit in

literali Ierufalem: quod dicitur. Vifio pacis feu pacifica. Quia
Ibi videtur pax & pax eft videntibus. formaliter & obiectiue

Ibi Confregit x Quia fecundum Apoft Eph. 6. Non eft nobis
luctatio aduerfus carnem & fanguinem (.1. nos non fçculariter vt
homines pugnamus.) Non enim hic Caro & fanguis capitur.
pro noftra carne in concupifcentijs. Quia contra hanc eft nobis
Iugiter colluctatio Sed pro Hominibus. Vult ergo dicere: Nos
non ficut reges & principes mundi bellant. materialibus armis.
occidendo Homines. 2 Corin. 10. Arma noftra non funt carnalia. Quia Ecclefia non confiftit in munitione fenfibili Sed
eft populus fpiritualis: ideo fpiritualia habet arma. Ibi ergo
confregit x Non fic in fynagoga: illi enim in figura pugnabant
& expulerunt carnem & Sanguinem. Quia erant populus carnalis
& figuratiuus futurorum. Sic ps. 45. Venite & videte opera
Domini auferens bella vfque ad finem terre: arcum conteret x
Sic enim orta eft Iuftitia & abundantia pacis cuius non erit finis.
Quę pax licet fpiritualis intelligitur primo tamen etiam ad literam verum eft. Quia veri Chriftiani: fpiritu & non litera: Bella
carnalia non gerunt. cum fint pauperes & cedant libenter &
pacienter: Ideo alij bene bellant Sed Hij non funt veri Chriftiani Sed filii huius fęculi Vel inquantum Chriftiani non
bellant carnaliter. inquantum ciues Ecclefię. De quo loquuntur
prophetie: Sic enim Ecclefia contra homines non bellat. Sed inquantum ciues huius peregrinationis Sic Ifaic. 2. Confla-
bunt gladios fuos in vomeres x

Blatt 120ᵇ: Terra tremŭit & qŭieŭit. Quies fecundum carnem eft tumŭltus fecundum fpiritum Quia pax carnis eft turbatio
mentis. Econtra Turbatio fecundum carnem eft pax mentis.
Quia fic terra tremit & quiefcit. Caro enim quando crucifigitur
& in fuis paffionibus non finitur. Sed caftigatur. pacem tunc
habet cor. Ifaie 30 Quia fperaftis in tumultum. & in calumniam x
Et 9 Omnis violenta predatio cum tumultu, & veftimentum mixtum fanguine erit in combuftionem & cibus
ignis predatio Eft 2: prima eft qua caro predatur
fpiritum quia aduerfatur & infidiatur ej. Vt prophet. [*Klagel. 3,*
51.] Oculus meus Depredatus eft animam meam Quia rapit ani-

mam ab interioribus ad extra & Iugulat eam. Sic enim Caro
eſt ſpelunca latronum. Senſus enim ſunt latrones ſemper vigiles
ad malum.   Sic enim nos habitamus in ſpelunca latronum,
Dum in carne habitamus. Et inde Iudęi ex templo dej fecerant
ſpeluncam latronum: quod & nunc omnes faciunt, qui carni obediunt.   Hęc eſt predatio violenta & cum tumultu: Non coram
hominibus: quibus videtur hoc ſuauiter contingere. Sed coram
deo: ibi enim clamat Synthereſis & remurmurat ratio & excitat
ſtrepitum & tumultum in auribus dej   Altera eſt Qua
ſpiritus predatur carnem. de qua preda. Iſaie. 33. Ve qui predaris, nonne & ipſe predaberis Sic Catulus leonis Iuda
aſcendit ad predam: Et aſcendit per fidem quilibet
fidelis fimiliter ad predam. & alligat fortem. & arma
eius aufert atque diſtribuit. ac fic omnia trahit ad
feipſum.   Hęc autem predatio eſt ſine tumulto [*so*] ſine
violentia: Non coram hominibus: quibus videtur dura iſta caſti-
gatio: immo eſt coram deo pacifica: Quia huic confentit ratio &
pacatur anima. & ſic ceſſat eius murmur coram Deo [*Am Rande
links:* ... et caro nititur ... uret & in . ouetur. Et .. emat ſicut
. lauſtrum onuſtum] Igitur Iſta eſt quies & pax anime: quę ex
tremore & depredatione ſalubri oritur

Eodem modo Veſtimentum mixtum ſanguine exponas. Vtrunque enim fit cibus ignis & in combuſtionem (.1. ira contritionis
& Zeli in penitentia Iugiter punit & confumit. iſtam predationem
anime. Non ait ſolum in combuſtionem. Sed etiam cibus (.1. diu
durans confumptio. & nutrimentum ignis: Quia nunquam debet
ceſſare penitentia. Sed ſemper ante memoriam conſtituere: peccata illa predationis. Vt habeat ea pro fomento & obiecto Iugis
compunctionis [*Am Rande links:* Beati qui lugent] Hoc enim
requirit figura Iugis facrificii. & ignis ſempiterni.   Vnde &
Hic fequitur & reliquię cogitationum diem feſtum agent tibi.
Quare? Quia in Iudicium exurrexit Deus (.1. ignem Zeli. Iudicium indignationis in corde fuſcitauit. Et ſic ponit eos vt Cliba-
num ignis.   Et ibidem in reliquijs tuis preparabis vultum
eorum.   Eſt autem veſtimentum mixtum ſanguine.) Indumentum iniquitatis Sicut Virtutes ſunt veſtimentum candidum.

Ita peccata. veftimentum rubrum & confperfum peccatis carnalibus. (.1. operibus carnis.) Et Hoc quoque cibus ignis erit,
loquitur enim de veftimento anime fpirituali

Poteft autem totus ifte ps. pro tropologia exponi. &
erit pulchra intelligentia: Sic enim falubriter turbantur infipientes corde: Et dormiunt fomnum fuum bonum
fuper carnem. Et nihil Inueniunt (.1. inuenire fe agnofcunt) in manibus fuis: Et hoc ab increpatione dej fit.
vt equos defcendant. Quia terribilis eft Quia initium
fapientie timor dominj Ex tunc enim ira eius in corde
penitentis Quia predicari facit Iudicium fuum. a quo
tremunt & ceffant malefacere. & a confcientie ftrepitu
accufantis. [*Am Rande links:* Huic ire nul ... peccatum refiftit
... tunc enim ira quia ... debet durare .... liquie enim cogitationum ... em feftum agent] Hoc autem totum ideo facit:
Quoniam cogitatio hominis confitebitur tibi: Ecce quam
apte ifte verfus fequitur illos fecundum hanc expofitionem.) fcilicet ad laudem fuam Sic enim auferet fpiritum principum, quo
erant inflati: quia terribilis eis factus eft. Amen, mihi Amen

Blatt 121ª:

pro ps. 76. fequenti: [Hebr. LXXVII.]

Veruntamen. Vt notemus. quod incidit, antequam excidat.
Triplicia funt opera dej.

Generalia funt omnia opera creature: Et hec oftenfa
funt omnibus hominibus vt illorum memores fint, gratias agant
& cognofcant deum ac fic feruiant creatori earum fic enim Apoftolus Ro. 1. difputat. precipue tamen gentibus. Vnde & in vet.
lege fancti fepius ea allegant. & benedicunt in illis dominum

Spiritualiter funt opera mirabilia populo Ifrael oftenfa
in ęgypto: Quia illa voluit dominus fingulariter memorari: licet
poftea plura alia fęcerit: Et hęc proprie pertinent ad Iudęos.
vt in illis Deo gratias agant: propter figuram futurorum

proprijffime Sunt opera fpiritualia. redemptionis &
Iuftificationis: Quia Hęc fumme commendata funt omnibus Chriftianis. Opera autem glorificationis funt fub hijs comprehenfa:

Quia nondum facta vt poſſint memorari. Niſi in capite Chriſto Hęc enim erunt omnium mirabiliſſima. Et hec

[literaliter in Chriſto
(Anago. in celo &
inferno)
tropol in fidelibus
carnem & ſpiritum
diſtinguendo
Allego. in mundo
alios ſaluando,
alios damnando

Diess Alles ist ausgestrichen.]

In hijs autem omnibus non ſolum que bona preſtitit Sed etiam quę mala malis intulit memoranda ſunt.
Vt ſcilicet ex bonis ſpem & amorem. Ex malis timorem & odium
peccati, accipiamus. Veruntamen Quia omnia ad ſalutem ordi-
nantur & maxime Bona ſunt rememoranda. Ideo non ait. Vt
timeant Sed vt ponant ſpem ſuam in deo   Corol.
In qualibet creatura & vſu eius. dej meminiſſe. Eſt perfecti
Chriſtiani. Sic enim Apoſtolus hortatur. vt in omnibus gratias-
agamus. Ita certe Timere, ſperare amare, odiſſe. in omni vſu
creature debet omnis Chriſtianus. Quia cognoſcere debet hec
eſſe opera dej ſui ſibi benefacientis & monentis

Secundo Notandum Quod Hic non debet accipi memoria vt
in philoſophia pro parte anime diſtincta. Sed ampliſſima ſignificatione. pro cuiuſlibet potentię perſeuerantia [*Am Rande links:*
pro realiter & ... effectu mem ....] in dej laude Sic enim Memorari. Eſt ſemper laudare, gratiasagere, aliis narrare benedicere, non tantum lingua, ſicut carnalis ſynagoga. Sed toto corde,
lingua & tota vita Sic enim Intellectus memor eſt: Quando aſſidue meditatur in illis. Voluntas memor quando Iugiter amat &
orat, Manus memor. quando Iugiter operatur   Quia ſi tantum
ſemel vno ictu faciat eius memoriam, Non eſt memoria. Sed
recordatio Atque Vt Hoc diſceremus eſſe memoriam. dicit ps.
preced. Memor fui operum domini Quia memor ero. ab initio
mirabilium tuorum. Et meditabor in omnibus operibus tuis Et
in adinüentionibus tuis exercebor. Ecce Expoſuit: quid ſit me-

morem effe. fcilicet meditari & exerceri vtique tota vita. Vnde
Noftra tranflat. hic iterum melior eft quam Heb. quę pro Exercebor habet loquar.   Igitur Concludamus

Meminiffe operum Dej: Non eft nudus eorum in-
tŭitus. Sed gratias ej in illis agere femper & fic per
ea. fpem in deum ponere, timere illum. amare illum,
querere illum & odiffe malum & fugere peccatum. Qui
enim fic facit, oftendit fefe vere memorem effe operum
Dej. & non oblitum: Qui autem aliter: vtique oblitum
fe oftendit

Blatt 121ᵇ: Quia Vero abfolute dicit. opera domini, nulla
fpecificando: vt & ps. prece: dicit In omnibus operibus tuis
meditabor: debet hoc. ad omnia opera dej extendi: etiam ea: que
particulariter quandoque & contingenter facit, in locis diuerfis.
vt funt punitiones. plage, bella, fames, aut contra fertilitas. benedictio, miracula ꝛc Quia hec omnia funt tanquam fomenta, timoris & fpej odii & amoris ęftimanda & ponderanda.   Cum
autem frequenter dixerimus Tropologiam effe primarium fenfum
Scripturę. Quo habito facile fequitur fua fponte Allegoria, &
anagogia. & applicationes particulares contingentiŭm: Vtile eft
pro clariore intelligentia multorum. amplius ifta opera dej diftinguere   Scilicet vt dictum

Eft
- primo opera Creationis
- Secundo opera fpiri-tualia populi Ifrael
- Tercio opera redem-ptionis Et Hec 4ʳ

- primo literaliter in Chrifto perfonaliter facta
- Secundo Tropol. eadem in anima contra carnem
- Tercio Allegorice in mun-do contra malos
- Quarto Anagogice, in celo & inferno

Et fecundum Hoc ps ifte & alii. habent 4ᵖˡᵉˣ immo fextu-
plicem intelligentiam. De operibus dej De virtute eius, Ad credendum prophetam appropriate de opere redemptionis potiffimum
loqui Et ideo videamus. Quomodo Tropologia infert allegoriam
& Anagogiam

Opus dej & virtus eius Eſt fides: ipſa enim facit Iuſtos, &
operatur omnes virtutes caſtigat & crucifigit & infirmat carnem:
Vt ipſa non habeat opus ſuum nec virtutem. Sed vt opus dej
ſit in illu. Et ſic ſaluat & roborat ſpiritum.   Quando autem
hoc fit: Tunc omnes qui illud faciunt: fiunt opus dej & virtus
dej allegoricum: Et ſic Eccleſia eſt opus & virtus dej: Mundus
autem eſt infirmus & abiectus & ſicut in carne ita & in. ipſo
nullum opus dej: eo quod ſit ſeparatus ab Eccleſia & populo
fideli   Quod ſi in iſto perſeuerauerint. deuenient tandem ad
anagogiam malorum & Iudicium ęternum. Et illi ad anagogem
bonorum.   Et ita Malum tropolog. Eſt primum, Exquo
oritur malum Allegoricum. quod eſt corpus Diaboli Babyloni-
cum. natum ex corpore peccati. Quia peccato & infidelitati
adherent.   Econtra Bonum Tropolo. Eſt fides & opera eius.
Ex quo & per ipſum oritur bonum allegoricum (.1. Corpus Chriſti.
qui Domino adherent. vſque ad gloriam futuram anagogicum
bonum
     Quare obliti operum dej. potiſſimum arguuntur Iudęi quod
ſuę opera Iuſtitie ſtatuentes opera fidej. non conſyderant. Et non
intelligunt. Quod per Chriſtum & in Eccleſia ſalus ſit
     fecit itaque notam virtutem ſuam. Quomodo? Quia ſcilicet
oſtendit populis. Quod virtus dej non eſt in carne & poteſtate
ſęculari. Sed potius infirmitatem ſecundum ſęculum: eſſe ſibi
gratam Quia ſpiritualis eſt virtus eius: que ſpiritualiter vincit
& operatur: Elegit enim infirma vt confundat fortia. Quia notum
fecit omnibus. Quod non in tibijs viri. neque in fortitudine equi
beneplacitum ſit ej. Nec opera dej. tales operantur: qui potentes. diuites ſani & validi ſunt Quia hec eſt virtus mundi Sed.
pauperes, infirmi ſubiecti & contempti: hij ſunt qui in virtute
eius operantur
     Blatt 122ᵇ: poſſunt & aliter diſtingui opera domini. Vt
primum membrum ſint omnia opera creature viſibilia ſiue in
natura ſiue miraculo olim facta. Secundum opera chriſti pro
nobis facta & totius creaturę nouę [Darüber: Vel tota noua
creatura Eccleſia.] (.1. Eccleſie. que eſt mundus Spiritualis &
intellectualis. Tercium opera Moralia & fidej ſecundum Deum

facienda. Quartum Opera future refurrectionis: Et ita prima
funt litera: Secunda allegoria. Tercia. Tropolog. Quarta
autem Anagogia. Vnde & in primis fcilicet literalibus,
omnia ifta tria legere & videre potefl. qui fpiritualis
efl. Et forte propter ifta 4ᵒʳ membra: quater hic ps repetit.
dicens Memor fui operum domini: quia memor ero ab initio
mirabilium tuorum. Et meditabor in omnibus operibus tuis &
in adinuentionibus tuis exercebor: primum ad Anagogica opera
domini Secundum ad literalia. Tercium ad allegorica. Quartum ad Tropolo. in quibus proprie exercendum efl & funt adinuentiones & confilia dej ad falutem noftram inueniendam Quod
fi hoc non placet. primus totus verfus. de opere creationis & mirabilibus in ẹgypto intelligatur ad literam:
Quia illa memoratu funt digna. & ifta fimiliter Sequens
autem de operibus Chrifti in perfona geftis. Quia in
iftis Iugiter meditandum efl Et de operibus que facere
docuit: quia in iftis exercendum efl: Et ita oritur adhuc alia quadruplicitas: Et Hẹc fane mihi placet valde.
& apte confonant verba Nam primo. opera creationis non
mirabilia Sed abfolute opera recte dicuntur: Nec in illis agere
& exercere. Sed tantum memorarj poffumus, non enim funt in
noftra poteftate Secundo. Mirabilia olim facta: recte vltra quam
opera etiam mirabilia dicit. Et Hec non in noftra poteftate funt
ideo folum memoranda. Tercio opera Chrifti: quibus nos redemit
& regenerauit & Ecclefiam ẹdificauit: In quo multa funt opera:
Ideo dicit. Meditabor in omni opere tuo (.1. vtroque fcilicet
quod in perfona ẹgifti. & in Ecclefia formanda effecifti hec fimiliter nondum in poteftate noftra. Sed quartum. in adinuentionibus tuis loquar. Hec funt opera a nobis narranda, facienda ɹc.
Econtra enim Impij ibunt in adinuentionibus fuis. ps. 80.
Vel fi quis aliter poterit diftinguere vel in pauciora vel plura.
non repugno quamdiu regula fidej non repugnat   Sed de
primis fcilicet creationis fingulariter notandum. quia pauci credunt ea effe opera dominj. Si enim crederent aliter agerent.
Quare Sine dubio valde tenella & bone complexionis, fan-
guinea tota. & viuaciffimi fenfus anima Hec Efl Quẹ ex omni

re & vfu eius. quocunque etiam fenfu fentiatur, percipiat deum.
elicit timorem & Reuerentiam dej: item amorem & fpem & deuotionem & affectum in deum [*Am Rande rechts:* Tales erant anime
trium pueorum [*so*] in Camino.] ac odium in malum & peccatum: Infuper gratiasagit, laudat & benedicit: Et quod maxime
eft ponderandum, etiam eruduit. Nam vts dixi. In qualibet re
legere incarnationem Chriftj: virtutes & vitia: futuram gloriam
& miferiam: non eft Infipientis anime. Nam omnia creata funt.
pro adiutorio intellectus & affectus hominum

Sic enim optimus creator omnia vifibilia in fapientia creauit,
vt non tantum corpori miniftrent in tam innumerabilibus vfibus
& minifterijs: quod tamen fapientię in qua creata funt & quę in
illis relucet, non eft capax. Sed etiam anime quo ad intellectum
& affectum

Blatt 122ᵇ: [*Ausgestrichen:* Vnde] que [*so*] fapientie capax
eft. Vnde ps. 31. Spiritusfanctus hortatur nos. ne efficiamur ficut
equus & mulus. quibus non eft intellectus: Nam creaturis tantum fecundum corpus vti. & in illis non affectum & intellectum
in deum dirigere. Eft ea tantum fenfu percipere ficut ęquus &
mulus: quę non diutius vident: quam cum prefentia funt Sic &
illi. obliuifcuntur operum domini & non memorantur. Quod vt
ps ifte indicaret Non ait videbo, audiam, aut fentiam opera tua:
quod faciunt omnes infenfati. Sed memor ero & meditabor. fic
intellectualis & fpiritualis homo.

Quare omnes tales anime funt melancolicę: fpiffe cutis, peffime complexionis, ftupidi & hebetis fenfus nefcientes meditari
aut memorare aut loqui aut exerceri: Sed tantum fentire & videre
ficut equus & mulus vt dictum eft. Nota autem ifta 4ᵒʳ
verba. Memor fui, memor ero. meditabor, exercerbor [*so*]. Et
vide ordinem illorum. Item operum domini, mirabiliūm tuorum,
omnibus operibus tuis, adinuentionibũs tũis. An non quid amplius in illis claufum fit quam apparuit & dictum eft. Gradatim
enim crefcit Deuotio & eruditio. intellectus & affectus, Ideo ifta
4ᵃʳ membra fuper quodlibet opus domini fingulariter poffunt
applicari quęcunque fint. Primo affectus meminit & agnofcit.

confitetur domino opus fuum, Et fic apparet opus effe dominj: Quia non meminit affectus. quod non monftrat intellectus Hoc autem monftrante: ille afficitur & meminit. Deinde opera confyderata fiunt ftupenda & admiranda. quia crefcit eorum notitia & comprehenfio clarior: Quanto enim res creata profundius agnofcitur. tanto plus mirabilium in ea videtur. fcilicet quomodo plena fit fapientia dej: Vnde in eadem re. multa videt fpiritualis homo. & mirabilem fapientiam Dej. Infenfati autem Iuxta ps. non intellexerunt opera domini. Sed tantummodo fenferunt. Ex ifta autem cognitio. oritur maior flamma affectus, ita vt perpetuo optet fic meminiffe. & dicit: memor ero abinitio mirabilium tuorum.

[*Ausgestrichen*: Tercio procedit] Vnde iam vertit verbum ad dominum, cum prius, tantum operum Dominj velut in tercia perfona: iam tuorum dicit. quia eleuatior facta eft mens ex operibus in deum: Vt iam plus deum quam opera Sicut in primo gradu plus opera quam deum videat. Tunc tercio gradu adhuc amplius proceffit. & concludit. quod omnia opera fic fint mirabilia. & optat in illis fimiliter meditari .1. meditate & fapienter meminiffe. Hic autem finis eft profectus. quia eft perfectio: primus gradus incipit Secundus proficit Tercius perficit. Quia primus opera tantum domini: Secundus mirabilia effe. Tercius omnia videt: extra illa autem nihil reftat: Et memorem fuiffe, minus effe, memorem fore maius. maximum autem meditari. Sic autem perfectus homo. Ecce. alijs etiam prodeffe vult, non fibi tantum habere talentum dicens. Et in adinuentionibus tuis exercebor. narrabo loquar alijs. verbo & opere de tuis mirabilibus, vt & ipfi cognofcant opera Dominj

Corol. patet. Quod per tot annos orauimus & oramus. pater nofter: qui es :c Et Credo in deum patrem omnipotentem creatorem cęli & terrę. non tamen perfecte hanc primam partem orationis & fymboli oramus: eo quod non in omni creatura & eius vfu, eum vt patrem qui nobis eam concedit, & vt creatorem: qui eam creauit, agnofcimus laudamus & benedicimus, timemus, amamus, & erudiamur [*so*]

Blatt 123ᵃ: Poffunt infuper (.Vt Caffio.) opera Dominj. ac-

cipi: ea que in propheta. & quolibet hunc ps. orante. egit in
conuerfione eius. Vt fic Qui cepit nouam vitam. nihil agat, nifi
hanc mutationem dextere excelfi in fe factam predicet: & opera
eius Iugiter confiteatur in gratiarumactione. Sic enim precepit
filijs Ifrael femper meminiffe exitus fui de ęgypto: & miferię fue
in qua fuerunt. Et in Euangelio dominus precepit a demonio
liberato vt vadens narraret, quanta fibi fęciffet deus. Quod & b.
Aug. facit in libris confeff.   Sic cum ifte ps fit in perfona
fidelis fynagoge feu Ecclefie primitiue dictus, ipfa confitetur opera
domini Chrifti: quibus eam de fpirituali ęgypto eduxit. de regno
fcilicet peccati & mundi & diaboli: Vnde Hic pulchre defcribitur Crucifixio fpiritualis: & plage ęgypti moraliter. primum
enim oportet compungi & humiliari & deftrui moralem ęgyptum.
Et fic tandem fequitur mutatio dextere excelfi.   Quod fi
copiam queris. Ecce totus ps. habet. quod liber exodi a principio: Ideo ficut ille ita & ifte poteft 4drupliciter exponi lit: trop, alle, anag,

primum enim filii Ifrael in Aegypto clamauerunt ad dominum. oppreffi dura feruitute: Ita peccator oppreffus peccatis.
fentiens fe cogi: a diabolo & membris peccati ad peccandum
femper: Clamat intus & murmurat graui confcientię voce. Quibus
dicitur Venite ad me omnes qui laboratis & onerati eftis. Sic
incipit ps. Voce mea ad dominum clamaui. Reliquię enim (.1.
ratio & fyntherefis.) quam diu remurmurant, femper. ad dominum
clamant, etiam fi peccet voluntas coacta a peccato. Et ideo dicit
In die tribula. męę. ⁊c Quia tribulatur ad peccatum.   Iam
fequuntur plage

prima. [*Am Rande rechts:* Aqua] Renuit confolari anima
mea ⁊c hic aqua voluptatis in fanguinem verfa eft vt non poffit
nec delectet bibere illam: Quia fanguis eft & mors anime talis
aqua. Secunda [*Am R. r.:* rane] Et exercitatus fum: hic
rane natę funt, quę fatigant animam importunis ftrepitibus: qui
funt memorie & reliquie peccatorum preteritorum & voluptatum
naufeam facientes   Tercia [*Am R. r.:* Scyniphes] Et defecit
fpiritus meus: Hoc tercium fignum efficax eft: quod non poffunt emularj Magi ęgypti. quia digitus dej hic eft. poteft quidem

& homo. aquam in fanguinem. & voluptatem in naufeam vertere: atque ranarum voces & clamores confcientie fufcitare   Sed Scyniphes non poffunt. Hee funt mufcę minute fine ftrepitu acute pungentes: & mordentes, fignificant ftimulos confcientie atque compunctionis

Quarta [*Am R. r.:* Mufcę] anticipauerunt oculi mei vigilias. Hic fequitur extinctio luminis mali: vt iam videre nolit: ea que mundi funt.   Quod diuerfi generis mufce faciunt: que prohibent videre exteriora 'Et fic dedit eis fpiritum compunctionis oculos vt non videant

Quinta [*Am R. r.:* pecorum mors] Turbatus fum. Heb. ftupebam, Hic fit ftupidus & infenfatus, quando motus carnis & defyderia eius: ficut pecora occiduntur, ceffat titillatio concupifcentie & omnium que funt in mundo.

Sexta [*Am R. r.:* Vefice] Et non fum locutus. Veficas & vlcera fexto mittit. Quę dolorem infligunt. vt filentiũm imponant omnibus peccatis. vt nec loqui nec cogitare de illis libeat. Sepe enim etiam non moũemur & tamen cogitamus & loquimur de malis

Septima [*Am R. r.:* Grando] Cogitaũi dies antiquos ɔc Ifta enim funt dura & grandia de Iudicio

Blatt 123ᵇ: futuro meditata. que conterunt, omne viride omne quod pũllũlat de carne

Octaua [*Am R. r.:* Locufta] Et meditatus fum nocte cum corde meo. Hec eft locufta, rodens carnalem animam affiduo & corrodens eius in carnem virentiam

Nona [*Am R. r.:* Tenebre] Et exercitabar.   Hee funt tenebre palpabiles per triduum: in quibus nihil videri & agi poteft: Vt pro concupifcentia $\frac{carnis}{oculorum}$ fuperbiaque vite. luceat

$\left.\begin{cases} fides \\ fpes \\ Charitas \end{cases}\right\}$ que illa tria obtenebrent

Decima [*Am R. r.:* Mors primogenitorum] & Scopebam fpiritum meum, Hic occiduntur primogenita

Blatt 124ª:

ps. 76. [Hebr. LXXVII.]

Obfcurus Eſt iſte ps: Et vt meo fenfu in illum abundem. Et ad tabernaculum dominj etiam ego pilos craprarum [so] faltem offeram: puto ps eſſe. defcriptionem, meditantis hominis in compunctione.			Iſte funt enim proprietates & geſtus ac ſtudia eorum qui compuncti funt vt per ordinem videbimus

1 primo In die tribulationis meę exquifiũi dominum, Hęc eſt tribulatio compunctionis Et tota miferia huius vite intellecta. fecundum b Aug hoc loco. [*Am Rande rechts:* Quod autem ait: me. exprimere videtur tr... lationem: quam fibi fufcitauit m . ditatione.] Quia compunctus intelligit fuam miferiam & videt fe in media tribulatione & tentatione eſſe. quippe, cum tentatio & militia ſit vita hominis fuper terram. Iſta autem agnitio falutaris compungit. & auertit a temporalibus & conuertit ad deum miro modo, ideo dicit.		Exquifiui Dominum, manibus meis nocte contra eum Heb. Manus mea nocte extenditur & non quiefcit ſiue hoc de nocte fpiritualiter ſiue literaliter accipiatur verum eſt: Quia Nox eſt aptiſſimum tempus orandi & recolligendi atquo orandi in compunctione. Quantum enim Nox impiis eſt comoda [so] ad malum faciendum, tantum eſt pijs etiam vtilis ad bona agenda: illi carnaliter iſti fpiritualiter

2. Secundo Renuit confolari: Quia Compunctus mire faſtidit confolationes exteriores. Et funt ej amarę & inſipide valde: ſicut ait b. Greg. Guſtato fpiritu, defipit omnis caro [*Am Rande rechts:* ps. 38. Et Silũi a bonis fcilicet carnalibus] Anima mea. Quare? Quia memor fui dei & delectatus fum. Heb. & conturbabar: Quia omnium oblitus. & auerfus a carne, dej folius recordatus (.1. turbatur & indignatur contra vanitatem confolationum carnalium. Et in Deo potius confolari oportere intelligit.

3 Tercio Exercitatus fum & defecit fpiritus meus (.Heb. loquebar) fcilicet irafcendo & arguendo meipfum Et ſic compunctus, contritus, humiliatus eſt fpiritus meus & defecit Hoc

enim Negocium & exercitium, ista rixa, intus in domo cordis ex-
citata contra seipsum vehementer conterit spiritum & humiliat
atque compungit vt b. Aug li 8. confess. de seipso confitetur.

4 Quarto Anticipauerunt vigilias oculi mej .1. ne
vigilarent secundum Diabolum male apertos habendo sese. vt
Melius Heb. prohibebam suspectum oculorum meorum
(.1. non sui ausus suspicere ad cęlos: pre vilitatis & indignationis
meę agnitione quia vehementer humiliatus. etiam oculos carnis
declinat & humilis ac quietus incedit: que res est signum verissime
compunctionis & recollectionis. [Am Rande links: Sed multo
magis in spiritu. oculos inclinat (.1. sensum suum non extollit.)
vide in glosa] Sicut econtra dissolutus & vagus in omnem partem
spargit oculos suos instabilissimos.   Nostrę autem translationis
sensus est Quod qui compunctus est etiam ante tempus euigilat:
& promptus est ad opera domini: semper primus esse nititur
& paratissimus est. ac sic preuenit semper vigilias & ea. que
facienda sunt

5   Quinto Turbatus sum & non sum locutus: quod facit
compunctus. quia cum nec videre nec audire nec loqui delectat:
fastidit musicam, fastidit fabulas & iocos. Silentium, quies &
nox ej gratissima sunt: quia iratus est & turbatus in semetipso &
infremuit. [Am Rande rechts: Vt b. Aug p . . . 8 confess. Et b
A.tho: dicens tempus .. quendi tempus tacen.. Sic omnis compunctus Vel non locutus .. coram hominibus ... bonis mundi
... vt in glosa] Sic enim Ira accensa, non sinit concupiscentiam
monere & intrare: Que facit loquacissimos & ociosos accidiosos-
que post vigilias vix euigilare

6   Sexto iam sequitur. Vnde talis gestus in eo. & talis turbatio ac iracundia siue compunctio orta sit Quia inquit.
Cogitaũi dies antiquos scilicet videns quam omnia transie-
runt que fuerunt, quam nihil sit tempus & omne quod in eis
est. Cogitaũi tot gesta veterum, qui iam mortũi sunt Et ita meditatio mortis Ista fecit in me hanc compunctionem, Quia
non ait presentes dies: ostendit Idithum esse. Nam nullam clausulam huius psalmi potest dicere, qui non est
Idithum: Talis enim solus proprie ista dicit

Blatt 124ᵇ: 7 Septimo. Annos ęternos in mente habui. Hoc eſt enim quod maxime monet: ſcilicet ęternitas tam in bonis quam malis Cogitare enim penas malorum ſine fine manentes, Et gaudia bonorum ſimiliter manentia: mirabiliter horrere & ſtupere facit animam. Et qui non horret ſignum eſt quod non cogitat vere neque intime ponderat. Sed ſuperficietenus & perfunctorie tranſit Vnde notanter dicit. in mente habūi (.l. tenui.) Quia niſi fixe & moroſe quid ruminetur non afficit. Si autem fixerit mentem videbit & ſtupebit & terrebitur. Nullus enim eſt qüin cogitet idem, quando loquitur: Ecce moriuntur & damnantur Impii inęternum. Sed quia non diutius mente retinent, quam verbum ſonūit, ideo non afficiuntur. tranſiit enim cogitatio eorum cum tranſitu verborum: ſicut ps. 9. perijt memoria eorum [*Darüber geschrieben:* actiue & paſſiue] cum ſonitu. Et oſeas dicit de illis. Tranſire fecit Samaria regem ſuum, ſicut ſpumam ſuper aquas (.l. Chriſtum ſeu veritatem: fecit in ſuperficie carnalis cordis tranſire) Ediuerſo ps prece: Reliquie cogitationum diem feſtum agent tibi. (.l. fixe impreſſe cogitationes. & profunde diiudicationes eorum que audita & cogitata ſunt. [*Am Rande links:* optime dicit reliquię. Quia quod cito . . . . ſit de corde, to . . . tranſit. Et ideo non eſt ibi memoria alicuius, niſi . . tum ibi ſit.] Quomodo erunt autem ibi reliquię: ſi cum ſono tranſierint? Igitur quia ipſi fecerunt perire memoriam veritatis & Chriſti cum ſonitu Iuſte quoque memoria eorum perit cum ſonitu. ac ſic. tam actiue quam paſſiue verum eſt quod memoria eorum perijt cum ſonitu. Quia quam cito ipſi obliuiſcuntur Chriſtj, & ipſe obliuiſcitur eorum. Immo eius obliuiſci: eſt quod ſinit illos obliūiſci veritatis: Sicut memorari eius. Eſt facere memores eſſe. Quia meminit noſtri: (.l. facit nos meminiſſe eius

Quod vtique pro magno reputatur dono in Scrip. vt ps. 73. Memento congreg: t. Et. 44. Memor ero nominis tǖ: Et. 86. Memor ero Babylonis ꝛc   Sic enim Impiorum obliuiſcitur: vt ps. 68. deleantur de libro viuentium, Quando facit omnino. obliuiſci illos. ſui dej . veri Vnde orat ps. Ne obliuiſcaris nos. Item obliuiſceris inopię & tribulat. noſtre. (.l. facis nos obli-

uifci. Regulare enim eſt Hoc Quod quando nos obliuifcimur
eius: ipfe oblitus eſt noſtri quia idem eſt & vna obliuio. ps.
[*136, 5.*] Si oblitus fuero tui Ierufalem, obliuioni dabitur dextera
mea: Quare iſte compuctus [*so*] Hoc ps dicit Memor
fui dej: Et. infra. memor fui operum domini Et memor ero:
Sic arguit . infra. patres noſtri non intellexerunt Quare? Quia
non fuerunt memores multitudinis mifericordię tuę. (.1. quia non
ruminabant, non figebant in corde. ideo intelligere & erudiri non
poterant. [*Am Rande links:* .. regnum celorum vim .. titur. Et
petra bis . . . . uffa dat aquas. . . . oleum de faxo . uriffimo fugitur
Defcendendum in hortum nucum] Meditatio enim Eſt fumma,
efficaciffima & breuiffima eruditio

8 Octauo Meditatus fum nocte. Hoc eſt quod dixi:
Quia meditatio non poteſt habere locum, nifi quis prius in mente
fixum habeat, in quod operetur. Exemplum fume [*Am Rande
links:* Exemplum] faber, aut dolator: quando vult operari, primum materiam figit, in quam operetur. In fugitiuam enim,
vagam & mobilem, operari non poteſt. Inſtrumenta enim
fabri: funt actus intellectus & affectus, qui figi nequeunt, nifi
fixam habeant ante fe: Et vt clarior detur fimilitudo.
[*Am Rande links:* Similitudo] Ecce faber intus in corde,
non poteſt difponere formam domus faciende nifi figatur in
eam: Inde illi qui funt lubrici cordis: vna hora loquuntur
infinita femper alia & alia: ficut phrenetici vel capite lefi: quia
talia loquuntur: que nec ordinem, nec confonantiam habent, aut
compendentiam

Hec autem aptiffime fit nocte, tam ad literam quam fpiritum. Eſt autem nox fpiritualis: omnium exteriorum obliuifci. &
intus rapi: nec vlla vifibilia iam eſtimare aut videre | (* Quare
Stulti funt qui dicunt. Quid mihi de biblia & Euangelio? Scio
iſta. O Bulla. Meditandum in illa eſt: Quia non tantum fiffam
vn gulam ˉ. Sed etiam ruminare oportet. tunc enim fenties affe-
ctum: Quia hortus nucum eſt*)|

---

*) Diefe merkwürdigen anderthalb Zeilen fchliessen fich fogleich an
den Text an, beginnen aber unmittelbar am Rande und laufen unten quer

Blatt 125ᵃ: 9 Nono optime fequitur, Cûm corde meo Exercitabar Heb. loquebar: vt ps 4 Quę dicitis in cordibus veftris: Quia fecum difputat quis fit, quis fuerit, quis erit. Et eft foliloquium anime vbi feipfam: actibus Ierarchicis exercet: que fiunt copiofiffime & mirabiliter: Quia officium predicationis: quecunque in populum facit, hoc facit ifta locutio cum corde: in animam   Quę qûis numeret? vnde fequitur   ·

8 [*so für 10*] Decimo Et Scobebam [*so*] fpiritum meum, (.1. Scobe mundabam. ficut habet euangelium.) Hoc autem agit caftigatio, reprehenfio, & compunctio vt bene fequitur ps. 4. Et in cubilibus veftris compungimini: Hoc enim carnales non faciunt: Sed Afaph fidelis

Quod nunc fequitur Varie poteft accipi: Nunquid inęternum proijciet deus. primo vt fint queftiones. compuncti, fuper fe ipfym: q. d. Inueni in me multa que funt digna ira & damnatione: Sed nunquid femper ita erit? An ne vere Deus me proijciet pro ifto Et fic eft verbum. timentis: ex difcuffione confcientie timorem. ficut ait Ifaie. 4. A timore tuo concepimus fpiritum falutis. Taliter enim compuncti: ad defperationem & infernum rapiuntur: Et videntes magnitudinem miferię, timent & exclamant. Nunquid :c Alio modo Vt fit Meditatio affirmandi: quę tamen pre ftupore negatiue querit ficut folet fieri in vehementer ftupidis: cum aliquid grande factum vel fiendum audiunt quafi incredibile admirantur. d. Nunquid hoc ita eft? :c   Et ita videtur Hoc loco capi, cum precedentibus concordius   Tercio vt pro populo fuo perituro inęternum accipiatur loqui :c. Quia illa ineftimabilem iram: que eft. ęterna, ftupet quam videt fûtûram: q. d Ah heu quia vere proijciet deus inęternum, quod tamen videtur incredibilis pena.   Heę funt igitur meditationes: & locutiones quas cum corde fuo habûit, fecum ifta ruminat: & apud fe: iftam ęternam miferiam ponderat Et dixit ad cor fuum, Nunquid inęternum proijciet deus. pre magnitudine enim rej dubitare velut videtur, quod fit & ijs, qui profunde iftam rem ponderant, vt fere dubitent, an ita fit futurum, pre nimia (vt dixi.) rej magnitudine. Sed cum aduertunt quoniam deus fic difpofuit, vehementer terrentur & horrent, ac fic compunguntur

Et dixi Nunc Cępi. (.1. ex talium confideratione compunctus. mûtaui vitam & incepi aliam. Sed non meis viribus Quia Hęc mutatio dextere excelfi: Qui enim talium eftimatione, non mouetur [monetur?] ftupidus & infenfatus eft nimis Si autem Mouetur, non ex fefe mutatur. Sed ex deo   Et quod ifta fit mutatio bona, oftendit quod ait. Dextere (.1. gratię & fauoris dej:)   Heb autem fic. Et dixi. Imbecillitas mea oft. Cuius fenfus preter eum: qui ad textum datus eft) hic effe poteft Quod confitetur. fefe infirmum effe & impotentem. ad aliam vitam mutarj: ideo fecutus dicit Hęc mutatio dextere excelfi. [*Am Rande rechts:* Vel hec mutatio qua me muta .. in fupradictis: n .. eft mea: quia ex compunctione intellectus .. quod Imbecillitas f .. mea. (.1. vide. quod nihil fit m ... nifi miferia .. infirmitas] Igitur perditio tua Ifrael. Ex me tantummodo auxilium tuum, Sic nunc Imbecillitas mihi ex meeft, mea eft, tantum ex deo mutatio mea eft. Vel. quia in meditatione agnofcebat. nihil effe fibi vel fuum nifi imbecillitatem Quia fi queras eum. Quid reputas te? Quid habes pro tuo? Refpondet Nihil meum eft, nifi Imbecillitatem & miferiam: hoc fane adeo ex meditatione intellexi. qua perueni ad cognitionem mej. Ibi enim vidi. quam homo fit nihil: qui ambulat extra talem compunctionem Sed hanc compunctionem neque ex me habeo: Quia me mutauit in alium virum: Illuminauit

Blatt 125ᵇ: enim me ad cognitionem mej: Hęc enim mutatio. fi effet ex hominibus, omnibus effe poffet Igitur Nunc Cępi.   Vnde docemur. Quod nullus poteft incipere nouam vitam nifi peniteat eum veteris, nifi in iftis compunctionibus vt ps ifte docet, ęftuauerit

[*Ausgestrichen:* Quia] memor fûi operum dominj (.1. firmiter propofui in corde meo: opera tua. fcilicet vt ea facerem. [*Am Rande links:* Heb. Cogitationum domini. idem eft. Quia pro operi ... cogitatis accipitur .. s ps. 39. Et cogitationibus tuis non eft quis [*so*] fimilis fit fibi: Quando enim .pus foras procedit

tunc intelligitur ... d cogitauerit, qui .. cit Sic enim manifeftat
confilium opus] Compunctus enim & iam ex terrore ȩ̨ternȩ̨ mi-
ferie, mutatus. quid faciat, nifi vt opera dej facere difponat?
Opera enim domini Hoc loco prophetice fiue in fpiritu accipiuntur Ea: quȩ̨ nos facere debemus fecundum deum vt Iuftitia
dej, via dej. vt fepe dictum eft. Sic enim aptius fequuntur. que
infra dicûntur vt videbitur   Hȩ̨c enim Iugiter fûnt medi-
tanda & exercitanda vt dicit   Quia memor ero ab initio
mirabilium tuorum (.1. operum tuorum ab antiquo, que in
antiquis patribus operatûs es. Non enim ipfi egerunt talia Sed
deus in ipfis vts ps. 43. patres noftri narrauerunt. Opus quod
operatus es in diebus eorum. Et fequitur Non enim in gladio
fuo poffederunt terram.   Et idem ps fatis oftendit quomodo
fit memorandum in operibus domini: fcilicet quod & Hic dicit.
Deus in fancto via: Hoc eft vt non in viribus noftris & Iuftitijs
noftris operemur Sed opera dominj difcamus operari. propheta
enim infpiciens opera patrum: vidit in omnibus: quod deus cum
illis operaretur. Et non ipfi Inde eruditus conclûdit Opera dej,
non effe, nifi quȩ̨ deus in nobis operetur. Quare Iuftitie & opera
noftra, coram eo nihil funt   Ideoque opera exterioris Iuftitiȩ̨:
non funt opera Dej: Sed in fancto ait via tua. Hoc eft in fpiritu. & non in litera aut atrio prophano

Igitur Siue opera dej: fint ipfȩ̨ creaturȩ̨, fiue opera. que in
nobis operatur & nos operari debemus. Memores effe debemus
illorum. Potiffimum tamen opera moraliter (.1. que nos operari
fecundum Deum Debemus): ego hic accipi puto, vt dixi.   Sic
enim Ifai. 5. Cythara & lyra in manibus veftris. & domini non
refpicitis: & opera manuum eius non confyderatis. Vide fupra.
fatis longam diftinctionem operum Dej.

.   ⎰Opera enim dej: funt opera fidej moralia
     ⎱Opus autem fingulariter Dej: Eft Chriftus in fua tota vita
     ⎩Opera manuum eius. fûnt ipfi fancti & Ecclefia Chriftj.

Senfus ergo Eft Quod non refpiciûnt opus dej (.1. quȩ̨ fecundum
deum facere debent.) nec opera manuum eius confyderant (.1.
fanctorum vitas. quod noftro vfu fic diceretur. Non cogitatis
do·virtutibus nec de exemplis fanctorum   Sic prophetat

Hic in perfona fidelium. Quod memor fit operum Domini & mirabilium eius   Scilicet operum fidelium & exemplorum patrum

Meditabor in omnibūs operibus tuis, Omnia ifta dicuntur contra fuperbos & Iuftos apud fe, qui meditantur quomodo fūa opera ftatuant, & fuas adinūentiones exerceant doceant & loquantur. Hic autem dicit: In omnibus operibus tuis .1. dabo operam .vt omnia opera in quibus meditor, fint tua: ita vt nihil meę Iuftitie relinquatur. Sed perfecte tibi fubfim & obediam.

Superbi enim & heretici meditantur in omnibus operibus fuis, (.1. omnia que tractant & agunt, fua funt. Et non cogitant vt opera dej exquirant Infuper Et docent & loquuntur fuas adinuentiones, fuas fapientias: fuum fenfum. Sed Sancti adinuentiones dej (.1. fapientiam quam adinuenit fecundum Baruch: [*Bar. 3, 29 ff.*] Ifte enim funt adinuentiones dej, mirabilia confilia: quibus diabolum vincit: & mundum eripuit: ficut figurauit in adinūentione & confilio. quo fubmerfit pharaonem

Blatt 126ª: Deus in fancto via tua: Hic exponit, que fint opera dej, mirabilia & adinūentiones Dej: Quia fcilicet in Sancto. Sanctum fepe dixi fupra. fignificare fpiritum reuelatum nunc, olim autem velatum. ficut habet figura tabernaculi.

Tunc autem erat occulta ifta via: ficut & fanctum vt .infra. Hic dicit Veftigia tua non cogno: Igitur Qui in via dej vult ire Ecce vbi eft: In fancto: (.1. in fpiritualibus in fide, vbi non videt homo Sed Deus, Non enim qui foris ambulant in carne & carnali Iuftitia Vnde Heb. 14. [*d. i. Hebr. 13, 11.*] Quorum enim animalium fanguis introfertur per pontificem in fancta: horum corpora cremantur extra caftra. Igitur & nofter fanguis per Chriftum introfertur. & offert ipfe nos mortificatos carne Deo

Quis deus magnus: ficut deus nofter. Tu es deus. qui facis mirabilia. Magnus Quia facit magna & mirabilia, fcilicet in quibus fe meditaturum dixit.   Sed queritur. Quomodo funt eius opera omnia magna & mirabilia: Neceffe enim eft: vt omnia opera: que in fanctis operatur fint magna & mirabilia: Quia fūnt figurata per mirabilia & magna: Quod fi litera & moritura ac tranfitoria fuerunt mira-

bilia: quanto magis eorum: veritas & res fignificate
erunt mirabiles & magnę. Sed Quia ifta fuerunt fenfibilia: ideo putabantur. & ore carnis laudabantur. Hic
autem dicit quod intus de illis tractabit. fcilicet in fpiritu: fpiritualia eorum intuendo. Vbi oculi carnis ea videre nequeunt.
Et quid moramur Omnia olim facta mirabilia Vfque hodie fiunt:
per fidem: fides enim cecos illuminat, claudos ftabilit furdos
audire facit.   Sicut dominus In Euangelio nunquam fecit
mirabile, nifi prius fidem illorum haberet: vt fcilicet non folum
vmbratile Sed & verum mirabile faceret Sic enim Marci vlt. Signa
autem eos qui credunt in me. Et Matt. xi. Ceci vident.
Et vere magnum eft animam fanare & Iuftificare vt omnia vifibilia contemnat, & celeftia fperet. Magna magnalia.   Sed
quia hec virtus occulta eft in fpiritu. Ideo fequitur.

    Notam fęcifti in populis virtutem tuam. Idem prope
ps. 110. Virtutem operum fuorum annunciabit populo fuo:
Hęc eft fides Chrifti. Quia predicamus Chriftum crucifixum virtutem & fapientiam Dej, Chriftum .1. fidem Chrifti: Ipfa enim
operatur ifta Magna Quid enim maius quam vincere totum mundum: & principem eius? Item Quid maius quam omnia bona &
mala in hac vita fuperare? Quid maius quam ęternam mortem
conculcare. quam animam ex peccatis furgere .& filiam dej fieri:
Heredem cęleftis regni: fratrem Chrifti fotiam angelorum. ami-
cam fpiritusfancti.   Hęc enim funt ineftimabilia: ac fic
mirabilia & magna vere: vt antiqua mirabilia vix fint vmbra &
figura Horum   Igitur Hanc virtutem nefciüit omnis homo.
Sed Chriftus dominus annunciauit eam populo fuo: Vere hec
eft virtus Dej: quę facit opera Dej Ergo virtus operum eius
eft   Quia Hec eft victoria veftra, quę vincit mundum, fides
veftra. [*Am Rande rechts:* Iohan. 6. Quid faciemus. ꝛc Item
Credenti . . . . . poffibilia funt . I . . . Si habueritis f . . . &
dixeritis.]

    Virtutem tuam, ait Quia Homo non nifi virtutem carnis nouit
ac ęftimauit quam Chriftus potius Deftruxit, vt fuam erigeret

    Item Signa qui crediderint hec fequentur: ꝛc

    Blatt 126ᵇ: patet ergo quod propheta Hoc loco: magis pro-

phetat de futuro: quam narret de preterito. Redemisti in brachio tuo populum tuum. filios Iacob & Iofeph, Scilicet
tam ad literam quam in fpiritu: vtrunque enim Inuoluit: Quia
mirabilia antiqua recitat vt in illis prophetet noua: Sed quis
det. vt & nos non fimus infenfati in medijs mirabilibus dej: ficut
illi fuerunt? Et quis credit: Quod in tantis facris hodie nos
fumus? Vndique dominus operatur mirabilia. Sed quia funt
fpiritualia: ideo non curantur. Certe rari funt, qui memores
fint operum Dominj. qui meditentur in mirabilibus eius & exer-
ceantur ac loquantur in omnibus operibus eius. Ecclefia quidem
hoc facit. Cuius hic Afaph perfonam gerit.   Exercentur
autem in operibus carnis, mundi & diaboli. Ecce enim ea fancta
nunc funt, que olim videre & audire voluerunt reges & prophete,
tanto ardore. & nos nihil attendimus. O Infipientes: Si vnum
hoc opus domini. fcilicet Miffa tantum ageretur: nimium effet,
quia eft memoria mirabiliûm dej. Igitur Superbiam vincere,
luxuriam cohibere, carnem crucifigere. hec funt magna. fuper
omnem virtutem hominum.   Et mirabilia valde: quia propter
Inuifibilia fiunt: Et qua ratione: non fciunt homines, Deducit
enim fanctos dextera dej mirabiliter: In hijs ergo loqui & meditari Hec funt opera domini. Vt Apoft ad Tit. Apparuit gratia
dej   Erudiens nos vt abneg. ec Sequitur Hec loqûere & exhor-
tare in Chrifto Sic enim hoc ps Ecclefia vouet Et ps. 50. Docebo
iniquos vias tuas   Sicut autem diæi Simul recitat
vetera & prophetat Noua Quia vidit Quod ficut opera dej
mirabilia olim non fiebant opere hominum: Ita multo magis intellexit Quod omnia opera dej: quibus nos redimit & triumphat:
non fiunt ex hominum virtute.   Si enim figuralia per
deum fiebant: quanto magis vera & fpiritualia? Ne fcilicet glorientur, Sed confiteantur omnes deo Vnde ps. 113. Cum
recitaffet opera dej: fequitur. Non nobis d. non nobis. Sed
nomini tuo da gloriam: Super mifericordia & veritate tua.

   Quod autem Hic exprimit filios Iacob & Iofeph, myfticant
multi: poteft tamen etiam ad literam accipi: Quia ifti duo pa-
triarche nobiliter in filijs multiplicati Et Quia duo filij Iofeph
computati funt in filios Iacob, pro duabus tribubus

B. Aug. Allegorice exponit. filios Iacob: populos ex gente hebrea: filios Iofeph populos ex gentibus: quia in gentibus Iofeph venditus, exaltatus & multiplicatus fuit vxore alienigena accepta

Viderunt te aque deus Viderunt te aque. Ifta geminatio facit & cogit nos fpirituales aquas intelligere: illis fignificatas. [*Am Rande links:* Quia dicit Viderunt ps 67. Viderunt ingreffus dej mej,]   Secundo etiam ex eo quia ait Et timuerunt. Timor enim in proprio fenfu maieftatis non conuenit, nifi remotiffima metaphora (.1. ad modum timentis fugiendo fcilicet & cedendo. fe habuit Tercio Et Turbate funt abyffi, eadem locutione   Sunt autem Abyffi aque profundę.   Hij funt homines profundi & occulti cordis. Quorum aliqui Boni de quibus ps. 32. Qui ponit in thezauris abyffos. tales enim intus in fpiritu viuũnt & non apparet vita eorum oculis carnis. Alij mali. de quibus Ifaie. 29. Ve qui profundi eftis corde. quorum fũnt in tenebris. opera eorum: horum enim mors. qua in fpiritu mortui funt: fimiliter non videtur foris: quia viuunt in carne: ideo funt Abyffi   hij autem turbantur & indignantur contra veritatem eis contrariam vt ps preced: Illuminans tu mirab. a mont. Ideo turbati funt omnes Infipientes corde (.1. abyffi: Idem enim eft Abyffus & infipiens corde. licet foris coram mundo in fuperficie fint fapientes   Quare autem

Blatt 127a: turbantur vifo domino: Et illũminante eo a montibus ęternis? Quia veritas odium parit. Vnde Hic Apparitionem domini notificat in carne: Chriftus enim deus vifus eft a Iudęis & apparuit in carne. Sed inde turbatus eft Herodes, & omnis Ierofolyma cum illo: tunc enim ad literam ifte propheticus fenfus impletus eft. vnde & ps ifte. recte in fefto Epiphanie legitur Turbate autem funt etiam poftea. cum illuminaret a montibus ęternis vt ps prece: fcilicet in die pentecoftes & deinceps. Et ita ab increpatione eius dormitauerunt in fpiritu: ficut pharao dormuit [*so*] morte carnis in mari. Ac fic tota hyftoria exodus [*so*] recidit in fpiritu fuper Iudęos infipientes. qui illud in fe expleuerunt myftice: quod in pharaone contigit literaliter.   Tũnc enim abftulit fpiritum princi-

pum. fpiritualis fcilicet vite. ficut abftulit fpiritum (.1. animam
principum pharaonis. & ficut ibi terribilis in ira fua & nemo
reftitit ej ita & hic. vide fingula ps preced.

Quare fequitur Quod de iftius hyftorie myfterio
loquitur verbis hyftorie. Quia elegans eft & efficax
modus loquendi: parabolicus feu apologicus: vt etiam
vfus communis habet in proverbijs. plenis omni metaphora

In mari Via tua & femite tuę in aquis múltis. Quia
Chriftus ambulat fuper aquas (.1. populos) fpiritualiter: fic in
fuo corpore fecit figuraliter: Et hoc fic. Quando opera eius in
populis fiunt. Opera enim Chrifti & Iuftitie & fidej Ipfa funt
via Chriftj: fecundum quam in nobis ambulat & proficit (.1. proficere facit Quia omnia opera bona, ipfe in nobis operatur. &
non ipfi nos. Vnde fupra dixit Deus in fancto via tua.
Et Hoc habet figura Exodus. Quia via per mare rubrum & per
defertum Eft via Chrifti. Quia ipfe dux itineris fuit ducens eos
per viam fuam Et fic ibi via eius in mari. & in aquis multis
[(.1. opera if.. egit in m ... & via. qu.. ... cit populo f.. am
Rande rechts.] fignificauit viam. Quia ipfe in medio mundi. in
medio inimicorum fuorum vadit & dominatur. Et fuos fimiliter
ducit per eandem viam fpiritualem

.1.º Igitur Breuiter. Via Chriftj in mari & femite in aquis
multis, Eft Quod Vita & conuerfatio fua & fuorum. Eft in medio mundi. & inter homines mundanos qui ·funt mare & aquę
multę Sicut figurat tranfitus per mare rubrum Aque a dextris
funt Homines in profperitate allicientes. Aque a finiftris funt
homines aduerfantes & perfequentes. Sed has facit dominus
Ecclefie fuę vt murúm vtrinque vt eis minari & apparere &
mouere ad fenfum quidem poffint Sed obruere & Inuoluere non
poffint

2º Secundo fic fcilicet Quia Mare funt ipfi Homines in quibus ipfe ambulat vt illum ambulantem fuper fe portent glorifi-
cantes & portantes deum in corpore fuo Sed hec expofitio. ad
hanc figuram & ad propofitum non eft. Aliud eft enim per medium
maris feu in mari medio: Aliud fuper aquas ambulare. Ideo
relinquatur & primum pro textu fufcipiatur

Tropolog. quoque fimiliter. Mare & aque multę. Eft caro
cum fuis fenfibus plena omni procella malorum motuum & cupi-
ditatum a finiftris & a dextris. Sed Hijs qui funt Chrifti. Nihil
damnationis eft. qui non fecundum carnem ambulant. licet

Blatt 127ᵇ: Anima. in carne. in medio fcilicet eius & omnium
fenfuum proficiat via fua virtutum vfque ad deum. Nam dominus: Animabus fidelibus facit. vt caro licet a finiftris & dextris
titillet, concupifcat, moueatur defyderijs contra fpiritum: non
tamen regnet per peccatum, aut animam inuoluat. ficut facit
Hominibus ęgypti & mundi

Vnde Defyderijs ait Apoftolus carnis. non effe obediendum:
nec regnare peccatum Debere: licet effe defyderia & peccata in
carne prohiberi non poffit. Sicut Docet figura. Nam Aque a
finiftris & dextris in marj: vtique videbantur. vtique more fuo
fremebant, vtique imminebant. Sed non irruebant. Sic in medijs
tentationibus eundum eft. Sentiri & videre & experiri oportet
bonitates & malitias carnis. Sed non confentire. Sic eft lilium
inter fpinas, Sicut Daniel in medio leonum   Sic canitur
Sancti tui domine Mirabile confecuti funt iter. vt Inuenirentur
illefi in aquis validis. Terra apparuit arida & in mari rubro
Via ꝛc.

1°. Et Veftigia tua non cognofcentur. Hoc qũidem
in mari rubro ad literam patuit. Ita & in fpiritu fit. Quoniam
Carnales non cognofcunt quod Hec fit via Dej: per quam fancti
ambulant. Immo videtur eis effe non via dei. Sed ftultitia &
error & fchandalum.   Vident quidem viam eorum & vitam
eorum Sed hanc effe dei. non vident, quia carnalis homo non
percipit ea quę Dej & fpiritus funt. Sicut pharao cum fuis bene
vidit viam: per quam filij Ifrael ierant Sed Hanc effe viam Dej.
non intellexerunt, Donec fubmergerentur

Sic Dominus Iohan. 3. Spiritus fpirat vbi vult. & vocem
eius audis & nefcis vnde veniat, aut quo vadit, Sic eft omnis qui
natus eft ex fpiritu. Scilicet Quod vocem eius audis confitendo
Chriftum Sed nefcis vnde & quo vadat. Quia vts Dixi Nefcit
Hanc effe viam a deo & ad deum   Sic prouer. 30. Et viam
viri in adolefcentula penitus ignoro   Vnde vocatur Ecclefia

Abfcondita & in occultis & in fancto & alijs multis nominibus.
Quia fic eam abfcondit dominus & decolorauit eam fol fuus, coram
mundo. Sed albauit coram fe. ps 26 protexit me in abfcondito
tabernaculj fuj

Deduxifti ficut oues: Ifte verfus ineptus videtur ad prece-
dentes. Vel cogere nos vult omnia dicta. de litera occidente.
[so] Sed poteft fic accipi. Quia dixerat fupra de deo incarnato.
quod eum viderint aquę. quod apparuerit in carne. homo inter
homines Ne quis ideo: eum folummodo Hominem putet. & non
etiam ante fuiffe: Dicit Tu es qui deduxifti q. d licet iam vifibilis factus fis: & infirmus appares Et opera tua in humilitate
facis. ac fic iam non cognofcuntur a fuperbis. Non enim in
maieftate & potentia operaris. Sed ex occulta virtute. ideo non
cognofcuntur veftigia tua. ergo nec tu quod fis deus.   Opera
enim tua humilitate velantur vt non tua effe credantur. Sed
hominis alicuius infirmi Nihilominus tamen tu es ipfe qui olim in
maieftate. & apparenti virtute operabaris in manu Mofi & Aaron
[Nun unten am Rande quer herüber: Sed & nunc quam fepe dominus obuiat (. vt prouerbium habet.) & nefcimus eum falutare:
Quia non cognofcimus veftigia eius. Humilitas enim veritatis
apparet: ideo eam non agnofcimus

Blatt 128ª: Et ifta eft prima intelligentia huius verfus. Veftigia tua non cognofcentur: Quia ficut diüinitas fuit velata fub
carne infirmitatis. Ita opera eius: que fuerunt maxime [ausge-
strichen: paffiones] deiectio diaboli, victoria mundi deftructio
inferni: acquifitio Celi. & fanctificatio Ecclefię: Occifio mortis. Quę
funt opera prorfus diuina fuerunt velata infirmitate paffionis.
Quis enim crederet. Quod crux & paffio tam ineftimabilia faceret? Igitur, Veftigia eius non cognofcebantur Nec videbat omnis
homo. viam eius quam tunc ibat. Et quid operaretur non intellexit nec mundus nec diabolus. Nec tamen ideo non fuit deus
ille Qui deduxit olim in manifefta virtute populum. Sed quia
tunc literam: nunc fpiritum literę operabatur. qui occultus erat
in litera. Et ita rurfum cogimur ad fpiritualem intelligentiam
pfalmi.   Licet enim vt predictum eft. in figura exodi Ifta
nefcientia monftrata fit. quod pharao non intellexerat Hanc effe

27*

viam & opus dej Tamen melius fentimus: quod propheta ex
oppofito loquatur. Ac fi diceret. Tunc virtus tua fuit manifefta
& vifibilia erant mirabilia tua: ac veftigia virtutis tue omnibus
cognita. Sed nunc cum fpiritum illius manifefte litere occultum
facturus es: erunt opera tua ita occulta. opera tua adeo abfcondita: vt nifi fide percipiantur, nullo modo cognofcantur: Immo
nifi fides doceat. quod paffio tua tanta opera faciat: Videbitur
quod fint opera infirmiffimi hominis cuiusque. Quid enim eft
pati? Nunquid eft hoc opus dej? Igitur Diabolum effe victum,
mortem occifam. celum apertum fides intelligit: ratio autem non
cognofcit.   Velauit enim ea opera fub infirmitate paffionis.
vt deitatem fub humanitate. vt fide quoque velaret rationem. &
ftultam faceret fapientiam mundi   Quare vltimus verfus
contra Iudeos incedit. Qui quoniam veftigia eius non cognofcunt,
nec cognofcere volunt: non credentes: Sed tantum ea que in
ipfo viderunt infirma confyderantes, ftatim eum quoque deum
effe fuum verum negant qui olim deduxerit eos in Manu Mofi &
Aaron: Quem adhuc femper expectant Hic autem dicit. Quod
idem ipfe fit. qui olim deduxit & non alius: qui modo in infirmitate opera fua abfcondit: & iam non in maieftatis virtute fecit
manifefta mirabilia. Sed in humilitate paffionis occulta mirabilia.   Vnde Ifaie. 53. In humilitate Iudiciũ eius fublatum
eft. quod quia ad manum venit exponemus & cum noftra tranflatione concordemus que dicit. De anguftia & de Iudicio fublatus
eft. Itaque eft fenfus. Ipfe fublatus eft, abfconditus a Iudeis.
& in altum ad dextram patris fublatus eft: in humilitate paffionis & anguftia infirmitatis: Quod enim Iudej eum non cognofcunt & abfconditus ac fublatus eft ab eis, facit humilitas, afflictio,
anguftia & Iudicium & damnatio quam fuftinũit: Ipfi enim fuum
Meffiam talem non fperant. Sed folum in gloria, poteftate, virtute ꝛc Ideo fublatus eft ab illis. Igitur Noftra tranflatio dicit.
De Anguftia (.1. propter afflictionem paffionis.) & de Iudicio (.1.
propter damnationem mortis ad crucem.) fublatus eft: per eorum
incredulitatem: Quia propter ifta, non credunt eum effe Chriftum
eis promiffum. & deum.   Idem alia tranflatio In humilitate .1.
paffione. Iudicium (.1. poteftas Iudiciaria & regnum fuper Iu-

dẹos, fublatum eſt per eorum infidelitatem. Vel quod melius credo vel eque bonum. Ipfe fublatus eſt (.1. exaltatus fuper omnia.) & Iudicium eius fuper omnia. exaltatum fcilicet Iudiciaria poteſtas: propter paſſionem & mortem. Quia fecundum Apoſtolum Quia fuit obediens vſque ad mortem: ideus [so] deus exaltauit illum. Et quia paſſus eſt Inde conſtitutus eſt Iudex viuorum & mortuorum. Et Inde venturus eſt ꝛc Item Quia per paſſionem & mortem gloria & honore coronaũit eum Heb. 2.
Sic ergo De anguſtia & Iudicio: fublatus eſt, Et quia de torrente in via bibet. propterea exaltabit caput.

Videtur itaque mihi eſſe Intentio totius ps: Quod Homo quilibet Iuſtus: & ſimul tota natura humana: Videns miferiam fuam & compunctus: ad dominum. pro redemptione clamat: poſt hoc exauditus & redemptus ac mutatus & iam verus Idithum: de miferia in ſtatum falutis tranſiliens.   pro gratiarumactione promittit & proponit   femper laudare deum & opera eius narrare. ad aliorum quoque Inſtructionem   Sic enim facit

    ps. 50 Docebo iniquos Vias tuas. Et exultabit lingua mea Iuſtitiam tuam Item Et os meum annunciabit laudem tuam
    ps 39. Eduxit me de lacu ꝛc fequitur Annunciaui Iuſtitiam tuam   Et iterum Multa feciſti tu domine deus meus. mirabilia tua
    ps. 65. Venite & videte & narrabo omnes quanta fecit anime meẹ
    ps 49. Venite & videte opera domini que pofuit prodigia [ist Ps. 45 (46), 9.]
    ps. 117. Non moriar fed viuam. & narrabo omnia mirabilia   Dicant nunc qui redempti funt ꝛc. [Psalm 106 (107), 2.]
    ps. 9. Narrabo omnia mirabilia tua. Quoniam feciſti Iudicium meum ꝛc

Ex quibus patet. Quod Hec eſt regula Iuſtitiẹ. Domino confiteri fua mirabilia: que fẹcit in conuerfione cuiuſlibet
Vnde Hic ps. pro tota Eccleſia primo. & pro quolibet Homine ſingulari tropologia poteſt exponi: Nam in quolibet deus fecit

ista mirabilia que figurata sunt in Mari rubro. Verum
Non facit Hec in quoque, nisi eum prius humiliet, affligat & in
compunctionem ponat vt hic describitur [*Am Rande links:* [*1. Pet.*
2. Vt virtu ... annuncietis eius ... de tenebris .. auit Vos in
.. mirabile lu .. n suum. Vnde ..... Iudęi olim sibi .. a mirabilia semper .... tabant : ita nos ... multo magis ... eius recitare ...... & dominus ad .... c ipsum Instituit memoriale
suum, .. semper memores simus .... m suorum. Et .. pulus
vbique gratias .. ere mone] Et si vis Exemplum
pro hac expositione habere. Accipe conuersionem
Sancti Augustini. 8. confes. Ibj habebis expressam &
Iucundissimam practicam huius psalmi. Vide ibi quomodo sit turbatus & non locutus: & quomodo cogitauit & meditatus in adinuentionibus. & consilijs diuinis super salutem generis
humani. Vt hic Describitur. Vnde qui non est expertus
hanc compunctionem. & meditationem: nullis verbis potest Hunc
ps doceri. Inde enim & mihi Difficilis Quia extra compunctionem sum. & loquor de compunctione Nullus enim
loquitur digne nec audit aliquam Scripturam: nisi conformiter ej
sit affectus vt intus sentiat quod foris audit & loquitur Et
dicat. Eia vere sic est

Igitur quia mee compunctionis practica non possum Decla-
rabo eum ad exemplum & ex practica b. Aug.

Ps. 77. [Hebr. LXXVIII.]

Blatt 129ᵃ: S. Mattheus. 13. sui [*so*] dicit. Sine parabolis non
loquebatur eis, vt impleretur, quod dictum est per prophetam
dicentem Aperiam in parabolis os meum, loquar [*Darüber:* eru-
ctuabo] abscondita a constitutione mundi. Ergo de Christo. ps
loquitur immo Christus eum loquitur. etiam auctoritate tanti
euāngeliste Sed Cur non dicit Aperiam parabolas in ore
meo? Hoc autem similiter fecit & suos facere disposuit post
missionem spiritusfancti In tempore enim plenitudinis
aperuit os suum proprium: qui prius solum aperuit os prophetarum. Non enim Ipse ad populum loquebatur ore suo: Sed ore
Mosi & prophetarum. Et Hanc 2ᶜᵐ locutionem Apost. Heb. 1.

pulchre diftinxit. Multifariam olim, Nouiffime autem diebus iftis locûtûs eft nobis in filio. Sic enim verbum dej in tercium vas tranffufum minus efficax eft. Sed in alterum vas eft efficax.

loquar Abfcondita, enygmata, propofitiones ꝛc .1. ea loquar. que ab initio mundi fuerunt abfcondita Colloſ. 1. Vt impleam verbum dej, myfterium quod abfconditum fuit a feculis & generationibus. Nunc autem manifeftatum eft fanctis eius. Quibus voluit deus notas facere diuitias glorie facramenti huius, in gentibus   Idem Eph. 3. Mihi enim omnium fanctorum minimo. data eft gratia hec in gentibus. illuminare omnes que fit difpenfatio facramenti abfconditi a feculis.   Vnde fequitur Quod Gratia Euangelica & Iuftitia fidej: femper quidem fuit. Sed non erat reuelata. pofita enim fuit: in enygma & propofi- tiones   Sic Iere. 23. in nouiffimis diebus intelligetis confi- lium eius: Sic enim Cogitauit deus facere. vt per Ezech. [*Ierem. 29, 11.*] dicit. Ego cogito cogitationes pacis & non afflictionis. Et quod ps preced. loquatur de iftis confilijs & cogitationibus exhibitis in opere   Teftatur textus Heb. qui habet. Memor fui cogitatio- num domini. Sed quia noftra tranflatio femper ad fpiritum plus accedit: Ideo ait Memor fui operum dominj. Volens de operibus fpiritualibus nos dicere: vt confonet cum heb. que hoc exprimit fiendum. quod illa factum narrat Sic ps. 39. Et cogitationibus tuis non eft quis fimilis fit tibi (.1. operibus redemptionis Efaie. 64 Oculus non vidit ꝛc

Corol.

plus philofophie & fapientie eft in ifto verfu: Aperiam in parabolis os meum: quam fi mille metaphyficas Scripfiffet Arifto- teles Quia hinc difcitur. quod omnis creatura vifibilis eft para- bola & plena myftica eruditione fecundum quod fapientia dei difponit omnia fuauiter & omnia in fapientia facta funt. Omnis- que Creatura dej. verbum dej eft: Quia ipfe dixit & facta funt: Ergo Creaturas infpicere oportet: tanquam locutiones dej. Atque ideo ponere cor in res creatas. Eft in fignum & non rem ponere, que eft deus folus Ex operibus enim iftis Inuifibilia dej intellecta confpiciuntur Ro. 1.

Blatt 129ᵇ: Vt ponant in deo fpem fuam. Hoc maxime
arguit Iudęos: Qui habent in lege promilliones temporalium Ideo
in deum confidunt propter illa: ergo in illa magis. Sed tamen
deus ideo eis ifta concellit vt per ea difcerent in ipfum fperare.
Sperat autem in Domino: qui tam in copia quam inopia temporalium deum non derelinquit: futurum enim erat: vt Chriftus
veniens doceret paupertatem & humilitatem & nudam fpem futurorum bonorum: Ideo premifit legem in qua temporalia promifit
& dedit. vt fic lacte eos nutriens: a temporalibus difcerent fpem
in domino habere Vnde dicit Teftimonium fufcitauit in Iacob:
fcilicet quo teftificaretur de tali futura fpe & fide Et ideo precepit patribus vt narrarent filijs fuis. Quafi diceret propheta . per
hoc Quod dominus precepit filijs narrari: opera fua & legem:
manifefte colligitur. Quod futura erant in pofteris alia bona:
que priores non receperant. Alioquin iniquitas fieret fi Bona
temporalia patribus negata, filijs concederentur. Quare talia
neceffe eft vt fint Quę omnibus poffint concedj

Filii Ephraim intendentes & mittentes arcum. obfcurus plane
ifte verfus [*Am Rande links:* .. rfum verit [*so*] ad nos ... o Vult verti
... in faciem infpi ..... Vertamus ergo eum] Et occulto indicio
Hic nos ad myfterium vocat. quod partem populi nominat. cum
tamen nufquam legatur. quod illi talia fęcerint. Deinde Quod
mittentes arcum dicit, cum potius fagittas dicere videatur de-
būiffe. Noua locūtio, Noua nominatio, aliquid indicat

primum Itaque Quia femper mixti fuerunt etiam tunc boni
& mali: Et ideo nomine partis exprimit illos: quia non omnis
Ifrael talis fuit.   Secundum Quia filij Ephraim femper
ceteris fuerunt fuperbiores: quia fuerant a Iacob adoptati: &
Manaffe prelati: & ex Iofeph pre ceteris. magnificati patriarchę
nati: Et ideo talibus priuilegijs infolefcebant. ficut & Iudicum.
8. &. 12. contra Gedeon & Iepte tumuerunt fuperbi

Tercium Quia propheta eft qui loquitur. Vidit in fpiritu:
Quod filii Ephraim olim fuperbi vt dictum eft: figurabant Iudęos
tempore Chriftj: Vt ficut illi contra Gedeon & Iepte Duces Ifrael
& Iudices: ita Iudęi contra Chriftum ducem & Iudicem verum
Ifrael   Vnde & eofdem Ofeas propheta per totum librum

femper nominat Ephraim: Denique figurati funt per Iero-
boam Qui fuit de tribu Ephraim.   Qui primus crexit vitulos
aureos in Bethauen: Hoc enim ipfum vfque hodie Iud͠ei faciunt
myftice.   Vitulum enim exaltare & adorare. Eft carnem &
literam ftatuere ex auro Diuine Scripture   Sicut enim vitulus: non habet fpiritum & intellectum Sed tantum caro eft mortalis nihil diuini & immortale habens, Ita Ipfi Carnaliter de deo
& Chrifto fapiunt & Scripturam conflant in fenfum literalem:
qui nihil habet. de ͠eternis & diuinis rebus Sed tantum de temporalibus & mortalibus Quod autem Vitulus aureus hoc fignificat
patet ex eo Quod Mofes. Exo 32. dicit Aaron ex inauribus
formaffe vitulum conflatilem Stilo: quod noftra tranfla. habet
opere fuforio: Sed lyra dicit. Stilo vt fic formauit Stilo & fecit
vitulum conflatilem: Tunc enim prophetauit, quod iam faciunt
Vnde Iere. 8. Vere mendacium operatus Stilus mendax Scribarum: Mendacium operatus eft ait (.1. Idolum, vitulum, falfum
dogma.   Vt ps. 4. Vt quid queritis mendacium Quia Scripturam
fanctam que eft aurum: Conflare humano fpiritu. & difponere
fecundum fenfum humanum Hoc eft vere vitulum. & Sculptile
facere

Blatt 130ᵃ: [*Oben quervor nachgetragen und noch ein Stück
am Rande rechts herunter:* Vnde totum tempus Ecclefie eft fimul
tempus pacis & tempus belli. Ecclefiaftes. 3. omnia tempus habent
tempus pacis, tempus belli: Vnde dominus. Eftote fortes in bello.
Iob. 7. militia eft vita hominis fuper terram. Ephe. 6. Non eft
nobis luctatio ꝛc. Sic Ecclefia pugnat cum diabolo, mundo, carne
que funt di.... acies diaboli.... figúratur in t.... ps. 59. pac..
habet cum deo. Sed b..... cum mundo ꝛc]

Hos igitur Superbos. Hic in fenfu prophetico arguit: Qui
tempore Chrifti & Apoftolorum fuerunt Vere filii Ephraim magis
imitatione fuperbi͠e & impietatis quam propagine carnis. Hii
enim Intenderunt & miferunt arcum: In quo verbo quia
multi laborauerunt: licitum erit & nobis laborare.   Et faci-
liori via accedamus: qu͠e eft Chriftus: Contra hunc enim intenderunt & miferunt arcum: quando eum gentibus tradiderunt
occidendum Et ita conuerfi funt in die belli.   Dies ifta

belli. Debet intelligi, quantum poteſt de maximo & mirabi-
liſſimo omnium bello: Hoc autem fuit bellum Chriſti in die paſſionis eius contra diabolum: Nam ſpirituale fuit hoc bellum ac
tantum & tale. Vt omnia bella mundi vix figura & vmbra tenue-
que ſignum huius fuerint Nam tunc diabolus, omnem vim, omnem
furorem, omnem malitiam quam potuit exercuit. omnia Iacula,
omnes machinas, omnia tormenta ſua emiſit: Ita vt vacuus armis:
iam nihil haberet, quo amplius fureret: Et ſic exhauſta malitia
& furore Chriſtus vicit ac triumphauit eum victor.   In
iſto die belli Iudęi publica etiam confeſſione. retro conuerſi ſunt
Quando Chriſtum negantes coram pilato dixerunt. Non habemus
regem niſi cęſarem. Et iterum. Noli ſcribere Rex ſum Iudęorum & deinceps per totum tempus Eccleſię Tunc vere non ſolum
iacula Sed & arcum miſerunt: Quia priuauerunt ſe omni potentia
nocendi. Sicut qui pre furoris abundantia & impetu. etiam arcum
proijcit cum telis, volens plus facere quam poteſt. [*Am Rande
rechts:* In hoc n. quod d.... ͺ Intendentes v... ͺ ſigniſicare.
p..... ͺ eos voluiſſe ....ͺ potuerunt. Vt d. ͺ Moab Iſai. 1.
[*15. 16.*] ͺ & Iere: 48. I. ͺ dignatio eius poſt(?) ͺ fortitudo eiu.]
Ita & Iudęi in Chriſtum per nimium furorem: miſerunt ſe &
ſuos in poteſtatem alienam vt iam nihil poſſint contra Chriſtum
agere.   Ipſi enim erant arcus iſte vt. infra. dicit Conũerſi
ſunt in arcum prauum. [*Am Rande links:* Arcus enim dicuntur
propter intentionem animi per quam ſeſe intendunt in malum.
Sed cum non poſſent. ſagittare arcum ſi animas ſuas miſerunt in
mortem. dicunt Sanguis eius ſuper nos] Hunc arcum Intenderunt & maxime in Chriſtum direxerunt: Quia omnem virtutem &
aſtutiam ſuam tentauerunt in eum vt eum perderent. Volueruntque
eum ſagittare & non habebant iacula: Quia intenderunt & querebant falſum teſtimonium vt eum accuſarent coram preſide: Sed
non Inuenerunt: Et ita arcus vacuus erat & inanis: Quid igitur
faceret furor. qui voluit. & ſe non poſſe vidit. nec habere quo
ſagittaret? Hoc fęcit. tetendit arcum. & ipſum arcum miſit: putans
vel hoc preualere malo Quia ſeſe tradiderunt vt illum occiderent.
Dicentes: Sanguis eius ſuper nos Et Non habemus regem. Ecce
hic nullum telum. Sed ipſum arcum mittunt.   .

Sic faciunt omnes. qui vt alijs noceant, cum alias
non poffunt: feipfos perdunt. vt illos perdant
Hanc intelligentiam puto ex eo veram effe. Quia arcum ipfosmet effe: Idem ifte ps vt diximus, infra dicit
licet itaque Verfus ifte exponi poffit vt lyra facit. retor-
quendo verba, tamen iftum fenfum fi volüiffet principaliter fpiritus f. vtique fic ordinaffet verba. Intendentes arcum & mittentes
fupple. fagittas. Nunc autem non fruftra fic ordinauit Et cum
fenfus ifte fit bonus, verus, facilis. confonansque ordini verborum:
Iuftum eft eum tenere pro literali   Et Huic fenfui. Heb. afti-
pulatur fecundum Reuch. Filij Ephraim armati fagittantes arcum
(.1. arcum iaculantes pro fagittis   Ifte Habitus, iam
facile coaptantur que fequuntur & precedunt in eofdem: Nam ifti
funt filij: quibus

Blatt 130ᵇ: narrare debuerant patres eorum: opera
dej. Vt in domino fpem ponerent: Sed ipfi teftamentum dei non cuftodierunt. & noluerunt in lege eius ambulare. Et obliti funt operum & benefactorum dej Vt
fpem in deo ponerent. pofuerunt autem in terram. Quia
hanc timuerunt amittere Et potius Innocentem occiderunt: quam terram amittere vellent: immo quam vellent timere amittere: Et fic legem dei obliti. & omnino noluerunt eam cûftodire.   Si enim legem Dej voluiffent audire
(que prohibet innocentem occidere) & in deo fpem ponere non
vtique fuiffent facti generatio praua. & retroconuerfa

Hic autem: O homo: tibi notam figna: antequam
obliuifcar quod mihi incidit In omnibus malis. que
Iudæis audimus accidiffe: illud Ro. 2. fumme eft memorandum Exiftimas autem o homo, qui Iudicas eos: qui
talia agunt: quia tu effugies Iudicium dej? Hoc enim
verbo: Apoftolus. Docüit, nos omnia mala illorum: etiam ad
nos applicare: fi eorum mores fimiles habuerimus   Si enim
illos male egiffe intelligis. Cur non tu ceffas male agere? Et fi
Iudicas eos digne quidem talia pati Cur non & tu times tibi
fimilia. qui fimilis eorum es? Sic enim ibidem contra Iudæos
loquitur. Qui recte gentibus cuncta accidere mala & Iufte puta-

bant Et tamen fibi non timebant, cum non minora facerent.
Scimus enim quoniam Iudicium dej in illos eft fecundum veritatem q. d Scimus & bene fcimus. Nec tu folus hoc fcis. Sed
vide tibi, ne fimilia eorum immo quia vere fimilia patieris [*so*],
nifi alius fueris.

Proinde Si Spiritualia funt centuplum ad temporalia. Et ifti
fic arguuntur qui temporalia beneficia funt obliti, & operum
domini carnalium non fuerünt memores. Sequitur Quod nos
Chriftiani fumus centuplum peiores illis, qui tam leuiter obliuifcimur operum & mirabilium Chrifti fpiritualium: que funt ęterna
& inęftimabilia. Et fi illis fuit iratus Iufte deus: quanto magis
nobis? Sicut nobis Apoft. 1. Corin. 10. diligentiffime commendat.
allegans illorum gefta & paffa in figuris dicens. Scripta funt
ad correptionem noftram. omnia autem contingebant
illis in figura. Non ait illis ad correptionem Sed in figura.
Ideo videtur Quod illi fint temporaliter puniti. ne inęternum
punirentur Nos autem propter quorum correptionem Scripta funt,
manet ęterna punitio

Quare & myfticemus illa mirabilia & beneficia dej.
Et videbimus: quomodo ps totus in nos .1. Iudęos, Hereticos, & fuperbos verba. dirigit. ex intellectu loquens
ad intellectualem populum   Et qüidem Iudęi tempore Chrifti & Apoftolorum Hoc primo fęcerunt, Deinde Heretici.
Tercio nos miferi peffimi Chriftiani   Igitür feptem primi verfus
noti funt. Sicut enim Iudęos tunc: Ita quoque Chriftianos nunc
vfque femper alloqüitur Attendite popule meus legem
meam: Inclinate aurem veftram in verba oris mej per
totum enim mundum ifta verba & legem Apoftoli predicauerunt:
Et aperuit os fuum in parabolis: que nunc vbique cognitę funt.
Et abfcondita myfteria ab initio mundi. vbique funt
narrata Ita vt verum fit quod fequitur. Quanta audiüimus
& cognouimus ea. patres enim noftri (.1. Apoftoli & fucef-
fores eorum) narrauerunt nobis. fcriptis & verbis. Et non
funt occultata a filijs eorum in generatione altera Nemo
enim poteft dicere fefe nefcire que Chriftus pro nobis locutus &
operatus eft

Blatt 131ᵃ: Narrantes laudes domini & virtutes eius (.fcilicet vt in Euangelio ponuntur.) & mirabilia eius quę fecit. in Deiectione diaboli & [conuerfione *ausgestrichen.*] victoria mortis. per fuam paffionem. Et Sufcitauit teftimonium in Iacob (.1. Euangelĩum in populo fuo.) & legem pofuit in Ifrael Quanta mandauit pat, nof. nota fac. ea filijs fuis. Vt cog. ge. aL filij, qui nafc. & exur. & enarr fr fuis. Hoc fecit dominus. Quando precepit tam ftricte predicarj euangelium. Et talentum dare ad vfuram: vt nullus effet excufatus coram eo

Vt ponant in deo fpem fuam: & non obliũifcantur operum domini & mandata eius exquirant hic incipit fecunditas verborum huius psalmi Ideo dominus precepit euangelium predicari, vt homines difcerent. credere & fperare in deum, amare celeftia. & contemnere terreftria. Et opera que in carne pro nobis geffit femper haberemus in memoria: illa enim mirabiliter augent fpem & fidem. Qui enim oblitus eft. & nihil curat tam magna: que pro nobis geffit dominus: aut parũi pendit, nec affidue gratias agit. Verum eft quod nec credit, nec fperat in deo. & vere oblitus eft operum eius: Sperat autem in alia fcilicet creaturam. feruiens creaturę potius quam Creatori qui eft benedictus in fęcula amen Si enim reputaret opera Chrifti, & ea ęftimaret & vera crederet, fine dubio intelligeret quod fibi in Exemplum & teftimonium futurorum exhibita effent: & eum vtique imitari ftuderet credendo & fperando in eum. & ficut ille fęcit: omnia temporalia contemnendo. [*Am Rande rechts:* Si enim quis in ... fe meditetur paff ..... Chrifti pro fe fact .. & non afficitur .. Vere ipfe cent ..... marmor eft] Nunc autem quafi nihil ad eum pertineant, ita ea negligit: Et in fua vanitate merfus mifere obliuifcitur Quod talia ac tanta. dominus pro falute eius fęcerit: ac fic neque credit. ea pro fe effe facta. vel non eguiffe fieri. Nonne Hęc eft hodie omnium deuotorum querela. Quod Incarnatio & paffio Chrifti: adeo in obliũionem venit? Vt vix Chriftianifmus appareat: omnibus lachrymis amplior hec miferia. Ipfe enim precepit vt ficut fignaculum fuper cor noftrum, eum poneremus, vt Coma noftra effet

purpura regis labia noſtra ſicut vitta coccinea: & manus myrrham
primam diſtillarent. Et vtrunque poſtem ſanguine eius tinge-
remus. Et in feneſtra cum Raab. vittam coccineam figeremus
Que omnia Hoc volunt. vt corde, ore, manu, & toto ſenſu. memoriam paſſionis eius Haberemus   Igitur Non agere gratias pro redemptione. pro morte & cruce ſua & non
affici in illis, non ſapere, eadem. hocipſum eſt. obli-
úiſci operum domini O horribilis obliuio. contra quam tanta
mandauit patribus noſtris, nota facere filijs ſuis Vide igitur
quantus eſt iſte ps in verbis quam directe nos tangit.   Hęc
enim ſunt myſtica & vera mirabilia domini. in ęgypto pro noſtra
liberatione facta. Vnde Ne fiant ſicut patres eorum generatio praua & exaſperans (.1. incredula ac per hoc ipſum
prouocans. Nihil enim ita prouocat deum ſicut incredulitas.
Quia omnis talis arguit deum mendacii. Quia hoc quod deus
verbo & opere teſtatur. illi dubitant & non credunt. ac ſic eum
velut falſum & mendacem reputant: Si enim Crederent Chriſtum
veracem eſſe in verbo & opere ſuo: quibus damnauit omnia
mundi: & oſtendit ſpiritualia & cęleſtia: Vtique acciperent eius
verba & opera. & ſequerentur. Et mundum relinquerent Sed
nunc Vel non credunt Vel ſi dicunt ſe credere: facto tamen non
credunt Ideo Eſt vere generatio exaſperans & praua (.1. irritans
& incredula. Hoc autem primum fęcerunt Iudęi Qui nec ſuum
nec Apoſtolorum verbum & opus credebant

Blatt 131ᵇ: poſtea Heretici ſimiliter. Qui non audiunt
vocem domini quibus precepit humilitatem Hoc enim mandatum
humilitatis non exqŭirunt. Nec opus & Exemplum humilitatis
eius. Ipſi enim audire nolunt Sed audiri Quare? quia non
memorantur operum domini & mandatorum eius: Ideo & ipſi
prouocant eum. arguentes eum mendacii. Et ſunt generatio
praua per ſuperbiam & incredulitatem.   Tercio omnes
mali & ſuperbi vt dixi ſatis Quia non credunt corde toto.
Sed ficta fide viuunt: Eoquod non memorentur operum domini
nec mandata eius exquirant. Sed ſuperficietenus audiunt &
poſtea relinqŭunt

Vnde vide verborum ordinem. prius oſtendit Deus opera. &

poftea mandat Quia cepit Ihcfus facere & Docere. Vnde &
hic prius dicit. vt non obliuifcantur operum dej & poftea: mandata eius exquirunt, [*Am Rande links:* ... & olim prius ęgit
mirabilia in mari & egypto. & poftea dedit legem. ficut verfu|
.. dicit. Mirabilia que fecit. Et (.fupple tunc.) fufcitauit teftimonium in Iacob. Sane Notandum quod per Emphafim dictum
eft. Vt non obliuifcantur operum domini q. d. Si non volunt
verborum eius meminifle, aũt .. verba minus mouent, faltem
operum meminerint. Et qui doctrina Chriftj, non mouetur,
moueatur vel paffione & exemplo fuo excellentiffimo vt mandata
eius exquirant] Impoffibile enim eft. Qui opera Chrifti
in corde figit & vera credit verba eius, quin promptus
fiat mandata eius exquirere. Et econtra. Impoffibile eft.
quod is exquirat: qui operibus & verbis eius non credit,
ac non figit in memoriam. figitur enim per fidem memoria
operum domini Sed hec omnia non poteft facere, nifi prius. de fe
& mundo defperet: & in Domino fpem ponat: Tunc enim poteft
opera eius & verba figere in cor. poftquam eũũlferit fpem fęculi
& nudus in Domino ceperit fperare. Quare primum eft vt fit
pauper fpiritu ꝛc Igitur illi omnes funt generatio praua & exa-
fperans, ficut patres eius. Generatio quę non direxit
cor fuum. Et non eft creditus cum deo fpiritus eius.
Dirigitur enim cor. quando a fe ad dominum tenditur: que
eft vera directio: que fit per fidem & fpem Non enim poteft cor
in dominum dirigi: nifi fide. quia dominus fpiritus eft. & Inui-
fibilis ac incomprehenfibilis. ideo fide opus eft que ad eum per-
tingat. Illi autem non dirigunt cor. Sed deprauant & inflectunt
a domino ad fe ad carnem ad mundum ad creaturam Et tot in-
flexiones. quot habent defyderia: & defyderabilia: Oculum
quidem & carnem dirigunt Sed non cor. Et quare non direxit
cor? Quia ait. non eft creditus cum deo fpiritus eius
Hoc eft quod dixi: quia fine fide ifta directio non fit: Ambage
enim voluuntur in circumferentia omnis venti: fides enim eft compendium per quod breuiter venitur ad pacem & falutem: hec eft
via recta. Sapientia autem carnis. querit pacem & bonum Sed
per ambages: & tamen ad ea nunquam pertingit Sed mira

locutio: quam b. Aug lucide & pulchre exponit fic fcilicet. Spiritus eorum non eft creditus (fcilicet ab eis.) cum deo. q. d ab
eis non eft creditus. fpiritus eorum cum deo. hoc eft ipfi non
crediderunt quod fpiritus eorum cum deo operari deberet.
Voluerunt enim & volunt femper Quod Deus cum carne eorum
operari debet: fcilicet dando eis. & promouendo eos in hijs: que
funt carnalia & temporalia. Et ideo non crediderunt fpiritum
fuum cum deo. Non enim ait. Non eft creditus in deum vel in
deo Sed cum deo fpiritus eius. Et in Hoc iterum noftra tranflatio expreffiorem habet fpiritum: quam heb: que fic dicit Et non
credidit deo fpiritus eius: Igitur Qui non credit fpiritum fuum
cum deo: Videat carnem fuam cum diabolo: Quod & contigit
illis vfque Hodie.   poteft etiam fic Accipi: Non eft creditus
cum deo fpiritus eius .1. non crediderunt, nec putauerunt: Quod
fpiritualis fenfus & interior eorum homo: effet cum deo Sed crediderunt quod caro eorum effet cum deo   Et ideo credita
eft caro eius cum deo fupple effe & operari

Blatt 132ᵃ: Filii Ephraim intendentes & mittentes
arcum: ꝛc Hoc quidem fupra expofitum eft de Iudeis: Et poteft
fimili modo de hereticis exponi Quia & ipfi arcus prauus intenderunt fe contra Ecclefiam. & non habentes vnde eam damnarent
efficaciter: fcipfos tradiderunt & miferunt in perditionem, ne eam
fuperiorem fuftinerent & ei obedirent tanquam regi & regine fue.
Ipfi Vtique etiam dixerunt. Non habemus iftum regem. Nifi
cefarem (·1. carnalem dominum qui eft caput eorum fecundum
fuum fenfum electum Vel diabolum.   Et ita conuerfi funt in
Die belli: quando ipfi contra Ecclefiam ficut Iudei contra Chriftum pugnauerunt. Et victi funt atque confumpti per victricem
Ecclefiam: cui porte inferi non preualent   Sic omnis
fuperbus & contentiofus. qui mandato & obedientie reluctatur,
pugnat cum Chrifto, cum Ecclefia. cum veritate Et intendit
arcum vt ipfam vincat. ne obediat. ne fubfit: Sed eam vult cedere.
perire ceffare, fe autem & fuam inobedientiam & rebellionem
ftare: Et ita antequam cedat, cum vincere nequeat. nec Habeat
fagittas quibus eam poffit impetere. eo quod manifefta ej fit veritas & teftimonium non Inueniat contra eam, tamen arcum mittit

contra eam (.1. feipfum perdit & proijcit in obftinationem & voluntariam inobedientiam   O quam multi Hoc faciunt. & nefciunt quod Iudęis fimiles immo peiores funt: Quia illi contra Chriftum in carne. Hii contra Chriftum in fpiritu & veritate bellant. [*Am Rande rechts:* Vnde filii Ephraim] Vere filii Ephraim tůmidi & fuperbi. faciunt autem has manifeftas contra cognitam veritatem, rebelliones, non nifi, qui fingulariter funt gratiis illuftrati preceteris. Tales enim fcientia & proprius fenfus inflat qua fefe vident alijs preftare: Vt olim heretici: Nunc docti & promoti hii enim omnem obedientiam deftruunt.   Et bene figurati funt per filios Ephraim: Quia & ipfi fingularibus erant benedicti priuilegijs: vnde & inflabantur pre cęteris. Et in Hanc caufam Credo prophetam hoc loco: iftud nomen ponere.   Vt legifperitorum pharifeorum hereticorum. doctorum fuperbiam oftenderet procedere ex fcientia & eruditione alijs preftantiore   Generaliter tamen quia omne peccatum eft fuperbia: Ideo de omnibus ifte verfus etiam intelligitur, qui in fenfu fuo ambulant & diem belli malis operibus contra Chriftum & veritatem agunt. Quia &fi doctrina non eam impugnat [*so*], tamen Scandalis plurimum nocent: & timeo ne forte Hoc fit maximum bellum quod Ecclefia vnquam fuftinuit fcilicet Schandalorum

potest tamen fortaffe multis aliis modis ifte verfus exponi, quia obfcurus eft. An & ita? Intendentes (.fcilicet fefe in temporalia totaliter intendentes.1.intra carnem tendentes in profundum immergentes..) & mittentes arcum. fcilicet fcipfos vt dixi. in medium maris & literę. Quia conuerfi, fcilicet omnibus viribus fuis collectis in carnem. auerfi a fpiritu & litera. in die belli. Et ifte fenfus bene coheret prece: & feq: Quia dixit non eft creditus fpiritus eius. Et non direxit cor fuum. Ergo intendit illud non ad deum. Sed ad aliud. Quia dirigere cor eft ipfum intendere ad deum.   Et ideo non cnftodierunt teftamentum dej ꝛc Quia intenderunt & miferunt arcum, conuerfi in Die belli

B. Aug Sic Intenderunt arcum & miferunt fupplo fagittas fcilicet promittendo fe obedire. Sed conuerfi funt in die belli .1. probationis: Sed quia Intendere arcum & mittere fagittas: non

fic pigram fignificationem habet. Sed bellicam fonat operationem:
ideo aliam poteft fententiam habere putari merito. Item Quia
Arcus potiffimum eft Lingua in Scrip. Inde & Scriptura: que
eft lingua dej: arcus dej eft. Hunc arcum lex intendit. Sed
Euangelium fagittas pofuit Quia lex parauit. Euangelium fagittauit. Ideo illi reiecto euangelio intendunt & mittunt arcūm

Blatt 132ᵇ: Iam Quod fequitur. facile eft in omnibus
videre. Quia fcilicet Non cuftodierunt teftamentum dei &
in lege eius noluerunt ambulare. Cognouerunt enim. Sed
noluerunt & nolunt vfque hodie. Quia non funt occultata a
filijs eorum. Audiuimus & cognouimus ea. Sed quia non in deo
fpem pofuimus. Sed filii diffidentię facti fumus: ideo voluntas
noftra, non eft in lege Domini. Sed in noftris beneplacitis.
Viciūm ergo voluntatis Hic accufatur. Non error & ignorantia
excufatur. Ergo **Obliti funt benefactorum** eius.
& mirabiliūm quę oftendit eis, Nonne hodie obliuifcuntur
omnium que Chriftus egit. etiam pro vaniffimo vnicoque comodo
[*so*] carnis. O obliuio noftra craffa & ftupenda. & centupla fuper
illorum olim obliuionem. At dices. Illi viderunt mirabilia
& obliti funt. Ego non vidi. Sed tantum audiūi & creditur
Chriftus nobis tanta fęciffe: Ideo mea minor eft obliuio & ingra-
titudo quam illorum. Refpondeo Non hoc verfu. eos arguit. qui
viderunt Sed qui audierunt: fcilicet filios illorum: de quibus
dixerat. Non funt occultata a filijs eorum. Et Audiuimus &
cognouimus ꝛc Quod patet quia fequitur. Coram patribus eorum
ꝛc Vnde patet quod proprię loquitur de ijs qui tempore Chrifti
fuerunt, pofteris illorum. qui arguuntur Quod ficut patres facti
funt generatio praua & obliti omnium mirabilium, quę coram
patribus eorum fęcerat Vnde [*Ausgestrichen:* Multi funt qui ad-
mirantur] & nos pariter arguit. Quod licet non viderimus opera
Chrifti tamen audiūimus ea & nihilominus ftupenda ingratitudine
obliuifcimur. At iterum dices. In Hoc faltem Iudęi vitu-
perandi. antiqui. quod in deferto viderunt mirabilia & tamen non
crediderunt, Nos autem non vidimus. Verum quidem eft Quod
Multi nimis admirantur Iudeorum illorum cęcitatem & infipientiam. & Iudicant eos qui talia ęgerunt. Et non vident quod

eoipfo fefe condemnant: quia multo peius quam illi faciunt & multo maioribus vifis. adhuc tamen apponunt peccare ej: Quibus poteft Iure verbum Apoftoli Ro. 2. fupra allegatum obiici. Videmus enim eos federe in gula & pompa & recitare, Iúdicare, vituperare, Iúdęorum infidelitatem. Qŭafi fúis crapulis, fuperbijs Inŭidijs, adulterijs, ꝛc non multo peffime fint infideles & ingrati: preciofo fangŭini agni immaculati pro fe effufo. & quo funt fignati.   Nec certe funt minus nota mirabilia Chrifti nobis licet tantum per intellectum videantur: quam illis illa licet per fenfum cognita Nam Nec illi deum operantem viderunt, Sed opera tantum eius Ita & nos Chriftum pacientem non vidimus, Sed tamen opus & fructum per totum mundum paffionis eius videmus, Sicut autem illi obliti non curauerunt licet vidiffent. ita & nos licet videamus opera ftupenda & fructum crúcis Chriftj, tamen ea minus curamus & ad alia nos vertimus: quam illa recogitanda. Quafi vel non fint vere facta vel nullo modo facta. Atque non audemus negare facta: ficut nec illi aufi funt aut potuerunt, Veruntamen, negligenter ea infpicimus & obliuifcimur, ficut & illi Negare enim Chriftum effe crucifixum. & populum fuúm redemiffe: effet contra totum mundum luctari. & contra omne quod videmus & audimus fierj & laudarj: Et tamen talia videntes non curamus. & obliuifcimur beneficiorum eius. in medio eorum exiftentes & videntes

Blatt 134ª, *so statt* **133: Coram patribus eorum fęcit mirabilia in terra ęgypti . in campo Taneos** Non ait coram illis Sed patribus eorum: Et tamen oblitifuiffe arguuntur beneficiorum. quę ex patribus audierant & cognouerant. Hoc eft quod coram Apoftolis & fuccefforibus eorum fecit Chriftus mirabilia. in populo Iudeorum & gentium per totum mundum Et non folum audimus Sed & cognouimus ea. teu. *wyr wiffzen, dafs alfso ist.* [*Am Rande rechts:* Sicut audiuimus .. vidimus] non poffumus negare: Quia auditŭi experientia vifus confonat [*Darüber:* dat teftimonium]. Sicut olim Non potuerunt filii negare. fe effe ex ęgypto ductos. Quia licet eductum tantum audierint, tamen videbant fefe effe in loco, quo ducti fuerant patres eorum. Ita & nos licet Chrifti paffionem & mirabilia non viderimus, quibus

28 *

humanum genus de mundo in Ecclefiam duxit: Tamen in Ecclefia
nos effe experientia videmus: Quia omnia quę audimus & legimus
confonant experientię:　　　　Ideo ficut illi ita & nos merito
arguimur Quod videntes nos effe in terra lacte & melle manante,
tamen obliūifcimur operum dej: quibūs nos & patres noftros. in
eam perduxit (.1. crucem & paffionem eius.)

**Interrupit mare. & perduxit eos, & ftatuit aquas quafi
in vtre** Iam incipit nūmerare mirabilia que illi & nos obliti
fumus, in patribus noftris facta.　Mare enim Eft Mūndus allegorice & confufio profperitatis & aduerfitatis.　Et per medium
illarum duxit fanctos Apoftolos & martyres patres noftros in
cęleftia regna: Et ftatuit eas, vt non poffent illos obrūere vtrinque.　Nec profperitas a dextris nec aduerfitas a finiftris. fides
enim eft vter ille: qūi iftas aquas cohibet & eis imperat vt ftent
& non noceant. '& facit fpiritu fuo iter per medium illarum Sed
& nos quoque fic perduxit & perdúcit in baptifmo: Ait Apoftolus
[*1 Cor. 10, 1 f.*] omnes baptifati funt in nube & mari: que funt
baptifmi duo fcilicet flaminis & fanguinis.　Nubes enim fidem
fignificat, que eft baptifmus flaminis Et Mare perfecutio. que
eft baptifmus fanguinis

**Vnde Sequitur Et deduxit eos in nube diej & tota nocte
in illuminatione ignis.** [*Am Rande rechts*: Vtrunque enim
n .. fimul neceffe eft [mif?] imp..|ri. licet tunc n .. nifi fuccef-
fiue fieri poffet] Hęc eft [*Als hier einzuschalten am Rande links:*
Chriftus in carne dux nofter.　Caro eft nubes & columna ignis
.1.] fides Chrifti.　Ipfa enim eft Nubes, ipfa columna ignis Dies
autem & nox idem fcilicet Sapientia carnis, quam diem &
noctem Iob maledicit Quia facit videre bonum carnis Et fic eft
dies.　Et malum fpiritus non videre Et fic eft nox.　In vtroque
enim fides dux noftra eft: ne bonum carnis fequamur & vramur
per diem concupifcentie, neque fequamur malum fpiritus.　Et
difficilius eft nubem quam columnam fequi: quia plura illicia
habet dies quam nox: bonum quam malum. poteft etiam fic accipi.　Vt dies profperitas.　Nox aduerfitas fit in hac vita: in
vtroque enim fidem fecuti funt fancti dej patres noftri

Interrupit petram in Eremo. & adaquauit eos velut in abyffo multa. Hoc fęcit Quando legem refolŭit duriffimam fecundum literam in fpiritualem intelligentiam copiofiffime effluentem Sic enim per paffionem Chrifti Sciffa eft petra oreb & dedit aquas copiofiffime. Vt experientia patet Quia tot expofitiones fuper vetus teftamentum. quis numeret? Inde enim & Euangelium totum emanauit. Quia Euangelium latuit in lege. nec videbatur: ficut Aquę in petra: vfque dum Crux Chrifti eam Scinderet & interrumperet

Blatt 134ᵇ, *d. i.* **133ᵇ: Et eduxit aquam de petra. & eduxit tanquam flammam aquas,** Hic non dicit. adaquauit eos: Quia repetendo alias aquas videtur infinuare: Quia fcilicet populos credentes eduxit de petra fciffa: Chriftum enim refoluit in populos plurimos & in tot flumina, quot funt Ecclefię: omnes enim ex Chrifto orti funt. percuffo in morte omnes a petra petrej funt. Similiter omnes ex lege nati funt. Quia verbo dej geniti ex Scriptura fancta: que vt dixi petra fuit & eft, omnibus incredulis & ante paffionem Chriftj   Igitur oculis videmus iftud miraculum dei per orbem. Quod ex Chrifto & Euangelio nafcuntur plurimi fideles. Et tamen Ecce ficut illi

Et adhuc appofuerunt peccare ej: in iram excitauerunt excelfum in inaqŭofo, [*Am Rande links:* .. ffio: tam mentis quam loci] Quia ifto vifo, non ceffamus male viuere. & femper adhuc fumus generatio incredula & praua declinans in noftram vanitatem. dimiffo verbo & opere dominj: quafi falfum & nihil fit. Et quod peius eft

Et tentauerunt deum in cordibus fuis, vt peterent efcas animabus fuis [*Am Rande links:* .. riftum in carne tentauerunt fuper ifto. quando .. cordibus fuis petebant .t loqueretŭr eis pla_ ..ntia fecundum carnem ..od cum nollet male .e eo locuti funt dicentes .ŭnquid ille nos poteft .afcere? & contempferunt ....um cum fuo manna. Ita &... modo, qui ex fuis prelatis volunt mollia audire fecundum eorum fenfum placentia: Si non audiunt, negant obedientiam .llis. & deum in eis ... effe. dicunt. Nunquid ifte .. prelatus eft aut dignus ...effe: qui non poteft condefcendere Sed rigidus eft ꝛc] Diuerfe tentari Deum: Hoc verfu dicit.

Quia tentare in cordibus aliud eft quam tentare in verbis. filii autem Ifrael femper in deferto dubitabant: fe per manum domini eſſe eductos, immo non crediderunt. Ideo dixerunt Exo. 16. Vtinam mortūi eſſemus per manum dominj in terra ęgypti (. Ecce dominum in egypto remanſiſſe credunt. & non fecum eſſe.) Cur induxiſtis nos. Ecce non dicunt, dominus induxit nos   Et eiufdem .17. Cur feciſtis nos exire de egypto. Et Numeri .20 Cur induxiſtis Ecclefiam Domini in folitudinem .ꝛc. In iftam incredulitatem venerunt ex fenfu humano arguentes. Scilicet. Si dominus eſſet nobifcum. & fi per manum domini eſſemus educti: Nunquid ita fame & fiti laboraremus? Nunquid fic omnibus egeremus? Si dominus feciſſet, fine dubio haberemus omnia que vellemus. & eſſemus in terra lacte & melle fluente. ficut nobis promifit. Nūnc autem cum omnia contraria fint, non eſt verifimile. quod nos dominus eduxerit, Sed vos eduxiſtis nos. Vnde dixerunt Exo. 16. Eſt ne dominus in nobis an non? Et Nūmerj. 16. irridens Mofen Core dicit Reuera induxiſti nos in terram, que fluit riuis lactis & mellis ꝛc   Igitur quia fpiritualia non fapuerunt: nec fidem habuerunt in domino: Voluerunt omnia habere & fieri in prefentia: Dominus autem voluit eos erudire ad fidem per hoc quod diſtulit eos inducere in terram. & per defertum duxit. Et illi omnia ſtatim exhiberi fibi expectabant: quecunque optabant fecundum fuum fenfum: aut dubitare, an dominus eos eduxerit Quare recte dicit. in cordibus eos tentaſſe dominum, quia dubitabant fiue potius non credebant donec dominus eis daret, fecundum quod ej prefiniebant ipfi: determinantes, qūid vel quando vel quomodo daret [*Am Rande links:* hoc enim eſt tentare dominum.] Et ita licet ad Mofen verba fūa dirigerent, tamen per hoc indirecte deum tentabant

O quam fęcunda funt iſta. quam plena eruditionis: O quam multi fimiliter faciunt & non putant rident & vituperant iſtos, cum ipfi multo peius eadem operentur. Et vide hic iram Quod quando deus exaudit fecundum noſtra defyderia & vota: mox fimul ira fequitur. & non profperantur quibus ita largitur.

Vt autem iſta myſtice. capiantur Oportet confyderare populum iſtum, tanquam eſſent animę exute. & fpiritalem cibum petentes

& comedentes. Nam ideo & ps. non ait fimpliciter. vt peterent Efcas fibi: fiûe corporibus fuis Sed animabus fuis, vt oftendat fe in fpiritu loqui principaliter: de Efca fpirituali: quam anima comedit. Igitur. pro primo Notandum. Quod Manna eft verbum Sancti euangelii, quod pluit dominus per cęlos .1. Apoftolos. fuper totum mundum & omnes homines

Blatt 135ᵃ, *d. i.* **134ᵃ**: exiftentes in deferto huius mundi: quod nec feri nec arari poteft. & nihil gignit. Infuper nec aquam habet ad bibendum: omnia Hęc fecundum fpiritum. de anima intelligi debent. Sed Hoc manna, Hoc verbum falutis. Hoc ferculum: quod folas animas reficit ad falutem: Non omnibus placet, nec omnes fapiunt ipfum: licet omnes audiant: Quia alii funt Spine, alij petrofa, alii fecus viam: In quibus hoc femen non fructificat: Sicut illis manna erat naufea figuraliter: Sic iftis euangelium est Naufea in fpiritibus eorum. Et Inde fequitur quod petunt & querunt Carnes. pro ifto manna: [*Am Rande rechts:* Carnes] Eft autem Caro Hic omne: quod animalis homo concupifcit: faftidito fpiritu: Ideo latiffimę intelligentie Eft ifta Hiftoria.

primo itaque faftidire euangelium cęlefte. & petere carnes. Eft requirere. doctrinam que carni placet. Vt Apoftolus .2. timo .4. ait. A veritate quidem auditum auertent: ad fabulas autem conuertentur. Sanam autem doctrinam non fuftinebunt: Sed ad fua defyderia coaceruabunt fibi Magiftros prurientes auribus. [Ecce *ausgestrichen.*] Hee funt verę carnes. quibus animę inflate fenfu carnali & fua prudentia: pafcuntur in defyderijs. Hoc quidem Iudęi vfque nunc faciunt: quod olim figurarunt: Vnde Ifaie .30. loquimini nobis placentia. Et ps. 54. fecundum Heb. Contaminauerunt teftamentum eius, leniuerunt plusquam butyra os fuum. Molliti funt fermones eius fuper oleum & ipfi funt Iacula: Exponunt enim & docent omnia carnaliter intelligenda. fecundum pacem & fuauitatem huius vitę. Ideo comedunt carnes [*Am Rande rechts:* Contra hanc vanitatem & m . . . . cium precipit eis . . . . [*Ephcs.*] .4. Irafcim . . . & nolite pecca . . Et Ifaie 30. lab . . eius repleta funt in . . . natione & lingu. eius. quafi ignis deuorans]

Hos imitantur heretici: & omnes adulatores in fermonibus. immo omnes qui tales audiunt & reqŭirunt. Quia fŭos
fenfus docent & omittunt humiliter fentire cum aduerfario fuo in
via.   Quam apte autem. non ait volucres vel aues Sed carnes
& volatilia.   Quia talia dogmata funt vere caro ipfi carnali anime:
Qualis enim eſt Eſca eius talis & ipfa eſt.   Et experientia
oſtendit.   Quod verba funt volatilia Volant enim in aere circum
tabernacula eorum (.1. circa aures & corpora eorum.) Sed &
cogitationes tales funt volatilia in cordibus eorum

Secundo Hoc religiofi fibi fignent ne dominum tentent. primo
fi aliquid eis a prelato precipitur: quantumcunque fit vile vel
magnum.   Si ej fuerit aduerfum, non ſtatim refiſtat.   Sed videat:
an noceat ej vel deum offendat, Quod fi non.   Sed magis pro-
deſſet & meritum perficeret. ſtatim confentiat aduèrfario iſto:
Quia eſt Manna de cęlo. Quod licet primo nihil fapiat. & naufea
fit: poſtea tamen erit in omne delectamentum in confcientia cum
perfectum fuerit   Quod fi faſtidiat illud. & petat fibi precipi
& iniungi: quod fibi placet: Talis fciat quoniam ad hunc verfum
pertinet. Et petit efcam anime fue carnalem Et ratio eſt. Quia
eſt in ·inaquofo. habet enim fpiritum vacuum & aridum. ideo
faſtidit fpiritualia & appetit carnalia (.1. fibi placentia.   Vnde
Regulariter Notandum

Quicquid audimus quod nobis placet: fufpectum
eſſe debet. Et econtra. Quicquid audimus quod nos
offendit atque durum eſt, fufcipiendum eſt   Quia fic
Euangelium habet nomen & verbum dej Quod Sit aduerfarius
noſter.   Quare omni aduerfario noſtro in via confentiendum eſt
Aduerfatur enim nobis fecundum carnem viuentibus & volentibus
& fapientibus: Sicut Diabolus eſt aduerfarius noſter fecundum
fpiritum viuentibus & fapientibus: Quia vts dictum eſt. precipitur
Nobis. Irafcimini: & ps prece. Reliquijs ire accingeris: Ne &
ipfi diuidamur ab ira

Blatt 135ᵇ, d. i. 134ᵇ: vultus eius & petamus carnes. Igitur. Ea que fonant iram contra nos, aduerfa & afpera
noſtro fenfŭi. amplectamur. Amplectemur autem nunquam. nifi nosipfi nobis intus irati fuerimus & difplicentes.

Sic enim fiet. vt alterius iram facile fuftineamus. cum eum nobis foris confentire contra nos viderimus. Qui autem fibi placet, & non irafcitur non facile fuftinet. fibi aduerfa dici & precipi. Quia fe indignum reputabit. Sed dignum mollioribus. Quę & petit. Quia volunt etiam laudari.　　　Ideo videmus Hodie. Quomodo circunquaque volitent tituli laudum & pompa infcriptionum & appellationum, quas deus iratus induxit ficut volatilia pennata: Quia volunt hęc & requirunt, Sapiunt enim ifta.　　　Manna autem frigidum & minutum & candidum faftidiunt, Nolunt enim humilem & afperam veritatem fibi dici.　Non fapit illis licet candidum & verum ipfum reputent

Tercio ficut de fenfu auditus dictum eft. (de quo proprie myfteria ifta dicuntur) Ita de fingulis alijs fenfibus dicendum eft. Quibus enim precipitur videre, meditarj & refpicere opus dei, & confyderare opera manuum eius: Manna datur. Qui autem iftis omiffis: fūa fequuntur & qūerunt, non quę Ihefu Chrifti: ipfi carnes querunt Vnde & huic aduerfaria funt fūfcipienda: & placentia refpuenda.　　　Ne dominus iratus det ea que volumus. ficut hodie fit, tradens in defyderia cordis eorum Vt videant que volunt & habeant.　　　Sic in religiofis fimili modo. Quecunque volunt videre loqui facere fibi placentia. & non fuftinere dominum in his: que fibi precipiuntur aduerfa iterum hic argūūntur Quorum heu hodie vel maior vel folus eft numerus.

Quarto poffunt Hic tangi hij qui hodie philofophorum opiniones. & poetarum fabulas & Iuriftarum lites preponunt Sancto dei euangelio. quod faftidiunt & totum ftudium Scripturę. Quid enim funt rationes pro & contra. quam volatilia pennata: dum non quod debent Sed quod volunt. audire, docere defenderequo volunt.　His omnibus Iuftus deus dat quod volunt, vfque ad naufeam. donec egrediatur per nares

Quinto. alii aurum, alii veftes, alii delicias alias mundi & carnis. querunt omnia enim hec funt volatilia fecundum fpiritum. & Efca carnalis carnalium

Sed reuertendo ad textum videndum: quomodo ifti omnes tentent dominum Chriftum Et de antiquis Iudęis planum eft quia textus exprimit: Secundo ipfi in Chrifto idem fecerunt in carne apparente: Quia fignum ab eo querebant de cęlo. volentes fcire an vere effet Chriftus dominus Et alibi dixerunt. Vfquequo animam noftram tollis. Querebant enim fignum. quod ipfis placuerat eligere: cum vidiffent multo maiora. Et Apoftolus. 1 Cor. 1. Iudęi quidem fignum querunt. (.fcilicet fecundum fuum fenfum carnale aliquod & carnaliter non contenti. tam magnis operibus & mirabilibus in ipfo & Apoftolis vifis: Quare de ipfis totus ps intelligitur primo: Quod obliti talium ac tantorum operum Quę etiam videbant aliud querebant & tentant vfque hodie. Sed non datur eis aliud fignum. nifi Ionę prophetę. dicit itaque Tentauerunt deum (.1. Chriftum.) in cordibus fuis. vt peterent. Efcas animabus fuis (.1. verbum & opus quo ipforum fenfus delectaretur & cor carnale pafceretur in ftulta confolatione temporalium

Eodem modo: Iuftitia & manna & opera humilitatis que eft omnis Iuftitia: Efurire autem Iuftitiam & comedere eam: Eft Manna comedere Iohan. 4. Meus cibus eft ꝛc. Quare eadem faftidire: & opera carnis querere & iniquitatis & vanitatis Hoc eft coturnices comedere Quare recte Apoftolus Interpres huius figure dicit Ne fimus concupif. vts

Blatt 13.ᵃ, d. i. 135ᵇ: [*Hoch oben in der Mitte:* ficut illi de veritate] Et Male locuti funt de deo (.de Chrifto vfque hodie.) dixerunt. Nunquid poterit deus (.non quod ipfi cum fic nominent. Sed propheta: quia de eo fic loquuntur, qui eft deus. licet deum effe negent.) parare menfam in deferto? .1. Nunquid ille eft deus? q. d Non Quia fi effet: vtique daret nobis in hac vita menfam & quecunque volumus. Nos enim dej populus fumus: Ille autem Deus non eft: ideo non poterit nobis dare. Si autem daret eis dominus vt volunt, tunc vtique in eum crederent. Sed non dat. ideo ifta eorum tentatio ftat vfque in hunc diem. Quod Chriftum non pro deo accipiunt, nifi eis oftendat fignum a fefe electum & carnem det (.1. carnale impleat votum illorum.) ac fic probet illis fe effe deum. Tot enim fignis & operibus non moueri ad fidem diũinitatis ipfius & aliam probationem expectare fecundum fuum defyderium: vt omnia alia irrita & nihil fiant. hoc vere eft Chriftum tentare fuper carne danda. Vnde & ipfe iratus dat eis carnem. licet aliter quam petijffent fcilicet volatilia pennata (.1. doctrinas carnales de Meffia· & per has occidit & impedit eos vt .infra .dicetur

Quare nunc figuram Infpice. dedit illis manna, quo contempto aliud requirebant fignum a deo. quo deum addeffe [so] intelligerent: quafi ideo Manna non fuerit fignum a deo. quia eis non placūit & viluit: Si enim magnum illud putaffent, a deo fuiffe credidiffent, Nunc autem a deo non effe putabant, nulla alia caufa: quia eis nihil effe videbatur. deum enim magna dare eftimant omnes. Magnum autem non putant, nifi quod fecundum carnem magnifice placet   Ita & modo faciunt, contempto vero Manna fcilicet Euangelio: quo dominus fe deum illorum abunde teftatus eft: aliud requirunt. fcilicet carnes Hoc eft carnalem gloriam & voluntatem [so]. Et ita petunt fibi aliam doctrinam dari a deo: fcilicet eam: que Chriftum predicet, qualem ipfi fomniant & cupiunt futurum. Cum potius animas fuas odiffe deberent. & non eis tales efcas fibi petere   Has autem quia non dat non confitentur illum verum deum. Et interim Euangelium faftidiunt, & parum reputant

Sic Apoftolus Heb 2 & alijs. c. hanc figuram aperit ex ps. 94. Hodie fi vocem eius audieritis (.1. manna euangelicum.) nolite obdurare corda veftra (.faftidiendo illud & expectare aliam doctrinam & vocem. carnaliter Chriftum predicantem.) Sicut in exacerbatione fecundum diem tentationis in deferto. Vbi tentauerunt me patres veftri (.fcilicet vt peterent efcas animabus fuis, vt hic dicit. Ergo ne efficiamini ficut patres veftri generatio praua probauerunt & viderunt opera mea. Et tamen adhuc tentauerunt.   Sic enim A tempore Apoftolorum vfque modo faciunt. Quia viderunt opera eius & vident eius Euangelicum Manna vbique fpargi & populos credere. denique ex propria confeffione eorum hic fequitur.

Quoniam percuffit petram & fluxerunt aquę: & torrentes inūndauerunt. Hoc eft fatemur quidem illum effe paffum & percuffum: Et inde multos populos fluxiffe ad eum. Non enim potuerunt nec poffunt Iudęi negare. Quin Chriftus paffus fit & tot populi ad eum fluxerint. & ex eius fide. torrentes feruen-

tiffimorum martyrum effe natos. Sed adhuc tamen non credunt.
Quia pertinaces funt in fua petitione. & adhuc requirunt Efcas animabus fuis (.1. fecundum defyderia carnalia, doctrinam de deo audire
     Blatt 13.ᵇ, *d. i.* **135ᵇ**: Et Dicunt, licet ifta videamus ita
effe, Sed nunquid ideo deus eft? Non vtique. Quia non poteft
dare nobis Efcam noftram. Si enim poffet, daret. Ideo. Nunquid poterit & panem dare [populo fuo *ausgestrichen.*] aut
parare carnem [in deferto *ausgestrichen.*] populo fuo? Q. d.
Videtur quod non. Quia nec nobis. qui deum colimus dat: fi
enim deus effet, nobis daret, qui vtique deum colimus Sed nec
fûis cultoribus quidem dat. Quia omnes in paupertate & ijs que
fecundum carnem funt carent, in cruce & malis mundi affidue
iactati. Ecce Ecce Hoc eft ergo Quod Iudeis fignum querentibus: Chriftus Schandalum predicatur. Quia cum nec illis nec
nobis Chriftus Carnalem det Efcam. (.1. carnaliter de Chrifto &
regno & gloria eius fapere, docere, audire, non credunt in eum.
Sed tentant vfque hodie.   Et credibile eft olim in figura
fimilimodo fuiffe factum, quod hii qui fapiebant manna. facile
fuftinebant carnis penuriam. Et illos impacientes fimiliter in
domino fperare monebant At illi erumpentes. Quid dicitis? Si
deus nobifcum effet: vtique nobis prouideret: Nunc autem quomodo credemus. cum nec vobis nec nobis parare poffit menfam &
carnem? Si enim poffet: quomodo non faceret? Et ita ceciderunt in dubium & diffidentiam immo ex impatientia in incredulitatem: ficut & ifti hodie.
     Ideo Audiuit dominus & diftulit. Hoc certe nunc quam
maxime impletur. Quia differt eos ab introitu terre promiffionis
vere iam per multos annos. Quia vt fequitur. **Et ignis accen-
fus eft in Iacob: & ira afcendit in Ifrael** Tunc quidem realis
ignis. Sed nunc fpiritualis fcilicet Zeli & irę. quo in anima funt
confumpti magna pars. fed extrema (.1. nouiffimo tempore Synagoge [*Am Rande links:* .. a & nunc tradit .. s in defyderia .. rdis
fui, vt ex . rdefcant in con | . upifcentijs carnis | Ro. 1.]
     **Quia non crediderunt in deo, nec fperauerunt in falu-
tari eius** Manifefte hic de Chrifto loquitur in quem tunc neque
nunc credunt aut fperant

Et Mandault Nubibus (.1. Apoſtolis.) **deſuper: & Ianuas**
cęli. [ſo] (.1. predicatores Euangelii, ſeu Scripturas prophetarum
Et pluit illis manna (.1. verbum Chriſti) **ad manducandum**
(non nauſeandum, faſtidiendumque Sed manducabilem [ſo] & ſapo-
roſum.) Et panem cęli dedit eis, panem angelorum man-
ducauit homo. Cibaria miſit illis in abundantia
Hęc quidem fecit in primitiua Eccleſia. Sed illi faſtidierunt: alii
tamen comederunt: ſuper vtroſque tamen plūit. Sicut & vſque
nunc. Manna . n . prima ſignificatione eſt ipſum euangelium.

Sed ſatis de Iudeis: Nunc quomodo Heretici & alii ſimiliter
dominum tentant in iſta figura. Sane regulariter: Quicunque
non eſt contentus: de euangelio & verbo dej ſemel·per
mundum predicatum. & tot martyrijs ſanctorum confir-
matum: Et audet aliam doctrinam & ſapientiam erigere:
Reſpuens audire. libros Apoſtolorum & maiorum Eccleſie, inflatus
ſenſu carnis ſuę. Hic horribili temeritate tentat Deum. Sic
enim Heretici Chriſtum negant .1. veritatem in Eccleſia & per
conſequens Chriſtum quoque: aliam querunt veritatem. & ſuo
Iudicio meliorem & ſaniorem. ac ita querunt, vt eam que in
Eccleſia eſt faſtidientes, cupiant nihil eſſe & videri   Ac ſic
facto dicunt, Niſi deus oſtendat nobis: iſtam eſſe veram ſententiam & verum Euangelii, non credimus. Immo quod peius eſt:
dicunt ad verum deum & de Chriſto quem repulerunt a ſe. & qui
eſt in Eccleſia. Quis dabit nobis ad veſcendum carnes? Q. d.
Non eſt apud Eccleſiam Chriſtus: quia non dat ibidem veram
doctrinam: quam nos reputamus veram eſſe ſcilicet noſtram. Cum
tamen ſit vere. Carnes (.1. ſenſus inflate carnis ſue

Blatt 136ᵃ: Omnes enim Heretici & ſuperbi & diffidentes:
Hanc habent conditionem. Quod non contenti de ijs, que expreſſa
continet Scriptura: & manifeſta agit practica Eccleſię, aliter in-
ſuper etiam ſibi volunt probationem illorum fieri. Vt vulgo dicitur.
Got ſall eym Idlichen eyn beſunderns machen. Adeo increduli &
rebelles ſunt. vt potius omnem ſcrip negent aut corrumpant. &
contra tot generationum Eccleſiam pugnent: quam ſuum ſenſum
captiuent in obſequium Chriſti. Omnia reuocant in dubium & in
queſtiones: que per tot ſęcula ſunt ſeruata. & pro quibus tot

martyres occubuerunt. Et eorum reuocationi volunt: deum confentire: ac nouam & aliam probationem ab Ecclefia expoftulant
parati alias eam negare Effe quod eft. Habere quod habet. & poffe
quod poteft.   Sed quam Iuftiffime domine Ihefu Chrifte tu
tam nephande fuperbie irafceris. Si enim tu cuilibet nouum euangelium deberes ftatuere: & vnicuiufque [so] tentationi & fcrupulo
fatisfacere. atque fic fatiffacere, vt fcrupulus & opinio illius auctoritate tua confirmetur: tuum autem verbum mutetur ad votum
cuiuflibet in illud offendentis. Quid ficret? Nullam Ecclefiam
haberes, tunc vere non effes deus. At nunc tu deus qui non
mutaris. Et illi potius non populus tuus: qui debent & nolunt
mutari in fenfu fuo & confentire aduerfario fuo: ideoque fchan-
dalifati in verbo tuo & manna naufeofi dicunt male de te. Nunquid poterit carnem parare populo fuo (.1. nunquid ille qui in
Ecclefia dicitur effe. illos doctrina pafcit? q. d non eft ibi: ergo
nec doctrina eius Sed apud nos. Sed tu Refponde illis pro me:
Nunquid vos manna meum fapuiftis? Nunquid vos cęnam meam
guftabitis? Non populus meus vos Et ego non deus vefter,

Igitur Nolle credere. & omnia in dubium reuocare. ac fic
nouam Doctrinam expectare: hec eft grauiffima tentatio dominj.
Caue ergo o Homo. Sed humiliter difce fapere & ne nouus author
tranfgrediaris Limites quos pofuerunt patres tui: Sed Interroga
patrem tuum & dicet tibi: Spiritum enim legis, pofuit deus non
in literas in papyro pofitas, in quas hęretici confidunt. Sed in
homines officiis & minifterijs prepofitos. vt ex illorum ore requi-
ratur: Alioquin quid facilius diabolo quam feducere eum, qui
fuus Magifter effe nititur in Scripturis? reiecto hominis minifterio?
Vnum verbum male intellectum. In tota Scriptura
confufionem facere poteft.

Eodem modo de religiofis. Qui veritatem & obedientiam
tentant. Dum cuilibet proprium preceptum & ftatutum figendum
& mutandum putant. Sed quia hoc modis multis faciunt: quis
per fingula poteft enumerare? In genere itaque dicam. Quod
Quicunque non odit animam fuam & abnegat feipfum. Et Vadit
in caftellum, quod contra fe eft. Confentitque aduerfario. Hic
petit Efcas animę fuę. (.1. petit aliquid. quod fuam animam de-

lectat. Cum autem nobis nihil propius, nihil intimius fit quam anima noftra, Nihil ita timere, nil ita fufpectum Habere. quam animam noftram, ne forte caput exerat improuife. Et eius fequamur concupifcentias: relicto verbo & mandato dej & prelatorum. Sic enim Apoftolus exponit 1. Cor. x. Non fimus concupifcentes malorum: ficut quidam illorum ꝛc Ergo Carnes petere pro Efcis animabus fuis, Hoc eft concupifcere mala. patet confequentia ab Expofitione Apoftoli   '

Blatt 136ᵇ: Quare fequitur: quod appetere

$$\left\{\begin{array}{l} \text{vindictam} \\ \text{gloriam} \\ \text{diuitias} \\ \text{voluptates} \\ \text{ꝛc} \end{array}\right.$$

eft Efcas petere: relicto verbo dej: Et ita tentatur Deus in patientia fua ꝛc Maxime quando ex pertinacia & certa fcientia fit. Quia Scire dej preceptum: & tamen voluntarie contra ire: Quid eft aliud quam deum negare effe Vel tentare an fit & videat?

Et Tanftulit [so] **auftrum de cęlo: & induxit in virtute fua Aphricum** Non placet hoc loco. Lyre. & ftapulenfis glofa: Quod alius fit aufter & Aphricus aut certe, quod vnus fit per dominum amotus & alter adductus. Nec valent eorum motiua. Quod Aphricus illis ab occidente. aufter autem a meridie fuerit: Quia etiam fi aufter flaffet nihil prohibuiffet volucres: Ergo fine ratione dicitur amotus. Quare rectius Aug & Caffio: fequentes. dicimus: eandem fententiam gemina oratione exprimi in ifto verfu, vt frequens eft mos Scrip. Eft ergo fenfus. De cęlo fcilicet aereo tranftulit, fcilicet ad eorum caftra tranfmare. auftrum. & in virtute fua: quia miraculum fuit. & non opus humanum aut naturale. induxit Aphricum

Et pluit fuper eos ficut puluerem carnes: & ficut harenam maris volatilia pennata. Satis ifta ex dictis patent. Quia per ventos iftos fignificantur fpiritus. qui inflant tales doctores eorum mendaces, quos deus in ira fua in illos tranffert. ficut ait Apoftolus. Mittet illis deus operationem erroris. Et quadringentorum patet exemplum. Quando Micheas propheta recitauit.

Quomodo deus fpiritum mendacem mifit in os omnium prophetarum Achab. (*2 Chron. 18, 21.*) Et illud Nota. Quod Hic locum
Scribit venti vnde procefferit. in quo fignificare videtur. hunc non
effe a deo: Sed de cęlo a fpiritalibus nequicijs in cęleftibus, Nam
Spiritus dej in Scripturis. non definitur loco, Sed dicitur. Qui
producit ventos de thezauris fuis (.1. occultis & in nominabili-
bus [*so*] locis. Et Iohan. 3. Nefcis vnde venit aut quo vadat.
Quare illi habent auftrum & cęlo. tamen hoc forte non probatur
Quia & act. 1. venit fonus de cęlo *x*c Quicquid fit Hic. Aufter
fignificat feruidum fpiritum huius mundi. Quo accenfi Iudęi in
cupiditate vanitatis ęftuant & carnem pluunt fuper caftra fua
Nec hoc fruftra addit propheta: Sicut puluerem. & ficut arenam
maris, Noluit dicere, ficut ftillas aut grana, vt indicet illorum
doctrinam effe fterilem. vt fi quis arenam & puluerem feminaret:
ita nihil ibi gignitur fpiritualis fructus. Sed tantum grauantur
fterilia corda, fterili femine.　　Chrifti autem doctrina ftille &
grana funt vt alibi

**Et ceciderunt in medio caftrorum eorum circa taber-
nacula eorum** Quare dicta fint volatilia fupradictum eft. Cur
autem pennata? forte propter velocitatem & leuitatem. Quia
velocius ifta audiuntur ab illis: quam verbum falutis: & facilius
& leuius ea fe ferre putant talia. [*Am Rande links:*... & poete
ⁱ..... rium ala|... pedibus fin |..nt caput!. um galero|.. Cadu-
ceum|.. manu ge ¡....em. Quia|...ruo|]　　Vlterius Vide. Ifta
volatilia cadunt In medio caftrorum eorum: Manna autem extra
caftra verfus folitudinem: ad quod colligendum egredi oportuit
populum: Hic autem manent & in medium illorum cadunt fua
fponte Quid Hoc? Nifi Quia dogmata adulantia & fenfum titil-
lantia: finūnt hominem in carne manere. & non faciūnt exire
extra caftra portare improperium crucis Chrifti.

Blatt 137ª: Sed manna euangelicum cogit exire corpus peccati & exuero hominem, exire de terra fua cum Abraham. &
obliuifci domum patris fui. alioquin colligi non poteft. Vnde
vfque hodie ad literam feorfum funt Ecclefie a domibus con-
ftructe, in quas populus conuenit ad verbum audiendum & manna
colligendum: Vbi docentur. Quod ficut domum fuam foris relin-

quunt, ita & fpiritualiter domum. carnem inquam relinquere
debere.

**Et Manducauerunt & faturati funt nimis: Et defiderium
eorum attulit eis. Non funt fraudati a defiderio fuo.** Hic
enim non naufeant Sed auide manducant: vfque ad nimiam fatie-
tatem. & naufeam. Et fic defiderium eorum repletum In quo
miferiam vanitatis experimur. Quia fi carnalia non habemus
faftidimus fpiritualia & naufeamus. Sin autem habeamus. etiam
ipfa naufeamus. Nonne hęc miferia Satietas carnalium voluptatum
multo maiorem naufeam habet: quam fpiritualia guftata & tanto
maiorem. quanto intenfiores fuerint. Et ita vtrobique miferi:
Quia vtrobique naufeant: in fatietate carnis. & faftidio fpiritus.
poteft autem Hic etiam dici Quod faturati funt nimis (.1. nimia
cupiditate comederunt. & valde fefe faturauerunt Qui enim Man,
guftare noluerunt, carnes latiffima gula fumpferunt. Et ita modus
voracitatis. & gulę hic exprimitur. Iam Nunc vade o homo
qui rides illorum infidelitatem. Ecce tibi verum manna euangelium falutis plúitur tu autem mifer illud. multo amplius quam illi
faftidis & plenus naufea fuper illud negligis: Et tuas carnes voras
& queris, commoda carnis tue & bona huius vitę: hęc cadunt
quidem in medio caftri tui & tabernaculi tui corporis fcilicet.
Quia audis, vides, tangis. que placent carni tuę. que non finúnt
te exire illam ꝛc

**Adhuc Efcę eorum erant in ore eorum: & ira dej afcen-
dit fuper eos Et occidit pingues eorum & electos Ifrael im-
pediuit,** Qua plaga ibi percuffi fint textus non exprimit: Sed dicit
Númerj fcilicet. xi. percuffos plaga magna nimis: ita vt locus
ille appellatus fit Sepulchra concupifcentię. Ibi enim fepelierunt
populum qui defyderauerat carnes. Ita Iudęi & eorum
fequaces: eo ipfo percutiuntur in animabus, quo carnis doctrinam
manducant: Et moriuntur in ipfa comeftione. Quare recte dicit.
pingues eorum. qui funt craffa cupiditate carnalium bonorum pleni.
Et electi (.qui fecundum fęculum. electiores & preftantiores funt
Chriftiani enim reliquie Ifrael. Spuma & peripfima atque
purgamentum huius mundi fecundum Apoftolum. Et opprobro-

brium [*so*] & abiectio plebis ficut & caput eorum Chriftus, De-
fpectus & nouiffimus virorum. illi autem electi & gloriofi in feculo.
Vnde & Sap. 5. hii funt quos aliquando habuimus in derifum &
fimilitudinem improperij. Quia Ecclefia foris Nigra eft & Species
eius abintus in Spiritu. Sed in hoc magis expediuntur a carne
& mundo. illi autem impediuntur & implicantur in carnis & mundi
retinaculis Dicitur autem deus illos impedire & illaqueare: Quia
non expedit eos, in penam peccati Sicut Ro. 1. dicitur tradere
in defyderia cordis eorum. Sicut ergo illi figuraliter funt impediti & fepulchris inuoluti: Ita & iftorum animę mortuę: funt
claufi in corporibus fuis: que funt vere fepulchra concupifcentię
& in deferto (.1. Synagoga a Chrifto derelicta.) Et in Hoc fignificatur confuetudo peccati & difficultas conuerfionis eorum

Blatt 137ᵇ: Quia plus eft effe fepulchrum quam mortuum,
in ifto enim non habetur fpes ps. 67. Eos qui exafperant qui habitant in fepulchris. Sunt enim pertinaces in fuo fenfu vt heretici
& omnes fuperbi carnaliter fapientes.

**In omnibus ijs peccauerunt adhuc: & non crediderunt
in mirabilibus eius** Hoc peccare eft: Infidelitas: Quia manet
in peccato, qui non credit in Chriftum, ficut illi faciunt omnes:
& non monentur mirabilibus iftis. Et eft fimilis locutio ifti Ifaie
9 & .10. Et adhuc manus eius extenta. Et Amos. 4. percuffi
vos & non eftis reuerfi ad me dicit dominus: Quinque enim hic
recitat plagas & ille. Et ille quater repetit idem. Et facile poffent
ad propofitum applicari

**Et defecerunt in vanitate dies eorum: & anni eorum
cum feftinatione** ad literam non poteft hoc intelligi de eifdem
fcilicet qui percuffi funt. Sed de illis qui eorum vifo interitu adhuc tamen non crediderunt Et ita ipfi quoque in vanitate mortui funt In fpiritu autem eifdem congruit. Quoniam qui non
viuunt fpiritu, habent dies tantum vanitatis Quia viuunt folum
diebus tranfeuntibus. [*Am Rande links:* ps. 101. Anni tūi non deficient. Sic etiam & tuorum.] Sane omnium dies deficiunt. Sed
malorum in vanitate, bonorum autem in veritate Et Hoc deficere.
eft vanitatem deficere dierum & perfici in veritate & ęternitate.

Quia fuccedunt anni ęterni. poft annos feftinos huius temporis
Qui autem fequuntur verfus difficiles videntur

**Cum occideret eos, querebant eum: & reuertebantur: &
diluculo veniebant ad eum. Et rememorati funt, quia deus
adiutor eft eorum & deus excelfus redemptor eft eorum.
Et dilexerunt eum in ore fuo: & lingua fua mentiti funt ej.
Cor autem eorum non erat rectum cum eo: nec fideles habiti
funt in teftamento eius** (.1. timore feruili deum colunt Quamdiu puniuntur, quęrunt eum: Sed cum' ceffat pena: obliuifcuntur.
Quia non amore Iuftitię eum Inuocant. Sed timore corporalis
penę: quod & multi Hodie faciunt In profperis dei obliuifcuntur.
in aduerfis querunt. vt liberentur: Hęc autem omnia fequuntur ad precedentia. Quia qui tantum carnem fapiunt: certe
propter mala carnis folummodo deum requirunt: & ideo magis
fua: quam deum diligunt. Et ifte eft vfus dei & fruitio creaturę.
Quando per deum queruntur creaturę: cum per creaturas deus
fit querendus. Et fi haberent quod volunt, deum nihil cura-
rent,. Hoc eft ergo extremum vanitatis. [*Am Rande links:* que
fecundum Aug Eft tota peruerfitas Sicut Samaritani fimul dominum & idola colentes 4 Reg. vltimo. hoc enim eft claudicare in
duas partes fimul deo & Mammone feruire & non toto corde]
Scire fcilicet deum effe adiutorem & largitorem omnium bonorum:
nec ad illa poffe pertingere nifi adiutorio eius, nec effugere malum
nifi redemptione eius: & tamen adhuc illa preferre ej: & plus
diligere dona quam datorem, plus timere malum illatum quam
auferentem. Quid facit Hoc? Scilicet Cupiditas: quia non gratis
& fponte deo nouerunt feruire: Sed propter retributionem temporalem. Non enim habent amorem fpiritualium. Vt propter
illa deum colerent: que funt deus ipfe Quare Qui fic deum colit.
neceffario mentitur ej: & cor eius non eft rectum cum eo Sed
curuum ad feipfum. Heb. Sic firmum cum eo nec perman-
ferunt in pacto fuo, Hoc tunc & nunc agebant. Licet enim
hodie Iudęi etiam moriantur pro lege fua: ita vt videantur toto
corde deum diligere: Tamen finaliter eft propter bonum carnale
& gloriam fuam, quam fperant in Meffia fua [*so*] futuram fibi

Blatt 138ᵃ: Sane & in noua lege, timor de pena eft Et tamen

non eſt timor ſeruilis: Sic .n. b. Hiero Arſenius*) & alij patres.
Sancti, metu Geenne magna egerunt. Et dominus precipit dicens
Timete autem eum qui poſtquam occiderit corpus ꝛc: hic enim
abſtulit timorem ſeruilem dicens, Nolite timere eos qui occidunt
corpus. Iſte enim eſt timor ſeruilis de malis huius mundi &
experientię. Sed ille eſt de malis futuris & fide cognitis Et ne-
ceſſarius eſt talis. & ab Apoſtolo etiam perſuaſus: Suademus inquit hominibus timorem dej Igitur Timor, Amor, ſpes, odium,
gaudium, triſtitia. omnia nunc ſunt aliter quam olim ſcilicet ſpiritualium: tunc autem corporalium. Ergo recte dicit. Dilexerunt
eum ore ſuo Quia non ſpiritualem amorem vel timorem habuerunt
ad eum. Quia Cor eorum non erat rectum cum. Sed vts. Confitebitur tibi cum Benefeceris ej. Introibit enim in progeniem
patris ſui (.1. fiet ſicut patres eius generatio praua.) Et ideo
vſque inęternum non videbit lumen

Arguit autem Hic propheta eos qui ad dominum non currunt, niſi quando occidit eos ſcilicet ſeruili timore. Multo enim
feſtinantius ad eum tunc currunt: quam Iuſti: Quia ex ſenſu
aguntur. Quanto enim impenſius a deo receſſerunt in delectatione
[darüber: proſperitate], tanto etiam intenſius accedunt in aduerſitate. Q̃uia vt dixi vehementius ſentiunt ſua mala & bona. quam
Iuſti: eo quod hii Inuiſibilia: illi autem viſibilia ſectentur. Experientia enim docet. quam horribiliter tremant Impii & mali. in
fulmine, peſte aut alia mortis neceſſitate. quando tamen Iuſti
ſęcuri & quieti omnia ſuſtinent. Vnde & De Behemoth dicit
Iob. 41. Non parcam ej verbis potentibus & ad deprecandum
compoſitis Sic prouer: 1. Mane conſurgent (.1. feſtinabunt) ad
me & non Inuenient me. Sed ceſſante illa neceſſitate mox rela-
buntur ad ſolita. Sicut hic Iudęi

Ipſe autem eſt miſericors. & propitius fiet peccatis
eorum. & non diſperdet eos. Et abundauit vt auerteret iram
ſuam: & non accendit omnem iram ſuam. Iſti duo verſus
cogunt nos. ad propheticum ſenſum intendere. Quia de futuris

---

*) Irmiſcher, Lutheri Comment. In Ep. Ad Galat. Tom. I. 218. II. 303 ſq.
zu Cap. 12, 17 und 5, 3. Erl. Exeget. Opp. Lat. Vol. XX. 166 zu Ps. 130, 3.

loquitur Vnde fine dubio vult propheta myfticare: quod olim deus non omnes perdidit. Sed reliquit aliquos de populo. Ita enim & hoc tempore (.fecundum Apoftolum.) Ro. 11. reliquiȩ faluȩ facte funt. & licet eũm in carne ambulantem multipliciter tentaffent. atque occidiffent Infuper & difcipulos eius, vt generatio tota digna videretur deleri. tamen non accendit omnem iram fuam. Et ita confonat myfterium cum figura. Quia ficut tunc non omnes corporaliter occidit. ita nunc non omnes fpiritualiter: hoc enim preuidit propheta in fpiritu, futurum Infuper abundauit vt auerteret iram fuam. Quia promptus erat etiam omnibus ignofcere mortem fuam, ficut in Cruce pro eis orauit. & poftea per Apoftolum penitentiam eis demandauit Et hoc fȩcit   Quia

Et recordatus eft quoniam caro funt, fpiritus vadens & non rediens, Sed non ipfi omnes hoc recordari voluerunt. Ipfe enim vidit, quoniam mortales funt & facile poteft reddere vindictam: ideo potius mifericordiam obtulit: Semper enim deus plus quam nos ipfi fragilitatem agnofcit, ideo promptior eft ad miferendum. quam nos ad petendum. Quando autem nos nolumus recordari quia: caro fumus, non poteft nobis mifereri, prohibente noftra fuperbia. Quod autem ait Non rediens vult intelligi ex virtute fua propria, Ipfe tamen poteft reducere illos

poteft etiam accipi Quia. Recordatur deus. quoniam caro funt (.1. recordari facit) & fic humiliati fiunt apti ad mifericordiam dej.   Duo funt mala noftra. primum quod petimus gratiam dej: 2um: quod non recordamur aut agnofcimus nos Indigere. Quia nefcimus, quam miferi fumus. Ideo Duplicia [*weggeſchnitten:* . . . .] mifericordiam fuam.

Blatt 138^b: Quoties exacerbauerunt eum in deferto: in iram concitauerunt eum in inaquofo. Hoc autem maxime tempore Chrifti fȩcerunt. Et nunc multo amplius. tam ipfi quam impii Chriftiani. Quia non credunt ej. Et faltem ipfo facto tentant eum & negant ac fic mendacij arguunt: Nihil enim ita deum prouocat quam incredulitas. quia hoc eft directe. deum negare ac fic idolatrare: Quia veritatem Dej non credunt. ergo nec deum. Qui enim non credit verum effe quod deus Dicit. fimul deum effe non credit, cum fit deus veritas & verax.   O Miferi nos quam affidue facimus quod ifte verfus dicit. Vtpatet per ps. 94. Hodie fi vocem eius audieritis nolite obdurare corda veftra: Sicut in exacerbatione ꝛc Ergo omnis qui audit vocem domini. & tamen obdurat cor fuum ad illam. ne credat vero corde. Ipfe eft ficut olim in exacerbatione fecundum diem tentationis in deferto: Hoc iam non fit Decies, Sed ficut dicit. o quoties exacerbauerunt ꝛc

Et Conuerfi funt & tentauerunt deum: & Sanctum Ifrael exacerbauerunt. Sicut dixi illi verbo & corde. Nos opere verbo & corde: Quia ita viuimus corde, opere & ore: quafi deus non effet, vel non fciret, vel non poffet, vel non vellet vindicare & retribuere. atque fic vere tentamus veritatem & Iuftitiam eius. Et Hoc totum inde venit Quia obliuifcimur operum dei & beneficiorum ficut & illi Si enim preteritorum exhibitio. eft certitudo futurorum. Ergo qui preterita exhibita obliuifcitur vel non curat. fimul certitudinem futurorum amittit. ac fic dubitat de promiffis: quia oblitus eft exhibita vtpatet in miferrima experientia

Non funt recordati manus eius: die qua redemit eos de manu tribulantis. Hec certe verba maxime in noftros mores. velut Sagitte potentis acute. De arcu Dei qui eft lingua prophete iaculantur. Nos enim vt fepe dixi peius quam illi veteres Iudei. obliuiofi facti fumus. manus dej. que eft filius patris qua nos in carne redemit De manu diaboli peffimi tribulatoris

Hec omnia autem facit incredulitas. Vnde & ifte ps totus fecundum fpiritualem literam loquitur de Iudeis. qui deum femper tentauerunt, in Chrifto: Non enim licet tanta viderent opera dej in illo: crediderunt. ita indurati: vt antiquorum in deferto incredulitas vix figura fuerit: huius tam magne & pertinacis incredulitatis iftorum Vide enim Euangelium, quoties illum irritent & prouocent, quomodo negent opera dej in illo: Et quafi non poffit deus in illo faluare illos ita contempferunt & male locuti funt de eo: qui tamen erat verus deus. Sic quidam de Saule nouiter vncto dicebant. Nunquid ifte poterit nos faluare? Ita hii. Nunquid ifte fcilicet Chriftus (.quem tamen deum effe non putabant.) nos pafcere & faluare poterit? Videtur quod non. quia pauper & abiectus & humilis incedit

Sicut pofuit in ęgypto figna fua: & prodigia fua in campo Taneos Hic iam opus eft diligenti Scrutinio: Videre quid ifta figna fignificauerint ideo enim figna & non res, quia fignificant aliud: dicta funt. Hoc primum notandum Quod ficut percuffio petre: pluuia Manne & ductus per Mare fignificat Bona fpiritualia bonis exhibita nunc per mundum manifefta: Ita ifte plage, fignificant mala fpiritualia malis & incredulis exhibita. Sed latiffime poffunt omnia difponi

Blatt 139ᵃ: .1. Et Conuertit in fanguinem flumina eorum: & hymbres eorum ne biberent. primo de Iudęis: quoniam in illos reciderunt omnia mala prophetiarum quas ignorantes impleuerunt. Cum itaque myfteria querimus: Hoc bibere Spiritualiter intelligi oportet quod ait ne biberent: fcilicet fecundum animam, Potus autem anime. Eft doctrina. [*Am Rande links:* Qualis autem eft doctrina eorum talcs & ipfi funt. Inde eft & ager fanguinis quem emerunt triginta argenteis (.1. ipfimet regnum fanguinis & fynagoga fatane vfque in hodiernum diem acheldemach] Iuftis eft aqua fapientię falutaris, quę olim apud folos Iudęos erat fontes enim vnde hec flumina manabant erant prophete: Et ijdem Nubes: ex quibus hymbres defcendebant. feu vt heb. Riuos eorum & hoc melius quia Ęgyptii non habent hymbrem. Nifi forte. Noftra tranflatio. myfticum, vt femper, fenfum magis exprimat. Quia Synagoga eft Nunc ęgyptus. Que habet hymbres doctrinas fuorum Rabim. Quę funt fanguis. primo Quia carnaliter Scripturam & fecundum literam mortuam exponunt, Mors enim per fanguinem fignificatur. Secundo quia per hanc occidunt animas ideo cruenta & fanguinea eft eorum doctrina Ifaie (*d. i. Ierem. 2, 34.*) Sanguis animarum in alis veftris (.1. contemplatiuis veftris doctoribus.) Et Ifaie 1. Manus veftrę fanguine plene funt [*Am Rande rechts:* Iude (Inde) enim f... | nunc Idumej | Sanguinei . p... | pleni per omnia |] Tercio Quia in Chriftum quem fanguine fedabant blafphemant & eius fanguinem pollutum ducunt, in quo funt fanctificati. ideo dicit per prophetam [*ausgestrichen:* Sanguis te perfequetur. (*Ezechiel 35, 6.*)} Eodem modo omnes heretici. fuo fenfu carnali mutant fcrip. in fanguinem. vt anime non poffint eam bibere

Iam nunc Allegorice: Qualis doctrina talis & populus: Qui
erant aqua fancta mutati funt ipfi quoque in fanguinem: Sicut
nos econtra ex fanguine noftro mutati in aquam mundam. Quia
tranfmutat fapientia in fefe.

Moraliter autem contra carnem loquendo pro fpiritu: Mutatur aqua in fanguinem Quando voluptas carnis in afflictionem &
crucifixionem carnis mutatur. vt iam non poffit nec delectet
bibere ficut aquam iniquitatem Iob. [*15, 16*.]   Vel quia facit
agnofcere animam quod voluptas quę prius vt aqua videbatur
refrigerare: efcam libidinis & fitim concupifcentie: fit mors & fanguis & occifio animę: ac fic horreatur

2 **Mifit in eos Cynomyam & comedit eos: & ranam &**
difperdidit eos Cynomyia Eft canis mufca. Hic eft Zelus &
fpiritus compunctionis, quem dedit illis deus vt non videant.
[*Am Rande rechts:* Zeli enim n . tura eft comedere ps 68 Zelus
domus tuę ꝛc Et quia dicit: eos manifefte de fpiritualibus mufcis
loquitur] Aculej enim mufcarum: funt emulationis puncture quibus agitantur illi: quod fuus fenfus non habet progreffum. & aliorum habet profectum Et Hec plaga optime fequitur primam.
Quia prima eft fuum fenfum ftatuere: deinde pro eo litigare &
contendere. Sic enim prouocantur in eo qui non eft populus: &
amaricantur contra alios. Ifte igitur canine Inuidię, punctiones
amaritudines, lites & contentiones, emulationes. quibus intus agitantur. Heb. dicuntur hoc loco: omne genus mufcarum Vel fecundum Lyram Et Venit mixtio (.1. diuerfi generis mufcę) Sic
enim habet Exodus: & non tantum Cynomya.   Sicut enim
mufce volant, & pungunt & fufurrant: ita & in anima ifte capi-
tofe opiniones. prefertim in Scripturis fanctis (vt Iudęi & Here-
dici.) vage funt & animam pungunt. & velut fpiritus fint eam
mouent

3. Sane in Exo: Rana ponitur 2° loco: & Mufca pro tercia
plaga. hic autem per oppofitum Sed ordo parum refert. Nifi
forte quia ex Zelo & contentione quandoque oritur

Blatt 139ᵇ: [*Oben quer über den Rand herüber:*
.3.   .6.   .9.   .4.   .7.   .8.
Scyniphes, Vlcera, tenebre, pro quibus Erugo, pruina, ignis]

Loquacitas. quandoque econtra. Eſt igitur Rana Loquacitaꝗ & garrulitas earum rerum quas non intelligunt: Quod vitium eſt Iudęorum & omnium: qui ſuas loquęlas tantum audiri volunt: qui nihil ſpirituale loquuntur: quod deus agnoſcat. Sicut Rana non loquitur aliquid intelligibile: Sed tantum voce ſua auditui moleſta eſt. Et ſicut Rana in paludibus: ita illi in ſcripturis lacuoſis & non viuis morantur Hoc eſt in ſuis Thalmudicis. & noſtri in Ariſtotelis lacubus Heretici in ſuis authoribus.

4 Et dedit Erugini fructus eorum & labores eorum locuſtę 5 Heb. Et dedit Brucho frūctūs eorum Ergugo [ꝗo] Eſt aura noxia que & aurugo dicitur: que ſecundum Aug. Eſt occulta ſuperbia & ſpiritualis: teutonice *melthaw:* que valde nocet frugibus & vineis. [*Am Rande links:* Vel eſt popularis aura & vera aurugo bonorum operum ... Vide deus venit .. mundum. vt demones deijceret .. honoribus di . inis. Et homo nunc ... los eoſdem ſibi arro..t ſcilicet gloriari de... mo & Iuſtitia ....ſolius dej eſt. ... & illam quoque deij .. et tandem in aduentu 2ọ] Ita Iudęi ſuam Iuſtitiam ſtatūentes ſuperbiunt & omnia polluunt Sed meo ſenſu abundans. dico quod iſte plage ſpiritaliter intellecte eandem rem in ſpiritu ſignificare poſſunt. ſcilicet corruptionem Scrip: Quia omnia que neceſſaria ſunt corpori in frugibus & vtilia. ſiue ſint, Eſca, diuitie, potus, amictus, decor ꝛc. omnia habet anima ex vna Scriptura. ſicut corpus illud ex multis petit: illa autem ex vna Scriptura omnia Vel ſaltem non eſt abſurdum multas plagas: illam vnam ſignificare: Igitur bene Dicit b. Aug. Quod fructus eorum (.1. opera Iuſtitię ſuę) corrodit erūgo (.1. ſuperbia qua in illam confidunt. Vel Erugo poteſt Schandalum intelligi: quo aura corrumpitur. Et Ierem (*30, V. 6.*) Omnes facies conuerſe ſunt in auruginem (.1. in ſuperbiam de Iuſtitia ſua Quod ſi Bruchus habetur. in eandem ſententiam facile cędet. Quia inutilis ſit Iuſtitia illorum per corroſionem illius bruchi . qui eſt vermis piloſus & extentis pilis & erectis velut ſuperbe iactans & oſtentas [ꝗo] illos.

Notandum autem quod in exodo iſta plaga non habetur. Sed tantum Locuſta pro octaua plaga. Quarta autem ibidem eſt Scyniphes, quas Hic omittit

Et Labores eorum Locuſtę: Laborant omnes Impii. & vias
difficiles ambulant: Quia magnitudine operum volunt Iuſtificari:
& ex operibus Iuſtitiam metiuntur. cum ſit in ſola fidej humilitate [*Am R. L:* .... rbia: quam ſolam omittunt & in alijs ſe fatigant,]   Licet autem Hic Labores hiſtorice accipiantur pro
agricultura & fructu agricůltůre: tamen myſtice ſunt opera Iuſtitię
illorum . quos [*so*] corrodunt & inutiles faciunt eorum Locuſtę .
ſuperbe ſůę Iactantię

    **8 Et occidit in grandine vineas eorum: & moros eorum
in pruina.** 7 Hęc eſt. 7ma. in Exodo: Sextam autem omittit
Quę fůit Veſicę & vlcera inflatůrę ʒc   Non autem in Exodo
habetur, quomodo Moros in pruina occidit Occidere. dicitur
vineas. Ergo viůůnt vineę,   Vinea fuit Synagoga olim. Sed
nunc occiſa & diſſipata: & quelibet ſynagogę ſeorſum vineę. De
iſtis vineis in multis prophetis vaſtandis & deſolandis dicitur
Quid igitur grando?

    primo ſunt bonus grando: Iůſti ps. 17. Grando & Carbones
ignis Alii ſunt mali. Grando & carbones ignis. Quia Mali ſunt
indurati & frigidi in amore dei. Simul autem accenſi in amore
mundi & igne carnis. Ediuerſo Boni ſunt frigidi & duri in
amore mundi: & ſimul tam ſeruidi carbones in amore dej. Vtrunque ergo verum diuerſorum reſpectu. Vnde ſicut ipſi [*Unten am
Rande quer herüber:* Sic enim deſurſum mittůntur (.1. ex dej voca-
tione.) boni grandines ſicut & ſtille & pluuię. Celi enim pluunt
Ningunt & grandinant (.1. predicatores verbum dej.) Econtra
Mali ex nequicijs ſpiritalibus in celeſtibus mittuntur ſicut & ſtille
& pluuię male]

    Blatt 140ª: *) [*Oben am Rande quer herüber:* Sic Morus eſt
quelibet Eccleſia ſicut Cypreſſus, Cedrus, Alia bona alia mala,
Et alia pruina bona alia mala occidit Moros ʒc] ſunt grando &
carbones: ita opera & verba eorum Maxime tamen exempla.
Quia ſecundum Aug ps. 119. Sagitte potentis acute cum carbo-
nibus deſolatorijs ſunt verba dej cum exemplis ſanctorum. Ita
per oppoſitum. verba hominum & exempla impiorum. Sunt

---

*) Vgl. den am Freitag 28. Juli 1876 früh 9 bis 10 Uhr gefertigten
Lichtdruck dieser Seite in Band II.

Sagitte & carbones vaftatores. Hęc autem exempla percufferunt
Iudęos & vfque hodie, vt ceffent effe vinęę Chrifti. Et Moros
eorum in pruina. eodem modo exponatur. quia eadem fententia
eft. pruina enim bona eft: alia mala. Hoc autem loco Quia
moros occidit (.1. animas.) mala eft fcilicet verba vel opera
fuperba & frigida

8—9 **Et tradidit grandini Iumenta eorum: & poffeffiones eorum igni.** Heb. Et tradidit grandini pafcua eorum. &
iumenta eorum volucribus. Non fatis eft Quod verbis & exemplis
frigidis & pertinaciter obftinatis in frigore charitatis & fpiritus.
occiduntur infuper & Iumenta eorum (.1. corpora eorum fubijcit
illis.) vt fcilicet faciant & laborent in operibus pertinacibus &
duriffimis affligentes fefe: & tamen fine fructu. Quia fi videas
Iudęi & Heretici multa in corpore fuftinent & grauia: tamen ex
mera duritia & pertinacia: Hoc eft vere tradi Iumenta eorum
grandini: Quia fubijciuntur. operibus illis De doctrinis, duris,
frigidis, pertinacibus: in quibus fola fpecies candoris & fanctitatis eos feducit: Vt fefe bene & fancte agere putent Quia grando
candefcit illis [*Am Rande rechts:* Similiter eadem do . . . . na eft
ignis & . . . . do. refpectu di . . . forum: quibus fu . ijciuntur.
por . . . tes onera gra . . . & importab . . . .] Eodem modo &
pafcua eorum: Quia duris illis & infrigidantibus verbis fuis. deftruunt fanctam Scrip. & etiam pafcua Iumentorum fuorum .1.
corporum: quando ea non in gratiarumactione vero creatori &
deo attribuunt Sed remouent a Chrifto tanquam non fit largitor
talium. Eodem modo. Iumenta volucribus (.1. demonibus) qui
eos iftis ftultis operibus Iuftitie fuę pertinacis confumunt & deuorant. Noftra autem tranflat. poffeff. eorum igni non eft in
Exodo. Sed tenebre eft nona plaga que hic omittitur. Spiritualis ergo eorum poffeffio: funt fcientia, Sapientia, cognitio,
intellectus affectus ꝛc omnia hęc deuorauit in eis ignis Zeli &
Inuidie & fic omnia funt eis combufta

10: **Mifit in eos iram indignationis fuę: indignationem
& iram & tribulationem: immiffiones per angelos malos.
Viam fęcit femitę irę fuę: non pepercit a morte animarum
eorum: & Iumenta eorum in morte concluſit Et percuffit**

omne primogenitum in terra ęgypti: primicias omnis laboris in tabernaculis Cham Hic vltima plaga defcribitur & Inuoluit quintam. Exo. fcilicet pecorum mortem. Defcribit autem eam factam per minifterium angelorum malorum. Et quod magis de fpirituali loquatur, Indicat quia dicit morte animarum eorum Multum etiam differunt: ira & ira indignationis Quia ira indignationis eft qua non folum temporaliter punit in corpore. fed etiam in anima fpiritualiter: Ideo ad magnitudinem illius mali exprimendam: ita repetit & ingeminat iram & iram ꝛc Hec eft enim nouiffima plaga: quia Iudęi funt deftructi. Ipfi enim erant primogeniti. Quia legem prius quam gentes acceperunt. Sed Hoc totum fecundum carnem. Quia facti funt nouiffimi primi & primi nouiffimi. Non enim ex electione gratię. Sed ex succeffione naturę: erant primi ad populum dej

Blatt 140^b: [*Oben am Rande quer herüber:*]

primogenitum 2ˣ
- caro, ante fpiritum:
- fpiritus

Sic
- Synagoga velut carnalis populus, cum fuis ritibus fuit ante Ecclefiam fpiritualem populum
- Quia debuit ceffare fynagoga. veniente Ecclefia.

Und am Rande links besonders: Non prius quod fpirituale Sed quod animale] Sic itaque deus omne primogenitum occidit: vt fufciperet primogenitum aliud offerendum fcilicet fpiritum: Caro enim ante fpiritum: Et prior natiuitas carnis in ira quam natiuitas fpiritus in gratia. Et per hunc illa tollitur Et occiditur. Quia iam non qui filii carnis nafcuntur. Sed qui filii fidej & promiffionis. Igitúr. Occidi primogenita. Eft reprobare & abiicere populum fecundum fucceffionem carnis: Et qui huic reprobationi non acquiefcit, fimul cum ea proijcitur: ficut Iudęis contingit.   Caro enim eft primogenita ante fpiritum. Et populus carnalis primogenitus ante populum fpiritualem (.1. vetus ante nouum.) Hęc igitur eft ifta horribilis ira

dej fuper eos: quia deus eos omnino reprobauit fecundum carnem:
Et occidit ftatum fynagoge, & legem interfǫcit. In qua tamen
ipfi viuere fefe putant. Sed coram deo non viǔǔnt. Quod enim
eorum facrificia & ritus & opera fint mortua hoc deus fǫcit folo
verbo: quia ea tulit & diffiniǔit ceffare. Illi autem quia nolunt.
ideo miffa eft in eos ira indignationis. Quia infinitis plagi [so]
puniti funt. & traditi in puteftatem angelorum malorum [Am
Rande links: Sicut Caro nafcitur ante fpiritum: quem oportet
renafci. Et myftica morte occidi carnem primogenitam Sic populus carnalis ante fpiritualem natus eft. Et .... ipfum quoque
oportuit occidi myftica morte, vt renafceretur fpiritualis. populus.
Ergo primogenita ǫgypti occiffa [so]. Eft nil aliud. Nifi: Synagoge populum in litera viuentem ceffare: Litera enim viuit quam
diu obligat Sed occiditur cum iam impleta eft per Chriftum vt
non obliget. Ideo ... occifa, occidit omnes qui ej adherent]

Vbi autem Noft. tranf. habet. Viam fǫcit femitǫ irǫ fuǫ.
Heb. Muniǔit femitam furori fǔo [Am Rande rechts: Sed alium intellectum fecundum noftrǔm textum Vide in fer: de 3ª feria
pafche. Stetit Ihefus in medio eorum ꝛc] Cuius fenfus videtur
Quia roborauit & ftabiliter eos punit fine ceffatione, non tranfe-
unter ficut pios. Sed repetitis vicibus. Sicut via folet fieri non
vno tranfitu. Sed affiduis veftigijs. Ita Affiduis veftigijs, & in-
dicijs ire dej: quǫ in illis videmus, iam velut viam fecit & viam
tritam & valde roboratam   Igitur Semita irǫ dej. Eft indi-
ciǔm & opus ire diǔine quod in illis apparet nobis & illis. Huic
autem femite. fecit viam (.1. affiduationem & perpetǔitatem tritam-
que continuitatem   Semite enim dej: Sunt opera dej. Semita
autem ire. dej. Sunt opera punitionis & vindictǫ dej.   Sic per
prophetam minatur   Igitur perfecta ira & perfeuerans ifto
verbo defcribitur

Item Vbi noftra tranflat. habet. primitias omnis laboris
eorum. Heb. principium partus eorum: & hoc idem quod primogenitum eft. Quia eft repetitio ejufdem. Noftra tamen magis
expreffa dicit. Scilicet Quod opera legis deus occiderit que erant
primogenita ante opera gratiǫ. per que occidit & reprobauit illa:
Vt iam talia opera non fint viua Sed mortua & mortifera. Qūǫ

& Iure: potius labor quam opus dicuntur. Quia grauia erant opera legis & laboriofa   Vnde in confeffionem Huius occifionis deus reqüirit fibi offerri omnia primogenita (.1. mactari & crucifigi. omnia opera carnis. & precio redimi.) primogenitum autem afini. oue redimendum vel occidendum Quia opera accidie̜: Vel recuperanda Vel omnino per confeffionem abolenda. Sed He̜c alia eft allegoria . quam ad propofitum fit Scilicet de primogenitis in fpiritu & viuificis. Nos autem Nunc de carnalibus: que per mactationem, non per redemptionem offerenda funt Sic enim primogenitum afini Eft fegne propofitum noue̜ vite̜: quod Deus reprobat vel mutandum precipit. Quia vegetum & feruidum. totumque colericum & fanguineum requirit cor inchoantis nouam vitam

Blatt 141ᵃ: Iumenta in morte conclufit. Qüid hoc? forte & ipfosmet. dicit Quia Homo carnalis Iumentum dicitur maxime propter corpus. Et Mira locutio. in morte conclufit. quafi quid viüüm fit & permanens: id quod occifum eft quia concludi non poteft. quod non eft. Iterum igitur Hoc argumentum eft quod Spiritu loquatur de figura in Iude̜is impleta: Sic enim Iude̜i vere Iumenta, conclufi funt in morte, in litera, in mortua fynagoga & exire non poffunt, Ideo enim quia Iumenta funt: fpiritualia fapere nefciunt Quod fi fpiritum fapere nequeunt, profecto nec viuere poffunt: Spiritus enim viuificat. Caro autem non prodeft quicquam. Illi autem caro funt & carnem fapiunt & ideo füo vicio: Iumenta eorum in mofte conclufit: quod ex precedente velut exponitur. Et non pepercit a morte animarum eorum

Immiffiones per angelos malos. Ira & indignatio Hic pro ea videtur accipi: qua ipfi inflammantur Vt fit ordo & fenfus verborum.

Mifit in eos iram indignationis (.1. plagas eas quibus non in benignitate Sed in feueritate eos percutit.). Effectus enim dei punitiüi funt ira eius. Non ipfe in fe Quam inquam iram indignationis feu effectus ire̜ dej dico & appello . iram & indignationem & tribulationem que in eis & animis eorum eft. q. d Ira illa dupliciter fe habet. Vnomodo Eft ira dei tanquam illata qua facit eos irafci & indignari. Aliomodo Quia ipfi per eam irafcuntur: Sic enim Ira eorum & Zelus quo ardent vel demonum in illos operantur. eft ira dej. (.1. effectus irę dej eis.) immiffa ficut Apoftolus ait Ro. 10. dedit eis fpiritum compunctionis. Et iterum prouocabo eos in gente ftulta

primum eft Ira qua contra fideles in vindictam exarferunt. Quam cum non poffent pro libito exercere Secundo indignationem tamen in corde habűerunt. Eft enim Indignatio tantummodo anime. Ira autem etiam operis & verbi vel figni.

3° fequitur tribulatio: qua tali furore agitantur dum illam explere non poffunt. Hęc.n.tria fequuntur vtpatet in experientia in omni irato, fi prohibeatur explere iram. Et Quartum non longe aberit. Scilicet Immiffiones per ange: mal. Hoc eft fuggeftiones malos [so]: quibus machinentur vel alias nocere, & vindicare, & faltem fefe feparare. Hoc in Iudęis nunc facit odium Chrifti. Quod omnia cogitent [so], fingunt, agunt. ne Chriftum confiteantur. vtque vindicent in illum. Talia enim ftudia habet quoque omnis iratus vt facile eft demonftrare. Quia quartum fcilicet maledictiones. blafphemias, detractiones accufationes. Iuftificationes fui. fultem agunt: fi alias nocere non poffunt. per omnia ficut Iudęi faciunt. Hec autem funt Immiffiones diabolorum. qui funt detractores

In tabernaculis Cham. Iudęi amiffo nomine. nunc Cham filij funt Sicut Daniel ad Seniores ait Dani. 13. Semen Canaan & non Iuda & Ezech. 17. [d. i. 16, 3.] pater vefter ammorreus & mater veftra Cethea. Ita nunc Iudęi. Quia mores Cham induerunt. nomine quoque eius in fpiritu vocantur a propheta

Blatt 141ᵇ: Si autem ad literam loquendum eft: Mifit deus in ęgyptios iram indignationis fue Quando iram, indignationem, tribulationem & immiffiones demonum in eos mifit. (.1. qua demones actiue. irati, indignati, tribulauerunt & Immiferunt in eos mala

Sed Ecce iam diu Moralia omifimus a prima vfque huc.

Prima ergo eft fanguis pro aqűa. Quando anima quę fibi aqua & pura videbatur in voluptàtibus. agnofcit fe totam effe in peccatis & fanguineam & ideo fe & fua bibere non poteft. Sed

omnino abnegare debet feipfam & omnem carnalem fuum fa-
porem

Secunda eft rana. que funt loquacitates: & vanitates cogitationum inutilium quarum fe plenam effe intelligit ex carne. &
abominatur eas. poftquam agnofcit Sic enim edidit terra eorum
ranas in penetralibus regum ipforum. Non quod prius non fint
in anima: Sed quia tunc quando placent, rane non effe putantur.
Donec Dominus faciat eas agnofcere. Deus enim fcit & fcire
facit cogitationes hominum quoniam vane funt: .1. rane vaniffima
loquacitate in corde tumultuantium.

Tercia. [*Ausgestrichen:* Sciniphes, ante] mufcę [*Ausgestrichen:*
& pinulę (?)] Ifte funt dire compunctiones & follicitudines huius
vite. Vel fi placet. prima eft contra concupifcentiam carnis Secunda contra concupifcentiam oculorum. 3ᵃ contra fuperbiam vite.
Mifere enim velut fpinis & aculeis punguntur, qui mundi ambitio-
nem. diuitias & voluptates fequuntur. Quod non intelligit anima,
nifi dominus eas mufcas fecerit (.1. apparere & agnofci dederit

Quarta Grando occidit vineas: quando dura & frigida fit
affectio in omne carnis genus voluptatis. vt Caro vinea babylonis: occidatur: iftis duris & frigidis fecundum deum affectibus.
Ita & Sycomoros eorum in pruina vel in frigore vt Heb. habet.
Que eft

Quinta. Quia Vinea Zodomorum & de fuburbanis Gomorre.
Eft vinea carnis que gignit vinum in quo eft luxuria. & ebrietas
furiofa concupifcentie fatua autem ficus Eft ftulta fuauitas illius
voluptatis huius mundi: omnia Hec frigore fpiritus funt occi-
denda Nam ficus illa quam ftulta fit. & fatua fuauitas quis
numeret? quando pro momentaneo quod delectat. incurritur ęternum quod cruciat. fatua nimis commutatio

Sexta (.que omiffa pro 4 poni debuit.) Eft Herugo. deuo-
rans fructus eorum. Hec eft contritio cordis que rodit opera
carnis quecũque Siue etiam Bruchus dicatur

Septima (que. 5ᵗᵃ. eft) Locufta labores confumit. Eft eiufdem
contritionis effectus Nifi quod Bruchus a comedendo. Locufta
autem quafi loca Vftulet vel vrat. In quibus perficitur contritio
fcilicet vrendo & rodendo. labores (.1. difficilem viam iniquitatis.

per iram & Zelum compunctionis: quorum vnum Intellectui fcilicet rodere. alterum affectui fcilicet vrcre conuenit. profundius
autem Bruchus vaftat quam locufta Et ex ifta ratione. Locufta
& Bruchus funt animalia munda in lcge: quia fignificant

Blatt 142ª: Has bonas & falubres animę operationes. Vnde
& Iohan. bap. Locuftas comedebat Et debet nofter cibus effe
Locûfta. Vt locus nofter in quo nos cum deo. fponfus cum fponfa
Habitare debet (.1. confcientia.) Vftus fit & abfumptus per Iugem
iram compunctionis fecundum illud ps 4. Irafcimini & nolite
peccare

Octaua. Iumenta occidûntur (.1. membra corporis. qui [so]
Iûûerunt animam in fuis peccatis laborare.) grando vt dixi.
cęleftis defurfum veniens, frigida. & firma inflexibilisque affectio
boni.) Vt ps. 147. Mittit Criftallum fuam ficut Buccellas. quia
iftis affectionibûs miro modo pafcitur & pinguefcit anima

Nona Et poffeffionem eorum igni. Hic eft ignis charitatis:
qui occupat omnia que funt in homine & fibi fûbdit

Decima Mittit in eos (.1. Impios vt perfecte Iuftificet.) iram
indignationis fuę. fcilicet intentionaliter (.1. agnofcere facit futu-
ras miferias cum demonibus: Quia recte mittcre dicitur. quorum
cognitionem mittit. licet ipfe nondum miferit: Sic enim Chriftus
fuit occifus ab origine mundi (.1. prefcitus & agnitus occidi Ita
ifte modus frequens eft in Scrip. Sic nunc mittit deus (.1. mittit
agnitionem & reuclat illis iram indignationis vt fugiant. Et per
has minas & terrorem confirmat & perficit omnia precedcntia
Quia

primo facit viam femitc ire fuę (.1. roborat & perfeuerantem
per hoc efficit penitentiam pro peccatis in fuis fanctis. Timor
.n. futuri Iudicij. facilia facit. quo etiam impoffibilia videntur

Secundo Non parcit a morte (.1. facit vt illi nihil parcant
fibi in odiendo animam fuam & perdendo illam in hoc mundo

Tercio. Iumenta non tantum occidit Sed etiam in morte
concludit. Quia facit vt membra mortificata, rurfum non re-
laxent in peccata Sed perpetuo maneant crucifixa & conclufa in
morte falutari Et ita tandem

Quarto occidit omne primogenitum in terra ęgypti (.1. vt

nec veniale peccatum relinquant de veteri vita. Et propter iſta 4ᵒʳ. dicit. Iram & indignationem & tribulationem & Immiſſiones per angelos malos. Ira ſcilicet qua perficit contritionem, [*Am Rande links:* Viam ſemitę irę ſuę] Indignatio qua non parcit a morte animarum. Tribulationem qua concludit in morte Iumenta: Quia tribulatio maxime cohibet peccata. Inmiſſiones autem per Ange quia ſic occidit omne primoge

Vltimo notandum.

Quod ſicut iſte plage primo ſunt expoſite allegorice in malum: Secundo moraliter in bonum, Ita conuerſo modo, poſſunt de Eccleſia allegorice exponi in bonum Et de anima peccatrice moraliter in malum. vt facile ex dictis applicari poteſt

Quorum ratio eſt. Quia omnia illa verba. poſſunt accipi in bono & malo: ſcilicet pro ſpiritu Vel pro carne. vt

Vinea bona & mala. Bona deſtruitur in malis: Mala deſtruitur in bonis frigus bonum & malum

Blatt 142ᵇ: Et abſtúlit ſicut oues populum ſúúm: & perdúxit eos tanquam gregem in deſerto Qúi ergo oúis non eſt: populus eiús non eſt. Et qúi in communione non eſt: in populo eius non eſt: Qúia tanquam gregem perdúcit eos. non diſperſos in diuerſa Abſtulit autem ſcilicet Inúitis illis qui eos tenuerant lupi rapaces

Et Deduxit eos in ſpe: & non timuerunt: & inimicos eorum operúit mare: Sicut illi in deſerto adhuc ſemper in ſpe dedúcebantur quia nondum adepti ſúere terram in re Ita & nos adhuc ſemper in ſpe dedúcimur in hoc deſerto Sed longe differúnt. ſpes illorum & noſtra, timor illorum & noſter. ſicut & omnia alia ſcilicet deſertum, mare Deſertum enim eſt Mundus abrenunciatus: nobis ſcilicet deſertum Sed non ſuis amatoribus: Et hoc inde, quia mare (.1. mundus ſiccatus & deſertus factus eſt per abrenunciationem: Quare illi ſperauerunt temporalia, nos ſpiritualia: Illi non timuerunt Hoſtes corporales quia ſub-

merſi erant, Nos Spirituales ſcilicet peccata & demones in ba-
ptiſmo ſubmerſos

**Et induxit eos in montem ſanctificationis ſuę: montem
quem acquiſluit dextera eius,** Sic Iſaie. 2. Venite aſcendamus
ad montem domini & dei Iacob Hec eſt Eccleſia. que eſt vera
ſanctificatio (.1. templum myſticum dej.) quem dextera .1. filius
dej acquiſiuit: inde nos populus acquiſitionis dicimur. 1. pet. 2.

**Et Elecit a facie eorum gentes: Et ſorte dlüiſlt eis ter-
ram in funiculo diſtributionis.** Hoc maxime Iudęos reſpicit:
qui ſemen & populus Canaan facti occupauerunt terram lacte &
melle fluentem (.1. diuinam Scripturam.) a qua eiecti ſunt. Et
illa diuiſa eſt & diſtributa fidelibus. ſecundum menſuram dona-
tionis Chriſti vt ait apoſtolus. Quia vnicüique datur manifeſtatio
ſpiritus in Scrip. ad vtilitatem.

funiculüs ergo iſte. Eſt menſura donorum & gratiarum dej:
ſecundum quem diſtribuit dominus intellectum fidelibus Sicut vult,
non ſicut nos volumus. Quia autem plus ſunt capaces plus illis
datur, ſicut filijs Ephraim: quos Iuſſit Ioſue. Syluas ſuccidere
& purgare loca Hoc eſt ſtudioſis. prophetarum & obſcurorum
myſteriorum libros euoluere. Sed quia ſcientia Inflat Ideoque
& tales filii Ephraim tumidi & ſuperbi ſunt

Sic ps. 15. funes ceciderunt mihi in preclaris (.1. Menſura
donorum meorum ſorte contigerunt Spiritualiter fidelibus. Etenim
hereditas mea preclara eſt mihi

Eodem modo & terra (.1. anime fideles per omnes gentes,
diuiſe ſunt in duodecim apoſtolos ſecundum dona dei

Et habitare fęcit in tabernaculis eorum tribus Iſrael,
Hęc ſunt pulchra tabernacula Iacob (.1. Libri prophetarum &
Scriptura Sancta vts In quibus verus Iſrael habitat nunc
deinde vt circa textum dixi: Sunt corpora vel vrbes vel anime:
in quibus demones & vitia regnabant: Nunc in illis apoſtoli &
Sancti habitant

Et Tentauerunt ꝛc. Hoc primum Iudej, deinde noſtri Heretici: facti ſunt arcus prauus Intendentes ſeſe in malum ſenſum,
& detrahentes veritati eamque ſagittis ſuis oppugnantes. audaciter

& temerarie: Immo & illis qui veritati adherent Sicut Arriani
& alij heretici

Blatt 143ᵃ: Quę autem fequuntur plagę: Sicut fynagoge
contigerunt fic & Hereticis: immo fidelibus per hereticos feductis
& occifis & vexatis: Quia in gladio (.verbo eorum maligno.) ceciderunt & non funt lamentati

**Et Excitatus eſt tanquam dormiens dominus: tanquam
potens crapulatus a vino** Dominus enim Ihefus Chriſtus: dormiuit in fepulchro & excitatus refurrexit: Et quia fuit ebrius
calice paſſionis exhauſto: vinum enim bibit in paſſione fua, vſque
ad omnimodam ebrietatem & exceſſum nimium. Sed Digeſto iſto
vino. quod cum infirmauerat. iam potens furrexit. [*Ausgestrichen:*
Et inimi]

**Et inimicos fúos percuſſit in poſteriora: opprobrium
fempiternűm dedit illis Hij** funt Scribe & legifperiti cum fuis.
veri philiſtei: Qui tempore Chriſti populum fidelem oppreſſerant
& falſis doctrinis feduxerant & occiderant. Infuper & ipfam
arcam .1. Corpŭs Chriſti captiuauerant & occiderant, que fuit
tunc tradita in manus inimici Vel Arca Eſt Scriptura fancta in
vero fũo intellectu: [quam ſicut Chriſtum in corpore ita in verbis
eius crucifixerunt *am Rande rechts.*] quam ponunt Iuxta idolum
fuum dagon (.1. torquent eam ad fuum fenfum, cŭm fuum fenfum
potius ad illam torquere deberent. Sed arca facit dagon precifis
manibus. capite & pedibus truncum: Quia vident quod fuus fen-
fŭs: nec opera nec verba, nec vllum vitę fenfum habet. De
quo alias.

percuſſit igitur eos in poſteriora dominus. Quando in temporalibus eos afflixit: & fecit fperare in illis, que tamen velut
ſtercora reputanda docet Apoſtolus.   Sane. poſteriora in ſpiritu funt. ipfum corpus: Sicut anteriora: ipfe animę. Vnde ad
Mofen: poſteriora mea videbis.   Secundo funt ipfa temporalia ad quę verfatur poſterius noſtrum ſcilicet corpus & anteriora ſcilicet ipfa ęterna ad quę verfatur anteriŭs noſtrum ſcilicet
Spiritus Sed Hoc loco videtur expreſſius quid ſignificari. Quod
extales illorum .1. intima vifcera eorum prominent per poſteriora
Quia aliud eſt. poſteriora & nates. In quibus fedetur Et labor

eſt ante me illud cognoſcere. An forte Quia Iudęis nulla certa ſedes eſt in mundo? agitantur enim vagi per diuerſa loca.

Sed quia Hęc ſunt inhoneſta noſtra, que ſolemus occúltare. Ideo videtur Quod ſignificet Iudeorum malitiam & perſidiam quam in Chriſtum exercuerunt. effúſam per totum mundum. cum dolore illorum & indignatione. Ita vt ſint in opprobrio per illud opus omnibus gentibus & inexcuſabiles. faciunt tamen ſibi ſedes pelliceas (.1. conſolationem de paterna carnali propagine [*Am Rande rechts:* Vel de literali ſenſu Scripture] in qua requieſcunt, ſedent & nituntur & ita ſe adhuc excuſant. licet factum omnibus palam negare nequeant. Quoniam prominent extales eorum (.1. intima ſui cordis & deſyderia contra Chriſtum adhuc oſtendunt: per quę tunc ſtercus ſuum effuderunt. Ergo prominere extales: Eſt apparere voluntatem nocendi & malefaciendi, cum non poſſint feces malorum euomere in illum

Quod autem quinque Anos aureos & mures offerunt deo iſti quem non colunt. Eſt quod de ſeipſis Cenſum ſoluunt Ceſari Chriſtiano. Vel adhuc me latet myſterium

Vel poſteriora eorum ſunt fama illorum operum: que putreſcit & fetet iam per totum mundum reuelante euangelio Et extales eorum. Quia Euangelium etiam intima cordis eorum mala pandit: quales erant intus Et Hoc eſt opprobrium illorum ſempiternum

Blatt 143ᵇ: Et ediſicauit ſicnt vnicornium ſanctiſiciũm ſuum In terra, quam fundauit in ſęcula. Solinus Atrociſſimum Eſt Monoceros monſtrum, mugitu horrido, eqũino corpore, Elephanti pedibus, cauda ſuilla, capite ceruino. Cornu in media eius fronte protenditur, ſplendore mirifico, ad longitudinem pedum quattuor. ita acutum, vt quod impetat, facile ictu eius perforetur. Viũũs non venit in hominum poteſtatem. Et interimi quidem poteſt, capi non poteſt. Hęc ille

1 Ita Eccleſia & populus Chriſti: omnisque eius fidelis: interfici poteſt: capi non poteſt vt captiuet ſe in legem & voluntatem hominum & mundi. Quare Hoc ſanctuarium eſt ſimile vnicorni in hac proprietate: 2° [*Am Rande rechts, aber weiter herunter:* 2] Quoniam cornu illud eſt verbum eius euangelicum

quod tam eſt acŭtum, vt omne durum cor & peccatum perforare
poſſit: Nihil enim verbo dei acutius & ſubtilius: quia ſecundum
Apoſtolum [*Hebr. 4, 12.*] Viuus eſt ſermo dej penetrabilior omni
gladio ancipiti   3° [*Am Rande rechts: .3*] Nigrum eſt hoc
cornu, ſecundum plinium & tamen mirifice ſplendet Quia verbum
dei. nullius quidem ſpeciej hominibus apparet & abominabile eſt.
nec ſuaue. Sed potius ſtultitia videtur. ipſis autem ſanctis eſt
virtus & ſapientia Dej   4ᵗᵒ [*Am Rande rechts: 4*] Quia In-
ŭictum & inflexibile: Quia non in Diſpenſationem laxari poteſt.
& reſolŭi.   5ᵗᵒ longitudo duorum cubitorum: hęc ſunt duo teſtamenta: per quę hoc verbum diſtenſům eſt. Vel quattuor pedum.
quę ſunt 4ᵒʳ euangelia in illis enim omnis Scriptura eſt & illa in
omni Scriptura   Ita

    Sane & cęterorum animaliům cornua, aſpera ſůnt & horrida.
eodem myſterio Quia verbum dej aſperum & durum apparet.

    poteſt etiam literalius dici   Quia ad formam templi Salo-
monis ludit: Quę erat ſicut Turris quadrata. ac ſic velut cornu in
altum erecta quia. 20. cubitis. lata. 60. vero cubitis longa. & .120.
alta. 2 paralip. 3. Et licet nondum fuerit ędificatum tamen in
viſione prophetica precognitum eſt